1 MONTH OF FREE READING

at

www.ForgottenBooks.com

By purchasing this book you are eligible for one month membership to ForgottenBooks.com, giving you unlimited access to our entire collection of over 1,000,000 titles via our web site and mobile apps.

To claim your free month visit:

www.forgottenbooks.com/free1262108

ISBN 978-0-365-52032-0
PIBN 11262108

zum Burne stabe amne hollz marche — neben hern Gisen zume hoenhus — in den awen weg neben Peder zume hohenhus — in den awen neben den spidelern — an der angewende offin hobeslede — in campo dicto Saleckere — apud dominam zume waldertheimere — vber den menzer weg — in steynen hawe neben der Burnsleben — in campo qui dicitur nuwenwisen iuger in den Rormorgen — offene hoenreyne neben den spidelren — in campo dicto Berlange duale apud Jacobum nigrum — vffme var wege neben den spidelren — in campo dicto visch wise — neben Frideriche de Bisschobesheim — zu quecborn apud vxorem Hertwici dicti Eselwecke — offen cruze Boil — offen Lochburne — apud Gisonem ad altam domum — apud fretum in Buensheim — in deme Eigen — in deme holtzwege neben deme Neychere — vffeme Grasc wege — in den graben — in der vis wisen — in pascuis in Bisschabesheim — in der Crumen wisen — in der greue lachen — offen Rin neben den spidelren.

. Dat. et act. a. d. M.CCC.XIX, xvii. kal. aprilis.

. (Das Siegel der Aussteller hängt sehr beschädigt an.) Orig.

Nr. 374.

1320 (11. März.) Nos decanus, totumque capitulum ecclesie s. Petri extra muros mogunt. recognoscimus, quod cum super ordinatione inter Gotfridum de Eppinstein, prepositum ecclesie nostre, ex parte vna et nos ex altera super locatione reddituum ad preposituram ecclesie nostre spectantium, nobis pro pensione annua xxvi. marcarum denariorum eidem preposito et suis successoribus per nos assignandorum perpetuo locatorum, necnon super iure patronatus trium ecclesiarum, videlicet Ouenbach, Birgela et Bybera, per. nos in ipsum prepositum et eius successores translato, ac earum occasione suborta fuisset materia rancoris, nos compositi sumus, quod nos ordinacionem, locationem et iuris patronatus translacionem predictam ratificamus.

Dat. a. d. M.CCC.XX, v. id. marcii.

(Das Siegel der Aussteller hängt unversehrt an.) Orig.

Nr. 375.

1320 (9. Aug.) Cum ea — sciant igitur, quod nos Walpertus abbas, Conradus prior, totusque conuentus monasterii selgenstad. domino Cunrado sacerdoti dicto de Nuheym contulimus duo altaria in monasterio nostro, videlicet vnum s. crucis cum viii. maldrorum siliginis reddibus, aliud omnium sanctorum cum prouentibus sibi attinentibus vniuersis.

Dat. in Selgenstad a. d. M.CCC.XX, in vig. s. Laurencii.

Cop.-Buch des Kl. Seligenstadt.

Nr. 376.

1320 (23. Oct.) Judices s. mogunt. sedis recognoscimus, quod Odylia, relicta quondam Conradi dicti Winterkast, ciuis mogunt., in nostra presentia constituta recognouit, se vendidisse decano et capitulo ecclesie maioris mogunt. redditus xii. maldrorum siliginis pro lxxx. libris hallensium, promisit eisdem predictos redditus tradere ad litus Reni, videlicet ad portam piscium que dye vyschporte wlgariter nuncupatur, pro quibus redditibus persoluendis jugera sua terre arabilis infrascripta in villa Russillensheym sita prefatis dominis pro subpignore obligauit, videlicet iuxta dicti Bluel — in insula iuxta dominas de veteri cella — iuxta Conradum dictum dunwirt, que extendit se vltra viam Ruenheym — iuxta Nycholaum de Byschouisheym — super viam dictam lengerwech — vf dem lengerwege iuxta Rupertum — in semdal apud Golzonem dictum wein — iuxta Gobenwyse — super dydinbohel iuxta Hermannum pastorem — super via molendini iuxta Winterkast — iuxta Conradum dictum der Kinde — in der horbach — in dem lange se — iuxta Fry-

dericum dictum Winterkast — super via holzwech vltra
horbach — in dem warwege — vf dem varwege — in
smalbach — iuxta Johannem de Flersheym — iuxta Gotzonem
dictum Wern in Heydelwech — iuxta dinkilnacker apud ad-
uocatum de Seyluort — in Ramse — prope nigrum montem —
area situ in vico dicto Grimgazze — an dem dorn — vf
den wingarten — iuxta cruces vltra viam Ruenheym —
iuxta Gertrudim beginam in semdal — super langen gern —
in wyenwerde — coram dicto Paffe sculteto et scabinis in
Russelinsheym in judicio seculari se resignasse dicebat in
manus Rudolphi dicti de Attendern, vicarii ecclesie maioris
mogunt. predicte, presentibus Johanne dicto de Flersheym,
Erinfrido, Heylmanno dicto Lange, Ruperto, Arnoldo dicto
Vokmanno et Johanne fabro ac a. q. pl.

Act. a. d. M.CCC.XX, in die b. Seuerini conf.

(Das Siegel der Aussteller ist abgefallen.) Orig.

Nr. 377.

1321 (2. April.) Ego Hermannus armiger, filius quon-
dam domini Emerchonis dicti Wyndubpe militis, recognosco,
quod propter grata et fidelia obsequiorum merita, mihi per
Arnoldum de Rana sepesepius impensa, bona, videlicet jn-
sulam vnam dictam Knobelouches Owe versus Badin-
heim sitam et aquam dictam Wyndubpes wazzer et or-
tum situm ante Mogunciam vbi portam dydenporten exitur
a sinistris, et alia bona feodalia, que ab abbate monasterii
s. Jacobi extra muros mogunt. dependent et que hactenus
ab eodem abbate in feodum dinoscor habuisse, necnon in-
sulam vnam, que der lange wert nuncupatur in Mogano
sitam versus Byschofisheim et aquam ante eandem insolam
defluentem et vniuersa alia bona feodalia, que hactenus a
domino meo de Falkinstein habuisse dinoscor, memorato
Arnoldo et suis heredibus contuli.

Act. et dat. a. d. M.CCC.XXI, fer. v. p. dom. letare.

(Das Siegel der Aussteller ist abgefallen.) Orig.

Nr. 378.

1321 (18. Apr.) Nos Walpertus abbas, Conradus prior, totusque conuentus monasterii seligenstad. nolum esse volumus, quod cum confrater noster Conradus ecclesie nostre thesaurarius vltra vite sue necessitatem quandam summam pecunie congregasset et cum eadem pecunia redditus annue pensionis, videlicet iv. octalia siliginis super dimidia huba pertinente ad curiam nostram in Molnheym, fronehof wlgariter dictam, pro quorum subpignore iv. iugera preter quartale agrorum iacencium infra villas Molnheym et Bebera cum duobus pratis in villa Roda sitis wlgariter obewendig der hulzbrunen sibi eternaliter sunt obligata, pro x. marcis denariorum comparasset, et tercium dimidium maldrum siliginis, dimidium maldrum caseorum, vnam aucam et pullum estiualem super quibusdam bonis sitis in villa Rodenbach, necnon apud Jacobum de Kebele ii. maldra siliginis super viii. iugeribus agrorum subpignorancium diuisim situatis, quorum in campo ville Rosdorf ii. jugera et quartale super viam rosdorfirweg, ii. versus siluam in campo, et in eodem ii., item et in campo dicto michiueld alterum dimidium iuger inueniuntur situata, prescriptos redditus ad officium custodie dicti monasterii nostri specialiter deputauit.

Dat. et act. a. .d. M.CCC.XXI, in vig. pasche.

(Die Siegel der Aussteller sind abgefallen.)   Orig.

Nr. 379.

1321 (24. Apr.) Ego Rudolfus de Sylberberg ciuis mogunt. et heredes mei recognoscimus, quod decem annis se immediate habentibus, currere incipientibus a. d. M.CCC.XXI, in festo kathedre b. Petri apostoli exspiratis et finitis, nobis nullum jus, oves nostras pascendi in pascuis ville Ginzheim, emptis apud nobilem virum Ph. dominum in Mincemberg seniorem competere quoquomodo, harum literarum testimonio, sigillo fratris mei **Salmani** judicis ciuitatis mogunt., quia proprio sigillo careo, firmiter communitarum.

Dat. a. d. vt supra in die Thymotei apost.

(Das Siegel hängt wenig beschädigt an.) · Orig.

Nr. 380.

1322 (26. Jan.) Judices curie worm. recognoscimus, quod Conradus dictus de Randecken miles et **Margareta** vxor eius in nostra precencia constituti vendiderunt annuos redditus xii. maldrorum siliginis super redditibus suis, videlicet xlviii. maldris siliginis et x. maldris tritici, quos ipsis Conrado et Margarete dant Fritzo in vado et sui socii de bonis suis in Northeim sitis, decano et capitulo ecclesie s. Pauli worm. pro lx. libris hallensium.

Act. a. d. M.CCC.XXII, i. d. b. Policarpi mart.

(Das Siegel der Aussteller hängt wenig beschädigt an.) Orig.

Nr. 381.

1322 (28. Febr.) Ich Boppo von Eryntebur ein Burger zu Winphen tun kunt, daz ich an dem nehsten suntage noch vnser vrouwen tage so man die kerzen wihet, do man zalte von G. geb. m.ccc.rrii, min dink also machte vnd ordent mit dem prior vnd den bruderen prebiger ordens des hufes zu Winphen, alf hienoch stet geschriben. Ich verglhe, daz daz Hus do ich iezunt inne bin, daz ich mit minem gute schof gemachet vrouwen Joten selgen von Menzingen, die bi mir was vmme iren dienst, den so mir tat, daz daz selbe hus von ordenunge der vorg. Joten selgen von Menzingen bi lebendigem vnd gesundem irem libe ist lebeclichen noch irem vnd minem tobe zu einem almosen durch ir vnd miner sele willen der vorg. des priors vnd der bruder prebiger ordens des hufes zu Winpfen, En daz vffe demselben hufe solen sten ewiclichen rii. schillinge geltes zu den iorgeziten der vorg. Joten vnd min von ietsweberen vnser so ez gestorben ist, vi.

ſchillinge heller, daz die vorg. prediger auch beſte daz die ſelben
rii. ſchillinge mogen gehaben, ſo vergihe ich, daz ich iezunt
bi geſundem vnd lebendigem libe mine ſchuren div an dem
huſe iſt, die ich ouch ſchuf gebawet vnd ouch ir were noch
minem tobe. Ich hon auch verkauft ein huſelin daz cleine,
daz an dem vorg. huſe ſtet, daz etſwanne was Giſeln ſelgen
von Huſen. — Zeugen: hern Volprehte, hern Frizzen ſelgen
tohterman der ein richter iſt, hern Conrade Rozmanne, hern
Burkarte Wikkenuogt vnd hern Heinriche von Gevach burgern
zu Winphen.

Nr. 382.

1322 (10. März.) Ich Volrad Ritter ſchultheize zu
Frankenuord bekennen, daz die erſamen Lude Elſebeth Lutzen
wirtin von Orbruch dem got gnade, Hennekin vnd Jacob ir
ſune, Grede ir dochter vnd Hennekin ir eliche wirt burger
zu Frankenuord vor mir waren vnd irkanten ſich, daz ſie vir-
kouft hetten, allis daz gut, daz ſie hatten zu Rimpbrucken
is heize wie is heize dem appete vnd dem Conuente von
Selgenſtat vmme l. mark phenninge ie dri haller vor den
phennig zu rechene, vnd hant ſie burgen geſaſt vor werſchaft
jar vnd daich die beſcheden lude Guntramen einen becker, Re-
belungen einen Metzelere burger zu Frankenuord vor einſ
itzlichen lantman. — Zeugen: die beſcheden lude Heilman von
Eſcherſheim vnd Conrad zum Raben burger zu Frankenuord.

Geb. n. Chr. geb. m.ccc.rrii, an der neiſten mittewochen
vor ſ. Georien dage.

Nr. 383.

1322 (25. März.) Nos Heinricus fuldensis ecclesie
abbas recognoscimus, quod nos, accedente consensu Theo-
derici decani, prepositorum ac aliorum prelatorum nostrorum,

totiusque conuentus nostri, capellam in suburbio castri nostri
Oelsperg de nouo construendam, dedicandam ac conse-
crandam in honorem s. Marie virginis, quam Cunrado clerico
nostro dicto Luchs contulimus ad diuini cultus augmentum
dotare congruis ac ipsam eximere cum suis bonis cupientes,
infrascripta bona, redditus siue census, ad nos et dictam
nostram ecclesiam proprietatis titulo pertinentes, eidem ca-
pelle in dotem assignauimus, volentes vt dictus Cunradus
seu alter capellanus secularis, qui pro tempore fuerit, per
nos et nostros successores instituendus perpetuo in ipsa ca-
pella personalem residenciam habeat. Bona autem, redditus
et census, per quos dicta capella per nos est dotata, sunt
ista: curia dicta Hulzingesezze sita prope villam dictam
Heypach cum agris, pratis, pascuis, siluis, aquis et aliis
prouentibus quibuscunque; decima nostra circa castrum Oels-
perg sita maior et minuta; vna huba sita in Haboltsheim,
quam quondam Hermanus pistor coluit, cum agris, pratis et
suis iuribus quibuscunque; iv. iugera vinearum sita in villa
Klyngen, necnon vna area ad construendam curiam in
dicto suburbio; vnus ager extra suburbium pro orto ac xv.
iugera agrorum arabilium in monte castri prelibati. Volumus
insuper, vt ipse Cunradus capellanus et sui successores in
eadem capella inantea gaudeant et fruantur in omnibus ea
libertate, qua castrenses nostri ibidem hactenus sunt gauisi.
Nos quoque Theodericus decanus et conuentus, Rudolfus
s. Petri, Gotfridus s. Marie, Henricus noui montis et Theo-
dericus montis s. Johannis prepositi prope Fuldam sigilla
nostra recognoscimus appendisse.

    Dat. a. d. M.CCC.XXII, in die annunc. b. Marie virg.
    (Die Siegel hängen, mit Ausnahme des ersten und zweiten,
        unbeschädigt an.)   Orig.

Nr. 384.

1322 (1. Mai.) Nos Walpertus abbas, Conradus prior
ac totus conuentus monasterii in Seligenstad recognoscimus,

nos locasse Cunrado. dicto Burgere de Dydensheim, necnon
Mechildi vxori suc legitime suisque heredibus dimidiam hu-
bam sitam in campis ville Dydensheim iure inquilinatus
possidendam pro iii. maldrorum siliginis pensione, in cujus
dationem dicti coniuges ii. iugera agrorum sita an deme
steinheymer wege et in locis uf dem wade et uf den deren
wlgariter dictis pro subpignore obligarunt, expedire debentes
eciam dimidictatem census antiqui predictam dimidiam hubam
contingentem praeter pensionem nostram prelibatam, com-
paratam pér dominum Cunradum custodem dicti monasterii
nostri, quorum iii. maldrorum siliginis duo in reconpensam
seu restauracionem duorum maldrorum siliginis ab ipso super
tribus hubis sitis in campis ville Bruchusen emptorum
ordinauit, tercium vero maldrum, necnon census, videlicet
iv. solidos denariorum, quos emit apud honestum militem
dictum Moyr et suam legitimam vxorem super areis ipsorum
sitis in villa Luzilboche iuxta curiam immediate dicti cus-
todis ibidem, necnon xx. den. et viii. den. quos emit apud
Starkonem dictum budentil super vno prato sito in campis
opidi Seligenstad nobis constituit.

Dat. a. d. M.CCC.XXII, i. kal. maii.

(Die Siegel der Aussteller hängen beschädigt an.) Orig.

Nr. 385.

1322 (2. Oct.) Nos Conradus miles de Rudinsheim
senior, Henricus de Gerhartstein, Johannes dictus camera-
rius de Wormacia et Gysilbertus dictus Fois de Rudinsheim,
milites, notum facimus, quod cum inter Wylhelmum abbatem
et conuentum monasterii eberbacensis ex vna parte et do-
minum Vlricum de Bikinbach nobilem virum ex altera actio
seu controuersia fuisset exorta super bonis, juribus et juris-
dictione in villa Bunesheim et eius terminis, per ipsos
religiosos ultra quam per xl. annos seu per tempus quod
prescriptum in jure vocatur et ultra quiete possessis, sicut

in literis instrumentalibus super hoc confectis plenius con-
tinetur, domino de Bickinbach asserente se habere ipsa bona
ab abbate seu ab ecclesia foldensi nomine et titulo feodali,
dictis autem religiosis in contrarium affirmantibus eadem bona
esse sua propria et annis quos prediximus jure proprietatis
possedisse, et cum diu fuisset hinc inde ipsa actio ventilata,
tandem ambe partes, controuersie finem inponere cupientes,
in presencia consulum ciuitatis oppinheimiensis pariter con-
uenerunt et eosdem tamquam arbitros vnanimiter elegerunt,
qui consules veri et electi arbitri partium predictarum, in-
quisicione sicut debebant prehabita et scrutinio diligenti,
ipsam litem taliter deciderunt, vt partes prefate adirent villam
Bunesheim predictam et cuicunque parti ibidem per incolas
uel scabinos seu hubarios sicut eos wlgus nominare con-
sueuit, per diffinitiuam sentenciam rite et rationabiliter ad-
iudicarentur bona memorata, quod pars altera ab huiusmodi
lite et inquietudine in perpetuum cessare deberet et in ipsis
bonis nil juris haberet, atque pars cui adiudicata forent sine
omni impeticione quiete et libere possideret. Venientes igitur
partes prenominate ad villam Bunesheim, missis secum tribus
viris de consulibus memoratis ad videndum, audiendum et renun-
ciandum ceteris consulibus finem cause, supradicti religiosi,
quia in vera et legittima possessione erant eorundem bonorum
et quia ad ipsos hoc faciendum spectabat, elegerunt vnum
ex nobis, videlicet Johannem dictum camerarium militem de
Wormacia ex consensu domini de Bickinbach, quem pro
sculteto et loco judicis posuerunt ibidem, conuocantes non
solum hubarios prefate ville, verum etiam illos de villa
Poppinheim, ad quos incole de Bunesheim ab antiquo
recursum habere in negociis grauioribus consueuerunt, qui
hubarii rei veritatem fideliter indagantes et eo levius, quo
lucidius ipsis et ceteris claruit vniuersis ex vnius ore omnes
predicti hubarii in judicio nobis et pluribus fidedignis qui
aderant audientibus pronunciauerunt per sentenciam diffiniti-

uam bona, jura et jurisdictionem in villa Bancsheim sepe-
dictorum religiosorum et sui monasterii esse, fuisse et ipsos
eadem bona possedisse quiete ab annis et temporibus, quorum
memoria non existeret, cujus rei nos C., H., Jo. et Gy.
supradicti milites testes sumus, scientes omnia et singula
esse vera, prout superius est expressum.*)

Act. et dat. a. d. M.CCC.XXII, in crast. b. Remigii ep.

(Die Siegel der Aussteller hängen wohl erhalten in rothem
Wachse an.) Orig.

Nr. 386.

1322 (12. Dec.) Judices s. mogunt. sedis recognos-
cimus, quod Bertoldus presbiter de Wyssenburg vicarius in
ecclesia s. Marie ad gradus magunt. ex vna et Prynsat ar-
miger de Walla parte ex altera in presencia Emerchonis dicti
Lapieda notarii nostri jurati, necnon scultetorum et scabi-
norum villarum Russilsheim et Seilword constituti, prefatus
Bertoldus recognouit, se omnia bona sua et singula subno-
tata et in Russilsheim et Seilword villis sita, inprimis
videlicet in terminis ville Russilsheym curia vna iuxta
Reynoldum cum tribus domibus — apud locum dictum an
der auwe iuxta dominum de Mynzenberg — amne lenger-
wege retro locum dictum dornen — an Ruenheymere mu-
lenwege — apud scelstein — prope holtzwege — supra

---

*) Einen Auszug dieser Urkunde hat Bodmann, rheing. Alterth. II, 548.

1323 (15. Jan.) verzichten, in Folge des obigen Schiedsspruches,
Ulrich, Gottfried und Conrad v. Bickenbach auf ihre Rechte und
Gerechtigkeiten zu Bensheim. (Die Siegel hängen unversehrt an
roth und grün seidnen Schnüren an.) Orig.

1323 (3. Febr.) bestätigt die Kirche zu Fulda den obengenann-
ten Verzicht. (Die vortrefflich erhaltenen Siegel hängen an roth und
grün seidner Schnur an.) Orig.

1324 (7. Mai) bescheinigt Ulrich v. Bickenbach den Empfang
einer ihm von dem Kl. Eberbach in Gemäßheit des vorstehenden
Vergleichs zugestellten Summe von 150 Pfd. Heller. (Das sehr gut
erhaltene Siegel Ulrichs hängt an einem Pergamentstreifen an.) Orig.

Rodeberg — in via dicta pluewege — versus swartenberge —
in der luken — in via dicta seilwordthere — in der lachen-
gewande prope Henricum dictum heyden — am me alden
stederweg — an der Meyngewandin iuxta Alkyndim — Item
in villa S e i l w o r d primo in loco dicto lucken — retro vi-
neam prope dictum Wysen — zu karpengraben — in me
langense — in mesendal — in me nydren velde — uersus
Rochinheim — supra tryburewege — an dem manewerger —
iuxta bunsheymereweg — retro Eckehardishauwe — amne
sewirweg — curiam in Seilword — in der smalinlachen —
iuxta steynbrucken — item pratum dictum Breyden semenden
in jurisdictione ville Seilvord — dicto Prynsat de Walla
armigero suisque heredibus justo locationis titulo locasse
pro xv. maldra siliginis.

Act. a. d. M.CCC.XXII, ii. idus decembris.

(Das Siegel der Aussteller hängt beschädigt an.) Orig.

Nr. 387.

1322 (13. Dec.) Nos Dilemannus abbas, Cunradus
prior, totusque conuentus monasterii seligenstad. recognos-
cimus, quod Johanni, genero quondam Cunradi dicti Royse-
man de villa Husen, et Alheidi eius legittime curiam nostram
sitam in villa H u s e n ad xii. annos pro xiv. maldris siliginis
et vi. maldris aucne concessimus — etiam pratum nostrum,
quod wlgariter broyl dicitur, debent cura vigili custodire,
et rubos ac spinetas penitus extirpare debent etc. — Tes-
tes: Cunradus custos, Wernherus censuarius ecclesie nostre,
Wencelo famulus noster dictus de Selbold, Heil. dictus Mye
et q. pl. a.

Act. et dat. M.CCC.XXII, idus decembris.

Cop.-Buch des Kl. Seligenstadt.

Nr. 388.

1323 (10. Mai.) Nos Thil. abbas, Cunradus prior et
totus conuentus monasterii in Seligenstad recognoscimus,

19*

quod cum dilectus confrater noster Cunradus thesaurarius
ecclesie nostre vltra vite suc necessitatem de speciali nostra
licentia quandam summam pecunie congregasset, ac cum
eadem pecunia redditus cujusdam pensionis annue videlicet
iv. maldra siliginis apud Methildin, relictam quondam Heile-
manni dicti Wamesellir, et eius heredes super curia sua in
villa Frochsehusen dicta wlgariter Wamesellir hof, item
iii. maldra siliginis super huba in villa Dydensheim dicta
wlgariter Einolfishube, necnon apud Elizabeth, filiam quondam
Herbordi de Wellensheim, et apud Fridericum filium Ottonis
ibidem maritum eius legitimum vi. sumerina siliginis supra
valorem bonorum quorundam in predicta villa sitorum vltra
ii. maldra siliginis, que quondam Hedewigis monetaria super
dictis bonis sororibus ipsius thesaurarii nostri antea emerat,
se extendentem comparasset, ipse diuinorum officiorum cul-
tum cupiens augmentare, prouentus et redditus prescriptos
in nostro consensu vnanimi ad officium custodie predicte
ecclesie nostre assignauit.

 Dat. a. d. M.CCC.XXIII, vi. id. maii.

   (Die Siegel der Aussteller fehlen.)   Orig.

Nr. 389.

 1323 (10. Juli.) Nos Adolfus dei gracia comes pala-
tinus Reni dux Bawarie notum facimus, quod de bona nostra
voluntate procedit, quod Dietherus comes de Chatzenellen-
bogen vir nobilis dominam Katharinam, consortem thori sui,
cum castro Lihtenberg et aliis bonis suis ibidem, que a
nobis tenet in feodum, et insuper cum parte comicie de
Chatzenellenbogen eum contingente, quam similiter a
nobis tytulo possidet feodali, dotare valeat, prout sibi valeat
aut videbitur expedire.

 Dat. in Heydelberg a. d. M.CCC.XXIII, prox. die sabb.
a. diem b. Margarete virg. glor.

  (Das Reiterstegel des Pfalzgrafen ist zur Hälfte abgefallen.) Orig.

Nr. 390.

1323 (14. Juli.) Ich Cunrad von Winsperg der alte, Cunrad vnde Conrad, Engilharb-ber probest ze Winphen mine Sone ton kont, daz wir den Erbarn Mannen Cunrad dem Mulner von Ribenowen vnd sinen Erben, vnd Maister Hayl-mann dem Duchscherren ainem burger ze Winphen vnd sinen Erben haben geluhen vnser Mulin an dem Regger ze Win-phen, daz järgelich da von geben sulen xxii. malder Roften. Geb. n. Chr. geb. a. d. M.CCC.XXIII, prox. fer. v. p. fest. b. Margarete virg.

(Die Siegel der Aussteller find abgefallen.) Orig.

Nr. 391.

1323 (11. Sept.) Ego Byzela, relicta quondam Vlrici dicti Bonre armigeri de Babenhusen, ac mei liberi vtriusque sexus, videlicet Wernherus, Vlricus et Jutta recognoscimus, quod nos vendidimus commendatori et fratribus domus theu-tonice in Sassenhusen prope Frankenuord nemus nostrum dic-tum bonreswald, tendens supra nemus dictum Hengeshorn, pro xx. libris hallensium. — Testes: frater Wintherus de Bruningesheym, frater Volmarus traperarius, frater Rupertus coquinarius, Heynricus de Birgele germanus iam dicti fratris Ruperti, Hildebrandus dictus Dornhudere et Heylmannus filius fabri de Rinthbrucken et q. pl. a.

Act. et dat. a. d. M.CCC.XXIII, sabb. prox. p. nativ. virg. glor.

(Die Siegel Wernhers u. Ulrichs gen. Bunre, ein Hirschgeweih darstellend, hängen wenig beschädigt an.) Orig.

Nr. 392.

1323 (24. Dec.). Wir Johan vnd Syfrid Rittere die do heißent von Metzen dun kunt, das wir uerkaufft han daz dorff zu Houeheim, gerichte, sautdye, lube, waßer vnd weyde gesucht vnd vngesucht, vnd alles daz recht, daz zu dem

gerichte vnd fautbien gehöret, daz wir ba han vnd vnß alt-
forbere an vns brocht hant, vnßerm herren dem Bischoffe
Cunen zu Wormße vnd sime Stiffte vmb anderhalp hundert
phunbe heller, vnd globen yn in das dorffe vnd in das recht
zu setzen bit vnßers herren willen von Zweinbrucken von dem
daz selbe gut ruret vnd von dem wir iz zu lehen han.

Dat. a. d. M.CCC.XXIII, in vig. nativ. dom.

Cop.-Buch des Domstifts Worms.

Nr. 393.

1323 (24. Dec.) Wir Johan vnd Syfreid brubere
Rittere bie bo heißent von Metze bun kunt, das wir uerkaufft
han vnßer dorff Husen vnd vnßer teyl des walbes ber bo
heißet Sweinheimer walt der bozu horet, das wir gemeyn
haben mit vnßerm herren ben Bischoff zu Wormßen, mit
waßer, mit weybe, mit luben, mit zinsen, wie ez gelegen sy,
bie wir hon zu lehen von vnßerm herren dem Bischoffe vnd
dem Stiffte von Colne, vmb cccl. phunt heller vnßerm herren
dem Bischoff Kunen zu Wormßen vnd sime Stifft, vnd sollen
bie selben lehen bragen bit der uorgen. herre vnßer herre
Blschoff zu Lande kumet, vnd wan vns derselbe Herre abir
ymantz von sinen wegen abir ein ander Bischoff sin nachkomen-
linge barvmb anspricht, daz wir mit yme ryben vor vnßern
herren ben Bischoff von Colne, von dem wir bie selben lehen
han, so sollen wir mit yme ryben vnd sollen yn biben, das
er sie lihe, wem vnßer herre der Blschoff zu Wormß wil,
vnb wil er baz bun, so sollen wir vnßerm herren dem Bischoff
von Colne baz dorff vnd ben walt off geben. Ez ist auch me
gerett, heischet ez vnßer herre der Bischoff zu Wormß von
vns, wem er ez heischet lihen, dem sollen wir lihen baz selbe
dorff vnd auch den walt ane alle widerrebe, vns han auch
barzo ytwederßyte gekorn dry Rittere, hern Johan von Frisen-
heim, Hern Gerhart Kemerer, hern Johan Kemerer, den man
heißet von Bopparten, welche sicherheit vnd stebifeit bie vin-

bent, baʒ wir gebun mogen bem vorg. vnßerm ḫern bem Bi=
ſcḫoff vnb bem Stifft ʒu Wormßen, beʒ ſollen wir geḫorſam
ſin. Es iſt auch mee gerett, weres baʒ ber ſelbe vnßer vorg.
ḫerre ber Biſcḫoff in beʒ abeginge, bas wir bie ſelben leḫen
ſollen bragen eim anberen kunfftigen biſcḫoff ʒu Wormßen alß=
lange bit baʒ bie brij manne ſicḫerḫeit finbent, ba mibe ber
Biſcḫoff vnb ber Stifft ſicḫer iſt.

Geb. n. Eḫr. geb. **m.ccc.rriii**, an bes ḫ. Eriſtis abent.

Cop.=Buch bes Domſtiſts Worms.

Nr. 394.

1324 (11. Mârʒ.) Nos Theodericus dictus Randeckere
scultetus, Rudegerus de Altzeya et Johannes Amelle de Wor-
macia, consules oppenheimenses, arbitri electi per abbatem
et conuentum monasterii eberbacensis ex vna, necnon **Karolus**
de Eychen armiger arbiter electus per decanum et capitulum
ecclesie s. Pauli wormaciensis, necnon vicarium ecclesie
parochialis in Eychen, scultetum, scabinos, juratos et vni-
uersitatem ville Eychen ex parte altera super lite et contro-
uersia, que uertebatur inter abbatem et conuentum monas-
terii eberbacensis ex vna, necnon decanum et capitulum,
vicarium, scultetum, scabinos, juratos et vniuersitatem pre-
dictos ex parte altera, super insula siue examne dicta vnser
frauwen werd sita apud streinre werd in Gernsheimer
inarcke, pronunciamus et mandamus, predictos decanum et
capitulum necnon vicarium, scultetum, scabinos, juratos et
vniuersitatem ville Eychen desistere a molestatione, quam
faciebant super insula siue examne dicta vnser frauwen werd
predicta et eius juribus omnibus, quam longe jurisdictio
magunt. archiepiscopi se extendit, ad ipsos abbatem et con-
uentum cum omnibus juribus et pertinenciis suis pertinere
debere, et ex aduerso laudamus, eosdem abbatem et con-
uentum dare debere eisdem decano, capitulo, vicario, scul-
teto, scabinis, juratis et vniuersitati predictis xviii. libras

hallensium pro redemptione inquietacionis et molestationis
predicte.

Act. et dat. a. d. M.CCC.XXIV, dom. q. cant. reminiscere.
(Gesiegelt haben die Aussteller und das St. Paulusstift zu Worms,
nur das Siegel des letzteren hängt noch unversehrt an.) Orig.

Nr. 395.

.1324 (10. Mai.) Nos Thylemannus abbas, Wernherus
prior ac totus conuentus monasterii in Seligenstad cupimus
esse notum, quod cum religiosus vir Cunradus monasterii
nostri thesaurarius vltra vite sue necessaria aliquam summam
pecunie congregasset, necnon redditus perpetuos siliginis, vi-
delicet vi. maldra super curia in Sunneburne nostri con-
uentus propria, erga Eberhardum et Gerdrudem vxorem eius
legitimam de Sonneburne jure proprietario comparata, et
dimidium maldrum super quibusdam bonis in Wellensheim,
necnon iii. maldra super bonis in Frochshusen Frederici
dicti Wizzhen et vxoris sue legitime de Frankenfort atque
ii. maldra quarto modio cumulato super bonis Johannis dicti
Cruselere et Gotdelindis vxoris sue legitime de Crozenburg
ex isto littore Mogi, idem thesaurarius cum prenotata summa
pecunie comparasset, ad gloriam dei omnipotentis ac gloriose
dei genitricis virginis Marie, necnon ob deuocionem pas-
sionis domini nostri Jhesu Christi et in honorem sanctorum
omnium et s. Lubencii confessoris atque s..Seruacii episcopi
et confessoris seruicia infra scripta de ipsis redditibus sili-
ginis constituit et ordinauit.

A. d. M.CCC.XXIV, vi. id. maii.
(Die Siegel der Aussteller hängen wenig beschädigt an.) Orig.

Nr. 396.

1324 (27. Juni.) Nos Johannes dictus Cruseler et
Godelindis vxor mea de villa Crocenburg ex isto littore
Mogi recognoscimus, quod nos Cunrado custodi monasterii

seligenstad. ii. maldra siliginis iv. modio cumulato perpetui
redditus super bona nostra, videlicet super septem iugera
et dimidium agrorum sita in campis et terminis ville iam dicte in
curiam nostram iacentem ibidem, in vico qui dicitur vrone-
gazhe, iure hereditario pertinencia et super vnum iuger et
quartale agrorum nostrorum propriorum bonorum, sitorum
in semita directa versus villam antedictam, vendidimus, nihil-
ominus pratum situm wlgariter an der feheweide ibidem
tante existens latitudinis, quod omni anno plaustrum feni
germinare poterit, prelibatis bonis inseparabiliter est an-
nexum. — Testes: Fredericus dictus Kunig et Gerhardus
colonus ibidem, necnon Heil. dictus Mye de Selgenstad.
Et nos Johannes aduocatus, Fredericus dictus Duenguz scul-
tetus, Wigglo operarius, Cunradus quondam filius Wignandi
aduocati, cum ceteris nostris conscabinis in opido Selgen-
stad, recognoscimus nos sigillum nostre ciuitatis presen-
tibus appendisse.

Dat. a. d. M.CCC.XXIV, xvi. kal. junii.

(Das Siegel ist sehr beschädigt.) Orig.

Nr. 397.

1324 (23. Aug.) Judices s. mogunt. sedis recognos-
cimus, quod Hugo, filius quondam Petri de Russingen ar-
migeri, in nostra constitutus presencia recognouit, se propter
varia debitorum onera, quibus grauatus existit, vendidisse
decano et capitulo ecclesie s. Johannis moguntin. annuam
et perpetuam pensionem iv. maldrorum siliginis, bone, sicce
et legalis mogunt. mensure, pro xxviii. libris hallensium,
obligans et constituens ad maiorem certitudinem solutionis
pensionis antedicte bona infrascripta in terminis ville Bu-
wensheim, quorum specificatio talis est: i. iuger super
Lengefeld prope dictum Royber, dimidium iuger inter dictum
Royber et fratres domus theutonice, i iuger super viam
versus Triburium, dimidium iuger prope ecclesiam vltra

Steynforler weg, i iuger zu Wolfeswinkele amne Stadelange,
i. iuger prope dominas s. Clare zu Wolfeswinkele, i duale
prope dominos domus theutonice, i duale prope eosdem
dominos zu wolfeswinkele, ii dualia zu Blesyengarten, i. iu-
ger prope dictum Bluwel, i iuger in eodem campo byme
lamme, i iuger prope dominum de Rynberg amne Steyn-
berge, i. iuger gein Russelnsheimer weg prope dominum
de Rynberg, iii. iugera super Russelnsheimer weg prope
dominas s. Clare, ii iugera nebemne hunt wege, ii iugera
zu Gunenbrucken prope dominum de Rynberg, dimidium
iuger zu kertere prope dominas s. Clare, ii iugera super
Hetzels graben, i iuger retro salices dicti scheiden, i iuger
zu Winkele neben Beckere, ses slege wisen by roibere,
viii slege wisen apud dominas s. Clare prope pontem lapi-
deum et vna area nebemne Lamme in ipsa villa Buwensheim.

Act. a. d. M.CCC.XXIV, x. kal. augusti.

(Das Siegel der Aussteller hängt wenig beschädigt an.)   Orig.

Nr. 398.

1324. Nos Gotfridus de Eppenstein custos, Ebirhardus
de Lapide cantor, totumque capitulum ecclesie mogunt. re-
cognoscimus, quod nos locauimus Petro dicto Russche suo
et omnium heredum nomine bona nostra infrascripta in villa
et terminis villae Rorheim, pro xvi. maldris siliginis annue
pensionis, quorum bonorum specificatio talis est. Primo
vna curia sita in dicta villa Rorheim et iv. pecias pratorum
que dicuntur wlgariter mansmath, que ex vna parte tendunt
ad aquam dictam altryn et ex alia parte super duas pecias
dictas mansmath Hartmudi de Cronenberg — iuxta duo iu-
gera parochie — iuxta agrum dominorum de Otterburg — in
secundo campo xi. iugera inter xiii. iugera domini de Bicken-
bach — apud iugera dominorum de Lorse — que quidem
bona post mortem dicti Petri ad Petrum suum filium pre
aliis suis heredibus deuoluentur, quo mortuo apud seniorem

ipsius Petri heredem remanebunt perpetuis temporibus in-
diuisa. Ad maiorem eciam certitudinem solutionis pensionis
predicte prefatus Petrus bona subscripta nobis et ecclesie
nostre titulo subpignoris obligauit, quorum situs talis est.
Primo iv. iugera offe der Steynstrassen, que seminata quod-
libet iuger dat domino de Bickenbach sumerinum de fruc-
tibus crescentibus in eodem.

Act a. d. M.CCC.XXIV.

(Das Siegel der Mainzer Richter hängt beschädigt an.) Orig.

Nr. 399.

1325 (17. März.) Nos Wigandus de Dinheim miles
et Elizabet coniuges recognoscimus, quod dissensio fuit inter
abbatem et conuentum monasterii in Eberbach ex vna et
nos parte ex altera, pro quadam arca sita in villa Bunsheim
per nos emta vna cum aliis juribus eidem aree adherentibus
iuxta nostram assertionem, predictis autem religiosis in con-
trarium allegantibus. dictam villam Bunsheim vna cum suis
pertinenciis vniuersis sibi iure proprietario affirmabant attinere
tandem viri discreti, dictorum religiosorum fautores et amici
hujusmodi altercationem. deciderunt et nos amicabiliter com-
posuerunt, in cujus quidem decisionis signum et concordie
inter nos habende predicti religiosi partem decime dicte se-
lezende in dicta villa Bvnsheim ipsis attinentem in recom-
pensam aree supradicte nobis dederunt. Preterea iii. iugera
agrorum, sita prope viam, que ducit versus Vluirsheim, con-
sultanea Ditzoni dicto Kenzelere et domicelle Hedewigi dicte
Vnbeschedene, ciuibus oppinheim., item i. juger der stoizzet
vffe die mulenlachen, et dicta jugera sita sunt in terminis
ville Dinheim, pro iii. jugeribus agrorum nobis attinentibus,
predictorum autem bonis religiosorum adiacentibus per mo-
dum concambii nobis possidenda contulerunt. Insuper quia
religiosis sepedictis custodem frugum in villa Bunsheim in-
stituere conpetit, qui custos ratione officii sui vi. anseres

nobis ab antiquo dare consueuit, quem custodem si prenominati religiosi statuere seu locare nollent anno quocumque seu quandocunque et ipsas fruges per se custodire decreuissent, ipsos vi. anseres singulis annis non racione bonorum quorumcumque, sed tantum de officio custodis nobis tam diu dare tenebuntur, quousque custodem frugum duxerint statuendum, ante omnia hoc notum esse volentes, quod in prelibata villa B u n s h e i m area, agris, pratis, pascuis, jurisdictionibus et aquis ac aliis rebus quocumque censeantur nomine nichil amplius nobis competit juris, excepta decima vniuersali ipsius ville B u n s h e i m et terminorum eiusdem, ac parte decime minute dicte selezende nobis collate.

Act. et dat. a. d. M.CCC.XXV, i. dom. q. cant. letare jherus.

(Das Siegel der Stadt Oppenheim in grünem Wachse hängt noch sehr gut erhalten an.) Orig.

Nr. 400.

1325 (28. März.) Nos Thel. abbas monasterii in Selgenstad recognoscismus, quod Siploni in atrio et Mechtildi eius vxori locauimus iv. iugera in ortis et pratis sitis iuxta pratum nostrum, quod wlgariter dicitur browil, iure hereditario perpetue possidenda pro libra hallensium.

A. d. M.CCC.XXV, v. kal. marcii.

Cop.-Buch des Kl. Seligenstadt.

Nr. 401.

1325 (17. April.) Officialis domini prepositi ecclesie wimpin. recognoscimus, quod a. d. M.CCC.XXV, fer. iv. p. domin. quasimodogeniti prox. constituta coram nobis in figura judicii nostri Elizabet dicta Corenagerin, commorans ante portam spiren. in monte w i n p i n e n s i, recognouit, dominum Burkhardum dictum Ertterich, prebendarium ecclesie vallis winpinensis, habere i. libram hallensium perpetui census, quam quondam mater dicti domini Burkhardi iusto emptionis titulo

emit sibi et suis heredibus, dandam de domo eius, que nun-
cupatur corenagershus, sita ex opposito contra domum dicti
domini Burkhardi, retro ecclesiam parrochialem montis wimpin.
et quod pater eius matri dicti domini pro subpignore vnam
domum, quam nunc dicta Elizabet inhabitat, sitam ante
portam dictam spirer dor et vnam aream eodem domo com-
municatam, necnon vnum juger agri situm in monte dicto
helhenberch iuxta ripam nominatam die Irrebach obligauit.
Act. a. d. M.CCC.XXV, die predicta.

(Das Siegel des Ausstellers hängt wenig beschädigt an.) Orig.

Nr. 402.

1325 (21. Dec.) Nos Anzo dictus Man et Swenheldis,
vxor ejusdem legittima, residentes in villa Gensen, confitemur,
nos vendidisse redditus annuos iii. maldrorum tritici plebano
et juratis cappelle s. Nycolai ville Dinheim pro quadam certa
summa pecunie. In cautelam dictorum reddituum obligauimus
prefatis plebano et juratis bona infrascripta nostra sita in
terminis dicte ville Gensen videlicet an deme Twerhpade —
in der Crumengewanden — consultaneum Johanni dicto
fogel — vber den Tribur weg consultanea claustralibus de
Gotstal — zv breyden Erden — an deme hauwe wege —
consultaneum Nycolao dicto Anefleis — zv walges Reyne —
consultanea dominis de Arnesburg — in tercio campo quod
Winterfelt in wlgo dicitur consultaneum Ense, Friderune —
super wegelangen Emerchonis — In der langen Oisterforch —
in der kurzen Oisterforch consultaneum der Gyseleren —
in wiesen Eckern — ante siluam — juxta flur dominarum
de Gotstal — super beheim — an budels stucke consulta-
neum Cunrado Golle — an der breiden Lacchen consulta-
neum Gudele an der Brucken — an der crummen Lacchen —
supra welderat consultaneum Joh. de Flanburnen — an den
Langenlassen. Obligamus insuper hos viros pro fideiussoribus

scilicet Nicolaum Anelleiz, Willckinum, Gerhardum Blume et Gotzonem Kubel.

Dat. et act. a. d. M.CCC.XXV, in dominica q. cant. exurge.

(Das Siegel der Stadt Oppenheim hängt sehr beschädigt an.) Orig.

Nr. 403.

1326 (29. Apr.) Wir Henrich Apt ze Fulde bekennen, daz die Ediln manne Grau Wilhelm von Katinelnbogen, Ulrich von Bickenbach von unsern wein vnd Ulrich von Hainowe herren for vns waren an Gerichte vnd forderten suliche gut die .... ben sin von Greuen Diether dem Jungen, Greuen Diethers selgen sone von Katinelnbogen, die von vns vnd vnserm stifte zu lehen gein, mit namen sin teil des dorfis zu Schafheim, mit gerichte, luden vnd gube vnd mit allem deme, daz dar zu gehoret, des machte wir in tage zu drin vierzehennachten als vnsere man teillten, vnd vf dem lesten tage wart geteilt, daz wir zwene vnser manne solden bescheiden zu erfarn in der kuntschaft, welcher der herren bezzer recht hette an den guben, dar zu beschide wir die erbern Rittere Engilharten von Frankenstein vnd Syfriden Parwen, die verhorten die kuntschaft. Dar nach machte wir den forg. drin herren einen nemelichen tag vf den Dinstag nach s. Marcus tage vnd verkunten in den nemelichen tag, vf den tag qwame wir vnd sazen zu gerichte bie dem dorf zwme Gumprechts, da wir den tag hin gemacht hatten, da vnser manne, herren vnd Rittere vil geinwortig warn, des qwamen die forg. Herren von Bickenbach vnd von Hainowe vf den selbin tag, vnd qwan Greue Wilhelm nicht dar, vnd hant die sorgen. herren von Bickenbach vnd von Hainowe die sorg. gut zu Schafheim mit rechtem vrteile vnser manne for vns erfobirt vnd erwunen, also daz sie Greuen Wilhelme nicht me schuldig sin zu entworten dan .... vnd sal er ouch sie an den guben

ummne brangen, vnb wir suln sie an ben selben leßen schuren
vnb schirmen.

Geb. n. Chr. geb. m.ccc.xxvi, an bem Dinst. n. s. Mar-
cuötage.

(Das Siegel bes Ausstellers ist abgerissen.)   Orig.

Nr. 404.

1326 (5. Dec.) Per hoc presens publicum instrumentum
pateat vniuersis, quod a. d. M.CCC.XXVI, v. die mensis de-
cembris, hora quasi circa primam in villa Dornheim sub tilia
plantata iuxta curiam comitis ibidem ybi solet seculari iudicio
presideri, in mei Hermani de Doruelde publici imperiali
autoritate notarii et testium subscriptorum constituti presencia,
Gerhardus dictus Groyse et Jutta vxor eius legitima recog-
noverunt se vendidisse decano et capitulo ecclesie mogunt.
bona et iugera infrascripta pro ei libris hallensium. Horum
autem bonorum predicti coniuges situs et specificationes in
villa Dornheim et eius terminis tales esse dicebant. Primo
videlicet in vno campo qui dicitur versus Hegene — bi deme
wolfeskeler wege bi deme spydale — vf deme hegenere
wege bi wentzen gut von hersten — bi der frawen gut von
Lorche — bi der Enselschen gut — bi deme Kloster zu
Rethers — bi deme Rythuser pat bi deme selben Closter—
bi der muniche gut von Erbach — an der lache bi deme
Closter zu Rethers — in secundo campo qui vocatur versus
Berka — bi der hobestade an der herren gut von Mentze —
vf der hinder lache bi wentzen gut von Herstein — bi
stederweg — vf dem mych — vf deme hohen wege —
in dem byde iuxta bona cometisse — in delle wyse bi der
Enselschen gut — in tercio campo qui dicitur zu Brüchenvz —
an deme vlosse — an der sultze — in deme Eberhartes
acker — vf den Rodern — vf deme Erharzloch — an deme
wege vf der hinderlach — vf der schafdrift — wysen in
deme hache — wysen an deme haynbusche apud bona Ru-

dolfi dicti Baleyz — in der truwer wyse — an den wyden
wege — wysen vf dem welcker apud bona hospitalis. Iidem
coniuges bona suprascripta in iudicio seculari predicte ville
Dornheim per virgulam secundum consuetudinem iuris ciuilis
ad manus Nycolai sculteti publice resignarunt. Acta sunt
hec presentibus Walthero plebano in Wolfeskele, Gernodo ple-
bano in Godelo, ... plebano in Dornheim, Wygando de Dyn-
heim milite, Folzone dicto Junge ciue oppinheim., Henne-
kino sculteto in Godela et Ernesto de Eruelde ac pluribus aliis.

Orig.

Nr. 405.

1327 (13. Jan.) Vniuersis pateat, quod sub anno in-
carnationis domini M.CCC.XXVII, die mensis januarii xiii,
hora quasi circa meridiem in villa Dornheim iuxta curiam
domini plebani coram judicibus s. mogunt. sedis et in mei
Hermanni notarii ac testium subscriptorum constituti presencia
Johannes dictus Baleiz armiger et Bezela eius vxor legitima
publice profitentes, se vendidisse quondam Henrico dicto
Netzevil, vicario in ecclesia moguntina, bona et iugera terre
arabilis infrascripta pro xx. libris hallensium, que quidem
bona et iugera Henricus in sue anime remedium decano et
capitulo ecclesie mogunt. legauit. Horum autem bonorum
Johannes et Bezela coniuges predicti situs et specificationes
in campis et terminis ville Dornheim asserebant esse tales.
Primo videlicet in campo qui vocatur zu brucken vz — vf
den roderen an deme achtinhalben morgen — am heylige-
loch hinder deme sande — retro ecclesiam b. Agathe vir-
ginis inter montes — in campo qui dicitur versus Berke —
in dellewisen — vber den Berkere wech — uf daz bruch —
vf deme sewechen — in der hinderlachen — in campo qui
vulgariter nuncupatur obenuz — bi der lache apud bona
dominorum de Moguntia — vffe herhardes loy — in den
strengen apud bona der Enzelschen. Acta sunt hec pre-

sentibus Nycolao sculteto, Wetzelino plebano in Dornheim, Herbordo Lange, Thitzone Lange, Herbordo Sparre seniore, Johanne Grelle, Wernhero Hersten et fratre eius Siffrido scabinis ibidem, necnon aliis pluribus.

Orig.

Nr. 406.

1327 (31. Apr.) Mathias s. mogunt. sedis archiepiscopus officiali suo in Gernsheim omne bonum. Intelleximus, quod tu ab abbate et conuentu monasterii in Otterburg ratione bonorum, que tenent in curiis eorum in Rorheim et zu dem Sande, duo paria cyrotecarum quolibet anno tamquam tibi racione officii tui debita et iam sedecim annis neglecta exigas et requiras, tibi itaque seriose mandamus, volentes, vt ab impeticione dictarum cyrotecarum, ad quarum prestationem ipsos teneri nolumus, desistas et super cyrotecis huiusmodi ipsos non pregaues quoquomodo, non obstante si scabini in Gernsheim pronunciauerunt dictos abbatem et conuentum ad prestacionem cyrotecarum fore forsitan obligatos. Dat. Pingwie ii. kal. maii, a. d. M.CCC.XXVII.

(Das aufgedrückte Siegel des Erzbischofs ist abgefallen.)   Orig.

Nr. 407.

1327 (23. Mai.) Mathias dei gracia s. mogunt. sedis archiepiscopus recognoscimus, quod quia Rudolfus olim aduocatus in Dyppurg patronus capelle s. Katherine, vt magister Waltherus dicte capelle rector cum Hartmanno de Rusteberg rectore parrochialis ecclesie in Grombach super ipsa capella ad dictam ecclesiam Grumbach permutare possit licite, suum consensum expressum adhibuit, nolumus eidem Rudolfo et suis heredibus in jure patronatus prefate capelle aliquod prejudicium generari.

Dat. Aschaffenburgi x. kal.. maii a. d. M.CCC.XXVII.

(Das Siegel des Erzbischofs ist großen Theils abgefallen.)   Orig.

Nr. 408.

1327 (1. Aug.) Nos frater Wilhelmus abbas monasterii in Eberbach, necnon conuentus ibidem recognoscimus, quod Metze puelle de Bopardia familiari nostre v. maldra siliginis singulis annis quamdiu vixerit dare tenebimur et nos soluturos promittimus de bonis in Bibilnsheim per ipsam Metzam cum sua pecunia nobis comparatis.

Dat. a. d. M.CCC.XXVII, kal. augusti.

(Das Siegel der Aussteller ist abgefallen.) Orig.

Nr. 409.

1327 (1. Oct.) Wir Engilhart von Frankenstein Ritter vnd Wernher von Aneuelt bekennen, daz wir vnd vnsere Erben dem Apt Heinriche zv Fulde vnd sime styfte den Hof zv Lengenuelt vnd den Hof zv Clingen vnd den hof vnd den cehenden zv Semede, die wir gekouft haben vme sybendehalb hundert phunt heller, wen sie des zv rate werden, wider zv koufen vierzehen tage for s. Petirs tage zv vashnacht ober vierziehen tage dar nach, vm sybendehalbhvndert phunt heller wider zv koufe geben suln.

Geb. n. Chr. geb. m.ccc.xxvii, a. d. frietage nach s. Michahels tage.

(Das Siegel des Ausstellers hängt ziemlich beschädigt an.) Orig.

Nr. 410.

1328 (18. Jan.) Nos frater Wilhelmus abbas et conuentus monasterii in Eberbach profitemur, quod Cunrado dicto Swartzhobit locauimus agros curie nostre Leheim ad vaum aratrum sufficientes pro tercia parte omnium frugum cuiuscunque grani vel seminis fuerunt de dictis agris proueniencium, jure dicto Lantsedilrecht possidendos sub condicionibus infrascriptis, primo — item magister curie nostre Leheim in lignis combustibilibus dictis vnholtze in Rithusir-

walt, prout dictum C. colonum viderit indigere aliqualiter
prouidebit — item dicto Cunrado colono xv. jugera pratorum
in Lusawe et xv. inferius apud curiam nostram assignauimus,
de quibus pratis pecuniam dictam dichgelt dare tenebitur
annuatim.

Dat. et act. M.CCC.XXVIII, in festo kathed. b. Petri.

(Das Siegel des Ausstellers ist abgefallen.) Orig.

Nr. 411.

1828 (23. Aug.) Nos Conradus prior, totusque con-
uentus monasterii in Selgenstad recognoscimus, quod nos
Hedewigi, Agneti, relictis quondam Henrici et Ebirhardi
fratrum dictorum Funke, pratum nostrum die Talwisen nun-
cupatum, situm in campis opidi Babinhusen penes ripam
dictam die Geyspenze, ad officium cellerarie nostri monas-
terii pertinens, ad dies vitae pro quadam annua pensione
locauimus.

Dat. a. d. M.CCC.XXVIII, in vig. Bartholomei apost.

Cop.-Buch des Kl. Seligenstadt.

Nr. 412.

1828 (8. Oct.) Ich Wernher von Wintrawe ein Ritter
tun kunt, daz ich verzigen han vf alle die ansprach, die ich
hatte gen den abte vnb den conuente des gotshuses ze Eber-
bach vnb gein ihrem closter, von welcher leye sachen daz wer
bit vf disen hutigen tag. Auch verzihen ich sunderlingen
vf daz vischwazer, daz gelegen ist in dem Ryne an dem
stridewerbe, daz des vorg. closters zo Eberbach ist vnb ver-
zihen ich luterlich vf allez daz reht, daz ich wande an dem
selben vischwazer han, wan ich vnderwiset bin, daz ich kein
reht dar an han. Ich bekennen auch, daz ich schuldig bin
denselben geistlichen luben zwelf phunt haller, die si mir gut-
lich gelihen hant. Vnb bi disen dingen warn di strengen
Ritter her Emerich von Erbach, her Fridrich Griffencla vnb

20*

her Claus von Scharpenstein Ritter vnb Johan von Wackern=
hein ein edelkneht.

G. n. Chr. geb. **m.ccc.xxviii**, an f. Dyonisien Aubenbe.

(Die Siegel des Ausstellers und Claus v. Scharfenstein hängen
wenig beschädigt an.) Orig.

Nr. 413.

1328 (14. Oct.) Ich Engelhard vnb ich Engelhard, Cun=
rab bie jungen von Winsperg vergehen, baz wir Herman
Loblin ben schultheißen zu Winphen, Margareten siner elichen
wirtin, ir erben vnb allen ben, ben si ez orbent, haben lebig
gelaßen vnb vur fri eigen geantwurt rii. morgen akkers in
ber March zu Winphen an ber Twerhenstraße bi bem Cruh
an bem Weg gegen Spire, bie vns zinsbar waren, vmb viii.
phunt haller.

Dat. a. d. M.CCC.XXVIII, in die s. Burkardi.

(Das Siegel Conrads hängt sehr beschädigt an, bas andere Siegel
ist abgefallen.) Orig.

Nr. 414.

1329 (12. Mai.) Nos Godffridus dominus in Eppin-
stein recognoscimus, quod Philippus clericus, pastor ecclesie
parochialis in Bremental, filius Philippi militis dicti Cul, bona
dicte ecclesie in Bremetal sita in villa dicta Russelsheim,
que vulgariter nominantur bona domini de Eppenstein, locavit
Ernfrido et Hille conjugibus in dicta villa commorantibus,
in presencia sculteti, necnon scabinorum ville dicte Seylffurd
ac prefate ville Russelsheim, plebano de Seylffurd, Conrado
sculteto de Breckenheim ac Culmanno de Borne sculteto de
Delckenheim, Gozoni naute, civi mogunt., Johanni fabro in
Russelsheim, Heylmanno dicto Surussel ac dicto Cruseler,
cingravio in Seylffurd, presentibus, pro xv. maldris siliginis.

Dat. a. d. M.CCC.XXIX, ipso die s. Nerei, Achillei et
Pancratii mart.

Cop.=Buch des Kl. Seligenstadt.

Nr. 415.

1329 (11—18. Juni.) Nos Thilmannus abbas, Cunradus prior, totusque conuentus monasterii in Selgenstad recognoscimus, quod curiam nostram sitam in villa Rintbrucken cum omnibus attinentiis locauimus Johanni dicto Smyt et Methildi vxori sue ad vite sue tempora pro xvi. octalibus siliginis. — Presentibus: Petro capellano nostro, Johanne de Heydersheim, Hartliebo de Geisilbach, Bertoldo de Auheim, Hartlibo sartore, H. dicto Sylc et q. pl. a.

Dat. a. d. M.CCC.XXIX, infra octav. penthecostes.

Cop.-Buch des Kl. Seligenstadt.

Nr. 416.

1329 (11—18. Juni.) Nos Th. abbas, Cunradus prior, totusque conuentus monasterii in Selgenstad recognoscimus, quod nos inferiorem curiam nostram sitam in Celhusen, quam olim Hildeburgis et Gysela, quondam filie Henrici de Wizenkirchin bone memorie, possederant, Heilmanno dicto Krappe ibidem ad vite sue tempora locauimus.

Dat. a. d. M.CCC.XXIX, infra octav. penthecostes.

Cop.-Buch des Kl. Seligenstadt.

Nr. 417.

1329 (4. Nov.) Nouerint, quod ego Syboldus cantor ecclesie aschaffenburgensis abbatem et conuentum monasterii in Selgenstad in mei meorumque progenitorum remedium lego et transfero redditus iv. maldrorum et i. sumerini siliginis super bonis in villa Husen et eius terminis iuxta Seligenstad apud Hertwicum de Gunsrode meum concanonicum aschaff. comparatos, que colit filius quondam Cunradi dicti Roleder.

Dat. et act. a. d. M.CCC.XXIX, ii. non. nouembris.

(Das Siegel des Ausstellers ist abgefallen, von dem Siegel der Aschaffenburger Richter ist noch ein Fragment vorhanden.) Orig.

Nr. 418.

1329 (5. Nov.) Wir Hartmud von Kronenberg ein Burggraue zu Starkenberg, Heinrich Rint vnd Conrad von Werberg Ritter Raitlude erkoren von den erbern hern Wilhelme dem abbete vnd deme conuente gemeinlichin des cloistirs zu Erbach von einre sitin vnd den strengin Ludin hern Burgharte vnde Hertwige sinen veberen von Wolfiskelin den saudin zu Leheim von der andern sitin, vmbe alsoliche sache alse die vorgenantin her Burghart vnd Hertwig zu deme vorgenantem Hern Wilhelme, sune conuente vnde irme Hayse zu Henehe, der da ligit by Leheim vnd deme gude daz in den selbin haif horet, hain zu zu sprechene. Wir sprechin von erstin vf vnsin eit, daz wir hain erfarin an herrin, ritteren, knethin, an andirn gudin Ludin vnde an der kuntschaf des dorfis zu Leheim vnde dunkit vns auch selbir recht naich deme, daz wir hain erfarin vnde sin auch des einmobig wordin, daz die vorg. her Burghart vnd Hertwig von Wolfiskelin keine herburge, azunge obir legir vf dem vorg. haise sullin hain.

Geb. n. Chr. geb. m.ccc.rrir, an deme nestin sundage vor s. Martins dage.

(Die Siegel der Aussteller hängen in grünem Wachse wenig beschädigt an.)

Orig.

Provinz Oberheſſen.

Nr. 419.

1300 (16. März.) In godes namen amen, allermenlich sal wißen, daz des Jares n. Chr. geb. m.ccc, an dem sechszehinden tage des mandes Marcii, in dem Crützegange der Prediger zu Frankenford stunden vor mir vffinbar schribere vnd der gezugin hernach geschreben, die brubere vnd herr des hußes zu Saffinhußen orbins vnßer frauwen von Jerusalem vnd myt namen her Theoderich trappyr vnd her Henrich Einsmeister des obg. Hußes vff eyne syten vnd Lemechin Gultsmyd von Menße, Johannes Mulners son vnd Grede Katherinen dochter von Frankenford syn eliche hußfrauwe vff die ander syten, vnd die selbin zwei elichin lude Johan vnd Grede irkanten sich vffinlichen, daz sie hetten verkaufft alle jre recht, alle eiginschafft, alle beßerunge, alle besißunge vnd alle vorderunge, die sy hattin vnd gehabit han an vi. hubin landes arhaftes ackers, an vi. morgen wysen vnd an eyner hofstab als sie stet vnd an eyner schuren vnd myt allin zugesellen vnd rechtin die .bar zu gehoren, gelegen in gebede, gerechte vnd termynie des dorffes zu n e b e r n Brsele, dem Commentur, dem trapere vnd dem Conuente des hußes zu Saffinhußen obgen. vmb xx. gulden. — Zeugen: Hermanne von Caffele vffinbar schribere, Conrade Hanselini eyn phaffe, Heilman gen. Krul vnd Rule Balmes Snyders son von Hanauwe burge zu Frankenford.

(Notariatsinstrument. Notar: Heinrich von Ovinbach.) Orig.

Nr. 420.

1300 (4. Mai.) Nouerint omnes, quod nos commendator domus theutonice apud Franckenvort ex vna parte et

Richardus miles de Gunse ex parte altera, super sedandam discordiam, que inter nos uertebatur hinc inde super quibusdam bonis sitis in Gunse villa predicta, in quibus ius, quod vulgariter dicitur voitreith, me Richardum militem habere credidi, vnanimiter concordauimus in viros discretos tanquam in arbitros, videlicet in dominum Walterum quondam plebanum et Hartradum dictum Blyde scabinum wetflar., qui cum amicabiliter dictam dissensionis materiam inter nos habitam sedare non poterant, saltem in virtute arbitrii pronunciauerunt, me Richardum militem predictum in prefatis bonis aliquid juris non habere. In quorum testimonium sigillum meum vna cum sigillis domini Wygandi decani, Walteri quondam plebani et opidanorum wetflar. huic scripto sunt appensa. — Testes: Hermannus Selege, Ernestus de Nuueren, Hartradus Blyde, Conradus de Caitzevort, Conradus Crawe, scabini opidi predicti, et a. q. pl.

Dat. et act. Wetflarie a. d. M.CCC, in crast. inuent. s. crucis.*)

(Die Siegel hängen sehr gut erhalten an.) Orig.

---

*) 1311 (5. Juli.) Burgmanne, Schöffen u. Rath zu Friedberg, sowie Burgmänner u. Schöffen zu Gießen bezeugen einen gleichen Verzicht Richards von Gunse, Giselberts, Bernhards, Luplius, Heinrichs, Gerhards u. Heldenrichs, Wäppner, seiner Brüder, auf ihre Güter zu Langgöns.

1311 (10. Juli) bezeugen Cunradus dictus de Morle, Wigandus de Alpach, Erwinus dictus Lowe milites, Jungo de Lympurg, Johannes de Wonneckin et Johannes dictus Rodechin scabini et opidani in Frydeberg, als Schiedsrichter in Streitigkeiten des Deutschordenshauses in Sachsenhausen mit Gyselbert gen. von Gänse u. seinen Brüdern über Güter zu Langgöns, daß der gen. Gyselbert und seine Brüder vor den Burgmännern und Bürgern zu Gießen auf dieselben verzichtet haben. (Das Siegel der Burgmänner zu Friedberg hängt unbeschädigt an.) Orig.

1318 (1. Aug.) verzichten „Gyselbrath, Bernhart, Lodewich, Heinrich, Gerhart vnde Heldenrich gebrudere vnd edel knehte geheizen von Gunse, mit Cunrade von Burgharde vnsern faberen sune" zu

Nr. 421.

1800 (10. Juni.) Decanus ecclesie frankenuord. judex a sede apostolica delegatus recognoscimus, quod cum commendator et fratres domus theutonice in Sassinhusen Egelonem de Frideberg, filium monetarii, generum Alheidis relicte quondam Rudolfi Wingerteres de Frideberg, super eo, quod eosdem commendatorem et fratres impetiuit in vno manso et dimidio manso terre arabilis sitis in terminis ville inferioris Wllenstad, quos apud prefatam Alheidim relictam comparauerunt, coram nobis traxissent in causam, ac eundem Egelonem petiuissent compelli per nostram sententiam, vt ab huiusmodi impedimento, quia emtioni contradixit, coram judice seculari desisteret, dicentes — quod ipsa relicta huiusmodi bona ipsam contingentem vendere potuit, quia obtinuit per sententiam scabinorum in Frideberg coram burgrauio ibidem, quod bona vendere potuit ad soluendum debita sua et pro necessitate sui corporis, hiis itaque hincinde habitis et propositis prefatus E. coram nobis constitutus renunciauit pro se et vxore sua omni juri siue actioni, quod vel que ipsis conpetere posset in prefatis bonis et contradictioni coram judice seculari.

Act. et dat. a. d. M.CCC, sabb. p. fest. trinitatis.

(Das Siegel der Aussteller hängt unversehrt an.)   Drig.

Nr. 422.

1800 (12. Juli). Hermannus dictus Halbeir miles de Cleberg notum facio, quod omni iuri, quod michi, meisque successoribus et heredibus competebat in vno manso terre arabilis sito in terminis ville Langengunse, quem possident

---

Gunsten des Deutschordens zu Sachsenhausen auf ihre Vogteirechte auf etlichen Gütern zu Gunse. (Gesiegelt haben die Ritter Hartman von Sulzbach u. Bertold der Vogt von Ursel, sowie Bernhard obgen. Die Siegel sind wohl erhalten.) Drig.

commendator et fratres domus theutonice in Sassinhusen
apud Frankenuord, renunciaui, presentibus testibus Cunrado
Iveno seniori de Sassinhusen et Friderico Dugel genero meo,
militibus. Et in testimonium predicte renunciationis presentes
literas sigillo meo vna cum sigillo Friderici dicti Dugel mi-
litis predicti, generi mei, burgrauii in Frideberg, tradidi
sigillatas.

    Act. a. d. M.CCC, in die b. Margarete.

(Die Siegel sind abgerissen.)   Orig.

Nr. 423.

1300 (10. Nov.) Nos frater Hermannus de Maguntia,
prior domorum hospitalium Jerosolom. s. Johannis per Ale-
manniam, cupimus esse notum, quod decisis causis discordie,
que uertebantur inter dominum Eng. comitem de Cziginhain
ex vna et commendatorem et fratres domus nostre apud
Nithe ex parte altera, super vniuersis causis in futurum con-
tingentibus in dominos milites tamquam in arbitros communiter
consenserunt, dictus videlicet comes in Wigandum de Buches
et dicti fratres in Johannem de Beldersheim, qui diligenter
investigabunt omnem causam que suborta fuerit, et illam
infra quindenam decident. Insuper dicti fratres Johannem
de Beldersheim predictum et Eberhardum, quondam Eberhardi
de Echzil militis filium, fideiussores constituerunt, qui si ar-
bitrio promulgato rebelles exstiterint, requisiti a dicto comite
in Frideberg se recipient, non exituri donec per dictos fratres
arbitrium fuerit adimpletum. Si vero dictos arbitros in aliqua
causa discordare contigerit cuiuscunque partis arbitrio, no-
bilis vir dominus Philippus de Minzinberg sororius dicti co-
mitis consenserit, huic dicti fratres parere tenentur, alioquin
fideiussores eorum predicti iterum a sepedicto comite moniti
in Frideberg se recipient.

    Dat. a. d. M.CCC, in vig. b. Martini, coram testibus:
domino Walthero de Lybesperg, Johanne de Lindia, Wi-

gando de Buches, Johanne de Beldersheim et Dylone fratre suo militibus, Wernhero de Lybesperg, Friderico de Wissens- heim et a. q. pl.*)

(Die Siegel des Ausstellers u. Philipps von Minzenberg hängen beschädigt an.) Orig.

Nr. 424.

1801 (2. Febr.) Nouerint, quod ego Erwinus dictus Leo de Stenvord et Gysilbertus frater meus, vna cum con- iugibus nostris, Lugarte et Alheyde, vendidimus Heynrico abbati et conuentui monasterii de Arnsburg redditus v. mar- carum cedentes de bonis sitis in villis infra notatis et circa, videlicet in Lundorf de manso — in Mulnbach de curia et de vno manso — in Appinburnen de molendino, pratis et quibusdam agris — in Vdinhusin de manso et de curia — cum omnibus attinentiis eorundem pro lxix. marcis colon. denariorum. — Testes: Heynricus Orphanus, Cunradus de Clen, Cunradus de Morle et Rupertus de Carben milites, castrenses in Frideberg.

Dat. a. d. M.CCC.I, in purif.

(Das Siegel der Burgmänner in Friedberg ist sehr beschädigt.) Orig.

Nr. 425.

1801 (25. März.) Wir schultheize, schepphen vnd rat vnd burgere gemeiniclichen von Fribeberg tun kunt, daz wir mit vnfen liben frunden den burcmannen von Fribeberg vnd der Burc vns vnder redet han vnfers herren des kuninges Albrechtes fin vrlouge ze helfen vnd mit einander fi vns ze helfene vnd wir in mit libe vnd mit gube fwa fi is ober wir beburfen getruweliche vnd gegen des kuniges vienden, We han wir geredet ob di thein vf loufende binc vnder vns ge- fche des Got niht en gebe ober vf loufen mohte, des han wir geforn vier Burcman vnd vier burgere die fulen des ge-

---

*) An demfelben Tage stellt Graf Engelbert v. Ziegenhain eine ganz
   gleiche Urkunde aus.

walt han hin ze legene vnd niht bi biez anget, zweient ſi ſo
ſal der Gardian der barfuzen von Friedberg ein mittelman
ſin, daz ſulen di ahte einde geben innewendic virzehen nahte
vnd ſulen iz niht langer vf zihen ſi in dunz banne durch
daz beſte, daz ſulen ſi begrifen bi iren truwen vnd alſe ſi
geſworen han zu den heligen, dar nach ſal der mittelman
ein ende geben innewendic virzehen nahte, Iſtiz alſo daz der
bruch an get ettiſwen einen vnder be ahten der ſal dar abe
ſin vnd ſine geſellen bi andern dri ſulen einen kieſen an ſine
ſtat der daz helfe verihten ei͡uen gemeinen man vf iren eit,
geſchit dichein bruch dar zu ſal niman kumen ban ben vf zu
halbene vnd zu ſumeliſchen dingen vnd niht ben bruch zu merene,
ſwen di zweiunge an get iz ſi ein burcman ober ein burgere,
vnd wil der niht folgen ben ahten der ſal meineibit ſin vnd
ſulen bi andern alle burcman vnd burgere wider ime ſin, vffe
diſe rede di ſich her in geſazt han di burcman ſulen ane
angeſt ſin libes vnd gudes vor ben burgere vnd di burgere
ſin ane angeſt libes vnd gudes vor ben burcmannen bi ſich
dar in geſazt han, vnd waz iſt geſchen vor birre zit daz ſal
bliben ligende an ſime rehte biz an ben helen ſundac vnd
ſal bliben ligende zu ſime rehte. Diz han die burcmann di
ſich dar in geſazt han vor ſich vnd ir geſinde getan, her vf
han bi burcman geredet mit vns bez ſi bi hinderſten porten
ſulen beſlizen vnd ſulen bewaren vf ir truwe vnd vf ir eit,
vnd wir burgere ſulen vnſer porten den burcmannen offenen,
daz ſi dar uz riden vnd gen, ſwanne ſi iſ bedurfen iz ſi naht
ober tac gelicher wiſ alſe wir ſelbe. Diſe ſtricunge ſal weren
vnder vnſ biz an ben neſten helen ſundac in der vaſten.

Geb. n. Chr. geb. m.ccc.i, an vnſer froen dage in der vaſten.
(Das Siegel der Stadt Friedberg hängt wohl erhalten an.)   Orig.

Nr. 426.

1302 (14. Febr.) Notum sit, quod nos Fridericus, Con-
radus, Philippus et Gerhardus fratres nobiles viri dicti de

Bickene vendidimus preposito, magistre et conuentui cenobii in Werberg bona nostra apud villam Stenbach sita, tam in agris, pratis, quam in siluis pro v. marcis et dimidia pecunie numerate. In cujus facti robur dedimus eis presentes literas sub sigillo nostro ac sigillo ciuium in Herberein roboratas, et nos Gerlacus dictus de Obirdorph, Frengwinus et vniuersi scabini et ciues in Herberein recognoscimus sigillum vniuersitatis nostre presentibus appendisse.

Dat. et act. Herberein a. d. M.CCC.II, in die b. Valentini mart.

(Die Siegel hängen sehr beschädigt an.)　　　Orig.

Nr. 427.

1302 (3. März.) Nouerint vniuersi, quod cum ego Heinricus miles, aduocatus de Erlebach, de pensione, quam annis singulis presentare teneor decano et capitulo ecclesie s. Marie ad gradus mogunt. de bonis eorum sitis in villa Lichen, mihi ad certa tempora locatis per eosdem, in l. maldris siliginis et xl. maldris tritici ratione messium preteritarum sub anno dom. videlicet m.ccc.i. remanerem obligatus ac pro defectu solutionis huiusmodi pensionis per judices s. moguntin. sedis forem excommunicationis uinculo cum participantibus mihi quomodolibet innodatus, inter predictos decanum et capitulum et me H. locatarium taliter extitit ordinatum, videlicet quod teneor huiusmodi pensionis summam neglectam eisdem dominis soluere usque in festum b. Michaelis proxime affuturum, pro cujus exsolucione strenuum virum Cunradum de Erlebach militem, Hartmannum clericum fratrem suum, sororios meos, Marchulfum generum meum et Godfridum filium meum predictis dominis constitui fideiussores.

Act. Moguntie a. d. M.CCC.II, v. non. marcii.

(Gesiegelt haben die Mainzer Richter, Johannes Scholastiker der Kirche zu Frankfurt u. der Aussteller. Das Siegel des letzteren, sowie der Mainzer Richter hängt wenig beschädigt an.)　　　Orig.

Nr. 428.

1302 (2. Juni.) Scolasticus ecclesie s. Marie ad gra-
dus magunt. judex auctoritate sedis apostolice constitutus
recognoscimus, quod cum sindicus monasterii s. Albani
magunt. dicti monasterii nomine relictam quondam Cunradi
dicti Fuldener et ipsius heredes de inferiori Wllenstat
super vno obtimali siue meliori capite coram nobis traxisset
in causam, procurator quoque commendatoris et fratrum domus
theutonice in Sahsinhusin offerens se liti nomine predictorum
commendatoris et fratrum, dixisset, quod sua interesset de-
fendere ipsam causam, idem sindicus et commendator iam
dicte domus super dicta causa in dominos decanum ecclesie
frankenuord. et Heinricum dictum Mevn, canonicum ecclesie
moxtadensis, tamquam in arbitros compromiserunt.

Act. a. d. M.CCC.II, iv. non. junii.

(Das Siegel der Aussteller ist abgeriffen.)　　　Orig.

Nr. 429.

1302 (23......) Nos Sifridus et Juttha coniuges
ac Connegundis beckina, soror Sifridi iamdicti de Alden-
buchesecke, recognoscimus, quod nos contulimus omnia
bona nostra, a nobis usque in hodiernum diem hereditatis
sev proprietatis tytulo possessa, sanctimonialibus monasterii
in Schyffenburg, vt post mortem nostram dicta bona ea li-
bertate possideant, quibus nos hactenus dinoscimur possi-
disse. — Testes: Wernherus armiger dictus Masewerg, An-
dreas sororius suus, Heinricus dictus Hanentrat, Rulo de
Wisemor et a. q. pl. In huius donationis euidentiam pre-
sentes litere confecte sunt strenuorum virorum et militum,
domini Heinrici dicti Amunc scilicet et Hartmudi fratrum
dictorum de Elkerhusen ac opidanorum in Gyzen sigillorum
munimine sunt signati in testimonium veritatis.

Dat. a. d. M.CCC.II, x. kal. .... (abgeriffen.)

(Die Siegel der fehr befchädigten Urkunde find abgefallen, nur das dreiedtige Siegel des vorg. Hartmud hängt noch gut erhalten an. Es zeigt die drei Belle mit der Umfchrift: S. HARTMVDI. DE. ELKERH...N.)

Orig.

Nr. 430.

1303 (14. Febr.) In nomine domini amen — nos igitur viri nobiles dominus Wernerus de Westerborg, dominus Wernerus de Swenesberg, domicellus Hermannus de Rumerode et domicellus Henricus de Swenesberg, domini de Lewensteine, notum esse cupimus, quod nos, pio motu et affectu, quem circa ordinem s. Johannis hospitalis jerosolim. semper habuimus, fratribus dicti ordinis aduocaciam nostram in Vohele ac ius patronatus ecclesie ibidem donauimus, ob remedium animarum nostrarum, necnon omnium predecessorum nostrorum ipsam ordinando nomine testamenti. Presentes erant: Theodericus de Eluene, Henricus de Orefe, Widekindus Wackermule, Gerlacus de Griffede milites, Conradus de Borken, Eckehardus de Vilsperg, Renherus de Dalewic, Lodewicus de Glimenhagen, Conradus de Michelsberg, Bertoldus Cige, Wernerus cellerarius, Henricus Spore, famuli et q. pl. a.

Act. a. d. M.CCC.III, Valentini mart.

(Gefiegelt haben die Ausfteller; es hängen aber nur noch an die dreiedtigen Siegel der obg. Werner u. Hermann, einen aufrecht ftehenden, vorwärts fchreitenden Löwen darftellend, mit der Umfchrift: S. WERNERI. DE. LEWENSTEIN. u. S. HERMANNI. DE. LEWENSTEIN.)

... Orig.

Nr. 431.

1303 (26. April.) Nos Wigandus de Buches et Jutta vxor eius in Heldebergin commorantes recognoscimus, quod vendidimus commendatori et fratribus theutonice domus Sassinhusen apud Frankinvord vnam curiam in Heldebergin

et ortum ipsi curie annexum et iii. mansos cunt dimidio terre
arabilis in terminis dicte ville Heldebergin sitos pro clxxvii.
marcis denariorum. — Testes: Cunradus antiquus Sweuus,
Wilhelmus Vlnere, Syboldus de Heldebergin, Bertoldus iu-
uenis Sweuus milites, Sifridus de Gysinheim et Johannes
Goltstein, scabini frankinvord.

Act. a. d. M.CCC.III, fer. ii. p. domin. q. cant. judica.

(Das Siegel der Stadt Frankfurt hängt unbeschädigt an.) Orig.

Nr. 432.

1803 (5. Juni.) Ego Gerlacus armiger, quondam filius
Mengoti dicti Guldene, recognosco, quod quendam mansum
in Battinuelt situm, quem a me Volpertus dictus Enzce
possedit iure feodali, eidem Volp. et suis heredibus dictum
mansum cum omnibus attinentiis appoprio, in presentia tes-
tium videlicet Eckehardi de Helfinberg, Wernheri de Hirz-
cinhain, Hartmanni de Lobirbach militum, Ludewici de Mu-
nichusen, Klinkardi, Sifridi, Frilingi scabinorum in Fran-
kenberg, Heinrici de Eringishusen, Conradi Stendere scabi-
norum in Honberg et pl. a.

Dat. in die b. Bonifacii mart. a. d. M.CCC.III.

(Das Siegel der Stadt Homberg ist abgerissen.) Orig.

Nr. 433.

1803 (23. Juli.) Ich Craft her Vben sun waiz bywilen
eynis burgeres von Wetflar dun kunt, daz ich mit gehenc-
nuffe Hermanis der genant ist Litthenstein mines funis han
gegeben Ebirharde von Herlißhem mime Eydene vnb Hedewige
finer wirthen miner dochtere ir. malber kornes vnb eyn malber
weyfis zu Leitgesteren jarlicher Gulde. — Zeugen: Hart-
rab von Herlißhem, Rulo Reye scheffenen von Wetflar u. a. m.

R. Gobis geb. m.ccc.iii, an dem nesten dage nach s.
Marien Magdalenen dage.

(Das Siegel der Stadt Wetflar hängt wenig beschädigt an.)

Orig.

Nr. 434.

1303 (3. Aug.) Nouerint vniuersi, quod ego Happelo, filius Hartlibi de Amena, pistor, Elizabet vxor mea et heredes nostri, ciues in Grunenberg, tenemur dare ecclesie et conuentui sanctimonialium in Werberg de quodam macello panum, quod wlgariter dicitur Brotschirne, situm in opido Grunenberg inter alia macella v. solidos denariorum iure herditario possidendum.

: Act et dat. a. d. M.CCC.III, iii. non. augusti.   :

(Das Siegel der Stadt Grünberg hängt beschädigt an.)   Orig.

Nr. 435.

1303 (15. Aug.) Ego Widekindus presbiter dictus de Aldenbuchesecke recognosco, quod omnia bona mea sita in villa dicta Foxroyde delego donatione facta inter viuos sanctimonialibus in Schyffenburg, dono elemosine in anime mee remedium. — Testes: Hartmudus de Elkerhusen, Happlo de Drahe, Wernherus de Linden, Cuno dictus Halbir, Hermannus dictus de Buchesecke milites, Johannes dictus Ritthere, Wernherus dictus Masewerg armigeri, Gerlacus dictus Drafleis, Ludewicus pistor, Eckehardus, scabini in Gyzen et a. q. pl.

.   Dat. a. d. M.CCC.III, in die assumpt. b. Marie virg.   .

(Das Siegel der Stadt Gießen hängt ziemlich wohlerhalten an.)
Orig.

Nr. 436.

. 1303 (20. Aug.) Ego Albertus junior de Rumerode, frater Ludewici, Heinrici et fratris Friderici ordinis s. Johannis jherosolom. de Rumerode omnibus cupio esse notum, quod renunciaui ville seu curie in Ybin, conferendo dictam curiam pro elemosina fratris Friderici mei predicti, domino Widekindo commendatori, fratri Johanni priori et ceteris

21*

fratribus ordinis predicti domus in Grebinauwe. — Testes: Albertus miles senior de Rumerode, Theodericus dictus Kule, Cunradus dictus Panchuche et q. pl. a.

Dat. et act. in Alsuelt a. d. M.CCC.III, xiii. kal. septembris.

(Das Siegel des Ausstellers ist abgefallen.)   Orig.

Nr. 437.

1303 (11. Dez.) Nos coniuges Hartmannus et Helmburgis de Louberbach dicti recognoscimus, quod Erenfridus noster cognatus et afinis se recepit in ordinem s. Johannis pro salute anime sue ac bona sua eidem ordini delegauit, videlicet curiam in Elsfeldia sitam apud cimiterium, que domus lateralis nuncupatur et quod nobis commendator eiusdem ordinis in Grebenowe iure hereditario locauerit eandem curiam temporibus vite nostre annuatim pro ii. libris cere in signum restitutionis persoluendis. — Testes: Hartmodus castellan, Nicolaus suus sororius et Heinricus Hake et a. q. pl.

Dat. a. d. M.CCC.III, iv. fer. a. Lucie virg.

(Das Siegel der Stadt Homberg hängt sehr beschädigt an.) Orig.

Nr. 438.

1304 (19. März.) Nos Johannes et Melthildis, coniuges, opidani in Mynzenberg recognoscimus, quod nos vendidimus religiosis dominabus monasterii in Schyffenberg pro lxiv. marcis denariorum, quos confitemur recepisse ab domino Cunrado dicto monetario et Theoderico dicto de Buckenheim, ciuibus wetflariens., vnum integrum mansum situm iuxta Bercheim et medietatem vnius curtis cum iv. iugeribus terre arabilis, que bona omnia recognoscimus etiam olim eiusdem fuisse monasterii vere propria, promittentes quoque secundum conswetudinem opidi nostri per annum et diem super huiusmodi venditionis contractu certam warandiam nos facturos, super quo Sifridum dictum Bumester,

Vigandum carnificem et Wernherum dictum Cleinecoif, nostros opidanos, fideiussores constituimus. — Presentibus: Happelone dicto de Steinheim, Siplone dicto Riche, Wigando ante portam, scabinis.

Dat a. d. M.CCC.IV, xiv. kal. aprilis.

(Das Siegel der Stadt Münzenberg hängt unverfehrt an.) Orig.

Nr. 439.

1304. (7. April.) Nos Gotfridus Beyer miles scultetus et scabini de Frankenford recognoscimus, quod Henricus Rufus institor et Hedewigis uxor eius, nostri conciues, in nostra presencia constituti, vendiderunt commendatori et fratribus theutonice domus in Sassenhusen vnum mansum et septem jugera cum dimidio terre arabilis in terminis ville Hvleshoven sitos. — Testes: Hertwicus de alta domo, Conradus de Spira, Sifridus, de Gysenheim, Markolfus de Lyntheim, Rudegerus et Ludewicus de Holtzhusen, Johannes Goltstein, scabini et q. pl. a. ciues frankenfordenses.

Act. a. d. M.CCC.IV, fer. ii. prox. p. octav. pasche.

(Das Siegel der Stadt Frankfurt ist abgeschnitten.) Orig.

Nr. 440.

1304 (27. Mai.) Cum varii rerum euentus — ego igitur Bertha, relicta quondam Friderici dicti Schefere ciuis wetflar. testamentum meum disposui, et ordinaui de consensu Heynonis de Nuueren, quem in mundiburdum et tutorem omnium bonorum meorum elegi, et ordino in hunc modum, volens vt post mortem meam bona mea sita in villa de Letgesteren cedant Craftoni clerico, filio quondam Hartmudi Munzeres, soluentia iv. maldra siliginis et maldrum tritici, que percipiet sue vite temporibus, ipso autem mortuo dicta cedet pensio conuentui sanctimonialium in Schyffenburg eternaliter possidenda. — Testes: Hermannus Selege, Heynemannus Gerberti, Conradus Crawe, Ernestus de Nuueren, Rulo Reye, scabini ciuitatis predicte.

Dat. a. d. M.CCC.IV fer. ii. prox. p. ascens. dom.*)

(Das Siegel der Stadt Wetzlar hängt an roth seidener Schnur beschädigt an.) Orig.

Nr. 441.

1305 (5. April.) Cupientes — igitur innotescat, quod ego Johannes dictus Bohemus et Jutta soror mea carnibus, super vniuersa hereditate nostra, mediante proborum virorum consilio, sumus taliter ab inuicem separati, videlicet, quod Jutta soror mea predicta bona et redditus infrascriptos pro sua parte funditus optinebit sine qualibet mea contradictione. Hec siquidem bona sunt videlicet in Schelminhusin bonum Friderici soluens v. octalia siliginis — item ibidem bonum dicti Zecke soluens vii. maldra vtruisque fructus. — In cujus rei testimonium ego Johannes confero presentem literam roboratam sigillo ciuium in Gruninberg, necnon dilecti nostri awnculi, videlicet Mengoti militis de Croninberg. — Testes: Heinricus de Sassin, Hermannus dictus Zolnere et Theodericus dictus Dunebir, scabini in Gruninberg et a. q. pl.

Dat a. d. M.CCC.V, in crast. b. Ambrosii episc.**)

(Die Siegel hängen sehr beschädigt an.) Orig.

---

*) Im folg. Jahr 1305 (den 20. Dec.) schenkt der oben genannte Crafto, da seine Verwandtin Bertha genannt Scheffere gestorben, die oben bezeichneten Güter dem Kl. Schiffenberg. (Das Siegel der Stadt Wetzlar hängt wohl erhalten an.) Orig.

**) Im Jahr 1311 (den 23. Jan.) verkaufen Johannes dictus Bohemus plebanus in Grazze et Juta soror mea, pueri quondam Johannis militis dicti Bohemus, alle ihre eignen Güter in villa Schelminhusin an das Kl. Arnsburg. Zeugen: Johannes Bohemus plebanus in Grazze, Mengotus de Croninberg miles, Heinricus de Sassin, Johannes filius Angeli, Hermannus de Pedirshayn scabini,

Nr. 442.

1305 (27. Oct.) Nos Philippus dominus de Mintzen-berg senior cupimus notum esse, quod cum materia con-trouersie inter nos ·ex vna et commendatorem et fratres domus ordinis theutonice in Sassenhusen ex parte altera verteretur, videlicet super eo, quod iura nostra in tritico, quod dicitur wlgariter bedewezse, in bonis eorundem in villa Wllenstad inferiori sitis, hactenus sunt neglecta, mediantibus amicis nostris hincinde, huiusmodi ordinacio intercessit, ita, quod super omnibus iuribus racione ·predicti tritici nobis competentibus de predictis bonis, de consensu Wernheri nati nostri dilecti et aliorum heredum nostrorum, pure propter deum et in remedium anime nostre renuncia-mus, ea sane conditione mediante, quod supradicti commen-dator . et fratres nulla bona in terminis prelibate ville Wl-lenstad inantea emere debebunt. — Testes: Philippus decanus ecclesie frankenuord., Henricus de Hatzzichenstein, Volradus ·et Henricus·quondam sculteti in Frankenford, Fri-dericus Dugele senior, Cunradus et Bertholdus dicti de Morle milites et q. pl. a.

. Act. a. d. M.CCC.V, in vig. b. Symonis et Jude apost.

(Die Siegel des Ausstellers u. des Deutschorbenshauses zu Sachsenhausen hängen unversehrt an grünseidenen Schnüren an.)   Orig.

.Cunradus de Pedirshein, Cunradus dictus Zecke, Eckehardus officialis in Schelminbusin et a. q. pl. (Siegel wie oben.) Orig.

Im folgenden Jahre 1312 (den 6. Decbr.) verzichtet Johannis dictus Bohemus armiger auf alle Ansprache bezüglich des vorstehen-den durch seinen Bruder Johann und seine Schwester Jutta ge-machten Verkaufs. Zeugen: Gerwicus plebanus in Amene, Men-gotus miles de Croninberg, Heynricus de Sassin, Cunradus de Pederschen, Heyno de Cornice, Heynricus de Lundorf. (Das Siegel der Stadt Grünberg hängt beschädigt an.) Orig.

Nr. 443.

1305 (1. Dec.) Ego Johannes de Quecbornen et Alheydis mea contectalis notum esse cupimus, quod nos vendidimus magistre ac Jutte dicte de Borgardesuelde, totique conuentui monasterii in Wereberg quedam bona sita in villa Wederuelde, videlicet curiam edificatam cum prata, et ut magistre ac domine Jutte et conuentui predictis debitam warandiam faciamus, viros discretos infra scriptos nostros constituimus fideiussores, videlicet Henricum dictum Halsbergh et Henricum opilionem de Quecbornen. — Testes: Nicolaus plebanus de Wedervelde, Gerewinus viceplebanus in Gronebergh, Guntrammus armiger dictus Meysenbuc, Johannes de Mastric.

Dat. et act. a. d. M.CCC.V, kal. decembris.

(Gesiegelt hat **Meyngotus** miles de Cronebergh, die Umschrift ist abgebrochen.)   Orig.

Nr. 444.

1306 (13. Jan.) Nouerint, quod ego Conradus dictus Glomp opidanus in Giezen pro salute anime mee, necnon vxoris mee Irmengardis, dedi vnum modium olei siue metretam papaueris sanctimonialibus cenobii in Schiffenburg, super ortum meum situm iuxta uiam lapideam ibidem. — Testes: Lodewicus pistor, Eckehardus et Gerlacus Dragefleis scabini, Hermannus de Buchesecken et Synandus frater eius, milites.

Dat. a. d. M.CCC.VI, in octava Epiphanie.

(Das Siegel der Stadt Gießen ist abgerissen.)   Orig.

Nr. 445.

1306 (7. Febr.) Nouerint vniuersi, quod ego Jutta, filia quondam Johannis dicti Beheym militis, vendidi preposito, magistre, totique conuentui sanctimonialium in Werberg quedam bona sita in villa Merloue, soluencia singulis annis

viii. solidos denariorum, vnam metretam papaueris, duas aucas, duos pullos et vnum pullum carnipriuialem, que bona Henricus dictus Hone et Walterus nomine iam possident colonorum. Vt autem huiusmodi noster contractus possit inviolabilis permanere, presentem litteram confero sigillis ciuium in Grunenberg ac strenui viri Mengoti dicti de Cronenberg, mei auunculi, militis, roboratam. — Testes: Gerhardus dictus Store officiatus in Grunenberg, Nycolaus plebanus in Wederuelde, Henricus de Sassin, Theodericus dictus Dunnebir, scabini in Grunenberg, Crafto filius quondam Hugonis de Queppurne et a. q. pl.

Dat. a. d. M.CCC.VI, fer. ii. p. purif. b. virg. prox.

(Das Siegel der Stadt Friedberg fehlt, das des Ritters Meingot hängt unversehrt an. Dasselbe führt die Umschrift: S.' MENGOTI. AVREL. DE. CRONENBERG.) Orig.

Nr. 446.

1306 (ca. 13. Apr.) Ich Henrich von Paffenang en burgrebe zu Vribeberg vnd de burgman gemenliche bekennen, daz wir enen zins vnd ene gulde han gesazt zu der kapellen in der burg zu Vribeberg, eine kappellane zu helfe, der von vnsir wen en kappellan ist, vf daz he vnsirme herren s. Georien vnd s. Anthoniese da baz gedeinen moge, vnd lit der zins vnd de gulde vf den houesteibin vzwendig der muren zu Vrideberg vor dem spitale an den berge, da man ei vnd eisteine hat gebrochen zu der Burg, vnd ist also gereibit, wer der houesteibe ene hat, zwa, dri, vere aber weiuel, daz se der sal haben zu rechteme erbe, alse daz he aber sin erbin nummer virdreibin insullen werbin vnd sullent be houestebe han von vnsirme kappellane vnd nit von vns, vnd sal ei be houestat drizig fuze lang, breit sin, vnd hinbersich lang gen dem hohenberge, da vor sal ei de houestat winbin enen schrit vor dem berge vnd insal furwert neiman varen aber grabin gen der burg, daz der burg sceibelich si. Furbaz me ist auch getribit; daz wir Culemanne portenere vnstrmô knechte lizen be ziwa houesteibe, De he ba begriffen hât, ju rechtéme erbe, also, baz he: aber sin erbin alleine :sullent gebin rrr. Tolsé pennenge vnb i. punt Dleiis an baz geluchte u. s. w. — Zeugen: ber ersame rittere her Cunrat von Elen, Her Cunrat von Morle, her Rubulf von Dubilshem, her Wigant Herben, her Gylebracht. Weise, her Wilhelm Weise, her Erwin Lewe, her Gylebracht. sin bruber, her Cünrab von Albach, her Wigant sin bruber, her Henrich Weise, her Eberhârt sin bruber, her Gerlach von Elen, her Wenzele von. Elen, her Franke von Morle, Wintere von Bilmar hern Eurbrees sum, Cuné von Wizzenshem, Hanzele von Elen v. a. m. Geb. n. Chr. geb. m.ccc.vi, in den Osterheilegen bein.

(Die Siegel der Aussteller und ihres Kaplans Sifrid sind abgeschnitten.) Orig.

Nr. 447.

1306 (19. Mai.) Nos Gernandus prepositus monasterii in Elwenstad recognoscimus, quod frater Conradus commendator celerique fratres domus theutonice in Sassinhusen concesserunt Conrado dicto Milde et Agnete eius legittime duas domus, curiam et horreum iuxta cimiterium in inferiori Wllinstad sitas iure colonatorio possidendas pro ii. talentis denariorum, tum iv. pullis annuatim fratribus predictis persoluendis, tali pacto, quod pueris de Belderhem, qui in dictis possessionibus iurisdictionem exercent de facto, singulis annis in carnispriuio duos pullos porrigant et omnia iura dictos pueros contingentia de prescriptis possessionibus exsoluant temporibus opportunis. Dat. a. d. M.CCC.VI, xiv. kal. junii.

(Das Siegel der Aussteller hängt unversehrt an.) Orig.

Nr. 448.

1306 (4. Juli.) Ego Lodewicus dictus de Lundorp et Sysa mea conlectalis, ciues in Groneberg, notum esse cu-

pinlus, quod nos vendidimus magistre totique conuentui sancᵗ
timonialium monasterii Wereberg quedam bona sita in Ri-
colueskerken, que Rodolfus dictus Cotzelrey iam possi-
det; pro xxx. marcis denariorum, et ut conuentui predicto
debitam warandiam faciamus; Hermanum Zolnere, Conradum
Monetarium et Lodewicum dictum Hoycgordel nostros con-
stituimus fideiussores. — Testes: Jacobus plebanus in Ri-
colueskerken, Conradus dictus de Martdorp armier, Theo-
dericus dictus Dunnebeyr, Hermannus Zolnere, Conradus
Monetarius, Lodewicus dictus Hoycgordel, Euerhardus dictus
Spizebart et Sifridus dictus Speys et a. q. pl.

Dat. a. d. M.CCC.VI, in die b. Vdelrici.*)

-ʼ (Das Siegel der Stadt Grünberg hängt sehr beschädigt an.)   Orig.
i

Nr. 449.

1308 (30. Mai.) Nos P. s. mogunt. sedis archiepis-
copus piis strenuorum virorum militum et castrensium in
Fredeberg supplicationibus fauorabiliter inclinati separationem
capelle, que est in castro Fredeberg, factam, ut audiuimus
de consensu plebani matricis ecclesie ibidem ac dominorum
bone memorie quondam regum romanorum eiusdem ecclesie
patronorum consensu, quatenus prouida est et iusta, usque
ad futurum regem romanorum, cuius assensum spectare
volumus in hac parte, absque preiudicio parrochialis ecclesie,
presentibus approbamus.

Dat. Moguntie a. d. M.CCC.VIII, iii. kal. junii.

(Das Siegel des Anstellers hängt wohlerhalten an.)   Orig.

Nr. 450.

i   1308 (7. Nov.) Nos Conradus dictus Sintgreue et
Conradus dictus Kunigh notum esse cupimus, quod vendi-

---

*) 1306 (24. Oct.) verleiht das Kloster Werberg die obgen. Güter an
   Winther von Sorbach u. seine Gattin Mechtilde. (Das Siegel ist
   abgefallen.) Orig.

dimus conuentui in Werebergh quedam bona sita in infe-
riori Amena, et ut conuentui predicto debitam et con-
suetam warandiam faciamus de bonis memoratis, Conradum
dictum Heynburge et Conradum carnificem nostros consti-
tuimus fideiussores. — Testes: Fredericus de Lindenstroth,
Hartmodus molendinarius, Johannes opilio, Conradus apud
murum et a. q. pl.

Dat. a. d. M.CCC.VIII, vii. id. nouembris.

(Das Siegel des Ritters Eberhard von Merlau hängt ziemlich
wohlerhalten an.) Orig.

Nr. 451.

1308 (7. Nov.) Nouerint vniuersi, quod nos Reyn-
boldus, Ropertus et Johannes fratres de Merlowe et nostri
coheredes bona nostra sita in villa contulimus fratri nostro
Euerhardo militi ac sue conthorali, pro quibus bonis dedit
nobis fratribus prenotatis sextam partem decime in Merlowe
pro xiv. solidis leuiorum denariorum, xxv. solidos in Wes-
selessassen, in Horebach dimidiam marcam et in Ber-
nesuelde xviii. denarios. Hinc est, quod nos Euerhardus
miles predictus cum consensu mee conthoralis bona predicta
nobis collata sita in Frowenrode conferimus conuentui in
Werebergh titulo uere proprietatis perpetue possidenda.

Dat. a. d. M.CCC.VIII, vii. id. nouembris.

(Das Siegel des vorg. Eberhards hängt beschädigt an.) Orig.

Nr. 452.

1308 (4. Dec.) Nos frater Bruno, ceterique fratres
domus theutonice in Moguntia recognoscimus, quod accedente
voluntate fratris Eberh. de Sulzberg, preceptoris fratrum nostri
ordinis per Alemanniam, vendidimus commendatori et fratribus
ordinis nostri in Sassenhusen terciam partem bonorum nos-
trorum sitorum in campis ville Morle, que nos contingebat
ex condiuisione hereditaria ex parte fratris Johannis, filii

Baldundi quondam Walpodonis in Moguntia apud nos recepti,
pro xiii. marcis denariorum.

Dat. a. d. M.CCC.VIII, in die s. Barbare virg.

(Das Siegel der Aussteller hängt unbeschädigt an.)   Orig.

Nr. 453.

1308 (18. Dec.) Nos Ludewicus de Cleberg dictus de
Isenburg recognoscimus, quod vendicionem decime in Husen,
quam Hartmudus, Henricus armiger, Henricus dictus de En-
gengazzen de Elkirhusen milites et eorum cohoredes in feo-
dum jure homagii racione castri de Cleberg a nobis hactenus
possedebant, factam preposito et conuentui canonicorum re-
gularium in Schyffinburg, approbamus.

Dat. a. d. M.CCC.VIII, xv. kal. januarii. *)

(Das Siegel des Ausstellers hängt nur noch zur Hälfte an.) Orig.

Nr. 454.

1309 (12. Juli.) Ich Cunrat von Morle rittere vnde
Mechthilt min eliche wirtin bekennen, daz wir gegebin han
vm vnsir sele hel dem orbene vnde dem konvente zu deme
Trhone v. malbir korngelbis vnd weizs zu Niberen Morle
vf deme gube daz Blanghart hat vnd en punt gelbis daz
Grubiz der daube gebit von eme gartin von miner bochter
wen Pazen daz ir got gnabe, vnde zu deme nuwenhen be
wingartin, der ist ens verbelis minner banne zwene morgin,
be vns zu rechteme Dabel werbin, ba min sweher von Niffin-
berg gesterp, daz eme got gnabe, vnb han bit geban mit willen
des ersamen ritters hern Wigant Herbenis vnsirs eybemis,
Franken sines sunes, Wernheres von Elen vnsirs eybemis

---

*) Obige Urkunde beglaubigen i. J. 1315 (2. Juni) Reynhardus ple-
banus in Minzinberg u. Conradus plebanus in Gruningen.

ſnþ Gelin. vnſir þochter. Darfur' hat vns Franke hern Wi-
ganbis ſun geſprochen, baz he ſine geſuſtere bar zu halbin
wlle, wanne ſe zu eren bant kummen, baz ſe auch vir zihin,
glichirwis alſe he geban hat.

    Geb. n. Chr. geb. m.ccc.ir, an ſ. Margeretin bag.

    (Die Siegel bes Ausſtellers n. Wernhers vorg. fehlen.)   Orig.

Nr. 455.

   1309 (19. Aug.) Notum sit, quod ego Wygandus dictus
de Grydele ciuis in Friedeberg et Lybmudis vxor mea recog-
noscimus, nos vendidisse discreto viro Angelo dicto de
Sassen ii. marcas denariorum annue pensionis super manso
nostro proprio sito in terminis ville Gridele. — Testes:
honorabiles viri Henricus Berno senior, Henricus de Dorheim,
Henricus de tempore scabini et Gobelo de Rospach.

    Dat. a. d. M.CCC.IX, xiv. kal. sept.

                  Cop.-Buch bes Victorſtifts in Mainz.

Nr. 456.

   1309. Ich C. uon Berſtat und K. min eliche wirtbin
þun kunt, baz wir alſolich gut als wir hatbin ze Akarbiic,
baz benant iſt fur x. aþtbeil kornis, und zu niebrin Morle
vi. aþtbeil uf einre mulin, gegebin han zu Liſin unſir bohtir
zu emre rehtin almuſe zu Schiffinberg zu beſizzene ewecliche.

    Dat. a. d. M.CCC.IX.

    (Das Siegel der Stabt Münzenberg hängt wohl erhalten an.) Orig.

Nr. 457.

   1311 (4. Febr.) Nos Johannes comes de Cygenhein
et Luckardis collateralis nostra vniuersis cupimus notum,
quod attendentes illibate fidei constantiam ciuium nostrorum
in Nydehe, ipsos in omni jure et honore permanere volumus,
quod et quem usque ad nos a nostris progenitoribus de-
duxerunt, dantes eisdem potestatem plenariam, vt vniuersos

et singulos ad ipsos refugientes recipiant in conciues, exceptis
nostris hominibus, quos ante tempus conscripcionis presencium
non receperunt, vlterius non debent aliquo modo recipere,
nisi fuerit de nostra voluntate, recedendi eciam a nobis
quandocunque voluerint, et asportandi bona sua absque omni
inpedimento nostro habebunt liberam facultatem, dummodo
suos recessus notorie manifestent, debitis eorum nichilominus
ibidem contractis amicabiliter expeditis vel integraliter per-
solutis. Indulgemus insuper dictis ciuibus, quod se et suos
pueros cuiuscunque sexus uel etatis fuerint, locare poterunt
in matrimonio quencunque uel vbicunque ipsis placuerit ex-
pedire. Protestamur insuper, quod nullum predictorum ciuium
nostrorum quantumcunque sit tenuis in rerum substantia,
causa odii detractionis vel mendacii capiemus ad extorquendum
ab eo pecuniam specialem, sed si aliquem eorum delictum
aliquod contigerit perpetrare vel excessus qualescumque, is
iuxta qualitatem et quantitatem delicti punietur et hoc se-
cundum sentenciam scabinorum, preterea, ut in omni parte
qua possumus dictorum ciuium nostrorum captare beniuo-
lenciam videamur, nullum eorum pro suis excessibus, qua-
lescunque fuerint, incarcerabimus, si fideiussores dignos
satisfaciendi nobis habuerit atque passo. Nolumus eciam,
ut aliquis aduena uel extraneus dictos ciues quacunque de
causa duello impetat, nisi prius intra menia eorum ciuitatis
nomine ciuis per annum et amplius se recipiat moraturum.
Insuper in causis debitorum requirendorum in judicio nulli
testes sufficiunt, preterquam testimonium scabinorum, sed
in causis aliis utpote excessibus, emptionibus et hiis similibus
hii sufficiunt qui interfuerunt, duas eciam nobis carratas vini
annis singulis, quas ipsis presentabimus, propinabunt; item
dicti ciues xxx. marcas denariorum pro annua sua precaria
nobis dabunt.

Dat. a. d. M.CCC.XI, fer. v. p. purif. b. virg.

(Die Siegel der Aussteller hängen wenig beschädigt an.) Orig.

Nr. 458.

1311 (27. März.) Nouerint vniuersi, quod ego Rudungus dictus de Hergern, ciuis in Frydeberg, et Elyzabet vxor mea recognoscimus, nos commendatori, totique conuentui domus theutonice in Marpurg duos mansos sitos in terminis ville dicte **Melpach** vendidisse pro cxx. marcis denariorum, obligantes prefatis dominis prudentes viros Henricum dictum Berne seniorem et Henricum dictum von der Zyt, conciues nostros, pro debita warandia ipsis facienda per annum et diem. — **Testes:** predicti duo fideiussores, Henricus de Dorheim, Gerlacus dictus Rychter et Gerwinus de Rospach, scabini in Frideberg et a. q. pl.

Dat. a. d. M.CCC.XI, vi. kal. aprilis.

(Das Siegel der Stadt Friedberg ist sehr beschädigt.) Orig.

Nr. 459.

1311 (24. Mai.) Nos Eberhardus de Merlow, Mengotus de Croninberg milites, Johannes Angeli, Th. dictus Duniebir et Conradus de Pedirsheim, ciues in Gruninberg, recognoscimus, quod Fridericus de Berstad armiger, in nostra presencia constitutus, renunciauit omni iure, quod sibi conpetere dinoscebatur in bonis sanctimonialium cenobii in Werberg, que nunc possidet Conradus dictus Rubesame in villa Queppurnen.

Dat. a. d. M.CCC.XI, in vig. Vrbani.

(Das Siegel der Stadt Grünberg hängt sehr beschädigt an.) Orig.

Nr. 460.

1311 (15. Juni.) Nos Guntramus pincerna de Swensberg senior et Gerdrudis conjuges recognoscimus, nos a sanctimonialibus cenobii in Werberg recepisse ii. marcas denariorum pro amicabili reconpensa, ita, quod omni inquietacioni ac iuri, quod nobis competere dinoscebatur in agro

illo sito infra molendinum superius et ipsam villam Quep-
purnen et particula prati ibidem situati renunciauimus. —
Testes: Gerwicus plebanus in inferiori Amena et Eber-
hardus de Merlow miles et a. q. pl.

Dat. a. d. M.CCC.XI, ipsa die s. Viti et Modesti.

(Das Siegel des Ausstellers fehlt.)   Orig.

Nr. 461.

1311 (4. Oct.) Vniuersis innotescat, quod ego Ths.
filius Jngebrandi et vxor mea, necnon nostri liberi bono sito
versus tyliam in villa Hattenroide, in quo hucusque ex
indultu sanctimonialium cenobii in Werberg possessionem
recepimus et laboribus ratione culture ucl alias quocunque
modo in predicto bono factis renunciauimus pro x. marcis
denariorum, preterea nos Ingebrandus supradictus et Her-
mannus sororius prefati Th. recognoscimus, quod eodem
bono renunciauimus. — Testes: Henricus plebanus in Wen-
deroide, Mengotus de Cronenberg miles, Johannes Angeli,
Ths. dictus Dunnebir, Gontramus de Lindenstrut scabini,
Conradus dictus Smecke, Folzo dictus Hocgurtel et a. q. pl.

Dat. a. d. M.CCC.XI. sabb. prox. p. fest. Michaelis.

(Das Siegel der Stadt Grünberg ist abgerissen.) · Orig.

Nr. 462.

1311 (20. Oct.) .Nos Con. dictus Finke, necnon pueri
mei Con. dictus Feselo et Gerdrudis de Homburg notum
facimus, quod dedimus ratione permutationis bona nostra
sita in Lindenstrut preposito Yrmingardi, magistro, to-
tique conuentui sanctimonialium in Werbergc cum omnibus
suis pertinentibus. — Testes: Johannes de Bliderode, Con.
dictus Knodo et Heynricus Finko scabini ibidem.

Dat. a. d. M.CCC.XI. in vig. vndecim millium virg.

(Das Siegel der Stadt Homberg ist abgerissen.)   Orig.

Nr. 463.

1312 (5. Jan.) Nos scabini, consules et vniuersi opi-
dani in Frydeberg notum facimus, quod commendatori et
fratribus domus theutonice apud Marpurg curiam sitam in
Frideberg cum edificiis attinentibus ad eam, que quondam
fuit Johannis dicti de Lympurg, donamus in omni jure, qui-
bus alii religiosi suas curias apud nos sitas possident, pos-
sidendam, tali conditione, quod alia vniuersa et singula pre-
dictorum fratrum bona, que habebunt vel acquirent in ter-
minis parochie nostre, exactiones, precarias et sturas sol-
uere et contribuere teneantur, ceterum fratres predictos in
conciues nostros recipimus. — Testes: Henricus Bern senior,
Henricus filius suus, Henricus dictus Engel et Angelus frater
ipsius, consules in Frideberg et q. pl. alii.

Dat. et act. a. d. M.CCC.XII, non. januarii.*)

(Das Siegel der Aussteller hängt unbeschädigt an.)   Orig.

Nr. 464.

1312 (9. Feb.) Noscant vniuersi, quod ego Mechthilda,
relicta quondam dicti Brunbene conuentui sanctimonialium
in Werberg dedi pro remedio anime mee hortum meum,
cui contiguus est hortus Gerlaci Kaldoben in Gruninberg
in perpetuum possidendum. — Testes: Gerwicus plebanus
in inferiori Amena, Heinricus de Sassen, Johannes Angeli,
Petrus de Ameneburg, H... delator et Johannes dictus
Swepperman et a. f. d.

Dat. a. d. M.CCC.XII, in vig. Scolastice virg.

(Das Siegel der Stadt Grünberg hängt beschädigt an.)   Orig.

---

*) 1312 (6—13. Jan.) überläßt das Kloster Altenburg die Hälfte
des Hauses des Johannes von Limburg, welches ihm nach des
Letzteren Tode heimgefallen, dem Deutschorden zu Marburg ge-
gen einen jährlichen Zins von 2 Mark Heller. (Das Siegel
des gen. Klosters in grünem Wachse hängt zerbrochen an.)   Orig.

Nr. 465.

1312 (23. März.) Nos Luckardis, relictaquondam C. de Huftersheym militis, vna cum filiis nostris Volperto, Gerhardo, Cunrado, Jacobo, Wernhero, recognoscimus, quod pro quadam causa dissensionis facimus vnum mansum de propriis bonis nostris, quem actenus nomine proprietatis possedimus, juribus feodi subjacere pro iii. marcis denariorum redituum, resignantes eundem mansum predictis redditibus domino Engelberto comiti de Zigenhayn et suis heredibus in hunc modum, quod tres filii nostri predicti videlicet Gerhardus, Cunradus et Jacobus et vniuersi heredes eorum vtriusque sexus habebunt sepedictum mansum de sepefato domino comiti et suis heredibus tytulo feodali, ponentes eciam pretaxato domino comiti pro filia nostra Gela, que nunc est minor annis, fideiussores, videlicet C. de Rode militem et Markelonem de Kolnhusen armigerum. Hii autem sunt agri mansus videlicet — ober den beldersheymer weic — apud monachos — ober den ynheider weic — ander kurten anewanden — an der molenpade — ober die Roiden — an der vdelen pade — super campum Berstat — vor deme Ride — an der wiede versus Odefe. — T e s t e s : Ludewicus de Husen, Cunradus de Buches, C. de Birkellar milites, Marklo de Kolnhusen, Johannes Scropo, Henricus Quideboim, Johannes de Kolenhusen armigeri et q. pl. a.

Dat. a. d. M.CCC.XII, fer v. ante annunc. b. Marie virg. (Das Siegel der Stadt Münzenberg hängt in grünem Wachse sehr beschädigt an.) Orig.

Nr. 466.

1312 (22. Juni.) Omnibus innotescat, quod Johannes dictus de Aschaffimburg et Hedewigis vxor sua commendatori et fratribus domus theutonice prope Marburg vendiderunt ix. octalia siliginis annue pensionis in bonis suis sitis

22*

in terminis ville dicte Nydernrospach, que jam longo tempore quidam dictus der Blyndevot coluit.

Act. presentibus Henrico Berne, Johanne de Wonnekin, Rudungo de Hergern et Ditwino de Ostheym, scabinis in Frideberg, a. d. M.CCC.XII, x. kal. Juli.

(Das Siegel der Stadt Friedberg fehlt.)   Orig.

Nr. 467.

1312 (13. Sept.) Ego Adulfus dictus Fasult de Ley-kestere et mea conthoralis Elyzabet, cum consensu filii sui Rudulfi de Burghartysfelde, notum facimus, quod magistra ac totus conuentus sanctimonialium in Schyffinberg duo prata sita in Burchartisfelde, quorum vnum wlgariter eychwise dicitur, aliud vero di zelwise pro vi. marcis dena-riorum apud nos emtionis titulo comparaverunt. — Testes: Gerhardus dictus Store, Hermannus de Buchysecke milites, Eckehardus et Renherus de Lynden, scabini in Gyzen et a. q. pl.

Act. et dat. in Gyzen, a. d. M.CCC.XII, in vig. exalt. s. crucis.

(Das Siegel der Burgmänner zu Gießen hängt beschädigt an.) Orig.

Nr. 468.

1312 (28. Sept.) Nouerint vniuersi, quod cum ego Johannes dictus de Limpurg, ciuis mogunt., bona mea im-mobilia, videlicet in opido wetphlar. — de domo Gerdrudis de Gosselnshusen — an der Goltsmytten — de domo inter macella — de domo sito apud Conrad dictum Waltsmyt — de molendino in Durenholtzhusen — in Grossenlinden curiam, quam inhabitat Heinricus dictus Gyssener, item curiam in Gambach, item in Frideberg curiam et domum contiguas domui Angeli de Frideberg, item in inferiori Erlebach vii. octalia siliginis annue pensionis de decima ibidem donauerimus commendatori et fratribus ordinis theu-tonice domus in Marpurg, necnon priori, magistre et con-

uentui monasterii in Aldenburg, et Hermannum dictum Mvn_
zer, oppidanum welflarien., meum constituo. procuratorem et
nuncium specialem ad resignandum meo nomine bona su-
prascripta in iudicio seculari.

Dat. et act. a. d. M.CCC.XII, iv. kal. octobris.

(Das Siegel der Mainzer Richter ist abgerissen.) Orig.

Nr. 469.

1312 (7. Nov.) Nouerint vniuersi, quod ego Rupertus
de Carben, filius Ruperti militis quondam burggravii in Frid-
berg, et Gysela vxor mea, vendidimus commendatori et
fratribus domus theutonice in Sassenhusen prope Franken-
furt nostram curiam, vnum iugerum et iv. mansos agrorum
arabilium et pratorum, sitos in superiori Wollnstat, pro
cc. marcis, pro xxvii. marcis et pro ii. solidis denariorum.
— Testes: Gisilbertus de Orphanus, Wernerus de Cle,
Emilricus de Carben milites, Helemannus monetarius scul-
tetus in Frideberg et q. pl. a.

Act. et dat. a. d. M.CCC.XII, vii. id. nouembris.

Alte Abschrift.

Nr. 470.

1312 (30. Dec.) · Ego Henricus de Lundorf ciuis in
Grunenberg vna cum Sconehilde vxore mea, et Alberto et
Berta liberis meis, de bone memorie quadam vxore mea
priore genitis, recognoscimus, quod bona nostra in villa
dicta Ellartshusin, ab Henrico dicto Sylebechere iure co-
lonario hucusque culta, necnon bona nostra in villa Aldyndorf
prope Nordeckin, ab Henrico dicto Michilbechere iure co-
lonario culta vendidimus abbati et conuentui monasterii de
Arnsburg pro xxii. marcis denariorum, fideiussores eciam de
warandia facienda Albertum de Vdinhusin cognatum nostrum
et C. de Lundorf dictum Cunic. — Testes: Her. theolona-
rius, Hermannus de Petersheim scabini in Gruneberg, C.

de Petersheim ciuis ibidem, Albertus predictus et Mongolus, scabini in Lundorf et a. q. pl.

Dat. a. d. M.CCC.XII, in crast. b. Thome mart. et episc. infra oct. nativ. dom.

(Das Siegel der Stadt Grünberg ist abgeriffen.) Orig.

Nr. 471.

1312. Ich Eckehart Basolt von Leicgestrin und Lucgart min eliche wirtin dun kunt, daz wir zu koife han gegebin den frauwin zu Schiffinburg einin verbunc geldis alle iar zu rechtlichme eigene uz unsir wiesin die ba heizit rietmorgin, die Eckebrandis was von Kleberc, an s. Martinis dage fur ir Klostir zu brengene. — Zeugen: Wigant vor me dor, Anshelm der iunge, Herman Gutwin, u. a. m.

Dat a. d. M.CCC.XII.

(Das Siegel der Stadt Minzenberg hängt sehr beschädigt an.) Orig.

Nr. 472.

1313 (21. Sept.) Nos Jo. prepositus in Elwenstad protestamur, quod frater Conradus de Flersheim commendator, ceterique fratres domus theutonice in Sassinhusin prope Frankenuorth bona sua sita in superiori Wllinstad, videlicet iv. mansos terre arabilis et vnam curiam, que quidem emerunt apud Rupertum armigerum dictum de Carben, concesserunt Wenceloni filio dicti Swarze de Bruchinbruckin jure colonatus possidenda. — Testes: Gerlacus dictus Ruzo, Wigandus filius Guntheri de superiori Wllinstadt, ... Swarze, Wencelo de Frankenuorth necnon q. pl. a.

Dat. a. d. M.CCC.XIII, xi. kal. octobris in vig. Mathei apost. et ewang.

(Das Siegel der Aussteller ist abgeriffen.) Orig.

Nr. 473.

1314 (13. Jan.) Nos scabini et consules in Frideberg notum esse cupimus, quod Fridebertus dictus von der Rusen noster coopidanus in nostra presencia constitutus deberi se

recognouit commendatori et fratribus domus teutonicorum
in Sassenhusen i. marcam denariorum, iv. octalia siliginis,
iii. octalia tritici, pro pensione annua de agris arabilibus,
videlicet in campis ville Vurbach prope Frideberg ii. juge-
ribus apud siluam, item in campo eodem de agro dicto ein
anewendere retro siluam, item in campo ville Gerburge-
heim de agro sito iuxta ripam dictam strazheimerebach an
der rodehelden habente ix. iugera deprope fontem, item in
eodem campo, qua itur versus Brokenbruken, item in campo
ville Strazheim sitis in deme sleidehe de iv. jugeribus,
quos inquam agros ipse Fridebertus, fratres, sorores ac
eius heredes pro censu predicto iure hereditario possidebunt.
Dat. a. d. M.CCC.XIV, in oct. Epiphanie dom.

(Das Siegel der Stadt Gießen ist abgerissen.)   ' Orig.

Nr. 474.

1814 (21. März.) Ich Johan von Leckestrin eyn wol-
geborn knet dun kunt, daz ich han gegebin durch heyl minir
sele deme Commendur vnde den bruberin des dutschin huses
zo Schiffinburg alle min recht, daz ich hatte an der wese zo
Garwartheych die an mich girbit ist.

Geb. v. gobis geb. m.ccc.riv, an s. Benedictis dage.

(Das Siegel des Ausstellers ist sehr beschädigt.)   Orig.

Nr. 475.

1814 (17. April.) Nos burgrauius, scultetus, scabini
et consules in Frideberg recognoscimus, quod honesta ma-
trona Bingela, relicta quondam Gobelonis de Rosbach, cum
liberis suis in nostra presencia constituta recognouit, se cu-
riam suam adiacentem curie quondam Johannis de Lympurg*)
pro certa summa pecunie vendidisse commendatori et frat-

---

*) Später die Behausung zum Birnbaum an der Stadtmauer.

ribus domus theutonice in Marpurg, cum omnibus edificiis
et iuribus, que ad eandem curiam pertinebant.

Dat. et act. a. d. M.CCC.XIV, xvii. kal. mai.

(Das Siegel des Ausstellers ist abgerissen.) Orig.

Nr. 476.

1814 (18. Juni.) Ego Wigandus plebanus in Grunen-
berg recognosco, quod fratri Eynhardo preceptori, totique
conuentui ordinis b. Anthonii domus in Grunenberg curiam
meam extra muros Grunenberg sitam, quondam Henrici
bone memorie aui mei dicti de Sassen, clx. jugera terre
arabilis, omnia prata in villa Merlauwe me contigentia,
necnon vniuersaliter omnia prata apud s. Petrum extra mu-
ros Grvnenberg situata, prato duntaxat excepto, quod
cum Volperto de Sassen seniore habere dignoscor, cum
omnibus suis appendiciis, do et trado ad habenda et possi-
denda, sub hac forma, quod predicti frater Eyn., preceptor
et conuentus mihi temporibus vite mee xl. maldra siliginis,
que in campis creuit grvenberg. annue pensionis persoluere
tenebuntur. — Testes: Gerwicus plebanus inferioris Amene,
Men. de Kronenberg, Wern. de Engelhusen milites, H. de
Sassen, Guntramus de Lindenstrvth, H. Hildegardis, C. Yr-
mengardis, Dyt. de Amcneburg, C. Moncere, Wlpertus de
Sassen, Her. de Petersham, Petrus Sturcekop et H. Berg
scabini, Re. de Mancelar, Th. Magnus, consules Grvnenberg
et a. q. pl.

Dat. a. d. M.CCC.XIV, fer. iii. prox. a. fest. Joh. bapt.
(Die Siegel des Ausstellers, der Stadt Grünberg u. des vorg. Mengot
v. Grünberg hängen, mit Ausnahme des der Stadt Grünberg, gut er-
halten an.) Orig.

Nr. 477.

1814 (5. Dec.) Nos scabini et consules in Frideberg
attestamur, Petrum dictum de Eychin villanum et Sapienciam

ipsius vxorem coram nobis renunciasse bonis sitis in terminis
ville dicte Oberwollenstat et omnibus actionibus, que
sibi pretextu eorundem bonorum competere viderentur, ea
sanctimonialibus in Throno resignando.

Dat. a. d. M.CCC.XIV, non. decembris.

(Das Siegel der Aussteller hängt beschädigt an.) Orig.

Nr. 478.

1315 (5. Jan.) Nos Gotfridus et Heinricus fratres
milites de Calsmunt, Jutta et Jutta vxores nostre legitime
recognoscimus, quod cum super jure aduocatico et emphi-
teotico, quod nos in molendino et aliis bonis quibuscunque
in Durfela juxta Buchesecke sitis opinabamur hactenus
nos habere, abbatem et conuentvm monasterii de Arns-
burg, eorundem molendini et bonorum veros proprietatis
dominos et legitimos possessores, jam diutius, et ut modo
scimus minus debite inpugnassemus, tandem ex perfecta
et frequenti inuestigacione eiusdem negotii cognoscentes
plenius veritatem, pro certo reperimus, nos vel nostros he-
redes nichil omnino juris aduocaticii, emphetiotici vel cuius-
cunque alterius juris in molendino et bonis predictis habere,
sed plenum jus et dominium predictorum molendini et bo-
norum memoratis religiosis conpetere, et hec nos omnibus
hominibus et omnibus nostris heredibus propalamus, insuper
cum ego Heinricus miles predictus super captiuitate quorun-
dam famulorum meorum tempore guerre inter dominum
Ottonem lantgrauium terre Hassie et dominos comites Nas-
sauwia habite juxta grangiam de Gulle et dampni et in-
teresse multipliciter inpugnarim, quia pro certo didici, et
predicti religiosi hoc idem ydoneis testibus declarabant, fa-
miliam ipsorum in persecutione vel captiuitate predictorum
nullatenus affuisse nec ad hanc cooperatam fuisse, idcirco
predictos religiosos quo ad illationem injurie et dampnorum

predictorum esse pronuntio innocentes penitus, et si in aliquo predictos religiosos perturbauimus ab eisdem humiliter veniam postulantes, quia nobis jus nullum conpeciit in premissis, renunciamus de facto omnibus exceptionibus et actionibus hactenus predictis religiosis motis vel in posterum mouendis.

Dat. a. d. M.CCC.XV, in vig. Epiphanie dom.

(Die Siegel der Aussteller u. Philipps des ält. von Falkenstein hängen wenig beschädigt an.) Orig.

Nr. 479.

1315 (24. Febr.) Wir Philips von Valkensten der albe, herre zu Minzinberg, wir de Burgman Scheffenen vnd Rait gemenliche von Vribeberg bun kunt, baz wir mit en-ander ene gutliche ordenunge vnd ene fruntliche sazunge gemachet han zuschen dem Grauen Engilbrachte von Ziginhen von ener sitin vnd ben herren von s. Johanne zu Albee von der andern. Vnd ist de sazunge also, baz wir Graue Engilbracht der vorg. izut virzihin vm allin den schabin der vns vnd vnstrn armin lubin geschehin ist zu Renhusin, zu Webershem, zu Salzhusin vnd in vnsire gerichtin, wa iz geschehin si, biz an besin bag, vnd sullen wir Greue Engilbracht de herren, be burgman vnd be stat zu Vribeberg rebelos, clagelos machin von allin sachin vm ben brant, vnd vm ben schabin, der zu der zit geschach. Herumme gebin wir vnstrn armin lubin zehln iar frihet vnd allin ben be in vnstrn gerichtin wonente sint, be vns boch nit ane in horint vnd ben ber schabe geschehin ist, iz si an noitbeibe, aber an greuelichem bienste, iz si an meebebe aber au herbistbebe, an unstr rechtin gulde. Me bekennen wir, baz wir ben-selbin herren von s. Johanne irs rechtis zu Renhusin bekennen alle iar ses suber hulzis, zwei suber gertin vnbe echte swin in baz egkerin. Wir bekennen ben selbin herren, baz wir in izut gebin be Ruwen mulin zu Kobin vnd be albin obene vnd nibene mit allin ben gestin, mit alme bem rechte alse se von aldere gehabit han, vnb bekennen in das zu. Rechtem erbe vm iii. malder kornis, ii. punt pefferis vnb ene halbe marg penninge. Wir bekennen auch, daz wir izut virzihin des zehinbin zuwe Sebulbis, wir bekennen auch wa da selbin herren von s. Johanne ir Eygin vir Lantfibelin, daz wir darvf kene beide in sullen setzin, aber be Lantfibelin sullen vns greuelich benist bun von waszere vnb von weide alse ge-wenlich ist. Hernach ist auch gerebit, daz wir sullen nemen einen Ratman vnb be Herren enen, bas sal en mitilman sin vnsir swager her Philips von Valkinsten ber albe, allir ber bruche vnb des vflausius, daz furwert vnber vns geschehin mag 2c. Vber alle bese sune so sullent wir greue Engil-bracht ben selbin herren gebin c. marg penninge. Dirre sache ist gezug ber eble herre Her Philips von Valkinsten ber albe, her Craft von Belbirshem ber albe, her Johan von Belbirs-hem, her Conrab von dem Buches, her Erwin Lewe, her Gylebracht Wese ber schultheze vnb be scheffenen gemenliche von Vribeberg. Vnb geben bistn bref besegelit mit vnstrme In-gesegele vnb mit Ingesegele vrowen Helwige vnsir elichen wirtin, vnb mit Ingesegele greuen Johannis von Ziginhen vnb hern Philips von Valkinsten bes alden vnb ber Burg-manne vnb ber stat zu Vribeberg.

Geb. n. Gots geb. m.ccc.rv, an bem Dinsbage vor mit-tefastin.

(Nur bie brei ersten Siegel hängen, jedoch sehr zerstört, noch an.) Orig.

Nr. 480.

1315 (29. Febr.) Officialis domini prepositi ecclesie s. Marie ad gradus mogunt. plebano in Rodeheim salutem in domino. Albertus clericus nobis supplicauit, quod cum ipse ad parochialem ecclesiam in Hergenhain, in dicta prepositura constitutam, vacantem ex morte quondam Con-radi sacerdotis rectoris eiusdem, nobis per dominum Engil-bertum comitem de Cyginhain, patronum eiusdem, esset presentatus, petens se de eadem inuestiri, nos vnicuique super iam dicta ecclesia jus suum volumus esse saluum, proclamacionem facere cupientes de eadem, vobis mandamus, quatinus dictam ecclesiam in Hergenhain personaliter accedentes citetis ibidem publice omnes et singulos in genere qui sua crediderint interesse, quos et nos citamus, vt feria quinta proxima post dominicam judica coram nobis compereant de suo interesse legitime nos docturi super ecclesia memorata.

Dat. a. d. M.CCC.XV, ii. kal. marcii.

(Die Siegel der Aussteller sind beinahe ganz abgefallen.) Orig.

Nr. 481.

1315 (5. Mai.) Nos scultetus, castrenses et scabini in Gyzen recognoscimus, quod in nostra presencia constituti Ysengardis, relicta quondam Wernheri dicti de Linden militis, Conradus milés dictus Milchelinc, Irmengardis sua legitima, Volradus miles de Vranckenuord, Hadewigis sua legitima, Luckardis legitima Frankonis filii Wernheri militis predicti et Echardus frater Frankonis predicti renunciauerunt omni juri, quod habebant vel habere poterant in vno manso in inferiori Morle sito ac ipsum mansum resignantes concorditer et dederunt Frankoni supradicto proprietatis titulo perpetuo possidendum, recognoscimus eciam, quod Francko prenominatus mansum memoratum vendidit commendatori et fratribus domus theutonice in Sassenhusen prope Vranckenuord pro lxvii. marcis denariorum.

. Dat. a. d. M.CCC.XV, iii. non. maii. — Testes: Crafto de Rodenhusen, Mengotus et Reinhardus de Swaelbach et Echardus dictus Sluno milites, Reinherus et Gerlacus scabini et a. q. pl. *)

(Das Siegel der Stadt Gießen hängt unbeschädigt an.) Orig.

---

*) An demselben Tage verzichtet Volradus miles filius Volradi militis sculteti frankenuord, et Hedewigis mea legittima auf alle Gerech-

Nr. 482.

1315 (30. Juni.) Nos Erwinus armiger diclus de Aldenburg notum esse volumus, quod nostrum allodium diclum zummauniches vndy Webilsbach et alios agros, nemora et campos, sicut per nos et per Hartmannum diclum Schenkyl, Conradum de Ryntberge, Dytmarum de Aldenburg, Conradum diclum Scolere et per alios probos et fidedignos fideliter est perlustratum, vendidimus Frederico et Hermanno diclis de Rumerode fratribus ordinis s. Johannis domus in Grebenauwe, resignantes eisdem diclum allodium et warandiam facimus strenuis militibus, videlicet Eckehardo diclo de Lynden, Theodorico diclo Kule, castrensibus in Alsfeltdia et Nycolao diclo Schauwenwoz, Rudulfo diclo de Ameneburg scabinis, Wernhero diclo de Frankynberg, Conrado diclo Kempe et a. q. pl. ciuibus alsfeltdensibus. Et nos Fredericus et Hermannus protestamur, quod supradictum allodium per tempus vite nostre possidebimus, et si vnus de nobis decesserit, alter superstes per tempora sue vite possidebit, re uera cum ambo viam vniuerse carnis fuerimus ingressi, idem allodium ad manus nostri conuentus in Grebenauwe transibit.

Act. et dat. a. d. M.CCC.XV, in crast. b. apost. Petri et Pauli ante messes.

(Die Siegel der Stadt Alsfeld und des Ausstellers sind abgefallen.) Orig.

Nr. 483.

1315. Nos frater Johannes prepositus cenobii in Elewenslad et Wernherus camerarius capituli in Frideberg constare volumus, quod constituti coram nobis frater Guntherus

---

tigkeiten, welche sie an dem obeng. Mansus haben. Zeugen: Volradus scultetus predictus, Gerlacus dictus Schelme milites et Heinricus dictus Smhit de Birgele. (Das Siegel des gen. Schultheißen Volrad hängt wohlerhalten an.) Orig.

plebanus et frater Heynricus prouisor curie in inferiori
Wllenstadt fratrum ord. theuton. domus in Frankenuord
suo ac dictorum commendatoris et fratrum nomine ex vna,
necnon Bertoldus dictus Orto, Heilmannus, Conradus, Wolf-
ramus, Harmannus, Johannes fratres eius, Wenzelo de
Bruchenbrucke, Fritzo dictus Swarze, Gerlacus dictus Milde,
Conradus Feldenere, Petrus filius eius, Conradus Ecke,
Heynricus dictus Lerbechere, Harpelo dictus Lichere, Hein-
ricus dictus Ysopo, ... dictus Clewere, Heynricus pistor et
Gerhardus Heymburge, villani dicte ville, suo et eiusdem ville
vniuersitatis nomine ex parte altera, permutationem quan-
dam, quam ob eorum hinc inde vtilitatem inter se fecerunt
ac eciam effectui mancipauerunt, expressius emiserunt, ita
videlicet, quod dicti fratres ratione illius terre dicte vni-
uersitati attinentis, quae contigua est eorum molendino ibi-
dem, in qua nunc salices plantauerunt, quam eis assigna-
uerunt, villani predicti suo et totius vniuersitatis nomine
dederunt prefate vniuersitati vnum juger de eorum propriis
bonis situm an der Speckin by der Buninbach et vnam pe-
ciam terre continuam terre supradicte permutate estimantes
equalitatem vtrobique. *)

Dat. a. d. M.CCC.XV.

(Das Siegel der Aussteller hängt wohlerhalten an.)   Orig.

Nr. 484.

1316 (25. Mai). Vniuersis innotescat, quod nos Hen-
ricus dictus Ponbergere in Langunse et Gerdrudis coniuges

---

*) 1315 (20. Mai) willigt Philipp von Falkenstein der ältere in den
Tausch über etliches Gelände, an dem Deutschordenshofe zu Wöll-
stadt gelegen, gegen einen Morgen, gelegen „in loco dicto anzegen-
stein." (Das Siegel Philipps hängt unbeschädigt an.)   Orig.

1317 (6.—13. Jan.) willigt Philipp von Falkenstein der ältere
in den vorstehenden Tausch. (Das Siegel desselben hängt unver-
sehrt an.)   Orig.

prepositum et conucntum ecclesie in Schiffinburg racione Hartradi filii nostri, eiusdem ecclesie canonici, hereditatis nostre facimus coheredes, necnon ipsos tamquam vnu̇mquemque nostrorum puerorum et heredum veros eiusdem hereditatis constituimus perceptores.

Dat. in die Vrbani pape et mart. a. d. M.CCC.XVI.

(Die Siegel des Decans der Kirche zu Weßlar und des Erzpriesters daselbst hängen beschädigt an.) Orig.

Nr. 485.

1316 (11. Juni.) Nouerint vniuersi, quod cum inter prepositum, magistram et conuentum sanctimonialium monasterii in Werberg ex vna et inter Conradum sacerdotem, Conradum dictum Rendelere institorem, fratres, filios quondam Yde dicte Melmennen, ciuis in Grunenberg et dictum Beyer, sororium eorum, ex parte altera, super quibusdam bonis, videlicet curtibus, aquis et pratis sitis in Queppurne, que volgariter daz Erbe appellantur, lis et discordia fuerit in judicio suscitata, et ad parcendum laboribus et expensis a partibus predictis hincinde in strenuum militem Wernherum de Engelnhusen tamqnam in arbitrum compromissum, predictus Wernherus miles diffiniuit, quod prefati Conradus, Conradus et Rudegerus dictus Beyer, sororius eorum, omni iuri, quod illis in bonis prefatis conpetebat, renunciare deberent. — Testes: Nicolaus plebanus in Wederuclde, Gerwicus plebanus in Amene, Angelus de Sassen canonicus aschaffenburgensis, Gerlacus et Heylmannus fratres aduocati in Laupach, Gerlacus filius Gerlaci predicti et a. q. pl.

Dat. a. d. M.CCC.XVI, in die b. Barnabe apost.

(Die Siegel der Stadt Grünberg u. des vorg. Ritters Wernher von Engelbausen, letzteres einen getheilten Schild, oben die obere Hälfte eines Löwen, unten zwei paralell laufende Bäche mit der Umschrift: S. WERN-MERI. DE. QUEPPVRNEN. vorstellend, hängen wenig beschädigt an.)

Orig.

Nr. 486.

1317 (2. Juni.)   Nos Cuno dictus Halbir miles cas-
trensis in Gyezcen et Hedewigis uxor mea protestamur, quod
contulimus donacionis tytulo commendatori et fratribus do-
mus theotonice apud Marburch vniuersa bona nostra sita
in Hene prope Husen pro dimidia marca denariorum. —
Testes: Theodericus dictus Schuzcesper, Johannes de Kin-
cenbach milites, Burkardus dictus Kalp, Gyso de Berstad
armigeri, castrenses in Gyzcen, item Eckardus et Gerlacus
Lodewici, scabini ibidem et a. f. d.

Dat. a. d. M.CCC.XVII, in die corp. Christi.

(Die Siegel des Ausstellers u. der Stadt Gießen hängen unversehrt an.)

Orig.

Nr. 487.

1317 (25. Nov.) Nos frater Johannes dictus abbas,
totusque conuentus monasterii in Arnisburg notum facimus,
quod ad empcionem dimidii mansi siti in terminis ville Hu-
lishouen per commendatorem et fratres domus theutonice
in Sassenhusen factam erga Elyzabeth et liberos eiusdem
de Hulishouin, nostrum consensum adhibemus.

Dat. a. d. M.CCC.XVII, in die b. Katherine virg.

(Das Siegel der Aussteller ist abgefallen.)   Orig.

Nr. 488.

1317 (25. Nov.)   Nos frater Hezzekynus de Berstat
commendator in Crutheym, necnon preceptor medie baline
generalis vniuersis cupimus fore notum, fratrem Guntramum
commendatorem domus nostre in Franckynwort, ceterosque
fratres ibidem commutationem fecisse cum Elyzabet dicte
de Nylde de domo sua propria et domo nostra noua, quam
nunc inhabitat, quam quidem domum possidere debet quam-
diu vixerit.

Dat. a. d. M.CCC.XVII, in die b. Katherine virg et mart.
(Die Siegel der Aussteller hängen gut erhalten an.) Orig.

Nr. 489.

1318 (27. Febr.) Notum sit vniuersis, quod nos Mengotus de Hyrzenhayn armiger et Jotta mea contectalis preposito, magistre, totique conuentui sanctimonialium in Werberg dedimus bona nostra sita in Reynhartshayn, que quondam Bertoldus dictus Buman et Gozzo a nobis iure colonario coluerunt, cum omnibus eorum pertinenciis nomine concambii pro bonis predicti conuentui in Welterthusen sitis, titulo proprietatis perpetuo possidenda. Dat. a. d. M.CCC.XVIII, fer. ii. prox. p. domin. q. cant. exurge.

(Das Siegel der Stadt Homberg hängt beschädigt an.) Orig.

Nr. 490.

1318 (4. April.) Nos scultetus, scabini et consules de Frideberg recognoscimus, quod Gerwinus de Cronenberg et Hitzeka coniuges, Albertus sculteti et Cunegundis coniuges, Heil. dictus Riche et Conradus dictus Rode et Guda coniuges, qui Conradus pro Wernhero sororio suo, ad faciendum cum ad partes Wederebie peruenerit, de bonis infrascriptis renunciacionem legitimam fideiussit, item Lysa, Alheidis, Mige, Rodolfus de Wizele et Elizabeth coniuges in nostra constituti presentia manifeste confessi fuerunt, quod ipsi commendatori et toti collegio fratrum domus theutonicorum in Marpurg ementibus xl. jugera cum vno et dimidio iugere in campis ville Melpach iacentia, necnon vnam aream, que soluit annuatim vnum sumerium papaueris et que fuerat quondam Conradi sculteti premortui, pro ciii. marcis vendidissent. — Testes: Johannes Angeli de Gronenberg, Angelus junior, Wenzelo dictus Riche, Heil. Markele et q. pl. a.

Dat. a. d. M.CCC.XVIII, prox. fer iii. p. domin. letare.

(Das Siegel der Stadt Friedberg ist zur Hälfte abgefallen.)

Orig.

Nr. 491.

1318 (10. April.) Nós scultetus, scabini et consules de Frideberg protestamur, quod Johannes, filius quondam Ditwini de Ostheim, noster coopidanus, in nostra constitutus presencia recognouit, quod commendatori et fratribus et militibus Christi domus theutonicorum in Marpurg vnum mansum proprium terre arabilis in terminis ville **Strasheim** situm vendidisse, et quia pueri sui propter etatis sue defectum adhuc bonis prefatis juribus renitentibus non poterant renunciare, ideoque prefatus Joh. Wenzelonem dictum Riche, Bernonem, Lynungum dictum vonme Scilde et Gerckinum dictum Munzere suos substituit fideiussores. — Testes: Heil. de Loubenberg, Henr. scultetus de Rospach, Heil. dictus Riche et q. pl. a. .

Dat. a. d. M.CCC.XVIII, prox. fer. ii. p. domin. jud.

(Das Siegel der Aussteller ist abgerissen.) Orig.

Nr. 492.

1318 (15. Juni.) Balduynus s. treuirensis ecclesie archiepiscopus magistre et conuentui sanctimonialium monasterii de **Cella** prope **Sciffinburg** salutem in dominó. Precibus uestre deuocionis inducti, vt duo altaria in vestra ecclesia, in qua hactenus diuina celebrabantur officia, constituta demoliri et in noua fabrica vestra locare, ipsamque nouam ecclesiam et altaria predicta ac eciam cimiterium dicte ecclesie vestre · contiguum consecrare possit, in quo eciam cimiterio mortuos vestros sepelire possitis, auctoritatem concedimus et licentiam specialem.

Dat. Confluentie die xv. mensis junii, a. d. M.CCC.XVIII.

(Das Siegel des Ausstellers hängt nur noch zur Hälfte an.) Orig.

Nr. 493.

1318 (2. Nov.) Ego Ludewicus miles dictus de Rumerode cupio fore notum, quod bona mea sita in V den hu sen, que comparaui apud strenuos armigeros Ludewicum et Philippum fratres dictos Waltfogel vendidi predilecto meo germano fratri Frederico de Grebenauwe ordinis s. Johannis. — Testes: strenui militares Hermannus dictus de Rumerode, Henricus dictus Mulich, Ludewicus dictus de Jringinshusen, Ludewicus dictus de Walen et famulus dictus Trabodo et q. pl. a.

Dat. a. d. M.CCC.XVIII, in crast. omn. sanctorum.

(Das dreieckige Siegel des Ausstellers mit den zwei Thürmen und der Umschrift: S. LVDEWICI. DE. RVMERADE. hängt unversehrt an.)

Orig.

Nr. 494.

1318 (24. Nov.) Nos Philippus dominus in Mincemberg senior ac Mechtildis nostra conthoralis profitemur, ad nos neque ad nostros heredes jus patronatus capelle in Maszfelden jure aliquo pertinere, sed ipso jure renunciantes, promittentes nullum jus patronatus de jure vel de facto in dicta capella nobis inantea vendicare.

Act. et dat. a. d. M.CCC.XVIII, viii. kal. decembris.

(Die Siegel der Aussteller hängen wenig beschädigt an.)   Orig.

Nr. 495.

1319 (1. Nov.) Vniuersis cupimus fore notum, quod nos prepositus, magistra, totusque conuentus sanctimonialium in Werberg vendidimus cum consensu priorisse ac consorori nostre Gerdrudi dicte de Karbin dimidiam marcam denariorum in bonis in Stamheym, possessam ab ipsa Gerdrudi predicta, nostris consororibus Hedewigi et Gude sororibus, filiabus Eckehardi dicti Zlune militis in Gysin,

ab ipsis quoad vixerint possidendam, ipsis vero mortuis pre-
dicta dimidia marca nobis in remedium animarum suarum
reuertatur. — Testes: frater Cunradus de Lundorf celle-
rarius, frater Henricus de Richolskirchin, frater Hedolfus
de Antreffe, frater Wenzelo de Minzinberg et Winterus
magister et prouisor curie in Morinbach et a. q. pl.

· Dat. a. d. M.CCC.XIX, in die omnium animarum.

(Das Siegel der Aussteller hängt wenig beschädigt an.)   Orig.

Nr. 496.

1319 (30. Dec.) Ich Abe zu eym male Gernandis
fufter vfem anger zu Melpach dun kunt, daz ich minen hob
der da gelegen ift zu Melpach han virkauft den Erbere
herren von me Dufchenhus zu Marpurch, mit willen miner
ganerben. Da bi waren die Erbern lude her Rudolf der
wirt, Dyetwin an der ftrafen, Emmerche ander ftrazen vnb
Rudolf des wirtes fun, die Sceffinnen von Melpach, Rehter
werfcheffe iar vnb dach, fo han ich zu burgen gefaft hern
Rudolfen den wirt vnb Dietwinen an der ftrafen die vorg.,
furwerter me fo fetzen ich den vorg. herren zwene morgen
landes die ba ligent an dem Sobeler wege zu eym vnder
phande alfo lange bis mines bruder kint virzihent des vorg.
hobes.

Geb. n. Chr. geb. m.ccc.rir, an dem neften funbage n.
Criftes geb.

(Das Siegel des Pfarrers zu Melbach ift beinahe ganz abgefallen.)

Orig.

Nr. 497.

1320 (24. Mai.) Noverint vniuersi, quod nos Petrus
s. mogunt. sedis archiepiscopus bona ac prouentus cum suis
pertinenciis ac iuribus, que et quos in talibus villis, scilicet
Essebach superiori, Essebach inferiori, Sulburg
et Husin circa Selgenstath de bursa nostra noscimur com-

parasse, pro remedio et salute anime nostre, fratri Johanni ordinis carthusiensis pro sustentacione fratrum sui ordinis, ponendorum in nouellam plantacionem, instauratam a nobis sub castello, quod Nowenhus wlgariter appellatur, retro castrum Scharphynsteyn, conferimus.

Dat. Moguncie a. d. M.CCC.XX, ix. kal. junii.

(Das Siegel des Ausstellers hängt beschädigt an.) Orig.

Nr. 498.

1320 (24. Juli.) Nos Heynricus dictus de Kinzinbach et Gertrudis coniuges cupimus fore notum, quod dedimus et vendidimus strenuo militi Hermanno de Buchesecke x. solidos denariorum annui redditus in villa Buren, videlicet ex bonis dictis suzhartisgut, que soluunt annuatim viii. solidos denariorum, et ex quodam orto soluenti ii. solidos denariorum. Insuper ego Herrmannus miles predictus recognosco huiusmodi pensionem Margarete et Elizabeth, filiabus meis, sanctimonialibus in Hacheburnen donasse temporibus vite sue, vna dictarum filiarum mearum defuncta, altera dictam pensionem quamdiu vixerit obtinebit, ambabus vero defunctis, tunc dictum monasterium in Hacheburnen possidebit perpetue, volens quod dies anniuersales mei, Margarete vxoris mee pie memorie et omnium parentum meorum peragantur. — Testes: Reynhardus de Swalbach, Franko de Lindin milites, Ekardus de Buchesecke junior armiger, castrenses in Gyzen, Erwinus filius quondam Lodewici Pistoris scabinus ibidem, Ortwinus de Buren et a. q. pl.

Dat. et act. a. d. M.CCC.XX, in vig. b. Jacobi apost.

(Das Siegel der Stadt Gießen hängt wohl erhalten an.) Orig.

Nr. 499.

1320 (1. Sept.) Nouerint vniuersi, quod nos Fridericus prepositus, Elizabet abbatissa, totusque conuentus in Blankenowe bona nostra in villa Vtenhvsen annuatim xvi.

solidos denariorum soluentia, vnam scapulam pro xx. de-
nariis, avcam vnam cum tribus pullis, dimidium maldrum
caseorum, necnon duos dies qui snittage wlgariter nuncu-
pantur, que quondam bone memorie nobilis vir dominus
Eberwinus de Aldenburc nobis contulerat in remedium anime
sue, vendidimus domino Friderico de Rvmerode ordinis s.
Johannis bapt. et cenobio Grevenowe pro x. talentis denariorum.

Dat. a. d. M.CCC.XX, in die Egidii conf.

(Das Siegel der Aussteller ist abgefallen.)   Orig.

Nr. 500.

1322 (23. Mai.) Wir Rulman ber scultheize vnde bi
scheffen zu Frankenuörd brn kunt, daz Rulman von Aslor
vnd Gela sin eliche wirten vnser Burgere, verzigen hont dem
Commenbure vnd deme Conuente des deutschen Ordens zu
Schiffenberg an der halbe hube die do gelegen ist in der
termenie der Parre zu Palguns, alsi beyde vur vns gesaßt
hon die hube vmbe li. march kolscher penninge iii. haller.

Geb. n. Chr. geb. **m.ccc.rrii**, an deme sunnenbage vur
pincsten.

(Das Siegel der Stadt Frankfurt ist abgeschnitten.)   Orig.

Nr. 501.

1322 (24. Juni). Kunt si allin lubin, daz ich Gyl-
bracht Wese rittere mich bekennen vm mine lehin, da min
Bruder her Ebirhart der Paffe vnd Jutte mine geswihe wesin
in irre hant han, Surbin de nach mime bobe, so sußent be
Lehin vf Elzebede min Eliche wirtin gesallin vnd vf Hebe-
wige mine bochtere alsolange alse gelebint. In soldin se der
Lehin nit forderin, so mogent se Henrich, Ebirhart mine
neuen vnd ir Erbin forderen vnd in Lehin behalbin. Dirre
sache ist gezug der Ersame rittere her Wernhere von Clen

burgreue zu Friveberg, her Wintere von Vilmere, her Johann von Elen, her Herman von Kalsmunt v. a. m.

Geb. n. Chr. geb. **m.ccc.rrii**, an s. Johannis dage alse dem korne de Worzele brichit.

(Das dreieckige Siegel des Ausstellers, einen aufrecht stehenden Löwen darstellend, ist an der Umschrift sehr verletzt.) Orig.

Nr. 502.

1322 (11. July.) Kunt si allin, daz ich Wernhere von Echzile rittere, Friberich vnd Ebirhart mins Bruder sune, vns bekennen vm be vii. schillinge gelbis de wir hallin zu Ocstat vf dem Riveren Houe von vnsir vrowen vnd dem klostere zu Aloinmunstere, daz wir in de selbin vii. schillinge gelbis wider vir kauft han vnd vf gegebin lebig vnd lere.

Geb. n. Chr. geb. **m.ccc.rrii**, an dem sundage vor s. Margeratin dage.

(Die Siegel der Ritter Wernher von Echzell und Wernher von Eleen, Burggrafen zu Friedberg, sind abgefallen.) Orig.

Nr. 503.

1323 (7. Febr.) Gotfridus de Eppinstein, custos maioris et prepositus s. Petri ecclesiarum mogunt. nobili viro Gotfrido domino in Eppinstein suo fratueli dilecto salutem et debite fidei vinculum et amoris ecclesiam parrochialem in Rockinberg, per nos hucusque possessam et ad tuam collacionem spectantem, omni et pleno iure resignamus.

Dat. a. d. M.CCC.XXIII, vii. id. februarii. *)
(Das Secretsiegel des Ausstellers hängt wohlerhalten an.) Orig.

---

*) 1323 (22. Juni.) Officiali prepositure ecclesie s. Marie ad gradus mogunt. Gotfridus dominus in Eppinstein honoris et amicicie quantum potest. Ad ecclesiam parochialem in Rockinberg vacantem ex libera resignacione Gotfridi de Eppinstein, quondam jam dicte ecclesie rectoris, cuius ius patronatus ad nos spectat, Gotfridum clericum de Eppinstein, nostrum consanguineum, vobis presentamus. (Das Siegel des Ausstellers hängt unversehrt an.) Orig.

Nr. 504.

1323 (24. Febr.) Nos Conradus scultetus, scabini et consules in Geylenhusen recognoscimus, quod constituti in nostra presencia Sifridus de Breydenbach noster conscabinus et Sophia sua coniux, necnon Jungo, Hartmudus, Cusa, Osterlindis et Sophia eorum liberi, exposuerunt nobis quandam permutationem bonorum seu agrorum infrascriptorum factam inter ipsos ex vna et commendatorem et fratres domus theutonice in Sassenhusen prope Frankenuord ex parte altera in hunc modum, videlicet quod iidem commendator et fratres tradiderunt ex parte sua dictis conjugibus ac eorum heredibus vnum mansum cum dimidio et v. quartalia terre arabilis cum suo onere, in terminis ville **Rosbach** sitos, ipsi vero coniuges et sui heredes pro parte correspondente eisdem commendatori et fratribus assignauerunt xxvii. jugera agrorum arabilium et pratorum proprietaria in terminis eiusdem ville sita, tendentia super pascuam ville **Wullenstad**, necnon xxxviii. libras hallensium pro suppletione xix. jugerum ac vnius quartalis.

Act. a. d. M.CCC.XXIII, fer. v prox. p. domin. reminiscere.

(Das Siegel der Stadt Gelnhausen hängt wenig beschädigt an.)

Orig.

Nr. 505.

1323 (3. Mai.) Ich Erwin genant Leo vnd Johan von Belewile min eyden Rittere vnd Gezela eliche wirten des selben Johannis bvn kunt, daz ich Johan vnd Gezela die vorgenanten han geban eynen weschel vber alsolich gut alse her nach bescriben ist, mit bruder Crafto dem Commenbure vnd den brubern des Tuschen huses zu Saffenhusen bi Frankenuord, mit alsuslichen vorworten, daz wir Jo. vnd Ge. die

vorgenanten beme Commenbure vnb ben bruberen han of ge=
geben eyn hube lanbeß baʒ man geeren mag, bie ba gelegen
iſt in bem velbe ʒu Klopheym von ien ʒu beſiʒen ewecliche
mit eugentlicheme rethe, vnb vorbaʒ baʒ wir von ben vorg.
Commenbure vnb bruberen enphangen han ʒu wiber weſchele
rſ. morgen lanbeß, bi ba gelegen ſint vf ben velben ʒo Mit=
telfarben ʒu beſiʒen ʒu Erbelicheme rethe. Auch globen
wir rethe werſchaft ʒu bune an ber vorg. huben jar vnb bag,
her vor ſprechen in rechter burgen wiß Ich Erwin Leo ber
vorg. Conrab von Moſchenheym vnb Wernher von Velewile
Rittere.

Geb. n. Chr. geb. m.ccc.rriii, an beme bage beß h. Cruces
alſe eʒ vunben wart.

(Die Siegel ber Außſteller hängen beſchäbigt an.)   Orig.

Nr. 506.

1323 (21. Mai.)   Cantor ecclesie frankenuordensis
judex auctoritate sedis apostolice deputatus.   Cum religiosi
viri commendator et fratres domus theutonice in Sassenhusin
in causam traxerint in judicio coram nobis Synandum dictum
Rozzerc et Heynricum dictum Meyn milites, Godfridum ar=
migerum eius fratrem, ... relictam quondam Gerboden.
militis de Wunecke et Johannem eius filium, armigerum, he=
redes quondam domini Heynrici dicti Meyn, decani dicta
ecclesie frankenuordensis, super redditibus infrascriptis de
bonis seu agris in terminis ville Rendele sitis — de estua=
rio in dicta villa Sassenhusin sito, nomine legati per dictum
dominum Heynricum decanum ipsis fratribus deputati —
dictis partibus coram nobis per se et per suos sufficientes
procuratores constitutis ac in nos tanquam in arbitrum com=
promittentibus, nos mediante domino preposito noui montis
in Fulda litem huiusmodi penitus decidendo ipsas partes con=
cordauimus, quod prefati rei dictos commendatorem et fratres

in perceptione vniuersorum reddituum prescriptorum nulla-
tenus impedire presument.

Act. et dat. a. d. M.CCC.XXIII, xii. kal. junii.

(Das Siegel des Ausstellers hängt an.) Orig.

Nr. 507.

1323 (4. Juli). Nos Ditmarus de Ameneburg, Paca
eius vxor, Humbertus Waltheri, Gerburgis, Waltherus filius
ipsorum clericus, Conradus Loszer dictus et Stephania con-
thorales, ciues in Grunenberg, pro nobis nostrisque here-
dibus profitemur, quod vendidimus preposito, magistre, to-
tique conuentui in Werberg domum nostram in opido Gru-
nenberg sitam iuxta domum Wigandi de Langisdorf, in
qua Cysa Waltsmedin quondam morabatur, pro quadam summa
pecunie. — Testes: Conradus Monetarius, Henricus de
Cornice, Fredebertus de Sassin et Conradus de Pedirshen,
scabini in Grunenberg.

· Dat. a. d. M.CCC.XXIII, in die b. Vldilrici.

(Das Siegel der Stadt Grünberg ist abgefallen.) Orig.

Nr. 508.

1324 (19. Aug.) Ego Petrissa, relicta quondam Inge-
brandi armigeri de Hattenrade, vniuersis cupio fore notum,
quod prepositus, magistra et conuentus monasterii in Wer-
berg michi duo bona sita in villa Hattenrade predicta iure
colonario possidenda locauerunt. — Testes: Hermannus de
Pedirshen, Henricus de Cornice, Conradus Irmengardis,
Conradus de Pedirshen scabini, Lodewicus de Cornice et
Folzo doliator, ciues in Grunenberg.

Dat. a. d. M.CCC.XXIV, sabb. prox. p. assumt. b. virg.

(Das Siegel der Stadt Grünberg hängt sehr beschädigt an.)

Orig.

Nr. 509.

1825 (17. März.) Nos Rudolfus et Hedewigis con-
iuges dicti Brunayer, Conradus dictus Raspe ac sui heredes,
residentes in Rorbach, recognoscimus, quod ad colendum et
laborandum bona abbatis et conuentus in Heynes, que ab
ipsis pro pensione annua tenuimus, hucusque in dicta villa
Rorbach omnia necessaria et singula vtensilia, que ad ri-
tum et vsum agriculture requiruntur, nobis procurare et
prouidere ante diem b. Martini proxime affuturo debemus,
nos obligamus, et si antedictum terminum aut quouis alio
anno subsequente in premissis minuti negligentes visi fue-
rimus, ex tunc dicta bona ad predictum conuentum reuer-
tuntur, et dictis abbati et conuentui presentem literam scul-
teti, scabinorum et consulum in Ortenberg, Syboldi militis
et Ebirhardi armigeri de Rorbach sigillorum appensionibus
petiuimus communiri. — Testes: frater Syboldus rector
curie dominorum de Arnsburg et frater Henricus rector
curie dominorum de Heynes in Geylnhusen, Bertoldus de
Marckebele officiatus domini de Hanowe filius eiusdem, Wen-
zelo dictus Lachman et a. q. pl.
  Act. et dat. a. d. M.CCC.XXV, xvi. kal. aprilis.
      (Die Siegel hängen gut erhalten an.)   Orig.

Nr. 510.

1825 (3. Juni.) Nos Gerlacus de Loupach opidanus
in Homburg et Fya eiusdem Gerlaci vxor recognoscimus,
quod bona quedam in campis ville inferioris Vfleyden
sita erga priorem, magistram et conuentum sanctimonialium
monasterii in Hacheburnen·per nos comparata ...... com-
parauimus ad vite nostre tempora possidenda.
  Dat. a. d. M.CCC.XXV, fer. ii. prox. p. penthecostes.
    (Das Siegel der Stadt Homberg hängt wenig beschädigt an.)
                                              Orig.

Nr. 511.

1325 (5. Nov.) Nouerint, quod ego Bertoldus, filius
quondam Bertoldi de Croppach, opidanus in Gyezin et in-
quilinus conuentus sanctimonialium in Wereberg, ratione boni
sui siti in dicta villa Croppach, quod iure inquilinatus
possideo, mansionem meam traxi a prefato bono ad ciuita-
tem Gyezin ex consensu prelibati conuentus.

Dat. a. d. M.CCC.XXV, nonas nouembris.

(Das Siegel der Stadt Gießen mit dem Löwen und der Umschrift:
S. CASTRENSIVM. ET. OPID... GIESZVN. hängt wenig beschädigt an.)

Orig.

Nr. 512.

1326 (9. Febr.) Ich Friderich uon Buchesecke den man
nennit bi den steinin unb Jutta min eliche wirtin bekennin,
daz wir semmintliche in pangin han umme den conuent der
heiligin samenunge zu Schiffinburg solich gut, daz sie zu
Albinbuchesecke unb in der geginbe liginbe han, daz hie
uor was hern Wibekinbis eins pristris unb no ist bes fur
genantin conuentis unb barumme gebin sulin alle iar ferbe-
halb malbir hartbis kornis uf ir kornis zu Schiffinburg unb
vii. schillinge peninge. — Zeugen: her Ebirhart Korniegil,
her Diederich Shuzzesper rittere, Gerlach Erwin sin brubir
scheffenin zum Giezin u. a. m.

Geb. n. Gob. Geb. **m.ccc.rrvi**, an deme sunbage den man
nennit der groze sunbac.

(Die Siegel der Stadt Gießen unb des Ritters Bernharb vou Gunse
hängen sehr beschädigt an.)   Orig.

Nr. 513.

1326 (25. Mai.) Ad vniuersorum noticiam perduca-
tur, quod ego Dymarus dictus Pingeszere de Gunse volens
quod prepositus, magistra, conuentus sanctimonialium mon-

asterii in Schiffinburg parte hereditatis ratione Katharine filie mec recepte in monialem eiusdem monasterii non fraudentur, consensu Syfridi filii mei, Gerdrudis filie mee, necnon Heinrici dicti Kizingere mariti eiusdem, generi mei, pro perpetuis iii. maldrorum siliginis redditibus dedi predictis sanctimonialibus dimidium mansum terre arabilis ad me proprietatis tytulo deuolutum a felicis memorie Syfrido quondam zintgrauio in Gunse, meo socero, cum omnibus attinenciis, excepta quarta parte curie, quam ipse Syfridus cum vixit in villa Kirchgunse inhabitabat, et vno agro terre arabilis qui wlgariter der gere dicitur. — Testes: Markelo de Nuuern, Eberhardus dictus Manke scabini, Conradus Forcheymere, Conradus Smyth de Langunse et a. q. pl.

Dat. a. d. M.CCC.XXVI, in die Vrbani pape et mart.

(Das Siegel der Stadt Weßlar ist abgerissen.) Orig.

Nr. 514.

1326 (23. Aug.) Wir Heinrich, Bertha min eliche frauwe vnd Lodewich von Dubenrobbe bekennen; daz wir von dem strengen Rittir Fribrich von dem Hirtberge vnd sinen Erbin eyn hube zo Dubinrobbe da Woluerams sun Heykle vffe ist, in velde, in Holtze, an waffere, an weybe vnde was sy han rettis an dem Heygerobbirberge, zo erbe Burchlehene vnde suln daz vorg. Burchlehen zo Rumerobbe vir binen vmme hern Frieberich vom Hirtzberge vnde sine erbin. — Zeugen: der Cummenbure von Grebinauwe her Herman, Heinrich Wischburnen, Wintir von Albinburg, Drabote von Marahe v. a. m.

Dat. et act. a. d. M.CCC.XXVI, in vig. Bartholomei apost.

(Gesiegelt hat Wernher von Alberbach; das Siegel hängt beschädigt an.) Orig.

Nr. 515.

1326. Wir Richolf ſengere zu Wetſlar, Gerlach' von Lundorf, Luplen rittere vnd Hartmut von Clettenberg rat= lude geforen von dem Commbure vnd conuente zu Marburg vnd von Lucarde der meiſteren vnd conuente der cellen vnder Siffenberg vmme zweiunge die ziſchen en waz vmme welbe, zenden, zinſe, hobſtede, wege vnd affere, das ſe zu vns ge= gangin ſin, ſprechen einbregbeclige, daz die zwei ſmedebuzþe vnd robehoch gemein ſin der zueier cloſter, daz eighoch bi Swalheim iſt der herren zu Siffenburg alleine. Durfen aber die vrauþen eines gruntbaumis abir eins melbaumis al da zu Swalheim zu ere molen dar vmme ſollent ſe beden vnd den ſal man in nit verſegen, vnd holz zu einer brulfen alda, der vrauwen molnere eſele ſollen auch of der herren gemein weide gen vnd nigt anders ſeþes des molners, zu Altpach wald vnd robt ſint gemein, Ghr bohil als der pat get daz neberteil wald vnd velt, daz iſt der herren, daz ober teil der vrawen walt vnd velt. Durch den affer der da heizet ſpibalſ acker ſollen die herren einen ſuzpat han vnd nicht anders. Der zehenden halb zu Huſen iſt der vrauwen an crot, daz ander teil der herren vnd das verbeſeil an den erbe iſt der herren bevor. Der cende zu Connrſrobe iſt gemein vnd die gulde von zweien meſten oleis iſt gemein, der acker bi Hebewige molin ſal den herren cenden, die vrauwen bewiſen dan war umme nicht he cenden ſulle, vm den kirperg vnd vmme die welde zu Milbach ſpregþe wir nicht biz daz die vier man geſprechen die dar ober geforn ſint, vmme die hobſtat zu Huſen vnd um den verdunk peninge zume Robe, vnd ym ſeir ſchillink peninge zu Gro= zin Bucheſecke an Bertolde Cegenhorn gefriſten wir an die cit, wan man ſprichet vm die vorg. welde. Zu eime gezuknife dirre vorg. rede han wir gen. Sengere vnd Gerlach vnse ingefegele her an gehengeb.

Geb n. G. geb. m.ccc.xxvi.

(Die Siegel fehlen.) Orig.

Nr. 516.

1327 (6. Jan.) Ich Wigant von Altbach ein Ritter, Gysela min eliche wirte vnd min Erben bekennen, daz wir ein ganzen morgen vnfis Ackirs, der da lyt bi dem Dudehe gein den garten zu Frebeberg gegebin han hern Tholmanne abbyte vnd deme conuente des gatfhus zu Selgenftat, widir eyme halben morgen an der bunde zu Ruheim bi dem kirch= obe, die da ift der Abbytye zu Selgenftat, vf denfelben hal= ben morgen wir gebundet vnd gefazit han ein fchafhus, daz das vorg. gatfhus vns gefreyet hat von alme zhenden, der yn zu vrme theile da von fohlde werden, vnd dye vorg. fryet follen wer vnbe vnfe Erbin beybe fone vnd dochtere zu lehene han von dem conuente des vorg. Gatfhus zu Selgenftat. — Zeugen: her Craft Groppe von Belbirsheim, Bolcnant vogit zu Ruheim, Gilbracht von me fchelde, Petir fcholemeifter zu Selgenftat u. a. m.

Geb. u. Chr. geb. m.ccc.xxvii, vf ben zwelften dag.

(Die Siegel der Ausfteller hängen in grünem Wachfe befchädigt an.) Orig.

Nr. 517.

1327 (26. März.) Vniuersis pateat, quod nos frater Conradus, filius olim Eygelonis Diuitis, ordinis fratrum here- mitarum prior fratrum heremitarum et augustin. domus in Alzeia ingressum et post vtens ratione et sanus corpore existens non coactus nec inductus per fratres dicti ordinis in domo in Fride- berg, vbi primitus fueram receptus, corpus et res mobiles seu immobiles, quas tunc habui et acquirerem in futurum et specia- liter iii. mansus terre arabilis, sitos in terminis ville Carben, conuentui dicte domus in Frideberg ob remedium animarum

parentum meorum et anime mee donauimus et legauimus. —
Testes: Heil., Hartmannus fratres dicti Vonderzit, Joh. de
Gronenberg et q. pl. a.

Dat. a. d. M.CCC.XXVII, prox. fer. v. p. domin. letare
jerusalem.

(Die Siegel des Ausstellers, der Stadt Friedberg, sowie der Augustiner
dafelbst sind abgefallen.)   Orig.

Nr. 518.

1327 (8. Mai.) Kunt si allin luden, das ich Thiele
von Beldirsheim ein Ritter vnd ich Cristine sin eliche wirtin
sirkauft han dem Dechene vnd dem Capittel des stiftis zv
Lyeche r. achtil korngeldis vf die halbin hvbe zv Gridele,
die Cvne Sac von vns hatte, mit wyesin vnd mit holtzmarke
die dar zv horen alle iar zv werene zv Mincenberg. Hie
bi ist gewesit her Anselm dir pharrer zv Gryedele, her Ebir=
hart von dir frumesse zv Gridele, Cvno Sac, Gotfried von
Beldirsheim, ... dictus Knappe, Wigandus Broschilt, Cun=
rabus dictus Swartze, Wigant vf dir stelzin, Gyso Gernan=
dis son, Wiglo Kleine, Anddirwerbe so han ich Tiele der
vorg. Ritter vnd ich Cristine sin eliche wirtin, sirkauft iv.
achtil korngeldis alle iar zv werene deme vorg. Dechene vnd
kapittel zv Lyeche vf ahte morgin landis daz zv Gambach
gelegin ist — an dem Alstedir wege gein Ebirstat — vf dem
velbe geime holz abir geime bale imme sytere — an dem bu=
dinheimer pade — vfme bale. — Zeugen: Heinrich Gots=
holde ein pharrer zv Gambach, Gotfried von Beldirsheim,
Winther von Rychinbach, Gyplo Eichelere, Syfried Heuhere,
Cule Harpechere v. a. m. Dirre brief ist gegebin vnder mime
Ingestegele vnd Heinriches des vorg. pharreris von Gambach.

Geb. von. Gots geb. m.ccc.xxvii, an dem fritage nach s.
Walpurge tage.

(Die Siegel hängen in rothem Wachse; das erstere sehr beschädigt, an.)
Orig.

Nr. 519.

1827 (25. Mai.) Ich Folce ein priſtir uon Albinbu-
cheſecke, Sippela, Heinrich Behtolt, Happela, Gela, Mezza,
Alheit vnd Hilla mit anbirn unſin erbin bekennen vnd ſoli-
chir zweiunge, die ſint geweſin zuſchin den frauwin uon
Schiffinburg uon einre ſitin und zuſchin unſin uabir, unſir
mubir unb uns uffe die anbrin ſitin, baʒ wir ber ſin geriht
bit in alle wis, alſo, baʒ wir ben ſur gengntbin frauwen
alle iar ſullin gebin uon irme gube, baʒ man alſus nennit
ben hob zu albin Bucheſecke, der ba heiʒit bi ben bach,
ein wieſe bie man nennit bie cwerch wieſe, einin halbin mor-
gin bi ber wieſin, einin morgin an ber weibe, zuene morgin
an bem wieſimmar wege, bri morgin an ben wingartin vnb
einin halbin morgin an bem ubinbache, baʒ unſer ein, an
bem ſie gnuclich ſin, baʒ gut in pahin ſal, unb erin paht
ii. malbir kornis, ein malbir haberin zu Schiffinburg zu rehte
bir cit antwortbin ſall, unb zua genſe unb zuei hunre pich
zu irre cit, unb geben wir dieſin briep beſiegilt mit ingeſiegele
hern Senandis uon Bucheſecke des richtberis, hern Ebirhart-
bis Korniegelis bie bi unſir bebinge ſint geweſit, biʒ ſint bie
geʒuge her Senent, her Ebirhart rittere, Zieginhorn, Heinrich
Hanincrat, Dietmar Lowere, Eckehart bi me cruce.

Geb. u. Gobis geb. m.ccc.ryvii, an ſ. Vrbanis bage.
(Nur das Siegel Senands v. Buſeck hängt noch, ſehr gut erhalten, an.)

Orig.

Nr. 520.

1827 (9. Juni.) Nos Johannes de Kynzenbach miles
et Lysa coniuges recognoscimus, quod cum strenuus miles
dominus Rycholfus de Kynzenbach ac Elizabet vxor ipsius
felicis memorie, parentes mei Johannis antedicti, capellam
in villa Kynzenbach in honorem omnipotentis dei, eiusdem-
que gloriose genitricis virginis Marie, beatique antistitis Ni-

colai atque omnium sanctorum construxerint et eandem suis
stipendiis, agris et bonis in villa predicta sitis dotauerint,
nos. Johannes et Lysa predicti adicimus doti predicte capelle
xl. marcas denariorum, quibus redditus annui ipsi capelle
comparari volumus, ut' sacerdos ibidem pro tempore cele-
brans ipsarum predictarum et omnium fidelium animarum
memoriam suis deuotis orationibus assidue faciens valeat eo
commodius sustentari, idem sacerdos nichilomnino unquam
uerbo uel opere attemptare debet, quod sit aut fieri possit in
prejudicium matricis ecclesie videlicet in Huchilheym, ad
quam spectant de iure homines in dicta villa Kynzenbach.
Preterea vt predicte parrochiali ecclesie in nullo derogari
videatur, damus nos predicti coniuges redditus vi. solid. et
i. pullum auctumphalem de bonis in villa Rade prope Drahe-
sitis, que bona Eckekardus dictus Kesselere et dictus Do-
lere colunt, quos redditus Gerlacus' armiger dictus Monich,
vxor eius, ipsorumque veri heredes nobis dinoscuntur ven-
didisse —. Premissa vniuersa et singula facta et ordinata
existunt adhibito consensu domini Henrici lantgrauii terre
Hassie necnon domine Elizabet conthoralis eiusdem, verorum
patronorum dicte ecclesie in Huchilheym.

Dat. a. d. M.CCC.XXVII, fer. iii. p. octav. penthe-
costes.

(Die Siegel des Landgrafen, des Ausstellers und der Stadt Gießen
fehlen.)   Orig.

Nr. 521.

1328 (17. Febr.) Nos Heinricus dei gracia lantgrauius
terre Hassie profitemur, quod considerantes fidelitatem plu-
rimorum obsequiorum, quam strenuus miles Johannes dictus
Rithesil, castrensis noster fidelis, domino patri nostro felicis
recordationis quamplurimum exhibuit ac nobis exhibere po-
terit in futurum, eidem Johanni et suis heredibus vnam

curiam sitam in villa Sywarterode, que inquam villa sita
est in jurisdictione Babinhusen, cum vniuersis suis per-
tinenciis, necnon colonum eiusdem curie, qui pro tempore
fuerit, ab omni exactione perpetuis temporibus ex speciali
gratia libertauimus.

Dat. a. d. M.CCC.XXVIII, fer. v. a. domin. invocauit.

(Das Siegel des Ausſtellers hängt unverſehrt an.) Orig.

Nr. 522.

1328 (31. März.) Ich Heynrich vnd Cunrab gebrober
genant bie Raſpin von Rorbach bun kunt, baz vnſtr herre
her Hertwich ein abpib vnd ber conuent des cloſtirs zu He-
nes vns hant geluhen irn hof zu Rorbach, ber ba ligit bi
ber Nunnen hof von Kunrabſtorf, mit lantſtbelme rethe zu
beſitzene. — Zeugen: Eberharb, Wiberolt ebilknete von Ror-
bach, Luzo Scilt, Heylman, Cunrab von Albinſtab, Sybub
ein herre von Arnſpurg, Gobehulb von Geylnhuſen vnb
Wenzolo Lochman.

Geb. n. gobis geb. m.ccc.rrviii, an beme grunen Duntage.

(Das Siegel der Stabt Ortenberg iſt abgeriſſen.) Orig.

Nr. 523.

1328 (9. July.) Wir Probiſt, meiſtrin unb ber con-
uent zu Schiffinburg uiriehin uns, baz wir ummir
ewecliche ſulin begen iargecibe hern Johannis des rittrſs uon
Kincinbach in ber wochin nach ber h. briuelbekeit bäge unb
fal man beme conuent bienin in ben rebinbir mit einir hal-
bin marc lichtbir peninge, uf ben ſelbin bac ſule wir ſingin
vigilia mit nun Leccin, un wanne Liſa ſin eliche wirtbin ge-
ſtirbit, ſo ſul wir en beibin gelich bun uf ir iargecibe.

Geb. n. Gobis geb. m.ccc.rrviii; an bem brittin bage
uor ſ. Margaretin bage.

(Das Siegel der Ausſteller iſt ganz zerbrochen.) Orig.

Nr. 524.

1328 (12. Dec.) Nos Lutherus dominus de Isenburg notum esse volumus, quod de consensu nostrorum heredum accedente donauimus preposito, magistre et conuentui sanctimonialium monasterii in Cella prope Schyfenburg tres mansos nemorum sitos prope dictum monasterium, curtim eiusdem dictam bruhop attingentes, cum omnibus juribus suis, pro nostrarum et nostrorum progenitorum animarum remedio et salute.

Act. et dat. a. d. M.CCC.XXVIII, ii. id. decembris.

(Das Siegel der Aussteller ist abgefallen.) Orig.

Nr. 525.

1328 (16. Dec.) Notum sit, quod cum inter nos Fridericum sacerdotem, capellanum altaris s. Marie Magdalene in ecclesia parochiali fridebergens., Heilmannum dictum de Laubenbergen, Nicholaum fratres dictos Hunen et Heinricum dictum Fridag, opidanos fridebergenses, ex vna et abbatissam et conuentum sanctimonialium in Throno s. Marie parte ex altera, super bonis in Dorheim, Sodele, Melpach villis, necnon curia in opido Friedeberg sitis, olim per pie memorie Hermannum dictum Hune, opidanum friedebergensem et Irmingardim coniugem suam prenotato monasterio collatis, orta fuisset materia questionis, et super meritis cause fuisset in iure multipliciter disputatum, tandem pro bono pacis in certos arbitros, videlicet Gerlacum abbatem et magistrum Hartmodum de Linden grangiarium monasterii in Arnespurg, Erwinum Leonem et Groziohannem, scabinum fridebergensem, compromittentes, pronunciacioni arbitrali ipsorum nos parere et obedire debentes, ut statuerunt, renunciamus omnibus et singulis bonis et curia antedictis de consensu Susanne, Nicolai antedicti et Hade-

wigis, Henrici Fridag prefati, vxorum nostrarum, pro nobis
et heredibus nostris ac litis habite complicibus vniuersis.

Dat. a. d. M.CCC.XXVIII, xvii. kal. januarii.

(Das Siegel der Stadt Friedberg hängt unbeschädigt an.)   Orig.

Nr. 526.

1329 (1. Mai.) Wir Luther ein herr von Iſinburg
bun kunt, daz wir durch bebe willen vnd durch ſonderlich
fruntſchaft vnd libe des ſtrengin Rithers hern Conrades Tu-
gils han geluhen hern Johanne von Ruchingen dem Erſamen
Rithere, hern Johannes ſune von Rubinchem, ben zehenden
halben zu Stebln von vns vnd vnſen erbin zu rechtem
lehene vnd ſetzen In bar In in aller ber wis vnd zu alleme
dem rehte vnd nutze, als ber vorg. her Conrab In biz her
Inne hait gehabit. — Zeugen: Johan. von Rubinchen ber
vorg., Sybuld von Heldebergin, Rudolf von Ruchingin,
Walther Meybin von Bubingin Rithere vnd Apple von Eych
eyn woich zu Wonedin u. a. m.

Geb. n. Chr. geb. m.ccc.rrir, vf ſ. Walpurge tag ber h.
Junefrawen.

(Das Siegel bes Ausſtellers hängt beſchädigt an.)   Orig.

Nr. 527.

1329 (2. Juli.) Ego Syffridus dictus Sroweschin de
Ebberstad cupio notum esse, quod ego, cum consensu meo-
rum filiorum et filiarum, videlicet Syffridi, Heinkelonis, Gu-
delen, Elizabeth, Katherine et Irmendrudis, vendidi probe
matrone Meckelye de Golle, moranti in Welflar, iii. mald-
rorum siliginis redditus, in cuius securitatem xviii. jugera
arabilis terre in campis ville Byrincheim pro subpignore
obligaui — super campum versus markas ville Holtzheim
— an deme Wisewege — retro villam, que transeunt vber
den phat — retro schafhus — an der bachrusen — an der

foþemolde — an deme Kisackere versus Holtzheim — super campum versus Leitgesteren — vber den Gvñser weg — apud Wernherum in der Gazsen — apud pueros Heinonis de Byrincheim — an der schiben — vber .den merker wcg, gein der alten marke — gein deme wart boume — gein .hern Hertwines stucke — super campum versus Bercheim — an deme stricke — gein der weide. — Testes: Wigandus dictus Wise et Conradus Colenhuser, scabini in Mynzenberg, Orthe quondam cingrauius de Holtz-heim, Wenzelo Guldener, Rolo de Byrinheim et Johannes dictus Bvman de Golle, scabini in Gruningen.

Dat. a. d. M.CCC.XXIX, in die b: Processi et Marti-niani mart.

(Das Siegel der Stadt Minzenberg ist abgeriffen.) Orig.

Nr. 528.

1329 (10. Dec.) Vniuersis pateat, quod ego Heylo, filius Kvnegundis dicte Schultheyzin de Gysnide, necnon Kunegundis mea coniunx vendidimus Jutte et Gude dicte Rerbone de Nydde, coopidane, iii. octalia siliginis, ipsique quibuslibet annis infra duo festa assumptionis et natiuitatis b. virginis Marie ad oppidum Nydde presentanda, quod si non fieret, prefata Jutta se intromittet de xvi. jugeribus, habebitque auctoritatem super disposicione ipsorum sicut de alliis propriis bonis suis, cum nos predicta bona sev jugera loco pignoris obligauerimus antedicte Jutte et suis heredibus, de predictis jugeribus vnum situm est vf deme steinbuhele, item ii. jugera hinder deme steinbuhele, item i. juger pra-torum in loco predicto, item super vnum agrorum vf deme schulere, item dimidium juger super monte by der Gerwerten, item ii. jugera an den sehzehen morgen, item i. juger zo den fuzlucherin, item ii. jugera an dem bremechtin holze, item ii. jugera an deme Roede, item ii. dimidia jugera vf

deme Gysenbechere wege, item ii. jugera gein der salz-
bach. — Testes: Dytmarus Anzugil, Bertholdus Rerbone,
scabini in Nydde et Wigandus de Furbach in Nydde coo-
pidanus, Nycolaus Opilio et Hennil. eius gener, Heylo Cra-
nych de Gusnyde et m. a.

Dat. a. d. M.CCC.XXIX, iv. id. decembris.

(Das Siegel der Stadt Nidda ist abgerissen.)   Orig.

Provinz Starkenburg.

Nr. 529.

1330 (28. Jun.). Judices curie worm. recognoscimus, quod cum Rudegerus dictus zu der altdenmunsse opidanus in Oppinheim annuos redditus xlvii. et dimidie libr. hallensium super bonis suis zu Erefelden sitis et aliis quibusdam ipsius Rudegeri bonis, que nunc idem Rudegerus decano et capitulo ecclesie s. Victoris extra muros mogunt. se rite vendidisse asserebat, discreto viro Joh. Dymari et Odilie eius vxori legitime ciuibus wormac. pro nongentis et quinquaginta libris hallensium iure reempcionis vendidisse, prefati Johannes et Odilia coniuges recognouerunt, prefatum Rudegerum eosdem xlvii. et dimidie librarum hallensium redditus apud eos cum totidem summa pecunie prescripta eisdem coniugibus numerata iusto reemptionis titulo rite reemisse.

Act. a. d. M.CCC.XXX, in vig. b. Petri et Pauli apost. presentibus viris discretis Nycolao notario ciuitatis worm. canonico ecclesie s. Andree worm., Hennekino dicto Schusch consule et ciui worm., Nycolao dicte curie worm. notario ac pl. f.

(Das Siegel der Wormser Richter hängt unverſehrt an.)

Orig.

Nr. 530.

1330 (8. Oct.). Uniuersis salutem in domino. Omnibus uere penitentibus, qui ad capellam s. Marie heremitarum in silua Trieyg festis sanctorum, quorum nomine altaria habentur in eadem et in dedicatione illius ac in aliis festis infrascriptis accesserint, xl. dies indulgentiarum relaxamus.

Dat. Auinioni viii. die mensis octobris a. d. M.CCC.XXX.

(Die Urkunde ist sehr verwischt.) Orig.

Nr. 531.

1330 (15. Nov.) In nomine domini amen. Nos Heilemannus dictus Fryz decanus ecclesie aschaffenburgensis et Wernherus de Beldersheym miles vicedominus ibidem pro decidendis et complanandis causis infrascriptis a domino Baldewino prouisore et defensore in spiritualibus s. mogunt. sedis specialiter deputati, vniuersis salutem et noticiam subscriptorum. Noueritis, quod in litibus, que inter dominum Thilemannum abbatem monasterii in Selgenstad suo et dicti monasterii sui nomine ex vna, necnon aduocatum, scultetum et scabinos Seligenstadenses ex parte altera, super presentacione seu collacione vicarie altarium in ecclesia parochiali Selgenstad instaurate hactenus vertebatur, receptis et auditis omnibus et singulis instrumentis, probationibus et allegationibus, quia inuenimus prefatum dominum Thilemannum fore in possessione iuris presentandi ad dictam vicariam, nos pronunciamus, jus conferendi eandem ad memoratum Thilemannum abbatem solum potiori jure quam ad quempiam alium pertinere ac eundem ad prefatam vicariam personam ydoneam presentare debere, quando et quociens eam vacare contigerit, simpliciter, liberaliter et precise.

Dat. et act. in ambitu ecclesie aschaffenburg. iuxta ianuam, vbi consuetum est judicio presideri a. d. M.CCC.XXX, xv. die mensis nouembris, hora ejusdem quasi vesparum.

Presentibus: Vlrico dicto Phauey canonico, Angelo de Frideberg vicario et Helfrico subcustode ecclesie aschaffenb.

predicte, nec non Cunrado rectore ecclesie in Crotzenburg et Cunrado dicto Ruschebusch.

(Die Siegel der Aussteller hängen an rothseidener Schnur unbeschädigt an.)

Orig.

Nr. 532.

1880 (23. Nov.) Ich Engelhard Conrad von Winsperg tyn kunt, das ich als min lieber vater seilig her Conrad von Winsperg goliehen hat Berhtold seiligen dem Veringen ze Wimphen das var zo Wimpfen vnder vnser Burg an dem Nekker zo Wimpfen zo einem erbelehen, das selbe var zo Wimpfen lihe ich frawen Elsen, die des vorgen. Berhtoldes seiligen elichiv wirtin was, vnd Hugen irem son vnd iren kinden zo einem rehtem erbelehen ze haben, vmme so vil geltes vnd vmme so vil haller vnd mit dem gedingde, als der brief stat geschriben, den In min vatter seilig dar vber geben hat.

Geb. n. G. geb. **m.ccc.rrr**, an dem fritage vor s. Katherinen tage.

(Das Siegel des Ausstellers ist abgefallen.) Orig.

Nr. 533.

1381 (20. Jan.) Ich her Ulrich ein herre von Bickenbach Bikenne Mich, daz ich Henriche Suren vnd sinen ..... han geligen sarringes gut zo Albesbach vnd daz stucke bi me garden dar in, umme r. schillinge hellere vnd ein half malder hebern vnd dy wingerden vm daz dribbe del, also bischeidelichen abe Henrich Sure by vorgenante oder sin erben selber vf deme gude zizen, wer aber daz si es verlighen, so solde der gebur dan dar vffe zeze giben r. schillinge hellere vnd ein half malder habern vnd fir frone daghe vnd ein vastnachthon vnd ein osterhon vnd zehen eyger vnd daz dritte deil von den wingarden vnd ein hert recht of der gebur vf deme nemelichen gude.

G. n. Chr. geb. **m.ccc.rrri**, an dem h. daghe Fabiani et Sebastiani martirum.

(Das Siegel des Ausstellers fehlt.) Orig.

Nr. 534.

1331 (23. Apr.) Wir Ulrich herre zu Byckenbach eyn mumpar vnsers enkeln Greben Eberhartes kindes von Katzen-ellinbogen, vnsers eydems dem got genade dun kunt, daz wir von mumparschaf wegen den abt vnd synen Convent des Closters zu Eberbach hon Ingesatzt in des selben vnsers enkeln beyl des zehenden zu Arheyligen her si gelegen in dorfe oder in velde vor clrr. phunt hallere, dy by Grabeleyde vnd dy bestabunge des vorg. vnsers eydems Greuen Eber-hards kostete vnd vor zehen phunt, dy man hinden nach dem arzte gab, vnd sulent sy den vorgen. zehenden vsheben von Jare zu Jare, also lange bit daz sy dy vorgenanten summen des geldes clrrr. phunt ganz vnd gar ingenement, vnd waz sy Jares vshebent, daz sal man yn abe slahen als frucht gildet zu Meynze gemeynliche, Ichliche nach yren werde. Auch ist geredet, swanne vnser ammechtman vnd Grauen Johannes von Katzenellinbogen den zehenden vorlihent, so sulent dy vorg. herren von Eberbach yrn bruder oder yrn boben darbi hon vnd sulent sy dy burgen enfahen, yn dy frucht zu ent-wertene zu Oppinheim oder zu Meinze mit mazze dy da heyzent achteil als zu Arheiligen gewunlig ist. Werez aber, daz dy selben herren von Eberbach in den zehenden treden wolden vnd samenen vnd vsheben, sulen wirz yn wol gunnen.

G. n. godes geb. m.ccc.rrri, an s. Georien tage.
(Dle Siegel des Ausstellers, sowie des Grafen Johann v. Catzenelnbogen hängen sehr beschädigt an.)   Orig.

Nr. 535.

1332 (16. Jan.) Ich Berhte vnd ich Adelheit geborn bede von Sweigern tvn kvnt, daz wir zv einem almvsen durch vnser sele willen dem prior vnd den brudern prediger ordens zv Wimphen han gegeben mit einer gobe vnder den lebendigen vnser hus zv Winphen, daz do lit vor derselben prediger kirchhof vber den wek vnd etesvenne was Hiltegvnde

geheizen diu Emelhin, baʒ fie baʒ felbe huß noch vnfer beiber
tobe haben folen vnb folen vnfer borvmme immer mer gebenken.

Geb. n. G. geb. **m.ccc.xxxii,** an f. Marcellen tage beß
mart. vnb Babßteß.

(Daß Siegel beß Offizialß beß Probßteß beß Stiftß im Thal ist abgefallen.)

Orig.

Nr. 536.

1332 (16. Mai.) Wir Heinrich von Goteß genaben
apt zu Fulbe, Dittrich ber Techant vnb ber Conuent gemeine
beßfelbin ftiftes bekennen, baʒ wir an vnfer leßen, kirchfaʒ
vnb vnfer herberge han verkouft Wernhero von Anefelt rittere,
Kunegunbi finer elichen wirtin Engelharbo von Frankenftein
Rittere vnb Claren finer elichen wirtin Otfperg burg vnbe ftab
vnb Omftat vnfer teil lanb vnb lute, wa fi fiʒen Criften vnbe
Juben mit bebe vnbe mit zinfe vnb vnfe gerichte, alle win-
garten vnbe hoene, wazzer vnb weibe, holʒ vnbe felt, alle
vnfer gulbe vnbe gut vnb alliʒ baʒ, baʒ zu ben flozzin ge-
hoert, vmme bir tufint phunt vnbe feß hunbert phunt beller,
vnb beß felbin gelbeß fullin fie ꝛc. phunt kuntliche verbuwe
an beme huß Otfperg, ouch fullin fi von ben flozzin ver-
richte alle burgman gleicherwiß alfe wir an ben von Falkin-
ftein, mit beme vnberfcheit, baʒ bie burgman fullin in bie floz
helfe bewaren glicherwiß alf fi vnß vnb vnferme ftifte fchulbeg
fin vnb bie vorg. floʒ fullin vnß vnb vnferme ftifte offin
fin zu allin vnfern noetin. Duch ift gerebt, weme wir ober
vnfer nachkumen komment vnbe fie beß gelbeß zu Geilnhufen
ober zu Babinhufen ober zu Ditpurg, wa in allir liebeß ift,
bezahlt han vnbe wiber wollin kouffe bie floz ume alfo vil
gelbeß, fo fullin bie vorg. erbern lute ober ir erben bie vorg.
floz wiber lebig vnb loß entwurten. *)

---

*) 1374 (25. Sept.) verfeʒt Abt Conrab von Fulba an Graf Ulrich
zu Hanau „Otfberg bie Burg, Heringeß bie ftab barunber vnb
Omftab bie ftab vnfern teil" für 29,875 fl. (Orig. mit Siegel.)

Geb. n. Chr. geb. m.ccc.rrrii, an deme sunabende vor deme suntan alse man singet Cantate dom. zuchsin phinstin vnd ostern.

(Gesiegelt haben die Aussteller.) Orig.

Nr. 537.

1332 (17. Juli.) Wir Johan Kamerer hern Heinrich Kamerers seligen son von Wormßen, Bertolf von Flanbvrn vnd Johan Randecker rittere, ratsude vnd sonsude vbere die zweiunge schußchen den herrin von s. Paule zu Wormßen vnd Emerichen hern Conrabis seligen son von Randecken eyme edelknechte vmme alsoliche gut vnd gulte die dieselbin herrin vme den vorg. Conrat in deme dorfe zv Northeym gynsite by deme Ryne zv Wormßen kauft hant, dvn kvnt, daz wir gescheidin habin also, daz die vorg. herrin von s. Paule dem vorgeschr. Emerichen sollent noch gebin rr. pvnt hellere zv deme gelte, daz sy fore deme vorg. hern Conrat seligen ge- geben habin vme der vorgeschr. gulte vnd gut vnd solle dise mit namen r. maldir weizin geltis, l. maldir ane ii. maldir korngeltis vnd rii. gense geltis der selbin herrin von s. Paule eweclichen sin, vnd sol der vorg. Emerich in daz gerichte riden, do die vorg. gut vnd gulte sind, vnd sal ez den egen. herrin ober iren boden vfgebin vor sich vnd vor sine geswisterde, want die selbin vndir irin iaren sint, so hat der selbe Eme- rich vor sich mich Johan Kamerer vnd vor sich und sine ge- swisterde vns Bertolfen von Flanburn vnd Johann Randecker rittere vorg. vnd Gerlach Stangen den alten eyn ritter vnd Gerlach Stangen den Jungen sinen son eyn edilknecht zv burgen gesetzet. Wan nv auch Heilman von Flanburn eyn Canonike des vorg. stiftes zv s. Paule offe der vorg. gulte zv Northeim viii. maldir korngeltis hat, die yme sundir zv gehorent, so sol der selbe alle die reht und stedekeit an den

vorg. vnbirpanben *) vnb burgen vnb anbere ficherheit noch
marʒal ſiner gulte hobin, alſo wol vnb feſte, als bie herren
von ſ. Paule an irm habint.

Dat. a. d. M.CCC.XXXII, fer. vi. p. diem b. Margarete
virg. prox.

(Die Siegel bes Ausſtellers und der Bürgen hängen unverſehrt an.)

Orig.

Nr. 538.

1333 (22. Febr.) Ich Peber von Ortenberg vnb Ru-
bulff myn ſone bekennen, bas wir ʒu kauff han gegeben bem
erbern rithern Hern Claſe von Scharpenſteyn ſin lypgebinge
vnſer beyle uff bem ʒeben ʒu Pungſtat, ber ba heiſſet ber
Helſtein ʒenbe, anberwerbe vnſer beyl pennigulbe uff bem
ʒehenbe ʒu Eſchbruck vnb v. ſchillinge heller in bem borffe
ʒu Clingen vmb li. phunt heller, vnb ich Volrab eyn ritther
von Vrberg bekennen mich, baʒ ich von bebe wegen Hen
Rekines mynes brubers, Heinrichs vnb Conrabes, bie ba
waren ʒu eyne male Hern Hannemannes kint, myn Ingeß
gehangen han an biſſen brieff.

Geb. n. Chr. geb. m.ccc.xxxiii, an ſ. Pebers tag kathebra.

Vnb ich Volrabt von Vrberg han biß beſiegelt, wan ſie
Ingeß nit enthatten, bie hie vor geſchreben ſint.

Falkenſtein. Cop.-Buch.

Nr. 539.

1333 (12. April.) Nouerint vniuersi, quod Fridericus
decanus, Johannes scolasticus ac capitulum ecclesie s. Marie
ad gradus mogunt. in omnibus et singulis causis ecclesiasti-
cis, spiritualibus seu mundinis, que nobis a quibuscumque
personis mouentur seu mouebuntur seu quas eis mouemus

*) Nämlich die Güter, welche der gen. Emerich in dem Dorfe ʒu
Steben hat.

seu mouebimus communiter vel diuisim coram quibuscumque judicibus ordinariis seu extraordinariis et specialiter in causa, quam nobis Theodericus consanguineus quondam domini Theodorici de Katzenellenbogen, cantoris ecclesie mogunt., per dominum abbatem monasterii s. Jacobi extra muros mogunt. ad parochialem ecclesiam in Astheim de facto saltem vt asseritur presentatus mouere intendit seu quam sibi seu per nos presentandus ad eandem ecclesiam mouere intendimus, coram officiali domini prepositi ecclesie s. Victoris extra muros mogunt. seu quocumque alio eius vices gerente, discretum virum Theodericum de Gruzzen, exhibitorem presencium, nostrum et dicte nostre ecclesie constituimus et facimus procuratorem, actorem, syndicum et nuncium specialem.

Dat. Moguntie a. d. M.CCC.XXXIII, ii id. aprilis.

(Das Siegel des Ausstellers fehlt.)   Orig.

Nr. 540.

1334 (2. Apr.) Ich Conrat von Werberg ein Ryttir bun kunt, daz dy geystlychen lude von Ebirbach vnd die gemeynde von Bubensheim zweyttin vm daz wazzir zu leydine daz von Frenkenuelt geit gen Bubensheim, vnd das sint sy beydir syt zu mir gegangin vnd hon ich daz wazzir besehen vnd bunkit mich daz in daz beydir syt rechte vnd ebene kume, daz sy eynen graben machen biz in dy baich, vnd eyne brucken machen da dy velt zu hauß gen, vnde sprechen daz sy von bebin sittin halb vnde halb dyt verlonen vnd machen vnde halden sullen graben vnde dy brucken wanne vnd alse dycke alse is noit ist, ver byffes vz ginge von Ebirbach abir von Bubensheim der gemeynde daz dyt gehinderit worde vnde nyt sin halbe teyl daz zu in bede, der andere sulde yme zu sprechin mit geystlycheme geriechte abir mit wertlycheme, vnde

ſulbe in dar zu bringen biʒ dyt geſchehe vnde machte in auch
ane ſprechin vm ſinen ſchadin der yme da vone geſchehe.

Geb. n. Chr. geb. **m.ccc.rrriv**, an dem ſanztage in der
oſterin wochen.

(Das dreyeckige Siegel des Ausſtellers hängt unverſehrt an.) Orig.

Nr. 541.

1334 (8. Juli.) Ich Raben von Wagenbach vergih
offenlich vur mich vnd alle min erben vnd beſunder vor min
elich wirtin Lugart genant, daʒ ich han ʒe kauf geben Hanſen
Fritzen eim burger zu Wimphen v. phunt haller geltes vf
dem Ribern var ʒe Wimphen vnder der Burk vmb rl. phunt
haller, vnd daʒ ich in biß kaufes iar vnd tag were als recht
vnd gewonlich iſt, darumb ſetz ich im ʒe burgen Engelhard
min bruder, Raben hern Rabens ſon von Helmenſtat vnd
Gerung von Helmenſtat genant von Kanneſtat. Vnd ich
Luggart des vorg. Raben eliche wirtin vergih, wan ich min
morgengabe vf dem vorg. gelt het vnd mir du vf andern
guten widerlegt iſt, daʒ ich vf deʒ Riches ſtraße geſtanden bin
vnd die vorg. morgengabe vf geben vnd verſworn han, als
ein frawe ʒe reht ir morgengabe verſweren ſol vnd vf geben.*)

Geb. an dem nehſten fritag vor ſ. Margreten tag, ʒ. d.
M.CCC.XXXIV.

(Die Siegel des Ausſtellers u. d. gen. Bürgen hängen wenig beſchädigt an.)

Orig.

---

*) Am 1. Juli deſſ. Jahres willigt Engelhard v. Weinsberg der jün-
gere in dieſen Verkauf. Orig. (das Siegel deſſelben hängt unver-
ſehrt an.)

1375 (14. Juni) verkaufen Cunʒ Rypperg Bürger zu Heilbronn
und Anna ſeine Hausfrau der Stadt Wimpfen ʒ ß Heller jährliche
gülte „vf dem Rydern var an dem Recker bi in zu Wimpfen ge-
legen“, ſowie 4 und 9 Schillinge Heller „vf dem zolle bi in zu
Wimpfen, der etwann der von Helmſtat waʒ“ um 48 ß Heller. Orig.
(Die Siegel des Ausſtellers, ſowie ſeines Bruders Cunʒ Rypperg
des Jungen hängen gut erhalten an.)

Nr. 542.

1334 (11. Juli.) Wir Baldewin von gots gnaden Erzebischof zu Trire rc. der stiefte zu Menze vnd zu Spire eyn phleger bun kunt, daz wir den abt vnd den conuent zu Selgenstat vf eyne siten vnd den voyt, die scheffen vnd die Burgere da selbens vf die andern siten vmme sulichen crig als sie mit eyn ander hatten, vm eynen zun vnd eynen weg vor krozenborger porten da selbens zu Selgenstab alsus gerich= tet han. Zum ersten so sol der apt vnd die Burgere eynen zun zunen von der Brucken vor der vorg. porten zu der linkenhant durch den Graben vnd bie der straze vz hine nach irre alden gewonheit, der zun sal bliben steynde. Machten aber die Burgere eynen zun rr. suze von me Graben, vierde halbes suzes hoch ober der erden neben des abtes bunden zu halbscheyt, so sal man dar nach des alden zunes von me Graben biz uf den nuwen zun äbe tun, daz sie ir vihe dar= getrieben mogen, vnd mag der abt daz ander halbscheyt der bunde vollen bezunen, ob er wil vnd mag iz auch lazen.

Geb. n. Chr. geb. m.ccc.rrriv, des nehsten Manbages vor s. Margarethen bage der h. Jungfr.

(Die Siegel des Ausstellers u. der gen. Partheyen hängen beschädigt an.)
                                                        Orig.

Nr. 543.

1334 (2. Dez.) Kunt si, daz ich Wenzelo Drunckiln vnde Godela min eliche vrauwe han gesazit vnser selen zu troste iv. malder korngeldes ewicliche vf vnserme houe, der da ist gelegen bi deme alden steinen huse allernehist, zu vnser vrauwen althir eineme prister zu einer ewigen messe, vnde han daz beidesamt getan vnd vf gegeben an geriethe vor saube vnde vor scheffen von retheme mutwillen, vnde me ich Bert= lot Vllebecher han auch geset miner selen zu troste i. malder

forngelbis ewicliche vf minne hufe vnd vf der houeftab daz da
lit an Swpkiln Frifen aller nehift zu dem alter vnfer l.
vrauwen zu einer ewigen meffe. Bi diefir beider vf gebunge
ift gewefen Hartrad Wpneige der des tages faut was, Rul-
man Hartrad, Fridman Drunckiln, Wenzelo Drunckiln der
vorgenante, Hannes Renne, Wernher Lowe, Heilo vf deme
fteinwege, Herman Darmefteder, Friderich Rofe, Albrecht
Haldor, Fridman Clemme, Ebirhart Bockiln vnd Hertwin
Mulnere.

    Dat. a. d. M.CCC.XXXIV, · fer. vi. p. b. Andree apost.
    (Das Siegel der Stadt Dieburg hängt unverfehrt an.) Orig.

Nr. 544.

1335 (14. Febr.) Wir Graue Wylhelm von Katzeneln-
bogen bvn kunt, daz wir han durch bede willen Herman
Aumannes eynes ritteres vnfers mannes virhenget, daz er
hat virkauft Culman Hartdrabe eyme burger zu Dypurg,
Hillen fin elichen frauwen vnd irn Erben xxv. malder forn
geldes vnd x. malder weyze geldes zu Rinheim alle iar zu
werne vz vnfer gelde zu Rinheim achte iar nach dem datum
dif briues.

    Geb. n. Chr. geb. m.ccc.xxxv, an f. Valentines dage.
    (Die Siegel des Ausstellers und des gen. Hermann Aumann hängen
        unbeschädigt an.) Orig.

Nr. 545.

1335 (9. Sept.) Ich Schenke Cunrad von Erpach dun
kunt, daz ich wider zu kaufe fal geben.hern Vlriche von
Bickenbach oder fime Enegeln grafe Eberharte von Katzeneln-
bogen vnd fimen erben ir yegelichen fin teil des dorfes zu
Brenfbach vme clii. pfunt .heller, wanne fie bit willen

kvemen vierzehen nacht vor sanct Peters tage den man
nennet kathedra petri oder vierzehen naht bar nach.

G. n. gobes geb. **M.CCC.XXXV,** an dem neheſten ſameſtage
nach vnſer frauwen tage als ſie geboren wart.

(Das Siegel des Ausſtellers iſt beinahe abgefallen.) Orig.

Nr. 546.

1835 (2. Oct.) Wir Symon vnd Eberhart gebrudere
Grauen von Sweynbrucken vnd herren zu Bytſchen tvnt
kunt, daz wir an hant geſehen genemen vnd getruwen dienſt,
die vns Winant vnd Dieter ſin brubere getan hant, vnd noch
dun ſulent vnd hant in geluhen zu rechtem Lehene daz dorf
zu Sweynheim mit allem rehte vnd gewunheit, Alſe ez der
Edel man Gotfrit von Steinach von vns vnd von vnſern
altfordern zu lehene hatte, vnd hant in ouch daz ſelbe lehen
verluhen in allem rehte, alſe die brieue ſprechent, die her ....
ſelige von Kroppeſperg vnd der ſelbe Winant von dem ſelben
lehene von vns hettent. Ouch verſehen wir vns, daz her
Gerhart Droffezzere an dem forgen. gute zu Sweynheim
nie reht gewan vnd ez nie von vns enfieng.

Geb. n. gotes geb. **M.CCC.XXXV,** die prox. p. feſt. b. Re-
migii episcopi.

(Die Siegel der Ausſteller ſind abgefallen.) Orig.

Nr. 547.

1835 (7. Dez.) Nouerint vniuersi, quod ego Adela
mulier dicta de Weibestat domum meam, quam inhabito,
sitam in vico textorum ciuitatis Wimpinensis trado et
dono donacione inter uiuos priori et conuentui ordinis pre-
dicatorum domus wimpinęnsis.

Dat. a. d. M.CCC.XXXV, fer v. p. Nycolai ep. prox.

(Das Siegel des Offizials des Probſtes des Stifts zu Wimpfen iſt ab-
geriſſen.) Orig.

Nr. 548.

1336 (22. Jan.) Ich Frederich von Carben Ein ritter, Obirman obir by sache by zwischen dem Commenthur vnd den Brudren des Thuschen huses zu Saffenhusen by Frankinuord ist vf eyne syten vnd Johanne Fugelere mines herren knet von Epinstein vnd Herrolde sime swagere vf by andern siten von des gutes wegen, das da liget zu Auheim, sprechen, das ich hain irvaren an guber kontschaft, das das egen. gut den vorg. brudern rechtliche wart gegebin vnd me dan xx. jar darin hain gesessen vnd hain es vorgangen vnd virbing-pletig in dem haue zu Croczenburg, sa sprechen ich vf minen Eyt, das das reth ist vnd sal man die Brudere also lange in dem gude lazen sitzen bis man es in ane gewinnet.

Geb. n. Chr. geb. **m.ccc.xxxvi**, a. s. Vincencii dage des mertelers.

(Das Siegel des Ausstellers hängt unbeschädigt an.) Orig.

Nr. 549.

1336 (16. April.) Nos Thilemannus abbas, Conradus custos monasterii in Seligenstad indagamus, quod cum vltra vite nostre necessaria quandam summam pecunie congregassemus, v. quoque maldra siliginis annue pensionis custodi qui pro tempore fuerit presentandis, erga Conradum Ludolfi opidanum seligenstad. super quandam curiam in Froyshusen cum ipsa pecunia comparassemus, fecimus, vt de jure debuimus, ipsamque annuam pensionem per nos comparatam, in pios vsus ordinavimus modo quo subditur. — Est tamen aduertendum, quod cum ego Conradus custos prefatus ii. iugera vinearum in Hursten iacencia, ad officium custodie specialiter spectantia, de voluntate abbatis et dominorum nostrorum vendendo alienassem et cum iii. maldra siliginis annue pensionis vi. somerina videlicet in Hildeshusen, que ad infirmariam et quintumdimidium maldrorum

in Celhusen, que ad camerariam pertinebant, comparassem,
horum iii. maldrorum ii. maldra custodie in recompensam
vinearum venditarum deputaui.

Act. et dat. a. d. M.CCC.XXXVI, xvi. kal. maii.

(Die Siegel der Aussteller sind abgefallen.) Orig.

Nr. 550.

1336 (22. Nov.) Wir Godefrit herre zu Eppenstein
bekennen, daz wir Juthen Meinloches eliche wirtin von Hav-
madin, Gerhartes dochter von Wolfeskel dem got gnade, der
ist gehizzen zu anamen Greuse, han gewidemit mit lr. phundin
hellern vnd bewisen ir dy zu morgengabe vnd zu rehter wi-
demen uf syme teyl dez zehenden zu Eygelspach, den her
von vns zu lehen hat, mit willen Fritzen von Blenbach,
Gotzen, Conrades vnd Fritzen gebruder geheizzen von Bechen-
bach siner ganerben an dem vorg. zehen, zu eyner ganzen
vesten stedekeit aller dirre vorgeschrieben dinge han wir vnser
Ingesiegel mit dez vorg. Meinloches von Havmadin, Fritzen
von Vlinbach, Gotzen, Conrades vnd Fritzen gebruder ge-
heizzen von Bechenbach Ingesiegel gehangen an disen brif.

Dat. a. d. M.CCC.XXXVI, in die b. Cecilie virg.

(Die genannten Siegel sind, mit Ausnahme der beiden letzten, abgefallen.)

Orig.

Nr. 551.

1336 (26. Nov.) Ich Hedewig hern Gysen seligen
frauwe von Jazahe, Gyse min sun vnd Lyse hern Johannes
Luchenmeisters eliche husfrauwe eins ritters von dem Ruwen-
houe, vnd Sophye Dymars husfrauwe von Byenbach eins
edeln knehtes min dochtere dun kunt, daz wir verkauft han
hern Hertwig Creyz vnd hern Dymar sinem bruder ritteren
von Lyndenfels vnd frauwen Irmelhus vntzen vnd frauwen
Elsen ir zweier elichen husfrauwen vnd iren erbin dru suber
wines rodes wines, daz suber vmb xlvi. phunt hellere vnd

foͤllen fie deß wines werin alle Jar in dem herbiſte in ire
fas in vnſerm houe ben wir han zu Dyhterſclingen vñd
deß han wir in zu vnberphande verſetzit vnſern hof den wir
han zu Dyhterſclingen vnd allez daz gud, daz dar in
horet. Me woͤlten wir den vorg. hof hoͤher verſetzen ober
verkaufen, ſo ſolten wir ez an vnſer erbin niman baß gunnen
danne den vorgen. Hertwig, Dymar, Irmelhuß, Elſen vñd
irn erbin. Bie dem vorgeſchriben kaufe iſt geweſen der
Pherrer von Gugenheim, Gotze Megſiß, Heilman von Se-
heim edelknehte vnd Cunrad Muller, Wernher ſchultheize
vnder der Lynden, vnd dar nach die ſcheſſin gemeinlich von
Gugenheim, vor den der vorgeſchriben kauf geſchehin iſt.
Geb. n. Chr. geb. m.ccc.rrvi, an dem nehſtin dinſtage
vor ſ. Anbreß dage deß h. Apoſtel.
(Die Siegel der vorg. Hedwig und Gyſe, ſowie Johanns Kuchenmeiſter
und Dymars von Byenbach hangen unbeſchaͤdigt an.) Orig.

Nr. 552.

1387 (8. Mai.) Decanus ecclesie s. Katharine in Op-
penheim, judex partium subscriptarum ab decano ecclesie
herbipolensis conseruatori priuilegiorum a sede apostolico
specialiter deputato subdelegatus, discreto viro plebano in
Houen salutem in domino et mandatis apostolicis firmiter
obedire. Notum volumus esse, quod constituti in nostra
presencia Katherina et Irmela dicte Kalkborn recognouerunt
se vendidisse omnia et singula bona, que hactenus in villa
Poppenheim habuerunt, abbati et conuentui monasterii
eberbacensis, quare vobis mandamus, quatenus scultetum,
scabinos meliores ac pociores seu iustitiarios ibidem dili-
genter inducatis et notificetis, ne se de bonis predictis
nullatenus intromittant aut judicare attemptant, quia dicti
domini vnicuique de se querulantibus parati sunt facere
iustitie complementum coram suo judice competenti.

Dat. a. d. M.CCC.XXXVII, fer. v. p. domin. misericord. dom.

(Das Siegel des Ausstellers ist abgerissen.) · Orig.

Nr. 553.

1337 (10. Sept.) Wir Heinrich von gots genaden apt zu Fuld bekennen, sint wir den Edelen man Blrich herren von Bickinbach vnsern oeheim, vrowe Elsen sine wirtin vnd ir töchtere han begnadet mit Tusint marken an sulchin lehen, die he von vns vnde von vnserme stifte hat, so han wir verhengt, daz der sorgen. oeheym von Bickinbach vnd vrowe Else sin wirtin dem ebeln manne Grafin Gerharde von Rienecke irme eidem vnd Ymagine irre tochter son den sorg. tusint marken hant gemacht. zue wydemerechte sibinhundert phunt heller, da fur sie in entwurtin c. malber korn gulde an deme zehinden zue Omstat, den vnser egen. oeheim zue lehin hat von vns vnde von vnserme stifte. *)

Geb. n. Chr. geb. a. d. M.CCC.XXXVII, fer. iv. p. nativ. b. Marie.

(Gesiegelt hat der Aussteller.) Orig.

Nr. 554.

1338 (8. Dez.) Heinricus s. Mogunt. sedis archiepiscopus erectionem, instaurationem et dotationem altaris b. Marie virginis in ecclesia parrochiali Babenhusen constituti, nostre dioecesis, ratas habemus atque gratas, prouiso, quod pro ejusdem altaris beneficio tanta dos fuerit assignata, de qua vnus facerdos sustentacionem habere valeat congruentem, ac alia onera sibi incumbencia debite supportare.

Dat. Aschaffenb. vi. id. decembr. a. d. M.CCC.XXXVIII.

(Das Siegel des Erzbischofs ist abgefallen.) Orig.

---

*) Gleicher Brief von demf. Jahr und Tag für ihre andere Tochter Agnes, Grafen Eberhard von Katzenelnbogen Gemahlin.

Vidimus von 1337.

Nr. 555.

1339 (6. Jan.) Nos soror Katherina abbatissa, totusque conuentus sanctimonialium in Vlenhusen recognoscimus, nos et Wernherum dictum Wuste de Heymbach nomine nostro ab abbate et conuentu monasterii eberbacensis titulo emptionis comparasse pro cc. libris hallensium xxxii. mansmaet pratorum in terminis curtis ipsorum B v n s h e i m sita, quorum primo xv. mansmaet sita sunt iuxta pratum ecclesie s. Victoris extra muros mogunt., item viii. mansmaet apud illa xv. et ix. mansmaet dicta hirz sitatata sunt apud pratum domini H. dicti Ring militis de Oppinheim perpetuis temporibus possidenda.

Act. et dat. a. d. M.CCC.XXXIX, in Epyphania eiusd.

(Das Siegel der Aussteller hängt etwas beschädigt an.) Orig.

Nr. 556.

1339 (1. März.) Heinricus s. mogunt. sedis archiepiscopus erectionem, instaurationem et dotationem altaris s. Nicolai episcopi in ecclesia parrochiali in B a b e n h u s e n, nostre diocesis, constituti, ratas habemus atque gratas.

Dat. Aschaffenburg kal. marcii, a. d. M.CCC.XXXIX.

(Das Siegel des Ausstellers fehlt.) Orig.

Nr. 557.

1339 (8. April.) Nos Hermannus dominus de Hohenvels recognoscimus, quod nos terciam partem decime in G y n s h e i m ad nos notrosque heredes spectantem et in cujus possesione uel quasi longo tempore fuimus pacifica, de bona voluntate Johannis nostri filii, decano et capitulo ecclesie mogunt. in animarum nostrarum nostrorumque parentum remedium dare promisimus atque titulo donacionis inter uiuos ad communem distribucionem inter canonicos et vicarios ipsius ecclesie que presentie nuncupantur equa-

liter distribuendam, donamus ac cum suis iuribus et perti-
nenciis in ecclesiam predictam pleno jure transtulimus. *)

Act. et dat. a. d. M.CCC.XXXIX, vi. id. aprilis.

(Das Siegel des Ausstellers hängt in grünem Wachse an grüner, das
seines Sohnes Johann an rothselbener Schnur an.)   Orig.

Nr. 558.

1339 (2. Nov.) Wir Herman von Robenberg ein Rich-
ter vnd Sifrid von Genzingen ein Cappelan des Closters zu
s. Agnesen zu Menze tun kunt, daz wir vnsern hof zu Bi-
schouisheim ober Ryn mit allem dem gube, daz dar zu ge-
hört, der zu vnserre gulde gehört, geluhen han Folzen von
Bischouisheim vern Gudeln siner elichen frauwn vnd Rynol-
den irre beider son, den sie aluart hant, zu eren, zu arbeitten,

---

*) Am 13. Mai d. J. genehmigt auch Phillpp v. Hohenvels, der andere
Sohn des gen. Hermann, die obige Schenkung. (Das Siegel des-
selben hängt unversehrt an.) Ebenso wurden durch ein Notariats-
instrument von demselben Tage die näheren Bedingungen dieses
Zehntrechts festgestellt: coram Emerichone Opilione scultheto, Wern-
hero filio dicte Golde, Hanemanno dicto Swerer, Gotzone genero
dicte Rilinde, Heilmanno dicto Rudolf magistro, Heilmanno in
hospitali, Jacobo dicto Wirbiz, Hennekino filio Lise scabinis, ... dicto
Brodiln precone ville Gynsheim, presentibus Ernesto de monas-
terio Meynefelt, Wilhelmo de Sauwilnheim canonicis, Hugone de
Tholeia prebendario, Hermanno de Honstat camerario, magistro
Gebehardo, Wetzelone de Edichinstein vicariis ecclesie mogunt.,
Wygando plebano in Gynsheim, Helferico dicto Burchgrebe, Wi-
kero sculcheto Bischoffisheim dicto Petsche cyntgrauio in Steden,
Nybelungo, Nycolao nauta, Johanne dicto Steinmetze, Reynoldo
dicto Frasvize, Hartmudo dicto Wirbiz de Bischoffisheim, Con-
rado dicto Voyt de Bischoffisheim, Hennekino dicto Steinmetze
de Maguntia, ... dicto Petsche de Buwinsheim, ... dicto groze
Gotze de Buwinsheim, Rulone campanario dicto Furste de Bu-
winsheim, Guntramo pistore, Dilone dicto Schutze, Arnoldo car-
pentario, Heinrico dicto Huhach, Heinrico dicto Grunynger hos-
pite et q. pl. a.

ju habene vnd ju befiten, vngeteilet vnd vnuerbrochen ir
dreier lebtag vnd fullen vns zu pahte alle jar jufchen den
zweien vnfer frauwn tagen, als di albe frankenforder meffe
ift, gen vnd antworten an die Ringmuren zu Mente rl. mal-
der gudes vnd truckens kornes vnd vi. malder weitens vnd
rr. gebunde fchowbe vnd rr. gebunde ftros vnd darju vf f.
merteins tag r. cappun vnd ii. malder Ruben ıc. und
han vns zu burgen vnuerfcheidenlichen gefetze Heinrich
Scholtheiffe Folten eiden vnd Heinrich Berkorne von Bi-
fchouifheim.

Daj ift gefchehen in der Stat ju Mente in vnferm hus,
do man von Chr. geb. jalt **m.ccc.rrrir**, an dem nehften dinftag
n. a. heiligen tag vmb vefperjeit, vnd waren dabei genwertig
die geiftlich herren her Heinrich Kemerer, her Johan Sich-
meifter des Clofters zu f. Jacob ju Mente, Meifter Engel-
brecht von Dymerod ein Canonick ju vnfer frauwen jun
Greden zu Mente, Heinrich ein perrer ju Bretzenheim vnd
Johans von Robenberg ein Cappelan dej vorg. Clofters zu
f. Agnefen.

(Rotariatsinftrument des Rotars Ulrich von Freifingen. Das Siegel des
St. Agnefen Klofters hängt unverfehrt an.)   Drig.

Nr. 559.

1839 (14. Rov.) Wir Conrad vnd Hanjel geheyjen
Krig von Altheym gebrudere wepenere bekenne, daj wir han
verkauft vnfire Zenden zu Wellensheim hern Petere Apte
des ftiftes zu Selgenftad, von dem wir in ju lene hatten,
vmme rciv. phunt heller. — Zeugen: Johan von Du-
dilnsheim rittere, Wernher Bunre wepener, Herdan von Sel-
fen, Hartlip von Geyfilbach, Bechtolt von Auheim u. a. m.
     Act. et dat. a. d. **M.CCC.XXXIX**, xviii. kal. decembris.
     (Die Siegel der Ausfteller hängen in grünem Wachfe befchädigt an.)
                                        Drig. '

26*

Nr. 560.

1339 (2. Dez.) Wir Reynhart Her zu Westirburch vnd Behte vnßr Eliche Hußfrauwe thun kunt, das wir schuldig syn den ebiln man Philipps von Falkenstein vnßerm swager vnd brudere vnd frauwen Elßen syner elichen frauwen c. phunt heller, die sie vns geluhen hant, vor das gelt han wir Ine gesatzt zu phande vnßer deil des dorffs zu Dodenho̊sen zu Dryeich gelegen mit allen rechten vnd gewonheiden.

Geb. n. Chr. geb. m.ccc.rrrir, uff dem nehsten donnerstage n. s. Andreastag.

(Gesiegelt haben die Aussteller.)

(Falkenstein. Cop.-Buch.)

Nr. 561.

1339 (4. Dez.) Wir Vlrich Herre zu Hanouwe dun kunt, daz wir mit willen der Edelin frauwen Agnese vnstr elichen frauwen vnd Vlriches vnsers sones han geben vnsen lieben dochtern Agnes vnd Lucard zu Padinshusen ii. subir wingeldis, dy wir hatten zu Ruheym vnd r. phunt hellir geldiz vnd achtehalben schilling, dy da ligent in dem dorf zu Dudinhouen, ir. phunt hellir vnd v. schilling vnd zu Wyzenkirchen i. phunt hellir vnd rrr. heller, also daz dy vorg. vnse dochter dy ii. subir wingeldiz haben sullin dy wil se-leben.

Geb. n. Chr. geb. m.ccc.rrrir, an s. Barbaren bage der h. Juncfrauwen.

(Die Siegel des Ausstellers, seiner Gemahlin und seines Sohnes hängen wohl erhalten an.)   Orig.

Nr. 562.

1340 (15. Febr.) Ich Hedewig von Jaßaße vnde Gyse min svn viriehen, daz wir vorkauft han ein subir wingeltis

vffe allimme vnfirme gube, daz wir han zv Guginheym,
mit willen minre kinde, dem Edeln herren Schenke Cunrabe
von Erpach, frauwen Yden finre elichen wirthen vnde allin
iren Erben vm l. punt haller.

Geb. n. Chr. geb. **m.ccc.rl**, an dem nesten dinstage nach
f. Valentins dage des h. martilers.

(Die Siegel der Aussteller hängen wohl erhalten an.) Orig.

Nr. 563.

1340 (21. April.) Ich Conrad von Frankinsten virgehen,
daz ich Greuen Johannes vnd Greuen Eberhartes von
Katzenellenbogen vnd irre Erben of der Burg zu Vrberg le-
bic Burcman bin worden, her vmbe so gebent sie mir ec.
phunt heller vnd sal ich Conrad by vorg. herren biwiesen rr.
phunt heller geldes, dy mir da vallenden sint iarlich in dem
dorf zu Erberstat so anderswa da by, da ich sie aller nest
han, ob mir der golde zu Erberstat gebreste, vnd sal ich Con-
rad vnd min Erben dy rr. phunt geldes von den vorg. Gre-
uen vnd iren Erben zu Vrberg zu eime rechten lebegen Burc-
lehen vmmer me haben. Ich virgehen auch, daz ich of mime
hus zu Frankinsten niemannes in sal inthalben wieder
dy vorg. herren, ane einen Romeschen kunic, ane einen her-
zogen von Beieren, pallezgreuen by dem Rine, an den von Wins-
berg, ane dy herren von Bickenbach vnd dy Schenken von
Erpbach, also wer iz, daz dy vorg. herren den vorg. Greuen
Johanne vnd Eberharte vnrechte wolden bun, so sal ich in
nit beholfen sin, wer iz aber, daz die Greuen vorg. wieder
dy vorg. herren bit vnrechte wolden sin, so mac ich den vorg.
herren behulfen sin vnd sal ich noch mine Erben dar an nit
gebrochen han. Zu einer meren stedekeide so han ich gebeden
Heinrichen Erzebischof zu Menze, Rupert Herzogen von
Beieren, palinzgreuen by dem Rine, Engelhart von Wins-
berg, Conrade von Bickinbach, Conraben Schenken von Erp-

bach, Schanke Eberharten Rauchen, daz jy diesen brief bit mir bisiegeln geruchen.

Geb. n. Chr. geb. **m.ccc.rl**, an deme fribage n. dem osterbage.

(Die Siegel hängen unversehrt an.) Orig.

Nr. 564.

1340 (22. Mai.) Heinricus dei gracia s. mogunt. sedis archiepiscopus instauracionem, erectionem, fundationem et dotacionem capelle in suburbio castri Otzberg site, in honore b. Marie virginis, Marie Magdalene et Juliane virginum per Cunradum de Omenstat sacerdotem factas, ratas habemus atque gratas.

Dat. Aschaffinburg xi. kal. junii, a. d. M.CCC.XL..

(Das Siegel des Erzbischofs fehlt.) Orig.

Nr. 565.

1340 (8. Oct.) Ich Culman Hartrab, Hilla min Eliche wirtin bekenne, solich phennich gelt, also wir alle iar han zu Syckinhouen vnde zu Hergershusin von hern Oswalde Ritter, Johanne vnde Hermanne gebruberin genant Graslacke, daz sie zu lehin hant von Vlriche herrin zu Hanauwe, mit Namen vii. phunt hellir geldis in deme dorfe zu Syckinhouen vnd i. phunt hellir geldis in deme dorfe zu Hergershusin, daz wir den egeschr. hern Oswalde, Johanne, Hermanne vnde allen irin erbin die egeschr. viii. phunt geldis zu losin gebin sollin vmme lrrr. phunt hellir.

Dat. a. d. M.CCC.XL, in octava b. Remigii.

(Gesiegelt haben Hartman Ulner ein Ritter, Graslack von Cronenberg ein Edelknecht und die Stadt Dieburg. Nur das letztere hängt unbeschädigt an.) Orig.

Nr. 566.

1840 (9. Oct.) Vniuersis pateat, quod a. d. M.CCC.XL, die ix. mensis octobris, hora diei circa pulsum uesperarum in villa Godela in loco, ubi seculare judicium ibidem haberi consueuit, coram Wolframo dicto Clusener scultheto et sca- bino, Cunzone dicto schultheizze, Jacobo dicto Schuchsuter, Hanemanno dicto Scheckeler et Hermanno dicto Vasolt, sca- binis eiusdem ville, necnon in mei notarii publici presencia, constituti Eberhardus de Wassenbach armiger et Elizabet eius vxor et Cunradus de parvo Omstad armiger et Jutta eius vxor, dicti Eberhardi soror carnalis, pro se et suis he- redibus recognouerunt, quod ipsi ob necessitatem vrgentem curiam suam dictam Ditzenhof in dicta villa Godela, iuxta bonum fontem sitam, cum suis attinentiis ac bonis infrascrip- tis in terminis dicte ville Godela sitis, necnon pratis in- frascriptis in terminis ville Poppinheim sitis, ad eandem curiam pertinentibus, decano et capitulo ecclesie s. Victoris extra muros mogunt. vendidissent pro cclxxiv. libris et v. solidis hallensium, et pro maiori securitate gwarandie dis- cretos viros dominos Nicolaum de Cronenberg pastorem ecclesie in Wolueskel et Cunradum plebanum ecclesie in Houen ibidem presentes prefatis emptoribus fideiussores in solidum constituerunt, et quia predicta bona vendita prefatis Elizabeth et Jutte alias in dotem sunt assignata, idcirco eedem domine omni juri et actioni ratione dotis sue re- nunciarunt, jurantes tactis corporaliter manibus suis s. dei reliquiis huiusmodi bonorum venditorum alienacionem non fore simulatam neque fictam, quorum specificatio dinoscitur esse talis. Inprimis in campo versus ackerloch iii. iugera trahenda se super viam dictam muleweg consultanea domino Hartmanno de Bensheim militi — dictum dez spilmans morgen situm iuxta Culmannum dictum ackerloer — consultaneum domino Cunrado de Werberg militi — apud viam dictam

diffenweg consultaneum domino Hartmanno predicto — vffe
dem cleincrewnpuhel iuxta dominos dictos Fulschuzzel mili-
tes — an dem grozzen Crewnpuhel vnd ist ein anewender
— iuxta capellanum s. crucis se trahentia vffe den grozzen
crewenpuhel — vffe dem hohenwege — amme Holder
iuxta capellanum sepedictum — in campo versus Houen
primo iuxta fossam — vffe daz Lebbruch — iuxta domi-
num Burckardum de Wolueskel militem — trahentia se vf
Henesgraben bei dem stege — zichent vber den Houer-
weg neben her Clas von Cronenberg — ii. iugera nuncu-
pata daz wanseil — vi. iugera die Bunde iuxta capellanum
— in campo versus Eruelden an Stockstader wege apud
Hartmannum de Bensheim supradictum — vffe dem sant
neben Cunrad von Ackerloch — vffe dem sant consultanea
domino Walthero de Cronenberg militi — zu ende der
Bunde neben den Fullschuzzel — vffe die Hohenstrazze —
den Leheimer weg fur. — Et hec premissa jugera sita sunt
in terminis ville G o d e l a predicte, sed prata sita sunt in
terminis ville P o p p i n h e i m antedicte. Primo videlicet ii.
mannesmat pratorum sita vor dem hansande iuxta capella-
num saepedictum — vffe dem morthecke — iuxta Heil-
mannum dictum der Heinrichin son. — Acta sunt hec pre-
sentibus Johanne dicto Stoz canonico et Heinrico dicto Ring
vicario ecclesie s. Victoris predicte, Nicolao de Cronenberg
et plebano predictis, Sippelone plebano in Woluiskel, Cun-
rado capellano s. crucis in Godela, Petro dicto Crebenau-
wer de Oppinheim et Hermanno eius famulo, Heilmanno
dicto Vasolt, Heinzone dicto Scheckeler, Gerlaco colono
predicte curie dicte Ditzenhof uendite Theoderico eius fra-
tre, Fritschone filio dicte Wemewgin et Heinzone dicto Hirt,
villanis ville in Godela.

(Notariatsinstrument. Vlricus quondam Marquardi de Frisinga commorans
Moguntie publicus notarius.)   Orig.

Nr. 567.

1340 (5. Dec.) Ich Thiderich von Erlebach ein rithere, Elſe min Eliche wirten Vnd ich Cunrad Groſſok von Cronenberg ein edel kneith vnd Cuncele min eliche wirten vnd vnſer erben bekennen, daʒ iʒ vnſer guder wille vnd forhenkniſſe iſt, waʒ her Heinrich von dem Waſin vnſer ſweher vnd vnſer huffrowen vater hat geſetʒet vnd beſcheiden an ſ. Niclawes altar ʒu Babinhuſen von ſime gude, daʒ wir dar ʒu bekeine forderunge oder anſproche wollen han.

Dat. a. d. M.CCC.XL, in vig. Nicolay episc. et conf.

(Die angehangenen Siegel der Ausſteller ſind abgefallen.)

—

Orig.

Nr. 568.

1341 (16. Jan.) Heinricus dei gracia s. mogunt. sedis archiepiscopus uniuersis salutem in domino. Cum prior et conuentus monasterii s. Albani extra muros mogunt. de fructibus, redditibus et prouentibus sui monasterii propter ipsorum tenuitatem congruentem sustentacionem nec non hospitalitatem tenere et alia onera sibi incumbentia sufferre nequeant, vnde nos ad instantem eorundem supplicationem duas ecclesias parochiales subnotatas, quarum jus patronatus seu presentandi rectorem ad ipsas quociens eas vacare contigerit ad abbatem supradictum dinoscitur pertinere, sepedictis priori et conuentui monasterii prenotati, uidelicet ecclesias parochiales in Geispisheim et in Leheim auctoritate nostra ordinaria incorporamus.*)

Dat. Eltvil fer. iii. ante diem b. Agnetis a. d. M.CCC.XLI.

(Notariatsinstrument.)

,

Orig.

───────────

*) Am 31. Jan. deſſelben Jahres willigen Dechant und Capitel des Domſtifts Mainz in vorſtehende Jncorporation. (Orig. Die Siegel hängen an grünſeidner Schnur beſchädigt an.)

Nr. 569.

1841 (30. Aug.) Wir Ulrich here zu Hanauwe, Philipps von Falkensteyn der Edelste vnd Philipps von Falkensteyn der junge dun kunt, das wir di Mulen by den alden Thorn zum **Hain** han geluwen zum rechtem erbe Diederichen gen. Ruße vom Hain vnd Agnesen siner elichen hußfrauwen vmmer eweclichen alle Jare vmb vi. schillinge vnd vmb v. honere.*)

Geb. n. Chr. geb. **m.ccc.xli**, uff den andern dag n. s. Johans dag Baptisten, als her enthaupt wart.

(Gesiegelt haben die Aussteller.)

(Falkenstein. Cop.=Buch.)

Nr. 570.

1841 (20. Oct.) Weir Friderich Dryperd der schultheiß, Eraft Culman scheffene, Heinrich Alhelm, Peter Alhelm, Heinzo Merfeuelder, Lutzo Schifman vnd Grozkunze scheffen zu Bubensheim, Ludewig Rageranst, Cunzo Dyme, Emericho Wergmeister, Gerold Heimburge, Hennekin von Gera, Wenzo Dyme, Hertiln vnd by ganze Gemeinde des vorg. dorfes dun kunt, daz weir vm grozee notdorft vnsers dorfes vorg. hant vorsetzet vnsere weyde zu Bubensheim dem abte vnd dem conuente zu Erbach vnd hern Niclase von Woluiskelen vnserm pastore, daz halbedeil der vorg. weyden, anderweit ein halb virteil dem abte vnd conuente vorg. von Beygers, wegen, anderweit ein halb virteil Wernher Beckere vnd ein

---

*) 1348 (3. Febr.) reuersirt sich der Keller zu Falkenstein wegen Verleyhung der „Greden Mühle" zum Hain von Falkenstein. (Gesiegelt haben Junker Johannes von Veldersheim Forstmeister zum Hain vnd Junker Conzen Emichen.) (Das.)

1380 (18. Apr.) verkauft Dietrich Broch seinen Theil „an der sog. Rußen mole hinter dem alden torn" an ben. Personen. (Gesiegelt hat Junker Emichen zum Haine der ältefte.) (Das.)

virteil Hennekin Schefer von Birstad von dem datum ane bis brieues dru jar nach einander vm rc. punt hellere.

Dat. a. d. M.CCC.XLI, sabb. p. diem b. Galli.

(Das S. der Stadt Oppenheim hängt in grünem Wachse unversehrt an.)

Orig.

Nr. 571.

1341 (30. Nov.) Ich Albrant Kuche dun kont, daz ich schuldich bin dem strengin knehte Wilhelme mins herren Greuen Wilhelmis bruder von Katzenelnbogen rl. phunt heller vnd i. schilling vnd han im dar fur versatzet alle iar vi. malder koren gelbis vz mime zehenden zu Groizen Gera, me ist auch geredte wan ich Albrant obir mine Erben komen vf s. Margareten dach obir dar fur in dem iare, so sol der furg. Wilhelm mir die egen. koringulte wider zu losenne gebin vm rl. pont vnd i. schilling heller. Wan auch das gut ruret von mime heren Greue Wilhelm, so sal ich auch si vermannen als ander gut, daz ich von im zu lehen han.*)

Geb. n. Chr. geb. m.ccc.rli, vf s. Anders dach.

(Das Siegel des Ausstellers hängt unversehrt an.) Orig.

Nr. 572.

1342 (9. Jan.) Officialis domini prepositi ecclesie s. Victoris extra muros mogunt. archipresbitero sedis in Gera salutem in domino. Cum nobis nobilis vir domicellus Ber-

---

*) 1374 (9. Apr.) bittet Friedrich Kuche den Grafen Wilhelm von Katzenelnbogen, daß er seine Hausfrau Engelin wolle bewitthumen auf seinen Zehnten zu Gerau, den man nennt „blywels zehnden," auf seinen Zehnten das., den man nennet „kuchen zehnten" u. auf 20 M. Ackers das., alle seine Zinse u. 8 Mansmat Wiesen zu Trebur, welches Alles er von ihm, dem Grafen, zu Lehen habe, mit Einwilligung seines Neffen Wilhelm Kuche. (Orig. Die Siegel des Ausstellers und seines Neffen hängen wohl erhalten an.)

toldus de Katzenelnbogen clericus ad ecclesiam parochia-
lem in Gera vacantem ad presens ex libera resignatione
nobilis viri domini Dytheri de Katzenelnbogen vltimi rec-
toris eiusdem per nobilem virum Wilhelmum de Katzeneln-
bogen comitem, ad quem presentatio dicte ecclesie perti-
nere dinoscitur, sic legitime presentatus ipsumque debita
proclamatione premissa inuestimus.

Dat. a. d. M.CCC.XLII, v. id. januarii.

(Das Siegel des Ausstellers hängt beschädigt an.) Orig.

Nr. 573.

1342 (25. Jan.) In nomine domini amen. Nos Petrus
abbas, Gyso prior, totusque conuentus monasterii in Sel-
genstad recognoscimus, quod Conradus canonicus ecclesie
aschaffenburg, et Johannes scabinus aschaffenburg, fratres
dicti Swab in sui et suorum parentum, consanguineorum et
amicorum salutis remedium, sex missas perpetuas in nostro
monasterio in altari s. crucis, de rebus et bonis suis in-
stituere et instaurare decreuerunt, ordinantes, quod eas-
dem presbiteri de nostro conuentu per ordinem in introitu
summe misse pro tempore celebrande.

Dat. a. d. M.CCC.XLII, in die conuers. s. Pauli apost.

(Die Siegel der Aussteller, der Richter der Aschaffenburger Kirche und
der Klosterbrüder Conrad und Johannes, Predigerordens, hängen unver-
sehrt an.) Orig.

Nr. 574.

1342 (3. Juni.) Wir vrowe Lorette von Eppinstein,
Godefrid vnd Ebirharb ire dichtern bekennen, daz wir vor-
kauft han iv. morgen ackers rechtliches eygens, dy gelegen
sint zuischen deme dorfe zu Mulnheym vnd deme Lachen-
grabin, vnd brittenhalbin morgen wysen, dy geheyzen sint
die Ritwysen, hern Petir apte zu Selginstad vnd siner abetye,

vm rrviii. marg phenninge wetrebifcher, bri heller vor zuene phenninge. Vnd han wir vrowe Lorette vorgen. difen brif mit vnfirme Ingefigel vnd wir Godefrid vnd Ebirhard auch vorgen. mit hern Godefrides von Eppinftein dechan zu f. Stephane zu Menze vnd mit hern Johans von Ruheym vnd Conen Herbans rittere vnftr vormunden Ingefigeln, fint wir nicht Ingefigel han, vor vns beftgelt.

Act. el dat. a. d. M.CCC.XLII, fer. ii. p. feft. corp. Chr.

(Die Siegel hängen wenig beschädigt an.) Orig.

Nr. 575.

1342 (18. Dez.) Wir Heinrich von gots gnaden des h. Stuls zu Menz Erzbifchoff bekennen, das wir alfolche Burglehen als her Baldewin Erzbifchoff zu Triere zu den zyten, do er fich vor einen vormunder vnzes Stiftes zu Menz hielt, dem Strengen manne Engelharte vom Hirzhorn Rittere befcheiden hatte vff vnfer Burge Starkenberg vnd Ime dar vmb rv. phunt heller geldes uff vnfir bete zu Bensheim bewift hatte, beftetigen wir an diefem briff vnd gewinnen auch in zu vnferm vnd vnfers Stifftes Burgmann dafelbeft mit dem felben gelde.

G. zu Mildenberg uff den mitwochen n. f. Lucien bag n. Chr. geb. m.ccc.rlii.

(Gefiegelt hat der Ausfteller.)

(Hirfchhorner Cop.-Buch.)

Nr. 576.

1343 (5. Febr.) Ich Craft von Langesdorf Eyn Edel-kneth vnd Gude min Eliche wirten von kont, daz wir haint vorkauft dem Commendur vnd Bruderen des dutfchen hufes zu Saffenhufen bi Frankinfurd viii. malder Corngeldes ier-liches phates, ie daz malder vm iv. marg peninge vf den guben, die gelegen fint in der marcke bez dorfes zu Auheim

bi Steinheim — vf Berngers hoip der vrauwen von Pa-
benshusen — hinder dem dorf an Richolfes schuren — ober
den Auheimer phait — vor den Queken — ober den hein-
stedir weg — in den dalen — vf by Oster langen weide —
vf di kurßen Lachen — vf by vehe weide — vf dem hunre
baume — ober den speckweck — vf den Relsrode — gein
Blrichesrode — vf den hertweck bi der bunden der vrauwen
von Epenstein — ober di frankinfurter strase — vf di slor-
scheide — neben der Grewen — an dem Crucestucke ober
die frankinforter strase — stoßet vf den Mein — in den gru-
ben — neben dem burgwege — gein holßbrucker wege —
vf di bruchwisen — in den westen — vnder dem hen — der
haip, der da liget an der kirchen mure zu Auheim da di
wisen in horent.

Geb. n. Chr. geb. **m.ccc.rliii**, an f. Agatben dage der
juncvrauwen.

(Das Siegel des Ausstellers bängt unbeschädigt an.)   Orig.

Nr. 577.

1348 (29. Juli.) Wir Wernher vnd Blrich von Baben-
husen gebrudere wepenere bekennen, daz wir durch vnsir not
willen han virkauft rv. sillinge heller geldiß zu Wellins-
heim hern Pedir apte des stiftes zu Selgenstad, von dem
wir sie zu lehen hatten, vmme vii. phund heller. — Zeugen:
Conrad Ludolf der voyht, Conrad Schuler, Ruprecht von
Welnsheim, Jacob von Kebele u. a. m.

Act. et dat. a. d. **M.CCC.XLIII**, in crast. Nazarei.
(Die Siegel der Aussteller, ein doppeltes Hirschgeweih darstellend, sind
unversehrt.)   Orig.

Nr. 578.

1348 (26. Aug.) Ich Hartmann Blnere von Dippurg

ein rithere, Cunrad Krig von Harpratefhufen vnd Eberhard von Waffenbach eidele kneithe Bekennen, daz wir han inge= sart vnd vf gegeiben hern Heinrich von dem Wafin eyme rithere, Gerdrub finer elichen wirten vnd iren erben allez daz gut, daz wir han erclaget von Cunrad feligen weyne von Babinhufen eines edeln kneithes, da gemeinfchaft ane hatte Wortwin von Babinhufen der albe, iz fie groz ober cleine, wo iz geleigen ift vnder mime herre von Hanawe, vnd mit namen den bve in der burg zu Babinhufen an den boden da der bue vffe ftet, daz wir nit erclagen moichen von vn= fers heren weyne von Hanawe, wo iz anders geleigen ift vnd irclaget alfo for geredet ift, dar vf for ziehe wir gentzec= lichen.

Dat. a. d. M.CCC.XLIII, fer. iii. p. Bartholomaei apost.
(Die Siegel der Ausfteller fehlen.)   Orig.

Nr. 579.

1344 (21. Jan.) Wir Wernher vnd Vlrich gebruder geheißen Bunner, her Burckard Binthamer, her Henrich fin fon, Rucker vnd Conrad Binthamer edel kneit bekennen, daz wir virkauft han dem feften ritter Heinrich von dem Wafeme, frauwen Gerdrube finer elichen wirten vnd eren Erben vnfer gereitte zu Harpperathufin mit allen reitten vnd dar zu alle di Gut vnd zinfe, di wir da felbes haitten, mit namen vi. punt heller geldes an iii. fchillinge, anderwerbe of Engil- lends gube iii. malder kefe geldes vnd da felbes riv. faftnach huner, anderwerbe ein gereitte of vnfe guten vnd daz gereitte hap of der ftrazzen mit allem reitten, anderwerp vi. manz- mait wefen, di da ligent zu Hindern Altheim. Des zu Vrkunde gebin wir defen brip befegelt mit Ingefigeln vnfer Wernher, Vlrich, Heinrich vnd Conrad vorg. vnd Ich Burckard vorg. ritter, wan Ich nit eygens Ingefegels han

vnber Ingesegel Heinrichs min sones vnd Conrabs mines
Bruders sones.

Geb. n. Chr. geb. m.ccc.xliv, an bem bage b. h. Juncfr.
s. Agnes.

(Die Siegel sind sämmtlich abgeschnitten.) Orig.

Nr. 580.

1344 (14. März.) Ich Diberich son Gubenberg furiehen,
daz ich sulich gut als of mich erstorben ist son Hermanne
son Gubenberg minen febern in velbe, in walbe vnbe in
dorfe zu Sneppinhusen han geluwen Bernewin son
Mannebal vnbe sinen erben zu rechtem leen zu behalben vnb
zu besitzen zu alme beme rehte, als iz min feber Herman fur-
gen. of mich hat braht vnbe auch ber selbe Bernewin son
bem egen. Hermanne minen febern for enpangen, behalben
vnbe besesen hat.*)

Geb. n. Chr. geb. m.ccc.xliv, vf bem sonnebage zu mit-
tenfaste.

(Das Siegel des Ausstellers ist abgerissen.) Orig.

Nr. 581.

1344 (29. Mai.) In gotis namen amen. Wir Rupracht
greue zu Virnburg, Johan bechan vnd Cunrab von Nypperg
canonike des Dumes zu Mentze, Cunrab Schenke von Er-
pach vnb Johan von Walbeckin marschalg Rittere irkorn ze
gemeynen Raitlubin mit ben strengen luten hern Heilmane
von Erlkeym vizbum zu Heybilberg, Syfribe von Veningen,
Ebirharte Kynbilman von Dyrmensteyn Rittern vnb Hein-
richen Bellichenbal. lantschriber von hern Heinrich Ertzebi-
schoffe zu Mentze von syn vnb sinis stiftis wegin vf eyn

---

*) 1338 (9. Jan.) verleiht der obengenannte Dietrich von Gubenberg
dasselbe Gut an Richwin von Mannenbal. (Orig. Das Siegel des
Ausstellers ist abgerissen.)

ften vnd hern Ruprechte vnd Ruprecht Palzgreuen by Ryne vf dye andirn syten, noch den anloz bryeuen, die von beybin sytin vnder yrn Ingesygeln dar ybir gegebin sint vnde auch noch den brieven, als ich schenke Cunrad vorg. an hern Walramis greuen von Spainheym stayt gesetzet vnd gewaldilt bin, dun kunt, daz wir die funfe vorg. vf vnsir eyde vor eyn recht sprechen dem egen. Ertzebischoffe vnd sime stifte die herschaft dez furstendumes zu Lorse vnd waz darzu. gehoret vnd anders nyemanne. Auch beylen wir den selben nach der kuntschaft, die vor uns bracht ist, Furien vnd waz dar zu gehort Lude vnd gut vnd waz die Hertzoge in der obirn apteye hant, daz sie von dem stifte von Mentze zu lehen sulden han ꝛc. Item vmme die ansprache der Hertzoge wider den Ertzebischoff vnd sinen stift vmme die voittige zu Lorse. sprechen wir auch vffe vnsir eyde, daz sie keynirleige Recht darzu inhain, wand auch der Ertzbischof vnd sin stift die herschaft dez furstendumes zu Lorse also lange geruweliche besezzen vnd hergebracht haint, daz sie der ansprache billiche entladin sint. Item vmme der Hertzoge anespräche vmme Starkinberg, Heppinheym, Bensheym vnde was dar zu gehoret; teyltn wir vffe vnsir eyde, daz die Hertzoge keynerleyge recht darzu hant vnd sprechen die dem Ertzebischof vnd sime stifte vor ier rechtlich eygen.

Geb. zu Bingen an dem nehesten samstage nach dem Pingestage zu Prime zyt n. Chr. geb. m.ccc.xliv.

(Die Siegel sind abgeschnitten.)   Orig.

Nr. 582.

1344 (13. Juli.) Ich Engelhart von Winsperk vergiehe, daz ich dem conuente zu Winphe prediger ordens han gelassen daz gelt an der nekkermule, by da lit zwissen berg vnd tal zu Winphen nach den brieuen als sie dar vber hant mit solcher bescheidenheit, das ich den namen habe vnd haben

wil dieselbe muln zu meſſen, alſ ob ſie min lebeclichen fi
vnd doch die vorg. prediger den nuz haben.

—— Geb. n. Chr. geb. m.ccc.rlis, an ſ. Margereten tage.

(Das Siegel des Ausstellers hängt beschädigt an.)   Orig.

Nr. 583.

1344 (31. Aug.) In nomine domini amen. Nouerint
vniuersi, quod a. d. M.CCC.XLIV, vltima die mensis augusti
hora post meridiem. quasi circa vesperas in villa Seiluord
sub orreo curie abbatis ecclesie s. Albani extra muros mo-
gunt, coram Halmanno dicto Crus sculteto, Baldmaro dicto
Kisel, Johanne dicto der Voegdinsun, Philippo dicto Zein
Wolf, Petro dicto Schultheisse, scabinis eiusdem ville, in
presencia mei publici notarii et testium infrascriptorum Vol-
radus pistor de Seiluord et Getza ipsius legitima in figura
judicii constituti recognouerunt, quod omnia bona decani et
capituli ecclesie mogunt. in predicta villa situata, que quon-
dam Otto de Scharphenstein armiger possidebat, cum omni-
bus iuribus ab eisdem dominis receperint in locato pro se
et Einolfo, ipsorum coniugum filio, ad vite earundem trium
personarum tempora, pro pensione annua x. maldrorum si-
liginis bone, sicce et legalis mensure granarii ecclesie pre-
libate, que wlgariter spichermazze dicitur, soluenda. Presen-
tibus Johanne dicto Phaffe de Ruesselsheim et Halone dicto
Habelnsun.

(Notariats-Jnstrument. Notar Fridericus dictus Ebernandus clericus
constanciensis.)   Orig.

Nr. 584.

1344 (10. Nov.) Jch Heinrich von dem Waſen Ritther
bekennen, daz ich bewiſin han vf ii. manſmat wieſen, die da
heiztt der bodeswert by Habershuſen zu ſelgerebe von

mins. faber wegen Johans von dem Wasen. eins ritthers
vnb von frowe Jutten wegin etwanne miner elichen wirtin
vnb von frowe Gerdrube seligen wegen auch etwanne miner
elichen wirtin, vur. ii. phonb heller gelvis serlicher gulbe, bie
allewege ba von gebin sal Fribrich von Harbirshußen, Con=
rab sin son ober ir irbin, den bie wiese zu irbe ist geluen,
vnb sollint bie vorg. ii. phunt alle iar geuallin vf ber vorg.
Johan, Jutten vnb Gerbrube Jargezyt, v. idus februarii, x.
schillinge wer ber ist i. phonb bem kappellan vnser frauwen
vnb s. Niclas elter zu Babinhußen vnb x. schillinge an bie
amplen eweclichen.

Dat. a. d. M.CCC.XLIV, in vig. b. Martini episc.

(Das Siegel des Ausstellers fehlt.) Orig.

Nr. 585.

1344 (20. Dez.) Nos Henricus dei gracia s. mogunt.
sedis archiepiscopus notum facimus, quod fundacionem et
dotationem altaris s. Johannis baptiste et Johannis ewange-
liste in ecclesia Celle per Hermannum rectorem ecclesie
parrochialis in Dyetzinbach in sue necnon suorum omnium
progenitorum animarum remedium ratas habemus easque
presentibus confirmamus.

Dat. Aschaffenburg xiii. kal. januarii, a. d. M.CCC.XLIV.

(Das Siegel des Ausstellers hängt unbeschädigt an.) Orig.

Nr. 586.

1345 (17. März.) Jch Cristina ettwanne eliche wirthen
hern Hirmans von Slutter eins ritters bekennen, baz Jch
mit willen Johans Dreboden, mines Bruber, vor mine sele,
mines fater hern Conrab Dreboden, frawen Heyleken miner
muter, Conrab, Heinrich miner bruber und Heyleken miner
suster ben Got gnabe han gesast zu reittem selgerebe bem

perner zu Babinhufln vnd der parre ein halben morgen win-
gartten, der da liget zu Onſtab an der Bunden bi dem
Nußbaume vnd ein veirteil eins morgens wingartten, daz auch
da leit vnd ſtoʒʒet abene of den Pangkocher, ewectich zu ha-
bene vnd zu beſitʒene, vnd han di vorg. wingarten hern Con-
rad iʒunt perner zu Babinhuſen redelich ofgegebin vnd of
gelaʒʒen.

G. n. Chr. geb. M.CCC.XLV, i. d. b. Gerdrudis virg.
(Das Siegel des Johann Drebode hängt gut erhalten an.)

Orig.

Nr. 587.

1845 (3. Apr.) Ich Emerich von Prunheim edelknecht
tun kunt, daʒ ich han verkauft den puſche ober den walt ge-
nant der forſt in der marken deʒ dorſs zu Woluiſkeln ge-
legen, den ich zu rechtem lehen gehabt han von mynem neſen
hern Clas von Woluiſkeln,*) daʒ der ſelbe puſch ober walt
recht eigen iſt vnd vn von ſinen eldern alſo her gebracht hat,
hern Wilhelm apt vnd dem Couent des cloſters zu Erbach
vmb drithalb hondert phunt heller vnd han dieſen kauff ge-
ban mit deʒ vorg. Clas verhenkniſſe. So han wir Syʒele
etwan eliche huſfrauwe hern Gernodis ſeligen ritters von
Richenbach, Gernoyt deʒ ſelben hern Gernoden vnd myn ſon,
Tylman von Rackheim Ritter vnd Kaſele eliche lude vns des
bekanten, daʒ ich Syʒele deʒ vorg. Emerichen ſuſter, Gernoit
ſiner ſuſter ſon, Tilman deʒ ſelben Emerichs ſwager vnd Ka-

*) 1845 (17. Apr.) willigt Niclas von Wolfskehlen in vorſtehenden
Berkauf als Lehnsherr ein: (Abſchrift. Geſiegelt hat derſelbe.)

1845 (eod.) gleiche Einwilligung „Greda's von Woluiſkeln hern
Richarts ſeligen von Maſſenheim Ritters Wydewe, Richarts der
ſelben Greden ſon vnd Gerlachs von Lundorff der ſelben dochter-
man.“ (Abſchr.) Dieſe Grede war die Schweſter des vorg. Nicolaus
von Wolfskehlen. (Geſiegelt haben, da dieſelbe ein eigenes Siegel
nicht hat, ihr Sohn und Tochtermann.)

fele auch Emerichs fufter han verßygen mit Emerichen for
vns vnd alle vnße erben, of alle die recht an dem egen.
pufche oder walde, die wir hatten oder noch gewynnen
mochten.

Geb. n. Chr. geb. **m.ccc.rlv**, deß andern Sonbagis nach
den Oftern.

(Die Siegel der Ausfteller und der vorg. Thilemann und Gernod hängen
beschädigt an.) Orig.

Nr. 588.

1345 (4. Mai.) Ich Emerche von Woluefkelen genant
Prumheymer ein Edele knecht erkennen mich, daz ich min deil
der weyden zu Woluefkelen vorkauft han dem abte vnd
dem Conuente des cloefters zu Eberbach vm eyne genante
fummen geldes, vnd han darzu zu burgen gefezet Thilmannen
von Racheim Rittere vnd Emerchen Heukes ein edeln knecht.

Geb. n. Chr. geb. **m.ccc.rlv**, an dem abende finer vffart.

(Die Siegel des Ausftellers u. des vorg. Thilemann find abgefallen.)
Orig.

Nr. 589.

1345 (20. Mai.) Ich Conrad Pherrer zu Babinhufen
bekennen, das ich von heyßen vnd gebiede des Edeln herren
hern Blrichs des Jungen Herre von Hanauwe myns herren
diefe kontfchafft virhorte off den eyt, zu dem Irften, fo fpra-
chet Conradt Glockener, Heinrich Harpirfhufer de Sydin-
hoffen vnd Heinrich Fende off ire eyde vnd alfo dure als
ich fie fragin mufte, das in das wißende vnd kunt fy, das
der Geylinge vatter vnd Ire eltern der Kryege vnd der Scha-
bin zu dryen malen muften weder keren vnd weder thun die
aßunge, bi fie getan hattin zu Altheim vnd muften die fel-
ber gelden. Hernach fprachen Wenczelo Burneman, Wolf-
fram Weber, Heyle Krumpeyn von Langeftad, Wildeman

Coleman, Sneppe Harpelo von Altheim, Brungir Ditmars son, Heinrich Sweyn von Diepperg, Conrad Heckeman von Clestat, Sysrivt Dyntelman vnd Hartmän Hunck off ir eybe vnd ire sele, das sie daby weren vnd horten vnd seheen zu Clestab, das die egen. Geylinge, Kryege vnd Schaden des uberkomen worden daselbes, das sie auch da die aczunge musten gelten, die sie getan hattin zu Altheim vnd zu Harpirshusen off die armen Lude vnd daselbe sagit auch Heinrich Cruseler von Babinhusen vnd geschach da her Heinrich von dem Wasen amptman was.

A. d. M.CCC.XLV, vi. fer. prox. p. fest. penthecostes.

Vid. v. J. 1404.*)

Nr. 590.

1345 (8. Dez.) Nouerint vniuersi, quod nos Heinricus von dem Waseme miles, Hartmannus pastor ecclesie in Dyzzenbach ac Rudulfus viceplebanus in Dudinhabin manufideles seu vltime voluntatis executores discreti viri quondam Wolframi bone memorie plebani in Weizzenkirchem, donamus testamentario nomine pure et simpliciter, propter deum necnon pro remedio anime prefati Wolframi domum suam magnam seu nouam in oppido Babinhusin sitam, quam pro nunc inhabitat dictus Pantloser, discreto viro Bertoldo cappellano altaris s. Nycolai siti in ecclesia parrochiali in Babinhusen, tenendam et possidendam.

Dat. a. d. M.CCC.XLV, v. fer. prox. a. d. b. Lucie virg. et mart.

(Die Siegel der Aussteller, sowie des Dekans und Capitels im Rotgau fehlen.) Orig.

---

*) In dem Notariatsinstrument heißt es sodann weiter: „diß ist die forme vnd gestalt des Ingesiegels, das an dem brieffe hangit, dasselbe Ingesiegel ist lang vnd in gelwaich gedrucket, daran stet ein bilde eins heiligen mit eym langen Rocke vnd hat in siner lyncken handt

Nr. 591.

1846 (9. Febr.) Wir Allbrecht der prior vnd die bru-
dere gemeinlich des conuentes zu den Austinren zu Mentze
verichen, das der erber strenge Ritter her Gotfrid Stail vnd
frauwe Elsebed. sin eliche husfraw vns vnd vnsirm Closter
gegeben hent zu einem rechten selgerede, das gut, das da heißit
ein Auwe in Gynsheimer marke, das von hern Emerchen
Wynduppen dar komen ist vnd das nu Cunrad Schrupe inne
hat vnd gelegen ist ein site an Helfferiche zu dem Steyne
vnd anderfite langes an dem Mönn, das fri eigen ist, mit
alsolichen furworten, das wir sollent zu den vir fronfasten
zu yeglicher ir iargezit vnd ir alt vorbern vnd aller der, der
sie begerende sint, begehen mit messen, mit vigilien vnd mit
andern guten dingen als gotlich vnd gewonlichen ist in vn-
sirm closter.

G. of den dornstag nach s. Agaten tage a. d. M.CCC.XLVI.

(Die Siegel der Aussteller hängen beschädigt an.) Orig.

Nr. 592.

1846 (5. Juli.) Wir Johan von Lurtzwilr ein Rit-
tere, Heinrich Ruhe, hern Jacob Ruhen seligen sun von Rer-
stein eins Ritters, vnd Heinrich vnd Hertwin gebrudere,
hern Heinrich Ruhen seligen Sune eins Ritters Edel knechte
dun kunt, das wir mit vereintem willen von vnser vnd Ja-
cob Ruhen des pastors wegen, der da bruder ist vnser Hein-
riches vnd Hertwins der vorgenannten, vnd mit sinem ver-
henknuße vnser vautyen zu Astheim vnd alles das gut, Recht
vnd gewonheit, das wir biz vf disen hudigen dag da zu Ast-
heim gehabt han, das zu erbelehen ruret von Junkherre Dy-

---

ein Palmris das tzuhit uber sine lynden asheln vnd vmb das In-
gesiegel stet geschryben S'. Conradi plebani in Babinhusen vnd drye
finger styche off dem Rucke.“

derich von Gudemberg einem Edeln knechte, von dem vnd
sinen aldern wir vnd vnser aldern ez zu erblehen gehabt vnd
besezzen han, mit willen vnd gunst des selben lehenherren
verkauffet han Hern Herman Schillinge zu Furstenberg, einem
burger zu Meintze vnd sinen erben vmb ein genant summe
geldes, vnd han wir alle fur vns vnd alle vnser erben die
vorg. vautyen des dorffes zu Astheim frylichen vf gegeben
in des vorg. lehenherren hant mit hande vnd mit halme in
aller der wise, als man lehen billichen vf geben sal. Wir han
auch gegeben den vorg. Lehenherrn Junkherr Dydrichen, daz
er die vorg. erbelehen von vns willeclich vf genomen hat
vnd sie geluhen hat zu rechtem erblehen dem selben hern
Herman vnd allen sinen erben, döchtern und sönen. — Zeu=
gen: Die erbern. strengen Ritter her Ruprecht von Sun=
nenberg vnd her Dilman von Rakheim, vnd die erbern wy=
sen lude her Salman Camerer zu Mainz, her Craft Wal=
pod, her Fryl zum Sensfleische, her Pederman zum Waldert=
heimer, her Mertin zum Durrenbaume, her Heinrich zum
Jungen, her Johan zum Bart, Geory zum Waldertheimer,
burger zu Meintz vnd ander erber lude vil.

N. Chr. geb. m.ccc.xlvi, an der mitwochen nach s. Blri=
ches dage.

(Die Siegel Johanns von Lörzweiler und Heinrichs Ruwe, Heinrichs
Sohn, hangen unbeschädigt an, dagegen fehlt das Siegel Heinrichs Ruwe,
Jakobs Sohn.)   Orig.

Nr. 593.

1847 (2. Jan.) Ich Heynrich von dem Wasin Rittir dun
kunt, daz ich nach rade, willen vnd verhangnusse miner frunde,
miner Eydene vnd allir miner kinde, mit namen frauwen Demude
von Redilnheym miner swigyr, hern Hartmans Blners irs bru=
dir, hern Dyderichis von Erlebach Rittirs, Elsin miner doch=
tir siner elichin wirtin, Cunrad Grayslokis, Cunziln miner doch=
tir siner elichin wirtin, Johans, Cunradis, Heynrichen, Wyn=

tirs vnd Wylhelmis miner fone, dy vorg. mine kint, Eybene, dochtere vnd fone han och vnbir eyn anbir geeynit, ob ich abe gen von bobe vnd hant baz alle globit feste vnd stebe zu halbene: Zo dem ersten so sal hern Dyberiche vnd fin wirtin vnd kinden c. marg penninge werden, Grayslocke, Cuntilen vnd iren kinden sullin ouch werbin c. marg penninge, ba mybe sullint in bie vorg. lazin begnugin vor Eygin vnd vor Erbe vnd sullint keynerleye vorderunge me han zu keynen miner ltginbin gudin. Auch sullint bie vorg. mine sune vor allin bingen min selgerebe vnd mine schult gelbin vnd so ba mit bie vorg. her Dyberich vnd Grayslog nicht zu dune han. Waz auch ich farenbir habe lazin vbir min selgerebe vnd schult, bie sullint auch bie gen: her Dyberich Grayslog vnd min bohtere mit minen sonen deylin. Auch globin wir bie vorg., baz wir alle vnse mogebe bar zu bun sullin, baz Wil-helm geystlich sal werbin vorg. vnd dem sullint fine brubere Johan, Cunrab, Heynrich vnd Wynter bewistn xii. punt heller gelbis.*)

Geb. n. Chr. geb. m.ccc.xlvii, an beme bynstage neheft nach dem Jaris bage.

(Die Siegel bes Ausstellers, Demubens, Hartmanns, Dietrichs und Gro-schlags vorg. fehlen.)   Orig.

Nr. 594.

1347 (5. Juni.) Ich Schenck Cunrab von Ertpach tun kunt, bas ich Engelharten, Engelhartes Sun von Hirßhorn

---

*) 1348 (1. Aug.) verzichten „Dyberich von Erlebach rittir, Else min Eliche wirtin, Cunrad Grayslog von Cronenberg Ebilknet, Cuntzele min Eliche wirtin vffe alle bie paut gut, bie der feste rittir her Heynrich von dem Wasin vnstr zweyir vorg. swehir vnd vnstr huf-frauwe satyr yezut inne hat in pantschaf vnd sullin vns lazin gnu-gin an der richtunge vnd scheybungen, als der vorg. vnstr swehir formales vns vnd fine sone Johannen, Cunradin, Heynrichen, Win-tern vnd Wylhelmen vnbir eyn anbir gerichtet hat. (Die Siegel der Aussteller sind abgeschnitten.) Orig.

bewifen fol zu myner tochter zu irem zu gatte c. phunt herren
gulte uff mynen guten, zum erften uff minen hoffe zu Wyb=
lingen, darnach uff den winzehenden, den ich han zu Heydel=
berg, darnach zu Muckenloch uff mynem teil, vnd was mir
an der bewifunge daran gebrefte, fo fol ich yn bewyfen zu
Binkenbach vnd zu Valkengefeffe, vnd were, das ich
yn uff diefen guten nicht genzlich vnd gar bewifen mochte,
fo fol ich aber bewifen uff den mynem, wa es ym aller nechft
gelegen ift, ane Buruelben. Were ouch das wir keine
zweyunge in der bewifunge gewunnen, fo han wir heruber
erkorn beiderfyt hern Cunrad von Bickenbach vnd hern Eber=
harte von Rofenberg, wie vns die richtent, das fullen wir
beyderfit ftete halben.

Geb. des dinftags nechft vor vnfes herrn lichamstage
n. Chr. geb. m.ccc.rlvii.

Nr. 595.

1847 (14. Aug.) Ich Erckinger here zu Robensteyn
Bekennen, als von fulchs kauffs wegen mit grauen Wilhelm
von Katzenelnbogen, alfo das Ich ime verkauft hän myn deil
halb an dem hufe zu Robenftein, vnd fint er mit denfelben
gutern nit wol hii bewift en ift, So bewifen ich Ine uf eyn
hube zu Ludenowe, die man nennet Bufchmanns hube,
zu Eberbach uf ein virteil eyner hube, die da ift Refe Gaftes
vnd zu Erley r. fchillinge heller gelts uf Refe Gafts gube
des vorg. Refegafts bruder.

Dat. a. d. M.CCC.XLVII, in vig. assumt. b. virg. glor.
(Gefiegelt hat der Ausfteller und fein Bruder Henrich.)

Nr. 596.

1847 (20. Aug.) Ich Gerhart fon Scharpenftein ein
Rytter bekennen, ob ich abbe ginge vm alfoliche gulde vnd

geuelle, Reht vnd gewonheid, als ich gekauft han zu Seil=
forb in deme dorf vm bye Edeln Juncherren son Eppen=
stein son der saüttye wegen, dy iye hant alda zu Lehen son
dem Apte zu s. Albane, das ich dy nemeliche gulde vnd geuelle Gy=
silbreche dem Apte zu s. Albane after der name dyses Jares wan er
wil wider zu kaufe sail geben vm das selbe gelt, als ich sy
gekauft han, mit namen vm cccc. punt heller.

Dat. a. d. M.CCC.XLVII, fer. ii. ante diem s. Bartholomaei.
(Das Siegel des Ausstellers hängt unversehrt an.) Orig.

Nr. 597.

1848 (4. Febr.) Wir Rudolph Greue zu Wertheim vnd
Elizabeth vnser elliche hussrouw, Luckart di Jungefrauw zu
Eppinstein, Conrad, Gotfrid vnd Ebirhart vnser sune Be-
kennen; daz wir verkouft han dem Dechan vnd dem Capitel
dez Tumes zu Mentze ci. malder weytzes ierlicher gulde, di
wir han als vnsir rehtliche eygen vf nemlichen benanten kunt=
lichen vnd sichern huben vnd guden, di gelegen sint in der
Marcken dez dorfes zu Bischouisheim zuschen Mauwn
vnd Ryn ewiglichen zu haben, iglich malder weytzes vmb xii.
phunt hellir der zusamen werdent vnd sint m.cc.xii. phunt
heller, vnd dar fur zu merer sicherheit setzen wir Rudolph
vnd Elizabeth vorg. zu Burgen den egenanten herren di
strengen Ritter Heinrichen von dem Wasin, Johan von
Rudingen vnd Ulrich Bauen, vnd wir Luckart, Conrad, Got=
frid vnd Eberhart vorg. von vnsern wegin auch zu burgen
die strengen Ritter Ruprehten vnd Erwin von Buches vnd
Johan von Bomersheim.

Geb. n. Chr. geb. m.cc.xlviii, dez nehsten binstages
nach vnser frauwn tag kerzewihe.*)
(Die Siegel d. Aussteller u. d. gen. Bürgen hängen meist beschädigt an.)
Orig.

___

*) Ju einer Urkunde von demselben Datum geben die obengen. Aus=
steller dem Domstifte eine Versicherung für den Fall, daß die frage

Nr. 598.

1348 (24. Febr.) Wir Philips von Falkenstein der elteste herre zu Minzenbergk Irkennen, das wir Heinrich zum Jungen Swabe burger zu Mentze vnd seinen erben verkauft han vnsern hoff zu Gynsheim vnd alleʒ daʒ darin gehoret vnd alle vnser pennengulde, die wir iʒunt han daselbis zu Ginßheym mit namen zu dreyen vngebobenen pingen, anderwerbe alle vnsir gense gulde daselbis, das ist aus yedem hauße ein gans, vnd auch vnsir schaffweyde daselbis, als vnser altern vnd wir die bißher bracht haben vnd besessen ꝛc. vnd ensullen wir noch vnsir erben denselben Heinrich oder seine erben hindern noch drangen an den vorg. guben vnd sonderlich an der Schaffweyde, doch also, das die Hunde bey den schaffin geleibt werden, ane allen schaden vnsers wiltbannes, auch sal der vorg. Heinrich die schaffweyde alleine haben zu jrer scheffereye vnd ensullen wir noch anders nieman keine schefferey mehr zu Gynsheym haben, außwendig eins gemeynen hirtten des dorffis, als eß von alter In gewonheit bißher ist kommen. — Zeugen: Johan Schade ritter, Dietrich von Muschenheym, Johan von Belderßheym furstmeister zum Hane eble knechte, Peter zu Lichtenberg, Heinrich zum Jungem, Peter zum Schaden, burger zu Mentze u. a. m.

Geb. n. Chr. geb. m.ccc.xlviii, vff s. Mathies tag eins apost.

(Alte Abschrift.)

Nr. 599.

1348 (28. Apr.) In Godes namen amen. Aller menliche sal wißen, daʒ des Jares, do man von vnsers Herren

___

liche Gülte in den nächsten zwölf Jahren als ein Leben oder anders angesprochen würde. (Die Siegel derselben hängen beschädigt an.) Orig.

geburtte zalt m.ccc.rlviii. jar, deß nehſten montages vor ſ.
Walpurgen tag vmb mittentag In dem dorf zu Biſchouſſ-
heim zuſchen Meyne vnd Ryne In der Herren Hof des ſtiff-
tes zu ſ. Victor vzwendig der Ringmuren zu Menhe, den
man alda nennet den Bronhof, ſtunden vnd waren genwertig
bei ein bi edel frauw frauw Luckart bi Jungfrauw zu Eppin-
ſtein, Conrat, Gotfrid vnd Eberhart ire ſune vor den beſchei-
den luten Heinrich Voyte, Volhen genant Wilde, Hennikin
genant Burger, Claß von Wicker vnd Hennikin Smauher,
ſcheffin zu Biſchouiſheim vnd vor mir Vlrich von Friſing
eim vffin ſchriber vnd vor den hienach geſchriben gezugen vnd
bekant ſich offinlichen, daz ſy verkouft hetten dem dechan vnd
dem Capitel deʒ dumes zu Menhe ein halbes vnd funfhig
malber weizzes ierlicher gulde, di ſy biʒ her beſeſſen hatten
alß ire rehtliche eygen vff nemlichen kuntlichen vnd ſichern
huben vnd andern guten in Biſchouiſhelmer marcke ge-
legen, igliche malder weizzes vmb xii. phunt heller. Bi diſen
vorg. dingen ſint genwertig geweſen di ſtrenhen Rittere her
Erbin vnd her Rupreht von Buches gebrudere, Wernherus
der borgen. Juncherren Gotfrides vnd Eberhartes meiſter,
Reynolt deʒ vorg. Voytes bruder, Claß Schrot, Hartmut,
Cunrat Becker, Arnolt Meheler, Anhe, Heinrich Kelner, Jo-
han Suniler, Cunh Salhmutter vnd andere Lute vil von
Biſchouiſheim.

(Rotariatsinſtrument.) Orig.

Nr. 600.

1348 (25. Juli.) : In nomine domini amen. Vniuersis
pateat, quod a. d. M.CCC.XLVIII, die xxv. mensis julii no-
bilis vir. dominus Hartmannus de Cronenberg miles in villa
Russelnsheim in loco, in quo judicium seculare ibidem re-
gitur, coram Johanne dicto Paffe sultheto, Dilmanno dicto
Kusel, Heinrico dicto Wehter, Stephano et .. dicto Wise-

beder, scabinis judicii eiusdem ville, necnon coram me notario infrascripto personaliter constitutus, recognouit, quod quondam bone memorie dominus Hartmannus de Cronenberg burgrauius in Starkenberg eius pater ob sue et omnium progenitorum suorum animarum remedium decano et capitulo ecclesie mogunt. deputasset super bonis suis. redditus annuos xii. maldrorum siliginis de illis redditibus perpetuis, quos vniuersitas hominum ville Russelnsheim sibi darent annuatim. Presentibus: Ditzone dicto Kale, Lamperto Macellario, Petro dicto Grube, Hennikino dicto Sture, Starkerado pistore et dicto Hiltze et q. pl. a.

(Notariatsinstrument. Rotar Johannes Vlrici de Frisinga clericus mogunt.)

Orig.

Nr. 601.

1848 (12. Sept.) Wir Kune von Falkinsteyn Dumprabist vnd vormunder des stiftes zu Mencze bekennen, daz wir mit vrtheignisse Hern Heinrichs Erzebischofsis zu Mencze virkouft han zu rechtem widerkoufe dem Edillin manne Cunrad dem Schenkin von Erpach vnd sinen Erben Furstenauwe daz hus vnd Kuntiche daz dorf sollichen teil, als der stift von Menze do hat, vmb zwey dusint phunde heller, das wir ym tusint phunt schuldig werden zu gebin vmb sinen dienst vnd der er achte hundirt phunt gegebin hat der Gerteneren kint zu Frankenfort, den der stift schuldig was, vnd die vbrigen cc. phunt gebin hat Petir von Hochusin etswanne amptman zu Furstenauwe, vnd ist bereyt, daz daz selbe huse Furstenauwe des stiftes von Menze, vffin hus sin sol wider menlichen zu allen sinen noden, vnd wer ez, daz den vorg. Schenkin oder sinen Erbin deheinerley dedinge oder kriege angienge von des vorg. huses obir vonn der gute wegen, darzu sulten wir obir wer den stift zu zyten inne hette, in beholfin sin glichir wiz, als zu den andirn des stifes vesten vnd gut. Werez ouch, daz den vorg. Cunrad den Schen

fin ober fine Erbin not ane gienge, daʒ fie daʒ felbe huß
vnb daʒ borf virfeʒen muften, fo mochten fie eʒ eyme erme
glichen, ber beß ftifteß ʒu Menʒe man· ober burgman were,
virfeʒen ʒu wider koufe. Der vorg. Schenke Cunrad vnb fine
Erbin fullen ouch inne habin ʒu dem vorg. huß die lude,
die Petir von Hochufin bithere inne hat gehat. vnb fullen
ouch die felbin lude vnb daʒ borf blibin fiʒen by allen rech=
ten vnb gewonheyden, da fie bit here by gewefen fint. Eß
ift ouch geret, daʒ wir vnb vnfir herre von Menʒe daʒ. vorg.
huß Furftenauwe, Runtiche daʒ borf vnb die lute alß
vorg. ift, widir lofin mogen mit ʒweyn bufint phunden hal=
lern, williches iarß wir wollin.*)

Geb. ʒu Elteuil n. Chr. geb. m.ccc.rlviii, an dem fribage
n. vnf. frauwen bage alß fie geb. wart.

(Gefiegelt hat der Außfteller unb Erʒbifchof Heinrich von Mainʒ.)

(Orig. Revers Schenk Conrad von Erbach
von demfelben Tag.)

Nr. 602.

1349 (24. Febr.) Salmannus dei gracia wormaciens.
episcopus vniuersis salutem in domino. Cum altare s. Marie
in parochiali ecclesia Lampertheim dudum erectum et ut di-
citur consecratum et diuersorum Christi fidelium pia largi-
cione dotatum existat, videlicet — an der alten steinbrucken
— in dem zibaume — an dem grasewege — in dem
Gronde an dem kyrsegerter — consultaneus Theoderico
millte — in sclede — zu morteracker consultaneus dem

---

*) 1350 (Afchaffenburg am 27. Febr.) bekennt derfelbe Cuno von Fal=
kenftein, daß er mit Einwilligung beß Erʒbifchofs Heinrich von Mainʒ
Conrad dem Schenken von Erbach dem älteren u. Eberhard Schen=
ken feinem Sohne gegönnt habe, daß fie an dem Haufe Fürftenau
200 Pfd. Heller verbauen follen. (Orig. Die Siegel find abgefallen.)

Gvdir — zu stricken — zu stahelheke — hinder dem dorfe — an den virtzehen an dem Ende gein Gensebrvcke — an der sitwisen — an der dorwisen — de orto dicti Wattenheymer, omnia sita in terminis ville Lampertheym, de quibus bonis sacerdos et ipsius altaris capellanus poterit congrue sustentari, propter quod nobis ab hominibus dicte ville extitit humiliter supplicatum, ut ipsa bona eidem altari vniremus ipsumque altare cum bonis eisdem pro beneficio ecclesiastico ordinaremus, et quia nostris temporibus cultum diuinum non diminui, sed pocius cupimus augmentari, predicta bona predicto altari vnimus ipsumque altare cum dictis bonis pro beneficio ecclesiastico confirmamus.

Dat. a. d. M.CCC.XLIX, ipso die b. Mathei apost. et evang.

(Das Siegel des Ausstellers ist zur Hälfte abgefallen.)

Orig.

Nr. 603.

1849 (26. Febr.) Wir Cune von Falkinstein dumprobist vnd formunder des stifftes zu Mentze. Bekennin, daz wir mit willen hern Henrichs Erzebischofe zu Mentze dem strengin Rittere hern Conrade Ruden Burggrafin zu Starkinburg vnd sinen Erbin den zcendin, den der stift zu Furte vff dem Odinwalde hat vnd alle vzczenden, dy in den selben gehorint, vor firtzehenhundirt phund heller vorsatz han. Duch ist geret Gesche is, daz dem vorg. Conrad oder sinin Erbin benodigite, so megin sy den selben zcenben eime irme glichen vorsatzin vor daz selbe geilt vnd nicht hoher.

Geb. vff der Burg zu Clopp, vff den donrestag n. s. Matheustag des h. apost. vnd Ewang. n. Chr. geb. m.ccc.xlix.

(Gesiegelt hat der Aussteller und Erzbischof Heinrich von Mainz.)

(Orig. Revers Conrads Rode von gleichem Datum.)

Nr. 604.

1849 (27. Apr.) In Gottes namen amen. Ich paffe
Hans genant Dyetherich, pfaffe Heinrich Bok, pfaffe Eppe
prieſter vnd ich pfaffe Cunrat genant von Winſperg vier
pfrunden der Cappeln zu ſ. Lienhart in der pfarre zu Wim-
pfen vf dem berge tun kunt, daz wir han gelihen zu einem
rehten Erbe Cunrat genant Otdenheim eim burger zu Wim-
pfen, Mergarten ſiner Elichen wirtin vnſer keltern zu Wimpfen
gelegen vor dem Spirer. Tor, die Ettewen waz Herman
Loblins ſeligen vnſer vorg. pfrunde ſtifters, da ſtoſſent vor-
nen an driu huſer, Syßen Gugelins, Deyther Wegeners vnd
Heintzen Mertins, da wir ouch zins vf han, vnd hinden
dar an der Schmidin ſchur von Bargen, da neben zu her gen
dem Tor ein langes gertelin, dez wir in ouch zu der keltern
geluhen han, vnd zu der vierden ſiten gegen dem kelter Tor
ſtoſſet an die ſtraſſen. gein Wyer, alle jar vmb vierdhalp pfunt
ewiger haller gult vnd vmb ein vaſenaht hun, dier ſie vnd
ir Erben vns vnd alle vnſern nachkumen ſullen geben zu ieder
Goltfaſten xvii. ſchilling vnd vi. heller.

Geb. n. Chr. geb. m.ccc.xlix, an dem nehſten Montag
nach ſ. Gerien tag.

(Das Siegel des Offizials zu Wimpfen im Thale hängt unverſehrt an.)

Orig.

Nr. 605.

1850 (4. Jan.) In Gottes Ramen amen. Ich frauwe
Agnes geborn von Bruneck wittwe von Winſperg bun kunt,
daz ich an han geſehen miner, mins herren ſeligen vnd mi-
ner kinde ſele heil vnd aller der, den ich ez ſchuldigk bin vnd
han geſtiftet ein ewige meſſe den bredigern des Conuentes
zu Wimphen uf dem Berge uf mime altar, den ich han

gemachet vnd gewihet in ere des h. Cruces vnd alles vn=
schuldiges libens vnsers herren Jhesu Kristi vnd in ere aller
gelaubigen sele, zu dem altar han ich geben c. phunt haller,
wer aber daz die vorg. Brediger die vorgeschreben messe vn=
geuärlich tagelich nit sprechen, so sol du selbe messe vnd gulte
vallen uf den altar des h. Cruces des Stiftes in dem Tal,
wer aber daz die Cohern des vorgen. stiftes, die die messe
danne lihen sollen, daran sumiek wern, so sol daz vorg. gelt
wider vallen an min nahsten erben, die danne leben. Vnd
des zu eime warn vrkunde so han ich min Insigel gehenket
an disen brief vnd han gebetten minen sun Juncker Engel=
hart von Winsperg, daz Capittel zu Winphen in dem tal,
die geistlichen Bruder des Conuentes zu den Bredigern vnd
den Richter im Tal zu Wimphen, daz sie Jr Insigel han
gehencket an disen brief.

Geb. n. Chr. geb. m.ccc.l, an dem nahesten montage
vor dem Oberstem tage.

(Nur das Siegel des Richters im Thal hängt noch an.)

Orig.

Nr. 606.

1350 (19. April.) Wir Hennichin, Heinrich, Wipreht
vnd Cunzichin gebrudere, Markeln Rauenoldes selgen sone
eins Ritters bekennen, daz wir mit willen vnsers herren
Conrads von Byckenbach, von dem dise nach geschriben gut
zu Lehen gent, gegeben han Jutten vnser swester zu zugelte
zu Fritzen von Brenspach irme huswirte vnsern zehenden zu
Seheim vnd zu Mortat vnd ouch vnsern hof zu Seheim
in dem dorf gelegen, vor rc. phund heller.

Geb. n. Chr. geb. m.ccc.l, an dem nehsten Montage vor
s. Georgien tage.

(Das Siegel des ersten obgen. Ausstellers hängt unversehrt an, das des
vorg. Conrads von Bickenbach fehlt.) Orig.

Nr. 607.

1350 (24. Mai.) Ich Wolf von Beckenbach tun kont, vmb alſolich zweyunge, als ich gehabt han bit dem apte vnd Conuente des Cloſters zu Erbach von der Ecker wegen gnant die wydemhuben gelegen yn den gemarken zu Bunſheim, die da gehorent zu der parren zu Houen, daz ich mich dar vmbe mit yn gutlich gerahten, alſo, daz ſy mir alle Jar die wil ich leben vnd Paſtor heiſen vnd bin zu Hofen von der vorgen. wydemhuben wegen ſollen geben v. malder korns vnd ſy mir antworten yn die ſtat zu Oppenheim vor ein hus, daz ich ſy beſcheiden of iren koſten vnd ſchaden.

Dat. a. d. M.CCC.L, jubileo fer. ii. p. feſt. trynitatis.

(Das Siegel des Ausſtellers hängt unverletzt an.) Orig.

Nr. 608.

Ca. 1350. Dyt ſint die Zinſe, zehende, Pennygulte vnd gut ꝛc. lehen vnd Eygen, die ich Winhter von den Waſen han.

Item zu deme Erſten han ich ein drytteyl an den zwein teylen des zehende zu Dytenbach groz vnd clein, in dorfe vnd in ſelbe, erſuchit vnd vnerſuchit vnd daz Rurit zu lehen von der herſchaft von Hanauwe.

Item ich han ein drytteyl an den zwein teylen des zehende zu Gugensheym auch groz vnd clein in dorfe vnd in ſelbe vnd rurit auch zu lehen von der Herſchafft von Hanauwe vnd dieſe vorg. zehende ſint wydeme mins wybis.

Item Ein virteyl an deme zehende zu Menfelingen auch groz vnd cleyne, in dorffe vnd in ſelbe vnd rurit auch zu lehen von der herſchafft von Hanauwe.

Item min teyl an deme beheme vnd daz recht off deme Speſhart, daz rurit auch zu lehen von der herſchaft von Hanauwe.

Item ich vnd myne zwene Bruder han ein firteyl an dem großen zehende zu Redelnheim, do han ich min dryteyl ane, daz rurit zu Burglehen von deme Ryche. Ouch gefallent mir iii. ahteil korns von mins bruder Conrat wegen von sime deyle gein der molen zu Omstat.

Item iii. malter korns zu Langestat von Eckern in den Roben gibit Johan Odenwelbir, daz rurit auch von der egen. herschafft zu Hanauwe.

Item Ein virteyl an deme drytteyle des zehende zu Husen groz vnd cleyne vnd Rurit von deme apte von Selginstat.

Item vi. malter korngelt vnd iiii. malter habern zu Sembe vff eyne hofestat, Eckern vnd gude, daz darin gehorit vnd Rurit zu lehen von deme apte von Fulda.

Item v. malter stendir korngulde vnd ii. vnd i. summer habern zu Heynstat von guden vnd wer des gutis icht hat, der gibit ein hun vnd rurit zu lehen von dem apte zu st. Albane.

Item iij malter stender korngulte zu Husen vff eyner hofestat vnd Eckeren die dar in geherent vnd ist Eygen.

Item i. summern weyßis ein Jar vnd daz ander Jar korn vnd v. virteyl wingelt vnd xl. heller, die gefallen vff eyner keltern vnd guden, die darzu gehorent vnd rurit zu lehen von myme herren von Eppinsteyn vnd gefellit vff Remigij zu Onstat.

Item vii. summer korns vff der molen zu Slirbach zusschen den zwein vnß frauwentagen vnd ist Eygen.

Item ij malter stender korngulte zu Heybach.

Item min teyl des zehende zu Clopheym, der rurit von deme apte von Fulda vnd was myner mudir wydeme.

Item ij malter korns vnd xx. kese gefellit zu Hergirshusen vz den zinsen vnd guden.

Item die mole zu Sickenhouen, die ist min mit allen rehten vnd nozzen die dar zu gehorent.

Dyt sint die zinse, die ich Winther von den Wasen fallende han von den huben in der Bisnere gerychte.

Item iiij lb. vnd rrr. h. zu Erharthusen mytten in deme mey.

Item iiij lb. vnd rrr. hel. vff ben achtzehenden tag zu Erharthusen.

Item ii. lb. vff Koses mole in den viere wychenaht heylgen tagen.

Item i. lb. gelt zu Epperßhusen vff den ahtzehenden tag.

Item vi. lb. gelt zu Omstat vff der stad vnd bebe vff s. martins tag vnd ist phand gut von myme herren von Hanauw.

Item i. lb. gelt zu Habetsheim vff Martini von eyner Hofestat vnd eyme garten vnd daz dar zu gehorit.

Item r. sol. zu Sembe von den guben da daz malter weyßis von geseUit.

Item i lb. alter heller ane vi. heller zu Rychen halp vff Remigii vnd halb vff vnß frauwen tag kerzewihe.

Item r. sol. iunger heller zu Omstat gibit Heylo bey deme steinborne von eyme huse vnd eyme wingartin vff martini.

Item rrr. heller zu Rychen zu Gaben zinse vff vnße frauwen tag.

Item rrrviiii. heller zu Onstat vff Remigii.

Item zu Werlachen min teyl des gerichtis, zinse vnd hunre, waz do geseUit, daz ist daz drytteyl min.

Item ir. sol. von deme Gobebulbisberge vff wingerten vnd Eckern.

Item min drytteyl an deme gerichte zu Harprachtshußen mit fasnaht hunern vnd frone tage vnd die reht, daz rurit zu lehen von myme herren von Eppinstein.

Item ir. p. gelts zu Waßerlois zu zinse vnd guben vnd hofestedin, die darin horent.

Item ii. lb. gelt zu Hergirshusen von ben Guben, die vnß lantsebeln han von vns vff martini.

Item xxxvii. sol. zu Heynstat von ben gubin, bo baz korn von gesellit halp vff s. Walpurg tag vnb halp vff s. Anbristag.

Item vi. lb. von mynen zwein husen in ber stat zu Babinhußen.

Item xv. sol. zu Werlachin vnb ii. hunre gein bem garten zu Harbirßhusen vnb gein ber gulbe zu Lye=mersbohel.

Item vii. lb. han ich alle jare sallenbe zu Dyeppurg, gibit ein voyt bo selbs.

Dyt ist bie Oley gulte vnb kese gulte, bie ich Winther von ben Wasen sallenbe han zu zinse.

. Item iz malter Oleys zu Rychen vff Remigii.

Item iz summern zu Langenbrucken vnb zu Sigfins=houven.

Item iz malter kese gebent Harprahtishußen Erben vff martini, ber bo saz zu Rybir Robau.

(Pergament.)

Nr. 609.

1351 (26. Mai). Wir Vlrich here zu Hanaw, frowe Else von Winsperg vnb ber Junge Hartmud von Kronberg erkennen vmb solchen krieg vnb missehellunge als zwuschen Hertzogen Ruprecht bem Eltern, pfalnzgraf bie bem Rine vnb Hertzogen zu Beyern vf eine siten vnb vns Vlriche herren zu Hanowe, frowe Elsin von Winsperg vnb bem Jungen Hartmub von Kronberg vorg. vf ber anbern siten bis vf bisen hutigen tag gewest ist, baz wir borumb eynmateklich versunet sin . mit solchen vorworten vnb vnberscheiben, baz vnser Sessteil, baz wir habin an bem huse zu Tannenberg, daz vnſtr vorg. herre der Hertzoge Ruprecht vns an gewunnen hatte vnd es vns widir gegebin hat, ſin vnd Hertzoge Ruprecht dez Jungern ſines brubers, Hertzog Adolfs ſeligne Son, offin huß ſal ſin ir beider lebtage vnd ſullen in bo mite gewarten vnd verbunden ſin wider Allermenglichen, nimanb vsgenomen ane wider vns vnd vnſer Erbin vnd ane wider die, die vnſer gemeiner vnd ganerben ſint an bemſelben hus zu Tannenberg. Wer ez ovch, daz wir obir vnſtr Erbin mit ben vorg. vnſern heren ben Hertzogen krig gewunnen, ſo enſolten wir den vorg. vnſern heren von vnſerm Seſſteil, daz wir habin zv Tannenberg keinen ſchadin tun ober geſchehen lazze. Ez iſt ovch alſo geret, wer ez, daz die vorg. herren dy Hertzogen mir frowe Elſin von Winſperg ober mlnen Erbin vnrecht tebent an minen guten, ſo ſolten ich obir min Erbin vns behelfin von dem egen. Seſſteil zv Tannenberg wider die vorg. mine heren dy hertzogen. Ez iſt ouch alſo geret, wer iz, daz wir, vnſer Erbin obir nachkomen baz vorg. Seſſteil zu Tannenberg verſetzten, für kovffen obir verandern wolten, dez ſulten wir tun mit ſolchen vnberſcheibe, in wes hant wir baz vorg. ſeſſteil verandern, ber ſolde vnſern vorg. heren ben herzogen ir beiber lebtage mit bem egen. ſeſſteil zv Tannenberg warten vnd verbunden ſin, in aller der mazze, alz wir ſin vnd alz hie vorgeſchriben ſtet. Auch iſt ez alſo geret, zv welchen ziten vnſer heren die Hertzogen vnſers vorg. ſeſſteils zv Tannenberg bedorfen zv iren noten obir zv iren krigen, ſo ſullen ſie daz vorg. hus zv Tannenberg vorhin ſpiſen vnd mannen, alz ſie bunket, daz ez in nutzlich ſy, an ſchaben vnſer, vnſer ganerbin vnd bez huſez. Ez iſt ovch alſo geret, wer ez, das Tannenberg beſezzen werde, in welcher wys dez wer, ſo ſolten die vorg. here die Hertzogen vnd wir alle, alz wir hie vorgeſchribin ſin obir vnſer Erbin, daz vorg. hus zv Tannenberg helfen entſchuben mit alr vnſtr mogebe vnd macht. Ovch iſt geret, wan daz ich Vlrich here zv Hanow obir mine

Erbin daz egen. seffteil dez hufes zu Tannenberg wider
.loften von der vorg. miner fuſter Elfin von Winſperg odir
von iren Erbin, so folte ich odir myne Erbin den vorg. mi-
nen heren den Hertzogen mit dem selben seffteil gewarten
vnd verbunden fin ir beidir lebtage zu iren kriegen vnd no-
den, vnd sol ouch ich vnd mine Erbin vns behelfen von dem
vorg. seffteil dez hufes zu Tannenberg wider mine heren
die hertzogen in aller der mazze alz vorgeschriben ſtet, daz
ſich min fuſter Elſe von Winſperg vnd ire Erbin behelfen
ſollen.

Geb. z. Heidelberg n. Chr. geb. **m.ccc.li,** an dem nehſten
ſuntage nach v. hern vffartz tage.

(Geſiegelt haben die Ausſteller.)

Pfälzer Cop.-Buch.

Nr. 610.

1351 (1. Sept.) Ich Cuntz Gebutel der Scheydener ge-
nant burger zu Wimpfen vnd ich Hilt ſin eliche wirtin
veriehen, daz wir verkauft han dem dechan, dem Capitel vnd
den Herren gemeinlich dez Stiftes zu Wimpfen in dem Tal
ein Pfunt heller geltes ierlicher gulte von vnd vff vnſerm
hufe zu Wimpfen in der Juden gaſſen gelegen, daz etwan
waz Albrachten Kyders, da zu einer ſiten an ſtöſſet der Hem-
bechin hus vnd andirſit durch den gang Cunzen Hutzeln hus,
da auch ſie vor bodenzins vff han.

Geb. n. Chr. geb. **m.ccc.li,** an ſ. Egidien tag.

(Das Gerichtsſiegel des Probſtes zu Wimpfen im Thal iſt abgefallen.)

Orig.

Nr. 611.

1352 (3. Dez.) Ich Huk der Hugin ſun Ein phrunb-
ner vf dem ſtift zu Wimphen in dem tal bekenne, daz ich ver-
kauft han ii. phunt geltes alter heller ewiger gult vf der ·bab-

ſtuben bi den predigeren gelegen zu nehſte vf dem berg zo
Winphen*), di mir her Conrat Bok vor gericht in dem
tal geb hat, vmb xxviii. phunt alter heller eins dem techan
vnd Canoniken vnd auch den ſechs phrunbnern des egen.
ſtiftes, daz ander an bi preſenz vnd den andern phrunbnern
allen gemeinlich. — Zeugen: Her Hertwik Marſchalk ein
korher in dem tal zu Winphen vnd her Marquart von Lu-
tenbach ein phrunbner da ſelbeſt, Heinrich Mantel, Conrad
Jllinger zwen Richter zu Winphen, Marquart Othmer, Heinz
Zophe burger da ſelbeſt, vnd Friz Smuſenwinkel.

Geb. n. Chr. geb. m.ccc.lii, an dem nehſten montag vor
ſ. Nicolaustag.

(Das Siegel des Probſtes zu Wimpfen i. T. hängt unverſehrt an.)

Orig.

Nr. 612.

1353 (21. Jan.) Ich Heynrich von dem Waſin Ritter
bekennen, daz ich alle diſe gut, die her nach geſchriben ſtent,
gegeben han eyme Cappelane des altares zu ſ. Nycolaſe zu
eynir Ewigen fruwe meſſe in der ſtat zu Babinhuſen,
zu deme Erſten der hob zu Ryechin mit allen ſinen zuge-
horben, anberweyt ii. manſmat wyeſin, dy do gelegin ſint in
der termenye zu Harbirſhuſen, dye do genant ſint dye
Brunharſtes wyeſe, anberweit ii. morgen wyngarten, dy do

---

*) 1354 (23. Febr.) ſchenkt Abt Gottfried und das Ciſterzienſer Klo-
ſter zu Heilbron „estuarium seu stupam nostram balnearem in
opido montis Wimpinensis prope cimiterium fratrum predicatorum
sitam“ ihrem Kloſterbruder Magiſter Hermann von Liggarthauſen.
(Orig. Die Siegel der Ausſteller ſind beſchädigt.)

1363 (31. Juli) bekennt Conrad gen. v. Winſperg und ſeine
Hausfrau, Bürger zu Wimpfen, daß ſie von dem Stifte im Thal
die Badſtube, bey den Predigern gelegen, beſtanden haben gegen
Entrichtung von 5 Pfd. Heller jehrlich. (Orig. Die Siegel des
Ausſtellers und des Offizials zu Wimpfen im Thal ſind abgefallen.)

gelegen fint zu Elierbach vnd iii. malder korngeldes vf
der mulen zu Altheim, anderweit i. malder korngeldes zu
Bybinkeym vnd iii. fchillinge heller geldes, daz ich vm For-
hulzen kaufte, vnd eyn halb fafinnaht hvn, anderweit ii. punht
heller geldes, der eyns lyt vffe deme garten gelegin in den bruche
hinder der kyrchin zu Babinhufen, iii. heller vnd ri. fchillinge
heller geldes zu Dudinhouen, dy ich vm dye Bunre kaufte,
anderweit daz hus, daz ich gebuwet han by Beyir an der Muren.
Daz diefe vorg. gift, fatzunge vnd felegerede fefte blibe, das han
ich gebeden hern Blrichen zu Hanouwe; daz he fin Ingefigll
zu erft an diefin brief henket, wan er eyn fchyrmer der vorg.
gut ift vnd des altares, vnd han ich Heynrich vorg. dy
lihungen des altars inphangen von dem vorg. mime herren
zu Lehene vnd fullent min Erben nach mir auch dy lihungen
inphahen von dem vorg. mime herren. Her zu han ich min
Ingefigel mit miner fone Ingeß. Johans vnd Conrades an
diefin brief gehangen, vnd ich Heynrich vnd Wynther beken-
nen vns vndir vnfir bruder Ingefigele Johan vnd Conrad
alle diefe vorgefchr. rede fefte zu halbene, wan wir eyginir
Ingeß. nit in han.
    Geb. n. Chr. geb. m.ccc.liii, an f. Agnes dage der h. Juncfr.
    (Die Siegel hängen wenig befchädigt an.)   Orig.

Nr. 613.

1353 (2. Febr.) Ich Hans von Helmeftat vnd Ich
Chunrad von Helmeftat gebruder edel knehte veriehen, daz
wir Albrecht Reminge fchultheizen zu Wymphen vnd allen
finen erben haben verkouft alle vnfern reht, die wir haben
zu Wymphen an dem zolle vmb crl. guldin, alfo, daz er
den vorg. zol furbaz immerme haben vnd nießen follent mit
allen den rehten, als wir in biz her inne gehabt haben vnd
haben im dar vmb zu burgen gefetzet die veften Rittere hern
Chunrat von Helmeftat, hern Markart Fryen von Drehfelin-

gen vnd hern Chunrat von Furßenuelt vnd die erbern Edeln knehte Gerhart von Furßenuelt, Struben vnd Chunrat bede von Talheim zu Kyrchufen gefaßen.

Geb. n. Chr. geb. m.ccc.liii, an dem nehften famextage vor f. Angnestag der h. Jungfrowen.

(Die Siegel der Auefteller und der Bürgen hängen wohl erhalten an.)

Orig.

Nr. 614.

1353 (1. März.) Kunt fi allen, daz ich Yrmel Stetzen vnd mine Erben bekennen, daz wir han uerkauft rri. fchillinge geldes eym yclichen vicarien zu Tzelle zu gebende thzuffchen den tzweyn brauwen dage, als fi zu himel fur vn geboren wart. — Zeugen: Hartman prifter paftor von Dytzenbach, Wernßer pharrer von Selginftat, Rudeger Erzprifter von dem Rotgau, Johan Brumiffer zu Selginftat, Heyle Knappe, Henchen Oleyer vnd Cunrad Stetz.

Dat. a. d. M.CCC.LIII, kal. marcii, fer. vi. a. domin. qua cant. Letare jehrusalem.

(Die Siegel der vorg. Pfarrer Hartmann und Wernßer find abgefallen.)

Orig.

Nr. 615.

1354 (15. Febr.) Wir Johan Grebe von Catzenelnbogen erkennen, foliche gulde von hubkornne vnd von zehinden, alf Arnold Zcincke vns vnd vnferm neben Greben Ebirhard feligen von eyner halben hube ii. malder kornes vnd von vi. morgen iii. fummern korns jerlichen von den Eckern in dem Grawen fee vnd in dem . . . t fee bei Worfelden gelegen biz her gegeben hait, daz wir die forgen. gulden lazzen wollen Zincken forgen. vmb funderlichen dinft, den er vns gedynet hait vnd noch für baz dynen mag.

A. d. M.CCC.LIV, in craft b. Valentini mart.

(Das Siegel des Aueftellers hängt befchädigt an.) Orig..

Nr. 616.

1355 (25. Jan.) Wir Katherine by alde Rugreutnen bun kunt, daz wir anegesehen hayn vnser selen heyl, vff daz der ebil vnser lyuer bule Greue Wilhelm von Katzenelnbogen fins rechtin angeborn leheins nyt interbit werde, so hayn wir vns rechtlich gebodit vnd fin vzgegangen vnsers wydemes des huses Lychtemberg, des dorfis Bybera vnd alles das, daz dar zu gehorit, wy vns vnser liebe huswirt Greue Dyther selige von Katzenelnbogen dar vff bewydemet hatte, vnd lazen den egen. wydeme ledig vnd los widder vallen an finen rechten stam Greuen Wilhelm von Katzenelnbogen vurgenant, wan iz fin rechtlich angeborn vnd anerstorbin lehen ist von dem egen. vnserme huswirte seligen. Herumbe hayn wir gelobt dem selbin obdir finen erbin, so wanne sie bequemlich dunkit, so sollen sie vns holen zu Alden Beymburg vnd wir sollen yn volgen, vnd her sal vns vuren vff fine kost vur den keyser, vur eynen Romschen kunig ob der keysir en ist, ob vur des Romschen riches hofrichter, ob anders, geyn Frankfort, geyn Spire, geyn Metzen, geyn Colnen, in welche stat obdir geleginheyt by yn bequemelich dunkit, vnd sollen allda clagen von vnserm enkiln Greuen Henriche von Spaynheym vnd syme vader Greue Philips von Spaynheym, etwanne vnserm eybin, daz sie vns vz deme egen. wydeme mit gewalt geworfin haynt vnd vns vnser bryefe, dye wir vber den selben wydeme hatten, genomen, vnd haynt der megenant Greue Philips vnd Greue Henrich fin son vnser enkiln vns den megeschriebin wydeme mit gewalt vorbehalben vnd wollen daz zun heylgin sweren vur deme Romschen riche obdir wa fin Greue Wilhelm obdir fine erbin bedorfin, vnd hayn zu Gysel vnd zu burgen gesatzt Rugrefin Wilhelm von der Alden Boymburg.

Geb. n. Chr. geb. m.ccc.lv, vff s. Paulus dag als er bekert wart.

. (Die Siegel der Ausstellerin, des Raugrafen Wilhelm und seines Dieners Hermann von Paffinaue d. j. hängen gut erhalten an.) Orig.

Nr. 617.

1355 (27. April.) Wüssent alle, daz die straße vnder den Eychen vnd wo sie gelegen ist vnd biz an daz Lewen Rot vnd die straße hinden vmb von deme dorffe biz off daz druckil, daz wißent, daz der scheppfen zu Eschilbrucken geteilt hant off den Eyt einem hern greuven Wilhelm von Katzen=elnbogen. Wißent auch me, daz keyn schefer von Pungstat sol faren on daz gerichte zu Eschilbrucken, ezen sy danne mit willen eyns amptmans mines hern greuen Wilhelm vorg. vnd von sinen wegen, daz hat der scheppfen auch off den Eyt gewißen. Wüßent auch, daz die gewalt vnder den Eychen vnd die freuel off der straßen ist vnd sint mins hern greuen Wilhelms egen., des hant die scheppfen zu Eschilbrucken ge-teilt vff den Eyt. Auch sullent ir wüßen, daz mins hern greuen Wilhelms guet, ez lige vff pungsteder selbe oder vff henen selbe vnd Ingerams gut vnd eyns pfarrers wideme vnd der heilgen acker, wo ez gelegen ist, daz zehint an die kirche zu Eschilbrucken.

Dat. fer. ii. p. Georgii mart. Chr. a. d. M.CCC.LV.

(Das Siegel des Pfarrers Arnold von Eschollbrücken ist abgerißen.)

Orig.

Nr. 618.

1355 (22. Juli.) Wir Ulrich herre zu Hanauwe tun kunt, daz wir globit han Elsen vnser Elichin dochter dem edlen manne Wilhelme Grafen zu Katzenelnbogen zu yme Elichen wibe vnd sollen ym darzu geben vnser teil an der burg zu Tannenberg, daz ist daz sehsteil, waz wir do han vnd vnser aldern do gehabt han, Innenwendig der burg vnd vßen, vnd sollen di egen. burg ledigen an aller der stat, do si verphant vnd versatzet ist. Vort me sollen wir dem vorg. Grafen vier Tusent punt heller geben oder cccc. phunt gelts bewisen vff vnser dorf halbiz zu Schafheym vff dorf, lude

vnd gerichte, vzgenomen dem kirchfaze, den wir vns alleyne
behalden wollen. Wir ensollen ouch dem vorg. Greffen ge-
richte, herburge obir dinst von den luden furgulde. Ez insol
auch der megen. Grefe so lange er daz halbe teil des dorffes
Inne hat, dy armenlude nit schetzen, wan ir alde gewonheit
stet vnd wanne er herburge obir dinfts bedarf, den sol er
nemen zv siner notdorft vnd also, daz iz den armen luden
vnuerderplich sy. Vortme waz wir eygens in dem vorg. dorffe
han obir Erbiz, dar vff sollen wir yn auch bewisen ygeliches
nach sime werde, als hern Gotfriden von Stogheym Ritter,
Conrat Emchen zv dem Hayne vnd Hermanen von Bockesperg
wolgeborn knechte zytlich dunket nach des Landiz gewon-
heit*) 2c., vnd bargeyn sal der vorg. Grefe vnser dochter bewide-
men vnd bewisen, als in dem brife begriffen ist, den er vnd
her Conrad zv Frankinstein mit yme vns dar obir hat ge-
geben.

Geb. n. Chr. geb. m.ccc.lv, vff s. Marien Magdalenen
tage.

(Das Siegel des Ausstellers und des vorg. Gottfried von Stockheim
hängt an.)   Orig.

Nr. 619.

1355 (26. Aug.) In nomine domini amen. Judices s.
mogunt. sedis recognoscimus, quod honesta matrona Luc-
kardis, relicta quondam Johannis de Ramstat armigeri ac
Gernodus, Heinricus et Mechthildis eiusdem Luckardis liberi,
Conradus dicti quondam Johannis filius, necnon Hermannus,
Heinricus et Gernodus fratres, filii quondam Gotzonis de
Ramstat armigeri, heredes quondam Gernodi dicti de Ram-
stat, canonici dum vixit ecclesie s. Stephani mogunt. coram
Thilmanno de Nakheim jurato notario, necnon coram scul-

---

*) Die Urkunde ist an dieser Stelle sehr zerstört.

theto et scabinis siue hubenariis ac aliis testibus in villa
Gera minori in figura iudicii pariter constituti recogno-
uerunt, quod prefatus quondam Gernodus de Ramstat ca-
nonicus, qui frater erat carnalis quondam Johannis et quon-
dam Gotsonis dictorum de Ramstat, dum adhuc in humanis
agebat, anime sue saluti cupiens prouidere, redditus annuos
x. maldrorum siliginis super bonis suis immobilibus in ter-
minis dicte ville Gera sitis, ad vsus presenciarum dicte
ecclesie s. Stephani in perpetuum deputauit, pro ipsius
quondam Gernodi anniuersario in eadem ecclesia peragendo.
Bona vero tales sunt: vii. iugera agrorum zu Muzegenrod
— in den alden roden — in dem nuwen roden — vf dem
buchwege — vf den baltzen, item in alio campo, scilicet
inter maius et minus Gera — an dem paffenwege — an
der bunden consultanea domino Wilhelmo comiti — an dem
ende zu clein gerau — an dem hertwege — an den hof-
eckern — vor der betwiesen — vfwert dem bruckeln —
an dem langen acker — an dem sikelswege — in den
langen eckern — Item in tercio campo versus Budelen-
burn — zuhet vf die Rodenwiesen — zuhet vf die weyde
— by berengersgarten — ober die bohel gefurch greue
Wilhelm — ein hofstat gefurch den Kuchen oben an dem
ende zu clein gerau — vor dem hasen Zale.

Acta et gesta sub a. nativ. d. M.CCC.LV, mensis au-
gusti die xxxi, in villa Gera minori, in strata publica, co-
ram Arnoldo dicto Fuenthenere scultheto, Sybodone, Hein-
rico, Cuntzone dicto Schuetz, Hermanno textore, Wenzone
Walkon hubenariis dicte ville Gerau minoris, Cuntzone
dicto Scherman, Hertwino, Heneckino dicto Beckere, villa-
nis ibidem et q. pl. a.

(Das Siegel der Mainzer Richter hängt zerbrochen an.)

Rotariats-Instrument. Notar Thilmannus
quondam Thylmanni de Nacheyem.

Nr. 620.

1855 (6. Dez.). In gods namen amen. Aller menlich ſal wizzen, daz des Jares do man zalte n. Chr. geb. **m.ccc.lv**, an ſ. Niclaus aubend vmb mitten dag in dem Crutzegang zu ſ. Alban bi Mintz do waren verhauft bi ein ander her Herman abt vnd die geiſtlichen herren Harbot Prior, Herman kelner, Brune coſter, Godelman ſiechmeiſter, Erwin Sitzſenger, Dyderich daz kint, Heinrich Albach werkmeiſter, Reymund camerer, Johan von Echzil ſtacius vnd Leſche, nunmehr des vorg. ſtiftes zu ſ. Alban vnd auch der Edil Herre Johan der Ringreue vom Stein, vnd die ſtrengen manne Ebirhart von Scharpenſtein, Heinrich Galle von Delkenheim, Helfrich Jude vnd Johan von Litwilr Rittere, Rychart von Budensheim, Johan von Bubenheim, Georie von Sauwelnheim, Rörich von Merenberg, Georie von Badenheim, Ketzeler von Sarmsheim, Ortlieb von Larheim vnd Wintzig von Algensheim edilknechte, manne der vorg. herren des abtes vnd ſins ſtiftes zu ſ. Alban, do ſatzte der ſelbe abt einen richter vz denſelben ſinen mannen Norichen von Merenberg vorgen. vnd hieſch da einen furſprechen hern Ebirhart von Sarpenſtein vnd dem einen warner Georien von Sauwelnheim vorg. vnd vberquam der ſelbe Abt alda mit rechtem vrteil der vorg. ſiner manne, daz ſoliche x. malder korngeldes, die zu Tribur alle iar vielen vz des abtes houe Junker Gyſen von Jazza von Lehens wegen vnd ſie Berenſtengel von Rauheim vnd ſin ſon ſich ir von dem ſelben Junker Giſen furbaz vermazzen, die auch alba geinwurtig ſtunden, vnd Sifrid von Stockeim ſich auch vermaz rechtes dar zu, der auch da was geinwurtig, vnd ander alle, die ſich der Lehen vnderwunden, daz ſich die ſelben Lehen voriert hetten vnd vmb daz dem vorg. abte vnd ſinem ſtifte veruallen weren alſo, daz ſie der ſelbe giften vnd geben möchte, wem er wolbe. — Zeugen: her Niclaus Dechan des ſtiftes zum heilgen Crutze bi

Meinß, der Ritter her Friderich Balisen von Leyen vnd die bescheiden Lude Georie Pastor zu Lörßwiler, Erwin Leyther Capellan zu s. Alban und Heinße Ryemensnider burger zu Meinß.

(Gesiegelt haben Eberhard von Scharfenstein, Heinrich Galle von Dessenheim Ritter und Rörich von Merenberg vorg. Die Siegel fehlen.)

Notariats=Jnstrument. Notar Heinricus Heinrici junior dictus de Augusta clericus mogunt.

Nr. 621.

1355 (11. Dez.) Jch Lutter vnd ich Heynße Meyfranke Burger vnd meyster des spydels zu Wysel han vorluhen vnsen hof zu Seylfort, der da ist des vorgen. spidals, Eckarbe Krusen son zu Seylfort vor xvi. malder korns, i. morgen liget by den herren von Erbach, i. zweyteyl ackers liget an dem hobelocher wege vnd i. morge liget in den Heseln neben Johan Faut vnd i. morge liget by Conzen Herdan by Bechenheymer wege vnd i. zweteyl ackers liget by Henkin Lysen von Menße.

Dat. a. d. M.CCC.LV, vi. fer. a. Lucie.

(Das Siegel des Pfarrers Phllipp zu Wesel hängt gut erhalten an.)

Orig.

Nr. 622.

1356 (12. Mai.) Jch Burkart von Wolfiskele eyn wolborn knecht der alter bekennen, daz ich Grefen Wilhelme von Katzenelnbogen zu kaufe sal gebin alliz daz gut, daz ich von yme zu Lehene hayn in den rytdorfen, daz ist mit namen daz lantgerichte zum holen galgen vnd waz dar in gehorit vnd der kyresaz zu Bubinsheym, anderwerbe myn deyl an dene dorfe zu Godela vnd Erfelden gerechte, vogdie, herschaft, dynst, azunge, walt, waßer vnd weyde,

vzgenomen ayn mynen hof zu **Gobla**, ben ich nyt von my-
nem egen. heren zu lehene hayn vnd so balde ich von myns
heren mannen gewißt werdin, wy ich eynr beylunge mit
minen ganerbin vber komen solle, so sal ich ben kauf dar
nach binnen mayndes friste vollenfuren.*)

Dat. a. d. M.CCC.LVI, die s. Nerei, Achillei et Pancratii
mart.

(Das Siegel des Ausstellers ist abgefallen, das Conrads von Frankenstein
hängt beschädigt an.)　　　　　　**Orig.**

Nr. 623.

1356 (26. Juni). Wir **Ulrich** here zu **Hanawe** beken-
nen offenlich vmb solche bryse, als der **Edil** vnser lieber Ey-
din **Gref Wilhelm** von **Katzenelnbogen Elsen** vnser dochter
siner elichen hussrawen gegebin hait vbir die virsatzunge als
her ir virsatzt hait **Twingenburg** burg vnd stat vnd waz
dar zu gehorit, **Darmstat** daz sloz, daz dorf vnd waz dazu
gehorit vor vyer dusent punt heller, daz her mit willen siner
lehenheren, von den iz zu lehen ruret, getayn hayt vnd
virsatzt, das geloben wir **Ulrich** here zu **Hanawe** vurgenant
in guden truwen vur vns, **Elsin** vnser dochter egen. vnd
vnser **Erbin**, daz die selbin bryse vber die virsatzunge sollen
ligen in **Eyns** Cometurs hant zum dutschen huse zu **Frank-
fort**, als lange biz der vurg. **Gref Wilhelm Eynen** burgli-
chen buwe gebuwet hait zu **Darmstat Elsin** vnser dochter
siner hussrauwen, da sie erliche innen wonen vnd sitzen moge,
vnd auch wan er der vurschrieben vnser dochter iren wydeme
zu **Darmstat** also zwuschen vns geret, gelobt vnd virbryset

---

*) 1387 (24. März). Graf Eberhard von Katzenelnbogen quittirt den
Empfang von 70 fl. Wiederkaufsgeld, welche er von Hertwig von
Wolfskehlen erhalten zur Einlösung der von Heinrich von Wolfs-
kehlen seinem Bruder an Graf Wilhelm, des Grafen Eberhard Bru-
der, verkauften Güter zu Erfelden und Goblau und das Land-
gericht zum Holengalgen.

ift, vefte vnd heblich gemacht, vnd wan deʒ gefchyt, fo fal
der Cometur der zu der zyt Cometur ift, die vurgefchrieben
bryfe vber die vurg. virfaʒunge ayn allen vnfern vnd vnfer
erbin zorn ayn allerley widderrede dem egefchr. Grefe Wil-
helme vnferme Eydin obbir finen erbin widder gebin, vnd
fal Twingenburg burg vnd ftat-vnd waʒ dar zu gehorit,
lebig vnd lois fin.

Geb. n. Chr. geb. m.ccc.lvi, a. d. funt. nehft n. f. Jo-
hanstag bapt. als he geb. wart.

(Die Siegel des Ausftellers fehlen.)   Orig.

Nr. 624.

1356 (12. Aug.) Wir Gerlach von gots gnaden des h.
Stuls zu Menʒ Erʒbifchoff thun kunt, das wir in der fa-
chen als der Dechand vnd Capittel des ftiffts zu f. Victor
uswendig der muren zu Menʒ vnd vnß dorff vnd gemeinde
zu Gernßheym zweyunge vnd miffehellunge hatten vmb
eyn teil der weyde vnd bruches, die man daʒ eygen nennet,
mit namen von dem Efchenftuck an biß uff vlerffach vnd da
furbaʒ uff Sundeffach, da die felben der Dechand vnd daʒ
Capittel von f. Victor zwey rufenlucher haint vnd da furt
von den rufenlüchern uff fendenfurt mitten uff den Stegk
vnd dafurt dye lach ab biß zu den houbten, da die felben
hern auch haint dru rufenlucher, vnd furt biß an daʒ fibeln
vnd von dem fibeln ab biß an die hanlach vnd da furt biß
uff den wormßer kamp zwufchen den felben hern vnd der
burg gerten vnd von dem kamp vorwert uff die mittel-
brucken zwufchen den felben hern vnd dem hain vnd da fur-
baʒ die lachen uff zwufchen der mittelbrucken vnd den von
Pungftabt, die derfelbe Dechand vnd daʒ Capittel fprachen,
das die obgen. weyde vnd bruch zu Jne vnd Jrem ftifft ge-
horten, vnd vns vonn beyden parten darvmb clage qwam,
als dick das wir die befcheidenheit anfahen vnd fchigkten Wi-

29*

rchen vom Cronemberg vnserm Bißdom In dem Ringauwe
barzu, daß he erfure die kundschaft vnd recht beider parten,
daz hat der vorg. Vlrich gethain vnd hait Ire beyder recht
verhort, vnd hait he den bescheit gesaßt vnd gesteint vnd als
he Ine gesaßt vnd gesteint hait, also wollen wir das, daz
von beyden syten ewiglich gehalden werde, vnd sollent die
steyn steen vnd blyben steyn mit namen an den steden, da
es heyßt an dem Eschenstuck vnd furwerter als es dye vorg.
herrn vnderscheyden haint vnd als da vor In Irer heyschunge
geschriben steet vnd hain wir darvmb die stede benant, ob
eynn marsteyn verlorn wurde von welchen sachen daz ge-
schee, so sal vnd mag der vorg. stifft eynen andern marsteyn
an die stadt setzen, als dick das noit geschee.

Geb. n. Chr. geb. m.ccc.lvi, uff des nehsten fritag nach
vns. frauwen tag assumpt. virg. glor.

(Die Siegel der Aussteller und Ulrichs von Cronberg hängen wohl er-
halten an.) Orig.

Nr. 625.

1356 (16. Dez.) Ich Heinrich Stump edelkneht Bekenn-
nen, daz ich vmbe daz borglehen, daz ich han bit frauwen
Elsen Stumpen, hern Heintzels Stumpes ritthers mines ve-
bern selgen wydewe, daz wir han zu Dannenberg von
Grefen Wilhelm zu Katzenellnbogen, gutlich gerath vnd ge-
saßet sin in solcher wise, daz ich der vorg. Heinrich sal han
daz dritteyl, waz von dem vorg. borglehen gefellet, vnde die
vorg. Else die zwozale auch was do von dem vorg. borg-
lehen gefellet. Werez sache, daz ich abeginge von dotz we-
gen, so solde daz vorg. burglehen gantz vnd gar fallen der
vorg. frauwen Elsen vnd yeren Erben vor allen mynen Er-
ben, auch sturbe die vorg. Else, so solde ez gantz vnd gar
fallen uff mich vnd myne Erben vor allen jeren Erben. —
Zeugen: Friderich von dem Wasen ritther, Diemar von

Rorbach, Cunrat von Darmstat, Ruker vnd Heinrich von
Reckershusen gebrudere, Herman Ruckeln, Johan, Wernher,
Wolf Luchen gebrudere edelknethe u. a. m. vnd han ich der
vorg. Heinrich Stump gebeben minen aneheren Diemar von
Rorbach edelknethe, daz er sin Ingesiegel vor mich hat ge-
henket an biesen brief.

Dat. a. d. M.CCC.LVI, fer. vi. a. Thome apost.

(Das Siegel hängt wohl erhalten an.) Orig.

Nr. 626.

1356. Karl von gots gnaden Romischer keiser tun kunt,
das wir an gesehen haben des Edeln Engelhart vom Hirß-
horn bete vnd banknemen dinst, die er dem Riche vnd vns
bißher getan hat vnd nach furbaß tun sol, vnd haben Im
mit vnserm keyserlichem gewalt vnd gnaden versetzt, verliehen,
ernewet vnd bestetiget alle sine brise, lehen, satzunge, phant-
schafft, Stete, dorffer vnd gut, die er vor von vns vnd dem
h. Riche hat.

Geb. zu Sulzbach n. Chr. geb. m.ccc.lvi.

(Das Siegel hängt wohl erhalten an.) Orig.

Nr. 627.

1357 (21. März.) Jch Heynrich von dem Wasem Rit-
ther bekennen, daz ich byt uerhankenisse myner kynde han ge-
macht zwolftehalp phunt geldes myme sone Wylhelme, dar da
eyn munch ist zu Selginstab, sine lebetage, by da gelegen
synt, vf vnserm rechtem eygen zu Werlach- vf dem Gube,
daz da was hern Dyderiches Byals. Vnd wer ez sache, daz
Wilhelm der egen. ycht gedranget oder gehindert würde von
miner kynde oder non miner erben wegen, so sol er gelich
Erbedeyl nemen in aller der maze als ander miner kynde.—
Zeugen: Folkemar des Aptes Cappellan zu Selginstabt,

Wernher pherrer da selbes, Dyderich Pherrer zu Wyzinkir-
chen, Herold pherrer zu Guginsheim, Blriche kelner des her-
ren von Hanauwe, Gerlach Wirt von Bobinhußen u. a. m.
Daz byse uorgeschr. dyng war vnd ueste werden gehalden,
so han ich Heynrich Rytther von dem Wasen vorg. myn In-
gesigil an dysen brif gehenket, vnd zu eyner merer uestunge,
sohan ich Heyrich von Wynther gebruder gebeden Henchen
vnd Conrad vnß bruder, daz sy ir Ingesigel an dysin brief
hant gehangen by vnß. vader Ingesigel, so wir eyenner In-
gesigile nyt enhan.

Dat. et act. a. d. M.CCC.LVII, in die Benedicti abbatis.
(Die Siegel fehlen.)   Orig.

Nr. 628.

1857 (4. Juni.) Ich Borkart von Wolfiskellin der alder
bekennen mich, daz ich Grafen Wilhelm von Katzenelnbogen
verpant han mine wiesen, dy da heißent ackerloe vnd gelegen
sint in deme gerechte zu Gabelae vnd die von im zu lene
rurent, vor cc. gulden, so han ich gebebin minen bruder Ern
Sybold zu sant Alban vnd Lysen mine swester, daz si erin
haip zu Gabelae, der der Ricklasin selege was, mime egen.
heren zu eyme rechten vndepand hant gesatz.

Dat. a. d. M.CCC.LVII, iv. die mens. junii.
(Das Siegel des Ausstellers und seines Bruders Sybold hängt sehr be-
schädigt an.)   Orig.

Nr. 629.

1857 (9. Oct.) Nouerint vniuersi, quod ego Wolfra-
mus alias dictus Wolf de Byckenbach, pastor ecclesie pa-
rochialis in Houen considerans, quod xvi. jugera agrorum
pertinencia ad dotem mee ecclesie antedicte, situata in ter-
minis olim ville Boensheim, que villa nunc redacta est

in grangiam et pertinet abbati et conuentui monasterii eber-
bacensis, propter eorundem jugerum dissituacionem infruc-
tuosa et inutilia fuerunt mee ecclesie, et ideo, impetrata ad
hoc per me, auctoritate Gerlaci s. mogunt. sedis archiepis-
copi loci ordinarii, accedente voluntate Heinrici abbatis,
necnon decani et conuentus ecclesie fuldensis verorum pa-
tronorum ecclesie mee prelibate, supradicta xvi. jugera lo-
caui abbati et conuentui monasterii eberbacensis cum omni
jure et libertate sua pro pensione annua vii. maldrorum si-
liginis mihi ac singulis meis in dicta pastoria successoribus
in perpetuum ad dictam villam Houen, ad curiam vel in
Oppinheim soluenda. *)

　　Dat. a. d. M.CCC.LVII, in die b. mart. Dyonisii et so-
ciorum ejus.

(Das Siegel des Ausstellers hängt an grün seidner Schnur wohl er-
halten an.)　　　　　　　　　　　　　　　Orig.

Nr. 630.

1357 (16. Oct.) Ich Heinrich von Crußenburg prister
pherrer zu Dizenbach bekennen, daz ich verkouft han i. mal-
der korngulb vmb ir. phond heller gelegen vf iv. morgen
ackers, die da hezint bochsrober zu Husen vnd sal die egen.
gult alle iar reichen eime kappelan zu Celhusen wer der ist.

　　Dat. a. d. M.CCC.LVII, ipso die b. Galli abbatis.

(Die Siegel des Ausstellers und Conrads des Capellans in dem Spital
zu Babenhausen hängen beschädigt an.)　　　Orig.

----

*) In demf. Jahre (24. Aug.) willigt Conrad von Bickenbach in die-
sen Verkauf ein. (Orig. mit anh. unversehrten Siegeln.) Ebenso
am 8. October das Stift zu Fulda und am 15. Oct. Erzb. Ger-
lach von Mainz (Orig. Die Siegel hängen an grün seidner Schnur
wohl erhalten an.) und am 4. Oct. verkauft der vorg. Wolfram
von Bickenbach die fraglichen 7 Mltr. Korngülte auf den 16 M.
gen. die Witthumshube an das Kl. Eberbach. (Orig. unter an-
hangendem Siegel.)

Nr. 631.

1357 (15. Dez.) Officialis domini prepositi ecclesie wimpin. recognoscimus, quod constituti coram nobis judicii in figura Muclinus piscator et Werendrudis eius legitima, Sifrido ipsorum filio consenciente, ob remedium animarum ipsorum legauerunt post obitum ipsorum presentiis decani, capituli et prebendorum ecclesie wimpinensis redditus v. solidorum cum dimidio hallensium, quos habent super ortis dictis Kidgarten iuxta Nekarum, item vnum iuger vinearum situm in marchia vallis in loco dicto an der Krinnen.

Actum presentibus domino Marquardo Lutenbach, Berngero dicto Rummelhart, prebendariis ecclesie predicte, et Balsamo fratre hospitalis wimpin. sub anno dom. M.CCC.LVII, fer vi. p. Lucie virg.

(Das Siegel des Ausstellers hängt unversehrt an.)   Orig.

Nr. 632.

1358 (16. März). Ich Kobel ein pherer zu Gerau vnd ich Contze Herbstein vnd Ebirhart Hanemans bruder son vnd Hanne von Messel kyerchemeister zu Budelburen bekennen, daz wir verkauft han dorch notzes willen vnser Cappellen zu Budelboren dem Couent zu s. Claren zu Mentzen den zienben, den die vorg. Cappelle zu Budelboren vallende hatte of den zwein morgen an dem Ullenberge gelegen of dem nyeder velde zu Witterstab.

Dat. a. d. M.CCC.LVIII, fer. vi. p. domin. cant. letare.
(Das Siegel des Ausstellers hängt unbeschädigt an.)   Orig.

Nr. 633.

1358 (28. April). Ich Cunrat Kulsmart schultheiz von Worfelben vnd Lutze mine elich wirten du kunt, daz wir han virkauft Arnolt Zinken, Lisen siner elichen wirten

vi. malder kornne gulbe eweclichen, die wir regen follen zcwi-
gen den zcwen vnfer frauwen bagen gen Worfelden obir gen
Durtenburg, dar for han wir gefazit zcu vnbir panden r. mor-
gen an dem helry wege in den nuen robern — in dem
Efpen loe — vber erfcher weg — an dem Grauen — zufchen
den zwein graben — an nartenfucher weg — zcu fpißen
birbaym — vber ymeröfer weg gefor vnfer herren des grauen
— in dem damme — in dem loe — an dem ofthouer. —
Zeugen: der fchultheiz vnb fcheffen Heilman Gruller, Petir
unb Lußo Hirßebog, Hemgo Faut becker vnb bie fcheffen
gemeyne vnb daz volle geriche zcu Worfelben.

Dat. a. d. M.CCC.LVIII, in fabb. p. diem b. Georii mart.
(Die Siegel Johannes unb Gerharbs Kuche, Edelknechte, hängen in grü-
nem Wachfe an.) Orig.

Nr. 634.

1358 (13. Sept.). Ich Henzo Rauheimer zu Bubel-
burn vnb Lußo Rauheimer myn muder tun kunt, daz wir
vor kauf han frauwen Cecilien, Henzo Kuchelers wirten
burger zu Oppenheim ii. maldir korn geldes jerlich korn gulbe
vm rvi. phunt heller vnb han zu vnterpfande gefaz dife nach
gefchriben morgen gelegen yn der marke bez dorfes zu Bu-
delburn — an farsgraben — an baches hegen — zu
winkel gevor greve Wilhelm.

Dat. a. d. M.CCC.LVIII, in vig. exalt. s. crucis.
(Das Siegel des Pfarrers Jacob zu Gera hängt unverfehrt an.)
Orig.

Nr. 635.

1358 (29. Nov.). Ich Heinß von Buttyngen ein Edel
kneht vnb Elfe, Anne vnb Grehte, min fweftern, gefezzen
zu Wunphen tun kunt, daz wir han verkauft den Burger-
meiftern vnb dem Rat gemeinlichen der ftat ze Wunphen daz

Drytteyl der vogktey vnd dez schultheiſſen ampts zu Wuns
phen vnd alles, daz dar zu gehoret, vmb c. phunt heller.

Geb. n. Chr. geb. m.ccc.lviii, an dem nehſten burnſtage
nach ſ. Katherin tag der h. jungfrauwen.

(Die Siegel des Ausſtellers, ſowie der Wimpfner Bürger und Brüder
Wilhelm u. Conrad Reuber hängen wohlerhalten an.)

Orig.

Nr. 636.

1359 (4. Febr.). Jch bruder Heilman Kolbindenſil von
Belderſheim Commentur zv Moſpach vnd der Priol vnd der
Convent gemeinlichen des ſelbin hvſiz bekennen, daz wir
Wentzelen Burnmanne von Langeſtat vnd Metzin ſiner Elichin
huſfrauwen vnd irn Erbin lihen vnſere zehinden zv Lange-
ſtat vnd deil von vnſirn Eckern alle Jar vm iv. maldir
korns, vme die frontſchaff hat vns der vorg. Burnman vnd
Metze xii. Phunt hellere Geluhin vnd ſollin in daz gut lazin
alſe lange, alſe wir die xii. phunt inne han.

Geb. n. Chr. geb. m.ccc.lix, an dem nehſten mandage n.
vnſir frauwen ſo man die kertzin wihit.

(Die Siegel der Ausſteller hängen wohl erhalten an.)

Orig.

Nr. 637.

1359 (11. März). Jch Getzel Etzwanne wydewe Betholt
Suren bekenne, daz ich verkauft han daz hus vnd die houe-
ſtat vſwendig der burge zu Bickinbach vnd den garten,
der da ſtoßet vff den befloßen garten by dem wire, daz biz
her zu mime Burglehen zu Bickinbach gehoret hat, hern
Eberhart Schenken von Erpach vnd frauwen Elſen von
Katzinelinbon ſinre huſfrauwen, mit verhenzeniſſe Eberhartz,
Ruckers vnd Betholts minre ſone. Auch han ich Getzel
vorg. gebeben Conrat von Rikartzhuſen minen brudir, daz er

fin Inges. zu Eberhartes mins fons Ingefigel, da die vorg. fine bruder Eygens Ingefigels nit en han, an difen brief hat gehangen.

Geb. n. Chr. geb. m.ccc.lir, des nehften mandages vor f. Gregorien dag d. h. Babiftes.

(Das Siegel Conrads hängt unbeschädigt an, das Eberhards ift abgefallen.)

Drig.

Nr. 638.

1359 (17. März). Ich Gerhard Houeman, Hermannes fon von Wellinsheim, vnd Jutta myn elicke wyrthen vnd myn erbin bun kunt, daz wir uerkauft han ii. malder kornegeldis, daz vierde fummern gehufet, eweger gulde dem prior vnd dem Couent des clofters zu Selginftad, uf vi. morgen vnd eyn vyrteyl ackers, dy gelegen fyn uf Selginfteber uelde —, an kempen — an dem Raberwege — an dem Dytwege — by den Garten — an dem eynhaltschwege — an dem fchachen= wege. — Zeugen: Heyle Knappe, Johan Elyon vnd a. m.*)

Dat. a. d. M.CCC.LIX, ipsa die Gertrudis virg.

(Das Siegel des Pfarrers Wernher zu Seligenftadt hängt befchädigt an.)

Drig.

Nr. 639.

1359 (9. Juni). Wir Karl von gots gnaden Romi= fcher keifer bekennen, daz die Burger gemeinlich der ftat zu

---

*) 1393 (1. Febr.) verkaufen ben. Bürger zu Seligenftadt an Hart= mann Remchin Schöffen dafelbft vier Morgen Ackers „gelegen an der bunden vor der kortinbach", indem fie zu Unterpfändern fetzen Wiefen und Aecker „gelegen uff der breybinbach vor des fchulteißen Remchins vnd Elbrachtes wiefen — an den fpeglen vnd an der nedir weyde." (Orig. Das Siegel des Pfarrers Conrad zu Seligen= ftadt hängt unverfehrt an.)

Wimppfen vns vorbracht, wie daʒ ſie vbirein komen ſint vnd vf ir eibe fur ein recht geſprochen haben, daʒ Albrecht Reming Burger vnb ein yeclich ſchultheiʒ daſelbes mit in eweclichen billich leiden ſal alle ſtewir, bete vnb bienſt, die ſie vns vnb dem Reiche tuent, gleicherweis als ein anber Burger tut noch ſinen ſtatten in der egen. ſtat ʒu Wimppfen, mit ſotanem vnbirſcheibe, daʒ er ber gewonlichen ſtewir ꝛc. pfunt haller, die bie egen. Burger vns vnb dem Reiche ierlichen ſchulbig ʒu geben ſint, ſol frei, lebig vnb loʒ ſein. Is haben auch bieſelben Burger vns gebeten, daʒ wir ſulche ir meinungen beſtetigen vnb confirmiren, daʒ haben wir ir fleiʒʒige bemutege bete angeſehen vnb beſtetegen in von vnſʒ keiʒlichen macht mit biſem brieſe.

Geb. ʒu Prage an dem h. Pfingeſt tage n. Chr. geb. m.ccc.liх.

(Das Siegel hängt unverſehrt an.)　　　Orig.

Nr. 640.

1359 (13. Juli). Ich Conrat Decke ein burger geſeʒſen ʒu Wynpfen vf dem berge tun chunt, daʒ ich beſtanden han vmb den geiſtlichen herren bruder Conrat Cruʒi von Eʒʒelingen prior ʒu den prebigern vnb den Couent gemeinlichen ein huſ, iſt gelegen in der weber gaʒʒen ʒwiſchen Crancheſ huſ vnb Meʒelin Brochenlinʒ huſ, vmb v. ſchilling vnb i. pfunt heller gelteſ ierlicher gulte.

Geb. n. Chr. geb. m.ccc.liх, an ſ. Margreten abent ber h. Junkfrowen.

(Die Siegel der Wimpfner Bürger und Richter Conrad Reubers vnb Berlins ſind abgefallen.)　　　Orig.

Nr. 641.

1360 (24. Märʒ). Ich Herburt Hegere eiben, Meʒʒe myn eliche frauwe bekennen, daʒ wir ʒu kaufe geben han

Henchin Fochs, Gudeln fire eliche frauwen i. phunt ewiges geldes vf vnßn Eckern, die gelegen fin in dem Hene, i. morgen, daz da heizet geben stucke vnd an dem grozen stucke an zweyn enden vnd ein stucke an der hindern brucke. Dat. a. d. M.CCC.LX, fer. iii. p. domin. judica me.

(Das Siegel der Stadt Dieburg ist abgeriffen.) Orig.

Nr. 642.

1360 (6. Aug.). Ich Franke von Dorfelden edelknecht vnd Luckard myn eliche wirtin bekennen, daz vns Conrad Franke von Dorfelden, myn Franken bruder, vnd Heilke fin eliche wirtin zu kaufe hant gegeben ir teil der korngulde, die fie han zu Selginstat vnd zu Husen by Selginstat vmb rrr. phunt heller.

Geb. n. Chr. geb. m.ccc.lr, an dem Donrstage vor f. Ciriar tage.

(Das Siegel des Aussiellers ist abgefallen.) Orig.

Nr. 643.

1360 (6. Dez.). Ich Heinrich Zincke von Nyder Ramstat bekenne, daz ich schuldig bin alle iare Junkere Wilhelme von Husen vnd finen Erbin r. malder kornes von der mulen stat zu niber Ramstat, dy er mir gelehin hat, zu reichen gein Dornberg oder gein Twingenberg. — Zeugen: Cuntze Kype schultheys, Johan Kyseln, Jacob Kyseln, here Jacob perrer zu Gera, here Anthonius fin geselle u. a. m.

Dat. a. d M.CCC.LX, in die Nycolai episcopi.

(Die Siegel des vorg. Pfarrers Jakob u. Albrant Kuchen find abgeriffen.)
Orig.

Nr. 644.

1361 (9. Jan.). Ich Conrat von Darmstat ein edilknecht bekennen, daz ich verkauft han Ebirhard Schenken herren zu Erpach vnd frauwen Elsebet von Katinelinbogen siner eliken frauwen die wingarten, die zu mime Burglehin zu Bickenbach gehoren, mit namen den wingarten in dem Tregelinge vnd den halben morgen in dem Baumgarten vmb rviii. phunt heller, l. schillinge alder heller vor ein phunt. *)

Geb. n. Chr. geb. **m.ccc.lri**, vff den nehsten samistag nach dem zwolften tage.

(Die Siegel des Ausstellers und seiner Gemahlin Hedwig hängen gut erhalten an.) Orig.

Nr. 645.

1361 (11. Juli). Ich Franke von Dorfelden edelknecht bekennen, want ich Luckarden myne elichin wirten mit cc. phunt heller vff den guden, dy etzwen Heylmans von Dobelnsheym warin vnd in der termening zu Altdorf by Babinhusen gelegen sint, jn dem dorff eyn hoff vnd vff dem felde lril. mansmat wysin, daz ich zu lehin bekenn von hern Vlrich zu Hanawe, bewisit vnd bewydemt han zv widemen rechte nach des landis gewohnheit vnd han gebeden den vorg. mynen hern, daz he dazu sinen gunst vnd verhengniffe hat getan.

Geb. n. Gots geb. **m.ccc.lri**, an dem suntage n. s. Kylyans tage.

(Das Siegel des Ausstellers hängt wohl erhalten an.) Orig.

Nr. 646.

1361 (2. Dez.). In Gots namen amen. Kunt sie, daz an vns hernachgeschreben vffinbarn schribers vnd gezuge

---

*) 1368 (7. Mai) bekennen Conrad von Darmstad Edelknecht u. seine Hausfrau Hedewig, daß ihnen Schenk Eberhard v. Erbach u. seine Gemahlin Elsebeth geb. v. Katzenelnbogen geliehen haben 8 Pfd. Heller auf die Weingarten, die zu ihrem Burglehen zu Bickenbach gehören, zu den 18 Pfd. Heller, darum sie dieselben von ihnen erkauft.

geinwortekeit ſazzen zu gerichte Heinrich von Mimmelingen
Cengreue, Herman Renne, Wykel Schonebrot, Heinrich Durre,
Hanne Kull, Heintze Gotze, Heintze Wirt, Cunrad Kulbrot,
Bertholt Ratgebe, Heilo Schafheimer vnd Heilo Bode von
Moſpach Lantſcheffen des lantgerichtis zu Oſtheim, vnd be-
kannten, daz Ryclas von Obernburg vnd Herman Robe
ſcheffin zu Aſchaffinburg, here Friderichis gut vom Waſin,
daz er in dem ſelben gerichte hatte lygen, erclaget hetten,
vmb daz ſie ſine burgen waren. vnd er ſy nit enloſete, alſo,
daz ſie dieſelben gut mochten virſetzen oder virkaufen vnd ſich
da mide loſen, vnd da daz gerichte das bekannte, ba traben
die vorgen. Ryclas vnd Herman Robe anderweit dar an ge-
richte vnd bekanten, daz ſie virkaufft hetten Engelbolden
Metzeleren, Huſin ſiner elichin wirtin burgere zu Aſchaffen-
burg den hoff zu Maſpach gelegen, der hern Friderichis
vom Waſin vorg. waz vmb cv. phunt heller.

Geſch. n. Chr. geb. m.ccc.lxi, vff den andern dag des
manden, den man zu Latin nennit december, nach none zyt,
ſo die vorgeſchr. Cenggreue vnd ſcheffen ſpulgen gerichte ze
han vnder dem ſpilhuſe zu Oſtheim. — Zeugen: Johau
gen. Cremer ein vicarius des ſtifftis zu Aſchaffinburg, meiſter
Richard von Polch, Engelbolt Hohenlower burger, Ryclas
Pluger ſchriber des viztumis zu Achaffinburg, Meinlach ſaut
zu Obernburg, Herman Scheibe genant, Cunrad Ockenrober,
Gerung Rummey, Peter Bonneman bobil des vorgeſchr. ge-
richtis u. a. m.

(Das Siegel des Junkers Eberhard v. Fechenbach Vizthum v. Aſchaffen-
burg hängt unverſehrt an.)

Notariatsinſtrument. Notar: Herman
Rulling von Aſchaffenburg.

(Orig. Geſtegelt hat Conrad v. Darmſtadt u. ſelner Gattin Hed-
wig Bruder (Balen) Diether Gauſe Amtmann zu Otsberg. Die
Siegel hängen unverletzt an.)

Nr. 647.

1362 (25. Jan.).　Wir Adolf genant Flecke scholtheiße, Conrad vnd Sifrid gebrudere genant Reynbrehte, Heile genant Betzil, Henne genant Gans, Heintze genant Leist, Thielle Beckir, Gerhart genant Montedil, Reyne Beckir, Contze Walrabe, Contze Ratgebe, Heintze von Dorenburg, Contzelen Dytzen son, Alhelm genant Wylant vnd Herbort Wehtir, scheffene zu Darmstadt, dun kont, daz vor vns an gerichte qwam iuncfrauwe Witzele hern Conrad selgen dochter Ritters von Darmstat, vnd irkante sich, daz sy durch yr vnd allir yrer altfordern selen heilis willen hette gegeben zu eym rehten selgerede dem apt vnd conuent deʒ Cloisters zu Erbach eynen hoff, hus vnd schuren zu Darmstat gelegen eyn syt an Henne Prumen vnd anders syt an Hennekin Derbort, doch hat tschuschen yr vnd Hennekin Derbort Karl, der selben iuncfrauwen Witzeln bruder son, eyn vierteil der selben wonunge ligen, daz algereide von dem vorgen. yrm deil waʒ vnd nu der von Erbach ist, gedeilit vnd vnderscheiden ist. Auch hat sy off gegebin vor vns an dem gerichte vi. maldir korns eweger gulde dem selben Cloister, dy yn diʒ nachgeschrieben Lude vnd yr Erben eweklich reichen sollint i. maldir Contze Ratgebe, da vor ligit zu vndirpande i. mannesmat wiesen gelegen an kern wiesen vnd i. morge ackirs, der ligit hinder der lachen by der muren straßen neben pungstedir. Item i. maldir gibit Wernher Loit vnd Elze sin hussrauwe, davor ligit zu vndirphande eyn halb Jochart an der nuwen straßen neben Jden Hofegelden. Item Eyn halb Jochart neben Sifrid Reynbreht an me dysen sewe yr deil vnd eyn Rot an me Rennepade neben Heintzen von Dorenborg. Item Contze Pungsteder vnd Elze sin hussrauwe gebint i. maldir korns, da vor ligit zu vndirphande eyn Jochart an der nuwen straßen amme stege neben Flecken vnd eyn halb iochart off der hart neben Rodolf Hildegarte son. Item i. maldir

gibit Herbort Wehtir vnd Metze sin Huffrauwe, da vor
ligit zu vndirphande Eyn wiese an me siterbe neben Heintze
Wehtir vnd eyn Jochart an der langen hecken. Item Contze
Walrabe vnd Luce sin huffrauwe gebint l. malbir kornes,
da vor ligit zu vndirphande eyn iochart off der hart by der
brunen ackir. Eyn iochart by roistorfers ackir an dem Renne-
pade vnd eyn morgen an me schachgraben nyde, eyn halb
Jochart da by vnd daz rot off dem byrsten Rode neben Ro-
den eyn syt vnd anbirsyt by Hille Fedirwischen wiese. Vnd
dez zu Vrkunde wand wir eygins obir gemeynis Ingesygils
nyt en han, han wir gebeden den Edilkneht Juncher Eme-
chen Drohtsetze vnsers herren Greben Wilhelms von Katzen-
elenbogen, daz er sin Ingesygil an dysen brief henke.*)

Geb. n. Chr. geb. m.ccc.lxii, off dem dage des h. apost.
f. Pauls, als er bekart wart.

(Das Siegel, ein Helm, auf welchem ein Hahn steht und die Umschrift
führt: S. Emichonis de Gera, hängt in grünem Wachse wohl erhalten an.)

Orig.

Nr. 648.

1362 (16. April). Wir Dytter Greffe zu Katzenelen-
bogen bekennen, daz wir vnde vnser Erben schuldig sin vnde
han herhohit solich gud vnde gulde, die her Hartmud von
Cronenberg der Eldeste vnd sin Erben vm vns kaufft hant,
mit namen cc. gulden gelbis zu Rosdorff vnd czu Gunde-
radehusen vm xriv. hundirt gulden, die wir dem vorg. hern
Hartmude vor scriben vnde besigeln sollen mit vnserme In-
gesigele vnd vnsers herren virhangnuffes hern Ruprahtis
pfaltzgrafen an deme Ryne vnde hertzauge in Beyern des
altern vnd Addulfis Grafen zu Nassaw vnsers swehers, vnd
geloben welzyd Gerhard vnser bruder zu sine dagen komet,

---

*) An demf. Tage verleiht das gen. Kloster an die vorg. Jungfrau
diesen Hof wieder um einen jährl. Zins. (Orig. Das Siegel des
Klosters hängt unversehrt an.)

daz her deme vorg. hern Hartmude vor bryffen vnde virſige-
len ſal den kauff. Vnd han zu burgen gefaßt Dyderichen
von Hattenheym, Helferich Juden, Wyffryden von Werberg
Rittere, Hartmuden von Benſheym vnde Georgen vnde Beu-
mingen gebrudere von Werberg Cvillnehte.

Geb. n. Chr. geb. m.ccc.lrii, vff den Oſterabent.

(Die Siegel des Ausſtellers und der gen. Bürgen hängen unverſehrt an.)

Orig.

Nr. 649.

1362 (6. Dez.). Wir Gerlach des h. ſtuls zu Mentze
Erzbiſchoff tun kunt, daz wir mit virhengniſſe Rudolf dechans
vnd des capittels vnßs ſtiftis zu Mentze Anſelm von Heym-
ſpach vnd Hartman von Schonenburg Rittern vnd iren erben
ſchuldig ſin viertuſent gulden, die ſie vns geluen hant zu der
loſunge des halben teils vnſir vnd vnßs ſtiftis ſloßen Star-
kinburg, Bensheim vnd Heppinheim, die wir an loſunge
derſelben ſloße kuntlichen han gegeben der Edeln Elſen frau-
wen von Liebſperg, herumb ſo han wir die ſelben Anſelm
vnd Hartman bewiſet cccc. gulden geldis ierlicher gulde als
lange inzunemen, bit wir die von yn geloſen mit viertuſent
gulden, vnd bewiſen wir liii. gulden off vnſir phennig gulde
zu Morlebach, waz vns off vnſir bede vnd cinſen da fal-
lende iſt vnd zu Furte, waz vns von der bede vnd ſchaf
weide da fallende iſt vnd zu Kershuſen, waz vns von der bede
da fallende iſt, vnd waz zu Bensheim vns phennig gulde
fallende iſt von ſchafeweide vnd von der bede. Anbirtwerbe
bewiſen wir ſie an korngulde, ſpelten vnd habergulde, der
ſpelten vnd habern ye ii. malbir geſlagen ſint vor ein mal-
bir kornes, crcvi. gulden geldis vnd rv. ſchillinge heller vnd
heruber han wir ſie bewiſet off vii. fudir wingeldis zu Bens-
heim vnd funfte halb fudir wingeldis zu Heppinheim, ein
yclich fudir ane zu ſlahen vor ir. gulden, ſortme rlvii. gulden
geldis zu Ditpurg off vnſir ſtad. Me iſt gered, daz wir

dem obgen. Hartman reichen follen alle Jar zu Burghube
vntß sloßes **Starkinburg** andirhalb hundirt phund heller,
darzu die hunre halb, die do gehorent zu **Starkinburg**
vnserm sloße vnd halbteil des hauwes, daz darzu gehoret
vnd heben yme auch bewiset die kese, die zu dem ampte ge-
horent, also doch, daz sie vnser Burgman daselbis aberichten
follen vnd vns l. kese alle Jar in vnstr Camern reichen.
Auch han wir yn virluwen zu dem ampte zu **Starkenburg**
Besteheubit in zu nemen vnd frebele ane höste buße, die han
wir vns vnd vnserm stifte behalden. Want nu die vorg.
Anselm vnd Hartman wolden sicher gemacht sin der cccc. gul-
den, so han wir yn vnsir teil des amptes zu **Starkenburg**
zu vndirpande gesaz vnd verschriben.

Geb. zu Aschaffenburg off s. Niclastage des Bischoffes
n. Chr. geb. m.ccc.lxii.

(Gesiegelt hat der Aussteller.) Orig.

Nr. 650.

1363 (29. April). Wir Friederich genant Paffe von
Bleyncchen Ritter vnd Grede min eliche wirten, dohter selgen
hern Gerhartis vnd frauwe Gezen von Scharpensteyn, vnd
ich Wilhelm von Scharpensteyn Ritter son der selben, dun
kunt, daz wir virkauft han dem apte vnd dem Conuent des
Closters zu Erbach l. morgen ackers vnd eyn hobereyde hel-
bit andirhalb morgen yn dem dorff vnd in der marke des
dorfis zu **Wolfiskeln** gelegen, vnd v. schillinge haller gel-
dis ewegis zinses, dy Burkart selgen hern Burkartis son vn-
sern aldern biz her gereichit hat vnd ligint off eym garten da
selbis, vm eyne summe geldis. Der egen. acker ligint off dem
velde gen **Godela** — andirhalb morgen dy ziehent off den hohen
weg by dem pharrer da selbis — in dem lon — in der wolfis
hutten bi vnserm herren von **Mentze** — off Eruelpir weg by
Emerich Prumheimere — off dem velde gen Dornheim —
by Hartman von Bensheim edilkneht — in dem Oppinheimer

loche by frauwen Greben — in dornheimer loche — vbir den dornheimer weg by der wiedemhube der kyrchen — off by vehemeide — by Burkart edelknehte — off me Griezuelde by den heilgen der kyrchen da selbis — off dem velde daz da heißit daz halleuelt — vor Espe by frauwe Cristinen Bur-tarten — by der Birgel — hinder Semirs hecken — by Harnboffe by Emerich Prumheimere — iii. morgen ziehent off den Reyn by frauwe Greten — off dem kleynen velde — vnd die andirhalb morgen der hobestat ist vnd sint gelegen in der Bortgaffen.

Geb. n. Chr. geb. **m.ccc.lxiii**, off den nehsten samestag vor s. Philips vnd Jacobs dage.

(Die Siegel Friedrichs und Wilhelms vorg. hängen beschädigt an.) ..

Orig.

Nr. 651.

1364 (3. April). In nomine domini amen. Theode-ricus episcopus wormaciensis publice profitemur, quod con-stitutus coram nobis strenuus miles Conradus dictus Lant-schade viccdominus in Nova ciuitate spirens. dioec. proposuit, quod ipse et Greda de Hirtzhorn vxor sua legitima in reme-dium sué omniumque suorum progenitorum animarum duas primarias in ecclesia parochiali ville Steynach instituere et easdem cum redditibus et ohuencionibus jure patronatus ecclesiarum parochialium villarum Neckerauwe, Steynach et Balgesfelt, quarum ecclesiarum jus patronatus ad eum pertinere dinoscitur, dotare velint, nobisque supplicauit, quatenus hujusmodi primariarum institutionibus et dotatio-nibus nostrum consensum adhibere jusque patronatus dicta-rum ecclesiarum parochialium ad hujusmodi primarias vnire et incorporare dignaremur, nos igitur predictas institutionem et dotacionem approbamus et confirmamus.

Dat. Wormacie a. d. M.CCC.LXIV, fer. iv. p. domin. quasimodogeniti.

(Die Siegel fehlen.) Orig.

Nr. 652.

1365 (10. Jan.). Ich Heinrich Waltman von Bruberg ein Edelkneht bekennen, daz ich verkauft han hern Gerhart Grauen zu Rynecke, Menen sinre Elichen hussrauwen vnd Ebirharb Schenken zu Erpach, Elsabeht sinre Elichen huss-frauwen, min Burglehin, daz ich han zu **Habolßheim** mit namen ein halb suder win geldes, daz ich han von den vorg. minen heren vnd mir alle jar vallenbe ist zu **Bidin-bach** vff den wingerten die gein **Altzpach** gehorent, vmb rrvi. phunt haller, vnd sol ich der vorg. Heinrich Waltman ir burgman bliben zu Habolßheim, die wile ich lebe.

Geb. n. Chr. geb. **m.ccc.lrv,** vff den nestin fritag nach dem zwelften tage.

(Das Siegel des Ausstellers hängt unbeschädigt an.)　Orig.

Nr. 653.

1365 (6. März). Ich Cunrad der Junge herre zu Bickenbach vnd Margerete myne eliche husfrawe tun kunt, als vns von hern Engelharte vom Hirßhorn seliger gebecht-niße mynem lieben Swehir vnd mynem lieben vater von veterlichem erbeteil zu gelte worden ist vier tusent gulden, das wir vns dar an sollen vnd wollen laßen benugen vnd an hern Engelhartes vom Hirßhorn mynem swager vnd my-nem bruder nach an keinen sinen erben keynerley recht, an-sprach noch forderunge haben sollen.

Geb. an dem nehst. dienstage nach dem mißen Sontage n. Chr. geb. **m.ccc.lrv.**

(Gesiegelt hat der Aussteller.)

Hirschh. Cop.-Buch.

Nr. 654.

1365 (16. Mai). Ich Swicker Kreyß vnd Hertwig bebe gebruder zu Winheim tun kunt, das wir verkoufft han

Heintzeln Strunen von Schumechtinwage vnd sinen erben
alle die rechte vnd eygenschafft, die wir gehabt hant von vn-
sere wegen, die Gebeharten von Schumechtwage vnd alle yre
kint vnd die Scheuben von Branbach vnd alle ire beider kin-
des kint, vmb eine summe geltis.

Dat. a. d. M.CCC.LXV, fer. vi. a. ascens. domini.

(Gesiegelt hat der vorg. Swicker, Edelknecht.)

Hirschh. Cop.-Buch.

Nr. 655.

1365 (2. Aug.). Ich Emmelrich von Karben ritter
tun kund, daz ich mit dem vesten edelnknechte Winther von
dem Wasen vmb alle ansprache gerichtet vnd gesunet bin,
also daz ich dem selbin solde geben ccc. phunt heller, dafur
ich yme zu burgen gesazit hette Gotfriden von Stogheym,
Hartmuden von Cronenberg den Jongen vnd Sybold Schel-
men rittern. Auch ist geredit, solich gelt, mit namen ccccl.
punt heller, als yme worden sin zu Katherinen selgen syme
elichin wybe vnd von dysen ccc. phunten heller also vil, daz
iz cccccc. punt werden, die he zu widemen rechte wider an
solde han gelacht, daz ich fur mich vnd alle myn Erben dar
vff verzigen han.

Geb. n. Chr. geb. m.ccc.lxv, an s. Stephanys tage dez
h. mertelerys.

(Das Siegel des Ausstellers fehlt.)		Orig.

Nr. 656.

1365 (11. Nov.). Ich Cunrad herre zu Winsperg tun
kunt, das ich vnd myne erben schuldig sin vnd gelden sollen
dem edeln hern Engelharte von dem Hirßhorn vnd sinen
erben cccc. gulden an golde, die er mir hat geluwen an ge-
reitem Gelden, die vorg. cccc. gulden geloben ich hern Engel-

harte egen. ober finen erben an verzog zu gelten vnb zu ge-
ben acht tage nechst nach dem h. cristage nu nest komet áne
geuerbe vnb zu dem Hirßhorn zu bezalen ober zu Bensheim,
ober zu Laubenburg ober zu Weibestat ober zu Horneck, in
funff Stat eyne, vnb ba vor zu guter merer sicherheib han
ich zu Burgen gesetzt bie edeln strengen vnb vesten manne
Schenken Cunrab herren zu Ertpach mynen Swager, Schen-
ken Cunraben von Ertpach den man nennet Schenke Rauch,
hern Vlrich Basey, hern Heinrich Wanbolt, hern Engelhart
von Ffrankenstein, Ritter Fritzen von Brensbach, Wernher
Duber vnb Diether Gans von Otzberg.

Dat. a. d. M.CCC.LXV, in die b. Martini episcopi.

(Gesiegelt hat der Aussteller und die gen. Bürgen.)

Hirschh. Cop.-Buch.

Nr. 657.

1365 (14. Dez.). In Gobes namen amen. Durch biz
vffen instrument si kunt, daz vor mir gesworn notarien vnb
gezugen in deme dorffe zu Hofeheim vor deme kirchoue an
der vffen straßen an ber stat, do man do zu dorffe phliget
gerechte zu halten, verhauft worden by einander bie Erber
lube Hennelin. Wißhan saut, Contze Schultheiße, Peter
Schulteiße, Heylo Herben, Contze Feder, Clas Schulteißen
son, Wernher Schulteiße gebruber, Gerhard der Heylen sun,
Hanneman Hannemans sun, Clas Ruprechten, Clas Vor-
werter, Hannelin Schartenberg, Contze von Northeim, Heylo
der Heylen son, gesworn huber vnb gerechtes lube des selben
dorfes, vnb quamen aldan vor sie Henrich Rither Bonne
Dechan des stiftes zu s. Pauwel zu Wormzen vnb Junc-
frauwe Gubel von Kollen, Contze Bonnen selgen widewe
eyn Burgern zu Wormze vnb stand albo, vnb bewiste sie der
Dechan off ben guten, die hernach gesreben stent vnb legete

ir die zu eime Rechten vnderphande vnd der saut, Schulteiße,
huber vnd gerechtes lude benanten derselben Juncfrauwen
Gudeln die gut, vnd sprachen, daz acht honbert phonbe heller
wol dar vffe beleget weren, wan sie die gut geschetzet heden,
daz sie beßer weren dan acht honbert phonbe heller, vnd sint
diz die gut — hinder wißer schuren — vff der Rinbrucke —
an dem ende des diches — in den lußen — an Rortheimer
wege — zu krebenacker — in der crucegewande — stoßet vff
den arnse — vnder den widen — vff deme moseberge —
zu weidenstein — in den hammen — vff dem see — an
deme stege — off die zune — zu herberge — an grase=
wege —. *)

Dat. a. d. M.CCC.LXV, die xiv. decembris. Presentibus
Bechtoldo de Rauensburg et Eberhardo de Wattenheim mi-
litibus, Nicolas dicto Crench ciue worm. et domino Jacobo
plebano ibidem necnon Johanne dicto .... clerico.

(Das Siegel des obgen. Dechans Heinrich hängt beschädigt an.)

Rot.-Jnstr. Rotar: Ensfridus Jacobi
de Leye worm.

---

*) 1393 (21. Dez.) genehmigen Richer Bonne der alte, Agnes seine
Hausfrau, Heinrich und Friedrich, Metze u. Agnes ihre Kinder, die
Verpfändung von 465 fl., welche ihr Sohn resp. Bruder Richer
Bonne, Dechan des St. Paulsstiftes zu Worms, gemacht. (Orig.
Die Siegel des gen. Dechans u. seiner Brüder Heinrich u. Friedrich
hängen unversehrt an.)

1366 (18. Juni) entlehnen Richer Bonne Dechant und Bechtolf
v. Ravensburg 500 Pfd. Heller von Junker Dirolf Rupel u. Junker
Contze Bonne, Bürger zu Worms, mit Verlegung auf dasselbe Gut.
Zeugen: Eberhardus de Wattenheim miles, Henzo dictus Sassen-
heimer, Gerlacus dictus de Colonia, Jeckelinus Rupel et Wirtze-
mannus ejus frater, cives worm. (Orig. Die Siegel der Aussteller,
Richer Bonne des Alten und Hentzen seines Sohnes hängen beschä-
digt an.)

Nr. 658.

1366 (17. Mai). Wir der prior vnd der Couent deʒ predigers closters zu Winpphen veriehen, das wir han geluhen Heintzen genant Flinſpach eim beſſer zu Winpphen, Annen ſiner eliſchen frawen vnd allen iren Erben vnſer huſ in der Burg zu Winpphen gelegen, daʒ etwan waʒ Elſen ſeligen von Flinſpach vnd erbet an iren ſun bruder, Heintzlin vnſers ordens in vnſern vorg. Couent vmb ein phunt vnd iv. ſchilling heller.

Geb. n. Chr. geb. **m.ccc.lrvi**, an dem nehſten ſuntag nach vnſ. heren vffartag.

(Das Siegel des Ausſtellers iſt abgefallen.) Orig.

Nr. 659.

1367 (23. April). Wir Ruprecht der eltere pfalntzgrafe by dem Rine ꝛc. vnd wir Gerlach des h. ſtules zu Mentze Erzebiſchof bekennen, wanne wir vns furmals durch Fride vnſ lande vnd lude in vnſern brieven eynander verbunden haben, ob bruche zuſchen rns, vnſern mannen, burgmannen oder vnbertanen hinſite Meynes an der Berſtraßen oder off dem Obenwalde oder do by geſcheen, daʒ wir deʒ gemeyne Ratlube gekorn hatten, dieſelben bruche zu entſcheiden, mit namen Conrad Ruben burggrauen zu Starkenberg oder wer zu ziten burggreue da ſelbes were, Heinrich von Erlkeim vitztum zu Heidelberg oder wer danne vitztum daſelbes were, vnd Conrad Graſlocken ſeligen von Cronenberg, geſcheen aber die bruche off biſſite Rines als Mentze vnd Caſtel gelegen ſin, die zu entſcheiden haben wir erkorn zu gemeynen Ratluben Vlrich von Cronenberg vitztum in dem Ringauwe oder wer danne vitztum were, Wernher Knebel burggraue zu Stalberg oder wer danne Burggreue daſelbes were und Heinrich Schetzeln ſeligen von Lorchen, als des alles kuntlichen begriffen ist in vnsern kuntbrieffen. Wan nu derselben vns gemeynen Ratlude eyn teil tot ist vnd die andern von ernstlichen sachen wegen nit do by mogen gesin soliche bruche zu entscheiden, dar vmb so widerruffen wir samentlichen sie vnd wollen, daz sie der scheidungen nit me macht haben sollen vnd an ire stat mit namen der gemeynen Ratlude hinsite Meynes an der Berstraß off dem Odenwalde geben wir Thie= terich von Hattenheim, Cleyn Heinrich von Erlekeim vnd dazu zu eynen gemeynen obern manne Franken von Cronen= berg Rittere, vnd an der gemeynen Ratlude stat als Mentz vnd Castel gelegen sint, geben wir Heinrich Suren von Katzenelinbogen Rittere, also daz die macht sollen haben zu richtene off ire truwe vnd off ire eyde alle zweyunge, bruche vnd offleuse nach lute vnß ersten kuntbrieffen, die wir vnder eyn gegeben haben, dar Inne vnße ersten Ratlude, die wir nu widerruffen han, geschriben stent.

Dat. a. d. M.CCC.LXVII, in villa Brensbach in die b. Georgii.

Pfälzer Cop.=Buch.

Nr. 660.

1367 (23. Juni). Ich Clein Heinrich von Erlikenn Ritter dun kunt, daz ich bestanden han vmme hern Johan Bischof zu Wormße vnd ingenomen zu beschirmende die vesten Laudenburg vnd den Stein mit dorfern vnd mit allem, daz dar zu gehort Ein Iar nach datum dieffes briefes vnd nit länger, mit namen alle die zehenden, bede, acker vnd wiesen, wagenferte, nutze vnd velle, wie die genant sint, die meyne herre der Bischof vorg. hat zu Laudenburg, zum Steyne in dorfen vnd in marken, die dar zu gewonlich ho= rent vnd globen ich der vorg. Clein Heinrich dem egen. myn herren von des obgen. bestentniffes wegen daz Jar zu geben cccc. gulden, &c. vor die gülte, die zu Laudenburg vnd zu

Neckerhusen geuelt vnd die andern ꝛc. vor die gutte, nuꝛe vnd
geuelle, die zum Steyne vallent. Auch globen ich, daꝛ ich
die obgen. veſten bewaren ſal mit ſolchen dienern, daꝛ ſie wol
behut vnd bewart ſin ꝛc. Vnd han zu burgen geſeꝛit den
ſtrengen Ritter Heinrich von Erlikeim viꝛbum zu Heidelberg
mynen bruder.

Geb. zu Wormꝛ n. Chr. geb. a. M.CCC.LXVII, in vig.
b. Johannis bapt.

(Die Siegel der Ausſteller und der Bürgen ſind abgefallen.)

Orig.

Nr. 661.

1368 (25. Jan.). Wir der official geiſtliches gerithꝛ
zu Winphen in dem tal bekennen, daꝛ fur vnf kam Luzilin
ob dem klingelbrunnen vnd Meꝛ ſin eliche wirtin, di ver-
kauft han her Wolfram einem phrundener zu Wimphen in
dem tal ii. phunt fries heller geltes ierlicher gult, die ich im
verſturen ſol vf einen morgen wieſen gelegen vnder dem
herttriches berg, der da ſtoeſet an Luꝛ Schichen wieſen vnd
vf ii. morgen aeckers vf dem wolf berge an Hanſen Buſſeler
vnd vf ii. morgen aeckers vor dem Dornhart gelegen an
Ludwig Epen vmb xxx. phunt heller.

Geb. n. Chr. geb. m.ccc.lxviii, an ſ. Paulsdag, als er
bekeret ward.

(Das Siegel des Ausſtellers hängt beſchädigt an.) Orig.

Nr. 662.

1368. Wir Dyether Greue zu Kaꝛenelenbogen beken-
nen, daꝛ wir verkauft han vf vnſerm dorffe vnd gude zu
Grießheim vnd Gerauwe vnd allin vnſern luden vnd irn
guden in dem ſelben dorffe Claren Dyel Corneys dochter,

burgers zu Meintz vnd irn erben c. malder korngeldes ierlicher gulde vmb dusent phunt heller.

Geb. n. Chr. geb. m.ccc.lrviii, des nehsten samstag . . . s. . . . d. h. mertelers. *)

Orig.

Nr. 663.

1369 (24. Febr.). Wir Ebirhard herre zu Eppinstein tun kunt, daz wir mit willen der Edeln Agnesen von Nassauwe, frauwen zu Eppinstein vnß elichen frauwen verkauft hain dem Dechen vnd dem Capitel vnd dem Stifte zu s. Peber vswendig der muren zu Mentze vnd yren nachkomen daz brytteil der saytyen zu Byrgel obwenbig Frankford gelegen mit allem dem Nutze vnd waz dar zu gehoret, daz wir gehabt hain zu rechtin lehen von den vorg. herren. Auch bekennen wir, daz wir den selben herren mit dem vorgeschr. bryttevl der saytye verkauft haint alle vnß vnd vnß berschafft eygen Lude, dy wir iezut zu Byrgele sitzende hain. Vnd han wir yn daz verkauft vmb ccccccr. gulden.**)

Geb. n. Chr. geb. m.ccc.lrir, off s. Mathias abint des aposteln.

(Die Siegel des Erzb. Gerlach von Mainz, sowie des Ausstellers hängen unversehrt an.)

Orig.

Nr. 664.

1370 (23. April). Wir Wentzlaw von gots gnaden Kunig zu Beheim zc. tun kunt, daz wir vns, vnser erben vnd nachkumen kunige zu Beheim mit dem burgermeister,

---

*) Die Urkunde ist ganz zerfressen.

**) An demselben Tage verspricht der Verkäufer dem Stifte alle Ansprache und Hindernisse wegen dieses Verkaufs zu beseitigen. (Orig. mit unversehrtem Siegel des Ausstellers.)

dem rate vnd den burgern gemeinlichen der stat zu Wimpfen, iren erben vnd nachkumen verbunden haben also bescheiden= lichen, daz wir in gelobt haben wer daz sache, daz der Karl Romischer keiser vnser gnediger herre vnd vater sturbe, daz danne wir, vnser erben vnd nachkumen yn by gestenbig vnd beholfen sein wollen wider allermeniglich, die sie in iren erben, besitzungen, rechten, freiheiten ꝛc. hinderten, scheidigten oder mit gewalt bekrenken in dheineweis vnd dieselben hulfe sullen wir tun noch dem als sein not wirdet mit vnßm vermugen vnt an einen kunftigen eynmutigen Romischen kunig, der von allen kurfursten oder von dem merer teil erwelt wirdet vnd wenn daz geschicht, so sullen alle die egen. buntnuzz, gelubde vnd hulfe absein.

Geb. zu Nurenberg n. Chr. geb. m.ccc.lꝛꝛ, an s. Georgii tage des h. mert.

(Das Siegel hängt wenig beschädigt an.)   Orig.

Nr. 665.

1370 (29. Sept.). Wir Roprecht der Eltere von gots gnaden Phaltzgraue by Rine ꝛc. bekennen, vmb soliche zwei= hunge als zwuschen Johan grauen zu Wertheim, allen sinen helfern vnd bienern an eyme teile vnd Wynthern von den Wasen allen sinen helfern vnd frunden an dem andern ge= west sint, der sie beyderfite sie zu entscheiden gutlichen mit der mynne an vns gegangen sin, daz entscheiden wir sie in aller maße als bernach geschriben stet. Zum Ersten sollent sie beiderfite vmb die sachen eweclichen gute frunde sin, Item Ez sollent ouch alle gefongen off beide siten ledig vnd los sin, doch soll Heintze Ryle, den der obgen. graue Johan von Wert= heim gefangen hatte, wieder denselben nymmer getun, Item auch entscheiden wir, daz Winthers armen Manne gen. Hans Schufter der obgen. greue Johan sin gut, alz yme daz der obermanne Rudolff Gehlingen hat zugesprochen, ledig vnd los sol wieder schaffen vnd vmb den hengift, den Winther furg. verlorn hat, vnd vmb den schaden, den er uch behabt hat, darzu vmb allen schaden, namen vnd angriffe, die sie beyde site eynander getan habint, sol eyn ganze sune sin ewiclichen.

Geb. zu Heidelberg an s. Michahelis abind, n. Chr. geb. m.ccc.lrr.

(Das Siegel des Ausstellers ist in rothem Wachse aufgedruckt.)

Orig. ·

Nr. 666.

1871 (2. Jan.). Ich Ludewig von Bergheim der Eilter, Eberharß seligen sun von Bergheim, genant von Limperg, tun kunt, das her Johans Loeselin, Ulrich Loeselins sun, vnd alle sine lehens erben das vierdenteil des halben dorfes zu Lampertheim, das ich inne vormals verluhen habe, sullent eweklichen nußen, nießen vnde besißen mit allen rechten vnd zugehoerden, so ich an dem dorfe zu Lampertheim vnße har genußet vnd genoßen habe, vnd han ich Jungherre Ludewig vorg. min ingesigel gehencket an disen brief vnd gebetten Eberlin Reppelin, der ovch min man ist, das er sin Ingesigel zu dem mime hencke.

Geb. an dem nehsten Dunerstage noch deme ahtesten tage zu wihennahten n. Chr. geb. m.ccc.lrri.

(Die Siegel fehlen.)

Orig.

Nr. 667.

1871 (12. Märß). Ich Meße Wambolden, etswanne elliche wirtin Hennychen Wamboldes Edilknechts dem god gnedig sy, bekenne, daz ich mit willen Hermans vnd Heinrichs miner sone vnd Alheid miner dohter verkouft han min deil der gude vnd des lantsydeln gerehts ·gelegen in den dorfen zu Hergershußen, zu Sydenhofen vnd zu Langenbrucken vnd anber termenye der selben dorfe dem strengen Ritter Johan von dem Wasem, frowen Konzeln siner elichen wirtin vnd ire irben.

Dat. a. d. M.CCC.LXXI, in die b. Gregorii pape.

(Die Siegel des vorg. Hermann und Helnrich und des Ritters Rudolf von Wambold, der vorg. Meße Schwager, sind abgeriffen.

Orig.

Nr. 668.

1871 (31. Mai). Wir Ebirhart herre zu Eppinstein, frauwe Agnes vnß eliche hussrauwe thun kunt, daß wir verfatzit han vnßm lieben nefen Vlrichen herren zcu Hanauw vnd sinen erben vnß sloz Steinheim genant, Burg vnd Stat zcumale vnd mit allem gerichte, gulden vnd gefallen, die dar zu gehoren, mit namen Wolmoßheim, vnd Horsten, vnd daz gerichte vor dem berge vnd waz dar zcu gehorit, Kalbe daz dorff vnd die foigdie zu Croßinburg die Selgenstat, Auwheim bie Hanawe, Auheim bie Steinheim, vnd Hainstat, niederm Steimheim, Didensheim, Molenheim, Mavesheym, Biberaw, Lymmirsbohel Husen, Obirachteshußen, Wißenkirchen, Henhusin, Rintbrucken, Guginsheim, nidern Rodauw vnd obern Rodauw, dorfe vnd gerichte, alz wir sie her han bracht, mit welde, felde, fischereien, wiesen ꝛc. vm achte Tusent gulden vnd cccc. phunt heller. Auch ist gered, daz alle vnß burgmanne, die zu dem egen. sloße Steinheim gehorint, Vlrichen, vnßm nefen, sullen hulden vnd sweren, me ist gered, daz der selbe vnd sine erben wan sie wollen Steinheim daz sloz versetzen vnd verpenden mogen halp oder zu male, wen sie wollen ane furstin vur die vorg. sume gelt. Auch ist gered, daz vnß. egen. Nefe Vlrich, sine erben oder wen sie daz vorg. sloz Steinheim virsetzin, daz dorff nidern Rodaw losen mogen vor cccc. gulden, vnd daz selbe gelt ſal man vff bie forbern ſumme, bie Steinheim vnd ſinen zcu gehorden vor ſtent, ſlahin vnd ir keins an deʒ andern zu loſen. Auch han wir Ebirhart in diſſen vorg. verpanten guden vʒ behalden vnßin ʒol ʒu Steinheim vß wingarten da ſelbis, vnßin wintʒehinden vnd wingarten zcu Horſte, vnd vnß ſchefferie ʒu Kalde vnd zcu Horſte, auch alʒ her Friderich Dugel c. gulden gelts beſcheiden ſint vff Auwheim bie Hanaw vnd hern Sybolden Lewe lrr. gulden vff Hehinſtat vnd Auwheim bie Steynheim, vnd Gerharden von Hofftirsheim l. golden vff Molenheim, Meylsheim vnd Didensheim vnd Brendel von Sterʒilheim ri. gulden gelt vff den luden zu Nibern Steinheim, bie bie herſchafft von Eppinſtein ane horint ba ſelbis, ſullent bie vorg. bie obgeſchr. gulde nemen vnd en ſol baʒ vnß vorg. Neſe nyt zcu ſchaffen han. Auch ſullen bie vorg. Burgman vnd Burgere ʒu Steinheym, wan ſie vnßm vorg. Neſen Blrichin gehulden, bie ſolcher friheit bliben ſitʒende als ſie bisher bie vns hant geſeʒſen.

Geb. n. Chr. geb. m.ccc.lxxi, an bem ſamſtag n. ſ. Brbaniſtaᵍe.

(Geſiegelt haben bie Ausſteller, ſowie Frank von Cronberg unb Johann Brendel von Hohinburg Ritter.)

Notariatsinſtrument vom 23. Deʒ. 1377. Rotar: Herman gen. Manegold von Caſſel, ein Pfaffe aus bem Mainzer Bisthum.

Nr. 669.

1371 (29. Sept.). Wir Blrich herre zcu Hanauwe vnd frauwe Elſe vnß Elieche huſfrauwe bekennen, baʒ wir virſatʒet han vnßme lieben ſwager Wilhelme grafen zu Katʒenelnbogen vnd frauwen Elſen vnß ſweſter ſiner eltechen huſfrauwen baʒ ſloß Steinheim, burg vnd ſtabt halbes vnd

dorffer vnb gereichte mit allen nutßen vnb fellen in aller der
maße, als wir baʒ felbe virpenbet han von vnßm lieben ne-
fen Ebirharte herren ʒcu Eppinſtein frauwen Agnefen ſiner
Eliechen huſfrauwen als die haubtbriebe befagent, die wir
bar ubir han, vnb han die gelaht gen Franckenforbt hinder
die butßen herren. Auch iſt gerebeht, baʒ baʒ obgen. Sloß
Steinheim vnß keiner von deme andern lofen enfal vnb wanne
Ebirhart herre ʒv Eppinſtein, frauwe Agnes ſine Elieche huſ-
fraum ober ire Erbin baʒ wyber lofen wullen, ſo ſullen ſie
yʒ von vns beden lofen vnb von vnß keime befunder. Des
ʒcu verkunbe, ſo han wir vnße Ingeſigele bun hencken an
byfen brief vnb han gebeben Ern Gobefrieben von Sthok-
heim, Ern Friebrichen von Ruckingen Rythtere vnße lieben
getruwen, baʒ ſy auch ire Ingeſigele ʒcu den vnßn hant ge-
hangen. *)

Geb. n. Chr. geb. **m.ccc.lxxi**, vf ſ. Michahels bag des
h. Erßeengels.

(Die Siegel hängen fehr wohl erhalten an.)   Orig.

Nr. 670.

1871 (6. Deʒ.) Ich Hanman von Erlekeym ritter be-
kennen mich, baʒ graue Diether zu Katzenelnbogen herleubt
hat von ſin gnaben min burglehen zu vorfetzen, baʒ ich han
ʒcu Vrberg, mit namen vii. phunt heller geltes, die felben
vii. phunt geloben ich wieber zu lofen hie tufchen vnb dem
phingſtbage der nehſte kümet.

Geb. n. Chr. geb. **m.ccc.lxxi**, an ſ. Niklas bag des h.
biſchoues.

(Das Siegel des Ausſtellers hängt unverfehrt an.)   Orig.

---

*) An demfelben Tage willigen Eberhard v. Eppſtein u. feine Gem.
Agnes in vorg. Verfaß. (Orig. Die Siegel hängen unverfehrt an.)

Nr. 671.

1372 (5. Juni). Wir Herman here zu Hoenfelſch vnd ich Johan ſin ſon dun kunt, alſoliche manlehen als Henne Salman zu Roſendal vnd ſine erben burgere zu Mentzen von vns zu manlehen hant zu Biſchoffesheim of deme meune, in deme dorffe vnd of den guden in der margke ge= legen da ſelbes, bit namen v. malder weiß gulde vnd eine halbe vierenzal vnd v. ſchillinge heller vnd anbirhalp heller, dye ſie alle jerlich da zu gulde hant, die geben wir zu rech= ten eygen dem vorg. Hennen Salmanne vnd ſinen erben.

Geb. n. Chr. geb. **m.ccc.lrrii**, of ſ. Bonifacien dage des h. Biſchoffes.

(Die Siegel der Ausſteller hängen wohl erhalten an.) Orig.

Nr. 672.

1372 (8. Julï). Wir Diether graue zu Katzenelnbogen irkennen vns, daz wir virkaufft han den Burgermeiſtern, ſchef= fen, Rade vnd der Stat zu Frankenfurt c. gulden geltis jer= licher gulde, darfur wir yn zu vnderphanbe geſaſt han vnß dorff, gerichte, lude vnd ir gut vnd waz wir han zu Ar= heilgen mit virhengniß vnßers herrn von Wirtzburg, von dem iz zu lehen rurit, vmb tuſent gulden. *)

Dat. a. d. M.CCC.LXXII, ipso die Kiliani.

(Geſiegelt hat der Ausſteller.)

Gleichz. Papierhandſchrift.

Nr. 673.

1372 (26. Aug.). Wir Johans von gots gnaden des h. ſtuls zu Mentze Ertzbiſchof ꝛc. bekennen, daz wir den

---

*) Derſelbe Graf Diether verſpricht an dem gen. Tage zu vorſtehendem Verſatzbrief die Genehmigung des Biſchof von Whrtzburg innerhalb des nächſten Vierteljahrs beibrihgen zu wollen (wie oben), ů. ſchlleßt außerdem ein Bündniß mit der Stadt Frankfurt (wie oben).

Burgermeiftern, den Scheffen vnd ben burgern gemeinliche
vnfer Stab zu Selginstab vnfern lieben getruwen beftetigt
haben alle foliche gnade vnd friheit, die vnfe vorfarn Ertz=
bifchofe zu Mentze vnd vnfer Capittel geluhen hat.

    Geb. zu Erenfels am donreftage nach f. Bartholomeus
tage n. Ehr. geb. m.ccc.lrrii.

       (Das Siegel des Ausftellers hängt fehr befchädigt an.)   Orig.

Nr. 674.

1873 (13. März). Wir Karl von gotes gnaden Romi=
fcher keifer tun kunt, daz wir dem Burgermeifter, Rate vnd
Burgern gemeinlich der Stat zu Wympfen die befunder
gnad vnd freiheite getan ewiclich, das nymands fie befunder
laden fulle fur dhein lantgerichte oder anber gerichte, noch
vff dhein ir gut erclagen muge, dann vor irer Stat Schult=
heiffen, der in zeiten wirdet, vnd wer doruber ir dheinen an=
griffe mit pfandung oder fuft mit dheinen andern gerichte
dowider tete, der fol rr. mark lotiges goldes zu pene verual=
len fein, es were denn, das es die Stat gemeinlich angienge,
fo fol man fie doch fur kein anber gerichte laden, benn fur
vnfer keiferliche hofgerichte, vnd das fie ouch ein vngelt in
irer Stat vff fetzen mugen von newes vnd das von diefem
hutigen tag, als birr briefe geben ift, haben vnd nyffen ful=
len zehen ganze Jar. Ouch haben wir yn erlaubt vnd ge=
gunnet einen zol zu fetzen in irer Stat noch irer notdurffte
zehen ganz Jar vnd doch alfo, were, das fie denfelben zol
als gar vnreblichen machten vnd vns das furkome, fo mugen
wir denfelben zol wol wiberruffen, vnd waz in der Stat
marke ligt vnd von alter mit derfelben geftewret hat, das es
mit der egen. Stat heben vnd legen fulle, vnd were ouch,
daz ir Burgen dheiner were, der fich von yn ziehen oder
vnreblichen fturen wolte oder fich in andern fachen in wiber=
wertikeit fetzte, mit welchen fachen das were von des geltes

wegen, daz sie itzunt geben sullen, er wer Reich oder arme,
daz sich der Rate oder der mererteil erkante, daz sie dieselben
wohl bessern mugen an leib vnd gut, also sie denn dunket,
daz er verschult hab, were ouch, daz sie iemand, es were
von Herren oder Steten vmb hilff mante vnd der briff von
vns erlangt hette, daz sie dem nicht gebunden sullen sein
zu helffen, es were denn, das es vnß eigene oder des Reichs
sachen weren, zu dem allen haben wir yn die gnad getan,
das sie bei allen iren rechten, brifen, redlichen vnd guten
gewonheiten beleiben sullen, die sie von vnßn gnaden von
alters her gehabt haben, wie das sey, das wir das etwas
von der Stoz wegen, die wir mit yn gehabt haben, wider-
ruffet hetten.

Geb. zu Budyssin n. Chr. geb. m.ccc.lxxiii, an dem Sun-
tag Reminiscere.

(Das Siegel hängt unbeschädigt an.)   Orig.

Nr. 675.

1373 (12. August). Wir Johan greue zu Wertheim
vnd Margareth vnser eliche hussfrauw Bekennen, vmb soliche
zweyunge, als zuschen hern Ruprecht dem Eltern pfaltzgrauen
by Ryn vnd vns gewesen sint, daz vns von derselben zwey-
unge wegin vnß beder frunde gutlichen mit einander ent-
scheiden vnd gesunet han, Also daz vnser deil an der vesten
Haboltsheim vnd an dem dorff zu Zymern und waz
darzu gehoret, des obg. Hertzog Ruprechts vnd sinen erben
ewiclichen sin vnd verliben sollent. Wir han auch gegeben
vnßn lieben Oheim Fridrich Burggreue zu Nurenberg vnd
vnßn lieben swager Godefrid greue zu Ryneck, daz sie ir
Ingesigel by die vnßen an diesen brif gehangen.

Geb. zu Mergentheim off den nesten fritag nach s. Lau-
rencii dag n. Chr. geb. m.ccc.lxxiii.

(Das Siegel hängt wohl erhalten an.)   Orig.

Nr. 676.

1374 (25. Sept.). Wir Conrat von gotis gnaden apt zu Fulde vnd wir Martin bechand vnd der Couent gemeynlich deſſelbin ſtifftes Bekennen, daʒ wir verkoufft han zu rechtem widderkauffe dem Ediln Vlrich herren zu Hanauwe vnd ſinen Erbin der da herre zu Hanauwe iſt, vnd weres daʒ er nicht libes lehenʒerben hette, ſo andirs ſinen nehſten Erbin Otſberg vnſir burg, Heringes die ſtat darvndir vnd Omſtat die ſtat vnſern teil mit allir herſcheffte, luten, dorfſern, gerichten ꝛc. ꝛc. fur drÿ vnd zwenʒig Tuſent gulden, achthundirt gulden vnd ſunffe vnd ſiebinʒig gulden, der ſie doch vierhundirt gulden an der vorg. burg Otſberg kuntlich verbuwen ſollen, one vnſere kirchſatze, die darʒu horen, die niemen wir vʒ. Die vorg. keuffere ſollen ouch den probſt vnd daʒ Cloſtir zu Hoeſte vnd waʒ darʒu gehort, ſchirmen vnd ſchuren, glichirwyʒ als ander gut, die gen Otſberg gehoren. Eʒ iſt ouch beteidinget, daʒ wir die vorg. Sloſſe vnd waʒ darʒu gehoret nicht ſollen widderkeuffen noch loſen in dieſen nehſten nun Jaren. Ginge ouch die vorg. kouffere nach den nehſten Nun Jaren ſolich not an, daʒ ſie die vorg. Veſten vnd waʒ darʒu gehort vorſeʒen ober vorkeuffen muſten ober wulden, daʒ ſolden ſie vns vorhyn eyn ganz Jar laßin wißen, mochten wir bann darʒu nicht komen, ſo mochten ſie die vorkeuffen ober verſeʒen jn allir der maße, als ſie die vor vns haben, wem ſie wollen, doch mit ſolchem gebinge, daʒ ſie vns mit keynem furſten vbirſeʒen vnd ouch die Sloß vnd gut keynem furſten zu kouffe obir zu verſeʒen geben, dan irn genoißen obir die vndir yn weren. *)

Geb. n. Chr. geb. m.ccc.lrriv, an mantage vor ſ. Michels tage.

(Geſiegelt haben die Ausſteller.) Orig.

Vidimus von 1399.

---

*) Der Revers des Grafen Ulrich von Hanau iſt von demſelben Tage. Beſiegelt haben denſelben mit dem Ausſteller: „Philips herre zu

Nr. 677.

1374 (29. Sept.). Ich Sefrit vnd Heinrich gen. von Goshem gebruder tun kunt, daz wir geluhen haben daz fach vnd die legschiffe, daz zu der muln gehoret gelegen zwschen ben steten*), Bertholtden Fergen vnd allen sinen nach kumen zü einem rechten erbe vmb iv. pfunt heller gelts ierlich gult.

Geb. n. Thr. geb. m.ccc.lxxiv, an f. Michels tag des h. furstengels.

(Die Siegel der Aussteller hängen unbeschädigt an.)   Orig.

Nr. 678.

1375 (24. Febr.). Ich Johan von dem Wasen Ritter vnd Kontzel min eliche wirten tun kont, daz wir schuldig sin der Aptyssen vnd dem Conuente gemeynlich zu Padenshufen

---

Balkinstein vnd zu Mintzenberg vnser lieber Nese, Johan von Belbersheim Cometor zu Rudenckenn, Ebirhard Weyse Burggrefe zu Friedeberg, Emmelrich von Carben, Gotfrid von Stogheim, Heinrich von Husenstam der Eldeste, Friederich von Rudinckelm vnd Helfrich von Dorfelden Rittere." (Orig. Die Siegel hängen unversehrt an.)

1389 (4. Dez.) verpflichtet sich Abt Friedrich zu Fulda gegen Graf Ulrich zu Hanau vor die ihm auf's Neue dargeliehenen 2000 fl. Otzberg, Hering und den fuldaischen Antheil an Umstadt noch auf 6 Jahre länger zum Wiederkauf also zu lassen, daß sofort das Stift bei der Einlösung sowohl die ersten 23,875 fl., als auch diese 2000 fl. refundiren solle. (Vid. von 1399.)

1399 (31. Dez.) verpflichtet sich Graf Ulrich zu Hanau gegen Pfalzgraf Ruprecht, diesem das jus reluitionis an Umstadt und das jus aperturae zu Otsberg zu gestatten, wofür dieser 1000 fl. an Hanau mit der Bedingung zahlen mußte, daß solche an dem Wiederkaufsschilling mit der Zeit abgezogen werden sollten. (Orig. Die Siegel sind wohl erhalten.)

*) Nämlich Wimpfen am Berg und im Thal.

c. phunt heller vnd sollen in dd von alle Jar geben ir. ahtel kornis geyn Padenshusen vff ir hus, vnd sollen die egen. korngulde reichen alle jar von vnserme teyle des zehenden zu Dyßenbach, mit willen Vlrichen hern zu Hanauwe, wann der vorg. zehende von dem egen. vnsme heren zu lehn get. *)

Dat. a. d. M.CCC.LXXV, in die b. Mathie apost.

(Die Siegel find abgeschnitten.) Drig.

Nr. 679.

1375 (12. Sept.). Ich Grede Brendelsin bekennen uor mich, minen son Cunen vnd uor alle myn Erbin, daz ich verkauft hain dru vierteil ackers und waz ich rechtis darzu gelegin uor den garten neben Huerburb Byfil vm iii. phunt

---

*) 1387 (18. Juni) verseßen Winther von dem Wasen Edelknecht und feine Gattin Grede mit Willen Ulrich V. von Hanau und mit Wissen ihrer Ganerben Johannes von Wasen Ritters und Conrads von Wasen Edelknechts, seines (Winthers) Bruders, dem Kloster Padenhausen ihren Antheil an dem großen Zehnten zu Dießenbach um 400 fl., wovon sie dem Kloster für ihre Töchter Alheide, Grede und Barbe 300 fl. schuldig sind. (Drig. Die Siegel fehlen.)

1388 (18. März) verpfändet Winther von dem Wasen Schultheiß zu Frankfurt an das Kloster Padenhausen wegen seiner Tochter in demselben, den Zehnten zu Dießenbach, das Witthum seiner Gattin Grede und giebt dafür zum Unterpfand xiv. malder Korngeldes jerlicher Gülte „die gelegin fint ezu Monster, die mir stent von Greffen Emichen von Lyningen, exx. gulden, vnd darzu ii. phund iii. schillinge geldis ezu Hergirshusen vnd die kese, die von den Lantsiedeln gefallin, vnd z. malder korngeldis ezu Sydinhoffen, die mir stent l. gulden von frawen Albeyden Grayslocke myner swegir vnd iv. morgen wingarten ezu Mospach vnd die molen ezu Sydinhoffen mit aller irer geselle vnd ezu gehorunge vnd myne schefereye ezu Harbirshusen mit allem irem nuße vnd eyn mans mayd wiesen allir nest by Harbirshusen gelen an dem Arnoldis wynkil." (Drig. Gesiegelt haben die Aussteller und Henne Volrad von Selginstab. Die Siegel fehlen.)

vnd viii. ſchilling hellere, hern Heinrich Schillinge Gaſt-
meiſtere des ſtiftis zu Selginſtab. — Z e u g e n : Diderich
Burkards, Henne Keiſer ſchultheiße, Friderich Brizze ſeligen
ſon, Wernher Terſinen, Henrich Gunter v. a. m.

Geb. n. Chr. geb. m.ccc.lxxv, uf dem mitwochin uor des
h. Cruzis tag, als · iz zu hymel fur.

(Geſiegelt hat Rudolf Korb Edelknecht. Das Siegel fehlt.) Orig.

Nr. 680.

1876 (29. Juli). Wir Wentzlaw von gotes gnaden
Romiſcher kunig tun kunt, das wir den Burgermeiſter, Rate
vnd Burgern gemeinlichen der Stat zu W y m p f e n beſtetiget,
beueſtent vnd vornewet haben alle yre rechte, friheite, guten
gewonheite, hantfeſten vnd brieue, die ſie von hern Karl
Romiſchen keiſer, vnſerm lieben vater, vnd von andern ſey-
nen vnd vnſre vorfarn an dem Reiche Romiſchen keiſern vnd
kunigen herbracht vnd erworben hant.

Geb. zu Nuremberg n. Chr. geb. m.ccc.lxxvi, des nehſten
dinſtagis nach ſ. Jacobs tage.

(Das Siegel hängt gut erhalten an.) Orig.

Nr. 681.

1876 (30. Aug.). Wir Grafe Emeche grafe zu Lynyn-
gen Bekennen, vmb ſoliche crr. gulden, als wir gegeben
vnd bezalit ſulbin han deme veſtin knechte Wynther von
den Waſen vnd ſinen Erben off ſ. Michels tag nu nehſte
komet, vmb den getruwin dinſt, den her vns getan hat, des
han wir yme da fur In geſatzit zu wyddirloſunge riv. mal-
ter korngeldis off allen den guden, nutzen vnd renten, die
wir han zu M o n ſ t e r yn deme dorffe, gein Babinhuſen
abir zu deme Hayne zu antwurten.

Dat. a. d. M.CCC.LXXVI, sabb. fer. p. fest. decoll. b.
Johannis bapt.

(Das Siegel des Ausſtellers iſt abgeſchnittten.) Orig.

Nr. 682.

1376 (16. Okt.). Ich Diether Graue zu Katzenelnbogen Bekhennen, daß mich her Hertzoge Ruprecht der Elter, Pfaltz graue by Rhein zu Burgmanne zu Lindenfelß gewonnen hatt vmb cccc. gulden, vnd darvmb han ich dem obg. herren meinen hoff·zu Griesheim In meynem dorffe gelegen genant Hünenhoff mit syner zugehörunge, der ytzunt mein eigen ist, zu burglehen vffgegebenn.

Dat. Haidelberg fer. v. ipsa die Galli conf.

(Gesiegelt hat der Aussteller.)   Alte Abschrift.

Nr. 683.

1377 (1. März). Wir Karl von gotes gnaden Romischer keiser ꝛc. bekennen, daz wir durch getrewir dienste willen, die vns vnd dem Riche getan hat Syffrid Steynheimer vnsir Houeschreiber vnd lieber getrewir vnd auch zu widerstatunge sulicher zerungen, die er in vnßn vnd des Reichs diensten getan hat, demselben Syffride vnd seinen rechten erben ccc. guter kleyner guldeyn vff vnßm vnd des Reichs schultheissen ampte zu Wympfen geben, geslagen vnd vorschriben haben in pfandesweyse, als lange vnz daz wir oder vnße Nachkomen an dem Reiche yn dieselbin ccc. guldeyn gentzlichen vnd gar bezalhet haben. *)

Geb. zu Prage n. Chr. geb. m.ccc.lxxvii, an dem Suntage als man singet Oculi in der vasten.

(Das Siegel hängt wohl erhalten an.)   Orig.

---

*) Gleicher Versatzbrief K. Wenzeslaus dd. Nürnberg, 2. Sept. 1378. (Orig. Das Siegel hängt wohl erhalten an.)

Derselbe bestätigt i. J. 1383 zu Prag (20. April) den Verkauf der genannten Vogtey an die Stadt Wimpfen durch den gen. Seifried Steinheimer um 600 fl. (Orig. Das Siegel hängt unversehrt

Nr. 684.

1877 (25. Okt.). In gobes namen amen. Allermenlich
fal wizzen, daz des iars do man zalte n. Chr. geb. m.ccc.lxxvii,
vf den ·xxv. tag des mandes Octobers nachmittage als der
svenger zwo stunde hatte geslagen zu Babinhusin vf der vz-
zern brucken vor der burg da quam der strenge Ritter her
Friderich von Rudenkeym schultheyze zu Babinhusin an min
vffin gesworns scribers von des keysers gewalt geynwortikeyt
vnd sante nach der stede scheffin zu Babinhusin vnd nach
den Lantscheffin vnd· nach dem buche des gerichtes zu Babin-
husin. In dem buche stant gescribin daz recht zuschen der
herschaft von Hannauwe vnd den Graslocken, als daz rechi
in dem buche gescribin stet, als las mans den stat scheffin
vnd den Lantscheffen vor ane biz niden vz vnd stet ez also
gescriben. Rota. Dy scheffin gemeynlich zu Babinhusen han
vf irn eyd gewifit zu dem rechten, als daz· von alder vf sii
komen ist von irn vorsarn, daz Hyldenhusin, Harbirs-
husin, Altorf vnd Langenbrucken dy vier· dorfe in aller
der mazze blibin vnd sten sullen als dy stad zu Babinhusin,
vnd wer der ist, her sy bekand aber fremde, der buzsellig
wurde zu den vorg. vier dorfen, zu den mochte min herre
von· Hannauwe sin amptlude adir ir vndertane glicherwys
griffen vnd den halden als wers geschehen in der stad zu
Babinhusin ane als verre vber hals, vber haupt, vber wun-
den, vbir watschar vnd vbir heylalle geschrey, als dy Gras-
logke daz by der herschaft von Hannau von alter her bracht
han. Auch hand dy selbin scheffin gewiset, were iemanne
ichzbrust zu dem andern wer dy werin in den vorg. vier
dorfen, da ·mochte ein yeclicher den andern komern, halden

·· an.), nachdem er am 15. März d. J. 1383 zu Nürnberg dem letz-
teren gestattet hatte, solche allenthalben verkaufen zu dürfen. (Orig.
Das Siegel ist etwas beschädigt.)

vnd ane griffin mit eime bubel von Babinhufin vf daz ge-
richte zu Babinhufin, als weris geschehen in der stad zu
Babinhufin. Auch hand dy selbin scheffin gewisit, daz
dy Graflogke kein ander geleybe in dem vorg. Lantgerichte
zu gebin habin in dem langerichte zu Altorf, dan vber soliche
buzze, als in erschinet in dem vorg. Lantgerichte zu Altorf
vnd waz da vor stet gescribin, daz sprechen dy andern Echte
scheffin vf den eyd, daz daz war sy. Do daz buch des ge-
richtes zu Babinhufin also gelesin wart dri werbe nach einan-
der, do sprach der strenge richter her Friderich von Ruden-
keim: Ir dy scheffin beyde von der stad vnd von dem Lande
get vß vnd beradet uch, waz rechtes dy herschaft von Han-
nau von alder byz here bracht han in den vorg. vier dorfen,
nach dem als ir daz buch hat horen lesen, waz ir dar vmme
des rechtin wizzet, daz brenget her in. Dy stat scheffin gin-
gen vß an ir gespreche by sunder, dy Lantscheffin gingen an
ir gespreche, dy scheffin quam alle mit einander her in, der
vorg. her Friderich der hiz sy komen vß der manunge. Dy
zwelf scheffin dy sprachen alle mit einander vnd ir ieclicher
by sunder: herre her schultheize, waz sulle wir anders sprechen,
wir sprechen alle vnd vnser ieclicher vf den eid zu eim rech-
ten, wy daz recht gescriben stet in dem buch, daz ist war
vnd ist von vnsern voruarn vf vns komen. Dar nach mante
her Friderich vorg. die Lantscheffin, dy nun scheffen der spra-
chen Echte vf den eid, als daz buch besayd, do sprach Hert-
win Giseler: her schultheize, do daz geteylt wart, als daz
buch besaget, da was ich nit an dem gerich, want ich was
geferteget nach eim vrteil, her vmme besorget mich, daz ich
an miner bescheydenheit ichtiz werde gelazet, dannoch als daz
buch besaget vnd dy zwelf scheffin zu dem rechte gewiset han
vnd dy Echte min gesellen gewisit han, daz ist war, daz
sprechin ich vf min eid. Dar nach sprach Herburd von Schaf-
heim vf sin eid, do her Ein voyd were, da besezze her daz
gerichte, do hatte Herburt von Clestat, Contz schultheizzen

von Oſtheim daʒ ſine gekomert, daʒ wart auch vʒ getragen, daʒ her muſte komen gein Babinhuſin an daʒ gericht vnd muſten da nemen daʒ recht was. Darnach hyeſch der vorg. her Friderich by gemeynde vnd liʒ ſy das buch horen leſen, do daʒ geleſen wart, do ſprach her, wer vnſerme rechte beſtendig ſy als verre als hers weiʒ, der trede her by mich, da ging er ane, da bleyp nie keinan ſtende, ſy gingen alle by in. Der gemeyn lude ſint lrr. perſonen (folgen die Namen) vnd dy ſprachen alle mit einander vnd ir ieclicher by ſunder vf ben eib, daʒ eʒ von alder vf ſy alſo komen ſy, als daʒ recht in dem buche ſcribin ſtet. — Z e u g e n: Johan Paſtor zu Roba, Ebirhard Perrer zu Babinhuſin, Johan Geyling edelknecht voyp zu Babinhuſin, Friderich kelner zu Babinhuſin vnd Peter der ſtab ſcriber zu Babinhußen u. a. m.

Notariats=Inſtrument. Notar: Betholdus dictus Wustenfeld clericus.

Nr. 685.

1377 (17. Dez.) Ich Wilderich von Wilre wepeling vnd Elſe min Eliche hußfrauwe Bekennen, daʒ wir virkaufet han greuen Wilhelm von Katzenellenbogen vnd ſinen Erben zu Nider Ramſtat iv. malder korns vnd iv. malder habern jerlicher gulde vff der heckin gude, ri. ſchillinge ane iv. helᷓler ... vnd eyn dritteil faſnachthuens jerlichir gulde off bemé gude an der brucken i. ſchillinge ane i. heller, eyn dritteil faſnachthuens jerlicher gulde off Kriges gude, vii. ſchillinge ane iv. heller, eyn dritteil faſnachthuens jerlicher gulde off Scheckelers gude vnd darzu alle gulde vnd recht, die wir bißher da ſelbs zu Nider Ramſtat egen. beſeßen vnd von yme zu lehen gehabt han, vmb l. gulben.

Dat. Rynfelden v. fer. quatuor temporum post Lucie a. d. M.CCC.LXXVII.*)

(Die Siegel der Ausſteller und des Wepvelings Dieterich Myle zu St. Goar hängen unbeſchädigt an.) Orig.

———

*) Die Urkunde iſt ſehr beſchädigt.

Nr. 686.

1380 (14. Juni). Ich Jeckeln von Dynheim Edelkneht Bekennen, daz vmb alsolich zweyung, als ich vnd Helfrich von Dynheim myn brudere mit Eyn gehabet han, daz vns her Peter von Bechtelsheim, den man nennet Borggreue Ritter vnß vetter, darumb gutlich gesunet hat, zum Ersten sal ich mit vorg. Helfrichen in dem zehenden zu S t o d f s a t sitzen vnd den gelich halb han furter me nu zu Erue an vnd sal Helfrich. myn Brudere die gense zu O d e r n h e y m furter me nemen. Auch sal ich Jeckeln vorg. keyn Backhus zu Dyn-heym machen, auch ist gerett, wer es sache, daz ich. Jeckeln vorg. iht verseßen, verlißen, verpenden oder verkoffen wolde, waz daz wer, gebe mir dann Helfrich egen. als vil darumb als Eyn andere, so sal ich yme Es gunnen vor Eym andern.

Dat. a. d. M.CCC.LXXX, fer iv. a. Viti mart.

(Das Siegel des Ausstellers hängt etwas beschädigt an, das des vorg.
Peter fehlt.)   Orig.

Nr. 687.

1380 (1. Juli). Ich Margrede die Schenckin von Er-pach frauwe zum Hirßhorne tun kunt, das ich han bedacht, das alles, daz vnder der Sonnen Cirfil leuffet, nit anders ist denne ein yppikeit vnd ein betrübniße des geistes, darumb so han ich mit gesundem libe vnd mit miner Bichtigen rade vnd mit wißen vnd verhengniffe myner lieben kinder mit namen Hansen Ritter, Contzen Dumheren zu Meintze, Albreht vnd Eberhart verschaffte*) vnd vermachte gein Erßheim in die pfarre mynen hofe zu Hofeheim gelegen, der alle yar

---

*) Schon im Jahr 1378 (12. Nov.) hatte die Ausstellerin ein ähnliches kurzes Testament gemacht.

Jerlichen gylte xxiv. malter der dryer korn vnd den ich ge-
kauft han vmb Albrecht Nagel edelknechte vmb c. gulden vnd
vi. gulden. mynes eiges geltes darumbe ich etwie vil myner
berlin, die zu mynem libe gehorten, verkauft han, also be-
scheidenlich, das man die obg. korngulte an sol legen als hie
nach geschriben steht. Des ersten so sal man davon ein mal-
ter rocken backen zu butele brod zu yglicher fronfasten an
zale als: sich dann heischet vnd ein Scheffener, der daruber
wirt geben, herkennet, vnd yedem arm menschen, der gein
Erßheim komet vff die selbe zite vnd das almusen nemen wil,
dem sal man geben der selben brod eines vnd einen straß-
burger pfenningen, auch wil ich, das man ye dem Briester
zu Erßheim gesetzgen vnd einem Caplan vff der Burge zu
dem Hirßhorne sal geben xv. straßburger pfenning vnd das
so sollen sie ein vigille singen ꝛc. Auch wan das ist, das
got vber mich gebudet, das ich ab ge, so begeren ich nach
minem tobe zu ligen zu Erßheim zu mines swehers seligen
heubet vnd begeren auch, was ich berlin oder kleinode losse,
daz zu minem libe gehort, vz genomen das als hernach ge-
schriben stet, das man daz verkauffen sol vnd damit ein halbe
fuder wingelts bestellen ewiklich, das man iglichen arm men-
schen, der da komet gein Erßheim zu yeder fronfasten vff den
Dinstag sal geben zu dem brode, das vor verschriben ist, ein
echt maz wins an des pfenningen stat, der get dan abe, vnd
iglichen priester zu Erßheim vnd einem caplan rf der burge
sol man geben ein maz wins, auch setze ich, das man von
minen kleinode kauffen sol xv. pfunt heller jerlicher gülte vnd
damit bestellen ein vigilie gesungen alle montag zu Erß-
heim ꝛc. Auch begeren ich, das man die zwolfe Briester,
die zu mynes swehers seligen jarzite verschriben sind, auch
heiße komen zu miner Jarzite jerlichen vnd sullen die begen
mit meßen vnd vigilien zu glicher wise als mynen sweher
seligen, auch soll man vier kertzen bestellen, die da brynnen
vff myn Jarzite by minen grabe ꝛc. Ich setze auch v. gulden

gein Winſperg in die Bruderſchaft, das man darumb kauffe.
einen halben gulden geltes jerlicher gülte den Briſtern zu
preſenße, das ſie miner ſele gedencken als myner ſweſter ſeli-
gen vnd mich ſchriben in das ſele buche*). Ich ſeße Hanſen
mynem Son den großen vergulten kopfe vnd das ſilberyn
veſſel, Albrecht mynem ſon die zwolf ſilberyn ſchalen dy in
einander gehören, die mir zu Amberg gemacht wurden, Conßen
mynem ſon die ſechs grozze becher, Ich ſeße Eberhart mynem
ſon den großen ſilberyn kopfe vnd das ſilberin horn, Item
myner dochter der vißtumbyne myn Ruglachen mit den ſtricken
vnd ſchilten, das mir Ketherlin machte, vnd das Calcidonyen
pater noster mit den grozzen Corallen, Item myner dochter
von Riperg das Ruglachen mit den ſtricken vnd ſchilten, das
mir Thune machte vnd das ſtulachen, das ich zn Spir kauffte,
Item der von Cronberg mynen gulden wagen vnd myn dre-
ſenye vaſe, Item myner ſuſter von Kaßenellenbogen ein bar
tafel meſſer dy helfenbeynen vnd das klein ledelin mit den
vil ſtücken. Item myner ſuſter Schencke Conrat frauwen
mynen beſten geruyne ſleyr vnd mynen gulden ringe mit den
zwein Engeln, Ich ſeße myner ſuſter von Franckenſtein myn
Corellen pater noster das klein, das vyne, Item mynes bru-
der dochtern zu Liebenauwe den viern iglicher myner beſten
baumwollen ſleyr einen, Item myner ſweſter dochter von
Winſperg zu dem liechtenſtern mynen groen bunten mantel.
Ich ſeße mynem Bulen Conrat von Bickenbach dem eltern
mynen gulden ringe mit dem kleinen dyament, Item minem
ſon dem vißtumbe von Amberg mynen beſlagen napfe, Ich
ſeße mynem ſon von Riperg die vergulten kruſen, Elſen my-
ner Jungfrauwen den ſwarßen wullen mantel mit dem futer
den beſten, Item Engelbrut von Beckingen ſeße ich ein vir-
teil myner eigner ſchofe zu Bronbach yr lebtage, nach irem

---

*) Folgen eine Reihe Stiftungen von Seelenmeſſen zu Heilbronn, Hei-
delberg, Schönau, Mainz, Mur.

tobe, so sullen sie gefallen an die klosen gein Erßheim, Item
der von Entzberg myner Junkfrauwen den syden sleyer mit
den gelen enben, den ich kauft zu Frankenfurt, Ich setze De-
mut myner Jungfrauwen mynen syden sleyer, den vnblinder
den gewifften vnd den swartzen mantel mit dem syden futer
vnd mynen bloen wyten rocke mit den gulden kneufflin vnd
ein virteile miner eigner schofe zu Bronbach, Item Bruder
Bertolze buch vff das papyre sol verliben mynen beben döch-
tern vnd myn bete bucher, so sol das anber bruder Bertolze
buch verliben mynen sonen, Item das bruchsilber vnd die
kneuffe die yn miner laden ligen, setz ich, das man daruß
sol machen einen guten koliche vnd den gebe, wo man truwe,
do er aller beste bestabit sy in deu eren vnß liben frauwen.
Auch sol man kauffen von mynen kleinobe ein malter korn
gulte zu dem fron altar gein Erßheim, da mit man wahß
kauffe, das daruff brynne, das gelobt ich sand Nazarien, do
es vns als bekumerlich lage in vnßm kriege, Weres auch daz
der obg. myner frunden vnd personen einer ober me hie zwu-
schen abe gienge, was ich den danne hain gesetzt, das sol
wiberumbe gefallen zu mynem sele gerebe, bie hain ich be-
folhen hern Wolfhart Caplan zu Mur, vnd pfaff Ulrich
vnßm Caplan, baz sie baz sullen vß richten, auch behalt ich
mir selber die gewalt, das ich biß selegerebe vnd alles, das
an dem brief geschribn steb, verenbern vnd verwandeln mag
by mynem lebenbigen libe zu welcher zite ich wil.

Dat. a. d. M.CCC.LXXX, dominica die p. fest. b. Jo-
hannis bapt.

(Gesiegelt hat die Ausstellerin und thre ben. vier Söhne.)

Hirsch. Cop.-Buch.

Nr. 688.

1381 (19. Aug.). Ich Peber von Furrenuelt ebelknecht
vnd ich Nese von Monfort sine eliche husfrauwe bekennen,

daʒ wir verkauft han Jacoben Mettröſt vnd Grebin ſiner elichen huſfrauwen dyſe nachgeſchr. gube, mit namen ii. manneſmaƿt wyſen in G e r a u w e r marke, iv. manneſmaƿt wyſen, r. manneſmaƿt wyſen in Rerſteiner vnd in G e r a u w e r marke, vm anderthalp hundert gulbin.

Geb. n. Chr. geb. m.ccc.lxxxi, of den mantag nach vnßer frauwin bag, alſe ſie zu himmel fur.

(Das Siegel des Ausſtellers und Philipps von Monfort Ritters ſind abgeſchnitten.)   Orig.

Nr. 689.

1881 (13. Sept.). Ich Henne Burchard vnd ich Heinrich Burchard von, Huſenſtam gebrudere dun kunt, daʒ wir verkaufft han frauwen Elſen von Katzenelnbogen frauwen zu Erpach vnßn hoff, den wir han zu B i c k e n b a c h In dem dorffe vnd zu lehen ruret von Cunrad dem eltern heren zu Bickenbach, mit allen ſinen zugehorden vm lr. phunt, vnd hat here Cunrad der Elter vorg. zu dieſe kauffe ſinen willen gedan vß gnomen ſyn vnd ſyner erben manſchafft, daʒ ſie der vnuerluſtig ſien.

Dat. fer. vi. prox. p. feſt. nativ. b. Marie virg. M.CCC.LXXXI.

(Die Siegel der Ausſteller ſind abgefallen.)   Orig.

Nr. 690.

1881. Ich Schenck Conrad der Jungſte herre zu Erpach bekennen vmb ſolichen Burgfriede, als dye Edeln Vlrich Etwanne herre zu Hanauwe dem got gnade vnd Schenck Conrad etwanne herre zu Erpach myme vater ſelyge vnder eyn gemaht hat zu Obſberg, zu dem Herynges dar vnder vnd zu Omſtad dem ſloʒe nach vʒ wyſunge der Brieffe, dye dar aber gegeben ſint, daʒ ich den egen. Burgfryede vor mich

vnd alle dye mynen an eydes ſtab globet han zu halden.
Zu ſtedyger veſtekeyt vnd dye wil ich vnder mynen Jaren byn
vnd eygens Jngeß nit enhan, ſo han ich gebeden den Edeln
Schenck Ebirhard Herre zu Erpach mynen lieben vettern vnd
Conrad Herren zu Bickenbach vnd Hanſen vom Hirſhorn
Rytter myne lieben Oheym, daz ſie ir eygen Jngeß vor mich
an dyeſen brieff henken.

Dat. a. d. M.CCC.LXXXI.

Orig.

Nr. 691.

1382 (19. Nov.).   Ich Wynther von dem Waſen Edil-
kneht vnd Grede myn eliche wirten tun kunt, daz wir vir-
kauft han zu rechtem widerkaufe der Aptiſſen vnd dem Con-
uente gemeynliche zu Babenſhuſen ir. ahtel korngelts für
c. phunt heller, dy ſy vns bezalt vnd dy wir yn auch wider
gegeben han zu Elchyne vnſe dochtere, dy wir zu yn in daz
Gloſter getan han.   Dar fur ſo han wir yn zu vnderpande
geſatzet iii. manſmat wyeſen gelegen obe an der Cruppels
brucken vnd ii. manſmat in dem Molloche vnd iii. firtel by
dem Storkes baume vnd i. Manſmat nydewendig Hilden-
huſen vnd dem Waldangers rode. — Zeugen: Johan
Geyling Voyd zu Babinhuſen, Johan Scheſer, Peter von
Langenbrucken, Heyntze Scheſer, Henne Grempeler ſcheffene
daſelbes.

Dat. a. d. M.CCC.LXXXII, in die b. Elyzabet vidue.

Orig.

Nr. 692.

1382 (13. Dez.).   Ich Dyether von Ammerbach Edel-
kneht, Henne myn ſone vnd Luka vnd Gerhus myn dochter,
bekennen, daz wir verſatzt han alle vnß gut, die zu Schaff-

heim gelegen sint, die da gehorent yn die wilthube Hir-
burten schultheysen zu Schaffheim, Osterlinde syner elichen
wirtin vnd iren Erben vnd hant vnß dar vff geluhen xl.
gulbin. *)

Dat. a. d. M.CCC.LXXXII, ipsa die Lucye virg.

(Die Siegel der Aussteller fehlen.) Orig.

Nr. 693.

1382. Item dieß nach geschrben ist der schade, den die
von Franckfurt, Mentze vnd Wormße myns heren greuen
Diethers (von Katzenelnbogen) armen luben dabin zu den
zwein Mubauwe, Wendebach vnd zu Rorbach in Wer-
ner Kalbes kriege. Vnd zu der selbin zit waß her Wilhelm
von Friesenheym eyne hebitman von der von Wormße wegen,
vnd her Herman von Hoenwissel eyne hebitman von der von
Mentze wegen vnd Heinrich von Beldersheym eyne hebitman
von der von Frankefort wegen.

(Folgt ein langes Verzeichniß der fraglichen Beschädi-
gungen, meist durch Feuer.)

A. d. M.CCC.LXXXII.

Papierhandschrift.

Nr. 694.

1383 (17. Jan.). Ich Heinrich von Beckingen Edel-
knecht Bekennen, vmb soliche achtzehenhundert vnd virtzig gul-
den wegen, die mir der veste Edelknecht Boppe von Helmstab,
den man nennet von Steinache, schuldig waz, als von der
pfantschaft von Steinache vnd von Eppfinbachs wegin, daz

---

*) 1397 (30. März) verkauft derselbe Dietber an Winter von Wasen
Edelknecht, ein Viertheil einer Wildhube zu Schafheim und soll
dieser von Herburt von Schafheim mit 50 fl. den Brief lösen, wozu
er und Contzechin Rupps von Amerbach sich noch besonders verbürgen.
(Orig. Die Siegel des Ausstellers und der ben. Bürgen fehlen.)

ich dar vmb von myn herren dem Bischoff von Meintze ver-
pfant halbe, daz mir der furg. Boppe dieselben gulden von
der egen. pfantschaft wegen gutlichen bezalt hat.

Geb. n. Chr. geb. m.ccc.lxxxiii, off s. Anthonien tag.
(Die Siegel des Ausstellers, sowie der Edelknechte Heinrich v. Hatifteln
und Swigger Norharde sind abgefallen.)   Orig.

Nr. 695.

1383 (7. April). Ich Friederich Kuche von Ramstat
Edelnechte bekennen, solche guten vnd lehen zu Nieder
Ramstat gelegen, die ich zu lehen han gehapt von Greue
Wilhelm zu Katzenellenbogen, mit namen der hecken gut ge-
legen vnd an dem Ende dez dorffes vnd of dem hof an der
brucken — of Schettelers gut — of Yda Kriegin gut —
of der Halstein gut — dy selben gud. han ich verkauft dem
obgen. Greuen Wilhelm vnd sinen erben vmb lvi. gulden
vnd han gebeden die vesten Edeln kenechte Hartman von Ror-
bach vnd Johan Bache von Waffenbach, daz sie ir Ingeß.
by daz myne an diesen brief han gehangen.*)

Dat. a. d. M.CCC.LXXXIII, iii. fer. prox. p. domin. mise-
ricord. dom.

(Die Siegel fehlen.)   Orig.

Nr. 696.

1383 (17. Sept.). Wir Grede etzwan Gerlachs selgen
Wydewe von Londorff Edelknechts, Richart, Walther Edel-

---

*) An dems. Tage bittet der vorg. Friedrich Kuche den egen. Grafen
Wilhelm, daß letzterer die Güter und Lehen, nämlich „den Zehnten
zu Niederramstadt groß vnd clein myne delle, vii. malder kornes
vnd habern, ii. kappen, iv. schilling vnd daz da haißet Henne Lutzen
sons gut, vnd den hof by dem obern bornen, dar of myn stvefmuter
Hille von Erlebach bewiedemet ist vnd daz of mych vnd off myne
erben veruallen solden nach irem tode" leihen wolle an Bachen von
Waschenbach, der sie fürter tragen und vermannen soll.

knechte, Claus von Londorff paſtoir Gebrudere yre ſune, Gerdrut yr Snorche vnd wyr Richart von Moſſenheim Ritter, Werner ſin Soin vnd Elſe ſin dochter vnd Riprecht von Budingen Edelknecht ſin Eyden dun kunt, daz wir dem Apte vnd dem Conuente des Cloiſters zu Erbach in dem Ring- gauwe gelegen verkaufft hain vnſer Auwe gnant der Strit- wert *) mit allen zugehorde gelegen an yre Auwen, dy man nennet des kelners auwe in Bubensheymer Marcke vor fry eygen mit allen fryheyden, gewonden vnd rechten, als ſye vnſere aldere vnd wyr nach yn bit her bracht vnd be- ſeſczen hain. Auch globen wir yn werſchafft zu dune vor den kauff Jair vnd dag vnd darnach alſe lange, alſe der ſcholteyße vnd ſcheffene des gerychtes zu Bubensheim wiſent, daz recht ſy vnd yn noit iſt, vnde hain yn darvor zu bur- gen geſaſt herren Johan von Moſſenheim Paſtoir zu Briczen- heym, den ſtrengen Ritter herren Wentzel von Drawe, dy veſten Edelknechte Crafften vnd Johannen gebrudere von Belderſheim furſtmeyſter zum Hane. — Zeugen: Henne Crafft ſcholteyſcze zu Bubensheym vnd Peder Crafft ſin bru- der, Gerold der ſelben zweyer ſwager, Cuntze Snitwint vnd Emmerich der wiſe, ſcheffene da ſelbes zu Bubensheym. Zu orkunde ꝛc. ſo hain wir Richart, Walther vnd Claus Paſtoir vor vns, vnſere muder Greben vnd Gerdruden myn Richartz huſfrauw, want ſye eygener Ingeſiegele nyt enhaint, vnd wir Richart von Moſſenheim Ritter, Werner ſin ſon vnd Riprecht von Budingen herrn Richartz eyden vor vns vnd Elſen des vorg. Hern Richartz dochter, wil ſy eygens

---

*) 1385 (11. Nov.) verzichten „Ebirhart von Byrgeſtat, Drubel myn elliche wirten vnd Henne myn ſtyeffſon gegen das gen. Kloſter auf alle anſprache an die Wieſe, die man nennt „den ſtrytwirt in Bu- binsheymer marke.“ Zeugen: die Edelknechte Dyberich Hut von Sonnenberg, Peter Elſeßer, Henne Lirtzwilr vnd Henne Fulſchußel.“ (Orig. Das Siegel des obgen. Eberhard (ein Hirſchgeweih) hängt unverſehrt an, das ſeines Stleffohnes Henne iſt abgefallen.)

Ingesiegels nyt enhait, vnsere eygene Ingesiegele an diesen
brieff gehangen.

Geb. n. Chr. geb. m.ccc.lxxxiii, off s. Lampertesdage des
h. Bischoffe vnd Mertelers.

(Die Siegel hängen sämmtlich in grünem Wachse unbeschädigt an.)

Orig.

Nr. 697.

1383 (15. Oft.). Wir Priniffel Herzog in Teschin her-
ren Wenßlaws Romischen funiges hofferichter tun funt, das
vnser egen. herre der kunig vß der acht gelaßen hat hern
Engelharten vom Hirßhorn, dor yn er komen was von frawen
Elspeten siner Muter vnd hat im wider geben alle sine Recht
vnd hat yn genomen vß dem vnfride vnd. hat yn wider ge-
setzt in des heiligen Richs fride.

Geb. zu Nurenberg am dornst. vor s. Gallen tag n. Chr.
geb. m.ccc.lxxxiii.

Hirschhorner Cop.-Buch.

Nr. 698.

1383 (26. Oft.). Ich Thle Bergoz, Bertrad sin eliche
wirtin, Symon ir son Bekennen, daz wir vorkoufft han off
eynen widerkouff vnsin halbin hob, der da gelegin ist zu
Rympach in dem dorff, den man nent den tobinsteyn mit
allen erin, noße vnd rechte also wir in biß her bracht han,
Hans Wengin, Lybin syner elichin wertin vmb rrrv. gulbin.

Geb. an Mantage vor Symonis vnd Juden tag der h.
apost. n. Chr. geb. m.ccc.lxxxiii.

(Das Siegel Herrn Symon von Slldze, genannt von Huselstam, hängt
wohl erhalten an.)

Orig.

Nr. 699.

1383 (25. Nov.). Item dieß ist die kuntschafft von des
sares wegen off dem Rine zu Gernsheim, zu dem ersten
sprichet Herman Wilde, das er das sare da selbis habe ge-
habt me danne l. iar vnd hatte er das bestanden von den

Creifen von Symsheym, also das er alwegen die herren von
Bickinbach vnd ir gesinde vnd was yn zu geherte vmb suft
solde everforen vnd kein gelt von yn nemen, sie schenckten
ime danne, vnd habe auch alse lange, als er das selbe fare
Jnne hette, die herren von Bickinbach vnd die eren ober ge-
faren dicke vnd viell mit lr. pherden, mit xl., mit rr., mit r.,
mit iv., mit ii. minner oder me. Da die vorg. Creise vzge-
storben vnd daz fare den Hern von Bickinbach ledig wart,
da leiches here Blrich von Bickinbach selge herren Heilman
Stumphe vnd finen erben, von den ich es auch hatte, bis
Herman Alhelm dar an quam vnd fin son Hene Alhelm,
vnd lehin mirs die Stumphe auch also, das die herren von
Bickinbach vnd die iren vmb suft solde ober furen vnd han
das auch zu allen züten getan. Auch ist mir wißlich, das
es myn anherre vnd myn vater vor mir hatte vnd das die
auch die herren von Bickenbach vnd die iren vmb suft solde
oberfuren an dem vorg. fare vnd han nye anders heren
sagen vnd sprechen das alles off minen eyd. Jtem der robe
Rafen vz dem Hene ist me dann hundert iar alt vnd sy ime
wißinde, das das fare zu Gernsheim der herschafft von Bickin-
bach zuhore, vnd das man sie vnd die iren alwege vmb suft
da solle ober foren.*) — Zeugen: die feste edelknecht Con-
rad vnd Rucker von Rickershusen gevetern, Wigand Frischin-
bach, Rudolff der befeher zu Gernsheim, Eckel der scholtheis
da selbes vnd der scheffen etwie viel a da selbes, vnd der
scholtheis Hennel Schaup zu Rorheim vnd der scheffen etwie
vil da selbes, Contze Bickinhube vnd Contze Stolz bede
schultheisen zu Alspach u. a. m.

Dat. a. d. M.CCC.LXXXIII, ipso die Katherine virg.

(Gefiegelt haben die beiden Edelknechte von Rückershausen, Wigand Fri-
schinbach und Rudolf der Befeher. Die Siegel hängen sehr beschädigt an.)
Orig.

---

*) Das Nämliche sagen auch die beiden Alhelm aus, sowie die übrigen
Zeugen.

Nr. 700.

Anno dom. **M.CCC.LXXXIII.** Dyt iſt die ſtende gulde die da gehorit zu dem ſchloſe **Babinhuſen.**

Zu deme erſten daz korn. Item xxxvi. achtil weiß zu **Aſtheim.** Item viii. achteil korns zu **Arheilgen.** Item vi. achtil korns zu **Vrbruch.** Item ii. achtil korns zu **Dißinbach** ubber daz man myns Zunchern Waſin gibt. Item x. malter bedekorn zu **Obbernroda.** Item x. malter bedekorns zu **Dodenhofen.** Item viii. ſommern korns da ſelbis von des rugrafen wegen. Item i½. malter korns von **Wits Sicheling** da ſelbis. Item xxiii. malter hube korns zu **Wißinkirchen.** Item xiiii. malter korns zu **Czelle.** Item ix. malter korns zu **Stoſtat.** Item vi. malter korns an ein ſommern zu **Lybir.** Item v½. malter korns zu **Oſtheim.** Item iiii. malter korns von deme hofe zu **Plumheim.** Item xl. malter korns vnde x. malter weiß von den czwein hofen zu **Schafheim.** Item i. malter korns Peter Erpfe von eckern vor dem huſerholze. Item iiii. malter korns Gerlach Firlei von eckern da ſelbis. Item vi. malter korns Friderich Kelner von Gerhartsgude von **Otſperg.** Item xiiii½. malter bedekorns zu **Schafheim.** Item i. malter weißkoppe von einem acker hinder der kirchen. Item ii. malter korns zu **Schlirbach.** Item xiiii. malter hubkorn zu **Langſtat** vnd **Elyrbach.** Item vii. malter korns Johan korn von eckern da ſelbis. Item vii. malter korns vß den roddern zu **Hergerſhuſen.** Item xiii½. malter bede korns zu **Monſter.** Item ii. malter korns von dem hofe da ſelbs zu dem ſeſtenteil. Item malter xx. vß dem den Goßbodin hene zv **Babinhußen.** Item xxviiii. malter hubkorn **Babinhuß** vnd **Altdorff.** Item xii. malter korns vz dem ſwabeholcz zu **Altdorff.** Item xv. malter korns vz der moln zu **Stoſtat.** Item xiiii. malter korns vz der moln zu **Konfort.** Item xvi. malter korns vz der moln zu **Langſtat.** Item lxxviii. malter korns vz der moln zu **Babinhußen.** Item i. malter korns Ebirhart Scheibeln von einem ackir an deme wiltfort.

Item die zehinde. Item der zehin zu Babinhusen in den robbern. Item der zehin zu Schafheim. Item der zehin zu Langstat in robbern. Item den zehin zu Diczinbach. Item der zehin zu Hergershußen in den robbern. Item der zehin zu Altorff in den robbern. Item der zehin zu Harttershußin vnde Hyldenhusin in den robbern. Item der zehin zu Dubinhofin.

Die in name des habern. Item rrvii. malter von deme wiltbanne. Item li. malter zu Libir von den huben. Item rrriii. malter zu Rybernburg. Item rii. malter zu Ringinheim vz den robbern. Item iii. malter Friber Kelner von Gerhart gube von Otsperg. Item ii. malter Gerlach Firlei von eckern vor deme huserholz. Item i. malter zu Schlirbach von eckern daselbs. Item iiii. malter von dem hofe zu robben. Item i. malter Peter Erphe von eckirn vor dem huserholze. Item r. malter von czwein hofin zu Schaffheim. Item i. malter Fryberich Kelner von einem ackir vff der hart. Item r. malter vz deme hene zu Husin. Item iiii. malter von der weyde zu Husin. Item rr. malter zu Stostat von myns Junchern wysen in der holle. Item i ½. malter Friderich Kelner von deme garten vor der Altorfer porten zu Babinhusen.

Item die yn name des geldis der bebe. Item lr. phunt zu Babinhußen zu bebe. Item rrrv. Altorff, Harttirshusen, Hyldinhusen. Item l. phunt Langstat vnd Schlirbach. Item rrvii. phunt Ostheim. Item riii. phunt Stostat. Item Husen vnd Meinfelingen rii. phunt. Item rrvii. phunt Wißinkirchin. Item riii ½. phunt Obbern Roda. Item rii. phunt Monster. Item vii. phunt Diczinbach. Item rvi. phunt Astheim. Item c. phunt Schaffheim. Item viiii ½. phunt Sickinhofen vnde Hergershusen. Item rvi. phunt die bofelube.

Die banwine. Item vi. phunt Babinhußen zu banwine. Item r. phunt Schafheim. Item vi. phunt Altorff, Harbershusen, Hyldenhußen. Item v. phunt Langstat vnde Schlirbach. Item iii. phunt Obbern Roda. Item Diczinbach iii. phunt. Item i. phunt Monster zu deme sestindeile.

In name der zinse. Item viii. phunt iii. schill. Babinhusen, Altorff, Harbershusen vnd Hildenhusen. Item iii. phunt Herbort zu losunge. Item x. phunt ane v. schill. off vnstr frauwen tage zu Schasheim. Item iii½. phunt da selbis von Gerharts gude von Otsperg. Item xxxvi. schill. von hern Heinrichs wegen von dem Wasen. Item xii. sol. Gerlach Firlen zu Schaffheim von einer hofstat by mynes Junchern hofe. Item iii. sol. von einer hofstat vnder dem wingarten. Item xxx. sol. von krigis zinse. Item viii. sol. Rucze Schymer von einer hofstat vnder der kirchen muren. Item liii. s. France von einem wingarten flecken by der kyrchen. Item viii. s. die Conrad waren von Babinhußen. Item xxx. s. zu Stostat zu zwein malen. Item x. sol. ane iiii. heller zu manphenigen zu Wißinkirchen. Item xviii. s. ane iiii. hell. zu Dodinhofin. Item iii. phunt vi. sol. zu Dodinhofen von der frauwen wegin kwingernheim. Item viii½. s. vor ein brackinseil. Item i. phunt von dem brawel zu Babinhußen. Item iii. phunt zu Dizinbach. Item xxv. s. zu Monster zu czwein malen. Item i. phunt zu Langstat zu dem czwelftin tage den man nennyt Epyphania dom. Item i. phunt Oberroda. Item viii½. schill. zu Obernroda. Item xiiii. phunt von dem wiltbanne. Item xxviii. schill. iii. hell. Graslocks zins. Item xvi. schill. Conrad Golamer von Dsakis wingarten. Item v½. phunt vß deme fischaßir zu Stostat.

In name der wisin zinse. Item lr. phunt zu Schafheim wisen czins. Item xxx. phunt vi. schilling Hartershusen vnde die von Hyldenhusin. Item iiii. phunt von der rore wysen. Item iii. phunt zu Dizinbach von einer wisen. Item xviiii. schilling der czygeller. Item i. phunt zu Hergershusen. Item xxvi. schill. Friderich Kelner von einer wisen die Gerharts was von Othsperg. Item xviii. s. Funke vnde Fleischbeinen. Item xv. schill. Conrat Lybe. Item v. phunt zu Monster

zu dem festenteil. Item i. phunt zu Dubinhofin von Byl-
linges vorg. Item iiii½. phunt ii. schill. von der Wylkyn robe.
Item viii. schill. von der geჳuneten wyesen.

Pergament.

Nr. 701.

1384 (9. Märჳ). Wir Adolff von gots gnaden des h.
stuls zu Menჳe Erჳbischoff bekennen vmbe soliche zweyunge
als der Edel Vlrich herre zu Hanauwe vnser lieber Nefe, die
Burgermeister, scheffen vnd die Gemeinde zu Babenhusen off
eine siten vnd Wynther von Wasen off die andern siten vn-
der einander gehabet han, der sie beidersit an vns gangen sin
vnd globet han, wie wir sie scheiden vnd richten, daჳ sie daჳ
stete vnd feste halden sollen, des scheiden wir sie in solicher
maße, daჳ beide parthie vmb alle sache, zweyunge, vffleuffe,
worte vnd werke genჳlich vnd gar gesunet vnd gerichtet sol-
len sin. Auch als Wynther von Wasen, die Burgermeister,
scheffen vnd die gemeinde der Stat Bobenhusen obgen. ire
Ratlube vormals gekorn haben sie zu entscheiden vmb bruche,
die sie haben vndereinander von etlicher gut vnd weyde we-
gen, das geben wir yn über solche sache vnd stucke Wernher
Kulling Ritter, Diether Gans vnd Conrad Rabenolt, also
daჳ die dry in die kuntschafft ryden sollen vnd verhoren, wo
by igliche parthie von gnade, friheide oder von rechte bliben
sollen vnd von alter herkommen sy.

Dat. Aschaffinburg fer. iv. p. domin. reminiscere
M.CCC.LXXXIV.

(Das Siegel des Ausstellers ist abgeriffen.) Orig.

Nr. 702.

1384 (29. Mai). Ich Else von Kaჳinelnbogen Schencke
Eberharჳ von Erpachs selgen witwie tun kunt, daჳ ich mit
hern Ruprecht dem eltern Pfalჳgrauen by rin Eynen steten,
vesten burgfrieden halten vnd haben soll in Habiჳheim.

Item zum erſten ſall der ſelbe burgfriede ſin vnd weren in
der burg zu Habißheim vnd vzwendig der muren von der
burge, als ferre vnd wiet, als man mit eime armbruſte, das
ein man mit eym bein geſpauen mag, mit eim ſchuße gerei‑
chin mag vnd ſollen ich vnd myn erben an den obgen. minen
hern oder ſinen erben an libe noch an guten nit grieffen ꝛc.
Auch ſollen ich vnd myn erben wieder den obgen. hern vnd
ſine erbe In dießm burgfrieden nyemant huſen noch enthal‑
ben vnd ir ſiende in die burg nit ſoren noch laßin kommen.
Ich han auch gebeden Graue Henrich von Spanheim minen
bulen vnd Diether Graue zu Katinelnbogen minen vetern,
daz ſie Ir Ingeß. by das myn an dieß brieff gehangen hant. *)

Dat. a. d. M.CCC.LXXXIV, ipsa die penthecostes.

(Die Siegel hängen wohl erhalten an.)   Orig.

Nr. 703.

1384 (19. Dez.). Wir Friderich apt zu Fulde bekennen,
daz wir ane geſehen haben getruwen binſt, den vns der veſte
Ritter Er Heinrich Graslugk getan hat vnd noch tue mag,
vnd haben dem ſelben zu ſynen lebelagen geligen vnſer hirze
vnd ſwin Jagete uff der Dri eychen mit allen gewonhey‑
den vnd rechten.

Nach Chr. geb. m.ccc.lxxxix, an mantage vor Thome.

(Das Siegel des Ausſtellers hängt an.)   Orig.

Nr. 704.

1385 (11. April). Wir Adolff des h. ſtuls zu Mentze
Ertzbiſchoff bekennen, daz wir mit vnßn lieben getruwen Jo‑
han Raben Ritter vnd Raben ſinem ſone gerechent haben

---

*) 1395 (20. Aug.) beſchwört Dietrich zu Bickenbach der junge obi‑
gen Burgfrieden, als er vom Pfalzgrafen Ruprecht dem älteren ein
Sechstheil an der Feſte Habißheim zu Lehen erhielt. (Orig. Das
Siegel des Ausſtellers hängt wohl erhalten an.)

vnd gutlich mit ym vberkomen sin vmb alle scholt, dinste, koste, schaden, verluste, zerunge, hengeste vnd pferde, wie sie die by vns, vnßn vorfarn vnd deme stiffte zu Mentze getan, gelyben, verlorn, abegeryben hant vnd wir yn schuldig sin gewest, vmb nunhundert gulbin vnd verschriben yn da sur ii. thurnoß vff vnßme zolle zu Gernsheim, also daz vnser zolschriber vnd Besieher dafelbes yn diz reichen sollen als lange biß daz dieselben Nunhundert gulbin davon gentzlich vff gehaben hant.

Dat. Heilgenstat fer. iii. p. dom. quasimodogeniti a. d. M.CCC.LXXXV.

(Das Siegel des Ausstellers in grünem Wachse ist sehr beschädigt.)

Orig.

Nr. 705.

1386 (5. Aug.) Wir Echard Bischoff zu Wormß, ich Henrich Graslog burggrave zu Starkenberg vnd ich Emiche von Bornße rittere, erkennen vns, daz wir ein gutlichkeit geret haben zuschen der edeln frawen Elsen von Katzeneli: bogen frawen zu Erpach vnd eren erben off ein syte, vnd hern Gerlach von Breydenbach rittere, Lucken siner elichen husfrawen, off die ander syte, als von des hofes wegen ge: legen zu Rorheim also, daz die vorg. frawe Else die egen. frawen Lucken nit irren oder engen sollen an irme deil des egen. houes zu Rorheim vnd sal darnach yede partie sin ¹irs rechten vnuerluftig als hube zu tage. — Zeugen: Hans Schencke herre von Erpach vnd die vesten edelnknehte Wern: her Gawir, Henrich von Haßstein, Haman von Sickingen, Vlrich Colling vnd Brifing von Rosenbach.

Dat. a. d. M.CCC.LXXXVI, die domin. a. diem. b. Laurentii.

(Die Siegel des Ausstellers, Heinrichs Groschlag und Ritter Emichs hängen unbeschädigt an.)

Orig.

Nr. 706.

1887 (4. April). Ich Hertwig von Wolffskeln Edel knechte bekennen, daz solich lehen, dye ich von graue Eberhart zu Katzenellenbogen zu lehen han uff mym deyle myt namen Wolffskeln daz hohe gerycht, daz an den holn galgen gehoret, myt allen syn Rechten vnd zugehorden, Godela, Erfelden vnd agterloch uff mym deil auch myt allen yrn Rechten vnd zugehorden, als sye myn Elbern bisher uff mych bracht han, daz myr myn genediger herre vorg. verhenget hat, daz ich Connen myn Elyche husfrauwen hern Dittertche seligen dochter von Hattenheym dar uff gewydemet han cccc. gulden.

Dat. a. d. M.CCC.LXXXVII, fer. v. p. diem palmarum.
(Das Siegel des Ausstellers hängt in grünem Wachse wohl erhalten an.)
Orig.

Nr. 707.

1388 (28. Mai). Ich Rucker von Reckershusen ebil knecht bekennen, daz mir Graffe Ebirhard zu Katzenelbogen xxxx. gulden geben hait als von siner genaden vnd von sins bruder seligen wegen zu myme buwe zu Twingenburg in den fugen als her Johan Schonenburg von Schonenburg Ritter vnd her Johan Lemmechin pastore zu Ley wol wißent vnd hait mich dar zu wol bezalte alle myner verluste vnd alle myner dienste vnd schaden, und sagen en vnd sine erben vnd sine herschafft vor mich vnd mynen erben des alles quid, ledig vnd los.

Dat. in die corpore Christi a. d. M.CCC.LXXXVIII.
(Das Siegel des Ausstellers hängt unbeschädigt an.) Orig.

Nr. 708.

1388 (22. Juli). Ich Diemar von Reckershusen bekenne, daz ich mit willen myns herren grefe Ebirharts zu Katzenelnbogen vnd mit verhengenisse myner lieben geswisterde vnd

ganerben, mit namen Hartmans mins lieben brubers vnd
Mehthilden vnd Elſen myner lieben ſweſtere vnd Conrads
vnd Ruders vnd Kulmans von Recferſhuſen miner lieben
vetteren bewiedemet han Elſen Friſchenbach mine Elichen huſ-
frauwen vff alles das mir zu Erbeteil worden iſt von vater
vnb muter, mit namen vff myn teil zum Ryts vnb vff ein
ſerteil zu Huſen gelegen vnber Lichtenberg vnb vff was
ich ba han zu Twingenberg, zu Altſpach, zu Gugen-
heim vnb zu Bidenbach ober wo ich ſuſt icht hette vff
wieſen, wingarten, Ederen, garten ober vff anbern guben,
wie bie genant weren.

Dat. a. d. M.CCC.LXXXVIII, ipsa die b. Marie Mag-
dalene.

(Die Siegel bes Ausſtellers unb ſeiner Ganerben hängen wohl erhalten an.)

Orig.

Nr. 709.

1389 (16. Mai). Urbanus episcopus seruus seruorum
dei dilecto filio decano ecclesie s. Petri in Aschaffenburg
salutem et apostolicam benedictionem. Cum dilecti filii ab-
bas et conuentus monasterii in Selgenstad a nonnullis
super nonnullis bonis ad eum spectantibus grauibus affligan-
tur iniuriis et iacturis, nos eorundem prouidere quieti et
malignantium maliciīs obuiare uolentes, discretioni tue man-
damus, quatinus eisdem contra predonum, raptorum et in-
uasorum audaciam efficatius presidio defensionis assistens
non permittas, eosdem abbatem et conuentum in personis
et bonis predictis a talibus indebite molestari, molestatores
huiusmodi per censuram ecclesiasticam appellatione post-
posita compescendo.

Dat. Rome apud. s. Petrum xvii. kal. junii, pontif.
nostri ao. xii.

(Das Blei hängt unverſehrt an.) Orig.

Nr. 710.

1389 (16. Mai). Urbanus episcopus seruus seruorum dei dilecto filio decano ecclesie s. Petri in Aschaffenburg salutem et apostolicam benedictionem. Ad audientiam nostram peruenit, quod tam dilecti filii abbas et conuentus monasterii in Selgenstad quam predecessores eorum decimas, terras, villas, possessiones, domos, casalia, prata, pascua, grangias, nemora, molendina, iura, iurisdictiones et quedam alia bona ipsius monasterii in grauem ipsius lesionem nonnullis clericis et laicis aliquibus eorum ad uitam, quibusdam uero ad non modicum tempus et aliis perpetuo ad firmam uel sub censu annuo concesserunt, quia uero nostra interest super hoc de oportuno remedio prouidere, discretioni tue per apostolica scripta mandamus, quatenus ea, que de bonis ipsius monasterii alienata inueneris illicte uel distracta, ad ius et proprietatem eiusdem legitime reuocare procures.

Dat. Rome apud s. Petrum, xvii. kal. junii, pontif. an. xii.

(Das Blei hängt unversehrt an.) Orig.

Nr. 711.

1391 (16. Mai). Wir Eberhart herre zu Eppinstein vnd wir Luckart sin Eliche huffrauwe bekennen, daz vns die Truwenhender hern Johans von Wolfrichshußen etwanne probstes zu s. Stephan zu Mentze vnßer dorff zu Seilfurd vnd vnßer gerichte do selbes gelegen vff dem Meyne mit allen zugehorungen vnd rechten, als wir ez dem obgen. etwan hern Johannen vor czyden verkaufft hatten, vmme acht hundert vnd funff phunt heller, vmme fruntschafft wyder vmme zu kauffe geben hant vmb funffhundert phunt heller.

Dat. a. d. M.CCC.XCI, fer. iii. p. penthecostes.

(Das Siegel der Aussteller hängt unversehrt an.) Orig.

Nr. 712.

1892 (5. März). Wir Ruprecht der Eltere pfaltzgraue bekennen, daʒ by vns fin geweſt vnſ Borgmannen vnd Burgere zu Lindenfels vnd haben vns geſaget, daʒ ſie groſe gebrechen zu Lindenfels haben an torwarten, wechtern, an buwe vnd an allen dingen, daʒ zu gemeynen nuʒen vnd notdurfte daʒ Sloß zu Lindenfels gehore, vnd darumb ſint wir zu rabe worden mit borgmannen vnd burgern zu Lindenfels vnd haben ein vngelt daſelbs gemacht in der Stat off dem berge vnd in der fryheit zu Lindenfels vnd in dem dale in den dorffern vnd off dem eigen zu Slierbach, Sladebach vnd zu Elnbach, In der maß als das vngelt zu Winheim geſaʒt iſt, alſo daʒ kein vnſ borgman zu Lindenfels, pfaffen, burger, gebuwren oder yemant zu Lindenfels in der fryheit oder in den eigen vnd dorffern, als vor geſchriben ſtet, keinen wyn ſoll ſchenken oder geben in iren buʒern oder ſunſt, er ſolle dann vngelt dauon geben. Auch ſollen die vorg. borgman vnd burger alle Jare dry kieſen, ein borgman vnd zwen burger, die daʒ vor genant vngelt nemen vnd verrechnen, mit rathe vnſſ amptmans zu Lindenfels.

Dat. Heidelberg a. d. M.CCC.XCII, fer. iii. p. domin. invocauit.

Pfälzer Cop.-Buch.

Nr. 713.

1892 (25. Juli). Ich Wernher Kalp von Rynheim Bekennen, daʒ ich die gutere, die hernach geſchriben ſtent, zu lehen haben von myme herren Graffen Ebirhardt zu Kaʒinellinbogen, zume erſten, waʒ ich zu Rinheim haben in der ſtat vnd vor der ſtat, zu Blbuch, zu Wendebach, zu Rorbach, zu Waʒenbach, zu Hirchenrode, zu Brandauwe, zu Weweren, eynen zehenden zu Mißbach vnd eynen

hoiff ʒu Ober-Ramſtadt, das iſt mich eynſdeilis an er-
ſtorben von eynre ſweſter, die hatte die hauptbrieffe, da ich
in erfaren han, das ich dieſelben gutere auch von inyme he-
ren Graffen Ebirhardt ʒu lehen haben, wan ich das vor myt
entwyſte.

Dat. a. d. M.CCC.LXXXXII, die b. Jacobi apost.

(Geſiegelt hat der Ausſteller.)

Raßenelub. Cop.-Buch.

Nr. 714.

1393 (5. Jan.) Ich Cunrad vom Hirßhorn dumherre
ʒu Menße tun kunt, das ich den ſtrengen Rittern hern Han-
ſen, hern Albrecht vnd hern Ebirharte vom Hirßhorn mynen
lieben brudern vnd allen iren erben alles das gut, erbe vnd
eygen barſchafft vnd varende habe ganʒe vnd gar, das mich
angefallen vnd angeſtorben iſt ʒu erbe von mym vatter ſeli-
gen hern Engelhart vom Hirßhorn vnd von myner mutter
ſeligen frawe Margreden von Ertpach verkaufft han vmb
ʒwolff hundert gulden.

Dat. a. d. M.CCC.XCIII, dominica prox. p. circumcis. dom.

(Geſiegelt hat der Ausſteller, ſowie die „veſten knecht Hanman von Sickin-
gen, Bißtum ʒu der Nuwenſtat, Dytber von Heutſchußheim vnd Heinrich
Knebel Marſchalt.“) Hitſchb. Cop.-Buch.

Nr. 715.

1393 (22. Märʒ). In nomine domini amen. Nos Elsa
abbatissa et conuentus monasterii de corona s. Marie prope
Oppinheim, infrascriptis sororibus ipsius monasterii ut mo-
ris est ad hoc specialiter in capitulo congregatis, videlicet
Katherina de Nacheim priorissa, Nesa de Flersheym, Erliade
de Wunenberg, Ylinde dicte Reysen, Alheyde de Nacheim,
Metza dicta Swanfeldern et Elsa dicta Steynmetzen, ac plu-
ribus solempnibus tractatibus inter nos prehabitis, subscrip-
tam concessionem et permutacionem nostro monasterio expe-

dire, concessimus et permutauimus abbati et conuentui monasterii ebirbacensis per fratrem Johannem de Rense, eiusdem monasterii cellerarium et procuratorem, jus decimandi in campis dictis in dem Halhard et in dem Buchtun ad nos et nostrum monasterium pertinens, pro fructibus, redditibus et prouentibus tricesime partis decime, quam dicti domini abbas et conuentus habuerunt in terminis siue parochia ville Sulgeloch et pro cccccl. flor. In quorum fidem presentas literas per Hartmannum notarium subscribi rogauimus, nostrorumque necnon Petri Burgrauii militis, Johannis dicti Kop armigeri de Sauwilnheim necnon Johannis dicti Zappen consulis et scabini opidi Oppinheym sigillis fecimus appensione communiri.

Act. s. h. a. d. M.CCC.XCIII, in loco capitulari monasterii de corona s. Marie prope Oppinheym, xxii. die mensis marcii, hora sexta uel quasi, presentibus Johanne predicto Zappen, Thylone de Kederich et Eckone subschulteto, consulibus et scabinis opidi Oppinheim a. q. pl. s.

Rot. = Jnftr. Rotar: Hartmannus dictus Yfe
de Alsfeldia clericus magunt.

Drig.

Nr. 716.

1393 (10. Aug.). Jch Winther von Wafen, Grede myn Eliche huffrauwe Erkenne, als der Edel here Ulrich von Hanauwe, Agnes sin Eliche huffrauwe geben hatten deme strengen Rittere Johan von Dobelnsheim, Yrmegarten syner huffrauwen vme fruchtbern dynst, den sie vor geczyden der herschafft zu Hanauwe geban hatten, die gude gelegin vme die burgh genant Slirbach vnd den hofegin zu Langestab vnd iv. malter korn gelts, die da fallen zu Roden in deme bachgauwe, biese obgen. gube nu zu zyben erstorben vnd verfallen der herschafft zu Hanauwe, das hat der Edyl myn gnediger Juncher Ulrich herre zu Hanauwe anegesehen getrawen vnd fruchtbarn dynst, den Jch Winther vorg. der

33*

Herſchafft von Hanauwe ·getan vnd noch dun mag vnd ·hat
mir vnd mynen Erben die vorgen. gut zu lehen geluhen.   Du
mir die gude alſo geluhen ſin, ſo han wir an geſehen frunt=
ſchafft vnd dinſt hern Hartmans von Dobelnſheim Paſtoren
zu Altdorff vnd yme gegunnet alle dieſe vorg. gude mit aller
yren zugehorunge halb zu beſitzen ſin lebedage vnd nit len=
ger.   Zu merer ſicherhaid, ſo han ich Winther, Henne vnd
Heinrich gebrudere von Waſen gebeden die feſten knechte Con=
rad von Waſen vnßen vettern vnd Henne Grasloege vnße
Oheim, daz ſie ir beyder Ingeſ. vor vns an dießen brief
han gehangen.

Geb. n. Chr. geb. m.ccc.rciii, vff ſ. Laurencien dag.

(Die Siegel fehlen.)   · Orig.

Nr. 717.

, 1393 (25. Nov.).   In gotes namen amen. Ich Hans,
Ich Albrecht vnd Ich Eberhard alle dry vom Hirtzhorn Rit=
tere vnd gebrudere thun kunt vmb das, das vnſer Schloße,
Burge vnd Stat das Hirtzhorn genant off dem Recker gelegen
furbaß alwegen vnd alzeit bliben mag an vnßme wappen=
ſtaine vom Hirtzhorn geborn, ſo haben wir fur vns vnd fur
alle vnß erben vermacht, das vnſer keiner vom Hirtzhorn, die
ytzunt ſint oder hernoch werdent, ſinen teil oder ſuſte dhein
andern teil an den vorg. Schloße zu dem Hirtzhorn Burg
vnd Stat oder ſuſte dhein das gut, wie das namen hait, das
wir ytzunt han ligende oder hernoch gewinnen mogen In
dem gerichte in der pharre vnd in der marcke zum· Hirtzhorn
vorg. vnd mit namen allen den walte vnd die welde, die
von vnſern altfordern vom Hirtzhorn off datum diß brieffs
off vns geerbet, kommen vnd geuallen ſint vnd die. ytzunt
zu dem vorg. vnßme Schloße zum Hirtzhorn gehorent vnd
mit namen vnſer welde zu Schimentenwage dheinem
menſchen oder mee oder yemant wer der ſey verſetzen, ver=

phenden, verkauffen oder vmb suste geben sollen noch enwollen, were eȝ aber daȝ einr oder mere vom Hirȝhorn so arme vnd so nobig wurden an irme gube, daȝ er oder die selben daȝ nit enberen noch geraben mochten, der oder dieselben mochten wol an dem vorgeschr. sloße dem Hirȝhorn Burg vnd Stad, welben vnd andern guteren Iren teil versetzen, verphenden oder verkauffen eyme oder mee vom Hirȝhorn, die von dem Wappenstain vom Hirȝhorn geboren weren vnd teil vnd gemeine daran hetben vnd suste keinem andern menschen, wer eȝ auch sache, daȝ einer oder mee vom Hirȝhorn so arm vnd nobig wurden an irem gute, daȝ sie iren teil an dem obgen. Schloße, Burg vnd Stad zum Hirȝhorn nit behuden vnd bewaren konden oder mochten vnd er oder sie doch Iren teil nit verphenden, versetzen oder verkauffen wolten, so solten die andern vom Hirȝhorn alle, die teil vnd gemeine hetben an dem vorg. Schloße zum Hirȝhorn Burg vnd Stad dem oder denselben, die also verarmet werben, iren teil getruwelichen behuben vnd bewaren, vnd wan ban der oder die selben vom Hirȝhorn, die also verarmet wern, wieder zu söllicher narunge kemen, daȝ sie irenteil an dem vorgeschr. Schloße zum Hirȝhorn Burg vnd Stad selber mochten behuden vnd bewaren, des sollen sie thun vnd sollent yn die andern vom Hirȝhorn kein koste noch schaden irs behudens halp daroff wenden oder yn darvmb zuschrechen. Auch ensollen wir noch datum diß brieffs nummer mer keine frauwe noch kein Jungfrauwen, bewydemen, bemorgengaben, noch beheimsturen off dem vorg. vnßme Schloße dem Hirȝhorn Burg vnd Stad noch suste off dheinem andern vnsern gutern, die in dem selben gerichte, in der pharre vnd in der marcke gelegen sint, noch off keine dem walde oder welden, die von vnßn altfordern von Hirȝhorn off vns geerbet, gevallen vnd kommen sint, die zu vnßme vorg. Schloße dem Hirȝhorn gehorent. Wir die obgen. dreye gebrudere vom Hirȝhorn vnd alle vnß erben, die teil vnd gemeine haben oder gewyn-

nen an dem obgen. vnßme Schloße zum Hirßhorn Burg
vnd Stab sollen vnd wollen einander getruelichen helffen,
beschutden vnd beweren, behuden vnd bewaren das vorgeschr.
Schloße das Hirßhorn Burg vnd Stab vnd den Berg gegen
allermengliche, auch haben wir vermacht, das dheiner vom
Hirßhorn sinen teil noch dhein andern teil an dem vorg.
Schloße, Burg vnd Stab dheinem menschen zu offen huse
machen sal noch vßwysunge vnsers Burgfrieden zum Hirßhorn.
Auch haben wir vermacht, das vnser nummer keiner den an-
dern soll vßstoßen vßer der vorgen. Burcke vnd Stad zum
Hirßhorn, noch sal vnser keinr den andern in dem obgen.
Schloße, Burg vnd Stadt in derselben pharre, gerichte vnd
marcke nit doben, wunden vohen oder schlahen. Wir die
obgen. dreye gebruder vom Hirßhorn vnd alle vnser erben
sollen noch enwollen nummer me kein rechte beylunge gethun
an dem vorgeschr. Schloße, Burg vnd Stab noch an den
vorgen. Gutern vnd welden off das, das dhein teil daran
dem lehenherren verfallen moge. Auch sal alwegen der eltste
vom Hirßhorn, der ein gemeiner ist zum Hirßhorn, wie dicke
des noit geschicht, in rechter zyt das obgen. Schloße, Burg
vnd Stab mit allen gutern vnd welden, die darzu gehorent,
von dem lehen heren enphaen vnd tragen yme seinen erben
vnd den andern gemeynern allen zum Hirßhorn vnd iren er-
ben, vnd der selbe vom Hirßhorn sal vnd mag auch leyhen
alle phrunde vnd lehen, die die vom Hirßhorn zu leyhen
haben, on hinderniße der andern gemeinern vom Hirßhorn.
Wir die obgen. dreye gebruder vom Hirßhorn haben auch
vermacht, das die von Hirßhorn die teile vnd gemeine haben
an dem obgen. Schloße dem Hirßhorn, Burg vnd Stab nu-
mer kein vom Hirßhorn zu keinem teil sollen laßen kommen
an dem vorg. Schloße, Burg vnd stab, noch an den obgen.
gutern vnd welden, die darzu gehorent vnd sollent yme auch
nymer kein tornknecht, portener, wechter, noch amptlude zum
Hirßhorn an Burg vnd Stab laßen hulden, sweren noch yme

gehorsam zu sin, er enhabe hann beuor mit offgehaben vin-
gern mit gelerten worten liplichen ein eyt zu den heilgen
gesworen, getruelich, stet, veste vnd vnuerbrochenlichen zu
halten, was an diesem brieffe geschrieben stet.

Geb. ann s. katherin tag d. h. Jungfr. n. Chr. geb.
m.ccc.rciii.

(Gesiegelt haben die Aussteller, sowie „die Edelknechte Diether von
Hantzuschßheim, Contz München von Rosenberg vnd Eberhardten von
Hirßberg.") Hirschh. Cop.-Buch.

Nr. 718.

1393 (13. Dez.). Ich Anne von Buches ein Geystlich
Jungfrauwe zu Hoeste Irkennen mich solich gut als Frangk
von Dorfelden myn Anchen gehabt hat vnd uff Contzeln myn
muter gefallen waz, Iz sie zu Omstad in der stad oder uß-
wendig der stad gelegen, daz die selben gude uff mich Annen
zu eyner hant herstorben sint vnd ist albe erbe vnd sin von
Frängken selgen myme Anchen vnd Contziln myner mutir
den got gnade her kommen, vnd hat mir Henne von Buches
myn vatir uff dem selben vorg. gude gemacht r. malbir korn-
gulde myn lebetage. Auch irkennen ich, daz alle diese vor-
geschr. gude vnd gulde gefallen sollen Frangke von Dorfelden
myme sebbirn vnd mage vnd sin erben nach myme dode one
alle hindernusse myns vatir Hennen von Buches, wann die
vorg. gube von myme vatir, von sin erben vnd eltern nit
her kommen sint, wann sie von Frangke myme Anchen vnd
Contziln myner muter herkommen sint, den vorg. den got
gnade vnd ist alt erbe. — Zeugen: Johan von Husinstam
priale zu Selginstad, Johannes Ferber stadeschriber vnd Jo-
hannes Stollefuße, Herman Schelris schriber da selbst.

Dat. a. d. M.CCC.XCIII, ipsa die Lucie virg.

(Das Siegel des Pfarrers Conrod Garand zu Seligenstadt ist abgefallen.)

Orig.

Nr. 719.

1393 (28. Dez.). Ich Blicker Lantschade von Steinach
Ritter bekenne, als frawe Katherine von Tan myn eliche huſ-
frawe tot iſt, mit der myr got etweuil lieber kinder beſchert
hat, die da noch leben, mit namen Diether Lantſchaden,
Blicker Lantſchaden, Margreden vnd Criſtinen, vnd als ich
nu dar nach durch goz vnd myner ſelen heile vnd libes krank-
heit willen Ein arme vnedel dochter zu der ee genummen han
mit namen Elſen von Heidelberg In die wiſe als hernach
geſchrben ſtet vnd auch vnſcheidenliche mynen obgen. erſten
kinden, dan als verre vnd in die wiſe als der obgen. Elſen
vßbeſcheiden iſt. *)

Dat. a. d. M.CCC.XCIII, die s. innocentium.

(Geſiegelt haben die Ausſteller, ſowie die vorg. Edelknechte Diether und
Blicker Landſchaden der junge, und für die egen. Töchter der Commen-
thur zu Heimbach, Beiprecht von Helmſtadt, Thomas Knebel Schultheiß
zu Oppenheim Ritter, Cunz Landſchade Edelknecht. Die Siegel hängen
meiſt unbeſchädigt an.) **Orig.**

Nr. 720.

1394 (10. Mai). Wir Conrad des h. ſtuls zu Mentz
Ertzbiſchoue bekennen, das wir angeſehen haben die getruwen
vnd nutzliche dienſt, die vns vnd vnſerm ſtifft vnſer lieben
getruwen burgmann vnd manne zu Starkenberg, die zu
Benßheim vnd Heppenheim in vnßern Sloßen geſeſſen ſin,
langzyt biß here getan haben vnd haben jnen vnd jren lehens
erben darumb die fryheit vnd gnade geben, als hernach ge-
ſchriben ſteen, zum erſten, das wir ſie huſen vnd halten ſol-
len als gewonlich herkommen iſt zu allen jren Rechten, da
ſie des Rechten wollen bliben vor vns oder vor vnſerm burg-
grauen baſelbs zu Starkenberg, weres aber, das ſie yemands

---

*) Folgen die näheren Beſtimmungen der Eheparten mit Verſicherungen
auf Güter zu Heidelberg, Deſtringen, Wißloch ꝛc.

ʒu ſprechen hette, ber nit man ober burgman were des Stiffts
vnd wolbe jne ber ober bie eins fruntlichen Rechten vßgeen,
ſo ſollen wir ſie huſen vnd halten ʒu jrem Rechten. Auch
ſol Nymand off Jr libe ober off ire gut clagen, bie jn vn-
ſern lanben vnb gebieten gelegen ſin, Er hab ban ſie vor
erfolgt vnb erclagt vor vns ober vnſerm Burggrauen boſelbs
ʒu Starkenberg. Auch weres ſach, bas Ymand keinen tod-
ſclagk ober vngefuge tebe jn ben vorg. vnſern Sloſſen, vnb
jn eins vnſers burgmans hofe ober huſe flohe, ba er Jnne
wonhaftig were vnb von alter here fry geweſt were, ber ſal
benſelben fribe vnb ſchirme haben, als ob es were in ber
heiligen kirchen, als eʒ von alter herkommen iſt. Auch han
wir Jn vnb Jres lehenserben bie gnabe getan, was ſie guts
ober Erbs kauffen vmb burger ober gebure vßwenbig ober
Jnwenbig vnſern vorg. Sloſſen, bie ſollen bebe fry ſin ꝛc.
Dat. Eltuil, a. d. M.CCC.XCIV, domin. q. cant. in eccle-
sia dei jubilate.

Pfälʒer Cop.-Buch.

Nr. 721.

1394 (29. Juni). Jch Gudchin Reynharten, Aucʒe
myn ſon, Wencʒe von Wyßenheym ſteynmecʒe vnb Eylichin
myn Eliche huſfrauwen, ber vorg. Gudchin Reynharten boch-
tir Burgere vnb Burgerſſin ʒu Mencʒe Bekennen, baʒ wir
virkaufft han bem Dechen vnb Capitel bes ſtifts ʒu ſ. Victor
by Mencʒe gelegen vnſer vetirliche erbe vnb gub gelegen ʒu
Gobela in bem borffe, mit namen bie hofeſtab gelegen an
ber vorg. herren hoffe ʒu Gobela vnb bie Eckere, bie barʒu
gehorint, vmb ccccc. phunt vnb li. phunt hellir. Auch beken-
nen wir, baʒ bie vorg. Hofeſtab vnb gut ſeynen ʒins me
geben ſollen, ban i. malbir weißes bem pherrer ʒu Hofen
vnb ii. phunt waßes ʒu geluchte ber ſelben kirchen, bie vorg.
weiß vnb waſgulbe gelegin ſint off ii. morgen lanbes, bie in
baʒ vorg. gub von albir her gehorb han vnb gelegen ſint in

dem galgenberger felde oben dem erfelder phabe gefurch den Lantfchaden vnd Jekil Rußen. Diß fint die anderen eckere — daz felt den Reyn ußen, gefurch den dumherren vnd Joncher Hertwig von Wolffeln — gefurch Sipeln vnd Joncher Hennen von Hattenftein — am widenloch — gefor Joncher Wolffe von Bomersheym — off ackirloch gefor Sipeln vnd Joncher Conrad von akirloch — gefor dem Fulfchußel vnd dem heilgen crucze — gefor dem widumen vnd Joncher Werner Kriege — hinfit der bach off der halhart gefor her Rumelgan von Meyen — off den Oppinheimir weg off den eychen busch — diß ift daz felt gen Hofen ußen — gefor Conrad von Ackirloch vnd Hennen von Meckenheym — off den mittelweg — gefor her Emych von Burneß — gefor Joncher Hennen von Werberg — gefor Hennen von Meckenheim vnd den nunnen off dem heilgen berge — an dem beneß graben by der brucken vnd ftußet off den ftogftedir weg. Diß ift daz felt gen dem galgenberg — off dem fande vnd ftußet off den phaffen weg vnd zuhet den weg fore, der gen Gernsheim get — den weg fur an der hecken.

Geb. n. Chr. geb. m.ccc.rciv, an f. Petirs vnd Pauls abend der h. zwolff boden.

(Das Siegel des Schultheißen Wasmude zu Meintz hängt wenig befchädigt an.) Orig.

Nr. 722.

1894. Diet fin die lehin, die wir Ulrich herre zu Hanawe gehabt han von dem ftiffte zu Fulde vnd also als wir die furbaz enphangen han von hern Ruprecht dem eltern Paltzgrauen by Ryne zc. von folichs kauffes wegen, als fine gnade mit dem vorg. ftiffte getan hat, mit namen Omftad die ftad halb mit irre zugehorde, Item Schaffheim daz dorff mit fine zugehorde vnd den kirchfatze dafelbes.

Dal. a. d. M.CCC.XCIV.

(Das aufgedruckte Siegel des Ausftellers ift abgefallen.) Orig.

Nr. 723.

1894. Ich Henne Kysel Burgir zu Oppinheym vnd Gudechyn syne eliche huffrauwe erkennen, soliche gude als vns zu beylunge worden sint, mit namen hus, hoff, schuren, eckere vnd wiffen, gelegen zu Erfelden yn dorffe vnd ge= marke vnd yn Puppinheymir gemarke, von Heinrich, Ernste Gernunst son von Worfelden myn swehir vnd Gude= chins vatir, daz wir die samenthaft virkauft han dem dechan vnd capitel zu s. Victor vfwennig Mentze. Dit· sint die gude vnd eckere. Zum ersten hus, hoff, schuren· mit sinre zugehorde gelegen zu Erfelden. Item in dem velde naher Stockstad — in dem luczel flore — in dem wade — in dem Rube garten — off die weyde — an dem ymans burne — off den hulze brucker weg — in dem sant garten — gen dem bruche — off den Wickers graben — off den damacker — off den mulen graben — off den hulz dich — off daz heu= geln — Popenheym — off daz Bunshemer felt geforch her Conrat von Frankenstein — naher erfelbir wert — off popen= heimer felde — an dem klein wiher — an der zwegaßen — in dem Guntirs gefor Heinrich von Hatstein — naher popen= heimer zunen zihent off den popinheimer weg — in der dif= fen gewanden — zuffen den zwein wegen — by wegelande geforch Friederichen von Waldecken — off den nieder weg — in den strengen — off der hohen halhart — off die bach — ubir den halhart weg — in dem dritten felde naher Wolffs= keln — hinter Herman Geisen hus — off den sechen — off daz monch felt — ubir den Wolffkeler weg· — off den godelauer graben — oben an den lochen — gen dem galgen — an der galgen hecken — gen dem Wolffkeler busch gefor Gelfrich von Rackeim. — Item die wiffen — off der forder horst — off der horst gen der morthecken — in dem heime gerne — in der abe wiffen — in der fromerlachen. Auch johan Heune vnd Gudechin vorg. virkaufft rrir, morgen, die wir in Puppinheimer gemarke han, die da waren Sifrid Webirs burgers zu Oppinheim. Zum Ersten iii. morgen die zihent off popinheimer weide gefor her Conrad von Frankenstein — off den Bunsheimer weg — an der hecken zu Popenheim — off den bruwel — Vnd zu merer sicherheit so han wir Henne vnd Gudechin vorg. die obgen. gude off gegeben mit frihem willen, mit hand vnd mit halme an gerichte zu Erfelden als recht ist, mit namen vor Heyl Roden schultheißen, Arnolt Meisch Ecke von Greffenhusen, Werner Knechtgin, Henne Wasmut, Werner Halpmaß vnd Vlrich scheffen zu Erefelden, Hennil Wenner bubil daselbs, Werner Wennir vnd Heil sin bruder von Krumstad, in genwortekeit her Clais des sengers zu s. Katherin zu Oppinheim, Ernstes sins bruders vicar daselbes, Henchin irs bruders, Jonffrauwe Gudechin des sengers swester vnd Jonffrauw Katherin yr Wasen, die der selben gude recht erben geweß weren, wan ich Henne vnd Gudechin vorg. nit geweß en weren.

Geb. n. Chr. geb. m.ccc.rciv.

(Gesiegelt hat der Aussteller, Junker Hertwin von Wolfskehlen, des obgen. Gerichts Herr zu Erfelden und Ecke von Gräfenhausen, Schöffe daselbst und Unterschultheiße zu Oppenheim. Die Siegel hängen wohl erhalten an.)

Orig.

Nr. 724.

1395 (13. März). In Gotes namen. Ich Johann, Ich Albrecht vnd Ich Ebirhard alle dry von Hirßhorn Ritter vnd gebruder Bekennen, das wir vnß Burg das Hirßhorn uff dem Recker gelegen mit dem furhoffe daselbist miteinander gemutschart haben, zu dem ersten so ist mir dem obgen. Johann vom Hirßhorn vnd mynen erben an der Mutschare worden vnd gefallen mit namen das teil an der obgen. vnß burg zum Hirßhorn vnd an dem furhoffe daselbist, das vnß vettern seligen Her Hans vom Hirßhorn vnß Anehern Engelhartes seligen, vom Hirßhorn bruders was, mit aller siner zugehorunge vnd begriffe, vnd so ist vns den obgen. Albrecht vnd Ebirhart vom Hirßhorn vnd vnßn erben an der mutschar worden vnd gefallen mit namen das teil an der obgen. vnser burg zum Hirßhorn vnd an dem furhofe daselbst, das vnßß Vaters seligen hern Engelharts vom Hirßhorn was, mit aller siner zugehorunge vnd begriffe vnd dar zu cleine kelre vnder dem Thorhuse vnd der Erker, der oben uber den wasegarten get gein dem Recker zu. Auch so sin wir die obgen. Johan Albrecht vnd Ebirhart vom Hirßhorn Rittere vnd gebruder uberkomen vnd verschriben, das off der vorgen. vnser burge zum Hirßhorn vnd in dem furhoffe daselbist die Cappelle, der Torne vnd mantel, die zisterne vnd brunne, das Thorhuß, alle phorten, alle stege vnd wege in der obgen. vnß burg zum Hirßhorn, in dem furhoffe daselbest vnd an dem burgberge vnß vnd vnß erben Recht gemein sin vnd bliben sollen allewege vngeteilt vnd rngemutschart. Auch so get oder trifft diese furgeschr. mutscharunge keinerlei gut wie das namen hat nit an, danne alleyne die obgen. vnß burg das Hirßhorn mit dem furhoffe daselbist, als die Mure begriffen haben vnd darzu die garten off dem Burgberge, die biß her zu ydem teil gehört haben.

Geben off den Samstag in der vasten vor dem suntage Oculi n. Chr. geb. m.ccc.xcv.

(Gesiegelt haben die Aussteller, sowie die Ritter Wiprecht von Helmstat und Hanman von Sickingen Biztum zu der Nuwenstat, ihre Swäher.)

Hirschhorner Cop.-Buch.

Nota: vnd als ich vnd Albrecht vnd Eberhard von Hirßhorn alle drye Rittere vnd gebrudere vnser burg das Hirßhorn mit den furhoffe daselbst gemuschart haben noch Inhalt der besiegelten brieffe daruber gemacht, vnd als nu Cuntze vom Hirßhorn selige myns obgen. bruder Albrechts seligen Sone von tods wegen abginck, do was mir vnd myn erben von yme ein ganßer virteil an der Burcke zum Hirßhorn

vnd an dem furhoffe da selbste vnd an den garten daselbst
off dem burgberge an den beylen, die hern Engelhards vom
Hirtzhorn myns vater seligen waren, zu rechtem erbe geuallen
vnd offherstorben, dauon han ich Hans vom Hirtzhorn Rit-
ter zu dieser zeit nit mee ynne von myns obgen. ane her-
storbens virtels wegen, dann die vnder große stube, die man
.nennet der von Frankenstelnstube vnd die große kammern fure
dem lernstublin auch genant den von Frankenstein kammern,
vnd die hohe kuche gelegen zwischen myner kuchen vnd myns
bruder Eberhards kuchen, das vbrige an myme anherstorben
virteil stet mir noch vß.

Nr. 725.

1395 (29. Juli). Ich Eckel Contzen Eckels son Schul-
theiß vnd Claus Smyt, Cleseln von Norheim, Herteln
Kroste, Henne Beckers dochterman, Burger Burgers son
von Norheim, Rucker der becker, Hensel Snyder der glocke-
ner, Gerold Geroldis son von Norheim, Claus Else Fryb-
ner son Burger von Bybeloß, Henne Wuest vnd Henne
Heintzelins son hubenere vnd gerichts Lude in dem dorffe
zu Wattinheim dun kunt, daz vor vns geweft sint Peter Be-
cker vnd Drudel sin eliche hußfraw zu Wattinheim wonende
vnd erkannten sich, daz sie sur sich vnd alle ire erben bestan-
den haben vmb den Dechan vnd daz Capittel des Stifftes zu
s. Andre zu Wormße zu eym rechten erbe alle die gude, die
hernach gescreben stent vnd gelegen sint in dem dorffe zu
Wattinheim vmb jerlich gulte xl. malter korns. Zum erften
in dem dorffe zu Wattinheim hus vnd hoffe mit sinen
zugehorden — in dem obern felde hinden an der kyrchen
vnd ziehent den aßgraben off — vber den wormßer weg ge-
furch den herren von Schonawe — da selbis gefurch off
eyn syte dem Bischoff von Mentze off die andere syte dem
pastore zu Wattinheim — by dem hofeheimer wege — in
dem krebenacker — in den kuveln — neben dem wingarten

++ off dem salmensreyn — off der hohe — in dem kappus
grunde — Item in dem nydern felde — by dem Crutze an
dem dorffe zu Wattinheim — in dem zullensheimer grunde —
off daz Bruckeln vnd off die wiese, die man nennet Heim-
burger ampte — neben dem hertwege — off die wydemhube
— off den dyche naher der bache by der gansfurte — off
beide dyche zu endewege. Item vlll. manfmayt wiesen in
dem Merssche neben dem Wattenheimer allmende, iii. mans-
mayt wiesen in dem Merssche zihent neben Bybeloßere all-
mende vore, vii. manfmait by der Michel Bachen, i. mans-
mait wiesen gefurch Jungher Dyerolffe von Abenheim, il. mans-
mayt an dem bruckeln, il. manfmait wiesen in dem byengartteln.

Geb. n. Chr. geb. M.CCC.rcv, an dem nehiften donreftage
n. f. Jacobs dage des h. aposteln.

(Das Siegel des Schultheißen Eckel hängt unverfehrt an.)   Orig.

Nr. 726.

1396 (11. Nov.) Ich Henne Volrad von Selginftad,
Margrede fin eliche wirtin bekennen, also als wir Herburts-
hoff von Schaffheim gekauft han, der gelegin ift in der mit-
telgaßen zu Babenhufen mit verhengniffe Juncher Vlrichs
herren zu Hanawe vnd der Burgermeiftere, scheffen vnd der
Burgere gemeynlich der ftad zu Babenhufen, daz wir davon
alle jare gebin fullen der ftad il. phunt heller vor finze, bede
vnd allen dinft, den der vorg. hoff, hus, schurn, gefeße biß
her eyner herfchafft von Hanauwe vnd der ftad Babenhufen
schuldig geweft ift zu bunde.

Dat. a. d. M.CCC.XCVI, ipso die Martini episcopi.

(Das Siegel des Auffteller hängt wohl erhalten an.)   Orig.

Nr. 727.

1396 (25. Nov.) Wir Winther Apt zu Selgenftadt,
Prior vnd der Couent gemeinlichen dez felben couenz beken-
nen, als vns die geiftlich juncfraw Agnes von Erlbach clo-
fterjuncfraw zu Smerlbach geben hat xxxvi. schilling heller

gelß, die sie hatte genallen in der stat zu Selgenstad zu
eyner sele messe der vorg. Agnes, hern Dytrichs selgen von
Erlbach, hern Tammen selgen, Hansen von Ertal vnd Tynen
siner elichen wirtin.

Geb. n. Chr. geb. m.ccc.xcvi, off s. Catherin tag der h.
Junkfrawe.

(Das Siegel der Aussteller hängt wenig beschädigt an.) Orig.

Nr. 728.

1397 (2. Febr.) Ich Heintze Heintzin selgn sone von
Dornburg vnd Ide myn eliche huzfrawe dun kunt, daz
wir verkaufft han vnßn deil der hoffstede daz nehst beyl naher
dem spielhuse zu Darmstadt, dye Heintzin selgin von Dorn-
burg waz, mit namen Hans von Camer vnd sinen erbin
vmb virdenhalbin gulden, auch hort dye vorg. hoffstad in
eine gut, daz man nennet Juncher Emchin gut. — Zeugen:
Cristian Hueg vnd Wolff Wener, Hans Flecken sone, alle
dry schoffen vnd Heyl Hosegelt, auch schoffen.

Dat. a. d. M.CCC.XCVII, in festo purif. b. Marie virg.
(Gesiegelt haben Henne Cranche von Dirmstein u. Adolf Pfarrer zu
Darmstadt. Die Siegel hängen beschädigt an.)   Orig.

Nr. 729.

1397 (25. Juli) Ich Merckeln Babenhufer Burger in
Assinheim vnd ich Luke sine Eliche wirtin Bekennen, daz wir
verkaufft han vnß husechin gelegen zu Babenhusen zuschen
Clas Schuzen vnd der von Wasen garten an dem kirchofe,
Hern Hartman perher zu Babenhausen. — Zeugen: Juncher
Conrad von Wasen, Heintzchin Scherer Burger zu Baben-
husen, Mathias etwan schulmeister zu Hanauwe vnd Petrus
Blenckenner schulmeister vnd schriber zu Babenhusen. — Zeu-
gen: Wigand Durnhelmer, Hentze Scheyder, scheffen zu As-
sinheim.

Dat. a. d. M.CCC.XCVII, ipso die b. Jacobi apost.
(Das Siegel der Stadt Assenheim ist abgerissen.)   Orig.

Nr. 730.

1897 (13. Oft.) Wir Irmel Waltmennen Meistern vnd der gantze Conuent gemeinlich des Closters Hoeste by Bruberg dun kunt, daз wir angesehen han große schuld vnd schaben, damybe vnß Closter verderplich belaben sin, vnd han also mit verhengnyße des stiefftes zu Fulde vnßen frien eygen hoff In dem dorff Habeзheim gelegen mit eckern, wiesen vnd allem andern sime begriffe vnd darzu den gantzen zehenden groß vnd cleynes daselbes auch mit allen zugehorungen verkaufft hern Ruprechten dem Eltern pfalzgrauen by Rin vmb sechtzehenhundert gulden.

Geb. n. Chr. geb. m.ccc.xxvij, off den samßtag fur s. Gallen dag.

(Die Siegel der Aussteller und des Stifts zu Fulda hängen unversehrt an.)

Orig.

Nr. 731.

1897 (15. Oft.) Ich Sanne etwan eliche huffrauwe was Heinrichs vom Wasen dem got gnade Bekennen, also als derselbe virsaßt hab die gude vnd lehen, die gelegin sin zu Kensheim vnd zu Kebel, die Henne sins brudirs vnd sin semenilich mit eyne gewest sin vnd iren deyl an dem zehenden zu Rebbelnheim, die obg. gude der vorg. Heinrich losen solde vnd der egen. Henne nit, dar vur gebin ich Sanne obgen. Hennen von Wasen myn swager die v. malter korngulde, die hee mir myne lebetage gebin solde von deme hofe, da hee Inne geseßin ist zu Babinhußen, v. phunt gelts, die da fallende sin zu Stenheim offe deme золle, iii. morgen wingarten gelegin zu Golppach vnd mynen teil an der Swalheimer wiesen. Vnd ich Wortwin von Babinhußen der vorg. Sanne sone Irkennen mich, daз myn muter biß getan hab mit myme guben willen vnd han des myn Ingenß. by ir Ingenßigel her ane gehangen. — Zeugen: Wernher Colling ritter amptman zu Babinhußen; Helffrich von Dorfelden ritter, Hartman pherrer zu Babinhußen vnd Henne Follrad von Seliginstad.

Dat. a. d. M.CCC.XCVII, fer. ii. a. diem b. Galli conf.

(Die Siegel fehlen.)   Orig.

Nr. 732.

1398 (21. Jan.). Kunt fy, daz ich Conrait von Blbach vnd Heinrich von Blbach gebrudere vnd vnß Erben zu Man-lehehin han soliche gut als hernach geschrieben stait, mit namen waß wir han zu Rynheim vnd yn der marcke da-selbis, vß genommen waz wir han zu Blbach, zu Wende-bach, zu Hirchinroben, zu Wasenbach, zu Rorbach, zu Brandahe, vnd darzu den zehenbin zu Roden groiß vnd cleyne mit allen zugehorden, diese vorgeschr. gut genf vnd ruren zu lehen von Graue Ebirhard zu Katenelnbogen, die obgen. gut vnd manlehin die hait mir Conrait von Blbach obgen. geluhin zu dieß zyt Graue Ebirhard vorg. So sint diese nochgeschr. gut eyn burglehin zu Lichtinberg, daz vnß beider mutter entpfangen hait vnd auch von yme zu lehene geit vnd ist daz burglehin besomet von stucke zu stucke vff r. phunt heller geldes Jerlichin vnd r. malder fruchte geldes koren vnd habern yelichis halp, Item eyn baumgarten an den Rober wege, eynen baumgarten by der cleynen lynden, Eynen baumgarten, der heischit der kalben garten vnder der lenemuren, die hane wiese vnd ber Acker baby.

Dat. a. d. M.CCC.LXXXXVIII, in die Agnetis virg.

(Gesiegelt haben die Aussteller.)   (Katenelnb. Cop.-Buch.)

Nr. 733.

1398 (9. Febr.). Ich Conrad herre zu Bickenbach vor-munder myner lieben vettern Blrichs vnd Conrads von Bickenbach, myns vettern Conrabs von Bickenbach seligen sone bekennen, daz ich von yren wegen vnd irs nutzes willen mit rade andere irer mage vnd frunde yren gantzen deyl, den myn vetter ir vater selge vnd sie an dem Sloße Habitz heim ghabt hant, mit allen Zugehorungen Herrn Ruprecht pfaltzgraue by Ryne zu kauff geben han *).

Dat. sabb. p. diem b. Agathe virg. a. d. M.CCC.XCVIII.
(Das Siegel des Ausstellers hängt wohl erhalten an.) Orig.

Nr. 734.

1398 (29. Sept.). Wir Ulrich herre zu Hanauwe bun kunt, daz wir vmb gemeyne nutze vnser Stede Babenhusen vnßn Burgern da selbes gegeben han den ußersten graben vmb vnßer egen. stab Babenhusen vnd by lachen von der lachen brucken an biß in dy bach zu eynr fischerye vmb daz fie Brucken, graben vnd regele vnß egen. stab da baß in buwe vnd wesen gehalden mogen vnd fryen yn auch dye vorgen. graben vnd lachen also, daz yn vnßer manne vnd Burg-manne dar ynne nit fischen sollen widder yrn willen.

Dat. a. d. M.CCC.XCVIII, ipso die Michaelis archangeli.
(Das Siegel des Ausstellers hängt unbeschädigt an.)   Orig.

Nr. 735.

1399 (21. Juni) Ich Eberhart Dorn vnd Ich Huse Kerygen sin Eliche huffrauwe Bekennen, soliche wiesen als wir biz here gehabt han mit namen die alten Rober gelegen fur dem lutzelnforst zu Omstat, davon wir vnßerm gnedigen Jungkern Ulrich herrn zu Hanauwe alle Jare zu s. Mychels-tage vi. summern habern geben solten, daz wir nit gethan enhan vnd sin die vorg. Wyesen vnd Rober dem vorg. vnßerm Jungkern dar fur verfalen vnd sin Eygen, doch so hat der-selbe mir die gnade gethan vnd die wyesen wydder gelaßen.

Dat. vff. s. Albanstag a. d. M.CCC.XCVIII.
(Das Siegel des Edelknechts Junkers Sybolt Schelm des jungen von Bergen, Amtmanns zu Otsberg, hängt beschädigt an.) Orig.

---

*) In demselben Jahre (26. März) willigt Anna v. Bickenbach Käm-mererin, Schwester der obeng. Minderjährigen, in vorstehenden Ver-kauf. (Orig. Die Siegel der Ausstellerin und ihres Gemahls Johann Kämmerer von Dalberg hängen wohl erhalten an.)

Provinz Oberhessen.

Nr. 736.

Circa 1330. Deme Erwirdegen Fürsten Mime gnebigen herren Bischofe Henriche Irzbischofe zu Meinze Geben ich Johan von Rockenberg vnd Wernher min son beschriben vnse . . . . sprache vmme vnse schult von vnse rechenunge wen vnd von anderen stokin, die hernach geschriben sten, die vns min herre schuldic ist von sines stiftes wen.

Zu deme ersten male, daz ich Johan vorg. rechete mit mime herren Bischofe Mathyas deme got gnebig si, vnde he mir an der rechenunge schuldig bleib m.ccc.lxxix. punt heller vnde rviii. heller. Die rechenunge gescach anno domini m.ccc.xxviii, viii. kal. febr.

Sieber der Rechenunge han ich Johan vnd Wernher min son vorg. vierbuweit an die burg zu R o n e b u r g m.ccccc.x. punt heller.

Anderweit han ich Johan vorg. viergulden vor minen herren cc.xx. punt heller vnde lxxxv. malbir kornes vnde vi. summeren, das ich gube kuntschaf han.

Anderweit han ich bezaleit vor minen herren vnbir die Juden von viersazunge wen, daz ich viersazt wart gen deme Grauen von Zigenhen cc.lvii. punt vnd sessenhalben schilling heller, das ich auch kuntschaf han.

Anderweit caufte min herre ein Ros vmme Henrichen von Hulzhusen vnd sazte dar vor zu Burgen den voit von Vrsele vnd Jacoben Clobelauchen, die nit burgen wolden werden, ich en spreche dar vor, daz han ich bezaleit cc.rvi. punt heller.

Auch han ich bezaleit etlichen diener mines herren vmme iren sult, den ich min herre vierſazte ccc.rr. punt heller, des ich kuntſchaf han.

Anderweit han ich bezaleit vor minen herren den wirten zu Lychen, den ich ſachwalde wart vnd Johan Schaben vnd Roprachte Storen c.rr. punt heller, daz kuntlich iſt.

Auch han ich gegeben an korne vnb an weize mines herren Frunden von Menze, daz ſie briefet an cccccc. heller vnd an rc. punt heller mime ſone zu Lychen vnd auch eines beiles in die Gyzen vnd rrii. punt heller vor haferen.

Auch bleib mir c. punt heller hinbirſtellig, da Herman Zobe ein ammeit man was zu vrba miner burghube zu Roneburg.

Auch vierlos ich ein wiz zelbede pert in mines herren binſte, daz bezir was danne lr. punt hellere.

Auch gab ich zwei buſent punt heller vor minen herren, die da worden beme von Wirtenberg.

Auch han ich Wernher vorg. mime herren von Trire gerechenet jn beme jare anno domini m.ccc.xxix, fer. vi. p. diem Nycolai, vnd bleib mir min herre ſchuldig ſenzehen hunbirt punt heller, die gerechnet vnd geſlen ſint in die vier buſent punt heller, alſe die briefe ſent von Roneburg.

Dar nach bleib mir min her ſchuldig in einer anderen Rechenunge c.vii. punt heller vnde viii. ſchillinge vnd ich ime riv. achteil kornes.

Auch iſt mir min herre ſchuldig c. punt heller, die mir worden ſulben ſin vf ſ. Mertins bag in burghube, be min herre baz hus ſiebir loſte.

Auch bekenne wir vns Johan vnd Wernher vorg., daz wir bis vorgeſchribenes gelbis bezalet . . . ſiebenbehalb buſent

punt heller mit abeslahene v . . . . . elbe vnd waz her vber
leufeit, daz gelt. iſt vns miu herre ſchuldig zu richtene, vnd
· biden . . . . . . daz he ſich des gnedecliche mit vns riechte
. . . . *).

Nr. 737.

1330 (5. Febr.). Wir Friderich ein Ritter ſcholtheize,
die Burgermeiſtere, die Scheffin vnd der Rat zu Frankin-
fort bekennen, vm ſotan ſelgerede, als der Dechin vnd der
Capitel zu ſ. Georgen, die Predegere, die Barfuzen, die
Carmeliten vnd die wizen vrouwen zu Frankinford an ſpre-
chen die Meiſtern vnd deu Conuent zu Werberg bie Gru-
ninberg, daz jn etwennen Echart von Brouwenrabe vor
langen vergangen jaren ſolde habin geſezit, wan der-
ſelbe Echart daz ſelgerede barnach hat geander werbit vnd
daz nemeliche ſelgerede ob erz geſaz hatte, die keine muge
ober macht habin mag, ſo globin wir, waz die vorg. vrou-
wen anſprache hant von den vorg. herren vnd vrouwen vnd
anbirs von niemanne vnd daz nemeliche ſelgerede Echart
von Brouwenrabe, daz wir ſie des vorentwortin vf vnſir
koſt vnd erbeit, waz jn ſchaden davon mochte wibir varn.
Dat. a. d. M.CCC.XXX, fer. ii. prox. p. purif. b. Marie virg.,
(Das Siegel des Ausſtellers iſt beinahe ganz abgefallen.)

Orig.

Nr. 738.

1330 (5. Febr.). Nos Heydinricus de Derinbach ar-
miger et Elyzabet, nata quondam Bernhardi militis dicti
Kolbe, coniuges, recognoscimus, quod receptis a nobis ami-
cabiliter datis ab abbate et conuentu monasterii in Arnsburg
x. libris hallensium, renunciamus omni juri ac actioni nobis

.. *) Die auf einem Pergamentſtreifzu geſchriebene Rechnung iſt ohne
Datum und namentlich am Schluſſe ſehr durchlöchert.

siue heredibus nostris ratione bonorum in veteri Buchis-
ecke et in Foyxrodde sitorum, per nos olim prenó-
tatis religiosis venditorum, contra eosdem religiosos et suum
monasterium competentibus. Et quia ad presens sigillis
propriis caremus, presentes literas plebani et scabinorum et
ciuium opidi in Herberin sigillis appensis, quibus tanquam
propriis vtimur, procurauimus communiri. Nos quoque Otto
plebanus ordinis domus theutonice et scabini atque ciues
in Herberin, quia vidimns premissa omnia et singula coram
nobis seri, figilla nostra appendimus huic scripto.

Dat. a. d. M.CCC.XXX, secundum morem dyocesis
treuerensis anno domini conputato, in die b. Agathe virg.
et mart.

(Das Siegel des Pfarrers hängt beschädigt an, das der Stadt
fehlt.) Orig.

Nr. 739.

1330 (29. Apr.). Nouerint vniuersi, quod nos Cunc-
zela relicta quondam Wenczelonis militis de Engelnhusen,
Otto, Albertus, Nycolaus et Elyzabet liberi mei, matura
deliberacione cum consanguineis nostris prehabita, nostro
nomine et Anthonye filie mee minoris annos discretionis
nondum attingentis, omnia et singula iura nostra, que in
molendinis, videlicet in molendino superiori, molendino, quod
quondam dictus Sure inhabitabat, contiguo et in molendino,
quod ligneum molendinum nuncupatur, habere dinoscebamus,
vendidimus hospitali infirmorum extra muros opidi Grunen-
b.erg sito. Pro cautione quoque abrenunciationis siue
warandie debite et nichilominus pro ratihabicione prefate
Anthonye, cum ad annos discretionis peruenerit, pro fideius-
soribus fratrem Rupertum de s. Petro olim domus b. An-
thonii in Grunenberg preceptorem, iam dictorum puerorum
patruum, statuimus. — Testes: Johannes Rythesel miles,
Heinricus de Sasshen, Frydebertus filius eius, Hermannus

de Pedershain, Heyno de Cornice scabini in Grunenberg et
a. q. pl. *).

Dat. a. d. M.CCC.XXX, dom. jubilate.

(Das Siegel der Stadt Grünberg hängt zerbrochen an.)

Orig.

Nr. 740.

1330 (11. Juni). Ich Pâlina wirtbin waſ Johanneſ
Croppin von Belberſheim eineſ ritbereſ von kont, daʒ ich
mit gehenenvſſe Craftbiſ Croppin miniſ ſvagriſ, Wederolbiſ
von Linden vnd Johaneſ von Belberſcheim ritbere muntbare
vnd getrvwe hende min vnd miner kinde irforn von dem
vorg. Johane minen wirtben, han gegebin beme conuentbe
ber h. ſamenvnge zv Schiffinburg ber frauwin cloiſtirſ ſelich
gvt, alſ ich han gehat biʒ her vnd mine kint zv Grozin

---

*) **1334** (30. Sept.) bekennt „Cysa relicta quondam Heinrici Glysen
opidani in Grunenberg", daß ihr mit Einwilligung ihrer Kinder
und Schwiegersöhne „videlicet Nycolai sacerdotis filii mei, Heinrici
Finken scabini in Hohinburg generi mei, Lutze vxoris sue filie
mee, Gerwici Haumans generi mei, Elyzabet vxoris sue filie mee,
Ludewici Hildegerters generi mei, Katherine vxoris sue filie mee
et Berthe monialis filie mee" von dem Spital außerhalb der Mauern
zu Grünberg erblich verliehen worden sei „molendinum, quod
summale nuncupatur". — Zeugen: Gontramus de Lindenstrud,
Fridebertus de Sassin, Conradus Munzer, Dythmarus de Ameneburg,
Heyno de Cornice, Ludewicus frater suus, Petrus de
Kesterich et Gerwicus de Lindenstrud scabini in Grunenberg.
(Das Siegel der Stadt Grünberg ist abgeriſſen.)

1350 (20. Sept.) bekennen „Johan Vogil pherrer czu Ruſchenberg
vnd Wigant von Erfortſhuſen vnd Johan Vogil vme ſo getane
gulbe, alſ wir gekouft han vme Hermannen von Anzinvar alſ vme
den halben teil der mulen czu Grunenberg vme XXV. marg vnd
c. ſollen vuſem herren beme Langreben wider geben wlʒit he kummit
mit ſime gelde. (Die Siegel der beiden erſten Ausſteller hängen ſehr
beſchädigt an, das Siegel Hermanns v. Anzivar vorg. iſt abgefallen.)

Linden, daz da horit in die hobe, die Brvere erbeidit, dan vz vi. malder golde ierlichef pahbif vnd ein vafnat hvn zv einer lotrin almvfe, vnd virzihen der vorg. hobe vnd pahbif ich vnd mine kint Johan, Wernher vnd Craft vnd fez ich zv borgin Crafdin Croppin min fvagir, Wederolbin von Linden vnd Johannen von Belderfheim*).

Nach G. geb. m.ccc.xxx, an deme manbage n. v. herrin lychamen bage.

(Die Siegel der vorg. Bürgen hängen wenig beschädigt an.)

Orig.

Nr. 741.

1330 (4. Oct.). Nouerint vniuersi, quod ego Lyningus de Reydilshabin opidanus in Frideberg commendatorem ceterosque fratres conuentus theutonicorum domus in Sassinhusin cum consensu omnium heredum meorum tanquam vnum alium heredem constitui et facio ex parte fratris Nycolai, filii mei, aput eosdem existentis, ita quod predicti post obitum meum in omnibus bonis hereditariis seu propriis, que de jure ad heredes meos sunt diuoluenda, partem equalem recipiunt. Nos vero Heylemannus, Lynungus, Eygelo et Petrus filii recognoscimus, predictam ordinationem esse factam nostro cum consensu. — Testes: Heylmannus et Hartmannus fratres dicti von der Zit, Johannes Kole scabini et consules, Lynungus de clipeo et. a. q. pl.

Dat. a. d. M.CCC.XXX, v. fer. prox. p. fest. b. Mychahelis archang.

(Das Siegel der Stadt Friedberg hängt beschädigt an.) Orig.

---

*) 1351 (10. Nov.) verkauft die vorg. Pauline und ihr Sohn Wernher dem gen. Kloster zu Schiffenberg zu der Zelle ihren „bav zu Grozin Lindin da Reynber Burgman vffe fyzzit vnd eyn hube Laudis dy darin horit, vnd geben En dißen brtv vnder Ingefiegel des Erfamen ritters Johanis von Belderfheym burggramin zu Fredeberg. — Zeugen: her Hezechin eyn kummitur zu Schiffinburg, her Wernher eyn parre zu Grozinlindin u. a. m. (Das Siegel hängt zerbrochen an.)

Nr. 742.

1331 (5. Febr.). Wir vrowe Fye von Falkenstein ein
meisterin vnde der Conuent des Closteris zu der Celle vnbir
Schyffenburg dun kunt, daz wir han ein saczunge, sune
vnd richtunge mit brubir Henriche von Lewensten commenbure
vnd den brubern des buschen hufis bi Marpurg vmme alle
sache, stucke, broche ober zweiunge, sie sin geistlich ober werlt-
lich, also daz werntliche sache vor gen, also vnser beiber
frunt zusschen vns gerebit han, zu dem irsten male, daz wir
allir werntlicher sache, wo wir nicht sin gerichtet, sin ge-
gangen beiber sit vffe Bernharten vnd Lupelinen gebrubere
genant von Gunse; Conraden Seczephanden von Lynden
rittere vnde Hartemoden von Clattinberg einen wolgeborin
knecht, vnde were baz, daß die selbin siere nicht einbrechtig
in wurbin, so hant sie muge vnde macht, einen sonftin man
zu kesene. Me ist gerebit, daz wir allir geistlichen sache han
gegangen vffe meister Theodrichen genant vz me hobe von
Marpurg, official der prabstye s. Stephanes zu Menze vnde
brobir Hartmobin von Lynden den geistlichen man zu Arns-
burg, vnde were baz, baz bie selbin zwene ratman nicht
einbrechtig in wurbin, so sollent sie macht han einen erbern,
wisen, wolgelarten paffen beiden perthien gemeyne zu kesene
zu eime britten manne. Vnbe baz wir von beiden sten bise
sazzunge stebe vnbe feste halbin, so han wir vrowe Fye von
Falkensten vnb der Conuent des Closteris zu der Celle ge-
sazt fur vns zu burgen bie rittere Lupelinen von Gunse,
Henrichen von Elkerhusen vnbe Eberhard von Drahe, vnb
wir brubir Henrich vnb bie brubere des buschin hufis bi
Marpurg han gesazt zu burgen Senanben von Buchesecke,
Bernharthen von Gunse rittere vnbe Hartmoben von Clat-
tinburg einen wolgebornen kneth. — Zeugen: bie Rittere
Rycholf von Dreborph Dechin, Cune von Heygere sengere

des ſtyftes zu Wetſlar, Craft der albe von Belbirſhem, Johan von Belbirſhem, Craft von Rubenhuſen, Eckard Slune, Gerlach vnd Erwin gebrobere ſcheppchenen zu den Gyzen u. a. m.*).

Geb. n. G. geb. **m.ccc.ꭗꭗꭗi**, vffe ſ. Agathen dag der h. Juncfrowen.

(Das Siegel des Ausſtellers hängt wohl erhalten au.)   Orig.

Nr. 743.

1331 (12. März). Wir Luther herre von Iſinburg dun kunt, daz wir mit willen aller vnſer Kinde vnd erbin bewyſit han by Meyſtere vnd den Conuenth des Cloſteres zu Schiffinburg vi. malder Eweclicher gulde vf vnſe gut wor Minzinberg, daz da heyzzith daz hirgerhulz, by ſal in vnſe lantſible alle Jar reychin zu Lukarthe vnſer Lyben bother, by do iſt eyn nonne In dem worg. Cloſtere.

---

*) **1333** (13. Juli) bekennen „Cune Kolbindenſil ein Rittere, Albracht Kalb genant ein broeder des dutſchin Huſis bi Marpurg vnd Wern-her ſoen des vorg. Ritters Cunen, Raetlude vnd ſoenlude gecorin von des dutſchinhuſis bi Marpurg vſene ſiten vnd von Wernhers wegin von Draße eins priſters, wilene ein Regular Canonic was zu Schiffinburg vf deme berge“, daß ſie die Streitigkeiten zwiſchen beiden über verſchiedene ben. Pfennig- und Korngülten gerichtet haben. — Zeugen: „Markil von Kollnhuſin der ſcultheizze zu Minzen-berg, Craft Groppe, Wernher, Gernant, Coinrat von Muſſchlnheim, Heyle von Prunheim Rittere, Happil von Steinheim ein ſcheffin zu Minzinberg u. a. m. (Die Siegel der Ausſteller und der Stadt Gießen hängen gut erhalten au.)

1333 (13. April) erklärt „Heybenrich von Elkerhuſen ein wolge-borin knecht amptman zu Glyperg“, daß er auf alle Anſprache und Schuld an „brodir Johanne Rubeſomen, neben Conradis Rubeſomen, der da eyden iſt hern Lupelines von Gunſe ritteris“ zu Gunſten des deutſchen Ordens zu Marburg verzichtet habe. (Das Siegel des Ausſtellers hängt unverſehrt au.)

Geb. n. Chr. geb. **m.ccc.xxxi**, an f. Gregorius tage des
h. babiftes.

(Das Siegel des Ausftellers ift abgeriffen.)   Orig.

Nr. 744.

1882 (Jan.). Ego Conradus dictus Kutz de Langen-
gunse, ciuis wetflar., recognosco, quod accidente voluntate
Hertwini mei filii, Cyne vxoris sue, Gotzonis mei generi,
Gerdrudis sue conthoralis, Selindis et Elizabet filiarum me-
arum et heredum, vendidi magistre et conuentui cenobii
Celle prope Schyfinburg v. maldra siliginis annue pensionis
ex curia mea in L a n g e n g u n s e sita, quam inhabitando
possídeo et ex agris meis propriis xviii. iugera continentes
in campis ville L a n g e n g u n s e et in terminis eiusdem sitis,
quorum agrorum situacio post hec continetur, primo ex ii.
iugeribus subitus viam dictam der habichinheymer wech
subitus agrum Conradi fabri situm — super ripam dictam
dy ruwenbach — vadens per viam dictam der alde habichin-
heymer wech — prope pascua dicta dy mandele — prope
longam tyliam — super collem in deme wydehe — an dem
oppirstucke — per viam que nominatur de Radewech —
per viam que dicitur der Berinkeimer wech — prope wal-
dinslo — vor deme stochee — prope agrum monachorum
de Arnsburg. — T e s t e s: Markelo de Nuueren senior,
Eberhardus Rode, Gerbertus Vdo scabini ciuitatis predicte
et a. q. pl.

Dat. a. d. M.CCC.XXXII, mense januarii.

(Das Siegel der Stadt Wetzlar hängt zerbrochen an.]

Orig.

Nr. 745.

1882 (25. Jan.). Nobili viro domino Johanni comiti
de Cyginhain domino suo Conradus de Alsfeld miles in om-
nibus obsequendi promptam voluntatem. Decimam in villa

Elbinrode sitam, quam a vobis hucusque iure feodali possedi, donacioni vestre remitto, eandem resignando, rogans quatenus ipsam Heinrico de Vischeborne ciui in Alsfeld et suis heredibus cum omnibus suis pertinenciis conferre et assignare.

A. d. M.CCC.XXXII, in die conuers. s. Pauli apost.

(Das Siegel des Ausstellers ist abgerissen, liegt aber unversehrt bei.)

Orig.

Nr. 746.

1332 (18. Oct.). Ego Johannes-Strebekoz armiger et mei heredes recognoscimus, redditus iv. marcarum denariorum aquiens. ab domicello nostro Heinrico lantgrauio terre Hassie et suis heredibus in moleudinis . . . . . in Grunenberg et in villa Lutere, quos olim strenuus miles Conradus de Moerle possedit, pro castrensi. feodo singulis annis perpetue sustollendos nos habere; quos redditus prefatus domicellus noster, si redditus iv. marcarum in alio loco, circa predictum opidum Grunenberg sitos, nobis assignauerint, possunt et debent licite rehabere.

Dat. a. d. M.CCC.XXXII, ipso die b. Luce ewang.

(Das Siegel des Ausstellers ist abgerissen.) Orig.

Nr. 747.

1333 (12. März). Ich Conrat Drabobe von Wanebach vnde Lyse min eliche wirthen bekennen, daz wir verkauft han den Meisteren, die da heizset frowe Sophie von Valkenstein vnde deme Conuente des frowen Closteres zu Schiffenburg zwa hobe landes wisen vnd arbackers retliches eygenes, di da ligen vf den selben, di da horen in daz vorg. dorf zu Wanebach, vme c.viii. marg. pheninge. — Zeugen: Conrat Robe der zu Wanebach wonet Rittere, Ropret Store ein knet von deme wapene, Wigant Wise,

Conrat Colenhufer ſcheffenen zu Mynzemberg, Conrath Ful-
berc u. a. m.

Geb. n. Chr. geb. m.ccc.rrriii, an ſ. Gregories dage
des h. Babeſtes.

(Das Siegel der Stadt Minzenberg hängt gut erhalten an.)

Orig.

Nr. 748.

1333 (21. Juli). Nouerint, quod nos Gisilbertus de
Nord. pastor ecclesie parrochialis in O b e r e n h o b i n et
Johannes Engelonis suus ibidem vicarius vendidimus fratri
Nycolao de Schiffenburg decimam feni nobis annuatim ceden-
tem et ad vicariam eiusdem ecclesie spectantem, pro xv.
libris hallensium, eundem dominum Johannem et Adolfum
de Nord. armigerum, fratrem meum, constitui in fideiussores.
Act. xîi. kal. septembris, a. d. M.CCC.XXXIII.

(Die Siegel des Ausſtellers und des vorg. Adolf ſind abgefallen.) ·

Orig. ··

Nr. 749.

1333 (14. Oct.). Ich Heynrich Brendelin eyn Ritthir
ſon Hohinberg vnd Lyſa myn Elich wirthin bekennen, vm
alſalich gulde, als vns dy frauwin ſon dem ·Trone gebbin
rr. achbeyl cornis vz Irme gude zu Robbeheym, daz
Heyleman Roſpechchere vnſ gereychit hod, wan dy furg.
frauwin vns daz gud zu Dullingen, da ſon Girharb Fronit
den ſelbin poeht gibbit, vnſ gebbin vnd of lazen in dem
gerichthe, da daz furg. gud Ingelegin iſt, daz wir feſthe
vnd ſechir ſin noch gewaneheyd des richthis, daz ich der furg.
Heynrich vnd Lyſa dy furg. rr. achbeyl cornis in widdir
gebbin ſollin lebig vnd loys.

Geb. n. G. geb. m.ccc.rrriii, Calirti pape et mart.

(Das Siegel des Ausſtellers hängt gut erhalten an.)

Orig.

Nr. 750.

1333 (22. Dec.). Nos frater Cvnradus dictus Wanbolt commendator totusque conuentus domus in Wizzele ordinis s. Johannis hospit. ierosol. recognoscimus, nos nichil iuris habere in fertone denariorum, quem quondam Guda dicta de Gvnse nobis et ordini nostro in remedium anime sue legauit, super pratis sitis in der Bubinheym spectantibus ad curiam Bubinheym memoratam, cui fertoni renunciauimus.

Dat. a. d. M.CCC.XXXIII, in crast. b. Thome apost.

(Das Siegel des vorg. Conuentes hängt sehr beschädigt an.)

Orig.

Nr. 751.

1334 (1. Apr.). Ego Rupertus de Hamirshusen armiger et Alheydis conthoralis mea constare cupimus, quod nos vendidimus Johanni pastori parochialis ecclesie in Grvningen vi. maldra siliginis annue pensionis pro xlii. marcis denariorum, que quidem vi. maldra siliginis nos vel nostri heredes dicto Johanni in festo b. Mychahelis archangeli dare tenemur et presentare ad opidum Myntzenberg. Ad maioris autem securitatis cautelam curiam nostram Bvbinheym cum xii. iugeribus pratorum ad dictam curiam spectantibus, necnon cum omnibus aliis suis iuribus et pertinenciis pro subpignore assignauimus. — Testes: Wernherus de Hvftirsheym sacerdos et Cvnradus dictus Rode miles et Cvnradus dictus Leffirsheymere armiger de Wanebach, Happelo de Steinheym, Wigandus dictus Wise, Johannes dictus Gylen et Cvnradus dictus Colnhuser scabini in Myntzemberg, Item de Rochenberg Hermannus dictus Fyde, ...dictus Brvnrad et Rudolfus dictus Morunc*).

---

*) 1351 (17. Jan.) schenken „Johan pastor der kyrchen zu Gruningen vnde Hebele syn suester burgern zu Minzenberg, etswan wyrten was Happeln von Steynheym, zu eynre prunden Elsin Wernhers dochter vnsers bruder, burgeris zu Wezflar, den Geystlichen Junckfrauwen

Act. et dat. a. d. M.CCC.XXXIV, fer. vi. prox. a. diem
b. Ambrosii.

(Das Siegel der Stadt Münzenberg hängt wenig beschädigt an.)

Orig.

Nr. 752.

1334 (19. Juni). Nos Ludewicus dei gracia episcopus
ecclesie monasteriensis vniuersis cupimus fore notum, quod
discordiam inter Gerlacum de Hoinuels nostrum clericum et
pastorem parochialis ecclesie in opido nostro Bydenkap parte
ex vna et proconsules, consules, opidanosque nostros ibidem
parte ex altera, super luminacione seu facultate cerimoni-
arum ecclesie eorundem motam, composuimus et presentibus
ordinamus, videlicet quod predictus Gerlacus noster clericus
et pastor ecclesie in Bydenkap supradicte uel eius vices
gerentes et quicunque ipsi in dominio pastorie uel plebana-
tus ibidem perpetue succederint, vnam lampadem in choro
pendentem in oleo procurare debebunt de reddilibus ipsis
ad hoc assignatis, vt omnibus horis et temporibus ardeat et
in eadem ecclesia sacris sanctorum reliquiis luminent veluti
ab antiquis inclitum est et a predecessoribus super ipsos
deuolutum. Cuius rei testes clerici et castrenses in Byden-
kap nostri dilecti, videlicet Gumpertus de Hoinuels miles,
Gerlacus de Hoinuels predictus noster clericus, eiusdem
ordinacionis ex vna parte actor, Conradus ipsius vicarius
sacerdos, Syfridus de Bydenuelt officiatus noster pro tunc

Gezelen der aptiffen vnde deme Conuent gemeynliche des Closters
zu Marienslog by Rockinberg gelegen vnsern Hof zu Bubenheym mit
aller zugehörde, der da gelegin ist in den Gerichten zu Roclinberg
vnd zu Gambach. — Zeugen: Conze Kolnhuser vnd Gile der
Junge schefflin zu Minzenberg, Wygant Freyse, Rule Freyse vnd
Arnuld Rulen sun gemerler zu Roclinberg, Erwin von Budenheym
vnd Rule schefflin zu Gambach. (Das Siegel des vorg. Pfarrers
Johann hängt unverfehrt an, das der Stadt Minzenberg ist ab-
geschnitten.)

in Bydenkap, Arnoldus de Breydenbach, Ebirhardus Doering, Theodericus de Bvchenowe, Adolfus de Bydenuelt armigeri, Henricus de Melspach et Dytmarus Bertradis pro tunc proconsul in Bydenkap, Gyso senior, Roepertus de Gynderna, Dytmarus Wolkoldishusen, Wernherus Gysonis, Andreas Tuchis, Hermanus de Yfe, Conradus de Deckenisbach, Dytmarus Tuchis, Conradus Melsbecheris, Heidenricus Longus consules nostri ibidem, Wypertus Gysonis pastor in Lykisuelt, Johannes tunc rector paruulorum et a. q. pl.

Dat. et act. a. d. M.CCC.XXXIV, viii. kal. julii.

(Die Siegel des Ausstellers und des vorg. Gerlach v. Hohenfels sind abgefallen.)   Orig.

Nr. 753.

1334 (25. Aug.). Nos frater Conradus dictus Wyse commendator, ceterique fratres ordinis s. Marie domus theuthonice apud Marpurg recognoscimus, quod cum Hedewigis, Yrmingardis sorores carnales, necnon Conegundis filia ipsius Hedewigis dicte Vndirder Rusin de Fredeberg, nobis iv. octalia siliginis et iii. octalia tritici annue pensionis donassent, promisimus Hedewigi, Yrmingardi ac Conegundi predictis iv. octalia siliginis et iii. octalia tritici, in Frankinfort et Fredeberg cedentem annuatim, necnon de bonis et agris ab eisdem collatis quamdiu vixerint infra muros fredebergenses ministrare. Item Hedewygi, Yrmingardi et Conegundi domum nostram, quam quondam Anshelmus ibidem inhabitauit, ad inhabitandum assignamus ad ipsarum vite tempora. Item ortum nostrum muro fredebergensi et domum Henrici dicti Engil scabini ibidem contiguum immediate et inclusum pro ysu olerum et herbarum possidebunt*).

Act. a. d. M.CCC.XXXIV, in crast. b. Bartolomei apost.

(Das Siegel der Aussteller ist abgerissen.)   Orig.

---

*) Am 25. April des folgenden Jahres schenken die vorg. Hedwig und Irmengarde gen. von der Rusen dem deutschen Orden zu Marburg

Nr. 754.

1335 (14. Febr.). Kont si, daz wir Henclo von Salz⸗
hvsin, Metza min eliche wirtin vnd Heinze vnser son ver⸗
kauft han riii. morgen Landis artackers gelegen zu Salz⸗
husin — vf dem Berge, da man hin git gein Hvsin bi
Rycolays schefere — bi der lachin — vf dem berge vnd
Conradis steckin — bi der horauwe bi koyderscvte vnd einen
gartin niden an dem dorf, vmme riv. pvnt hellere bruder
Lodewige son Minzenbins s. Johannisordins. Me bekennen
wir, daz wir han eme auch vf gegebin alliz daz gut, daz
wir von eme zu Lantsiedelme rechte gehabit han vmme v.
schillinge vnd iv. pvnt hellere vnd han dar vmme verziegin
vii. pvnt hellere, die wir vf daz selbe gut geluhin hattin.
— Zeugen: Peter Rybolvng, Dytmar Anzugil scheffen zu

---

die obg. Gülte „de agris quondam Frideberti von der Rusen, fratris
nostri, Gele ipsius relicte et ipsorum heredum subnotatis: de agris
in campis ville Furbach prope Frideberg — aput siluam —
in campo Gerburgeheim de agro sito iuxta ripam dictam straz-
heymere . . . . an der Roden helde — prope fontem — viam
qua itur Bruchenbrucken — in campis ville Strazheim —
in dem Sleydehe. — Testes: Hartmannus von der zit, Eygele
Swarze, Heinricus Bern, Johannes Rule, Wygandus Meilbechir,
Wygandus Jsenhut, Ortmannus Panninsmeint, Bernoldus Sleiger
consules fridebergenses et a. q. pl. (Das Siegel der Stadt Fried⸗
berg ist abgerissen.)

    1360 (15. Febr.). bekennen „Harborte Probist der kirchen zcu
s. Seuern zcu Erforde, daz Nicolaus von Frideberg schuler der da
heyzet von der Rusen hat vor koust ii. malder korngeldes deme
komenthur vnde deme huse zu Marpurg des dutschen ordens vme
rv. phunt pheninge, vnd daz egen. korngeld hatte gekoust Konzele
von der Rusen zcu Frideberg deme selben Nicolas zcu sime libe wider
die egen. geistlichen lute zcu Marpurg. (Das Siegel der Aussteller
ist abgerissen.)

Rydehe, Johan ein Cyngreue in der Albinstad, Dytmar vnd Moyl Scheffen in der Albinstad u. a. m.

Geb. n. Chr. geb. m.ccc.rrrv, vf f. Venlintinis dag.

(Das Siegel der Stadt Nidda ist abgerissen.) Orig.

Nr. 755.

1335 (22. März). Ich Cunrad Ruzyl bekennin, daz ich byd samider hand Oysterlynde myner elichin wyrten deme strengin rydtere herin Crafte Rade von Fronhusen vnd synen Irben gegebin han ein stucke landes onses eigenes by dem dorf zu Leitgesterin gelegin, daz man nenned daz holzchin, vnd han. daz weder von eme zu Lene indfangin ons vnd vnsin Irbin, vnd han dar obir destn bryp gegebin onder ingeseglin Bernhardis von Gunsse, Gerlachis Leschin rydtere vnd Heydinriches von Elkirhusen Drochsezem zu Glyperg.

Geb. n. Chr. geb. m.ccc.rrrv, des neheftin Mydwochins n. s. Gerdrude dage der h. jungfrawin.

(Die Siegel sind sämmtlich abgefallen.) Orig.

Nr. 756.

1335 (30. Sept.). Ich Gumple ein rytter geheißen vzme hobe vnd Hedewig min eliche wirten dun kund, das wir virkouft han deme Conuente s. Johans ordens zu Frankenfurt v. achteil korngulde zu Pytancien alle iar zu gebene vf allin vnsirn guden, die wir han zu Rabinshusen, vm rv. marg phennige.

Act. et dat. a. d. M.CCC.XXXV, in crast. b. Michahelis arch.

(Die Siegel des Ausstellers und der Stadt Nidda sind abgerissen.)

Orig.

Nr. 757.

1335 (20. Oct.). Kunt si, daz ich Johan von Lyndin Ritter, hern Wyderoldis sun, virzyhen han der zweier hube vnd·des hanis, die do lygent zu **Grozzin Lynbin** vnd die her Cvnrad Setzpand Ritter hat gekauft vmme mynen vader hern Wyberoldin.

Dat. a. d. M.CCC.XXXV, fer. v. prox. p. diem b. Galli.
(Das Siegel des Ausstellers hängt sehr beschädigt an.)

.. Orig. .

Nr. 758.

· **1335** (11. Nov.). Wir Brudir Cunrad von Ruchkingin, der da heldir stat vnd plege des meisters des h. husis des spitalis ordins s. Johanis in der Weberoube, bruder Wigant von Belbirsheim, bruder Wenzele geheizen Schabe, Bruder Friberich Dugil genant, Bruder Johan von Rorbach, bruder Sipele parrere zu Nidde vnd wir die brubere gemeinliche des selben husis vnd samenunge bekennen, daz wir han getan einen wessil mit hern Widekinde eme prister, wir gebin ime ii. march pennig gulde alle iar an s. Martins dage, i. faffenach huin vnd i. durstehoubit ob iz gesellit vß vnseme gude, daz wir zu der **Rune** han, daz Beichtult von vns zu lantsibilme rechte besizzit. Dar vmme hat her vns gegeben sinen hap zu **Reinhusin** mit alleme deme rechte, alse he in von vns gekauft hatte, vnd han bissen brip gegeben besigilt mit bruder Cunrabis ingesigele von Ruchkingen vnd mit Ingesigele vnsir kauentis.

Geb. n. Chr. geb. m.ccc.xxxv, an s. Martins dage.
(Die Siegel hängen beschädigt au.) : Orig. .

Nr. 759.

1335 (20. Nov.). Ego Nycolaus Glyse presbiter vicarius ecclesie s. Bartholomei in Frankinford recognosco, quod vendidi partem meam boni in Lartinbach siti, per Heinricum Glysen pie memorie quondam patrem meum et Cysam matrem meam michi dati, soluens pro mea parte

annuatim ii. maldra et modium siliginis, xiil. metretam auene,
ii. aucas, i. pullum et pullum carnispriuialem, domino Al-
berto et conuentui monasterii in Arnsburg, qui predicti boni
duas eciam habuerunt antea partes, pro xviii. marcis denari-
orum. — Testes: Gontramus de Lyndenstrud, Frydebertus
de Sassin, Dythmarus de Ameneburg, Ludewicus de Cornice,
Conradus de Pethershain, Conradus Yrmingardis, Petrus de
Kestrich, Johannes de Manzelar scabini in Grunenberg,
Gerwicus Hauman et Ludewicus Hyldegertis ciues ibidem.

Dat. a. d. M.CCC.XXXV, in vig. b. Elyzabeth.

(Das kleinere Siegel der Stadt Grünberg hängt unversehrt an.)

Orig.

Nr. 760.

1336. Wir Johan vnd Heynrich gebrudere von Eysen-
bach tun kunt, daz wir vnd Traboten vnsirs bruder seligen
kynt die voytige zu Lutternbach von vnserm herren Grafen
Johanne von Cygenhain zu lehene han vnd lange here ge-
habet han, mit luten, guten, kyrchsatze, manschaf vnd alleme
rechte, nutze vnd eren, als her Dietherich von Warthenberg
vnsir alter vater die selbe von ime vnd sinen alberen hatte,
vnd hatte her Trabote selige von Eysenbach vnsir vater von
ime vnd hat er die selbe vnd alle sin albern von deme stifte
zu Fulde zu lehene gehabet.   Ouch bekennen wir, daz Hen-
rich von Warthenberg der albe vnd Friederich sin sun vur-
kouften ir teyl der selben voytige deme stifte zu Fulde vnd
den kyrchsatz zu Lutternbach wider vnsirs herren von
Cygenhain vurg. vnd vnsern der Ganerben willen, des liez
vnsir herre von Cygenhain bede von siner vnd vnsir weyne
den kouf kuntliche vursprechen an deme gerichte zu Fulde an
dem parabise als recht was vnd wollen wir mit vnserm
herren von Cygenhain alle wege den kouf widdersprechen als

lange biz daz er vnd wir vns gnaden ober rechtes irkobern mugen von deme stifte zu Fulbe.

Geb. n. Chr. geb. m.ccc.rrrvi.

(Die Siegel der Aussteller hängen wohl erhalten an.)

Orig.

Nr. 761.

1336 (25. Febr.). Cunt si, daz ich Henrich von Crufdorf vnd mine kint Lobewic vnd Gylebrac vnd Metze bekennen, daz wir virkoft han i. marc gelbis vnd ii. gense vnd iv. honere vze mime hoube zu Lollpr der kosterie zu Hacheburnen of den kor zu fallene zu geluchte vnser vrowen vnd s. Johannese, of bi kappellen s. Michaele, wizzit daz Costeren Jya dit gut hat gekoft mit holfe dez gelbis, daz Meisteren Lutmuc liez, daz ir got genebic si vnd och daz di selbe vorg. Jya incalben hat. — Zeugen: Vlrich von Rubenhuzen rittere, Damme von Rubenhuzen ein ebil knet, Henrich Birac der burgermeister zu Stoffenberg, Eckart Rufselere ein scheffene u. a. m.

Dat. a. d. M.CCC.XXXVI, in dom. reminiscere.

(Das Siegel der Stadt Gießen fehlt.)   Orig.

Nr. 762.

1336 (4. Mai). Nos Baldewinus s. treueren. ecclesie archiepiscopus notum facimus, quod commendatori et fratribus domus thcutonice in Marpurg concedimus, vt ecclesiam suam et locum Schyffenburg, nostre dyocesis, per duos ydoneos sacerdotes eorum ordinis officiare et regere valeant ad tres annos subsequentes immediate, quodque monasterio sanctimonialium in pede montis eiusdem loci situato vel personis eiusdem ex huiusmodi nostra concessione nullum generetur preiudicium vel grauamen.

Dat. Treuiris a. d. M.CCC.XXXVI, in crast. inuent. s. crucis.

(Das Siegel des Erzbischofs hängt etwas beschädigt an.)   Orig.

Nr. 763.

1336 (23. Juni). Ich Lodewif des smedis eydin von Stenbach vnd Gobelint min eliche huffrauwe dun kunt, daz wir firkaufin han deme Commendur vnd den herrin des dutschin hufis zo Schiffinburg zo geluchte ir kirchin eynin strbing gelbis lichter penninge vme iii. marg pennige of eyn vnse wesin, die da ligit nebewendik Conrabisrode deme dorfe nebewendig des burnin flosis vnd of strbehalbin morgin Landis bi deme selbin dorfe gelegin vnd alsus genant sint — of deme steyne — an deme heyne awendig des dorfis — an deme hulzwege gen Garwateych — in der grobin of deme zune — vnd hant die forg. Commendur vnd herrin die selbin wesin vnd lant webir geluhin vns vnd vnsin kindin. — Zeugen: Hanzil Heyne genant vnd Gunpil zu Hufe vnd Kirchskibil vnd Morung zo Conrabisrode u. a. m.

Dat. a. d. M.CCC.XXXVI, in vig. Johannis bapt.

(Das Siegel Geruands des Probstes der Frauen von Schiffenberg hängt unversehrt an.)   Drig.

Nr. 764.

1336 (30. Sept.). Nos Heinricus dei gracia fuldensis ecclesie abbas profitemur, quod strenuus miles Crafto dictus de Beldersheim senior Johanni juniori suo filio castrense feodum suum, quod in Byngenheim a nobis et ecclesia nostra habere dinoscitur, pre ceteris suis pueris post dicti Craftonis mortem ab ipso Johanne pacifice possidendum addidit et solempniter coram nobis tradidit, consensu nostro accedente.

Dat. a. d. M.CCC.XXXVI, in crast. b. Michahelis archang.

(Das Siegel des Abts ist abgefallen.)   Drig.

Nr. 765.

1336 (30. Nov.). Ich Gerlach von Storindorf ein wepener, Alheyd min eliche wirtin vnd vnse Erbin bekennen, daz wir von hern Friberiche vome Hirzberge, vrowin Sophien siner elichen wirten vnd iren Erbin zu erbe burglihene sullin han iii. marg· gelbis an vnserme gube czu Ribern Breydinbach, da Grube vffe saz, an deme gube zu Storinborf, da Steynauwir vffe sitzit vnd an deme gube zu Babirnrobe, da Volkemar vffe sitzit vnd sullin daz burglihen virsitzen in irme huse zu Rumerobe, wider zu losene mib rrr. marg penninge. — Zeugen: Dietmar Sweyme ein ritter, Winter von Albinburg, Kutze von Jringishusen, Ebirhard Barch wepelinge u. a. m.

Geb. n. Chr. geb. m.ccc.rrrvi, an s. Andres bage bes apost.

(Das Siegel des Ausstellers hängt unversehrt an.)

Orig.

Nr. 766.

1337 (12. Jan.). Ich Rulman von Lympurg Burgere zu Frankenforb bun kunt, daz Grefe Johan von Cygenhain mich zu erbe manne gewunnen hat vmme iii. marg gelbes vf sime zolle zu Rybehe.

Geb. n. Chr. geb. m.ccc.rrrvii, an deme neheften suntage vur dem rviii. bage vnsirs herren.

(Das Siegel des Ausstellers hängt etwas beschädigt an.)

Orig.

Nr. 767.

1337 (21. Jan.). Ich Cunrab genant Strube vnd Gerbrut eliche Lude von Steinbach bun kunt, das wir han verkauft dem Cummerthurne vnd den Brubirn des butschin hufis zu Schiffinburg i. ferbung penninge ewerlichir gulbe vf vnstr wyftn, by zu Steinbach gelegin ift, genand imme Hoftn lnche bi der steinbruckin, bi vnstr halp ift vf vnsirme beile, vmme iii. marg peninge alle iar vf s. Michahelis zu gebene. — Zeugen: Heinrich Bergheimer von Garwartelch,

Heinclo Wynthlt, Sybode, Lutze, Dampme von Steinbach u. a. m.*).

Dat. a. d. M.CCC.XXXVII, ipso die Agnetis virg.

(Das Siegel der Stadt Lich hängt unverletzt an.) Orig.

Nr. 768.

1337 (6. Febr.). Wir Johans vnde Heinrich gebruder von Eysinbach vnd Trabode irs Bruder selegin sun bekennin, daz wir gekouft hain vmme Lantgrauin Heinrich von Hessin vnsen herrin vnde sine Erbin daz hus czu Merlowe vnd by gerichte czu Babenhusen vnd zu Velle, mit allem dem, daz da czu gehoret, vmme zwei Tusent sez hundert vnd drißig phunt heller vnd vmme vir hundert mark lotegis silbers. Darzu ist geredith, daz wir mugin wol verbuwin cc. phunt heller an daz hus vnd vmme daz hus czu Merlowe, wo ez daz czu not bedarf. Dirre kouf ist geschehin mit dem vnderscheide, wanne sie obbir yre Erbin wollin daz hus vnde die Gerichte wider vmme vns keufin, so sollin sie ez vns ein virteil iares vorsagin zu hant, dar nach sollin sie vns zwei Tusent sez hundert vnd drißig phunt heller vnd ouch cc. phunt heller, ob sie an daz hus verbuwet sint obber minner, alse man daz an deme buwe vindet, wider bezalin ꝛc.**)

---

*) 1337 (14. April) bekennt Heinrich Betrams Sohn von Steinberg, daß ihm die deutschen Herren von Schiffenberg geliehen haben „die wesin die da heyzet strytwese" für 4 Pfennige Gülte. — Zeugen: Gylbrachte der Prabist zu der Cellen, bruder Emmreche der Thuche herre von Leytgesteren, Erwin vnd Gerhart zwene Mollener, Flecke von Wazinburnen, Ludewig Vngloube u. a. m." (Das Siegel des vorg. Probstes hängt unverfehrt an.)

**) 1343 (17. Febr.) bekennt „Heinrich von Eysinbach Ritter, czu wilcher czit Lantgrebe Heinrich von Heffen obber sine Erbin yr hus Merlawe vnd daz dar czu gehoret, von Johanne mime Bruder vnd

Geb. n. Chr. geb. m.ccc.xxvii, an deme Dunrstage n. vnser frawin tage, so man die licht wihet.

(Das Siegel der Aussteller hängt unversehrt an.) Orig.

Nr. 769.

1337 (5. Juni). Wir susiere Bethrath genaut ein abtissen vnd der Conuent zv Patenshusen von kont, daz wir han gewesselit vmme hern Johannen von Belbersheym, der da wonet zv Rockenberg vnd sinen son herren Wernheren, die beide Rittere sin, zwei stucke, die da ligen vf deme velde geyn Oppirshouen, daz eyne stozit uber ben berge wec an das rot of die florscheybe vnd hat iii. morgen, daz andere hat andirhalb morgen vnd stozit uber ben wec, der von Op= pirshouen get zv Mynzenberc, vmme zwei stucke, die da sin gelegen alre nehes hynder deme dorf zv Rockenberg zwuschen deme wege vnd der weybe, dirre stucke hat eynes iii. morgen, daz andere andir halben, dit ist geschehen mit rabe der lude, die da gesworn han vbir daz felt vnd Johan vnsers lantsideln, dem wir baz gut geliren han.

Dat. a. d. M.CCC.XXXVII, in die b. Bonifacü mart.

(Das Siegel der Ausstellerin hängt wohl erhalten an.)

Orig.

Nr. 770.

1337 (8. Sept.). Ich Heinrich Meun Ritter bekennen, baz ich bar abe vnd ane geweft bin, baz alle die Lube, die zu Sleiffeld sin, die hern Hartmude von Cronenberg vnd Frederiche von Carbin zu verantwurtine sin, verziehin

---

von mir lofin wollin, so sal . . . . baz schaffen, baz yn auch baz gerichte czu Babenhusin, baz vns bar mite verfagt wart, widder werde ledig vnd loz, ane Petirshain vnd Bolgrandishain, die der vorg. min herre von Heffin mir vnd minen Erbin czu eym erbeburgleben geluhin hait. (Das Siegel des Ausstellers hängt un= versehrt an.)

han of allin den schadin, den in Guntram von Wertheim oder sine helfere hant gedan. Me han ich gehurt, daz Heilemän des schuftheizzin son von Furbách auch verziegin hat of allin den schadin, den sie eme gedan hant.

Geb. n. G. geb. m.ccc.rrvii, an vnsir vrouwin dage als sie geb. wart.

(Das Siegel des Ausstellers hängt gut erhalten an.)

Orig.

Nr. 771.

1337 (20. Sept.). Wir der Probist, dy Meisteren, der Conuent der h. nunnyn zu Schiffinburg vlriehin vns, daz vns Adolph Ruße vnd Reinhart sin brudir hant geghebin v. marc peninge vmme i. maldir korngelbis zu rechteme seilgerede, dauone sal man alle wege deme Conuente der vrowin dyenin of s. Bartholoméus dag, dy wile he lebit, vnd wanne he nicht lengir ist, so sal man ez tun offe sine Jargezit.

Dat. a. d. M.CCC.XXXVII, vig. s. Mathei apost. et ewang.

(Das Siegel der Aussteller hängt zerbrochen an.) Orig.

Nr. 772.

1337 (19. Nov.). Wir Frederich Clemme von Hoinberg eyn wepenere vnd Grede sin eliche wirthen bekennen, daz vnsir herre Graf Johan von Cygenhain oder sin erben die vii marg geldes, die er vns gelehen hat of sinen guden zu Schyle vnd zu Berstad, von vns oder von vnsern erben wider mugen losen ii. marg geldes vur xx. marg, ix. marg geldes vur xl. marg vnd vi. marg geldes vur lx. marg geldes. vnd wan daz geschehe, so sullen wir in als viele a..... von vns losen vnsirs eyenen gudes of geben ob wir daz han oder sullen mit dem selben gelde als viele gudes koufen vnd daz of geben vnserm herren von Cygenhain vurg. vnd wider zu lehene von in enphahen vnd erbe man dar

vmme fin zu dem Slozze Rydehe, der herschaft von Cygen=
hain.

Geb. n. Chr. geb. m.ccc.rrvii, an f. Elsebeth tage.

(Das Siegel des Ausstellers hängt unbeschädigt an.)

Orig.

Nr. 773.

1338 (30. April). Wir brobir Conrad Wyse Com=
menbur vnb die brobir Gemeynlich des dutschin huses bi
Marpurg dun kunt, daz wir fin zorabe worden, daz by
mark gelbis, die baz hus zo Schiffinburg hatte an der molin
zo Husen by Wetslar, die Conrad Roist kaufte den broberin
zo Schiffenburg zo eyme selegerede, sal forbazme geyn der=
selbin marg gelbis fallin eyn anbir mark gelbis zo Annin=
robe gelegin von beme gube, daz Wenzil Crisme besitzit, vnb
sullint sich die brobir zo Schiffinburg da von began alle iar
des sorg. Conrabis largecide vnbe Bechtin siner hussrauwen.

Dat. a. d. M.CCC.XXXVIII, in vig. Philippi et Jacobi apost.

(Das Siegel der Aussteller hängt unversehrt an.) Orig.

Nr. 774.

1338 (4. Juni). Jch Dietmar Sweime ritere, Pedirsche
min eliche wirten vnbe vnse Erbin dun kunt, baz wir dem
strengen ritere Friberiche vome Hirzberge, Sophien siner
ellichen wirten vnbe iren Erben vnse gut zu Lutzela, daz
Herman Bran inne hat, zu vnbir panbe han gesatz, alse
lange, biz daz wir en reche werschaf gebun an Hetzechin gube
zu Habratishusen, daz wir en zu erbe burglehene be=
wist han, daz von miner ersten wirten ist bare komen. —
Zeugen: Winther von Albinburg, Gerlach von Storrindorf,
Conrad Barch, Lutze von Jringilshusen, Henrich Grab u. a. m.

Geb. n. Chr. geb. m.ccc.rrviii, an dem Dunrstage in
ber Pingest wochen.

(Das Siegel des Ausstellers hängt unversehrt an.) Orig.

Nr. 775.

1838 (24. Juni). Ich Gisle Zappen vnde mine sune mit vnsen Erbin bekennen, daz vns der strenge ritter her Friderich vome Hirzberge, vnse frowe vir Sophie sin eliche wirten vnd ir Erbin gegebin han zcu Rumerob vi. morgen landis vf ye biz selt, eyne wisen, die da horte zu Melinbachis gude, eyne wisen, die Henkiln Olnbis vnde Conrad Heynburgen was vnde eynen garten, der Conrad Beckirs was. Ouch han wir en bewisit an vnsen Guden ii. marg geldis zu Bezilnrobe an eyme gude, da hern Guntirs kint vffe sitzent vnd an eyme gude, da hern Ludewigis kint vffe sitzen, setzehindehalbin schilling pennige an Pannen smiedis gude, vor der stab zu Herbirsteyn riii. schillinge vnde iv. penninge an Leppelins gude, zu Rexfelde riv. schillinge peninge, an eyme gude zcu Nibern Hofgarten, daz da lit bi der mulen, v. schillinge vnd ii. penninge. Die ii. marg vnd waz sie vns zu Rumerobe bewisit han, sullen wir von en han zu erbe burglihene eweclichē zu virsitzene zu Rumerobe. Wir bekennen auch, daz sie vns geyn den ii. marken geldis, die wir en bewisit han, an iren guden ii. marg geldis bewisit han zu Deinerobe an Mundif Craftis gude vnde an Gerlach Fitzeln gude vnd irre ganerbin rriv. schillinge sulbeschir penninge zu habene, biz daz sie vns rr. marg penninge gegebin. Wan sie vns der bezaln, so sullen wir sie an erbe legin mit irme rade vnd sullen daz erbe mit dem, daz sie vns zu Rumerob bewisit han, von en zu erbe burglihene han ewecliche alda selbis zu virsitzene. — Zeugen: Wigle virn Guden, Ebirhard Barch, Conrad sin brudir, Gerlach von Storindorf, Ingebrand von Breydinbach u. a. m.*)

---

*) Am 4. Juni des nämlichen Jahres bekennen „Dyetmar Sweyme ein ritter, Pedirsche min eliche wirten mit vnsen Erbin, daz vns der strenge ritter Friderich von dem Hirzberge, Sophie sin eliche wirten

Geb. n. Chr. geb. m.ccc.rrrviii, an s. Johannis·abinde Bapt. alse he geborn wart.

(Das Siegel des Junkers Ludewig von Romrod hängt wenig beschädigt an.)

Orig.

Nr. 776.

1388 (15. Juli). Wir Johan Grebe von Naffauwe bekennen, solich hus, acfir vnd wonunge als brudir Wynthere der Eynsidele gebuwit vnd begriffin hait in den wysserwalde, daz he vur synir sele heil Lutirliche durch gob gegebin vnd gefazt hait zu Schiffinburg der Meisterfin, der Priolin vnd den heiligin Nunnin des Conuentis eweliche zu befitze, daz daz vnse gube wille ist vnd gehengniffe.

Dat. a. d. M.CCC.XXXVIII, fer. iv. a. diem b. Marie Magd.

(Das Siegel des Ausstellers hängt beschädigt an.) Orig.

Nr. 777.

1388 (30. Sept.). Wir Henrich von Bispurne ein scheffin zu Alsfelt, Wigand Lutze, Emerich, Herbord, Johan von Jringishusen vnd alle vnsse Erbin vnde ganerbin, die zu deme zcehinden zu Goringen gehoren, dun kunt, daz

vnde ir Erbin hant gelihen daz gut halb zu Rumerode, da der iunge Scheltir vffe faz, eynen acfir vnde eyne wiffen, die etswanne Smildes Kinde waren vnd eynen garten zu rechte erbe burglihene. Wir bekennen auch mit allen vnsen Erben, daz wir han vf gegebin daz gut zu Habratishusen, da Hipechin vffe faz, vnd eyn gut zu Lutzela, daz da heyzit Crebizis gut, den vorg. hern Frideriche, browen virn Sophie vnde irn Erbin, vnde han die gut wider von en enphangen zu rechte erbe burglihene vnd sullen beyde daz wir von en han zu Rumerode vnd dise vorg. zwen gut virfitzen vnde virdienen in irme hufe zu Rumerode. — Zeugen: Winter von Aldinburg, Gerlach von Storindorf, Conrad Darch, Lutze von Jringishusen, Henrich Grab u. a. m.“ (Das Siegel des Ausstellers ist abgeriffen.)

wir mit der dorfschaf vnde der gemeynde des vorg. dorfis ge-
richtet vnde vireynit sin mit virhengnisse hern Frideriches
von dem Hirtzberge vnde iunghern Lodewigis von Rumerode
irre Herren, also daz vns die vorg. dorfschaf vnde gemeynde
sullen eweclide gebin alle iar vffe s. Michels dag i. marg
penninge vor den hauwe zehinden. — Zeugen: Winther
von Albinborg, Gerlach von Storindorff, Henrich Grayd,
Henrich Ingebrand burgmanne zu Rumerode, Happle Pan-
kuche, Conrad Kempe scheffine zu Alsfelt u. a. m.

Geb. n. Chr. geb. m.ccc.xxxviii, an dem andern tage n.
s. Michels dage.

(Die Siegel der Ritter Friederich von Romrode und Johann von Linden
hängen wohl erhalten an.)   Orig.

Nr. 778.

1339 (17. Jan.).   Ich Gerlach Heinburge von Grozin
Lynden vnde Meckele min eliche hußfrauwe dun kunt, daz
wir han firkauft deme Commendur vnd den brobirn gemeyn-
lich des dutschin hufes zo Schiffinburg eyne hube landis rech-
lichis eygenis, die da ligit of den velbin zo Grozin Lyn-
bin vnd zo Luczillinbin, die da xv. morgin hat, vmme
xl. mark penninge, vnde sint gelegin vnde genant zo Lutzil-
lynbin of den velde in den bitzin vnde of den heugerin
— an deme Wetflar wege obir den weck — of deme .ewin-
bal — of der springin — an deme habechinheymer wege
vnde an deme Hirlishemer payde — an deme katzin reyne
— an deme wipratis steyne — vnbir deme lynbir wege —
of hern Slunin ackir — of deme grozen lynbir velde ofme
lohe vnd hindir deme lohe — ofme hohin steyne — of der
leym grobin — of die gegraptin welin — of deme gyzir
ackir — an deme hulbirstruche.   Die selbin hube landis hant
die forg. Commendur vnd brubir zo Schiffinburg vns vnd

vnſin frundin wedir geſuhin zo lantſiſdilme rechte numer zo ſtrbribene vmme lebir lantſebil abir hoher payt alſo lange wer en recht bun. — Zeugen: Eckart Slune rittir vnd Johan Knolle eyn Scheffin zo den Gyzen, Sibode ein wol geborn knet vnd Bruwer von Grozin lynbin, Waldecker von Leckeſtrin vnde Conzo Schade von Luzillynden u. a. m.

G. n. Chr. geb. u.ccc.rrrir, of ſ. Anthonies dage.

(Das Siegel der Burgmänner, der Schöffen und der Stadt von den Gezin hängt etwas zerbrochen an, das Siegel des Ritters Thiele von Belbirsheim iſt abgeriſſen.)   Orig.

Nr. 779.

1339 (19. Febr.).   Heinricus dei gracia s. mogunt. sedis archiepiscopus dilectis sibi in Christo magistre et conuentui monasterii in Rogkenberg salutem.   Cum predictum monasterium habeat redditus et prouentus adeo tenues, quod Christi uirgines in ipso deo famulantes de ipsis non possint habere comode vite sustentacionem, hac igitur consideracione premoniti ecclesiam parrochialem in R o g k e n b e r g ad supplicem precum instanciam Gotfridi de Eppenstein, ad quem jus patronatus dicte ecclesie noscitur pertinere, vobis et dicto vestro monasterio cum omnibus redditibus, prouentibus et juribus de consensu Johannis decani totiusque capituli ecclesie nostre mogunt. incorporamus, annectimus et vnimus.

Dat. Elteuil xi. kal. marcii a. d. M.CCC.XXXIX.

(Das Siegel des Ausſtellers und ſeines Capitels hängt unverſehrt an.)
Orig.

Nr. 780.

1339 (25. Juni).   Wir Eckehart von Honuelz ein paſtor der kirchin zu Aſphe, Gotſchalg ſin brubir, Jutte mins Gotſchalkis eliche husvrowe, Lodewig vnd Volprecht Brubir ſune dirre vorgenantin Bekennin, daz wir mid willin vnſir erbin vnd ganerbin virkouft han vnſin hop in demi dorphin zu

Wifintbach mid allin fime rechti vrouwin Lucharde antif-
wanne einre elichin wirtin hern Gifin eins scheffin zu Bi-
bincaph, Gifin von Lafphe einin burgere zu Bibincaph, Eme-
lude finre elichin wirtin vmme lriv. marg pennige. — Zeu-
gen: Hermanne von Elnhufen eine vnbiramtmanne, Conrat
von Melfbach eime Burgermeiftere, Conrat von Deckinfbach,
Wernhere Gifin, Ditmare von Ophe, Hartmude von Gin-
birna scheffin, Lodewig Gifin, Johanne Gifin burgerin zu
Bibincaph, Gumprechte Arnefe u. a. m.*)

Geb. n. Chr. geb. m.ccc.rrrir, an dem anbirn tage n.
f. Johannis bapt.

(Die Siegel der Stadt Biedenkopf und Otto's von Breidenbach find ab-
gerijfen.)   Orig.

Nr. 781.

1339 (26. Aug.). Nos Heinricus dei gratia Lantgrauius
terre Hassie notum esse volumus, quod necessitatibus
magistre et conuentus sanctimonialium in Schiffenburg in-
spectis, ipsis et earum cenobio, dei eiusque genitricis Marie
virginis ac omnium sanctorum intuitu, necnon in remedium
animarum omnium progenitorum nostrorum ac nostre, viii.
mansos in nemore dicto der Wysekerwalt, ante dictum
cenobium sitos, iuxta morem opidi nostri Gyszen ac aliorum
terminorum ibidem rite mensuratos, contulimus omne ius
seu dominium nobis in eisdem mansis competentia in easdem
magistram et conuentum omnimodo transferendo, tali con-
ditione addita, quod dicti mansi nemoris ad culturam agrorum
seu pratorum non exstirpentur ab aliquo, cum ipsam in
augmentum et crescentiam maiorum lignorum ad vsus ipsius
cenobii foueri velimus et sub diligenti custodia reseruari,

---

*) An demfelben Tage bekennen die obgen. Bürger zu Biedenkopf, daß
   fie den vorg. Hof den gen. Herrn von Hohenfels binnen 10 Jahren
   wieder zu löfen geben follen um die vorg. Summe Geldes. (Auch
   hier find die vorg. Siegel abgerijfen.)

nolentes insuper ipsis sanctimonialibus in residua parte eiusdem nemoris, si quod iuris ipsis in ea videtur competere, pretextu donacionis huiusmodi preiudicium seu grauamen aliquod generari.

Act. et dat. a. d. M.CCC.XXXIX, fer. v. prox. p. diem b. Bartholomei apost.

(Das Siegel des Landgrafen hängt zerbrochen an.)   Orig.

Nr. 782.

1889 (30. Nov.). Ich Winther von Albinborg eyn wepener dun kunt, daz mir her Friderich vome Hirtzberge, Sophie sin eliche wirten vnde ire Erbin mit virhengnisse Junchern Betholdis von Liebisperg irs eydins, Metzen siner wirten irre dothir vnd irre Erbin geliten han die louben abir der kuchene zu Rumerobe, die kemenabin, da der von Drahe inne was, daz hus vnde die schuren in den blanken, daz ich kouffte von hern Sweymen, daz forwerg in dem dorf zu Rumerobe, daz hie vore Eyener hatte, mit allem dem rethe, als darzu gehorit, daz zincgrebin amp an dem gerithe zu Geburen, waz ich rethis han an der mulen zu Hitzisdorf, daz gut zu Ingerobe, daz Haynebachis was, daz gut zu Ofe, daz Gerlaches bulen was, daz gut zume Ruthers, daz auch Gerlachis bulen was, daz gut zu Lieberbach, daz Bethrab die widewe hat, vnde alliz daz reth vnde gulbe, die sie hatten an dem holtzmans berge, zcu mime libe geruelliche zu besitzen, also bescheidinliche, daz ich bi en zu Rumerobe sitzen vnde wonen sal die wil ich lebin. — Zeugen: brudir Herman von Rumerobe der Commendur zu Grebinowe, Lutze von Iringishusen, Wigle virn Guden, Ebirhard Barch, Conrab vnde Wigand sine brudere, Gerlach von Storinborf, Henrich Grayd, Wigand von den Buchayn u. a. m.

Geb. n. Chr. geb. M.CCC.XXIX, an s. Andreas dage des apost.

(Das dreieckige Siegel des Ausstellers hängt unbeschädigt an.)

Orig.

Nr. 783.

1340 (16. Febr.). Cunt ſi, daȝ ich Ruprath von Mer-
louwe bekennen, mit willen miner geanerben, daȝ bi mole,
ꝟi da heiſit di Wilchmole, ſal noch mime tobe widir gevallen
deme Cloſtere zu Hacheburnen mit alleme deme rechte, alſ ſi
ſi vor hatten, vnd die wile, daȝ der lantſidele rechte in der
molen but, ſal man ſi ime nit nemen.

Dat. a. d. M.CCC.XXXX, fer. iv. prox. a. kathed. Petri.
(Das Siegel des Ausſtellers hängt zerbrochen an.)	Orig.

Nr. 784.

1340 (30. April). Ich Franȝo Cyngrebe von Kirch-
gunſſe vnde Irmindrut min eliche husfrauwe bun kunt, daȝ
wir han of gegebin deme Commentur vnde den brobirn des
butſchin huſes zo Schiffinburg xvi. morgin landes zo Lan-
gunſſe gelegin, die vnſir eygin warin vnd die da geldint
alle iar iv. maldir kornis vnde i. muthe vnde i. faſſinnaht
hun, vnd han vns die ſelbin herrin of gelaȝin viii. morgin
landis, die ſie mit vns hattin zo Kirchgunſſe, vnd geben
wir in die forg. xvi. morgin landis mit namen — of Her-
burgiswese — an Smedis ſtucke — ofme langin lindir grabin
— bi der mandiln — bi Iſenbeychirs weſtin — of hunis
ſtucke — vndir Habeſchinheymer wege — an den bebirſtucke
— bi Sibudin vnde bi Swaperchir — abewendig des lindir
wegis — gen Ancils cruce — ofme ſcheyde — bi deme
breybin luwe — awendik des molin bergis — bi Karpin
— bi deme palme cruce. — Z e u g e n: Dederich Schuȝeſper
eyn rittir vnd Erwin eyn ſcheffin zu Geȝin, vnd Conrat
Smit, Hertwin vnd Arnolt Felperger von Langunſſe.

Dat. a. d. M.CCC.XL, in vig. Philippi et Jacobi apost.
(Das Siegel der Stadt Gießen hängt unverſehrt an.)

Orig.

Nr. 785.

1840 (7. Mai). Johannes comes de Cygenhain domino officiali prepositure s. Marie ad gradus mogunt. salutem. Ad capellam castri nostri-Nydehe, cuius collatio ad nos spectare dinoscitur, Waltherum sacerdotem de Grunenberg vobis duximus presentandum.

Dat. Nydehe sub sigillo nostro maiori, a. d. M.CCC.XL, in vig. ascensionis dom.

(Das Siegel hängt unbeschädigt an.) Orig.

Nr. 786.

1840 (25. Juli). Ich her Johan eyn ritter van Derynbach genant vnde Hylle myn Elyche husurowe vnde her Conne eyn ritter ouch van Derynbach genant vnde Florette myn Elyche husurowe bekennent, daz wyr haynt vorzygen alle ber ansprache, dy wyr hatten zu myner vrowen van Albynburg vnde zu deme Couente da selbis vmme dy struyt, dy da ist genant zu der hupleticheyn vnd vmme wysen vnd Eckere vnd allyz daz zu der vorg. struyt horet. — Zeugen: Lodewig von Bicken eyn pastor zu Gladenbach vnde Dytmar van Reymershusen eyn scepphen zu Gladenbach vnd Syuret von Womolshusen ouch eyn scepphen n. a. m.*)

Dat. a. d. M.CCC.XL, in die b. Jacobi apost.

(Gesiegelt hat der vorg. Johann von Dernbach für sich und seinen vorg. Bruder Cuno. Das Siegel hängt unversehrt an.) Orig.

---

*) 1354 (17. Juli) verkaufen „Johan Roprecht wanende zu Raachbuldishusin vnd Hille myn eliche wirten dem cloistir zu Albinburg vnse gut gelegin in des gen. Cloistirs eygene iris holbis zu Hulzbach vme de hoiblachte in deme Werlo, in der swien groben vnd wa iz da vmme gelegin ist." (Das Siegel des obg. Pastors Ludwig von Bickene ist abgerissen.)

1354 (29. Juli) bekennen „Henrich Parrumer, Guntraym vnd Thele myn swager bumeistere der Kirchen zu Reymerhusen, daz wir

Nr. 787.

1840 (26. Juli). Wir Hartman Schultheyße vnd Dyt-
win gebrudere Großeiohans sone deme got gnade bekennen,
daz vnser vader vnsere suster Kosen eyner Ronne des Clo-
sters zv deme Throne zv eyme selgerede geseczet hat iv. marg
geldes ierlicher gulde vf deme huse zv deme Gewelbe ir lip
gedinge alle iar zvrechenne vf s. Mertins dage. — Zeu-
gen: Conne von Wyßensheym eyn ritter, Engel von Gam-
bach, Bertolt Glockenner pristere, Heynkel Engel vnde Heyn-
rich Bern scheffene u. a. m.

Dat. a. d. M.CCC.XL, in crast. b. Jacobi apost.

(Das Siegel der Stadt Friedberg hängt wenig beschädigt an.)

Orig.

Nr. 788.

1840 (21. Sept.). Wir Henrich von Byschburnen
Burgere zu Alsfeld vnd Wygand Hochemud Burgere zu Treyse
dun kunt, daß wir gekouft han wider Grefe Iohannen von
Cygenhain, frowen Alheyde sin elichen frowen vnd wider
Iungherren Gotfriede vnd Engilbrachten sinen sune funf-
zehende halb malder voyt weyzes, die ierliches gefallent offe
s. Mychelstag vf ire Burg zu Gemunden an der strazze
vii. mark geldes, drie hellere vur den phenning gezalt, die
da ierliches gefallent vf die selben zit, iii. mark geldes, die
da gefallent ierliches vffe s. Mertins tag von den eygenen

eynen wesel gedan han mit dem prior, meisteren vnd Couente des
cloistirs zu Albinburg von sulicheme gude alse zu der heilegen vnd
der kirchen gehoret hait, gelegin au land vnd au welden vnd we iz
der kirchen geheisen hait, daz in des gen. cloistirs guden vme den
hoiblachte gelegin ist, daz zu irme hobe horit zu Hulsbach, vme
ii. schillinge, dy vns vz deme hoibe zu Hulzbach alle iar off
s. Mertins dag vallen sulint. (Das Siegel Ludwigs von Bicken,
Pfarrers zu Gladenbach, hängt wohl erhalten an.)

luben in dem gerichte, rvi. vastnacht huner vnd v, marf
geldes, vmme drittehalb hundert marf*).

Dat. a. d. M.CCC.XL, ipsa die b. Mathei apost. et evang.

(Das Siegel Heinrichs ist abgefallen, das Siegel Wiegands hängt gut
erhalten an.) Orig.

Nr. 789.

1841 (5. März). Nouerint vniuersi, quod ego Johan-
nes dictus Rule opidanus in Frydeberg, communicata manu
Elysabeth vxoris mee, vendidi preposito, magistre, totoque
conuentui sanctimonialium in Schyffenburg i. maldrum sili-
ginis annue pensionis in molendino in superiori Murle
et omne jus, quod in predicto molendino habui, pro vii.
marcis denariorum coloniensium.

Dat. a. d. M.CCC.XLI, fer. ii. prox. p. domin. q. cant.
reminiscere.

(Das Siegel Echards Masslnheimers, Schöffen in Friedberg, ist beinahe
ganz abgefallen.) Orig.

Nr. 790.

1841 (30. März). Kvnd si, das ich Nycolaus Korp
ein ebilknecht vnd Jutte min eliche husfrowe, mit geheng-
nisse Cunegunden vnß muter vnd swegir, Conrabis von
Alpach vnde Lukarthe siner elichen husfrowen min Nycolaus
sustir, han firkauft hern Johanne deme pherrere zu Steyn-
furd vnb hern Eberharte Lewen eime Rittere, by ba sint
getruhendere hern Erwyn Lewen dem got gnade, zu eime

_____

*) 1860 (24. März) versetzt Junker Gottfried Graf zu Ziegenhain und
Agnese seine Hausfrau an Johann und Luße, Gebrüder, geheißen
Waltfogel zu Ziegenhain, 14½ Malter Vogtwaljens „uff irre Burg
Gemunden an der straßen" und andere Geldgefälle in dem
Gerichte um 300 Mark Pfennige. (Die Siegel der Aussteller sind
abgefallen.)

ewegin felgerebe i. marg gelbis ierlicher gulbe vffe vnßme halben beile der wysen zu **Wyßensheim**, by da heizet by Anbeler wise vnbe das anbere halbe beil ist Conrabe von Alpach vnb Lufarte der vorg. miner suftir, vmme xii. marg phenege. Vnbe han bes alle mit ein gebebin Jngefiglere hern Cunen von Fylmere eines ritters vnb Gylbrachte Lewen eines ebeln knechtis, die ba fint mit min Rycolaus Jngefiglere*).

Dat. a. d. M.CCC.XLI, fer. vi. prox. p. annunc. b. virg.
(Die Siegel hängen wenig beschädigt an.). Orig.

Nr. 791.

1341 (23. Juni). Kunt fi, baz ich Conrab wepenere fon **Kinzenbach**, for wylen Johannis fon fon **Kinzenbach**, zu guter gebenkunge mit gehengniffe Gerhartis vnb Richolvis miner brutere han firkauft Erwine Klobelauche genant, Gerbrube finer Elichen huffrouwen, Burgeren zu ben **Gyezen**, min beyl allir der gute, die Jch zu mime beyle fon der

---

*) 1345 (18. März) bekennen die vorg. Truwenhänder Erwins Löwe, des gen. Eberhard Vater, daß fie für ihn und der Seinigen Seelenheil geftiftet haben die obg. Mark Pfenniggeldes „die da gelegin ift vffe xiv. morgen wysen zu **Wyßensbem** die fodir wyfen" in die Capelle zu Friedberg in die Burg auf fein Jahrgezeibe. Fer. v. prox. a. annunc. b. virg.*) (Die Siegel der Aussteller hängen zerbrochen an.)

*) Diefes Datum ift bemerkenswerth. Der 25. März, an welchem gewöhnlich Annuntiatio Marie gefeiert wird, war im Jahr 1345 der Charfreitag, an welchem Tage kein anderes Fest gefeiert werden kann. Nach dem Gebrauche in der Diözese Mainz wurde in diefem, wie in jedem andern Falle, wenn der 25. März in die Woche vor und nach Oftern fiel, das Fest der Verkündigung Mariä anticipirt und am Samstag vor Palmsonntag gefeiert. Der Donnerstag vor diefem Marienfefte war demnach nicht, wie man fonft glauben könnte, der 24. März, fondern der 18. März.

Hierschaf son Merinberg, mit namen Johanne son Raſſauwe herren zu Merinberg, zu lehene hatte, die gelegen ſint for ben Gyezen in ber auwe, vm c.xxix. marc peninge. — Zeugen: Echart ſon Buchefec, Gerhart ſon Kinßenbach ber furg. Rittere, Echart ſon Buchefec wepenere, Erwin vnb Diethart ſcheffene u. a. m.

Dat. a. d. M.CCC.XLI, in vig. b. Johannis bapt.

(Die Siegel des Ausstellers und der Stadt Gießen ſind abgeriſſen.)

Orig.

Nr. 792.

1841 (13. Juli). Wir die Burgermeiſtere, die ſcheffin vnbe bie gemeynbe ber ſtab zu Grunenberg tun kunt, baz wir ſchulbig ſin von vnſir herrin Lantgrebin Heinriches von Heſſin weyne, ben hochgebornen furſtin Junchern Lant-grebin Lubewige vnbe Hermanne ſinen bruberen xr. marg lotiges ſilbers keſſelſcher gewichte, vnb ſollin yn bie antwor-tin vf beme hus zu Velsberg obbir in eyn anbir ſloyz, baz ſie inne habin vnbe vns allir nehiſt gelegin iſt, abe ſie Velsberg nicht enhettin, vf wynachtin bie nu nehiſt kumenbe ſint.*)

Geb. u. Chr. geb. m.ccc.xli, an ſ. Margareten bage ber h. juncfrowin.

(Das Siegel der Stadt Grünberg iſt abgefallen.) Orig.

---

*) 1346 (24. April) bekennen dieſelben, daß ſie ihres Herrn des Land-grafen wegen ben Herzogen Rudolf bem alten von Sachſen und Rudolf ſeinem Sohne, des vorg. Landgrafen Schwager, ſchulbig ſeien zu 3 Jahren zu Mittefaſten 14 Mark löthiges Silbers u. ſ. w., welches ſie zu Grünberg bezahlen ſollen. (Das Siegel der Stadt Grünberg hängt unverſehrt an.)

1364 (24. Juni) bekennen dieſelben, daß ſie von Landgraf Otto von Heſſen wegen ſchuldig ſeien zu geben ſeinem Vetter Hermann 20 Mark Silbers auf dem Hauſe zu Rorbecken alle Jahr auf Weihnachten ober auf ein anderes ihnen nahe gelegenes Schloß, wenn er Rorbeck nicht inne haben ſollte. (Das Siegel der Stadt Grünberg hängt zerbrochen an.)

Nr. 793.

1841 (25. Juli). Jch Conrad Apt bekennen vm alſolich
gub, alʒ ich biʒ her gehab han von dem hochgeborn furſten
here Langgrebe Heinrich zu Heſſen, daʒ gelegen iſt zu Ein-
huße n by Hohenburg, baʒ ich baʒ virkaufft han Jung-
hern Pebir von Hirzenhain vnb Elſebebe ſiner huſfrauwen
vnb yren Erben*).

Dat. a. d. M.CCC.XLI, in die s. Jacobi apost.

(Das Siegel der Stadt Homberg hängt unverſehrt an.)

Orig.

Nr. 794.

1841 (14. Oct.). Tenore presencium omnibus innotescat,
quod ego Hartmannus armiger de Kincinbach dictus Hedene
dedi Elizabeth, vxorem Conradi currificis de Burin, que in
titulo seruitutis attinebat, preposito, magistre et conuentui
sanctimonialium in Wereberg, vt ipsis de cetero seruiat sicut
in hucvsque attinebat, renuncians plane cum iuri, quod in
predicta Elizabeth habui. In cuius rei fidem presentes feci
roborari sigillo Wlfini plebani in Swemnisberg.

Dat. a. d. M.CCC.XLI, in die s. Calixti pape.

(Das Siegel iſt abgefallen.) Orig.

Nr. 795.

1841 (29. Oct.). Jch Dyle von Belderſhem ritter,
ber da wonit zn Gambach, vnb Criſtine min eliche huſ-
frauwe vnb Godefrib min brubir bekennin, baʒ wir deme

---

*) 1367 (30. Jan.) verkauft Johann Keſſelring Burgmann zu Homberg
an ben vorg. Peter von Hirzenhain, ſeinen Obelm, alle ſeine Güter
zu Einhauſen um 20 Mark Pfennige und erklärt, daß dieſer
Verkauf ſchon im Jahre 1349 geſchehen ſei. (Die Siegel des Aus-
ſtellers und Dytmars Libirbach hängen unverſehrt an.) — An dem-
ſelben Tage gibt Landgraf Heinrich zu Heſſen ſeine Einwilligung
dazu. (Das Siegel iſt abgeriſſen.)

strengin rittere Johanne von Rockinberg vnd frauwe Gezelin
fine husfrauwen han zu kauffe gegebin iv. holczmarke in
deme walde zu Rockinberg vm viii. marg peninge an
einen virbing vf wider kauffe, auch han wir gerebit by vorg.
holczmarke anbirs nemanne zu vir keufene abir zu vir seczene
dan hern Johanne obir frauwe Gezelin den vorg., ist iz daz
wir sy selbir nit behalden wollen*).

    Dat. a. d. M.CCC.XLI, in crast. Symonis et Jude apost.
    (Die Siegel der Aussteller hängen zerbrochen an.)   Orig.

Nr. 796.

1341 (31. Oct.). Ich Conrad Smyt vnde Heydewig
min sustir von Langunsse dun kunt, daz wir han firkauft
deme Commentur vnd den bruberen des dutschin huses zo
Schiffenburg iv. malbir korngelbis vf vnse rechlich eygin,
daz wir han ligen zo Leckesterin in dem banne, vmme
xxvi. mark penninge, vnd obe vns not ane ginge, daz wir
wolbin vnse bezzerunge an deme forg. gube virkaufin, so
sulbin wir sie den herrin zo Schiffinburg byebin vnde sulbin
die herrin vnd wir vier byebir man kesin, waz die vier of
irn eyt vns heyzint gebin fur vnse bezzerunge, daz sulbin

---

   *) 1366 (5. Febr.) verkauft der vorg. Johann von Rockenberg (Bel-
dersheim) Ritter, 2³/₄ der vorg. Holzmarke in der Marke des Dorfes
zu Rockinberg an das Kl. Marienschloß, mit Einwilligung seiner
Erben und Kinder mit namen „Wenzels von Cleen edelknechts myns
eyden vnd Greden syare eliichen husfrauwen myar dochter, Wernhers,
Johans, Conen myare sone, Dyligen myare dohther." (Die Siegel
des Ausstellers, sowie des vorg. Wenzel, Johan, Wernher u. Dilge,
hängen wohl erhalten an.)

   1366 (5. März) bekennen Peter und Kraft, Gebrüder von Bel-
lersheim, Ritter, daß sie an der ihrem Vater in der Gemarkung
Rockenberg zustehenden Holzmarke, die ihrem Bruder Johann
zugehöre, nichts zu fordern haben. (Die Siegel der Aussteller
hängen unverseht an.)

wir nemin, wer abir, daz die herrin daz selbe gut wolbin
habin vnbir irn pluk, so sulbin sie vns auch vnse bezzerunge
abe legin nach vier frummer manne sagunge. Die eckir sint
alsus genant — an den stebin andirwerp den langen mor-
gin schußin der Lobehauptin vn Gumpan — in deme bache
bi halp moniche — bi Sipil Henzen — zo den Hirben an
den flurorscheybe — bi Walbeckir daz zuhit offe grebin —
for der hart bi neben halp moniche, daz da stozit offe daz
lant zo deme nuwin habe — abewendik des marhis daz da
stozit geyn Lekesterin bi der Offin — bi Gumpiln of den
marwek — bi der hart vnbir deme Gunsfir paybe. — Zeu-
gen: Johan von Swalbach vnd her Huser ryttere, Erwin
vnd Lutzechin scheffine zo Gezin, Grebe vnde Walbeckir von
Letkestrin.

Dat. a. d. M.CCC.XLI, in vig. omnium sanctorum.
(Das Siegel der Stadt Gießen hängt unversehrt an, die Siegel der
Ritter Bernher und Cuno, Gebrüder von Bellersheim, sind abgefallen.)
                                                      Orig.

Nr. 797.

1841 (8. Nov.). Wir der Commentur, der Prabist
vnd die brubir gemeynlich des dutschin huses zo Schiffinburg
bekennin, daz Grebin der Herhin eyn burgirn zo Wetflar
hat vmme vns gekauft of daz gut zo Letkesterin gelegin,
das ri. morgin sint, die Conrabis Smybis von Langunsse
warin, ii. malbir korn geldis vmme riv. mark penninge, die
wir ir gebin sullin zo Wetflar in irin kastin.

Dat. a. d. M.CCC.XLI, in die s. quatuor coronarum.
(Das Siegel des Ausstellers hängt wohl erhalten an.)
                                                      Orig.

Nr. 798.

1841 (16. Nov.). Ich Heinrich Rybesil rittere dun
kunt, daz ich gerechint hon mit Grebin Johannen von Cy-

ginehein in dem iare n. Chr. geb. m.ccc.rli, an dem Brytage
nach f. Mertins tage, vmme alle vf nemen vnd abeflahin
von des gerichtes vnd gulde, wegen zu Gemunden an der
ſtrazen, alſo daz myn vorg. herre mir ſchulbig blibet
cccc.r. marg.

(Das Siegel des Aueſtellers hängt beſchädigt an.)   Orig.

Nr. 799.

1341 (27. Nov.). Jch Jſengard von Eppenſtein et-
wanne eliche frowe Engilbrachtes ſeligen des Jungen Grafen
von Cygenhain dun kunt, vmme die voybige zu Byngen-
heym, zu Echzile, zu Berſtab, zu Durenheym vnd
anbirs der dorfer, die bar zu gehorent, die ich vm min gelt
vur achthundert phunde hellere von der frowen von Cronen-
berg geloſt han, daz min herre min ſweher Grefe Johan
von Cygenhain vnd Gotfried min ſwager ſin ſune mit mir
bar inne ſnllent ſizen zu dem halften teyle, als lange biz
daz ſie ober ir erben die ſelben voybige vur achtehundert
phunde hellere wider von mir geloſen.

Dat. a. d. M.CCC.XLI, fer. iii. prox. p. diem b. virg.
Katherine.

(Das Siegel der Aueſtellerin hängt beſchädigt, das ihres „Bulen" ihres
„vater" Gottfried von Eppenſtein aber unverſehrt an.)   .
Orig.

Nr. 800.

1842 (19. Jan.). Jch Gyſe von Winthußen weppe-
ner bekennen, daz ich virzihen han . . . . . Eren vnd rech-
tis, das min vater dem gob genabe vf mich bracht hatte, an
deme kyrchſaze zu Albinborf vnber dem Gerſtinberge borch
bebe willen des ſtrengen mannes hern Ludwigen von Heyen-
bach mines Nebin. Zu eyme vrkunde dirre vorzihunge gebin
ich Gyſe egen. dem ebiln herren Johanne Grebin von Cy-

ginhalti vnd ſtnen Erbin diſſin Brif beſtgtlt mit mime In-
geſtgele.

Dat. a. d. M.CCC.XLII, ſabb. prox. a. Agnetis.

(Das Siegel hängt wohl erhalten an.)   Orig.

Nr. 801.

1342 (8. März). Dem edeln herren Greben Johanne
von Cygenhan Intbieden ich Eberhard Lewe ritter minen
vlizegin dienſt, vmme ſolich gut zu Swalhem, da her
Sybold Lewe, min brobir, ſin huſſrowe midde wil widemen,
daz von vch rorit, daz iſt mit mime guden willen vnd bidden
vch bar vmme vlizelichen.

Dat. a. d. M.CCC.XLII, ſer. vi. prox. a. dom. letare.

(Das Siegel des Ausſtellers hängt etwas beſchädigt an.)

Orig.

Nr. 802.

1342 (14. März). Wir Commentur zo Marpurg vnd
die brudir zo Schiffenburg of eyne ſitin vnd Henrich von
Wiſſe vnd Juthe min eliche wirtin vnd vnſe erbin of die
anbirn ſitin bekennen, daß der ſtrenge rittir her Philipps
von Belbirſhem vns gerichtit hat vm alle die anſproche, die
vnſtr eyn zo den anderin zo ſprechin hattin, mit namen vmme
den hap zo Millebach vnd daz vnſtr eyn of die anderin
ſiréchin hant ane iv. maldir haberin vnd i. maldir kornis,
die wir ſullin nemin of vnſeme gube zo Millebach of ſiner
erbeyt zo dirte neſtin erne, bar vmme vmme die ſorg. rich-
tunge han wir gegebin Henriche vnd Juthin ſorg. ri. marg
penninge vnd ii. maldir kornis. — Zeugen: Franke von
Lynben rittere, Sibube von Lynbe, Deberich von Wiſſe vnd
Erwin von Gezin ſcheffin.

Geb. n. Chr. geb. m.ccc.rlii, an deme neſtin bunrſtage
n. Gregorn des babſt.

(Das Siegel Philipps von Belberaheim hängt unverſehrt an.) Orig.

Nr. 803.

1342 (25. Mai). Notum facimus, nos frater Guilelmus abbas monasterii s. Antonii, ad romanam ecclesiam nullo medio. pertinentis ordinis s. Augustini, quod cum discretus vir Wigandus dictus Hoconnac de Grunemberg de quibusdam redditibus et bonis per eum acquisitis quandam capellaniam perpetuam fundauerit et instituerit in ecclesia domus nostre de Grunemberg habendam, seruiendam et tenendam perpetuo per presbiterum secularem, qui ex nunc in perpetuum singulis diebus pro remedio et salute anime ipsius Wygandi et animarum parentum suorum unam missam in dicta ecclesia, specialiter in capella, quam ad honorem b. Marie Nicolaus de Lindenstrud, procurator dicte domus, eius consanguineus, edificare intendit, ex quo capella ipsa constructa fuerit et interim alibi in ipsa ecclesia debeat celebrare, volens idem Wygandus, quod ipsius capellanie collatio spectet ad dictum fratrem Nicolaum quamdiu uixerit et post ipsum perpetuo ad preceptorem dicte domus cum magistro burgensium ciuitatis de Grunemberg et per ipsum fratrem Nicolaum quamdiu uixerit et post eum per dictum preceptorem cum dicto magistro capellania ipsa cum tempus uocacionis ipsius occurrerit, ydoneo seculari presbitero conferetur, cum quoque pro parte dicti Wygandi nobis fuerit supplicatum, quod eisdem nostrum interponere debeamus consensum, nos dictus abbas premissa omnia gratanter acceptantes, eisdem omnibus consensum nostrum interponimus.

Dat. in dicto monasterio die xxv. maii, a. d. M.CCC.XLII.

(Das abgerissene Siegel des Ausstellers liegt beschädigt bei.)

Orig.

Nr. 804.

1342 (25. Mai). Decanus ecclesie s. Bartholomei frankenfurt. judex et conseruator priuilegiorum, libertatum et jurium ordinis s. Marie theutonicorum per Alemanniam a sede apostolica deputatus, recognoscimus, quod in nostra et testium subscriptorum constitute presencia domicella Alheidis de Bergin, alias dicta de Bomersheym, de salute anime sue necnon progenitorum suorum omnium animarum cogitans, in augmentum cultus diuini iv. octalium siliginis redditus annuos super bonis suis propriis, videlicet iii. mansis mynus vno quartale mansi terre arabilis, in terminis ville Vrsele sitos, quos sibi Heilmannus dictus Snabil opidani frankenfurt. cum quadam maiori summa pensionis annue vsque in hodiernam diem ipsi Alheydi dare consueuerat, commendatori et conuentui theuton. ac domui earundem de Sassinhusen donacione inter viuos libere donauit et assignauit. — Presentibus: Jacobo dicto Clobelouch, Gypeloni de Holtzhusen, Henrico ad aciem et Conrado Glauburg scabinis ac Henkino de Vrbruch consule frankinf., Johanne de Rosindal clerico et Henkino de Karbin saccifero *).

Dat. a. d. M.CCC.XLII, in die b. Vrbani.

(Das Siegel des Ausstellers hängt zerbrochen an.) Orig.

---

*) 1364 (6. April) schenkt die vorg. Adelheid von Bergen dem deutschen Orden in Sachsenhausen weitere 2 Achtel Korns auf 3 Huben Landes zu Urfel. — Zeugen: Alheidis vxor Wigelonis dicti zu ...g...lyttinstein, Alheidis nept. de Froischin, Heinzo seruus domini Reinhardi. (Rot.-Jnstr.).

1368 (31. Jan.) schenkt die vorg. Adelheid „off der prediger kirchoff zu Frankenford, do gesamet waren die bescheiden Lude Wercher Crauwel scholtheize zu Nydern Vrselle vnd Brunig von Prumheim, Clawes Crybel, Wenzel Snyder vnd Heyle Mulner scheffen des selben gerichtis zu Nydern Vrsele" 7 Achtel von den ihr auf 3 Huben Landes zu Urfel zugehörigen 18 Achtel Korns den deutschen Herrn zu Sachsenhausen zu ihrer Seele Heil. — Zeugen: Johan Stocker vnd Clawis Saxifer vicarien zu f. Bartholomeß zu Frankenford vnd Hartmud von Caldebach. (Rot.-Jnstr.).

1369 (4. Mai) schenkt die gen. Jungfrau Adelheid weiter den Deutschherrn in Sachsenhausen, in dem Garten des in Frankfurt gelegenen Hofes der letzteren, 10 Achtel auf ihren 3 Huben Landes

Nr. 805.

1342 (26. Mai). Wer Gele von Derinbach Preolin, der Conuent der h. nunnen f. Auguſtinis orbins zo Schiffinburg bekennen, ſoliche burgeſchaf alſe Cunze vnſe lantſedel von Obirnhabin hat getan gen Elbrathe Scheſer von Obirnhoben, vmme werſchaf der iv. morgen landis vnd iii. morgen wieſen, by he gekauft hat vnſirs gubis al da vmme xl. marg penninge vnd Elbrath Conzen bar vmme ſin eygin gut ymme helbit vnd vf hebit, durch by burgeſchaft vnd werunge von vnſer wen, diſſis han wer Conzen gebebin, des he vns by fruntſchaf hat getan, das hè vnd ſin erben by ſelben vii. morgen landis vnd wheſen yn ſiner hant ſal han mit alme nuze. — Zeugen: Gernant Glebe, Herman Reubir, Ruleman vnd Conze des greben ſone. u. a. m.

Dat. a. d. M.CCC.XLII, domin. trinitatis eiusd.

(Das Siegel Hartmuds Kolbendenfils hängt zerbrochen an.)

Orig.

Nr. 806.

1342 (4. Juli). Wir Johan Strebekoz vnd Johan von Merlowe Ryttere vnd Ebirhard von Merlowe wepenere dun kunt, daz wir mit vnſerm herren Graf Johanne von Cygenhain vnd mit vnſerm Jungherren Gotfried ſine ſune als verre gereb han, daz ſie vns genabe getan han vm daz dorph Fronholz alſo, daz ſie daz ſelbe gekriget han von nu ſ. Mychels tage vbir dru Jar alſo, daz die lube, die in dem dorph wonent, in keynen dienſt tun enſullent mer wan daz ſie ir gerichte ſullent ſuchen vnd teben ſie frafel in irme

_____

zu Nieder-Urſel. — Zeugen: Heinrich Fotsberg vffinbar ſchriber, Hermanne von Fredeberg eyn phaffe aber eyn ſchuler, Johanne von Bynge, der ezwanne waz eyn gluckenner zu der pharre zu Frankinford vnd Conrade genant Choreſel u. a. m.

gebiebe, ben folben fie in ober iren amptluben verbuzen,
wan bie bru Jar vz kument, fo fullent fie barnach Tzehen
Jar fitzen alfo, baz fie ie bes Jares ii. phunb hellere zu ber
bebe geben fullen enyes zu ber Meybebe vnb eynes zu ber
Herbeft bebe vnb fal in ie baz hus ieriches eyn hun geben.
Wan bie Tzehen Jar vmme kument, geluftet vns ban vffe
bebe fiten alfo vurwert mit bem borph zu fitzene, bez mugen
wir tun.

   Dat. a. d. M.CCC.XLII, ipso die b. Vdalrici conf.

     (Die Siegel ber Ausfteller hängen unbefchäbigt an.)

                                 Orig.

Nr. 807.

1342 (1. Aug.). Nouerint, quod ego Stephania, relicta
quondam Gerhardi de Gunse armigeri, dedi et legaui cum
consensu filiarum mearum Elizabeth et Gude, i. maldrum
siliginis Elizabeth sorori mee, sanctimoniali ordinis s. Augustini
in Wereberg, ex curia mea sita in villa Deburgen*) ad tem-
pus vite sue, postquam autem de hac vita migrauerit dei nutu,
tunc prefatum maldrum siliginis dicto claustro in Wereberg
de prenominata curia debet ministrari pro anime mee et
animarum meorum heredum remedio.

   In cuius testimonium presentes feci sigillari sigillo Demari
auunculi mei.

   Dat. a. d. M.CCC.XLII, in festo s. Petri ad vincula.

(Das Siegel mit ber Umfchrift S. DEMARI. DE. DRAWE. hängt un-
verfehrt an.)   Orig.

Nr. 808.

1343 (1. Febr.). Ich Johan Vroifch vnb Katherine
myn Eliche wirtin burgere zu Frankenfurt bekennen, baz wir
han vorkauft allis bas gut, bas zu Rebilnheim in bem

---

   *) Daubringen.

dorf gelegen ift abir brjn gehorit, baß vnß von vabir vnb von mubire worden ift, ben erbern luben Syfribe Vroifche myn Johanß brubir vnb Eljen fyner elichin wirtin burgern ju Frankenfurt vnb irn Erbin, vm c. punt hellere.

Dat. a. d. M.CCC.XLIII, in vig. purif. b. Marie virg.

(Das Siegel des Ausftellers hängt unverfehrt an.)

Orig.

Nr. 809.

1848 (1. Mai). Wir Henrich vnb Symon gebrubere vnb Henrich ber Junge von Slibeffe rittere Bekennen, baj Meße etfwanne eliche wirten Conrab Ebirwinß vnb ir Erbin mit willen vnfir allir brier han virkouft bem Commenbure, bem Priore vnb bem Conuente ju Grebinowe vm c. punt hellere lantwerunge baj forwerg ju b e n S a ch f i n, baj von vnß ju lehine get vnb han in vor ben gebreftin ju burgen gefaß Berthulben During, Herman von ber Duwe, Symon Dafche vnb Wiganben Plug.

Geb. n. Chr. geb. m.ccc.rliii, an f. Walpurge bage.

(Die Siegel ber Ausfteller find abgefallen.) Orig.

Nr. 810.

1848 (29. Mai). Nouerint vniuersi, quod nos Mengotus dictus Rudinc armiger et Guda eius vxor legittima vendidimus partem nostram curie site in villa A t z e n h a y n cum omnibus suis pertinenciis, pro x. marcis denariorum, preposito, magistre et conuentui sanctimonialium ordinis s. Augustini in Wereberg. — T e s t e s: Hermanus Grebe, Hermanus dictus Schonesterne, Teodericus villani in Ebestorf et Jacobus de Ludinhabe.

Dat. a. d. M.CCC.XLIII, iv. kal. junii.

(Das Siegel des Ausftellers hängt fehr befchäbigt an.)

Orig.

Nr. 811.

1343 (12. Juni). Jch Friderich Schelris ein rithere
dun kunt, daz ich han zu koufe gegeiben here Heinrich von
dem Wasin eime rithere vnd finen erben min teil des zeihen=
ben zu Reibelnheim vnd waz dar zu gehoret, vme lr.
punt heller, mit willen Appeln mines eydeme, etſwanne was
hern Appeln Kuchenmeiſter ſun eines rithers vnd Katherinen
miner toither finer elichen witten.

Dat. a. d. M.CCC.XLIII, in vig. corporis Christi.
(Die Siegel des Ausstellers und des vorg. Appel fehlen.)

Orig.

Nr. 812.

1343 (27. Juni). Nos Henricus dei gracia Landgrauius
terre Hassie recognoscimus, quod Conradus dominus de
Trimpberg redditus xvii. marcarum denariorum aquiens.,
quorum x. marce de foresto nostro prope Gronenberg
commorantium deriuari debebunt annis singulis in festo Mar-
tini, quos idem de Trimpberg a nobis tenebat in pignore,
Friderico dicto Riethesel, Anthonie conthorali sue et eorum
heredibus, pro c.lxx. marcis denariorum uendidit de nostra
uoluntate.

A. d. M.CCC.XLIII, fer. vi. prox. post nativ. s. Johan-
nis bapt.

(Gefiegelt hat der Ausfteller.)

(Alte Abfchrift.)

Nr. 813.

1343 (2. Aug.). Ego Yrmingardis institrix et Conra-
dus de Grunenberg, filius eius, scabinus in Marpurg, recog-
noscimus, quod dedimus Agneti, filie mei Conradi predicti,
bonum nostrum situm in Merlowe, quod Conradus dictus
Sturm ibidem possidet et colit, cum omnibus iuribus et per-

tinenciis. — Testes: Heinricus Schyenenbein, Johannes frater suus, scabini in Marpurg, Johannes de Manzelar et Theodericus de cornice, scabini in Grunenberg *).

Dat. a. d. M.CCC.XLIII, in crast. b. Petri ad vinc.

(Das Siegel der Stadt Grünberg hängt gut erhalten an.)

Orig.

Nr. 814.

1343 (7. Sept.). Ich Guntram von Wertheym edilkneicht vnd Othilie min eliche huffrowe bekennen, daз wir vnd Lyse von Darmstat vnser Liebe geswige vnd sweſtir rriv. achteil korngeldis Nieder maзis vmme lr. marg kolſchir peninge, dri hellir vor den penning geзalt, mit eyn ander gekouft hain vmme Gotfribe von Linden edil kneicht vffe syme gube зu Belmunt vnd by er vns alle jair ſal werin vnd beзalin vffe der burck зu Lyeſberg vnd hait vns dar fure зu vnderpand geſaзt by votyge vnd gerichte da ſelbis зu Belmunt als gewonlich iſt vnd recht **).

Dat. a. d. M.CCC.XLIII, in vig. nalivitatis b. Marie virg. glor.

(Das Siegel des Ausstellers hängt unverſehrt an.) Orig.

---

*) 1359 (28. Oct.) ſtellt der vorg. Conrad Sturm зu Merlau mit ſeinen Töchtern, Meзe, Elſe, Liſe und ſeinen Söhnen Johann und Guntram dem Kloſter Wirberg wegen des auf obgen. Gute haftenden Zinſes von 3 Gänſen, 3 Hühnern und 3 Pfd. Pfennigen einen Revers aus. — Zeugen: „Heinrich Dreyrols, Heinrich Kil, Andres von Merlau. (Die Siegel der Ritter Johann und Eberhard von Merlau hängen unverſehrt an.)

**) 1346 (20. Jan.) bekennen Rucker und Conrad Edelknechte, Gebrüder und Kinder des verſtorbenen Ritters Günther ron Ortenberg, daß ihnen Junfer Gottfried der junge Graf von Ziegenhain 100 Pfd. Heller wegen des Verkaufs von Belmund richtig bezahlt habe. — Zeugen: Wigand von Beldirsheim Commendur зu Rydehe, Gerhard paſtor зu Kirchdorff, Gerward vnd Johan Swab. (Die Siegel der Ausſteller hängen beſchädigt an.)

1354 (15. Jan.) bekennen Ottilie von Darmſtadt, die Wittwe Guntrams von Wertheim, und Lyſe ihre Schweſter, daß ſie die

Baur, Urk.-Buch. 38

Nr. 815.

1343 (20. Sept.).   Ich Eckard Scorpach wepenere vnd Ich Alheid ſin ellige wirtin bekennen, daʒ vns vnd vnſen erbin vnſe herre her Fryberich vonme Hyrtʒberg, vnſe vrauwe vir Sophia geluwen hain zu eyme erbin burgleyne zu Rumerode daʒ gut zu Duʒinrode, daʒ Heinriches Sceltirs waʒ vnd ſiner gan erbin vnd darʒo daʒ gut, das der ſelbin Sceltir vffe ſtarb, daʒ en iv. punt waʒes galt. — Zeugen: Herman von Rumerob von Grebinauwe vnſes herren bruder, Lotʒe von Dringiſhuſen, Johan von Dringiſhuſen, Euerhard Barch, Wigand ſin brober, Winter ·von Aldinburg, Wigand Ruſe wepener, Culyn ein ſcheffe, Meyſter Wigand Coc u. a. m.

Dat. a. d. M.CCC.XLIII, in vig. Mathei apost. et evang.

(Das Siegel des Edelknechts Wideking Byule iſt abgeriſſen.)

Orig.

Nr. 816.

1343 (29. Sept.).   Kunt ſi, daʒ wir Wernher Schere fon Huſen, Gyſele myne eliche huſfrauwe vnd Albrecht myn elich ſon han virkouft hern Gernande fon Bucheſecke by wylen waʒ prabiſt der frouwen zu der Zellen, alle vnſe irbe, die wir han zu Huſen, mit namen hus, hop vnd garten vnd waʒ dar vff gebuhet wirt, daʒ wir han gehabit fon dem perrer fon Huſen bishere vnd ouch vnſe gut vnd vnſe irbe, daʒ wir han virgulde zu Cleberg bisher, mit namen vi. mor-

---

12 Malter Korngeldes jährlicher Gülte zu Belmunt, welche ſie von Gottfried von Holʒheym um 60 Mark kölniſche Pfennige gekauft, an Johann und Gottfried ſeinen Sohn, Grafen von Ziegenhain, wieder um dieſelbe Summe zu Kauf gegeben haben. (Geſiegelt haben Günther von Alerʒpach und Sybold von Darmſtadt, der Ausſtellerinnen Bruder. Das erſte fehlt, das letzte hängt unbeſchädigt an.)

gen weſin vnd aďeris an dem burne floȝe — vf Blenbraďen
morgen — tuſchen dem perrer vnd Roubendiſchis ſtuďe —
in dem Balbewines grunde vf den holȝ weg — vf dem
ebenobe — ame Pſinbarthis burne — fur dem walde vff
dem Gerlachis buſche, vnd ouch vnſe gut vnd vnſe irbe,
daȝ wir bisher han gehabit vnd virgulden den ſon Kalſmunß
mit namen rii. morgen vnbir dem Gerlachis buſche vnd buffe
— ame feďen ſtuďe — ame roben roytbe, bunde vnb buffe
— dem Annenrober wege her vf — neben Frederich vf gient
— ame lo vnd die weſin ȝu Erlebach, vnd han alle dieſe
furg. gut vf gegeben fur den huſgenoyȝen vnd vor den ampt-
luden als gewonlich iſt vnd han ſie wedir enpangen vm iv.
malbir ſchones vnd hartis cornes vnd vm vii. malbir haberen
vnd eyne gans vnd eyn hun.   Vnd ȝu merir ſichirheid han
wir Ingeſigel vnſirs herrin Craften ſon Rudinhen des Junge
des ſtrengin rittirs vnd des perris ſon Huſen hern Ebir-
harten an diſſen brieb gehenďit. — Z e u g e n : Edele Kirch-
obere, Johan Heyne, Cunrad Voyt, Edart Rorich vnd Ger-
hart Kempe ſon Huſen, Wigand Betram vnd Henrich ſin
ſon ſon Stheynberg u. a. m.
        Dat. a. d. M.CCC.XLIII, ipso die Michahelis arch.
            (Die Siegel ſind abgefallen.)   Orig.

Nr. 817.

1343 (1. Oct.).   Nouerint, quad ego Sygelo dictus
Schirpe de Rosbach superiori vendidi ex curia mea, quam
inhabito et duobus jugeribus agrorum vndir der Buchschohen
wingarthin, duobus jugeribus in der slingwisen di vf Dudin
slozin, vno jugere an der bercharch vndir dem reine et
vno jugere an der helden bj dem nusboume sitis, i. marcam
denariorum, magistro ac prouisori petanciarum commenda-
toris et fratrum domus theutonice prope Marpurg ͵pro xiv.
marcas denariorum. — T e s t e s : strenuus miles dictus her

Emmelrich de Karbin, Bertoldus Swane schultetus in Ros-
bach, Ditmarus Suse, Albertus de Winnenbach schabini,
Arnoldus Slag, Culmannus Ripode et a. q. pl.

Dat. et act. a. d. M.CCC.XLIII, Remigii ep. et conf.

(Das Siegel des Pfarrers in Oberroßbach, Conrad von Bluden, hängt
gut erhalten an.)

Nr. 818.

1848 (12. Oct.). Kunt sy, daz ich Erwin Scheffene
vnd Meckele min Eliche husfrawe bekennen, daz wir gegeben
han Mezzin vnser dochtir, dy zu Schiffinburg zu der Zelle
ist in dem orbene des heylegin herren s. Augustinis, iv. mal-
dir Corngelbis Ewegir gulde vur ir Erbebeyl, vnd han sy
der bewyfit vf vnfir molin vor den Gyzen in der Ruwin-
stat, dye da geheyzin ist Manzhartis mole. — Zeugen:
Helfrich von Drahe, Herman Husere riter, Henrich Inqous,
Lodwig Smuzere scheffene zu den Gyzen u. a. m.

Dat. a. d. M.CCC.XLIII, in die dom. a. Galli conf.

(Das Siegel der Stadt Gießen hängt wohl erhalten an.)

Orig.

Nr. 819.

1848 (18. Oct.). Ego Conradus dictus de Aldindorf
famulus recognosco, quod vendidi Gumperto et Wernhero
fratribus meis suisque heredibus meam terciam partem de-
cime site in Bennykusen vna cum vniuersis suis vsufruc-
tibus et appendiciis pro xvi. libris hallensium, dantes pre-
sentem literam sigillis Johannis de Helfinberg et Conradi
dicti Nymis*) famulorum.

Dat. a. d. M.CCC.XLIII, ipso die b. Luce ewang.

(Die Siegel hängen sehr beschädigt an.)

Orig.

---

*) Undeutlich.

Nr. 820.

1344 (9. Jan.). Kvnd ſi, daʒ wir Eberhard Ovgſtab, Katherine min eliche huſfrowe burgere ʒu Frybeberg vnbe vnß Erben han gewonnen ʒu rechtlichen erbe vme die Abtiſſen, Prioren vnbe ben Conuente ʒu bem Trhrone baß halbe beil beß huſiß, baʒ ba genant iſt ʒu ber ʒit, gen Hartmannes huſe wert von ber ʒit ʒu Frybeberg gelegin gen bem Cappil burnen vnbe auch baʒ halbe beil beß garten bi ber Vſe gelegin, alß in vnbe irme Cloſtere von Heylemannes bochtir von ber ʒit, bie bi in vnbe irme Cloſtere be gebin iſt, vff ge fallin iſt, vme feſte halbe marg penning gelbes, rrrvi. ſchillinge für ye bie marg ʒu rechene, vnbe han in bar fur ʒu vnbirpande geſeʒt ii. marg gelbiß ewegir gulbé vſſe vnß ſchuren vnbe babeſtuben, bie hinber beme vorg. Huſe gelegin ſint. — Zeugen: Johan Rule, Henrich Borne, Eckel Maſſinheimere, Henrich Gyſenheimere vnbe Hartman Groʒ Johannis ſon, ſcheffene ʒu Frybeberg u. a. m.

Dat. a. d. **M.CCC.XLIV**, fer. vi. p. Epiphaniam dom.

(Das Siegel der Stadt Friedberg hängt zerbrochen an.)

Orig.

Nr. 821.

1344 (26. Jan.). Ich Rupracht von Merlowe ein rittirs gnoʒ bun kunt, baʒ ich miner ſele heil willin han gegebin vnb vf gelaʒſin beme Cloſtir vnb Couente ʒu Hacheburn eyn halbe mark penninge vf beme gube ʒu Amene, ba Herman Hermannes ſchultheiʒſin ſun vffe ſiʒet, alle iar ʒu reychene vffe ſ. Mertins bag min iargeʒlit bamibe ʒu begenbe, mit wiʒſene vnb gehengniʒſe miner nebin hern Johans eyns ritters, Ebyrharbes eins weppeners von Merlowe.

Dat. a. d. **M.CCC.XLIV**, in craſt. convers. s. Pauli.

(Die Siegel bes Ausſtellers, ſowie ber gen. Johann unb Eberhard von Merlau hängen beſchädigt an.) Orig.

Nr. 822.

1344 (6. Febr.). Wir Johan Grefe zu Cygenhan vnd
Godefryd syn sun tun kunt, daz wir vmb vnsern vnd vnser
herschafte kuntliche noit vnd nuß hern Heinriche Erzbyschofe
zu Menße vnd sime stifte einen vierteyl vnser burge vnd
stad Rydehe, mit allem dem, daz darzu gehuret, dorfen,
Luten vnd guten, gerichten, herbergen, wazzer, weyden,
walden, gulten, zinsen, geuellen, vzgenomen vnser manne
lehen, die darzu gehurent, die wir vns vnd vnser herschaft
behalten, vm dru dusint gulden von Florencze verkouft han,
also daz wir vnd vnser Erben daz selbe vierteyl burg vnd
stad wyder koufen mogen vmb die selbe summe geldis. Ouch
ist gered, waz gutes vns nach dyser zyt angeuele von vern
Heilwigen vnser swyger oder von Isengarten vnsir suurchen
oder von dande gut, daz sal vnser alleine syn vnd nicht
vnsers vorg. herren noch sines stiftes*).

Geb. zu Elteuil des neheften fritages nach vnser frou-
wentag lichtmeffe n. Chr. geb. m.ccc.rliv.

(Die Siegel der Aussteller fehlen.)   Orig.

---

*) An demselben Tage und Orte stellen der vorg. Erzbischof und sein
Capitel eine Urkunde gleichen Inhaltes aus. (Die Siegel hängen
wenig beschädigt an.)

An dem nämlichen Tage und Orte bekennt der vorg. Erzbischof,
daß er den Grafen Johann und Gottfried von Ziegenhain wegen
des ihm von letzteren verkauften vierten Theiles an Burg und Stadt
Nidda 3000 Pfd. Heller schuldig sey „vnd sullen wir in ccc. von
dieseme hutigen tage vbir achte tage vnd cc. phund vf den suntag
zu Mitfaßten so man finget Letare vnd ccc. phund an den Juden
zu Frankenfurd, dar er sy schuldig ist, ccl. phund an dem von Trym-
perg, ccl. phund an der frowen von Eppenstein, cc. phund zu Amene-
burg, da er sy schuldig ist, vnd waz vbirstellig an den egeschr.
brintusent, daz sullen wir in ane vurzog vff den neheften s. Wal-
purge tag schierst kumpt bezaln. Vnd zu merer sicherhehd, so han
wir in zu burgen gesazt Johannen Dumbechan zu Menze, Gotfrid

Nr. 823.

1344 (8. Febr.). Wyr Markle von Colhusen Canoket
des godes huses zu Wetflar vnd Gylbracht von Wytirshusen
wepeling erkennen, daz wir eymubichlyche han geluwen vnfe
gut, daz wir han lygende zu alben Buchesecke, daz von
vns hatte Wynthere der schefere zu lantsebelen Rechte, Hap=
pelen von Wygandishusen vnd Elsebede syner Elychen hus=
frauwen vnd eren kynden zu Lantsebelen Rechte zu habene
vmme daz halptedeyl der wynte fruchte vnd daz drytdeyl de
somerfruchte, vyr gese, vyr herbefthunre, zwey vafnacht hunre

---

Stabelen von Bygen, Conrad von Rudensheym in dem Ryngawe,
Wylderichen von Bylmare zu Aschaffenburg vnfir vicedume, Walthe=
ren vnd Hartmuden von Cronenberg, Johannen von Belderßheym,
Johannen von Baldeken vnfen Marschall, Johannen von Ruffingen
vnd Hartmuden von Buches Ryttere". (Die Siegel der vorg. Bür=
gen hängen unbeschädigt an.)
    An demselben Tage und Orte bekennen die vorg. Grafen von
Ziegenhain, daß sie mit dem vorg. Erzbischofe Heinrich einen Wech=
sel zu thun gelobet hätten „ob iz yme vnd fime ftifte anneme ift
innewendig einem Jare vmb vnfir burg vnd ftat Rydehe vnd waz
dar zo gehorit, vmb fine vnd fines ftiftes burg und ftat zo der Nu=
wenftat by Ameneburg vnd waz dar zo gehorit, alfo daz man die
beder fyte gen ein ander fchezin, mazzen vnd prufen fal iegliches
nach finen werde. Vollenget ouch dirre weffel, fo fal man des Al=
binborfer waldis zo Amenburg alfevil befcheiden, als vnfir beder
frunde zytlichen dunctet vnd fal vnfir herre vnd fine ftift fich felben
beforgen vnd beweren vmb die vorg. burg vnd ftat Rydehe, alfe
verre als die zo lehen rurent von dem Riche vnd dem apte von
Fulde, als verre als iz ouch ruret von den Herzogen von Beyren,
follen wir vnfern herren vnd finen ftifte entheben vnd follen den
Herzogen anbirs vnfirs gutes alfo vil offgeben vnd daz von in en=
phahen. Ouch ift geret, vollenget dirre weffil nicht vnd blibet vnfir
herre vnd fine ftift by Rydehe, als die andern briue fprechent, die
dar vbir gegeben fint, fo fall er vns beholfen fin off fine kofte vnd
virluft ein mile weges lenfit Rydehe gen Fulde warte ein hus zo
buwen vnd daz fal fin vnd fines ftiftes offin hus fin".

vnb vyr schillinge lychter penninge vf s. Mertines bac vns
alle iar zu gelbene zu pachte vnd zu zynse. — Zeugen:
Erwin hern Genandes son, Cuntze Mosehmit, Henfle Ha-
nenrat vnb Heydolf von Albinbuchesecke u. a. m.

Dat. a. d. M.CCC.XLIV, dom. q. cant. exurge.

(Gesiegelt hat der obgen. Marfle; das Siegel ist wenig beschädigt.)

Orig.

Nr. 824.

1344 (27. Febr.). Ich Guntram Goltsmeit vnb Ger-
burt sine Eliche husfrowe, burgir zu Marpurg, bekennin, daz
wir firkouft han deme kellenere des klosteris zu Werberg vnse
guy zu Quekburnen mit allin deme rechte dar zu horit,
vmme rrvi. mark penninge. — Zeugen: Gerhart son Fron-
husen der burgermeistir zu Marpurg, Luflei Rode eyn schefene,
Ludewich zu deme arin, Gerlach Dregesleisch burgere zu Mar-
purg u. a. m.

Dat. a. d. M.CCC.XLIV, fer. vi. a. reminiscere.

(Das Siegel der Stadt Marburg hängt wenig beschädigt an.)

Orig.

Nr. 825.

1344 (1. März). Wir Engil, Dythwin, Nyclaus vnde
Junge Johan gebrudere burgere zu Frydeberg, sune dez
gob gedenfe Heinrichis Engiln eyns scheffin da selbest, dun
funt, daz wir vorkoufet han vnsir beil an den czehendin zu
Babinhusin in deme gerichte, vnsir beyl an den czehen-
bin zu Amene in deme gerichte, mit alme nutze, als sii
vnsir faber vf vns bracht had, so wiit alse sii in der plicht
gelegin sin, dem erbern manne Frydebrachte von Saffin
eyme scheffin zu Gruninberg vnsirme mage vnb ganerbin,
vnbe auch by korngulde dez houez zu Stochusin, als vnsir
faber vnd wir by biz here besezzin han.

Geb. n. Chr. geb. m.ccc.rliv, vf ben Mantbag allir
neheft nach beme funtbage als man fang Reminifcere.

(Die Siegel Engils, Dythwins und Nicolaus obg. hängen in grünem
Wachfe wenig beschädigt an.) Orig.

Nr. 826.

1344 (2. März). Wir Engil von Saffin, Alheyt fin
eliche vrouwe, Dythwin von Saffin fin bruber, Elfebeth
fin eliche vrouwe, Nyclaus von Saffin fin bruber, Glyf-
muet fin eliche vrouwe vnb Junge Johan ouch ir bruber,
burgere zu Frybeberg, bekennen, baz alfolichir gulbe vnb eygins,
als wir verkouft han zu vert bebe Nyclaufe Schouwenfuzße
eyme scheffin zu Alfelb vnb finen erbin wo by gelegin fin,
als wir in bar vber vnfe bribe gegebin han, wir man vnb
vrouwen mit eyn anbir vortzihin eynuelbecllchen vnb genzliche.

Geb. n. Chr. geb. m.ccc.rliv, vf ben nehiftin binftag n.
b. funt. als man fang Reminifcere.

(Das Siegel der Stadt Friedberg ift abgeriffen.) Orig.

Nr. 827.

1344 (14. April). Ich Arnolb Suzmunt von Hufterf-
heim, Lotze von Bonhabin, Henrich Haneman von Furbach
vnbe Ebirharb Hertrych von Furbach bekennen, baz wir vir-
zygen han alfolich recht vnb nutz alfe wir hatten an beme
gube zu Furbach, baz von vnferm swehere an vns kommen
ift, baz wir by herre von Saffinhufin bo ane nummir fullin
gehindern. — Zeugen: Conrab Commentur zu Wyßele,
Philip von Belbirsheim Ritter, Johan von Lympurg, An-
felm Schultheiß zu Butspach, Heyl. Kelner, Franze von
Gunfe u. a. m.

Dat. a. d. M.CCC.XLIV, fer. iv. prox. p. dom. quasi-
modogeniti.

(Das Siegel der Stadt Butzbach hängt zerbrochen an.) Orig.

Nr. 828.

1344 (31. Mai). Wir Bertolt Herre czu Lysbisperg
vnd Ludwig son Rumrode bekennen, daz wir Eynmutlich
entruwen globit han vnd czu den heylegen gesworn ein Rech=
tin burgfrybe czu halbene czu Rumrode vnd for Rum=
ro.de, der forg. burgfrybe sal sich ane hebin an Lyeprobe
by schencze vf vnd den weg gerychte biz an dye watten, son
den watten gerychte dye strazze hin, vf dem Tyche biz czu
Einhusen, durch Einhusen dye rechten strazze vz biz czu Hit=
tenrobe an dye bruckin, son der bruckin abir dye rechtin
strazze vz biz an dye Hittenrober bach, son der Hittenrober
bach den weg vz gein Lyberbach, son Lyberbach den Rechten
weg vz biz czu Obirrobe, son Obirrobe abir den rechtin weg
biz wider czu Lyprobe. Vnd der inre burgfriede sal wenbin
alf dye blanckin wenbin al vme vnd vme czu Rumrode.
Wer, daz yman vnbir vns were, der bruch tebe an dem forg.
burgfriede, den bruch sal man kunt tun Luzen von Dringes=
husen vnd Ebirharde Farche, dye wir dar vbir gekorn han,
by suln den bruch heizzen Rychten nach bescheidenheit abir
nach rechte ir selbis vnd irre husgnozzen, ab sye mugen,
kun sye des nicht getu, so suln sysh furbaz brengen an den
dritten, daz ist her Heinrich von Slitse Marschalg vnsis
herrin son Fulde, den wir ouch mit in czu eime britten=
manne dar vbir gekorn han, waz der in vme ben bruch nach
bescheybenheit abir nach rechte heizt wiber tun, daz sal he
tu, entebe he abir des nicht, so suln wir in dar czu halden
vnd wurbe he das for fluchtig, so suln wir in beibe in fehebe
halben also lange biz daz he den bruch rychtet nach ber
czweyger geheizze abir des britten, bar nach ab he den bruch
wol richtet abir nicht, so en sal he sich mit vnser keime fur=
baz me nichts behelfin, wer abir daz bruch geschehe son vnre
Eime, daz suln by forg. zwene heizzen Rychten abir der
dritte also forgeschriben stet, en tete her des son fuze nicht,

so sal he alzu hant czu Treyse, czu Luternbach abir czu Hohenburg, in weilcher der drier stete eine he son fehede wen abir son not wen gesin mag, also lange sin, biz daz he den bruch gerychtet.

Des czu Vrkunde hengen wir beide vnse Insigele an disen bryf. Wir Symon son Waldenstein vnb Heinrich son Eysinbach Rittere, bekennin, daz wir by disen dingen sin gewest vnd hengen dar vbir vnsir Insigele an disen bryf.

Geb. n. G. geb. m.ccc.xliv, an dem nehestin mantage for s. Bonifacien tage.

(Die Siegel hängen wenig beschädigt an.) Orig.

Nr. 829.

1844 (11. Juni). Kunt sie, daz ich Bertolb Turing ein weppener vnb Hille min Eliche wirtin, Eckehart min sun vnb alle min erben bekennen, daz wir verkauft han bruder Heinrich Scheidemanne s. Johans Ordens zu Gresenawe vnser gut zu Meyners vnb ein Hofreibe zun Sachse vm lxx. pfunt heller vffe widerkoufe. — Zeugen: Heinrich von Breytenbach ein briester, Fritze vnb Herman Taschen gebrudere, Ortwin von Geylnhußen, Wigant Pflug, Cunrad von Kappel u. a. m.

Geb. n. Chr. geb. m.ccc.xliv, an frit. n. s. Bonifacien tage.

(Das Siegel des Ausstellers hängt unverfehrt an.) Orig.

Nr. 830.

1844 (17. Dec.). Indulgentiae cardinalium xl. dierum pro altari novo*) in ecclesia parochiali B u d e s b a c h per dominam Elizabeth et eius uirum dotati**).

Dat. Auuinoni xvii. die decembris a. d. M.CCC.XLIV.

(Mit 11 anhängenden, zum Theil schadhaften Siegeln.) Orig.

---

*) Der St. Annen Altar. Auf der Rückseite der Urkunde steht von gleichzeitiger Hand „pro animabus nobilis Philippi de Falkensteyn, Agnetis senioris et Alheidis iunioris."

**) Angeheftet ist der Einwilligungsbrief des Erzbischofs Heinrich von Mainz vom 29. April 1345 dat. Aschaffenburg, mit unverfehrt anhängendem Siegel.

Nr. 831.

1344 (28. Dez.). Ich Hedewig zu einmal Wenzelen Karifmen eliche wirten von Anenrode bekennen, daz ich alle iar vf f. Martinis dac fal geben vn forchoghelich den ducfchen herren zu Schiffenburg i. marc pennege vnd iv. genfe vnbe fier huner vnbe ein fafnath hun eikliches, fo mans plieget zu geben vnbe ein ref fol dupen alle iar fon irme gube, daz ich fon in han vnd gheloben alle iar des felbin gudes einen halben morgin zu bunghen mit guter kuntfchaf. — Zeugen: die erberen lude Heinrich Stupelbin, Diederich Alttrifch, Heinrich Sigener, Cunrat gheheizen Rat.

Geb. n. Chr. geb. m.ccc.rliv, an der kindelin baghe.

(Das Siegel des Pfarrers Eberhard zu Haufen hängt unverfehrt an.)
Orig.

Nr. 832.

1345 (25. Jan.). Ich Ryclaus von Brubach ein ebilkneht, Jutte min eliche wirten bekennen, daz wir vur kauft haben Johane Snyder, Elfen finer elichen wirten vnd allen irn erbin Burger zu Rydehe iii. achteyl korngeldis eweger gulde, die gelegin fint vff vnßen guden zu Langthte, vme ir. marg pheninge. — Zeugen: Conrad von Alpach min fwager, Conrat der pherrer zu Langthte, Conrad von Langthte, Johans des pherers nefe, Lutzechin Hofeman, Bertholt Nerbone, Dytmar Anzugil, fcheffen zu Rydehe.

Dat. a. d. M.CCC.XLV, in die convers. s. Pauli.

(Das Siegel des Ausstellers hängt unverfehrt an, das der Stadt Ridda fehlt.)
Orig.

Nr. 833.

1345 (22. Juli). Ich Werrener Kolbynenfel vnd Kune myn bruber ryttere, Conrad Karpe, Hertwyn Molynnere, Heynrych Molynnere vnd Arnolt Felbergere zu Langengunfe´

gefeſſen bekennen, alſe Conrad Smyt ſon Langengunſe hatte
fyrkauft den buzchen herren zu Schyffinburg iv. malder korn
geldys alle yar zu gebene of dye eckere, dye da lynt of Leyt-
geſteren ſelbe vnd ſyn eygen weren, vnd daz dye forg.
herren hant vns gegebyn iv. marg pennynge for dye bezze-
·runge, vnd dar vmme ſo fyrzyhen wyr dye forg. Werener
vnd Kune vnd dye erben des forg. Conrad Smydes of dye
bezzerunge der ſelben eckere.

Geb. n. G. geb. **m.ccc.rlv**, of ſ. Maryen Magdalenen dag.
(Die Siegel der Ausſteller ſind abgefallen.) Orig.

Nr. 834.

1345 (1. Aug.). Ich Ebirhart von Merſowe Ritter
bekenne, daz ich han gegebin Elſebetin Elichen huffrowen
Cunrades Wychginborf von Goyringen vnd ire libeſ Erbin
dem Eideln manne Jungherrn Bertolde Herin czu Lyeſperge
vnd ſin Erbin, czu eime weſſele Elſebetin Elichen huffrowen
Heinricheſ von Heimerſhoſen vnd ire libeſ Erbin.

Geb. n. Chr. geb. **m.ccc.rlv**, an ſ. Peters abende in
der Erne.

(Das Siegel des Ausſtellers hängt unverſehrt an.)
Orig.

Nr. 835.

1345 (24. Dec.). Kvnd ſi, daz ich Cune von Fyl-
mere ritter, Berthe min eliche huffrowe vnde Andreas vnß
brobir vnde ſwagir bekennen, daz wir han fir kauft der
Abtiſſen, Prioren vnde dem Conuente des Cloſteris zu Ma-
rien ſloz bi Rockenberg iii. achteil korngeldis ierlicher gulde
vffe der Mulyn zu Creyenberg, die da gelegin iſt bi Op-
pyrſhoben, vnde waz rechtis wir vffe der ſelbin mulyn
bisher gehabit han, vmme rii. marg pennege.

Dat. a. d. M.CCC.XLV, in vig. ſ. nativ. Christi.
(Die Siegel der Ausſteller hängen beſchädigt an.) Orig.

Nr. 836.

1346 (7. Mai). Kunt fy, daz Ich Frederich by dem Steyne Rinderwig genant bekennen, daz alle dy Eckere, dy wesin, dy habe, dy Garten, dy myn vnd Jutten myner elichin Huffrawin warin, dy zu Albinbuchesecke gelegin sint, alle des Clofters sint vnd des conuentis des h. ftyftis f. Augustinis zu der Zelle, also bescheydinliche, daz Ich is habin sal als Lange als Ich gelebin vnd sal en alle Jar gebin eyne halbe marc penninge drabe zu zinse vf f. Mertinis dag. Dyt sint dy eckere vnd wesin, funf morgen an dem bruche — an dem Haynerepade — an deme Vorrobir wege — in de mundeckere — by der wesin zu Vorrode — der spice marger — Molenbonmez stuzke — an der Ruder gerrisheckin — an dem floze — an dem Rindirwige — den Baumgarten mit deme hus for deme dore vnd den halbin hap, da Ich yzunt jne syzzen vnd wonen — alle dyse Gud sint der frawin von Schiffinburg. — Zeugen: Bernh. von Gunse, Eck. von Buchesecke, Huser Reynold prabift riter, Burk. Kalp Ameliis, Erwin hern Genandes fon edilnethe, Johan Knolle, Lozzechin Sumzzere scheffene zu den Gyzin, Conr. Mofehunt, Heydolf, Herman Schefere u. a. m. Zu merer sichirheyt han ich Frederich gebedin dy ftab zu den Gyzin hern Bernh. von Gunse vnd hern Husener riter, daz sy ir Jngesigl an dysen brip hant gehenkit, das wir Burgman vnd scheffene vud wir Bernh. vnd Husere riter uch irkenen*). Dat. a. d. M.CCC.XLVI, in dom. jubilate p. pasca.

(Die Siegel hängen wenig beschädigt an.)   Orig.

---

*) Der Urkunde ift ein Pergamentftreifen angeheftet mit folgenden Worten befchrieben: „avch fteyd noch eyn ander hus in dysme vorg. baumgartin, daz Beheym machte, daz horit auch zu dysen vorg. Gudin der junfrawin, daz ir ift vnd Ich Frederich habin fal glychirwis als daz ander dy wile ich lebin. Dat. vi supra in dom. jubilate.

Nr. 837.

1346 (13. Juli). Kvnd ſi, daʒ wir Herman vnde Eber=
hard gebrudere, ſone hern Eberhard Weyſen dem gob gnade
bekennen, daʒ wir han ſirkauft dem ſtrenge rittere Johan
Weyſen vnße feveren alle vnʒ gut vnde lehen zu Rybern
Webyrſhem, vffe hern Wyrnheris gube von Rockenberg
rv. ſchillinge haller geldis, vffe Conrad Wyſen gube auch
rv. ſchillinge hallere, zu Abirn Webyrſhem Mecze an
dem berge rv. ſchilling hallere, da ſelbis Conrad an dem
berge iii. punb vnb vi. ſchilling hallere, ii. genſe, ii. hunre
vnb ein faſnacht hun, zu Bruchenbrucken i. punb hallere
geldis vnbe zu Aſſynhem r. ſchilling hallere, zu Gyſind
Heyle Cranych von eime ſtucke r. pennege von vnßme beile.
Dat. a. d. M.CCC.XLVI, ipso die b. Margarete virg. et mart.
(Die Siegel der Ausſteller hängen zerbrochen an.) Orig.

Nr. 838.

1347 (2. Febr.). Ich Craft von Olphe vnde Johan
Swob Edil knechte ſprechin vf den Eyt, ven wir allen vnſen
herren han geban, daʒ vns wißentlich iſt, wil zit vnſer
herre Greſe Engilbracht von Cyginhayn genant von Rybbehe
obir ſin Erbin beme kvmirture vnbe beme huſe zu Rybbehe
ſ. Johans Ordins Loſunge mudin des Gerichtes zu Fur=
bach vnbe ſwaʒ dar zu gehorit, daʒ ſullen ſi in wiber zu
loſene gebin in aller der wyſ, als in daʒ iſt vorſaſt, mit
namen Furbach, Leyſza vnbe ouch Leyßa, vnde Ogil=
huſen, vier vierdehalhundirt vnbe vor zehin marg pennige
kolſchir werunge, dri heller gezalt vor den kolſchen penning*).

*) An demſelben Tage „ſprechin ich Craft von Olphe vnbe Johan Swob
Edilknechte vffe den Eyt, den wir allen vuſen herren han geban,
daʒ vns kuntlich iſt, wil. zit Greſe Engilbracht von Cyginhayn ge=
nant von Rybehe obir ſin Erbin beme Huſe zu Rybehe ſ. Johannis

Geb. n. Chr. geb. **m.ccc.rlvii**, an vnstr vrouwin tage
so man wyhit die liechte.

(Die Siegel der Aussteller hängen wenig beschädigt an.)

Orig.

Nr. 839.

1847 (13. Apr.). Nos scultetus, scabini et consules
de Frideberg protestamur, quod Eberhardus de Erwizen-
bach, filius quondam Cunegundis, et Gela coniuges in nostra
constituti presencia sunt confessi, quod commendatori et
conuentui fratrum domus in Witzele ii. maldra siliginis sin-
gulis annis in curia sua Witzele soluenda, pro xi. marcis
et dimidium denariorum et jugera sua infrascripta pro inter
pignore obligarunt, videlicet duo jugera Goden morgen dicta
— heren Henrich stucke — de Gotscelken morgen — iuxta
fontem dictum Klingelbornen — offe der darenden hobestad
— vordeme lutzewege — an mages stucke — an deme
scafes·miste — vfme zune.

Dat. a. d. M.CCC.XLVII, ydus aprilis.

(Das Siegel der Stadt Friedberg hängt beschädigt an.)

Orig.

Nr. 840.

1847 (20. Mai). Kunt sy, daz wir Echart fon Buchan
ritter, Jutthe min Eliche wirtin gegeyn han Metzin vnd
Elsin vnsin dotherin, klostiriuncfrauin zo Hacgeheburnen,
vnse beyl des habis, der gelegin ist zo Rebir Vfleybin,
vnb Echart Spegil vnbir eyme hat, da vns ierlichis fon
warbin ist eyn halbe marg pennege, ii. gense mit ii. Jungin
hunnerin vnb eyn fasnathun.

Dat. a. d. M.CCC.XLVII, in die penthecosten.

(Das Siegel des Ausstellers hängt unversehrt an.)

Orig.

---

ordins bezalen c. marg pennige, daz fi in den zu sprechin mugen
vmme alle ansproche, die mit den vorg. c. markin sint vorhalden.
(Die Siegel der Aussteller hängen wenig beschädigt an.)

Nr. 841.

1847 (18. Oct.). Kunt sy, daz Ich Irmengart von Elkirhußen vorwyle hern Heinrich von Elkirhußen dochter han gegebin Katerinen myme dychteren eyner Junfrawen zu Schiffinburg iv. malbir Corngelbis jerlichir gulde, also lange alsu gelebit, vz mynen zweyn habin zu Albinbuchesecke vnd zu Wyganbishusin vnd wa in eyme gebreche, da sal man is in deme andirn habe gefallen vnd wane su auch numme jn ift von bobis wen, so sal is lebig vnd los wybber vf myn jrbin fallen an eyn malder, daz sal deme Clostere zu Schiffinburg zu der Zelle eweliche blybin zu eyme ewegen selgerede vur mich vnd alle myn albern. — Zeugen: Ebirhard Cornygel, Senant von Buchesecke, Reynold Prabift Ritter, Erwin Hern Genandiffon, Conrat Moshut, Happele, Johan von Elkirhußen, Heinrich Droft, Heinrich von Drahe u. a. m.

Dat. a. d. M.CCC.XLVII, in die Luce ewang.

(Das Siegel Eberhards Cornigel hängt wohl erhalten an.)

Orig.

Nr. 842.

1848. Wir Hedwyg vnd Katherine gesufterbe genant Heffen dun kunt, daz wir han gegeben den Juncfrauwen vnd deme Conuente des Clofters zu Werberg viii. schillinge pennig gelbez vnd vi. pennig wert schonez brobez jerlicher gulbe vffe Schoybezfeils huz in der ftab zu Grunenberg zu eyme selgerebe fur vns vnd vnfer albern fele.

Dat. a. d. M.CCC.XLVIII.

(Das Siegel der Stadt Grünberg ift abgeriffen.)   Orig.

Nr. 843.

1848 (?). Wir Heinrich von Eyfenbach, Volprecht von Theringbach Rittir bekennen, wanne vnfe herre Heinrich lantgreue ʒu Heſſyn oder vnſe Juncherre Otte ſin ſun oder ire Erbin vns gebin ſes Tuſent dru hunbirt vnd ſes phunt heller, die ſie vns ſchuldig ſin von des buwes wegin cʒu dem Kirchaine vnd von des meinʒſchen krieges wegin vnd von andern binge, ſo ſullin wir yne wider antwurtin ire ſloʒ Nuwenſtaib vnd Homburg, alſo verre wir bie inne han, lebig vnd loʒ*).

Geb. n. Chr. geb. m.ccc.rlviii, des neſtin dinſtages vor ſ. .... dage des h. Mertelers.

(Geſiegelt haben die Ausſteller, aber nur das unverſehrte Siegel Heinrichs von Eiſenbach hängt noch an.)   Orig.

Nr. 844.

1848 (13. April). Jch Wilheylm eyn pleger des huſes ʒu Grunenberg vnde daʒ hus gemeynlich ba ſelbis voriehin, daʒ Juncher Godefrib iunge Grefe ʒu Cyʒinhayn vns vor-ſaʒt hat ſine arme lube ʒu Bruningiſhayn mit namen Henrichen vnde Ludwigen gebrubere geheiſen Oppirman, Jo-

---

*) 1360 (16. Dec.) bekennen „Milcheling Schuʒeſper Rittere vnd Cone-gund ſin eliche wirtin, vffe wilche cʒit herre Henrich langrebe ʒu Heſſln, Otte ſin ſou adir ere erbin vns beʒalin cʒweytuſint ſirbe-halb honbirt vnd driʒig cleyne gulden, der wir doch c. gulden vir-buwin ſollen an deme huſe ʒu Hohinburg, dar vor ſi vns daʒ driteyl ane huſe vnd an ſtad virſaʒt han mit deme vorwerke vnde ben Gar-tin Cʒinſen do ſelbis vnd di xx. marg ierliche vnd di v. marg gel-bis, di Wolf Schenke do von vns ʒu Burglehene hatte vnd vff ge-laʒin hat, ſo wollen wir en huʒ vnd ſtad daʒ dritteyl ʒu Hohin-burg mit aluin deme, daʒ dar ʒu geborit, lebig vnd loʒ wibir ant-wortin, auch ſollen en di ſloʒ ʒu erin nobin vffin ſin wider aluir-menlchin an wibir vns ſelbir.“ (Das Siegel des Ausſtellers hängt gut erhalten an.)

1361 (14. Deʒ.) bekennen „Johan Rybeſel Rittir vnd Gele ſin eliche werthen, wan vnʒ herren Lantgreue Heinrich von Heſſin vnd lantgrefe Otte ſin ſou vns beʒalen ʒwey Tuſent drittehalb-hunbirt vnd ʒwey phunt heller, ſo ſullen wir en daʒ dretteyl irer ſtoʒʒe ʒu Homburg lebig vnd ·los wiber antworten.“ (Das Sie-gel des Ausſtellers hängt unverſehrt an.)

han Smitteman, Winant Kolbin, Henrich Gebehart vnd Johan Smiden zu vier iaren von r. malbir habirn.

Geb. n. Chr. geb. m.ccc.rlviii, an deme h. palmen tage.

Nr. 845.

1348 (21. Sept.). Wir Grebe Phylyppis son Col‑ miffe vnd Mene vnse eliche huffrowe vnd Reynbolt vnse son befennen, daj wir firkoyft han Ludewige von Bikkene paſtore der kyrchen zu Glabinbach vnd Eckharte ſinem brobere vnd erin lehenis erbin vnſin halbin zehindin zv Endebach mit allem deme rechte, als dar zu gehorit vnd Dytzin vnd Gum‑ prechtin vnd ir huffrowin vnd ir kint alba ſelbis, dy vns zu gehorint, vmme liii. ſchillinge thorneſe.

Dat. a. d. M.CCC.XLVIII, ipso die b. Mathei apost. et evang.

(Die Siegel der Ausſteller, mit Ausnahme des der vorg. Frau Mene, welches wohl erhalten anhängt, ſind abgeriſſen.)

Orig.

Nr. 846.

1349 (17. Febr.). Ich Metze frowe czu Lyeſperg be‑ fennin dem eideln Herrin Grebin Johanne von Czygein‑ hain, daj ich vnd mine Erben den touf, den ich getan han mit hern Ryclawſe Schowenfuze burgere zu Alſſelt vme den czehin czu Vdorf vnſir teil, der da czu lehin rurit von vnſeme vorg. herrin vn ſin Erben, vme den vorg. hern Ryclawſe vnde ſine Erben vme cc. guldin in vyer iarin wider kouffen ſullen, vnd ſetze das dem vorg. grebin Jo‑ hanne czu burgin Symon von Waldenſteyn min Bedirn, Eckeharten von Lynden Rittere, Albrechtin von Rumerode vnd Cunrad Vingken Eidelknechte. Engeſchehe des wider kouffes des vorg. czehinden nicht in diſen vyer Jarin, ſo ſullint ich vnd mine Erben vnſerm vorg. Herrin vnſtrs eygin

89*

gutes an des vorg. Ezehindin stat also vil czu gisil von Jn
entpfahen vnd' also lange von in czu lehin haben, biz wir
vme cc. gulbin gut wider gekoufen, daz wir von in czu lehin
geheben mugent vnd entpfahen.

Dat. a. d. M.CCC.XLIX, fer. iii. prox. p. diem s. Va-
lentini mart.

(Die Siegel der Ausstellerin und der vorg. Bürgen hängen wenig be-
schädigt an.)   Orig.

Nr. 847.

1349 (22. März).   Ich Juncfrowe Otilie, Sybult min
bruder von Tarmestad edel kneht vnd Hennechin min son
thun kunt, daz wir gutlich mit Henechin von Seltirzse, ein
burger zu Orthenberg gerichtet sin, also bescheidinlich, daz
Hennechin der egen. vnd sin erben vf den x. morgen ackirz,
die da lint bi dem heynboume vf der bunbe zwoffen Or-
thenberg vnd Lyesperg, dry sar mit kornne vnd zwa
sar mit habirn, sal vf heben vnd genizzen an alle vnser
hindernosse. Wan her ouch die vfgehebit, so sal der vorg.
ackir wieder vnse ledich vnd los sin, vnd von dirre acker
egen. zu lehen roret von hern Herman herre zu Lysperg, so
bitden wir in, daz her sin Ingeß henke nebin Sibulz obgen.
Ingeß an dießn brif.

Dat. a. d. M.CCC.XLIX, dom. letare.

(Die Siegel hängen unversehrt an.)   Orig.

Nr. 848.

1349 (30. März).   Ich Franke Ruzse ein knet von
dem wappene dun kunt, daz ich han verkauffet min deyl an
hobe vnd an gube zu Quecburn, da Lystegin sun vffe
sitzet, deme Clostere vnd Couente zu Werberg vmme xxv.
mark penninge. — Zeugen: Wentzel von Langenstein ein

weppener, Frybebracht von Saffen, Johan von Mantelar
scheffin zu Grunenberg u. a. m.*).

Dat. a. d. M.CCC.XLIX, ii. fer. prox. p. dom. judica.

(Das Siegel der Stadt-Grünberg ist abgeriffen, das des Ausstellers hängt
unverfehrt an.) Orig.

Nr. 849.

1849 (25. Apr.). Ich Ryclaus fun des gob gebenke
Heynen von der Crawen eins scheffin zu Grunenberg bun
funt, daß ich han verkaufft den hoeff zu Harbach, da
Lynbener vffe fitzet, der mir von minen fabere vnd muber
den gob gnade zu rechter beylunge ist zu gefallen, Conrabe
Alwer ein burger zu Stoyfenberg, Berthen finer elichen huf-
frauwen vnd iren erbin vmme xxxii. mark pennige vff wider
kovffe. — Zeugen: Frybebracht von Saffen, Johan von
Mantelar, Heintze Lange, Dyderich von der Crawen min
bruder, scheffin zu Grunenberg, Johan von der Crawen,
auch min bruder, ein burger da felbeft.

Dat. a. d. M.CCC.XLIX, ipso die b. Marci evang.

(Das Siegel der Stadt Grünberg hängt zerbrochen an.)

Orig.

Nr. 850.

1849 (7. Aug.). Ich Hantzelo Harbmub eyn scheffin
zu Alffeld vnd ich Kirftina fin eliche wirtin bekennen, daß
wir vnfern vnd vnfer Albern felen zu Troyfte hon gegebin
dem Priori vnd beme Conuente f. Auguftines orbens by vns

---

*) 1351 (3. Dez.) verkauft „Wyrich Rutze ein weppener min halbe gub
zu Querburn, da hyevore Lyftege vffe faz" ebenfalls dem Clofter
Werberg. — Zeugen: Gerwin von Lynbenftrub ein scheffen, Johan
von der Crawen, Ryclas von Gauwelfhußen, Heinrich Treyrog, Con-
rab an velbe von Saffen vnb Anbres von Merlowe. (Die Siegel
des Ausstellers, feines Bruders Franke unb der Stadt Grünberg
hängen befchäbigt an.)

ẓu Alſfeld geſeßin ir. ſchillinge penninge ewiger gulbe vff
vnſer wiſe ẓu Lußela genant bie Ribwiſe, bie en alle iar
ba von ſollin gefallin vff ſ. Mertins bag. Hir vbir ẓu
eyme feſtin vrkunde hon wir beyde vnſer waftzeychen ge-
ḥengin an biſen brief.

Dat. a. d. M.CCC.XLIX, ſer. vi. a. feſt. b. Laurentii mart.

(Das Siegel iſt abgefallen.) Orig.

Nr. 851.

1849 · (24. Oct.). Wir Johan von Petershain vnd
Alheib ſin eliche huſfrauwe bun kunt, baz wir virkaufft han
vnſe britte beyl bez hobez ẓu Selnrobe, ba Peter von
Keſtrich zwey beyl ane hab, deme Gotſhuz vnd Cloſtere
der juncfrauwen ſ. Auguſtins ẓu Werberg. — Zeugen:
Frydebracht von Saſſen, Gerwin von Lindenſtrub ſcheffin,
Conrad von Velle, Hanßele von Manßelar vnb Peter ſin
ſun burgere ẓu Grunenberg.

Dat. a. d. M.CCC.XLIX, ſabb. prox. a. Symonis et Jude
b. ap.

(Das Siegel der Stadt Grünberg hängt zerbrochen an.)

Orig.

Nr. 852.

1849 (27. Dez.). Wir her Pebir eyn Perrer ẓu Ror-
bach, her Gerhart eyn perrer ẓu Kyrchdorf, her Albracht
von Langte Rittir, Johan Swob vnbe Craft von Olfe Ebil
knechte bun kunt, baz vns kuntlich vnbe wißentlich iſt, baz
ber Ebil herre Grefe Engilbracht von Cyginhayn genant von
Nybehe deme Gob gnabe in ben Gerichten vnbe borfern ber
fuldiſchen marke, ba er eyn Erbevoit waz vnbe bie ißunt
inne hat ber Eybile vnſe Juncherre Gotfrid Junge Grefe
ẓo Cyginhayn, als von ber ſchare wegin berſelbin gerichte
vnb borfer vnb bie ber egen. Grefe Engilbracht ẓv lehene

hatte von eyme Apte des ſtiftes zu Fulde vnd die der Edil
herre Grefe Johan zu Enginhain, Grefen Engilbrachtis Eydem,
noch zu lehene hat von eyme apte zu Fulde, Herberge mit
ſinen frunden vnde dienern genumen hat vnd wir mit ime
an den herbergen gelegen han, vnde .... der egen. gerichte
vnd dorfere die ſelbin herberge vor Grefen Engilbrachten
vnde ſine frunt vnde bienere gutliche bezalt vnde vorgolben
hant, vnde ſprechin wir her Pedir vnde her Gerhart die
perrer vorg. daz vffe vnſir ampt, vnde wir her Albracht von
Langte Rittir, Johan Swob vnde Craft von Olfe Edil
knechte daz vffe vnſtrn Eyt, den wir allen vnſtrn herren han
geban*).

Geb. n. Chr. geb. m.ccc.xlix, an ſ. Johannis des h.
apoſteln vnde Ewang.

(Die fünf Siegel der Ausſteller hängen unverſehrt an.)

Orig.

Nr. 853.

1350 (6. Jan.). Ich Ebirhard von Dorfelbin Edil
knecht vnd Luckarb myn eliche wirten bekennen, daz wir han
verſatzt Bruber Conrade Wonbolbe Comentur des Huſes zu
Wizzele vnd Bruder Johanne von Belbirsheim gen. von
Obirnhofen, Brubern ordins ſ. Johannes, ſyrbehalp achtel
korngelbis vff allem vnſerm gube zu Berſtab vur xrl.
phund heller.

Dat. a. d. M.CCC.L, ipſo die Epyphanie dom.

(Das Siegel des Ausſtellers hängt beſchädigt an.)   Orig.

Nr. 854.

1350 (14. Febr.). Wir Bruder Wygand von Belbirs-
heim Commentur des Huſes zu Rydehe vnd der Couent des

---

*) Am Tage vorher ſtellte „Johan Purruz eyn Eingrebe zu Eʒchʒil“
ein gleiches Zeugniß aus. (Das Siegel deſſelben iſt abgefallen.)

selbin Hufes dun kunt, daz wir verkeuffin mit vrlaube vnsers
Baliers in der Wedereube Eylfftehalben Morgen Landes vn-
serme pittancze, by yme gekauft han Bruder Rudolff siczetum
pherrere was zu Nydehe, Bechtolt Kerben scheffin zu Nydehe,
Hantzel Lammesfort, Alheit Schutzen vnd anders gude Lude
zu eyme ewigen selegerede, vmme ri. phund heller, vnd
dieses Landes sint gelegin — an der Bunde, by da richet
vff dy weide vnd stozzen an by furbechir — vff der Bunde
an deme Salczhusere wege — an deme Cober wege. Zu
eyner vrkunde birre vorg. dinge, so geben wir dißn briff be-
sigelt vnder Ingesigelen Bruder Conrades von Ruckingen
vnsers Baliers vnd Bruder Wygandes obg.

Dat. a. d. M.CCC.L, dom. die qua cant. inuocauit.

(Die Siegel sind abgefallen.)   Orig.

Nr. 855.

1350 (6. März). Wir Gottfrid Junge Graue zu Zie-
genhain vnd Agneß vnser eliche hussrawe bekennen, das wir
mit wissen vnd willen Grauen Johannes von Ziegenhain
deme strengenn Ritter Johanne von Bieschburn vnd sinen
erbin xxrvi. malber kferngulde verkauft han vmme cccc. phunt
heller, dauon sullin geuallen dem vorg. hern Johanne alle
ihar dritthalb vnd dreißig achteill korneß vf vnser mulen zu
Durenheim vnd zehenthalb vnd dreißig achtell korns vff
vnsern zehendenn zu Eygelßdorff vnd zu Hayßbach vnd
setzenn in bes zu vnderpande vnser aigen dorff zu Herchen-
hain, auch ist geredt, das wir die kornngulde in dreyen
jharen von gifft dieß brienes nicht wibberkauffen sollen, es
sey dann mit Irme willen. Vnd bes zu vhrkunde geben wir
in dißen brieff mit vnsern vnd Grauen Johans von Zygen-
hain vnsers Vatters vnd Swehers Ingesiegele besigelt.

Geb. n. Chr. geb. m.ccc.l, an dem sunabende n. d. sont.
als m. s. oculi.

(Alte Abschrift.)

Nr. 856.

1350 (17. März). Ich Conrad, Volpracht vnd Wern-
her gebrudere genant die Milchelinge amptlute vnfirs herren
von Mentze vnd sines stiftes bekennen, daz wir vur vns
vnd vnfir erbin mit willen Johans von Hatzfeld, Adolfes
von Biebenfeld vnd Volprates von Derße durch ehafter note
wegin vnsirs herren von Mentze vnd sines stiftes virsaft han
daz gerichte zu Rengrishusen vnd die Marke da selbes
vnd ben furst, ter ba anbirsit ber Runa ligit, mit allem beme,
bas barzu gehoret vnd barzu die Graschult vz beme borf zu
Bierminne vnd die fasnacht Hunre ba selbes bem strengen
Ritter hern Conrade von Biermynne vnd sinen erbin vur
cc.xxxv. phunt haller. Ouch globin wir Conradt, Volpracht
vnd Wernher gebrudere vorg. wer iz also, baz vnsir Herre
von Mentze aber sin stift von siner wegin baz sloz Battin-
burg vnd gerichte, Lube vnd gut von vns losen wolbe aber
wer iz anbers von vns loste von irer wegin, beme sie iz be-
valin hatten, baz wir barzu nicht tun ensollen, wir enhabin
ban hern Conrabe vorg. vnd sinen erbin ir vorg. gelt bezalt
aber inhabin sie sicher gemacht vnd bewart an ben vorg.
panbin. Zu vrkunde birre binge sa han wir vnstr Inge-
siegel mit Johans, Adolfes vnd Volprachtes Ingesigel an
biesen brief gehangin.

Act. et dat. a. d. M.CCC.L, fer. iv. p. dom. judica me dom.

(Die Siegel hängen wohl erhalten an.) Orig.

Nr. 857.

1350 (6. Apr.). Ich Wirnher ber albeste Ritter von
Rockinberg vnd Else mine eliche husfrawe Bekennen, baz
wir gegeben han ber eptissin vnd bem Conuent des klosters
zu Marien sloz gelegen by Rockinberg x. achteil korngulbe
Jerliche czu ber Messe in bem selben klostere mit eynre hube

lanbes, dye geachtit ist an rr. achteil, da miede erfult wer=
den rrr. achteil zu derselben messe vnd viii. achteil, dye wir
in vor bewiset han sulben, also sullen wir den selbin frawen
alle Jar zu samene rviii. achteil kors geben, der wir in be=
wiset han vff vnßme gube zu Buckenheim gelegen by
Gambach vnd vff vnßer mulin zu Rockinberg vf wider=
losunge.

Geb. an dem dinstage vor der dominiken Misericordia
a. d. M.CCC.L.

(Die Siegel der Aussteller hängen sehr beschädigt an.)

Orig.

Nr. 858.

1850 (10. Apr.). Jch Conrad Bynttamer eyn edel
kneth von Hohinberg, Johan vnd Culman myne sone be=
kennen, daz wir han virziegen der aptifflu zu Mergenslos,
daz da lyt by Rockinberg vnd dem conuente da selbis vff
ii. morgin, die lyegen obir den frydeberger wech, die wordin
gebeylit myb hern Fulzen von Lorchen, drythalbin morgin,
dye stoßint myb eyme enbe vff vir Lyesin von Rockinberg
vnd den gartyn, der da lyt zu Minzenberg vnbir den
eychin, der ouch gebeylit wart myt hern Fulzen vorg.

Dat. a. d. M.CCC.L, sabb. p. Ambrosii ep.

(Die Siegel des vorg. Conrad Bynttamer u. Herdaus von Buches, Ritters,
hängen beschädigt an.) Orig.

Nr. 859.

1850 (15. Juli). Jch Wernher von Rockinberg Ritter
der Jungiste vnd Else min Eliche hußfrauwe bekennin, daz
wir den geystlichen Juncfrauwen zu Marienslos by Rockin=
berg schulbich sin rrrvi. marc pennege vme eyn Ros, daz
wir vmme se gekauft han, fur daz gelt bewysen wir se ir.
achtel korngelbis jerlicher gulde, vnd sezzen en dar fure zu

vnderpand eyne hube vnsers eygens, by da· gelegin iſt zu
Wederſheym, by min Elſin vorg. wydemen iſt.

Dat. a. d. M.CCC.L, in diuisione apost.

(Die Siegel der Ausſteller hängen unverſehrt an. Das Siegel der vorg.
Elſe zeigt das Wappen der von Buches und führt die Umſchrift:
S. Elizabeth de Buches.) Orig.

Nr. 860.

1850 (28. Sept.). Ich Gerlach von Echzile edelkneth
bekennen, daz ich virkauft han eyne halbe hube landes, die
vf Echzilre velde gelegen iſt, hern Johanne Weyſen Rittere
vnde ſinen Erben vmme rl. marg pfeninge mit willen vnd
gehangniſſe miner vedern, mit namen Ebirhartes von Ech-
zile des elbeſten, Wernheres von Echzile, Ebirhartes des
Jungen vnd Friderichis ſins brubirs, vnd wir die vorg. vir-
zihen dar vf vnd byden den hochwirdegen furſten vnſen her-
ren Apt Heinrich zu Fulde, daz he iz liße hern Johanne
Weyſin vorg. vnd ſinen Erben. Vnde ich Ebirhard von
Echzile der edelſte vnd Wernher von Echzile reden yme dar
fur als gude Burgen, daz iz mit willen ſal ſin Ebirhartes
vnſis vedern hern Ebirhartes ſones, der izunt vzewendig
landes iſt, daz iz yme vnſe herre von Fulde lihen ſal vnd
fur rechte anſprache iar vnde dag als gewonliche in dem
lande iſt. Vnde zu eyme waren orkunde des han ich Ger-
lach, Ebirhard der elbeſte, Wernher, Ebirhard der Junge
vorg. vnſir Ingeſygele gehangen an byſin brif, vnde ich Fri-
derich von Echzile bekennen mich vnbir Ebirhartes mins bru-
dirs Ingeſigel vond ich eygens nich en han.

Dat. a. d. M.CCC.L, in vig. b. Mychahelis arch.

(Nur die beiden erſten Siegel hängen unverſehrt an, die beiden letzten
ſind abgeriſſen.) Orig.

Nr. 861.

1850 (23. November). Ich Hette von Operode vnd
Alheid min dochter dun kunt, daz wir han virkauft vnſe

huz*) uffe deme reine von den Barfuffin gein f. Anthonius
czu der rechtin hand dem Brudir Gerwige czu f. Vites berge
des ordins czu Werberg vnd Meckelin finir fweftir dochtir,
daz ich Hette vorg. fal min libgedinge in deme egen. hufe
habin zu myme gemache. — Zeugen: Gontram von Ly-
dinftrud, Heinkele von Langiftorf fcheffenen, Petir des großin
Dyderich fon, Clais Aleman Burger czu Grunenberg u. a. m.
Auch bekennen ich Gerwig vnd Meckele vorg. daz vnfe huz
naich vnfir beidir dode fal gevallin deme Cloftere czu Wer-
berg czu eyme felegerede vor vnfir beidir fele.

    Dat. a. d. M.CCC.L, in die Clementis.
(Das Siegel des Schulmeifters u. Schreibers Conrad hängt zerbrochen an.)
                                                    Orig.

Nr. 862.

1351 (1. Juni). Kvnd fi, daz ich Elyfebet Pannen-
fmedin, Syfrid min fon vnde Gerdrud fin eliche huffrowe,
gerternere hinder der Burg zu Frydeberg zu den garten
gefeßen, han firkauft der irfamen Jungfrowen Elyfabeth von
Gambach einer burgern zu Frydeberg anbirhalbe marg ewegir
pennig geldis Ierlicher gülte vffe deme ftücke garten vor der
mulyn vnd vffe v. gewanden, die da heizent daz bruch land,
die vber den graßen dar bi ligent alba felbis zu den garten
gelegen. — Zeugen: Johan von Beldirfhem ritter burgrebe,
Erwin von Draße ein bumeyfter, Wenzele vnd Conrad von
Clen edil knechte, burgman zu Frydeberg u. a. m.**).

    Dat. a. d. M.CCC.LI, fer. iv. prox. a. feft. penthecoftes.
  (Das Siegel der Burgmänner zu Friedberg hängt befchädigt an.)
                                                    Orig.

---

*) Zu Grünberg.

**) 1358 (25. April). Gleicher Verkauf einer halben Mark Pfennige
  von „Henne Smet von Ruheim vnd Kunßele fin wirtin uff eime
  gaußen morgin in der Brombach gelegin zu den Ritgartin. — Zeu-
  gen: Johan von Morle, Syfrid der Droiftin fon, Henße Lube,

Nr. 863.

1351 (3. Juni). Ich Johán von Eyſinbach Bekenne, daz ich alle dieſe gut vnd gulde, die her nach ſten geſchriebin hain gekouft vmb Ludwig von Romerabe Rittern vnd ſine Erbin, czu dem erſtin den Czenbin halb zu Wint-huſin vnd ander czenbin die dar zu gehorin, vnd den Czen-bin czu Helferichſhain, die ich mit einanbir hain ge-kouft vor cc.l. ſchillinge tórnoze, daz gerichte czu Hoph-gartin, daz Engil maz, daz huzwarts, daz ſporkelins Dor-kilnrobe vnd ſ. phund heller gelbis czu dem fruleybs, die ich mit einanbir hain gekouft vor ccc. ſchillinge tornoze, ein gut czu Tribinhuſin, daz ich koufte vor rr. ſchillinge tornoze,

---

Conze Hilt, Syple Panſmet vnd Wigil Hartmud." (Das Siegel der Burgmänner hängt ſehr beſchädigt an.)

1365 (20. Jan.) verkaufen „Wenzil Gruzſir zum Gartin vnd Elſe Hauzila min elliche wirtin Henne Saſſen vnd ſin Erben bur-gern zu Fredeberg eyne meſtin gudis mahin Oleyis uff dem halben morgin gartin zuſchen den zwey wegin hindene an Henne Hornunge. — Zeugen: Henne von Hollar, Heinze Lube vnd Sypil Panſmet." (Das Siegel der Burgmänner hängt beſchädigt an.)

1367 (10. Dec.) verkaufen „Henne Hanzel von Garten vnd Gele myn Elliche wirten ſ. malder korngeldes Fredebrachten dem altariſte des altares der grune Minne yu der burg vmb virdehalp punt hellir vnd rr. punt hellir uff vnſeme huſe vnd haſe gelegen zu den garten vnd dye ſchuren auch dar zu. — Zeugen: Erwin Lewe ritter von Steinforb, Lobewig von Ruzeim eyn priſter, Heinrich Bart, Heinze Lube, Clas Breytſchuch vnd Conrad Breytſchuch." (Das Siegel der Burgmänner hängt beſchädigt an.)

1368 (9. Mai) verkaufen „Conze Breytſchuch geſeßen zu den Garten" und ſein Bruder „Clais Breytſchuch, Gude ſin Elich wir-ten zu den Garten" ein Simmer Oleygeldes an Wernher Engel, Abelheld ſeine Hausfrau, Bürger zu Friedberg „uff ir hus vnd ſchu-ren gelegen zu den Garten vnd zwene flecken gelegen an Gruzzers ſtiſſone" und „vf eyn ſtucke genant die Brumbach gelegen in den Rytgarten." (Das Siegel des Burggrafen Eberhard Weiſe iſt ab-gefallen.)

czu Langinhain achtehalb phund heller gulde vnd Czehin
hellere, czu Langinhusin v. vierteil kornis vnd habir gulde,
czu Obirnhophgartin riv. tornoʒe gulde, czu Hachebach
vi. tornoʒe ʒu gulde, die ich mit einandir hain gekauft vor
c.r. schillinge tornoʒe vnd sal ich dem vorg. Ludwig alle die
vorg. gut vnd gulde widir czu koufe vnd czu Loʒene gebin
vor alsolich gelt als hie stet geschribin. — Zeugen: Hen-
rich Grat, Helwig Pheffirsag, Stebin vnd Conradus min
schrieber.

Dat. a. d. M.CCC.LI, vi. fer. a. fest. penthecost.
(Das Siegel des Ausstellers ist abgerissen.) Orig.

Nr. 864.

1351 (9. Sept.). Kunb sie, daʒ ich Conrad Bone von
Pettirwile han gesaʒt i. ewyg maldir korn geldis vffe dyse
vii. morgen landis, die da lygin ʒu Pettirwile vffe den
velbin, die hie geschriben stent — vffe den velde geyn Klop-
heim vbir den klopheymer weg — vffe den velde gein Erle-
bach in me slade by dem pule — bie dem walt wege —
vffe den velde gein Lychen — gein deme Rybe — weme dyt
lant gevellit nach myme tobe, der sal alle iar Hermanne
Swarʒen ʒu Frankinfurd vnd Lucartin siner ellichin wirten
daʒ maldir korn geldis gebin ʒu Frankinfurd in die stad,
alse lange, alse sie beyde leben, vnd nach ir tobe sal man
iʒ geben eyme styfte abir eyme klostere abir wo sie iʒ hyne
bescheyden, da sie dunkit, daʒ iʒ wole bestad sie fur myne
vnd myner aldirn sele.

Dat. et act. a. d. M.CCC.LI, in crast. nativ. Marie virg.
(Das Siegel des Pfarrers Wernher ʒu Peterweil hängt ganz zerbrochen an).
Orig.

Nr. 865.

1351 (11. Nov.). Kunt si, daʒ wir bruder Heʒʒechin
von Dreise ein Comture ʒu Schiffinburg vnd vnse forsarin

In genummen habin von den Pytancien meystern des selbin hufes zu Schifftnburg lrrriv. phunt heller, wan wir des von not nyt enberin mohtin vnd in des selbin hufes nut wyder gewant han, des selbin gelbes wart dem leon lr. phunt, vnd Hezzechin rriv. phunt, da fure han wir bewifet vnses hufis rechtlich eygen gulbe vi. malber korngulde der vorg. pytancien, daz man da von fyere ftunt in den fyeren frone-faftin hern Hiltwinis von Elkirhufin ritters Jargezit begen sol mit vigilie vnd felmeße, vnd von den andern rriv. phun-ben, bi da her Herman Hufer rittere von fine erftin huf-frauwen wegen vnd Waltirs her Slunen son von den Gyzen Jr Jargezibe begen fal of bie zit als fie fturbin, der vi. malber korns der fint gelegin v. zu Lindin vf Nyclaus Metzeler gube vnd zu Gruningen ein malber vf Nyclaus Daubin gube. Des han wir bruder Wolfram von Rellin-burg meifter des dutzchin orbins zu dutzchen landin vnd wir ber Commendur vnd die brudir des dutzchen hufes zu Mar-purg vnfers hufis Jngefigel an biefen brief gehenket.

Dat. a. d. M.CCC.LI, in die Martini ep. et conf.

(Die Siegel hängen unverfehrt an.). Orig.

Nr. 866.

1351 (15. Nov.).. Jch Emmilrich von Karbin Ritter vnd Gube myn Eliche huffrauwe vnd Arnold von Glouburg vnd Alheit Goltfteyn myn eliche huffrauwe burgere zu Fran-kinford bekennen, daz wir firfouft han ber aptiffen vnd dem kofente des cloftirs zu dem Trone eyne hube lanvis, die da gelegen ift zu Melpach, vm c. marg phennige. Vnd bes zu urkunde, fo han ich Emmelrich vorg. myn eygen Jnge-figel an byfen briff gehangen vnd want ich Arnold vorg. nit Jngefigels inhabe, fo han ich vnd Alheit Goltftein myn

huffrauwe vorg. gebedin Conraden von Globurg mynen bru-
dir, daz er fin Ingefigel fur vus an difen briff had gehangen.
Dat. a. d. M.CCC.LI, fer. iii. p. fest. b. Martini episc.

(Die Siegel hängen zerbrochen an.) , Orig.

Nr. 867.

1352 (10. Febr.). Ich Isengard etwan Eliche huf-
frowe Engilbrachtis feligen von Chginhayn dun kunt, daz
wir virkouft han Gotfride jungen Grefen zu Chginhayn vn-
firme swagere, Agnesen finer Elichen huffrowin vnd irn
Erben vnsirn widemen zu Rydehe in Burg, in stab, in
lande, an luden vnd an Gerichten vnde ouch die Bodie der
Gerichte zu Echzile, zu Berstab vnd zu Durinheym
mit allen den Dorfern, die dar zu gehorent, dar vffe wir
achtehundirt phund hellere hatten, vnde ouch alle die schult,
die vnsir herre von Mencze vnd daz Cappittel des Domes
zu Mentze vns mit eyn schuldig waren, vme funf vnd zwenzig
hundirt punt hellere*).

Geb. n. Chr. geb. m.ccc.lii, an f. Scolastiken tage der
h. juncfrowin.

(Das Siegel der Ausstellerin hängt wenig beschädigt an.)

Orig. .

Nr. 868.

1352 (20. März). Ich Herman Schrintwecke, Elze-
beht min eliche wirttin vnd vnse kindire, Arnold Syber,
Rylind min eliche wirtin vnd vnse kindere bekenin, daz wir
vnd alle vnse erbin han vor kouft daz holtz vnd di wistin,
daz da heizst das schrintweckerab, dem Cumbur vnd den hern

---

*) An demselben Tage entbindet die vorg. Isengarde die Burgmannen,
Bürger und alle Centgrafen, die da gehören zu dem Schloß und der
Herrschaft zu Ribba, von dem ihr geleisteten Eide. (Das Siegel der
Ausstellerin ist ziemlich wohl erhalten.)

des dutschen orbins zcu Schiffinburg vor xlii. punt heller. —
Zeugen: Wilhelm von Wiſſe, Johanes Syber, Henrich
Wucherer von Opperode, Johanes Schrappe, Conrad Nic-
laus vnbir dem berge gebrudere, Henkil, Gerlach Forſter
gebrudere vnd daz gantze dorf zcu Borgharbiſfelde*).
Dat. a. d. M.CCC.LII, fer. iii. p. dom. Letare.

(Das Siegel des Pfarrers Johann von Burkhardsfelden hängt wohl er-
halten an.) Orig.

Nr. 869.

1352 (31. März). Ich Gyſe von Winthuſin der ſwartze
dun kunt, di dri mark gelbis, di ich czu burglehene hatte
czu Grunenberg von Lantgrebin Heinriche czu Heſſin, daz
ich daz burglehin virkauft han Johanne Peſſirſacke von Vlrichi-
ſtein vme lvi. punb heller.
Dat. a. d. M.CCC LII, in vig. palmarum.

(Das Siegel des Ausſtellers liegt zerbrochen bei.) Orig.

Nr. 870.

1352 (4. Mai). Ich Luplin von Gunſe rittere vnd
Ich Jutte ſin eliche huſfrowe bekennin, das das mid vnſeme

---

*) Am 14. Dec. deſſelben Jahres bekennen „Reymbold vnd Jutte, Thi-
derich vnd Elſe, Walther vnd Jutte eliche Lude, Hiltwin wepelinge
von Wertdorf, Wilhelm von Wiſſe vnd Gerdrud auch eliche lude,
Jutte vnd Gude gebrudere, geſwigen, ſwagere vnd ſuſtere“, daß ſie
ihre Einwilligung zu obigem Kaufe gegeben, nämlich „an dem
Robbe gen. ſchriutwecken Robe bi Burkartiſfelden vnd ſtozet
alveſte an ir ſelben walt zu Milebach gelegin, welches Rod die
vorg. eliche Lude von Burkartiſfelden von vns zu erbe hatten. Auch
han wir die egen. Ganerbin von Wertdorf verkauft den dußſchen
hern von Schiffenburg dri morgen an dem egen. Robbe gelegin geln
Burkartiſfelden wert, di wir ſelbir da ligende hatten. (Die Siegel
der vorg. Reimbold, Dieterich und Walther, ſowie Philipp von
Calſmund und Kraft Schaben, Canonikers zu Wetzlar, hängen wohl
erhalten an.)

gubin willin ift, das Gylbracht vnfe fon vf gegebin hat lv.
mark geldis vz vnfeme hobe zv Radeheim vnd das dar zu
gehorit, den hochgebornin furftin Byffchove Ludewige von
Monftere vnd Lantgrebin Heinriche zv Heffin, vnd hab by
widdir von en inpangin halp zv Burflehene vnd halp zv
manlehene.

, Dat. a. d. M.CCC.LII, fer. vi. prox. p. diem b. Walpurgis.
(Die Siegel der Aussteller hängen unversehrt an.)

Orig.

Nr. 871.

1352 (12. Jun.). Ich Herman vome Herolbes ein
edelknecht vnd Elße min eliche huffrowe bekennen, daz wir
vmme vnfern junchern Gotfride junge grefen zu Chgenhain
vnd Agnefen fin elichen huffrowen vi. phunt heller geldes
gekouft han in irme borfe zu Srithain vme rl. phunt heller,
by gulbe fal vns alle jar gefallen vffe f. Mertins tag.

Dat. a. d. M.CCC.LII, fer. iii. prox. p. diem b. Boni-
facii ep. et mart.

(Das Siegel des Ausstellers hängt unbeschädigt an.) Orig.

Nr. 872.

1352 (28. Aug.). Ich Gotze Scheffer von Langin-
gunfe vnd Luze myn elyche huffrauwe von kont, daz wir
abir vnfir erbin follent gebin den vrouwen zu me Throne
alle iar ewecliche i. maldir korngeldis vf f. Johans bag vn
by meffe zu Wetflar zu furin vf vnfe koft vnd erbeyd. Hor
fur han wir en zu vndirpande gefatzt i. morgen neben der
mandil gen Habechinheim, v. virteil tufchin der Langen Lyn-
bin vnd Elehir wege by hern Crafte von Robinhufin, i.
morge an deme fteinacker nebin deme foide von Fronhufin
pnd vf deme Robinwege tufchen den vrauwen von Aldin-
burg vnd den herrin von Saffinhufin v. virteil. — Zeu-

gen: Franze . . ., Heilman Banseche-, Henrich Ryche, Henrich von Gunse scheffen zu Butspach vnd Conrad Feltperger. Dat. a. d. M.CCC.LII, in vig. s. Johannis decoll.

(Das Siegel der Stadt Butzbach hängt unversehrt an.)

Orig.

Nr. 873.

1352 (4. Oct.). Wir Heinrich von gots gnaden Lantgrabe ezu Heffin bekennen, daz her Lupelin von Gunz Rittir vnftr liebir getruwir fin gut by den Gizfin gelegin, daz da heiptit der klettinburg vnd von vns ezu lehin hait, wern Juttin finer elichin huffrauwen ezu eme rechtin liep gebinge gemacht hat mit vnfem gehencniffe.

Geb. n. G. geb. m.ccc.lii, des neftin bunnerftages n. f. Michaels tage.

(Das Siegel des Ausftellers hängt unversehrt an.)

Orig.

Nr. 874.

1353 (7. Jan.). Ich Lotze von Gysnide vnd Hedewig myn eliche wirten tun kunt, daz wir han virkaufft ii. malbir korngelbis Gerharb Culman Beckerz son, scheffin zu Rybehe, Jutten finer elichen wirten vnd iren Erben vmme x. marg phenninge, by vorg. korngulbe fullen wir yn alle iare gebin zu Rybehe in waz hufes fie heifchin, mit namen ift dyt gub benant anbirhalb morgen wyfen in der hiefer wyfen by Heylen Schultheizzen — an dem mulen wege by der fteynfurtern waren — i. morgen der Wallirz waz von Weckinfhufen vnd get vbir ben phaffin weg — an ber faltzbach by Heilen Schultheizzen — in ber Roden. — Zeugen: Culman Becker vnd Wyland Johan Snyderz son, scheffin zu Rybehe, Heyle Schultheizze vnd Heyle Kranich scheffin zu Gysnide u. a. m.

Dat. a. d. M.CCC.LIII, fer. ii. prox. p. Epyphaniam dom.

(Das Siegel der Stadt Nibba hängt ganz zerbrochen an.) Orig.

40*

Nr. 875.

1353 (7. Jan.). Ich Heile Cranich von Gysnide vnd Metza myn eliche wirten virjehin, daz wir han virkaufft ii. malbir korngeldis ewiger gulde vff alsolichen guden, alse hernoch ist benand, den bescheidin luden Gerharte Culman Beckers son scheffin zu Rydehe, Jutten siner elichen wirten vnd irn Erben vmme xvi. phund heller, mit namen by hofstab an der Heppingazzen, eyn halb morge landes hinder deme steynbohele — an me stockerberge — eyn morge da der wolff her froys — vff deme phaffinberge — in deme grunde by den crutzen — vf dem Rosselbir wege — an me schaff wege — vf dem Eysenbecher waßen — vf dem Barstorffer wege — an der hußstrazzen — an den steynbuschen — geyn den cleynen wyßen. — Zeugen: Culman Becker vnd Wyland Johan Snyderz son scheffin zu Rydehe, Heile Schultheiße vnd Lotze von Gysnide scheffin zu Gysnide.

Dat. a. d. M.CCC.LIII, fer. ii. prox. p. Epyphaniam dom.
(Das Siegel der Stadt Nidda ist abgerissen.)   Orig.

Nr. 876.

1353 (14. Jan.). Wir Gotfrit Jungere graue von Ciginhaine bekenen, das wir Heinrich von Brende Edel knechte vnd sin erben x. phunt heller geldes vf vnser bete zu dem Burghartes zu eime reithen erbe burglehen gelihen han zu vnserme slozze Schurinfeils, das Burglehen sal yme vnd sin erben vnseriz amptman zu Burghartes ierlichen anbelage vnd bezallen vf s. walpurg tag, welches iares ime ober sin erben die vorg. x. phunt geldes nit bezalt worden vf den vorg. tag, so mag der egen. Heinrich ober sin erbe vnsern armen lute al da zu Burghartes phenden an vnſern zorn vnd ſullen bi phant in vnſern ſloʒʒe eins furen Ryebe oder Schurinfeils vnd ſullen mite phande reicht dun*).

Geb. n. Chr. geb. m.ccc.liii, an dem mantage n. den aychtzende.

(Das Siegel des Ausſtellers hängt unverſehrt an.)

Orig.

Nr. 877.

1353 (15. März). Ich Lobewig Kalp Ein wepener vnd Haſeke ſin Eliche wirtin Bekennen, daʒ wir mit ver= henkniſſe Othtin vnſtrs ſones han verkauft vnſe hues vnd geſeʒe, daʒ gelegin iſt cʒu Mirlauwe in der burgk hinbir beme Turne vnd waʒ Rechtes cʒu beme Huſe vnd zu der hobeſtat gehorit, dem ſtrengin Rittere Fryederiche Rieteſiln vnbe ſinen irbin.

Dat. a. d. M.CCC.LIII, vi. fer. a. domin. dom. ne Longe.

(Das Siegel des Ausſtellers iſt abgefallen, das Conrads von Mortdorf Weppeners hängt zerbrochen an.) Orig.

Nr. 878.

1353 (27. März). Ich Burghard von Holzhuʒen knappe von den wappen vnd ich Bechta ſin Eliche wirtinne beken= nen, daʒ wir verkouft han den geyſtlichen junfrouwen, der Meiſtern zu Hachgeburne vnd dem Conuente gemeynliche da ſelbys ſolich gut, als wir hatten zu Deckinbach, vme xiv. cleyne gulden uff widerkoufe. — Zeugen: Wicke Cremer, Bertold Schuler, Cuneman Heynckiln ſcheffene zu Hoinburg, Ludewig Cener, Nycolaus Clugelin Burgere da ſelbys u. a. m. Diſſys zu vrkunde han wir gegeben Hern Cunrade Fleſch= harten altariſten vnd Wernher von Hirzinhain amptmannen zu Hoinburg vnd Bycaryen da ſelbys, daʒ ſye ir Ingeſ. hye an han gehangen.

Dat. a. d. M.CCC.LIII, fer. iv. prox. p. feſt. Paſche glor.

(Die Siegel ſind abgeriſſen; das Wernhers liegt aber noch bei.)

Orig.

---

*) Der Revers Heinrichs von Brende iſt von demſelben Tage, das Siegel iſt aber abgefallen.

Nr. 879.

1358 (3. April). Ich Johans Dymar edilknecht bekennen, daz myn Jungherre Gotfrid Junge greue zu Eyginhayn mich vnd myne Erben gewonnen hat vmme v. phunb heller gelbis czu Erbe burgmanne zu fime flozze zu Rybehe vnb alfo bescheidinlich, wanne he ober fine Erben mir aber mynen Erben gebint l. phunb heller, fo fullen ich yme v. phunb heller gelbis bewifen in yren gerichten zu Rybehe ober fullen fie bar ynne keufin vnb auch bar vmme ir Erbe burgman fin*).

Dat. a. d. M.CCC.LIII, fer. iv. prox. p. dom. quasimo-dogeniti.

(Das Siegel des Ausstellers hängt unversehrt an.) Orig.

Nr. 880.

1358 (6. Mai). Wir Gylbracht, Eckehart vnb Henrich genant Rybefel gebrubere knappin fon ben wapenin bekennen, daz froywe Metze froywe zu Lyesperg vnb Juncher Rycholff er fun vns ferliche reychen vnb anbelegin fullin vi. mark gelbez, vnfer ylicheme ii. mark, zu eyme erbeburglehin, daz wir firtynen fullen zu erme schloße Rumerabe vnb by fulle wir offe f. Mertinez tag alle iar zu erme Amptmanne ba felbiz zu Rumerabe forbern vnb wylchez iariz vns baz firzagin wurbe, fo muge wir fy phenben vnb baz pant fulle wir zu Rumerabe furin vnb bamybbe pentliche tun vnb gebarin.

Dat. a. d. M.CCC.LIII, fer. ii. prox. p. fest. b. Walpurgis virg.

(Die Siegel der Aussteller hängen beschädigt an.)

Orig.

---

*) Am 8. Jan. 1357 stellt Gerlach Cypur, Weppner, eine gleiche Urkunde aus.

Nr. 881.

1353 (7. Mai). Ich Conrat Crebeyz von dem Lyn-beheß vnd Hedwig min elliche huffrawe irkennen vns, daz wir han vi. morgen wyssin vnd landis zu dem Linbehis von den Juncfrawin zu Schiffinburg, da wir en alle iar abe gebin sullin zu pache r. mestin´fornis vnd rrii. penninge vnd i. fasnachun. — Zeugen: Gerharte von Kinzinbach, Henriche Jnqus Burgman vnd scheffin zu Gyzin, Herten vnd Henrich Bungennere vnd Herman von Linbeheß.

Dat. a. d. M.CCC.LIII, in vig. ascens. dom.

(Das Siegel der Stadt Gießen hängt zerbrochen an.)   Orig.

Nr. 882.

1353 (1. Juni). Wir Heinrich von Rulfhusin Rittir´ vnd Volpracht Schabe wepenere bun kunt, daz vnsir herre Grebe Johan von Cyginhain vnd vnsir Juncherre Gotfride sin son´vns vnd vnsern Erben virsast han ire burg Stau-finberg mit den zweyn tailen beide alt vnd nuwe, die bar vnder ligen vnd mit anders allen ben rechten, eren vnb nußen, vmme sez vnd zwenczig hundert cleyner gulden, mit sotanen vnbirscheiden. Zu dem ersten, so sal die selbe burg Stau-finberg mit den talen ir vnd irre erben vffen hus vnd sloz sin, wir sullen ouch ir burgere da selbes vnd ir lude halben in allen ben eren vnd frieheiden, als andere ir bur-gere hant in andere iren sloßen. Sy sollen ouch by vorg. sloße virtebingin vnd virantwortin by wile ez vns panbis steyt als anbirs ire sloß vnd vestin. Ouch sollen by vorg. vnsir herre vnd Juncherre vns beschirmen vnd beschuren nach alle irre macht als anbirs ire burgmanne czu allem vnßen rechten 2c.*)

Dat. a. d. M.CCC.LIII, sabb. a. diem b. Bonifacii conf.

(Das Siegel der Aussteller fehlt.)   Orig.

*) Die Urkunde ist sehr vermodert.

Am 1. Nov. 1359 bekennen „Heinrich von Rollshusen vnd Vol-pracht Schabe Rittere vnd Grede myn´Volprachtis Elliche huffrouwe,

Nr. 883.

1353 (5. Juni). Wir Bechtold von Sobele ein Pry-
ster vnd Heinrich Bern schultheiße zu Frybeberg, furmundere
vnd Meistere des spydales gelegen zu Frybeberg vzwenbig
den Muren, irkennen, daz der feste Ritter her Fryderich
Dugel vnd Lucard sin eliche wirten geloft han vm den vorg.
spydal ix. Achteil ewiges korngeldis vf·etwan her Cunen
gube von Wißensheim in termenie des selben dorfis zu
Wißenzsheim vnd eine halbe mark penniggeldis vf des
vorg. Cunen hove bo selbis in dem dorfe zu Wißensheim
gelegen vnd vii. schillinge penniggeldis zu den garten zu
Frybeberg.

Dat. a. d. M.CCC.LIII, in die b. Bonifacii mart.

(Das Siegel des vorg. Schultheißen Bern hängt wohl erhalten an.)

Orig.

Nr. 884.

1353 (10. Sept.). Ich Heinrich von Rulßhußen Ryt-
ter Bekennen, daz vns Lantgreue Heinrich vnse herre vursaz
hait viii. marg phenniggeldis in deme gerichte czu Gar-
warteiche vur lrrr. marg phennege*).

Dat. a. d. M.CCC.LIII, fer. iii. p. nativ. Marie virg.

(Das Siegel des Ausstellers ist abgerissen.) Orig.

---

das vnßr Juncherre Gotfrid Grefe zu Cyginhain vnd Anguese sin
eliche hußfrouwe vns vnd vnßen Erben han virsazt ir burg Stouf-
flinberg mit den zweyn telen beyde alt vnd nuwe, dy dar vndir
sin gelegin, vur vierdehalb thusent gude cleyne gulden. ·Ouch ist
geredit vmb das burglehen, das vnßr Juncher vnd juncfrauwe vorg.
hern Volprachte Rietesel ritter han gelehen, werls daz sy daz vorg.
sloz mit den zweyn Telen beßern wolden odir beßerten mit keyner-
hande gulde, so solden sy vns begnadien von der gulde vnd solden
vns jerlichs als viele laßin gefellen, als hern Volprachte egen. zu
burglehen gefellit, dy wyle vns dy vorg. ir sloße pandis steyn." (Die
Siegel der Aussteller hängen unversehrt an.)

*) 1364 (15. Jun.) verkauft Johann von Merlau, Ritter, solche Pfund
Geldes, welches er von Landgraf Heinrich zu Hessen zu Lehen hat,

Nr. 885.

1353 (22. Oct.). Wir Meße frouwe ezu Liesperg, Freberich vnse sun bekennen, das wir virkauft han frouwin virn Meßin etwanne Eliche wirtin vnsirs vedirn Hennen von Rumerobe, Elbrachte vnde Hennen ierin sonen vnd ierin Erbin vnse vorwerg ezu deme Bucholß vnde vnse vorwerg ezu Goringen, daz Omele Erbeib, vmme cc. phunt heller. Geb. n. Chr. geb. **m.ccc.liii**, an deme nehiftin binftage n. f. Gallin bage.

(Die Siegel der Ausfteller hängen beschädigt an. Das Allianz-Siegel der vorg. Meße zeigt das Lisbergische u. Altenburgische Wappen.)

Orig.

Nr. 886.

1353 (13. Dez.). Kunt ft, das wir Heibele, Jutte vnd Ingeilhilt juncfrawin zu Sciffinburg, hern Kunin felgin kint Culbinenfil eins Ritteris hifore zu Belbirsheim, han gekauft vmme Wenzelin von Inheibin alle iayr iii. achteil korn gelbis ewiglich zu befißene zu Sciffinburg abir von Inheibin alvmme also ferre von Inheibin zu Sciffinburg ist, auch secze ich Wenzele vorg. dife vndirpand mit namin vi. ftocke wiftin vnd landis — in ben fennbin — oif deme eygillis loy — oif den greßir paid — bi mir wurbin von Bechtolde von Feltheym, der ligin dri halbe morgin an Friberiche Riteyfele — oif den paffin weig — an hern Werner Groppin. — Zeugen: Bechtold von Feltheym, Hennil Walkun vnd Johan Sybode squene sceffin u. a. m. Geb. n. Chr. geb. **m.ccc.liii**, oif f. Lucien abint der h. juncfrauwe.

(Das Siegel „Heinrichs Culbinenfil eines Ritters zu Belbirsheim" bängt unbeschädigt an.) Orig.

---

gelegen zu Garwarteych, an Heinrich von Rolshausen. (Das Siegel des Aussteller hängt unverfehrt an.)

Nr. 887.

1354 (20. Jan.). Nos Heinricus dei gracia lantgravius terre Hassie et Otto eius filius recognoscimus, quod seruicia fideliaque obsequia nobis per Heinricum dictum Sydinswantze fidelem nostrum dilectum exhibita et adhuc exhibenda fauorabiliter attendentes, sibi et Elizabeth contborali sue ac eorundem heredibus aream vnam sitam in antiquo castro nostro A l d i n b u r g, quod Symon de Gurcze a nobis tenuit, contulimus et donamus, ita videlicet, quod predictus Henricus de bonis suis propriis redditos trium marcarum argenti puri nobis assignare debebit, quos pro castrensi pheodo perpetuo a nobis et nostris heredibus ipse et sui heredes iugiter possidere debebunt.

Act. a. d. M.CCC.LIV, in die b. Fabiani et Sebastiani mart.

(Die Siegel der Aussteller hängen wohl erhalten an.)

Orig.

Nr. 888.

1354 (10. Febr.). Ich Friderich Ribesil Ritter vnd Anthonye min Eliche wirten bekennen, das wir han gegeben den frowen vnd den Juncfrowen gemeinlich des Closteres zu Werberg vnser gub, das wir gehabet han zu O p e r o b e, bar Hertwin Rusboym uffe sitzet, vme gub, das gelegin ist zu F l e n s i n g e n, das bar heißet das focken gub.

Dat. a. d. M.CCC.LIV, in die Scolastice virg.

(Das Siegel des Ausstellers ist abgefallen, das Siegel Ottos von Engelhausen, Ritters, hängt zerbrochen an.)   Orig.

Nr. 889.

1354 (7. Mai). Wir Johan vnd Cune gebrudere, Johan Rittere vnd Volpracht sin bruber wepeling von Therenbach erkennen, wand wir aller ansprache vnd zweyunge,

bie ber Prior, bie Meiſtirſen vnb baz Couente beſ Cloſtirs
vnſir frauwe ʒu Albenburg bi Wetſlar gelegin, ʒu vnſ ge-
habit hant, von ſolcheſ ſchaben vnb vbirgriffeſ wegen, alſ
wir jn wol etlicher maʒe geban vnb ʒugefugit han an irme
hobe vnb jn beſ hobis ʒu Hulſbach ʒugehorunge, mit Jn
gericht vnb geſunet ſin, ſo han wir jn globit an eibeſ ſtat
jn bie hanb, baʒ ſelbe Cloſtir ʒu Albenburg beſ ſchaben alle-
wege ʒu ergeʒene vnb ſie, noch irn hob ʒu Hulſbach, noch
alle bi gub, bie bar ʒu gehorent, nummerme an ʒu grifene,
ʒu beſchebigen, noch ʒu beſweren. Wa aber wir obir vnſir
gauerben, nachkomelinge, gewalt vnb bynere baʒ Cloſtir vorg.
obir irn hob vnb gub ʒu Hulſbach ſchebigeten, baʒ ſulben
wir jne auch alſ balbe ſie vnſ barvmb vorbobeten ʒu han-
biſ bynnen ben nehiſten acht tagen bar nach, baʒ ber ſchaben
geſcheen were, keren vnb richten. — Zeugen: Philipſ
vnb Jungherre Thilberich greuen ʒu Solmſ, Ludowig von
Bickene paſtor ber kirchen ʒu Glabenbach, Heinrich Creiʒ,
Johan Krieg, Senanb von Robenhuſen, Craft Robe rittere,
Thiberich von Wertdorf wepelin, Markle von Runeren, Con-
rab von Caʒenfurt, Fribebracht Reige ſcheffene ʒu Wetſlar
u. a. m.

Dat. in vig. ascens. dom. a. **M.CCC.LIV.**

(Die Siegel ber Ausſteller, beſ Grafen Johann ʒu Naſſau unb ber Stabt
Wezlar hängen wenig beſchädigt an.) Orig.

Nr. 890.

1354 (22. Juni). Jch Wernher von Echʒile ebelknech
vnb Elſe min eliche wirten bekennen, baʒ wir vnb vnſe
erben alle iar geben ſollen ben geiſtlichen Jungfrauwen, ber
Eptiſſen vnb bem Couente ʒu Marienſloʒ iv. achteil kornis
eweger gulbe of vnſem gube ʒu Bingenheim ʒu eme ewegen
ſelgerebe von hern Heilman Swabeſ wen bi wilen ſchul-

meiſter zu Aſchaffenburg dem gob gnedig ſi vnd allir ſiner erben.

Dat. a. d. M.CCC.LIV, ipso die decem milium mart.

(Das Siegel des Ausſtellers hängt unbeſchädigt an.)

Orig.

Nr. 891.

1354 (25. Juni). Kunt ſi, baz ich Erwin von Draße vnd Kathrine min eliche huſfrauwe han verkauft alle vnſir gut zu Quecburne der meiſtern vnd dem Couent des cloſters zu Werberg vmme rrvi. marc peninge.

Dat. a. d. M.CCC.LIV, fer. iv. prox. p. d. nativ. b. Johannis bapt.

(Das Siegel des Ausſtellers hängt gut erhalten an.)

Orig.

Nr. 892.

1354 (26. Juli). Wir Heinrich von gots gnabin apt zu Fulbe bekennen, baz wir mit rate vnb virhengniſſe Ditherichs Techanbes vnb des Couentes des vorg. vnſirs ſtiftes, vme kuntliche vnb ſchebeliche ſchult vnb notborft, bo mibe der ſelbe vnſir ſtift belabin iſt, virkouft han dem feſtin Rittir Johan Crige von Voytzberg vnb nach yme Gylberte, Erwyne ſinen Sone vnb allen andern ſinen kinden vnb Erben c.lrrr. kleine gulden, die wir den ſelben alle iar vff ſ. Mertins tag gein Fribeberg obir war ſie vns beſcheiden innewendig zwein Milen von vnb vme Fribeberg, richten vnb bezaln ſollen, vmme achtzenhunbirt gulben, vnb han wir zu vnbirphanbe geſaz den zehenben zu Butſbach, der bez Probſtes zu ſ. Petir bie Fulbe iſt, vnb bar zu vnſir Porten zehenben zu Rycholfezheim, zu Berſtat vnb zu Echzil.

Geb. n. Chr. geb. m.ccc.liv, an bem ſunabenbe n. ſ. Jacobs tage bes apoſtels.

(Die Siegel ber Ausſteller hängen beſchädigt an.) Orig.

Nr. 893.

1855 (?). Nos Heinricus dei gracia lantgrauius terre Hassie et Otto eius filius recognoscimus, quod Stephano de Alsfelt, rectori capelle in castro nostro **Aldinburg** prope **Alsfelt**, clerico et eius successoribus in c.x. libris hallensium warandi . . . . nobis amicabiliter mutuatis ac in euidentem vtilitatem nostram . . . . pro quibus . . . redditus xi. librarum hallensium prescripte . . . . . ex pensione seu redditibus nostris, qui in die s. Michaelis in oppido **Alsfeld** . . . . nobis ministrantur . . . . nomine pignoris obligauimus.

A. d. M.CCC.LV, fer. v. prox. post. diem . . . .*).

(Die Siegel der Aussteller sind abgefallen.)   ˙ Orig.

Nr. 894.

1855 (21. Febr.). Ich Gunpracht von Hoenfelz knappe von den wapen tun kunt, daz ich han verkouft hern Johanne von Breydinbach, Grethen siner elichen wirthen vnd iren rechten erbin min gut, daz ich lygende han zu Walla vnd alles, daz ich da han, vz gnomen dy wysen, dy ich Elunge von Breydinbach gesast han vnd dy halben wysen, dy ich mit frouwen Yben miner stifmuder lygende han. Her vbir han ich gebedin Ebirhard Doringen minen Oymen, daz her sin Ingeß mit mir haib an dyßen brib gehangen. — Zeugen: Dyderich von Buchenowe, Dyderich von Hoenfelz, Kraft Doring rittere, Elung von Breydinbach, Rudolff Marpurg vndirschultheize zu Bydincap, Wernher Gysen zu der ziit burgermeister, Heydinrich der Junge, Volpert Kunzele scheffin u. a. m.

Dat. a. d. M.CCC.LV, sabb. p. Valentini mart.

(Die Siegel sind beinahe ganz abgefallen.)   Orig.

---

*) Die Urkunde ist durch Nässe sehr beschädigt.

Nr. 895.

1855 (7. März). Ich Jutte Sizen von Clopheim vnd mine kinde Sipele, Wernher vnd Heinze bekennen, solich gut, iii. hube landes vnd hof vnd garte, als vnsir muter hatte von den Thuzenherrn zu Frankinfurt, das gut vnd bezsirunge han ich die vorg. Jutte virlorn von schulde wegen pachtes vnd steit in der herren hant, vbir das so han ich vf gegeben an dem gerichte zu Clopheim vnserm obersten greuen hern Emelrichen Rytter von Karben alles, das ich han gearbeit vf der herrn gute zu felde vnd zu dorffe, min deil vnd hat die herrn dar in gesast vnd sullen zu Erne einen knecht senden hin vns, der do einen dagelon kunne vor binen, deme sal ich lone vnd kost geben, der sal den herrn warten mi deil gutes zu irme vnd sal ich es sniden vnd in furen vnd dreshen vnd den hern antworten vf ir hus. — Zeugen: Dytze der vnbirgreue, Graus von Hulhofen vnd Fikele vnd sin sweher Johan Große von Carbin, Dylo Kysel u. a. m.

Dat. a. d. M.CCC.LV, sabb. die a. dominica die oculi.

(Das Siegel des vorg. Emelrich von Carben hängt zerbrochen an.)

Orig.

Nr. 896.

1855 (17. März). Wir Gotfrid Junge grebe zu Cyginhen vnd Angnes vnsir eliche frauwe bekennen, daz wir virkaufft han vnsern sonbirlichen frunden vnser gevadern Elsin, vor wylen eliche Husfrauwe hern Heynrich Weysin eyns Rittirs deme got genade, zu irme dritteyle, Johanne, Wilhelm vnd Gylbrachte Weysin gebrudern zu irme zwey teyle vnd erin Erbin xxx. phunde heller geldis ierlichir gulde, die yn alle Jare gefallen vffe vnsirin gerichte zu deme Burghartis vnd zu Eygilsdorff mit nam xv. phunde heller vffe s. Walpurge dag vz ydeme gerichte halb vnd xv. phund

hellere vffe f. Mirtins dag auch vz ybeme gerichte halb, vmme
cccc. phunb heller, ouch ift gerebt, daz wir vnb vnfir Erbin
die egen. fumme gelbis fullen vnb mugen wibir keuffin wanne
wir wullen. Des fetzin wir zu burgen Johannen von Bel-
birfheym Ritter, Ebirharten von Dorfelbin, Crafftin von
Olphe ben Jungen vnb Lubewigen von Hufin Ebelknechte
alfo befcheibenlichen, wanne yn die gulbe nicht yn wurde
abir auch an deme habe zu Swalheym gehinbirt wurben,
fa fal ber vorg. burgen iclichir mit eyme knechte vnb mit
eyme perbe eyns nach deme anbern, alfe fie gemant wer-
bin von eren gewißen bobin, leyften zu Frybeberg yn eyner
erbern vffin hirburge, bys yn gefchiet, was yn bar ane broch
ift*).

 Dat. a. d. M.CCC.LV, ipsa die Girdrudis virg.
(Die Siegel der Ausstellerin und der Bürgen hängen unversehrt an.)
Orig.

Nr. 897.

1855 (20. März). Ich Hartman Grozzeiohan vnb Gele
fin eliche huffrowe bekennen, daz wir vmme Junchern Got-
frib iunge grefen zu Eygenhain, Agnefen fine eliche. huf-
frowe vnb ir Erben rl. phunt heller gelbes han gekouft
vmme cccc. phunt heller vnb des zu ficherheib han fy vns
zu Burgen gefazt Wyganb von Buches, Gotfrib von Bel-
bersheym, Ebirharb von Dorfelben vnb Wyberolb von Lin-
ben ebelknehte.

 Dat. a. d. M.CCC.LV, fer. vi. prox. p. domin. q. c. letare.
(Das Siegel des Ausstellers hängt unversehrt an.)
Orig.

Nr. 898.

1855 (6. Apr.). Wir Johan Grebe zu Naffowe, herre
zu Merenberg bekennen, alze Conrab vnb Wernher Milche-

*) An demfelben Tage reverfirt fich die obg. Elfe Wehfen. (Die Sie-
gel Friedrichs von Carben u. Johanns Wehfen hängen unverfehrt an.)

ling gebrubere vorfaß hatten Johanne von Haßfelt knechte
vnb allin finen erben ein zweibeil an beme gerichte zu Do-
binouwe vor c.rliv. cleyne gulden vnb die vorg. Conrad
vnb Wernher vnferme herren von Menze vnb vns von finer
weyn daz vorg. gelb abe geflagen hant an yrre phanbfchaff
des floßes czu Battinburg vnb vns bar an gewißt hant,
bar vmme fo follen vnb wollen wir, by wile ez vnfir phanb
ist, Johannen von Hoßfelt vnb finen erben laßin befißen in
den vorg. zwey beilin des gerichtes czu Dobinouwe vnb
alle beme, baz ba zu gehoret, alfo lange biz baz vnfer herre
von Menze wir obir vnfer erben yne der vorg. fummen gel-
bes bezalin. Ouch han wir gerebbit, baz wir obir vnfe
erben by floz Battinburg vnb Kelreberg vz vnfir hant
nicht laffin follen, wir enhaben den egen. Johannen von
Hoßfelb vnb fine erben an ber egen. phantfchaff woil vnb
fichirlichen bewaret.

Geb. n. Chr. geb. m.ccc.lv, an bem mant. n. b. h.
Oftirtage.

(Das Siegel ber Ausfteller hängt zerbrochen an.)   Orig.

Nr. 899.

1355 (16. Apr.). Wir Johan Grebe von Cyginhain
vnb wir Conrad herre zu Trimperg bekennen, baz wir vmme
alle zweyunge, die fich beloufen zufchen herren Gerlache erze-
bifchoffe zu Menze vnb frawin Elfebethe frawin zu Liebif-
berg, mit namen vmme Battinburg vnb anbers vmme
alle anfprache, bie ir eyn zu bem anbern hat gehabt, fie baz
geeynet vnb gerichtet han Lutirlichen gancz vnb gar vnb ir
eyn vff ben anbern hat virzigen mit ben vnbirfcheiben alfo,
wanne ber vorg. vnfir herre von Menze by floz, Dörnen
vnb Bucheyin wil wibirlofen von ber vorg. frauwin vnb ir
gibet achte Tufint vnb zwey hunbirt cleyne gulben, fo fal

ſie yin by wider zu loſene geben vnd entworten. Vort me vmme das Burglehin, das her Herman von Lyebisberg ir huſwirt des got gedenke hatte zu Vrba zu lehene von dem ſtifte zu Mencze, das ſal der egen. vnſtr herre der egen. frauwin geben vnd gevallen laʒʒen beybe ir vnd iren Erben, ſint dem male das is eyn erbe burglehen iſt.

Dat. a. d. M.CCC.LV, fer. v. prox. p. dom. q. cant. quasi modo geniti.

(Geſiegelt haben die Ausſteller, aber nur das Siegel des Grafen Johann von Ziegenhain hängt noch an.) **Orig.**

Nr. 900.

1855 (19. Juni). Wir Amelius pherrer zu Muſſchinheym vnd Craft von Belderſheym Ritter wonende zu Muſſchinheym, Getruhendere hern Dammen von Muſſchinheym Ritters dem got genebig ſi, bekennen, das her Damme vorg. gegebin hat vur ſine ſele ii. morgin aber da bi weſtn gelegin zu Obeſe den geiſtlichen Junfrouwen Irmengarde ſines bruder dochter vnd Lukarbe von Merlauwe Cloſterfrouwin zu Werberg, alſo beſcheidenliche, welcher vnder yn zweyn erſt ſturbe, ſo ſulbe die andere die vorg. weſtn beſtʒin zu irme lebene vnd nach irr beider bode, ſo ſullen ſie dem Couente zu Werberg gefallin zu eyme ewegin ſelgerede ſin vnd aller ſiner aldern iargezibe.

Dat. a. d. M.CCC.LV, Geruasii et Prothasii mart.

(Die Siegel des Abtes Conrad von Arnsburg, ſowie der Ausſteller hängen unverſehrt an.) **Orig.**

Nr. 901.

1855 (2. Juli). · Ich Herman von Selbolt Edelknecht, Herman min ſon vnd mine erben Tun kunt, das wir verkauft han dem Comendur vnd den Bruberen des dutſchenhuſes ʒe Saſſenhuſen by Frankenfurb xx. phennige geldes ierlicher gulde, die ich vnd min erben hatten vf funftehalber hube Landes, die der vorg. dutzschenherren sint in Wulen-stedter velde gelegen, die Frietze Sultzener selige etwanne von in inne hatte, vm iii. phunt heller. — Zeugen: Johan Wanbolt schultzheisse ze Assenheim, Herman Greue von Bruchenbrucke, Markel Swarze scheffen ze Wulenstad, Henrich Bergen, Wernher Schultheisse u. a. m.

G. n. Chr. geb. m.ccc.lv, an dem nesten Dunrstage n. s. Peters vnd Pauls tage d. h. zwölfboden.

(Das Siegel des Ausstellers hängt in rothem Wachse unversehrt an.)

Orig.

Nr. 902.

1856 (10. Febr.). Ich Herman Hotzbechir, Blut sin eliche wirten, Gerlach Robe, Meckele sin eliche wirten, Bopele Breydinbecher, Lutze sin eliche hussraume, Gerlach von Hoppirdekusen vnd vnse rechtin erbin bekennen, daz wir virkouft han Juncher Wernhere von Aldindorf vnd synen erbin daz gut zu Beynechusen gelegin, daz wannen waz Hermanis Schartinberg. — Zeugen: Johann Eygenberg burg-meiß zu Battinberg, Gerlach Eckenfelt der albe eyn schefin, Herman Molnere, Gerlach vnd Dypel von Eckenfelt gebrudere u. a. m.

Dat. a. d. M.CCC.LVI, fer. iv. p. Valentini.

(Das Siegel der Stadt Battenberg hängt sehr gut erhalten an.)

Orig.

Nr. 903.

1856 (19. Febr.). Ich Clays, Junge vnd Volprecht von Saffin gebrodere bekennen, daz wir uberkumen sin einer glichen satzunge vnd mutscharunge mit solichem lehen gube, als vnser vater uffe vns hat bracht mit namen die czehinden czu Antreffe vnd czu Buren vnd der hoip czu

Stuchuß mit solichem vnderscheide, daz Clays vnd Vol-
precht vnd er liues erben samiclichen sullen bliuen by den
egen. czehindin vnd sullen die haben eweclichen mit allen
rechten, frißelden, erin vnd nocqze, als dar czu gehorit vnd
vnser vater uffe vns hat bracht. Czu sicherheide diszer vor-
geschriben rebbe, so han wir vnß Ingeß. an diszen brib ge-
hangen vnd han gebebbin den strengin ritter herrn Friderich
Ridesil, daz he mit vns hat besigelt.

Dat. a. d. M.CCC.LVI, post. Valentini mart. fer. vi.
(Die 4 Siegel hängen unversehrt an.)
Drig.

Nr. 904.

1356 (24. Märj). Wir bruder Conrad von Rufingen
s. Johans ordins des h. spitales zu Jherusalem, Baliger zu
Webereybe vnd Cummertur des huses s. Johanis ordins zu
Frankenfurt, der Prior vnd der Conuent gemeynlichen da
selbes tun kunt, als wir vnd vnser Pietancie v. achteil korn-
geldes ierlicher gulde vnd Else hern Johans Capellanes seli-
gen swester vii. achteil korngeldes ouch ierlicher gulde hatten
vffe deme hofe zu Rabinzhusen, der hern Gumpeln vzme
hofe genant von Rabinzhusen seligen was, daz wir by korn
gulde vnserm juncherren Gotfried iunge grefen zu Eygen-
hain, Agnesen siner elichen husfrauwen vnd iren Erben erp-
lichen virkouft han vmme lxxiv. punt hellere vnd vi. schillinge
hellere.

Dat. a. d. M.CCC.LVI, in vig. annunc. b. Marie virg. gl.
(Das Siegel der Aussteller fehlt.)
Drig.

Nr. 905.

1356 (18. Apr.). Wir Hermann gen. Strube vnd
Heinrich gen. Stoppelnbein gesezzen zu Leitgestern bekennen,
daz wir dem Commeture vnd den brudern des dutschen huses

zu Schiffenburg vj. irme frigen. Stabelhöbe gēn. der Mun-
niche hob zu Le.itgestern gelegin, den ste vns beiden ge-
luwen hant vnd wir bebe itunt von in beſitzen zu lant-
sydelin rechte, gelten vnd tun ſullen als her nach erzalt ſal
werden ꝛc. — Zeugen: her Richolf von Dridorf Dechene
des ſtifts; Heinrich von Herlisheim vnd Ebirhart Manthe
ſcheffene der ſtat zu Wetflar.

Dat. et act. a. d. M.CCC.LVI, craſt. palmarum,
(Geſiegelt haben die vorg. Zeugen.)

(Alte Abſchrift.)

Nr. 906.

1356 (2. Mai). Wir Götfrid iunger Greue zu Ty-
genhaiñ vnd Agnes ſine eliche huſſrauwe tuñ kunt, daz wir
Berthold Richen, Mien ſiner elichen wirten, burgern zu
Frideberg vnd yren erbin han virkauft ꝛꝛv. phund hellere
ierlicher gulde, die wir vallende han in vnſern gerichten zu
Rodeheim vnd zu Webbirsheim von vnſern guben vnd
gerichtin, vmme cc. phund hellere vnd drizehendhalb phund
hellere, vnd han yn ouch zu burgen geſatzt Ebirhard von
Dorfelden edelknecht, Johan Waſmud, Wyland Johan Sny-
ders ſon ſcheffin vnd Ditzen Roden burger zu Ridehe.

Dat. a. d. M.CCC.LVI, in craſt. b. Philippi et Jacobi apoſt.
(Die Siegel der Ausſteller und des vorg. Eberhard von Dorfelden hängen
wenig beſchädigt an.) Orig.

Nr. 907.

1356 (10. Mai). Ich Bechbult Riche vnd Mie ſin
eliche wirten burger zu Frydeberg irkennen vns vmme ſoli-
chen kauf, alſe wir vmme dy Juncherren Godefryden jungen
greuen zu Tygenhain vnd Angneſen ſin elichen wirten ꝛꝛv.
punt heller geldis vf yrn gerychten zu Webirsheym vnd
zu Rodeheym gekauft han, daz wir yn dy fruntſchaft dun

ſullen vnb han gerebit ʒu bunne, welches jares after ſ. Wal-
purge bage nu neheſt kumet ſy ober yr erben vns ober vn-
ſern erben ꝛc. vnb bruʒeꝺenhalp punt heller vor ſ. Jacobes
bage wybir geben, baʒ wir yn ban bie egeſchr. gulbe wyber
brumme ʒu kauſe ſullen geben.

Dat. a. d. M.CCC.LVI, fer. iii. prox. p. inuent. s. crucis.
(Die Siegel Heurichs Bern und Hartmanns Groʒlohann, Schöffen ʒu
Friebberg, hängen gut erhalten an.) Orig.

Nr. 908.

1356 (22. Juni). Wir Gilbrach eyn Prabiſt, by Mey-
ſterin vnb priorꝛen ʒu Schiffinburg bekennen, baʒ vnſe ſel-
frauwin haynt gekauft ii. malbir korngelbis ewegir gulbe in
ir preſenclen an fremebin gabe vme rrril. punt heller vnb erbei
man. baʒ ſelbe gut jn vnß hap ʒu Jnheybin vnb ſullin wir by
korngulbe en gebin von bem habe obir von vnſme rebinbir.

Dat. a. d. M.CCC.LVI, in vig. corp. Christi.
(Das Siegel ber Ausſteller hängt unbeſchäbigt an.)
Orig.

Nr. 909.

1356 (23. Juni). Jch Conrab von Elkirhuſen Ritter
vnb Dylge myn Eliche huſfraue bekennen, ſolich gut als
wir kauften vmme. by Jungfrauen ʒu Schiffenburg, mit
namen eyn halbe hube, by ʒu Kirchgunſe gelegen iſt, bye
Franʒe Ʒyntgrebe Erit vnb hat von vns vmme iii. malbir
korngelbes, baʒ wir baʒ ſelbe egen. gut. ben ſelben Jung-
frauen wibbir han virkauft. — Zeugen: Hirman Huſere
von Buchſecke, Johan von Swalbach Rittere, Johan Knolle
eyn ſcheffen ʒun Gyßen u. a. m.

Dat. a. d. M.CCC.LVI, in vig. Johannis bapt.
(Das Siegel bes Ausſtellers hängt gut erhalten an.)
Orig.

Nr. 910.

1356 (24. Juni). Ich Ludewig von Romerode Ritter bekennen, daz ich gewidemit hon Metzin mine Elichin wirtin czu erme libe uffe dise gut, mid namen bewise ich sy uffe dy czwey vorwerg czu Hyttinrode, dar ist eyns gelegin uffe dem berge, daz anbir nydin in deme dorffe vnd uffe dy moelin da selbis czu Hyttinrode vnd uffe dy czwey gut, da Lotze uffe sytzt vnd Fritze Orte vnd uffe daz gut, da Czule uffe saz in deme vorg. dorff czu Hyttinrode, mid allem das dar zu gehorit, als ich ez wis her gehat hon vnd min vader uffe mich brocht hot. Dar noch bewise ich sy czu Bylhartshusin uffe daz gut, da Lotze Hoelre uffe sitzt vnd uffe daz gut, da Hencze Hertwig uffe sitzt vnd uffe daz gut, da Tyle Hertwig uffe sitzt vnd uffe daz gut, da der albe Corte uffe sitzt vnd uffe daz gut, da Wynant uffe sitzt. Ouch bewise ich sy czu Luzela uffe daz gut, daz Bechtrait Swanehertin vnbir er hot, daz min ist vnd uffe daz gut, da Bachmans frauwe uffe sitzt vnd uffe daz gut, da Henne Czymmerman uffe sitzt. Ouch bewise ich sy czu Wenigerode uffe daz gut, da Eckhart Kyg uffe sitzt vnd uffe daz gut, da Hencze Rebelung uffe sitzt vnd uffe daz gut, da Syfret Rephane uffe sitzt vnd uffe daz gut, da Conrat Kygkis wirtin uffe sitzt vnd uffe daz gut, da Tyle Kyg uffe sitzt. Ouch bewise ich sy czu Strebilndorff uffe daz gut, da Tylin sou uffe sitzt vnd uffe daz gut, da Conrat Kluber uffe sitzt vnd uffe dy moelin vnd daz gut, da Kremer uffe sitzt vnd uffe daz gut, da Knorte uffe saz. Ouch bewise ich sy zu Rybirnbreydinbach uffe daz gut, da Hartman Hensche uffe sitzt vnd uffe daz gut, da Gyle Sinende uffe sitzt. Ouch bewise ich sy czu deme Buchholz uffe daz gut, da Hede Kygkin uffe sitzt. Uffe disin vorg. gubin widme ich Metzin miner elichin wirtin Tusint phunt heller, ouch tun ich er by frunt-

ſchaff vnd gebe er den hob czu **Alffelt** vnd by moelin an
der **Offe** czu erme lybe. — Z e u g e n : Johan von **Eyſin-**
bach der albe, Gerhart von **Battinburg** eyn ſpital brudir czu
Grebinauwe, Conrat Finke, Hartman **Baldemar**, Eckhart
Czappe vnd **Elbracht Kleyngebang**.

Geb. n. Chr. geb. **m.ccc.lvi**, an des h. apoſt. tage ſ. Jo-
hans des deuffirs.

(Das Siegel des Ausſtellers hängt unverſehrt an.)

Orig.

Nr. 911.

1856 (25. Juni). Ich Johan **Beyger** von **Michilbach**
ein knappe von ben wapenin vnde Ich **Gerdrut** ſin eliche
huſffrauwe bekennin, das wir virkoyft han deme ſtrengin
rittere hern **Johanne** von **Breydinbach**, frouwin **Gretin** ſiner
elichen huſffrauwin vnde erin rechtin erbin vnſin halbin **Cehin-**
bin zv **Bybinkap** das teyl, das von vnſeme herrin deme
Lantgrebin zv **Lehin** get, vmb andirhalp hunbirt gulbenin
vnd ii. malbir kornis. Ouch han ich **Gerdrut** vircihin ſoli-
chir wedemin, der ich an deme ſelbin halbin **Cehinbin** hatte
ober behalbin mochte *).

Dat. a. d. M.CCC.LVI, sabb. p. diem b. Johannis bapt.
(Die Siegel des Ausſtellers, Crafts **Robin** und **Johannes** von **Terinbach**,
Ritters, hängen wenig beſchädigt an.) Orig.

---

*) 1358 (15. Juni) bekennt „**Syfrid** von **Deckinſbach** czu der zyd vndir
amptman czu **Bybenkap**", daß er den obg. Johann v. **Breidenbach**
in den gen. halben Zehnten von Gerichtswegen mit der Glocke ein-
geſetzt habe. — Z e u g e n : mung hern Burgmane vnd Scheffen mit
namen **Dydrich** von **Buchenauwe**, **Dydrich** von **Hohinfels** rittere,
Clung von **Breydinbach**, **Heydinrich** von **Buchenauwe** vnd **Crafft**
von **Hohinfels** knappen, **Bernher Falkinſtein** czu der zyd Burger-
meiſter, **Bernher Eyſen** vnd **Bolperte** ſcheffen czu **Bybinkap** u. a. m.
(Das Siegel **Dietrichs** v. **Buchenau** hängt gut erhalten an.)

Nr. 912.

1856 (22. Aug.). Kunt sy, daʒ Ich Henrich genant Lyntgart von Albendorf vnd Hette myn eliche husfraue, vor wylen Henriches genant Fylien dochter, burgere zu Gyʒʒen, han gegebin deme Commenthure, den Bruderen vnd deme Conuente des dutschen Ordenes des huses zu Schiffenburg iii. pennynge geldis ierlicher gulde, by yn alle iar gevylen von eyme stucke landes, gelegen by den guden luben by deme dorfe zu Lynbeʒ vnd han wir die iii. pennynge geldis von deme vorg. stucke landes geschlagen vnd gewyset of vnse hus vnd hobestab, by wir iʒunt bewonen, gelegin Innewendig der ryngmuren der stab zun Gyʒʒen by scheffen Erwynes hobe. — Zeugen: Craft, Senand von Robinhusen Rittere, Dythart Kunkele scheffene zun Gyʒʒen u. a. m.

Dat. a. d. M.CCC.LVI, fer. ii. prox. a. fest. b. Bartholomei apost.

(Das Siegel der Burgmannen und Schöffen der Stadt Gießen hängt unversehrt an.) Orig.

Nr. 913.

1856 (25. Sept.). Ich Johan von Sehin eyn Burgir zu Grunenberg vnd Gele myn Eliche wirtin bekennen, daʒ wir han virkaufth ii. phund hellergeldis vnd ii. gense vnd ii. huner vnd ii. faffennach huner ierliches cinfes vff vnfeme gude gelegin zu Groffin Eychin im dorfe, vm xxx. phunt hellere deme kellennere vnd deme Conuente deʒ Cloftirʒ zu Werberg. — Zeugen: Clas von Saffin, Junge von Saffin fin brubir, Dyberich von der Crawen, Johan von Keyftrich scheffin zu Grunenberg vnde Henʒe Dreuroʒ vnde Henʒe von Albindorf burgir dafelbis.

Dat. a. d. M.CCC.LVI, in dom. prox. a. f. Michahelis arch.

(Das Siegel der Stadt Grünberg ist abgeriffen.) Orig.

Nr. 914.

1356 (25. Nov.). Kunt ſt, baʒ Jch Lubewig von Jrengeſhuſen ein wepenere vnb Gele min Eliche huʒfrauwe han virkauft vnſen eygen hoib, ber gelegen iſt cʒu Hole, ben Wencele Roſe beſiʒit, mit allin ben nuʒen vnbe guben, bi bar cʒu gehorin, bem apte vnb beme Conuente bes Cloſtirs cʒu Arnſburg. — Zeugen: Wiganb Barch, Wolf Ruße cʒu Rumerobe wepenere, Cune Robe vnb Heinrich Kniſe molner, ſcheffen cʒu Hole u. a. m.

Act. et dat. a. d. M.CCC.LVI, ipso die b. Katherine virg. et mart.

(Das Siegel bes Ausſtellers hängt zerbrochen an, bas Siegel Lubwigs von Romrob, Ritters, fehlt.)   Orig.

Nr. 915.

1356 (4. Dec.). Jch Conrab von Darmeſtab eyn ebel knecht vnbe Hebewig min eliche huſvrauwe bun kunt, baʒ wir verſecʒit han vnſern ſuſteren Obilhen, Lyſen vnb Agneſe vmme lr. phunt heller alles baʒ gub, baʒ wir kauftin vmme Sybulbin mynen bruber, baʒ zu lehin ruret von bem ebeln hirrin von Libeſberg, ire lebetage vnb globin in bie lehin vermannen vnb zu tragin vnb in zu laßin ire lebetage. — Zeugen: Ruker von Rickartſhuſen, Heynʒe Buche, Dietir Ganʒ ebel knechte.

Dat. a. d. M.CCC.LVI, in die b. Barbare virg.

(Die Siegel bes Ausſtellers unb ber vorg. Ruker von Rickartshauſen unb Diether Ganſ hängen unverſehrt an.)   Orig.

Nr. 916.

1356 (27. Dec.). Wir Wiganb von Sygehartiſhuſen vnb Johan von Breytinbach Ritter, Bekennen, baʒ bie Hochgeborin furſtin vnb herre Lantgraue Heinrich von Heſſin vnb

Juncher Otte ſin ſun vns vorſazt hain er ſloz Bybinkap Burg vnd ſtad, er gerichte zcu Dubiffe vnd zcu Deckinsbach mit allin erin vnd nuzin als zcu Bybinkap zcu gehorit, vor Eylf Tuſint gulbin czweihunbert vunf guldin vnd vor vier ſchillinge heller, bie wir yn gutlich beczalt hain, mit bem vnbirſcheibe, ſo ſal Bybinkap Burg vnd ſtab er offin hus ſin vnd ſollin ſich bar yn vnd bar vz behelffin wibir ällirmenlichen, weres ouch baz bie ſloz von vns herin vnd Juncher weyn verkorin wurbin, ſo, ſolbin ſy vns bit gelt wiber gebin bynnen eime virteil iaris obir ſolbin vns vnbirphant ſezin bar ane vns gnugicke, weres abir baz ſy von vns weyn vorkorin wurbin, ſo ſolbin ſy bie gewalt bun vnd wir koſt vnd arbeib mit vns frunbin, quemen ſy ban wiber zcu erin ſlozin, ſo ſolbin ſie bie ſloze vns vnd vnſer erbin wibir antworten obir ſie ſolbin vns vnſer gelt wibir gebin.

Geb. n. Chr. geb. m.ccc.lvii, of ben neſten binſtag nach bes h. Criſtis tag.

(Die Siegel der Ausſteller hängen unverſehrt an.)

Orig.

Nr. 917.

1857 (8. März). Ich Johan von Deckinbach vnd Wiganb myn brubir knappe von ben wappen bekennen, baz wir vorkaufft han ben erbern iuncfrauwen zu Werberg vnſe teil bes gutiz zu Renſtorf*), baz wir mit en ba han gehabit.

Dat. a. d. M.CCC.LVII, iv. fer. a. dom. oculi.

(Das Siegel bes Ritters Johann Riebeſel hängt gut erhalten an.)

Orig.

Nr. 918.

1857 (11. Mai). Wir Friberich vnd Guntram gebrubir von Carben Ebelknethe vnb Kunzcele myn Freberich

---

*) Von berſelben Hanb, welche die Urkunde geſchrieben, iſt ber vorg. Ort in „Renhertſhen" (Reinhardshain) verändert worden.

vorg. Eliche frauwe bekennen, daz wir hant virkauft hern
Johan von dem Heyn kvmenthur vnd den brudern dez duschen
huses by Marpurg Eyne hube Landes in der Termenie dez
dorffes zu Melpach vnd han en auch daz vff gelaßen nach
dez gerichtis rechte vnd gewonheid zu Melpach vnd sezcen en
da vor zu burgen Friderich von Carben vnsern anchen ben
alden, Gilbrath Lewen von Steynforb den Jungen Rittere
vnd Henrich von der zeit burger zu Frebeberg, alz burgen
reth ist.

Dat. a. d. M.CCC.LVII, fer. v. p. domin. cantate.
(Die Siegel der Bürgen fehlen.)   Drig.

Nr. 919.

1357 (19. Juni). Ich Peder genant Fot von Wlfers-
heym vnd Abe min Eliche wirten dun kunt, daz wir fer-
kauft han der Aptissen vnd deme Conuente des Closters zu
Mariensloz by Rocklnberg i. malder korngeldes ewiger gulde,
vnd han her fur zu vnderpanden gesazt vnser eygen mit
namen brittenhalben morgen Landis vffe Wlfersheymer
velde nidewendige des Dahenbaler veldis vnder den Langen
strichen vnd il. morgen by Wlfrsheym, by da stozent vffe
by Sobeler anewande vnd ligent an den von Engeldal. —
Zeugen: Schuren Sigel vnd Gerlach Lechel.

Dat. a. d. M.CCC.LVII, in die s. Geruasii et Prothasii
mart.

(Das Siegel des Pfarrers Johann Lesche zu Söbel hängt zerbrochen an.)
Drig.

Nr. 920.

1357 (31. Juli). Ich Henrich Fleyze Ritter zu Cle-
berg irkennen, daz ich da die gewest bin vnd gesehen vnd
gehort han, daz der bescheydin knecht genant Conrad Funbin
gut zu den heyligen swur, daz he die v. vierteil westn hatte

von Gernnande dru iar, e dan he sie den duthschen herren gegebe zu eyme sele gerebe vnd daz sie zu besserme rehte der herren sie, dan der frauwen. — Zeugen: Johan Rydesil Ritter gesezen zu Hohinburg vnd Henrich Snyder zu Grenyngen gesezzen.

Dat. a. d. M.CCC.LVII, in vig. ad vinc. Petri.

(Das Siegel des Ausstellers ist abgefallen.)   Orig.

Nr. 921.

1357 (15. Aug.). Nos· frater Gerwicus episcopus Babezensis notum facimus, quod pronunciacione arbitrorum decani s. Castoris, custodis s. Florini, plebani s. Marie Confluencie renunciauimus omnibus bonis emptis pro monasterio Werberg duntaxat tollendis pro vita nostra, rogantes Henricum dictum Ryttere et Gelam relictam Stercoradis ac eorum heredes ab hac hora in posterum super debitis temporibus soluere et porrigere census et redditus usque nunc nobis debitos magistre in Werberg ad solacium refectorii dominarum ibidem, et quitos ac liberos ipsos reddimus ab omni promisso nobis facto, saluo tamen nobis iure debiti, quo supradicta Gela racione bonorum usque modo possessorum nobis censualiter obligatur de prato empto pro Ditmaro Huselere.

Dat. Confluencie a. d. M.CCC.LVII, in assumtione virg. gl.

(Das Siegel ist abgeschnitten.)   Orig.

Nr. 922.

1357 (24. Aug.). Wir Else vnd Concele gesweftere genant di Swinden, Wigand Clais vnd Petir Elsen sone, Cyne, Agnies vnd Gude Ir dochtere vnd Conrad eyn Prister, Heinrich, Nyclais vnd Johan Concelin sone Bekennen, daz wir han virkauft alle vnse recht vnd gulde, di wir han an der molen czu Graffe, czu Witershnsen, czu

Lancte, czu Olphe vnd Redenhusen vnserme Junc-
herren Gobfride deme Jungen Greben czu Gegenhan vnd
vnser Juncfrauwen Angnese finir Elichen huffrauwen vnd
eren Erben. Des czu vrkunde gebin wir difen brib mit der
ftalb czu Grunenberg vnd vnser fone Conrabis vnd Wigan-
bis Jngefigelen befigelt.

Dat. a. d. M.CCC.LVII, ipso die b. Bartholomei apost.

(Das Siegel der Stadt Grünberg fehlt, die beiden anderen hängen be-
schädigt an.) Orig.

Nr. 923.

1357 (21. Sept.). Ich Lewe Eyn Commenthure vnd
by Brudere gemeynlichen des Conuentes des dutschen orbens
zu Schiffenburg erkennen, daz fraue Odylge vor wilen eliche
huffraue hern Conrabis von Elkirhusen Ritter in troft des
felben hern Conrabis fele vns hat gegebin rr. pond hallere,
mit folichem vnbirscheybe, daz wir mit deme felben gelbe i.
malbir korngelbis ierlicher gulbe han gekauft zu eyner ewegen
almufen, des felben jargezibe ba vone zu bune.

Dat. a. d. M.CCC.LVII, fer. v. in eisdem quatuor tem-
poribus predictis (nach des h. crucis bage in deme birbefte.)

(Das Siegel der Ausfteller hängt unverfehrt an.)

Orig.

Nr. 924.

1357 (14. Oct.). Ich Conrab von Bifcheburn burger
zu Frankenfurt vnd Irmengart fin eliche wirten bekennen,
baz wir virkouft han vnfern hof zu Belkirshayn den Jung-
frauwen vnd dem Cloftere zu Werberg vm eyne benante
fummen gelbes, der wir von yn genßlich fin bezalt. Zu
vrkunde dirre binge han ich Conrab vorg. min Ingeß an
biefen brief gehangen vnd Irmengart vorg. gebeben Jungen

von Hultzhusen eynen scheffen zu Frankenfurt, daz he sin
Ingeß vor mich an diesen brief gehangen hat.

Dat. a. d. M.CCC.LVII, sabb. ante diem b. Galli conf.

(Nur das beschädigte Siegel Conrads von Fischborn hängt noch an.)

Orig.

Nr. 925.

1357 (27. Oct.).   Nos Heinricus dei gracia lantgrauius
terre Hassie protestamur, quod ad laudem omnipotentis dei
et b. Marie genitricis eius, necnon pias ac deuotas preces
discrete matrone Cyse dicte Zculin, opidane nostre in Als-
felt, admisimus, consensu nihilominus Stephani plebani
ecclesie dicte ciuitatis nostre, quod eadem Cysa altare vnum
in dicta parochiali ecclesia, cujus jus patronatus ad nos per-
tinere dinoscitur, construxit, quod quidem altare eadem
Cysa cum duobus pratis, vno orto, necnon aliis bonis et red-
ditibus, xvi. marcas annuatim valentibus, ad sustenacionem
vnius sacerdotis, qui dicto altari presit, dotauit ad laudem
dei, b. Marie virginis, b. Michaelis archangeli, Clementis
et Katherine virginis et martiris.

Dat. a. d. M.CCC.LVII, in vig. b. Symonis et Jude apost.

(Das Reitersiegel des Landgrafen hängt unbeschädigt, das des Pfarrers
Stephan zerbrochen an.)   Orig.

Nr. 926.

1358 (10. Febr.).   Ich Bechtold von Orthenberg weye-
ner vnd Juthe myn eliche hußfrauwe bekennen, daz wir ver-
kaufft han vnser teyl des Tzehenden ..... zu den zweyn
Eygelfassen, dye da ligen in dem gerichte zu Schot-
ten, mit verhengniffe myner heren Conrades herren von
Trimporg vnd Heinrichs von Isenburg heren zu Budingen,
von den sye zu lehen gent, deme bescheyden manne Her-
manne Offensteyne burgere zu Schotten, Metzen siner elichen

huffrauen vnd yren erben vmme xviii. phund heller . . . .
. . . .*).

Dat. a. d. M.CCC.LVIII, in die Scolastice virg. et mart.

Nr. 927.

1358 (21. Febr.). Jch Hans Lower von Vbinhusen
vnde Metze min Eliche wirtin bekennen, das wir han ver=
kauft vnsern herren zu Grebenawe zu deme bybanze alle vnser
gut zu Vbinhusen gelegen in der spechstpach, vmme xxx.
phunt heller, vnd han sy gewert zu Vbinhusen an gerichte,
als vns die scheffin beilten. — Zeugen: Soppe von Lubere,
Helwig Pheffirsag, Reynhart Jordan, Conrad Hebeler von
Breidenbach, Conrad von Hattinrode ein scheffene, Wigant
Motrich.

Dat. et act. a. d. M.CCC.LVIII, in vig. b. Petri ap.
ad kathedra.

(Das Siegel des Junkers Johann Pfeffersack, einen Krug darstellend,
hängt unversehrt an.)   Orig.

Nr. 928.

1358 (21. Mai). Jch Czule Sterke der albe, Jch
Henne Rencker der albe, Jch Pedir Dickehut der albe vnd
ich Henne Lobeman der albe, alle fyre wonhafftig czu Ry=
cholffkirchen bekennen, daz der Robestab vnd der Hebelun=
berg mit holze, struchen vnd mit Eckern Juncher Damerß
von Drae recht luter eygen ist vnd anders nymandes vnd
sprechen daz vnß iglicher uff vnß eybe, daz vns das wol
kuntlichen ist.

Dat. a. d. M.CCC.LVIII, ii. fer. p. fest. penthecostes.

(Die Siegel der Junker Johann von Elckershausen und Synand von
Busecke hängen ganz verwischt an.)   Orig.

───────────

*) Die Urkunde ist sehr zerfressen und die Siegel sind abgefallen.

Nr. 929.

1358 (23. Juni). Kunt fy, daʒ ich Dyederich von
Elkerhwſen eyn wepenere bekennen, daʒ mir von deme kloſtere
zu Werberch iv. ſchillinge vnd rrviii. march, iii. haller vor
den penych guber werunge, iſt worden, vnb her vber gebe
ich mynen offen bryp beſtgilt vor mich vnd mynen ſwager
Bryberich Stoʒeher, daʒ das vorg. kloſter von vns ane aller
lege ane ſprache beʒ vorg. geldeʒ ſyen ſal, vnb wir beken-
nen, daʒ Bryberich Dugel ſal ſyen van vns ane alle ane
ſprache des vorg. geldes.

Nach G. geb. **m.ccc.lviii**, beʒ neſten bages na der ri.
buſent meybe bage.

(Das Siegel des Ausstellers hängt zerbrochen an.)   Orig.

Nr. 930.

1358 (25. Juli). Ich Bertholt vub Dyethmar gebro-
bere genant von Liebirbach bekennen, ſotan gube als wir
vmb hern Lobewige von Romerob vnd Meʒen ſine elichen
wirtyn vnb ir erben gekouft han vor rl. gulbin, by gelegin
ſint eynes zu Merſrabe, da Henne Johan vffe ſizet, bas
anbir zu Elberobe, da Heinʒe Syebir vffe ſizet, bas iſt
alſo géret, wan her Lobewig vorg., Meʒe ſine eliche wirtyn
obir ir erben kommen vor ſ. Johanis tag, den man nennet
Baptiſten, mit rl. kleinen gulbin vnb bitin vns vmb eynen
witbir kouff ber vorg. gube, bas ſolle wir tun ane witberrebe.

Dat. a. d. M.CCC.LVIII, ipsa die b. Jacobi apost.
(Das gemeinschaftliche Siegel des Ausstellers hängt gut erhalten an.)
                                                          Orig.

Nr. 931.

1358 (29. Aug.). Wir Conrad Seczpant Ritter, Jo-
han vnd Gylbracht Seczpanbe gebrubere knechte von Drahe

befennen, daß her Herman apt des ſtiftes zu ſ. Albane zu
Meintze vns irloybet hat, daz wir ſoliche lehen, die wir von
eme vnd ſime ſtifte han, mit namen ii. hone vnd iv. morgen
Landes in dem flure vnd velde des dorffis zu **W u l n e r ſ-
h e i m**, vorkayſen ſullen weme wir wollen, vnd dar gen han
wir eme andirſite als vil Landes belacht als hernach ge-
ſchreben iſt, mit namen rliii. morgen landes in dem velde
vnd flure zu **B u t ſ p a ch**, vnd rri. morgen landes in dem
flure vnd velde zu **P a l e g u n ſ e** vf vnſirme evgen gude, die
wir zu lehene han ſullen vnd wullen von dem vorg. vnßime
heren vnde ſime ſtifte, glicher wyß als daz gud, daz er vns
irlaybet hat zu vorkayſene.

 Dat. a. d. **M.CCC.LVIII**, in die decollationis b. Johan-
nis bapt.

(Geſtegelt baben Conrad und Johann vorg., da Gilbrecht nicht im Lande
einheimiſch iſt; die Siegel ſind aber abgefallen.) Drig.

Nr. 932.

 1358 (20. Sept.). Ich Lodewig ſon Marpurg perrer
zu Tyliche befennin, von ſogetane rrr. ſchyllinge großer
Turnoß, alſe by meyſterſchen vnd der kauent zu Werberg ge-
legin by Gruninberg mir ſchuldyk warin, daz her Johan
ſon Wetzflar er capplan mich des ſelbin gelbiz ſon erir wene
bezalitt hat. — Z e u g e n: Lodewig Bruning eyn ſcheffen,
Pauliz vnd Klaywez Schutze gebrudere, Lodewig off dem
grabin, burgere zu Marpurg u. a. m.

 Dat. a. d. **M.CCC.LVIII**, in vig. b. Mathei apoſt. et evang.

(Das Siegel Dietrichs in dem Hofe, Bürgermeiſters zu Marburg hängt
ſehr beſchädigt an.) Drig.

Nr. 933.

 1358 (12. Nov.). Ich Johan von Lynden Rittir Be-
kennen, daz wir herin Heinrich Lantgrauen zu Heßen vnß

Junckirn Ottin syns sons vnd ir erbin worden, sin Erbe borgman zcu Grunberg vme x. guldin geldis, by sy vns han bewisit an dem zcolle zu Grunberg also lange biz daz sy vns gegeben c. guldin.

Geb. n. Chr. geb. m.ccc.lviii, an dem andern dage n. s. Mertins tage.

(Das Siegel des Ausstellers hängt wohl erhalten an.)

Orig.

Nr. 934.

1358 (14. Nov.). Wir Conrad von Karben prabst des Clostirs zu Elwinstad, Friederich von Queckborn prior, Wolfram von Assinheim subprior, Friederich pherrer da selbes, Tyderich Huser, Syde von Offinheim, Synant von Stamheim, Damme von Treyse, Heinrich von Drahe, Brendelin von Hohinberg, Gyse von Husen, Tyderich von Wertdorf, Conrad von Dudilsheim, Wernher von Kintzenbach, Merkele von Kebele, Wirnher von Hirtzenhain, Adolf Schutzsper, Gerhard Massinheimer, Johan Lesche, Herman von dem Hain, Albracht von Dringhusen, Stutze von Bruchinbrucken, Gerlach Store, Heinrich von Offinheim, Hiltwin von Wertdorf pristere vnd convent brudere des selbin clostirs, die zu der zyt macht hatten zu dune vnd zu lazzene vor die gantzen sammenunge, viriehen vor vns vnd alle vnsir nachkumelinge, daz wir vmb vnsirs clostirs beste dem edeln herrn Heinrich von Ysinburg herren zu Budingen vnd Alheide siner elichen huffrauwen vnd irn erben vnsirn hoff zu Vindorf gelegen an der Syemen by Dudilsheim vnd alliz daz von rechte darin gehorit, verkauft han vmb dusint phunt hellere.

Geb. n. Chr. geb. m.ccc.lviii, des neheften mitwochen nach s. Mertins dage des h. byschoffs.

(Das Siegel der Probstey hängt beschädigt an.)

Orig.

Nr. 935.

1359 (6. Jan.). Kunt sie, daz wir Heylgenmeystere zu Fruboldeskirchen, Diple Czynken, Gerlach Vsmehobe, mit rabe vnd wellen vnstr patronen vnd vnß kirspels han virkoyft vnß hoebe des godeshuß zu Fruboldeskirchen, die da gelegin ist czu Bennekusen Juncher Wernher von Aldendorf vnd aln synen erben. — Zeugen: Herman vs deme hoybe, Heinrich Kauwerziel zu Obernaldendorf, Herman Grebe von Brunstad u. a. m.

Dat. a. d. M.CCC.LIX, in Epyphania dom.

(Das Siegel Junkers Heinrich von Gerhartshausen ist abgerissen.) Orig.

Nr. 936.

1359 (6. Jan.). Wir Brubir Johan ein plegere des spitalis vor der stab czu Grunenberg vnd wir di brubere vnd di sweftere gemeinliche des selbin spitalis bekennen, daz wir han virkauft i. malbir korn gulde uffe der hube bi Emeriche Zulin son czu Quecpurnen arbeidit, bi gelegin ist gein der molin da selbis, dem Meister Eckarte, deme kelnere des Cloistirs czu Werberg abir ware he iz koren, geben abir wenbin wil, dere sal iz gevallin.

Act. et dat. a. d. M.CCC.LIX, in Epiphania dom.

(Das Siegel der Aussteller fehlt.) Orig.

Nr. 937.

1359 (19. März). Wir Vlrich herre zu Hananwe Bekennen vmb soliche ansprache, als wir zu hern Herman apt zu s. Albane by Mentze von sins vorfaren wen, der vor yme eyn apt waz, als von syner zehinde wegen by Fridberg gehabt han biz In daz Jar n. Chr. geb. m.ccc.lviii, daz vns dar vmb Heintze zu Jungen schultheiße zu Oppinheim mit eyn fruntlich gerichte hat vnd han verzigen vff den vorg. apt vmb dy vorg. ansprache fur vnß vnd vnß Erben.

Geb. n. Chr. geb. m.ccc.lir, an dem Dynstage n. s. Gertrut tag.

(Das Siegel des Ausstellers hängt wohl erhalten an.)

Orig.

Nr. 938.

1859 (29. März). Wir Wldbekynt vnd Kraft von Hoenfels gebrudere hi benor hern Volpert sone von Hoenfels Rittirs Bekennen, daz wir Lantgrauen Heinrich von Hessin vnstrme gnebigin herren vnd sin Erbin virkoyft habin vnstr teil walbis Snyberg gelegin pobir Robehußen zuschin Kungisberg vnd Blankinstein mid alle dem, daz dar zu gehorit, als ez vnser selige vater vf vns vnd wir biz her bracht han*).

Geb. n. Chr. geb. m.ccc.lir, an dem fritage vor Letare.

(Die Siegel der Aussteller sind abgefallen.)   Orig.

Nr. 939.

1859 (29. Sept.). Ich Byele Etswanne eliche wirtin hern Johan Schaden Ritters deme got gnabe bun kunt, daz min huswirt vnd ich gesaßt han zu rechteme filgerede den junchfrauwen zu Mariensloz eyne marg gelbes ewiger gulbe in den rebbenber vf eren bisch vnd bewysen sie by zu Lyeche vffe den wysen, by by Gunterssen von vns hat, auch mogen wir by marg gelbis losen mit rii. marg pennige. Anberwerbe han wir bescheyben vnseme Dichtern Byelen in dem selben clostere eyne ame wyngelbes alle iar zu fallenbe als lange

---

*) 1859 (10. Aug.) verkauft „Kraft von Hoenfels hern Lobewiges son vnd Else Cleyne sin Eliche werthin vnß teyl des waldes genaut der Snyeberg wy daz gelegen sy" gleichfalls dem vorg. L. Helnrich. (Die Siegel des Ausstellers und des Ritters Johann von Breidenbach sind abgefallen.)

als sye gelebet, wanne sy nicht en ist, so sal by gefallen dem vorg. closter vf vnser vnd vnser dochter iarecibe Jutten der gob gnabe vnd bewysen sy der wyngolbe vf brittenhalben morgen wyngartes an bem schiltsberge bye vns sint.

Dat. a. d. M.CCC.LIX, in die s. Michahelis arch.

(Das Siegel der Ausstellerin hängt unversehrt an.)

Orig.

Nr. 940.

1859 (15. Dec.). Wir Gotfrib Grefe zu Cyginhain vnd Agnese vnstr eliche Hussfrouwe Bekennen, das wir habin virsast. Wyganbe von Buches, Agnesen siner elichen husfrauwen, Ruprachte vnd Crystine irn Dychtern vnd irn rechtin Erbin vnsern voyt weyß czu Berstab mit namen xv. achteyl vnd i. summer, Eyne halb marg phenge salmen gulbe vnd iii. schillinge phennig gelbis, by vns gefallen vße Wyganb gube Egenant, vur anbirhalb hunbirt phunt heller vnd czehin phunt heller*).

Geb. n. Chr. geb. **m.ccc.lix**, bes neysten suntages nach s. Lucien tag.

(Gesiegelt haben die Aussteller, aber nur das unbeschädigte Siegel des Grafen Gotfried hängt noch an.) Orig.

Nr. 941.

1360 (11. Jan.). Nouerint, quod a. d. M.CCC.LVII, xix. die mensis julii, hora vesperarum in Nyde nobilis dominus Gotfridus comes in Czigenhayn ac magistri ciuium eiusdem opidi in Nyde, nomine sui et omnium et singulorum parrochianorum parrochialium ecclesie ibidem, me Henrico pastore .in Gaudern tamquam notario publico et autentica persona et requisito, super quibusdam grauaminibus ipsis

---

*) Der an demselben Tage ausgestellte Revers Wiegands v. Buches ⁊c. führt das wohlerhaltene Siegel des letzteren.

illatis a commendatore et conuentu domus in Nyde ordinis
hospitalis s. Johannis, contra quos dominos. predicti comes
et magistri ciuium appellaciones quasdam interposuerunt etc.
et hoc probabo per iuramentum meum, quod omnia et sin-
gula prescripta sunt vera et in euidens testimonium sigillum
meum est appensum*).

Dat. a. d. M.CCC.LX, sabb. p. Ephiphaniam dom.

(Das Siegel ist abgefallen.)   Orig.

Nr. 942.

1360 (20. Jan.). Ich Reynher von Lindin Burgman
genant Bekennen, daz ich schuldig bin den Juncfrawin zu
Schiffinburg zu der Zelle ri. maldir kornis zu Pache von
irme gude, daz ich Besezzin von zweyn jarin, dy ich vnd
myne erbin en bezalin sullin vor s. Michahel der nu neist
kummit ober vf den dag s. Michahel. Were sache, daz wir

---

*) Am 5. Mai desselben Jahres bekennen „Heinrich pastor zu Goudern
vnd Herman capellan in der burg czu Ryede, daz wir virzertin iii.
phund heller, dn wir die meystir Conrad Taygwerke waren vmb dy
appellacien der sache, dy der Edele vnsir Juncherre Gotfrit greffe zu
Cyginbein vnd sine burgere zu Ryde furtin wildir dy herren dez
spitalis dez huses zu Ryde." (Das Siegel des Pfarrers Heinrich
vorg. hängt unversehrt an, das des Cappellans Hermann ist abge-
fallen.)

Am 20. Nov. 1357 war dem obg. Hospital ein Ablaß verliehen
worden.

Am 27. Febr., 18. u. 27. März 1359 führte der „abbas monas-
terii montis s. Petri, decanus s. Marie et Henricus cantor s. Seueri
ecclesiarum Erfordensium a sede apostolica delegati" weitere Ver-
handlungen in Appellationssachen „inter nobilem virum dominum
Gotfridum comitem de Cziginbein dominum in Nidde ac magistros
consulum, consules, scabinos et vniuersitatem opidi Nidde necnon
vniuersitates villarum Saltzungen, Roden, Wanshusia, Richolfs-
husin, Mittilnowe, Stedinuelt, Rambach, Obernleiza ex vna appel-
lantes ac priorem et conuentum fratrum hospitalis s. Johannis
jerosolom. domus in Nidde parte ex altera appellatos.

des nyb indedin, sa han wir eu dar fur gesazt alle dy Bez-
zirunge, dy wir han vf der huphe landis vnd vf dem halp-
bin hab, da wir in syzzin, der zu der hube horit. — Zen-
gen: Henrich von Zelbach, Dyther eyn edilknech Odibor
genant, Heynze der Konfil, Heynze Mezzelerseybin, Hun
Wenzele vf dem pule vnd Henrich Bruwere.

Dat. a. d. M.CCC.LX, fer. ii. a. convers. s. Pauli.

(Das Siegel des Pfarrers Gilbracht zu Lindin hängt unbeschädigt an.)

Orig.

Nr. 943.

1360 (2. Juli). Wir suster Heylefe ein Meistirsen,
Ostirlind von Eleberg ein Priolen vnd wir der Conuent des
Closirs czu Werberg bekennen, daz wir han gelehin Clase
von Vnglode, Connen sinir elichen wirten burgern czu Gru-
nenberg vnd eren Erben vnse gud gliche halb, daz gelegen
ist czu Vngludis bi Gauwilshusen zu rechteme Lant-
sidelme rechte, da vone sullen se vns, alle jar uffe den ach-
czehinden dag czu Cinse geben xxx. schillinge pennenge jer-
licher gulde, i. malbir kese, i. mesten Oleys, ii. gense, ii.
hunre vnd ii. faffenacht hunre auch ierlichir gulde vnd vor
di Duristen des vorg. gudis des halben beilis sullen se vns
geben xxx. schillinge pennenge. Auch han wir geredit, wa
se Wigande Class brudere egen. dz andere halbe beil abe
feuften, so sulben wirs en gunnen.

A. d. M.CCC.LX, ipso die Processi et Martiniani b. mart.

Auch bekennen ich Ludewig ein pastoyr der kirchen zu
Merlauwe, daz Ich dise vsfrift han vße deme besigilten bribe
gesriben, den Clais vnd Conne vorg. von deme egen. Clois-
tere han vnd han des czu vrkunde min Ingesigel an dise
vsfrift gehangen.

Dat. et act. ut supra.

(Das Siegel hängt unbeschädigt an.)

Orig.

Nr. 944.

1360 (2. Nov.). Wyr Heyrich von Herlesheym eyn
scheffen zu Wetßflar, Katherine syn eliche wirtin, Heyrich
von Hoenburnen Jungen kelners soen, Gele fin eliche wir-
ten vnd Else ir suster, Eberhart Mauchen dochter zu Wetz-
flar bekennen, daz wir vorkauft han vnß beil vnd recht,
· daz wir gehabt han czu dem walde by Mirlauwe mit
hultz vnd boden Claes von Saffen vnd·Volpracht von Saffen
gebrudern vnd scheffen czu Grunenberg vnsern brudern vnd
swegern vnd omen, Hilbrugh vnd Bechten iren elichin huß-
frauwen vnd allen jren erben inczuhaben vnd fich des ge-
bruchen mit allem rechte vnd selekeyben, alß der vns von
vnßn alderfaber, swere vnd vaber Frebebrachte von Saffen
ufferstorben vnd mit erbe zu gefallen ist. Auch vmb alsoliche
zweytracht vnd gespean, alß wir vnder eyn gehabt han vmb
by wezen czu den Eychen gelegen, bas wir auch eytrecht-
lichen zu burgman vnd scheffen czu Grunenberg gegangen
fin vnd bar vmb mit recht entscheyden vnd Claes vnd Vol-
prachten vorg. gebrudern czu gewißet onbe breyde wezen vnd
Hiltwines wezen mit ere czu gehorde vorlehen vnd han vnß
famentlichen zu gewyset ben brul vnd by Crumpach vnd by
zueychwesen vor eygen vnserm iglichen zu synen rechten vnd
beile, by selben vnser beil vnd rechte des bruls, der Crum-
pach vnd eychweßen wyr furt vorkauft han · Claes vnd Fol-
prachten vorg. gebrudern.

Dat. a. d. M.CCC.LX, iv. nonas nouembris.
(Das Siegel der Stadt Grünberg fehlt.)   Orig.

Nr. 945.

1360 (30. Nov.). Ich Johan von Hatzfeld der albe
feligen hern Craftes sun von Hatzfeld bekenne, daz Heinrich
von Obenrode vnd Gunthram von Hatzfeld min vetter in

minre kintheit mich dar zu sprachen, daz ich mit in selb bi minen herren von Tryere, der zu der zit des stiftes von Meintze vormunder was, vnd namen mich vz der schule vnd wart da geteidingit, daz ich min teil des huses zu Hatz-feld offente dem egen. stifte von Meintze, da wurden mir vmb xl. phunt albir heller, des han ich min teil des selbin huses min sunen gegeben, die mugen ir lehen suchen, wo si die von rechte suchen sullen.

Geb. n. Chr. geb. m.ccc.lx, an s. Andrez tage.
(Das Siegel des Ausstellers hängt unbeschädigt an.)

Orig.

Nr. 946.

1360 (22. Dez.). Wir Heinrich von Gots gnaden Lantgraue zu Hessin vnd wir Otte sin son Bekennen, daz wir vnserme liebe getruwin Johan von Breydinbach Rittir, Grebin syner Elychen werthin vnd ir zweyer erbin sin schul-dig funfzehin Hunbirt Marg pennege ane bryzhen marg, vnd habin en by geslagin uf vnser Sloz Bybenkap, Burg vnd stab vnd was dor zu gehort, daz vorg. sloz wir nicht losen sullen von Wyganbe von Segartishusin obir von Jo-han von Breydinbach egen., wir enhabin ban Johan, Grebin vorg. obir irn zweier erbin bezcalt funfzhen Hundert marg phenynge ane bryzchen marg*).

Geb. n. Chr. geb. m.ccc.lx, an dynstage noch s. Thome tage des h. appost.

(Gesiegelt haben die Aussteller, aber nur das Siegel L. Ottos hängt noch, gut erhalten, an.) Orig.

Nr. 947.

1361 (31. März). Nos frater Andreas Viern preceptor domus ordinis s. Anthonii in Grunenberg et Eckardus

---

*) Diese Urkunde, sowie eine gleiche des L. Heinrich über 500 fl. vom 1. Mai 1365 mit anhängendem kleinen Jnsiegel, ist durchschnitten.

de Buren magister ciuium ibidem recognoscimus, quod Hermanno de Buren sacerdoti, capellano nostro, damus altare b. Marie virginis situm in capella b. Anthonii ibidem, nobis vacans ex morte Hermanni dicti Waltsmyet sacerdotis, capellani nostri ultimi rectoris eiusdem altaris, cuius collacio ad nos pertinere dynoscitur.

Dat. in vig. Philippi et Jacobi b. apost. a. d. M.CCC.LXI.
(Die Siegel der Aussteller sind abgerissen.)   Orig.

Nr. 948.

1361 (3. Apr.). Ich Wigand von Lundorf vnde Else myn Elyche wyrthen bekennen, daz wir han virsatz vnsir Ryftelen Elsin von Lymefeld Cynir Clostiriungfrouwin czu Werberg Eyne halbe marg gelbiz jerlicher gulde vffe der molen czu Appinburn vnbir deme dorff gelegin, da Kyssel ynne sytzceb, alle iar czu gefallende uff s. Michelz abend vnde vnse wyssen czu Lundorf gelegin obir der mollen, dy da heyseb der Kuney kinbir, vor xxx. gube kleyne gulbin, by man nenneb florencier. Daz alle byffe rede stebe vnd feste gehalbin werbe, so seczein wir Elsin von Lymefeld der Meystern vnd deme Conuent czu Werberg hern Conrabin Swinbin vnde Gerlachin von Lundorf czu burgin.

Dat. a. d. M.CCC.LXI, sabb. p. fest. pasce.
(Die Siegel des Ausstellers und der Bürgen hängen beschädigt an.)
    Orig.

Nr. 949.

1361 (3. Apr.). Ich Wygand von Sygershußen ritter bekenne vm daz hus Blankenstein, daz mir phandes stett, daz ich gerebet han minne herren Heinrich Lantgraue zu Heßen vnd Lantgraue Otten syme sone, wilche zit sie abir er erben komen zu mir vnd minen erben mit Nun Thusent gulden zwey hundert vnd zwelf gulben, an guden alben

Thornoß, jehen Thornoß vur eynen gulden zu rechen, vnd
mit by beczalen, so sal ich vnd mine erben en vnd iren
erben daz egen. hus Blankenstein wyder geben an allen
vorzog.

Geb. n. Chr. geb. m.ccc.lxi, an dem sunabynde in der
Oystirwochen.

Wen ouch, daz ich ec. gulden an dem egen. huse ver-
bawete, by solbe man mir wyder geben in der losunge alse
mines herren brib helbet.

(Das Siegel des Ausstellers hängt unversehrt an.)

Orig.

Nr. 950.

1361 (25. Apr.). Ich Volpracht vnd ich Wernhere ge-
brubere genant von Therse vnd ich Jutte sin Volprachtis
eliche wirtin dun kunt, das wyr han gegebin der Eptißin
vnd der Probißin, dar zcu deme confente gemeynliche des
wertlichin styftis vnsir vrowin vom hymilriche zcu Wetter
i. marg gelbis an vnseme gube zcu Frönhusen, das da
heyzt das gut vffe deme bache, da Wigant Fende son vffe sitzit.

Dat. a. d. M.CCC.LXI, ipso die b. Marcii ewang.

(Gesiegelt haben der vorg. Volpracht, Adolf von Biedenfeld und Denhard
von Dunßelsheim. Die Siegel sind abgefallen.)

Orig.

Nr. 951.

1361 (1. Nov.). Wir Karl von gots gnaben Romischer
Kaiser ec. tun kunt, das vor vns kamen sint der Burcgrawe
vnd die Burgman gemeinlich vnser Burg zu Fridberg vnd
haben vns furgelegt, das sie diese nachgeschriben guter von
vnsern vorvarn, von vns vnd dem Reich herbracht haben,
mit namen das vngelt halb vnd ein vierteil des czollis, die
in der Burg vnd Stat zu Fridberg genallen, ouch alle
recht in die Morlir marg vnd alle welbe, die darin ge-

horn, den See by der Stat zu Fridberg gelegen, die wisen, die man die marke nennet, die zwischen den dorfern Dorheim vnd Offenheim gelegen ist, die Gertener vnd gärten, die vnder der Burg zu Fridberg gesezzen vnd gelegen sin, vnd ouch des Reichs armeleute, wo die sizzen, die einem Burgreuen zu Fridberg von des Richs wegen zu dienst vnd zu nuzze gesezzen sint, den wiltpan vff der hohe von der Bse an biz an die Erlebach, das geleite von dem Morinberge an bis an den heßinfurt, das sullen die Burger vnd Stat zu Fridberg den Burcgreuen, der in zlten ist, getruwelichen zu beleiden beholfen sin, wenn daz not geschieht, was ouch in die obg. Burg gefuret wirdet, doruzz vnd dorin, das sol zu male fry sin, ouch das die egen. Burgman vmb dheinerlei sachen von keinem richtere zu rechte sten sullen, sie sein danne bevor vor dem Burcgreuen daselbist vz erforbirt zc. Das haben wir angesehen ire stete getruwe dienst vnd haben in alle die obg. stuffe vnd artikel, vnd ouch alle andere ire recht, freyheit vnd gnade, die sie von vns vnd dem Rich herbracht haben, bestetiget vnd verneuwet.

Geb. zu Nuremberg n. Chr. geb. m.ccc.lxi, an aller heilgen Tage.

(Das Majestätssiegel hängt wohl erhalten an.) Orig.

Nr. 952.

1361 (26. Nov.). Wir Gotfrid Grefe czu Cyginhain tun kunt, daz wir nach rabe vnser heymelichen frunde dez sin vbirkomen, daz wir daz halbe teyl Nyede vnd allez daz dar czu gehoret, Sturmfels vnd daz darczu gehoret, mit gerichten, dorffern, wnstenunge zc. vnser Liebin Huffrauwen Agnesen han gesast vnd geantwortit czu seys iaren, czu dem andern halben teyl der selbin sloße vorg. mit Lande vnd Luben, do myede sie ist gewydemet, also daz sie mit Nyede vnd. alle;, da; dar c;u gehoret, in den vorg. fey; iaren tun vnd laßen fol nach irme beften vnd der herfchaff Ryede*). ; Geb. n. Chr. geb. m.ccc.lri, de; neyften frytage; n. f. Ratherinen tage d. h. juncfr.

(Das große Siegel des Ausftellers hängt wenig befchädigt an.)

Orig.

Nr. 953.

1362 (7. Febr.). Ich Henrich Heffe der Junger vnd Lyfe myn Eliche wirtin bekennen, da; wir han virfaft Lutzen Calwen, Gelen fyner wirtin vnd yren Erben vnfe, wifen mit namen by wifen gelegen an der Rynen oben an der fpidelre wifen vnd da; fedelchin, da; auch gelegen ift an der Rynen da bye vnd eyn fedelchin, da; gelegen ift indewen- nig de; dorfes an. der fpidelre wifen, vme vii. fchillinghe Tornofe. — Zeugen: Herman von Selbold myn mage vnd Dyle Ermgarde fun by dem Tore c;u fehen.

---

*) 1363 (29. März) fetzt der vorg. Graf Gottfried zur größeren Sicher- heit des obg. Witthums, Schloß und Stadt Ziegenhain zum Unter- pfande. (Das Siegel des Ausftellers ift abgefallen.)

1366 (4. Juli) bekennt „Johann von Beldirsheim ritter alfo mir Juncher Gotfrid Grefe c;u Cyginhain vnd Agnefe fin eliche hus- frauwe ire floße Ryede Burg vnd ftad halb hattin virfaft vnd be- nolen, da; ich myn Junchern vnd Juncfrouwen vorg. da; virfaczes ire Burgmanne, Burgere, Portenere vnd Turnhudere irre floße Ryede vorg. folicher hulde, eyde vnd globde, al; fie mir getan hattin von de; virfaczes wegen, quit vnd lois fagen, alfo doch wan fie Wern- here myme fone haben gehuldet. (Das Siegel des Ausftellers hängt, fehr befchädigt an.)

1369 (26. Febr.) bekennt „Heynrich Geiling von Altheym weye- nere, da; ich han gebedin Junchern Godefridin grebin zu Cyginhain, da; he fin floz Ryde burg vnd ftad vnd da; da zu gehoret, vir- fchribe vur foliche fomme geldis alfe fie fin vnder uberkommen hern Johanne Weifen vnd frauwen Konteln myner muter, wa; anfprache abir forderunge ich da zu gehaben mochte, daruff han ich virzigen. (Das Siegel des Ausftellers hängt unverfehrt an.)

Dat. a. d. M. CCC.LXII, ii. fer. prox. p. fest. purif. b.
virg. Marie.

(Gesiegelt hat des Ausstellers Vater Henrich Hesse der älteste, ein Ritter,
da der erstere eignes Ingesiegel nicht hat.) Orig.

Nr. 954.

1362 (9. Febr.). Wir Craft Dorring Ritter Ind Metze
sine elich huysvrouwe bekennin, daz wir verkeufin hain hern
Johanne van Breidinbaich Ritter Ind sinen erven vnse deil
bez czeinbin czo Bredehelmstorf, Ind vnse deil bez czen-
bin czo Amminhusen, Ind vnse dritteveil der czynse czo
Beidillinhusen, Ind von dem hatzgingarten — Ind in
dem mullinhoue — bis vnrg. kouf iz geschein mid verhenc-
nisse Ind mit willen minz vedern Eberhard Durring Ind
mynr nevvin Craft Ind Godebreichtz Eybirhardz sune vurg.

Dat. a. d. M.CCC.LXII, fer. iv. p. fest. b. Agathe virg.

(Gesiegelt hat der Aussteller, sowie der obg. Eberhard und sein Sohn
Godebracht; aber nur das Siegel Eberhards hängt und zwar be-
schädigt, noch an.) Orig.

Nr. 955.

1362 (26. Febr.). Ich Craft Doring Ritter vnd Metze
myn eliche wirten bekennen, daz wir mit willen Ebirhartz
Dorynges, Craftes vnd Godebrachtes siner sone verkouffin
deme strengen Rittere Johanne von Breydinbach, Gretin
siner elichen wirten vnd eren erben vnse teyl der acker, dy
da gelegen sint czu Elmshusen, dy da heyßen Ysinbrude
stucke vnd dy bette, dy da by gelegin sint vnd dar czu horent.
Des czo eyme vrkunde han ich Craft vnd Ebirhart vorg.
vnser Ingesegel an disin bryp gehangen vnd ich Godbracht
vorg. han ouch myn Ingesegel her ane gehangen, des sich
vrauwe Metze vnd Craft myn brobir mit mir gebruchin, wan
sy egginre Ingesegel nicht in han.

Dat. a. d. M.CCC.LXII, in sabb. p. Mathyam apost.

(Die Siegel hängen wenig beschädigt an.) Orig.

Nr. 956.

1362 (24. März). Ich Johann von Hohenburg vnd
ich Alheit sin eliche wirten burgere zu Grunenberg bekennen,
daz wir han virkauft ein halbe marg phennige geldes ier-
licher gulde, dye wir han vffe Fulze Budenbenders huse zu
Grunenberg, da he Inne wonet, vnsers swehers vnd
vaders, den Juncfrawen, der meistern vnd dem Conuente
czu Werberg. — Zeugen: Eckehart von Burn, Wernher
Wise burgermeister vnd Heinrich Dreyros, Eckehart Greuse
burgere zu Grunenberg u. a. m.

Dat. a. d. M.CCC.LXII, fer. v. a. dom. letare.

(Das Siegel der Stadt Grünberg hängt unverfehrt an.)   Orig.

Nr. 957.

1362 (9. Juni). Kont sy, daz Ich Johan Großiohan
von Wolnstab burger czu Frideberg han gegebin den frau-
wen von Rolandeßwerde ir. hube landes, dy yn den fron
haf gehorin czu Wolnstab vnd anbirwerbe iii. morgin
wysen czu Abirwolnstab vnd ir. morgin wysen czu Ny-
berwolnstab, auch setzin ich ben seffin frauwin czu rech-
tim selegerede, xxxviii. morgen of dem gerburgirheimer felde,
xviii. morgin of dem straßheimer felde, vii. morgen of dem
morvnger felde, i. morgen of der fribbergir straßin vber den
foßpat, vi. morgen vbir den grunt, anbirwerbe vi. morgin
of dem gerburgheimer wege, anbirhalben morgin of dem
affinheimer wege, i. morgen of dem elwinsteder wege, einen
halben morgin wysen by den erlin, brittehalb ferteil of dy-
bach vnd ir. morgin wysen czu Nyberwolnstab. — Zeu-
gen: Wigel Schuring ein scheffin czu Affinheim vnd ein
geworin hußgenoße yn dem selbin houe, vnd Pedir Schuße
auch ein geworin hußgenoße dez selbin hafes.

Dat. a. d. M.CCC.LXII, fer. v. p. fest. penthecostes.

(Das Siegel des Pfarrers Hartung zu Friedberg fehlt.)   Orig.

Nr. 958.

1362 (17. Juni). Ich Wygand von Buchinowe bekennen, daz ich den Irluchtin Furstin Herren Heinrich Lantgrauen zu Heffen vnd Hern Otten fime fone vnd iren erbin abgekoyft han ir eygen lude by Westirfchellen wor by gefezzin fin vnd in ir Gerichte zu Alsfelt gehorin, mid bede, gefellen, nutzin, mid alle dem daz dar zugehorit, vzgenomen daz Halfgerichte, daz fullen fy behalden obir dy lude, dy in iren Gerichtin fitzin, vor ccc. cleyne gulden vnd vor ccc. phunb heller. Duch enfullen vnß herren noch nymant von iren wegin vns dy lude vor vorantwortin vnd wan fy vns obir weme ich Wygand vorg. dyt gelt kuntlich befcheyde obir vorgiftige gegebin vnd bezcalin dy vorg. fummen geldes, fo fullen dy lude mid alle dem, daz dar zugehorit, in alle der maze, als fy vns dy vorkoyft han, von vns ledig vnd los fin. Duch fullen vns vnß herren daz vorg. gelt bezcalin zu Alsfelt obir zu Robinberg in iren flozzin vnd vns daz lazin geleyden kegin Herffelbe obir kegin Buchinowe ane kumer wor en daz allirabins ift.

Geb. n. Chr. geb. m ccc.lxii, a. d. frytage n. d. h. Licham tage.

(Das Siegel des Ausstellers ist abgefallen.)   Orig.

Nr. 959.

1362 (6. Juli). Ich Johan von Ternbach Ritter vnd Alheit myn eliche Husfrouwe bekennen, vmb die xxxi. gulden gelbis, dy wir mit willen vnfers liebin Junchern Gotfribes grefin czu Cygenhain vnd Agnesen finer elichen husfrouwen han virfaft Peterfchen von Fronhusen burgerfchen czu Marpurg vnd iren erbin in irme gerichte czu Gemonden an der straßen, welczyt by felbin ir Hus Gemonden an der straßen vnd ir gerichte, daz dar czu gehoret, von vns wolln losen, so sollen wir czu vore dy xxxi. gulben gelbis von Peterschen vorg. losen.

Dat. a. d. M.CCC.LXII, fer. iv. prox. a. diem b. Kyliani.

(Das Siegel des Ausstellers hängt wohl erhalten an.)

Orig.

Nr. 960.

1362 (22. Aug.). Wir die burgermeistere, scheffen vnd der Raib gemeinliche zu Gruninberg bekennen, das bruder Wiganb ein meister vnd auch die anbirn brubere des spitalis zu Gruninberg hant mit vnsirme heizene vnd rabe beme apte vnd beme Conuente des clostirs zu Arnesburg virkauft er gub zu A n t r e f f e, das Konkle ba selbes ein Lantsibel ist.

Dat. a. d. M.CCC.LXII, in octava assumtionis b. Marie virg.

(Das Siegel der Aussteller hängt wohl erhalten an.)

Orig.

Nr. 961.

1362 (13. Nov.). Wir Crafft, Petir, Herman vnd Heinrich von Olffe gebrudere Ebilknechte tun kunt, baz wir virkouft han solich gub, alz vnser Baber bem got gnabe irclaget hatte czu H a b i r z h u s e n bie der stab R y e b e gelegin, vor vnßm̄ herren Johanne grebin czu Eyginhain bem got gnabe, vnserm Junchern Gotfribe Gresin czu Eyginhain vnd Agnesen siner elichen huffrouwen vnb iren erben. Wir haben ouch off alle schare, gulbe vnb vffhebunc, bie bie vorg. vnser Juncher vnb Juncfraw haben off gehabin von bem obg. gube vnb von vnser mulen czu W y n g e r s h u s e n, gutliche vnb genczliche vorcziehgen.

Geb. n. Chr. geb. m.ccc.lxii, an s. Briccien tage des h. Bischoffes.

(Die Siegel der Aussteller sind abgerissen.)

Orig.

Nr. 962.

1362 (7. Dec.). Ich Ebirhard Doring vnd Ich Craft, Doring sin son weppenere Bekennen, daz wir mit willen vnd wißen Craft Doringes ritters vnsirs neben vnd Ganerben Erpliche vnd Ewecliche gekorn hon vnd kysen Ich Ebyrhard an eyns sones stat vnd Ich Craft an eynes bruderz stat hern Johannen von Breidenbach rittere vnd alle sine rechten erben czu rechten Ganerben In alle vnsir Lehen, Eygen, Erbe vnd varende habe, dy wir hon, an Godebracht Doringes stat, myn Ebirhard sones vnd myn Craftes bruder vnd kysen hern Johannen vnd sine erben an eynes sones vnd eyns bruder stat in allez daz wir hon. Vnd ich Godebracht Do-ring bekennen, daz alle byse ding mit myme guden willen, wißen vnd gehengnisse geschen sinb. — Zeugen: Elung von Breidenbach ritter, Wernhere Gysen vnd Conrad Rulen scheffene zu Bydenkap u. a. m.*).

Dat. a. d. M.CCC.LXII, fer. iv. p. Andree apost.

(Die Siegel Eberhards, Craft und Godebracht seines Sohnes und Craft Döring Ritter, sowie Gottfrieds von Haßfeld, Friedrichs und Craft von Hohenfels, Ritter, hängen wohl erhalten an.) Orig.

Nr. 963.

1362 (13. Dec.). Ich Conrad Muller von Briensende, Waldrat sin eliche vrowe bekennen, das wir han verkouft i. malbir korn geldes, i. gans vnd i. vasnacht hun, Jer-lichin Loczen Kalwen, Gelen siner Elichin vrowen vor xiii.

---

*) 1365 (8. Jan.) bekennen „Ebirhard Doring vor vllen Johans Do-ringen son dem got gnade vor mich vnd myne gesustere", daß er in die obige von Eberhard seinem verstorbenen Aeltervater, Craft seinem Better und Craft Döring, Ritter, seinem Neffen, beurkundete Aufnahme eingewilligt habe. (Gesiegelt hat der Aussteller, Ludwig Slegere sein Stiefvater und Emmerich von Wolfskehlen sein Neffe, deren Siegel beschädigt anhängen.)

phunb hellere vnb ſetzju hute bar vor chu vnbirphanbe bas
britte beyl; bas mit iſt worben von myme vabere, mit na-
men l. morgin an ben alen briſchen, eynen ſtecdin an ben
Rulen, l. morgen vor ber Schruc, i: morgen vff bem ruchin
bige; bas britte beyl ber wiſzin in beme hegeriche, bas ſeſte
beyl, bas mir geveullt vnb mynet hus vroween von hrir Mublt
Ermegarte vor beme bore. — Zeugen: Hllbebolb von Lu-
czenborch, Gerharb von Cruzeſenbe, Heylman von Hornſe-
ſcheffin, Kune von Cruzeſenbe, Happle Nuweman, Henne
Lebernhoße u. a. m.

Geb: n. Chr. geb: m.ccc.lxii, an ſ. Lucien bage ber h.
Jungvrowen.

(Das Siegel bes Ritters Heinrich Heſſen iſt abgefallen.)

Orig.

Nr. 964.

1362 (25. Dec.). Wir Sifrib Eygenbrob, Conrab
vnb Clas gebrubere, priſtere zcu Grunenberg bekennen, baſz
wir gegebin han ben Juncfrawen vnb bem Conuent bes
Cloſtirs zcu Werberg i. marg penninge gelbes Ewiger gulte
zcu eine Ewigen ſelgerebe uffe bem huſe, baj geheiſſin iſt
zcu ben ſterren vnb gelegen iſt uffe ber Ecden in ber gaſſen
zcu Grunenberg, ba man hine geet zcu ben Barfußen, alle
Jar zcu geben uff ſ. Mertins bag. — Zeugen: ber bur-
germeiſter Clas von ben Gaſſen, Conrab Swinbe, Eckehart
von Buren ſcheffene zcu Grunberg u. a. m.

Geb. n. G. geb. m.ccc.lxii, uff bes h. Criſtes abunt.

(Das Siegel ber Stabt Grunberg hangt zerbrochen an.)

Orig.

Nr. 965.

1363 (15. Jan.). Ich Johan Weyſe Rittir Irkennen,
baj ich mit ſinthengniße Wylhelmis vnb Gylbrachte Weyſen

43*

miner brudere, Ebirhard Weysin Rittirs Burgreben zu Freberg minez vettern vnd Heinrich sines bruderz miner Ganerbin, han gewedemit Alheide mine eliche husfrauwen mit den Guden vnd gulden, dy her nach geschreben stent vnd in dem Hittinberge gelegin sint, dy da zu lehen rurint von hern Heinrichen Lantgreben zu Hessin, mit namen mit dem zcehinden zu Gunzse, mit dem zcehinden zu Habchinheim vnd zu Anroede, mit allin rechtin, gelde vnd gulden, vnd wedeme sie uff dy obg. gut vur funftehalb hunbirt guldin.

Geb. n. Chr. geb. m.ccc.lriii, uf den nehistin sonbag nach dem achzehnden bage.

(Gesiegelt haben die Aussteller, aber nur die unversehrten Siegel Johanns und Wilhelms Weyse hängen noch an.) Orig.

Nr. 966.

1363 (23. Febr.). Ich Johan von Merlouwe Rittir Bekennen, daz Ich mit gehengnisse minis neben Ebirhartis von Merlouwe Rittirs mynis gan Erben vnd Ebirhartis vnd Johannis mynr sone, han virkauft myn beil des Cehinden czu Abirnsehinde deme strengen wepenere Heinriche Sleyfroffe czu Blrichistein, Guben sinir Elichin wirten vnd erin rechtin Erben vme l. kleine gulden vf wibir koufe.

Act. et dat. a. d. M.CCC.LXIII, in vig. b. Mathie apost.

(Die vier Siegel der vorg. Herrn von Merlan hängen beschädigt an.) Orig.

Nr. 967.

1363 (23. Febr.). Ich Johan von Merlouwe Rittir bekennen, daz Ich mit gehengnisse Ebirhartis vnd Johannis mynir sone han virkauft vme eynen wibbir kauf myne sabie vnd allis myn recht vnd gulde, dy Ich han an deme dorffe zu Beymensehinde, dem strengen wepenere Heinriche Slei-

fraße czu Bſrichſtein, Guben ſiner Elichin wirten vnb erin
rechten Erben vme c.rl. kleine gulben*).

Dat. a. d. M.CCC.LXIII, in vig. b. Mathie apost.

(Die Siegel der drei vorg. Herrn v. Merlau hängen wenig beſchädigt an.)

Orig.

Nr. 968.

1863 (30. März).   Ich Herman perrer czu Walderabe-
huſen bekennen, daz ich durch heil myner ſele han vff ge-
gebin wan ich von tobis wegen nicht lengir enbin, v. phunt
heller gelbis, bie ich han von bem huſe czu Ryebe vnb be-
wyſet ſin off dem borffe Furbach gelegin by Ryebe, vor
t. phunt heller ber parre czu Eyginhain czu irme buwe vnb
ſulln gefallen vff vnſer ſrouwen tag Lichtwy ben bumeyſtern
ber kirchen czu Eyginhain.

Dat. a. d. M.CCC.LXIII, in cena domini.

(Das Siegel des Ausſtellers hängt zerbrochen an.)   Orig.

Nr. 969.

1863 (19. Apr.).   Ich Crafft Doring Ritter vnb Meße
min Eliche wirten tuen kunt, daz wir han vorkouft Johanne
von Breidenbach Rittere vnßme ganerben, Greten ſiner Elichen
wirten vnb eren erben vnſir teil ber czehenden zcu beiden
Ißenhuſen vnb zcu Steinperfe. Czu Orkunde biſſir
ſtucke, ſo haben ich Craft Dorink vorg. min Ingeſigel, Meße
min eliche wirten Heibenriches Ingeſigel von Buchenowe,
bez ſy zu biſme male gebruchet vnb Ebirhart Doring min
vebbere ouch ſin Ingeſigel an biſſen brib gehenget. — Zeu-
gen: Crafft Dorink, Heidenrich von Buchenowe vorg. knap-
pen von deme wapene, Sifert von Dekenſpach vnb Herbort
ſchefen vnb burgen zcu Bybencap.

---

*) Am 16. Juli deſſelben Jahres willigt L. Heinrich von Heſſen in
   bieſe Verpfändung ein. (Das kleinere Siegel des Landgrafen hängt
   gut erhalten an.)

. Geb. zu Bydencap. n. G. geb. m.ccc.lxiii, an deme mitte wochen vor Georgii des h. merteleres.

(Die Siegel hängen wenig beschädigt an.)   Orig.

Nr. 970.

1363 (24. Juni). Ich Henrich Dilen son von Winberode vnd Kunczel min eliche wirtin bekennen, daz wir han virkauft eyn achteil korngulde uff vnserme gube da selbes zu Winberode, daz da heyset vffe deme reyne vnd horet zu dem Nuen huse, des sint viii. morgen zu samen wisen vnd ecker, der ersamen iuncfrawen Gerdrude von Wertdorf eyn Closter iuncfrawen zu Werberg, alle iar zu bezalen also pachtis gewonheit ist. — Zeugen: Bertolt von Herberstein ein cappellan zu Werberg, Heinrich von Kassel ein perner zu Winberod, Czule Sterke von Richoldisferchen, Gerhart Stoppilbein von Winberode.

Dat. a. d. M.CCC.LXIII, in die Johannis bapt.

(Das Siegel der Stadt Grünberg fehlt.)   Orig.

Nr. 971.

1363 (8. Juli). Ich Elheid Wigand Fogelers dochter bekennen, daz die erbern Iuncfrauwen, di Meisterin vnd der Conuent des Closters zu Werberg mir vnd mynen erbin zu erplicheme rechte ein wisen zu Hattinrode gelegin geluhin hant alle iar vf s. Martins dage vme vi. schillinge penninge grunberger werunge. — Zeugen: her Vbel ein vicarius zu Lieche, Epchin Fende, Volpracht vz deme habe, den man nennit von Rabinshusin wepenere, Conrad Gleyme ein scheffin zu Lieche u. a. m.

Dat. a. d. M.CCC.LXIII, ipsa die b. mart. Kyliani et socior. ejus.

(Das Siegel des Weppeners Reinhard von Monkinbach hängt beschädigt an.)   Orig.

Nr. 972.

1363 (16. Juli). Ich Johan von Mirlaw Ritter bekennen, werez daz ich abir myne Erben die voybige zu Boymensehebe, die wir habin zu lene von vnßme herren Henrich Langraue zu Heffen, nicht wibir loftin von Henrich Sleyfroze vnd finen erbin bynnen difen nehiftin fez iaren, so mag fy vns egen. herre abir fine erben vor c.rl. gulden bar noch, wan fie des geluftib.

R. Chr. geb. m.ccc.lriii, an beme fontage noch ber zwelf herren tage.

(Das Siegel der Aussteller ist abgefallen, liegt aber beschädigt bei.)

Orig.

Nr. 973.

1363 (19. Juli). Wir Friderich Rybefel vnd Ebirharb von Merlow Rittere bekennen, daz vns vnß herre Heinrich Lantgraue zu Heffin vnb fin erben schulbig fin funftehalp hunbirt phunb heller vnb haben vns dar vor vorfazt ir hus Merlow mib dem vorwergfe, mib den wiefin, by dor zugehorin, mib den Czinfen vnd Gerichte vor dem hufe, mib dem Rechte, daz by dinftlube kegin Merlow pflegin zu tune, mib ii. margf phenyngin, by Heyligermanne gibet vom Senberwalbe, mib bem zcenben an bem Senberwalbe vnb mib der vifcherige uf ber Senbe vnb in bem borffe zu Merlow vnb fullen daz ynnehaben als lange biz daz fy daz wibergelofin vor bie egen. fummen. Duch fal daz felbe floz en uffin fin zu allen iren noben vnb wir enfullen en von dem felben flozze keyn vnrechtin kryg zuzchihen. Duch wullen wir en ben walb, ber zu Merlow gehorit, hegin vnb enfullin ben vorgebin noch vorkoyffin, ban wir fullin vnß notdorfft vor ynne haben zu buwen vnd zu bornen uf daz hus zu **Merlow***).

N. Chr. geb. m.ccc.lxiiii, an Mittewochin vor s. Marie Magdalene tag.

(Die Siegel der Aussteller hängen wohl erhalten an.)

Orig.

Nr. 974.

1363 (4. Aug.). Kund sy, daz her **Gerhard von Selbach** genant von **Zeppinfelt** vnd **Heydenrich von Rolfhuß** schuldigen den Irluchin Fursten Lantgrefin **Heinriche von Heffin**, daz her seligin **Wygande von Sigartzhußen** irme swehir vnd sinen erben vorbriefin solde uf der stad zu **Marpurg** cc. phund geldis, dy sy haben solden zu **Blankinsteyn**, dor zu antworte vnß herre der Lantgreue, her enwere en der nicht schuldig vnd zcoch das zu sinen briefin, dy her en gegebin hatte obir **Blankinstein**, das sprachin sy es were en gereb uzewendig briefes mid namen hern **Wygande**, vnd zcogin das an dy teydingislude mit namen hern **Stebin** Pastor zu **Alffelt** an hern **Johanen** des Lantgreuen schriber, Pastor zu **Milsungen** vnd an hern **Johanen von Breydenbach** iren

---

*) 1369 (23. Oct.) bekennen „**Guntram** Schenke von **Sweynsberg** vnd **Rupreht von Hertinheyn**, daz Lantgraue **Heinrich zu Heffin** vnd syne erben vns vnd vnßs igliches erben beyderßt, **Luckarde** myn **Guntrames** elichin huffrauwin vnd **Alheide** myn **Ruprechtis** elichin huffrauwin zcu wedewin rethte, wanne vnß eyner ader wir beide nicht lengir syn an deme lebin, schuldig syn funftehalb hundirt phund heller, da vor habin sy vns vorsaßt ir hus **Merlow** rc. (wie in der vorstehenden Urkunde) Sie bekennen ouch, daz vns ir Lude in deme Gerichte zcu **Babinhusin** vnd ir dinstlude daselbis miteynandir gebin sullin iii. mark geildis vnd den ydinst tun sullin, dy sy vns vor besundern vorschriben hatten, ouch sullin wir yn dy dinstlude, dy vzwendig deme selbin Gerichte gesetin syn, behalden, wanne ouch sy ir sloz **Merlow** gelost haben, so en sal vns dißir dinst nicht me geschen." (Die Siegel der Aussteller sind abgefallen.)

fwagir, des sprach ber. Lantgrefe her woldez ouch gerne by
ben dryn bliben, des haben wir Stebin vnd Johann Pastores
vorg. zu ben heyligen gesworin vnd stunbin, als wir von
rechte sten solben zu Marpurg in ber Gerwekammeren zu ben
barfuzin. zusagen by warheyt, waz vns wißentlich were vm
by egen. ec.' phund geldis, bor waren by Heinrich von Rolf⸗
hußen, Kraft Robe, Milcheling Schußper, Johan von Ter⸗
rinbach, Rudolff Schurensloz Rittere vnd Thiderich in me
hofe burgirmeystir zu Marpurg, des gingen wir beybe vor
vnßn herren ben Lantgraufen vnd vor her Gerharbe vnd Hey⸗
benriche vorg. vnd sprachen, wir wolben besegin waz vns
vmme by sache wißentlich were, ob sy vns baz beyberfyt
hiezen vnd bebin, das hiez vnd bab vns vnß herre ber Lant⸗
greufe, des traben her Gerhart von Selbach vnd Heybenrich
von Rolfhußen vz, vnd beryeben sich vnd quamen wiber vnd
sprachen, en solbe an vnß besage ouch wol genugin, bes
vragete ber Lantgrefe hern Gerharbe vnd Heybenriche vorg.,
ob sy iren ganerben mechtig weren vor .sy hii zuteybingen,
des antwortin sy, sy wolben vor sich teybingen vnd anbirs
vor nymanbin, bas besagetin wir Steben vnd Johan vorg.
uf by Eybe, by wir zu ben Barfuezin taben vnd uf by Eybe,
by wir vnßme herren bem Lantgreufen getan han, baz vns
beyben nicht wißentlich were, baz gereb were, baz vnß herren
by Lantgreusin hern Wyganbe von Sygarßhußen vnd sin
erben vorschriben solben ec. phund geldis uf ber stab zu Mar⸗
purg, ban ich Steben bekuntschafte, baz her Wyganb von
Sigarßhußen zu mir quam zu beme butschinhuse zu Mar⸗
purg uf ben nuwen Bergfryb in by kameren vnd bab mich,
baz ich yme hulffe, baz her von Kongisberg queme, bu
sprach ich, liebe her Wyganb, wy sal ich uch bannen gehel⸗
ffin, nu hat ez ber von Breydenbach ynne, bu sprach her,
bo wil ich uch gube wege zugeben, wen Kongisberg stet Brey⸗
benbache nicht me ben nuen hunbert gulben, by wil ich bar
legin: vnb wil baz brytte teyl lostn an Blankinsteyn von

den von Bickin vnd wil dy zwey teyl, dy myn herre ytzunt
los hat, nemen dn Blankinsteyn vnd wil myne herren
Kongisberg widergeben; dy rede brachte ich an myn herren;
des antworte mir myn herre, her wolde daz ouch gerne tun;
daz ich an hern Wygande rydde vnd vorsuchte, ob her deme
also volgin wolde, des reyde ich wider kegin Marpurg vnd
vorbodte hern Wygande by mich zu dem butzschinhuse vnd
sagete yme, daz myn herre dem volgin wolde; als ich von
yme were gescheyden, were nu, daz her der rede volgin wolde,
so wolde ich myns herren schribir mid mir bringin vnd wol
den Rotteln vnd briefe mid yme obirkomen, dy sache zuvol
linztyene, des antworte mir her Wygand, her wolde ym also
volgin, du muebte ich yme, daz her mir des eyn brief gebe,
du sprach her, waz dorffit ir des, nu enbin ich uch doch ny
keyner rede enbfallen, das reyd ich by myn herren kegin Kassel
vnd vorzcalte yme dise stucke, daz hiez myn herre hern Jo-
hane sinen schriber mid mir ryden by hern Wygande vnd
quam her Johan mid mir kegin Marpurg, das gingin wir
zu hern Wygande vnd obirquamen eyner Rotteln, wy dy
briefe sten solden, dy vnß herre yme vnd sinen erbin gebin
solde obir Blankinsteyn vnd lasen yme dy vnd behagete
ym wol vnd gelobetin yme entruwen briefe zu schiken, als
dy Rottele stand vndir vnß beyder herren der Lantgreusin In-
gesigele, vnd rydden des zu vnßn egen herren kegin Kassel
vnd lasen en dy Rotteln, des hiezen sy vns briefe schribin
vnd vorsigeln, als dy Rottel stund, daz tabin wir vnd reyd
ich Johans von geheyze myns herren mid den briefen kegin
Marpurg zu hern Wygande vnd antworte yme dy; als wir
gelobit hatten, waz dy briefe halden, das bekennen wir Steben
vnd Johans, daz wir daz geteydinget haben vnd enist vns
 qndirs nicht wißentlich vme dy cc. phund geldis, daz wir dy
uz obir in gesazt haben in keynen teydingen. Ouch bekante
ich Johan Pastor zu Milsungen vorg., daz mir wißentlich
were, daz her Wygand vorg. sante myme herren dem Lant-

greufin kegin Kaffel fine bebebriefe mid andern briefin vnd
lieg en bibbin, baz her yme by briefe vorfigelte obir by egen.
cc. phunb gelbis, bas enwolde myn herre nicht tun vnd fprach
her enwufte bor von nicht. Duch befagete ich Johan von
Breydenbach uf myn eyb, baz her Wygand vorg. myn ftif-
vater, zu mir quam vnd bad mich, baz ich mid yme ginge zu
ben fcheffin zu Marpurg, by folde ich mid yme los fegin ber
cc. phunb gelbis, by fy yme vnd mir vorbriefit hattin zu
deme hufe zu Longifberg, du fprach ich, was ift bas noyd,
wir gebin en ir briefe wider, fo ift by gulde los, bu fprach
myn ftyfvatir zu mir, ich folde fy boch los fegin zu ben
briefin vnd fo folden yme by cc. phunb gelbis vorbriefin zu
Blankinfteyn, bas ging ich mid yme vor by fcheffin vnd
fagete fo der egen. gulde lebig vnd los vnd enhabe bife rede
von myme herren, dem Lantgreufin nicht vornomen noch ge-
hort, baz her myme ftyfvatir by cc. phunb gelbis vorbriefen
folde, funder von myme ftyfvatir alleyne vnd enweyz anbirs
nicht zu fegin vmme bie egen. cc. phunb gelbis, ban myn
ftyfvatir fante zu zcwen malin fine briefe kegin Kaffel myme
herren dem Lantgrauen vnd lieg en bibbin, baz her yme by
cc. phunb gelbis vorbriefete, vnb fante yme bor myde by
briefe, by man vorfigeln folde, bu fchreyb ym ber Lantgraue
wider, her enwufte bor von nicht, ban wan her Steben von
Alffelt los worde fines gefengniffes, fo wolde her gerne da-
rumme irfaren, wy ez ban gered were, baz wolde her gerne
alfo halben.

Dyfe vorg. kuntfchaf habin wir Stebin, Johans Pa-
ftores vnd Johan von Breydenbach vorg. getan vor vnfme
herren dem Lantgrefe, vor Gerharde von Selbach vnd Hey-
denriche von Rolfhufen dem fachwalden vnd vor ben Luden,
by hie noch gefchriben ften, vnd haben wir drye vnf Inge-
figele an dife brief gehangin. Vnd wir Johan vom Hayn
kummerthur zu Marpurg, Heydenrich vou Terenbach, ein
bruder des buzfchen Ordens dorfelbft, Heinrich von Rolfhufen,

Kraft Rode, Thle von Falkinberg, Stebin von Scharknberg, Milcheling Schußper, Johan von Terenbach, Rudolf Schurensloz Rittere, Heinrich Schabe, Johan Schenke von Sweysberg knapen, Albrecht Rode, Thlderich uz me hofe, Lütze Clinghart vnd Ludewig von Gambach scheffin zu Marpurg Bekennen, daz wir diß vorg. rede vnd Ontworte kuntschaff gehort haben vnd bor by geweft ffn vnd haben des Zuorkunde vnß Ingeffgele an diß brief gehangin, ouch bekennin wir Heinrich von Rolshußen, Craft Rode, Milcheling Schußper, Johan von Terenbach, Rudolff Schurensloz Rittere vnd Thlderich uz me hofe Burgirmeyfter zu Marpurg, daz wir gefehin vnd gehort haben, daz her Stebin vnd her Johan Paftores vorg. in der Gerwekameren zu den Barfuezin zu Marpurg fwuren uf daz heyllge Ewangelium zufegin, waz en wißentlich were vme dy egen. cc. phunb gelbis vnd ftunden in iren korrockelynen vnd hatten ftolen vm ire helffe als Prifter zu rechte ften fullen vnd haben des ouch zu kuntschaff diß brief beffgelt mld vnßn Ingeß.

Geb. n. Chr. geb. m.ccc.lriii, an bem neftin Frytage vor f. Sirti tage.

(Nur die belden erften Siegel hängen noch an.) Orig.

Nr. 975.

1363 (10. Sept.). Ich Bruder Volpracht von Hoinfelz kumenthur zu Grebinouwe vnd der prior vnd der couent bez huffez zu Grebinnowe bekennen, daz wir han vor fatzet Conrat Arnolt vnd Gelen finer wirtin vnfe gut zu Menerode, daz hye felbe hat befeßen von vnfer weigen, vor c. phunt heller, och reiben wir hyme, wan wir daz vorg. gut von hyme lofen wollen, daz wir hyme finez geldez bezalen wollen in bem gaben vf bem kiroffe zu Mara.

Dat. a. d. M.CCC.LXIII, in dom. die poft. nativ. Marie virg.

(Das Siegel der Ausfteller ift abgefallen.) Orig.

Nr. 976.

1363 (27. Nov.). Ich Brendeln von Stirzilnheym edilknecht bekennen, daz her Kune selge pastor zu Karbin, Girhart von Stogheym vnd Groze Johan mynen Oheim, Wirnhern von Velwile vnd mich rychten vmme alle ansprache, by ich zu yme hatte von des hofes wegen, da he ynne wonet vnd han des gutliche of minen oheym vorg. virzigen. Auch bekennen ich, als ich geluhin han myme oheim Wirnhere vnd miner suster Meckelin by zwa hube, by mir vnd min geswistirden zu deyle sint wurden von vnsir anefrauwen, als lange als fye mir den phacht da vone gegebin hant vnd noch gebint, gewonnen abir hettin myne brudere vnd geswistirde dar vmme zu den vorg. myme oheime vnd minre sustir vmmir keynerleie ansprache, der, solde ich en abe helfin ane allen yren schadin. Me. bekennen ich, als ich myme oheime zu sprach vmme arme lude, da ich mich rechtis zu virsehin, wanne ich yme darvmme zu sprechin wil, daz sal ich dun zu Frydeberg mit Burg gerichte, waz ich yme da ane gewinnen der armen lude mit gerichte, by mag ich behaldin. — Zeugen: Cunrad Holzburger von Frydeberg eyn pryester, Fryderich Waltman edilknecht, Gyle Raz, Heintze Welkir, Hartmud Miltze, Dylchin von Frankinfurt vnd Hane.

Geb. n. Chr. geb. m.ccc.lxiii, an dem nesten mandage nach s. Katherinen dage der h. juncfr.

(Die Siegel des Ausstellers und Johanns Dugel von Karben, Ritters, hängen zerbrochen an.) Orig.

Nr. 977.

1363 (27. Nov.). Ich Reinbold von Albinburg wepenere, Alheid fin Eliche wirten bekennen, daz wir han virkauft vnfin hoib czu Operode vnd alliz daz gub, daz da czu gehorit, deme strengen Rittere Pedere von Hirtzenhan

vnd ſinen Erbin. Auch han ich Reinbold vorg. den egen
holb widdir intnummen vme hern Pedirn vorg. myne lebe-
tage vme l. marc phenenge. — Zeugen: Senand von Buche-
ſecke, Johan von Swalbach wepenere, Silferid Snidere, Jo-
han Schrupe, Heinrich Ladeheubit, Sipele Hanerad, Hein-
rich Schefere, Fritze Swarcze, Rule Schafrippe u. a. m.

Act. et dat. a. d. M.CCC.LXIII, in die b. Bilhildis virg.
(Die Siegel des vorg. Reinbold und des egen. Junkers Senand hängen
unverſehrt an.)   Orig.

Nr. 978.

1364 (3. Febr.). Ich Craft Rode Ryttir amptman czu
Grunenberg vnd Folpracht von den Saſſen ſcheffin daſelbis
Bekennen, daz Eyn vnſirs herren Burger czu Grunenberg
genant Clawes von Wyzenhayn vor vns kwam vnd clede
vns, daz en die von Werberg brangeten an eyme boſche czu
Reynhartſheyn, da ſprach daz Cloſter, der walt vnd
boyſch were Er Recht eygin vnd ſin nyd vnd woldin daz
wole gewiſen, daz beſchidin wer en beybirſyt eynen dag uff
daz gut vnd in den walt vnd dabin mit vns Ryden hern
Otten vnd Claſen von Engelnhuſin gebrubere, Claſen vnd
Jungen von den Saſſen ſcheffin czu Grunenberg, Conrad
Swynden eynen Priſter da ſelbis u. a. m. alſo, daz ye dye
partye ſoldin mit en bringin Ere kuntſchaf uffe den dag, da
die beſte were, die ſolde vorgang han, des drad der kelner
von Werberg dare vnd noch Eyn Bruder mit eme vnd ſwuren
czu den heilgin, daz der boſch vnd wald des Cloſters Recht
Eygin were, da en der vorg. Clawes vmme czu ſprach, an-
derweyd draben des Cloſters forſtere drye dare vnd ſwuren,
daz ſie den walt er Eyn deil vor xxiv. jaren vnd dye an-
dern darnach hetten behut vnd beforſtet von des Cloſters
wegin, vnd hettin ſie anders ymandes da ynne ſehin hauwin,

darnach dret Clawes vorg. dare vnd czoch fine kuntschaf uff
dry·gebure von Reynhartsheyn, die soldin fweren, daz der
boytsch fines wybes Eygin were vnd erer albern eigen alle=
wegen geweft were, bej drabin die drye hindir fich vnd wol=
bin nyd fweren, vnd sprachin fie hettin Eyne Rede gefed,
mochte en die gehelfin, daz were en lip, der Rede in wolbin
fie czu den heilgin nyd fweren, So sprechin ich Craft Rode
Rytter vorg. vnd wir dye andern, dye hie vore geschrybin
ften, uffe vnfin Eyd, daz dife vorg. Rede war fint. — Zen=
gen: Gerwig von Lindenftrad, Johan von Kefterich vnd
Sybracht Monczer scheffin czu Grunenberg.
        Dat. a. d. M.CCC.LXIV, in die b. Blasii mart.
(Die Siegel des vorg. Craft Rode vnd der Stadt Grünberg sind abge=
                            fallen.)   Orig.

Nr. 979.

1364 (14. Febr.). Kvnt fy, daz ich Rule Heintzen
Schopinners fon han intnomen vme die herren von Hegene
ir zwen hofe, da Wygant Rafpe vnd min fatir Heyntze
Schopiner vorg. etwan vffe faßen, gelegen zu Rorbach zu
fos jaren vnd nit lenger vnd fal in die erften zwei jar ie
dez jares da von geben x. malbir kornes vnd die andern
fieher jar ie dez jares xi. malbir kornes vff vnfern frauwen
dag, wan man die wortze wyhet, als lantfiedel recht ift. In
dem erften Jaren fal ich eyn metzege schuren buwen vff der
hoffe eyne vnd fal alle jar geben ii. genfe vnd i. fafnacht
hun. — Zeugen: Gernant Zegenbart, Contze Huppinheubet
burger zu Geylinhufen, Winlin Fiffcher gefaßen zu Rode,
Heintze Schopinnere egen. vnd Heintze Bruwel gefaßen zu
Rorbach u. a. m.*).

----

*) Gleicher Lehbrief an Heintze Smeher gefeßen zu Rorbach vom 13. Juli
1366 unter der Junker Wernher vnd Gottfried, Gebrüder, geheißen
Lafche, anhängendem Infiegel. (Drei Kleeblätter).

Geb. n. G. geb. m.ccc.lxiv, uff s. Baltins dag.
(Das Siegel des Ritters Luther Fleys gesehen zu Büdingen, drei Linden-
blätter darstellend, hängt unverfehrt an.) Orig.

Nr. 980.

1864 (14. März). In Godes namen Amen. Wir
Phillipps, Friderich edelknechte vnd Flemyng Canonike zu
s. Jacob zu Mencze lippelichen gebrodere genaut by Culen
viriehen, daʒ wir virkoufft han andirhalbe hube landes an
eckirn vnd wisen, die gelegen sin in der Termenunge deʒ
dorffes zu Cloppheym vnd ist eygen gut, dem Comthur
vnd dem Conuent deʒ Tutschenhuses gelegen zu Saffenhusen
gen Frankenfurd obir. Duch han wir dar vber zu Rechten
burgen gesaʒt Heintzen von Obirneschbach vnd Ortliben vom
Heyne edelknechte. — Zeugen: her Conrad Pietancienmeister,
Bruder Johan Buemeister tubscheherren, Vykel Flucke, Hart-
mud Ortlib, Henne Ernst, Reynhart sin Bruder, Happe
vnd Wernher der Suczen son*).

Dat. a. d. M.CCC.LXIV, fer. v. prox. p. dom. in pas-
sione dom. q. c. judica me deus.
(Gesiegelt hat der vorg. Philipp Cule und die beiden Bürgen Heinrich
und Ortlieb. Das Siegel des letzteren ist abgefallen, die beiden
andern hängen beschädigt an.) Orig.

1367 (11. Febr.) bekennen „Hentze Brunel vnd Getzele min
wirtin, daʒ wir de herren von Hegene vnd ire gud gelegen ezo Ror-
bach mit aller befferunge ledig vnd loʒ sagen vnd vir eygen vor
vns vnd vnse erben allir ansprache darane vnd haut vns de vorg.
herren dar vmme gelazin v. maldir kornes an eyn firtel lerliches
pachtes. Auch virtzyen wir iv. morgen landes gelegen in selde ezo
Rorbach, de wir en han gegeben an pachte vnd an rechte schult.“
(Die Siegel des Pfarrers Conrad zu Rorbach und Junkers Wern-
her Leschen, gesessen daselbst, sind abgefallen.)

*) 1368 (27. Sept.) verkauft Philips genant Kul von Scarphinstein,
Edelknecht, dem Deutschorden zu Sachsenhausen 2 Pfund Geld und
18 Schillinge Heller jährlicher Gülte, „dy da sin geleigin of zvffi.

Nr. 981.

1364 (2. Apr.). Ich Junge von den Saſſen vnd Vrſele min Eliche wirten dun kunt, daʒ wir han virſaſt Claſe vnd Folprachte von den Saſſen, ſcheffin zu Grunenberg myn Jungen brudern, Hildeburge vnd Bechten Erin Elichen wirten vnſe beil deʒ czehinden czu L u t e r a in Grunenberger gerichte gelegin vnd vnſe beyl des becemen czu Frauwenrabe in Gemunder gerichte gelegin vnd i. phunt heller geldis czu Burgemunden, daʒ wir czu lehin han von vnßme Juncherre von Zigenheyn, vme xxvi. guldin.

Dat. a. d. M.CCC.LXIV, iii. fer. p. dom. quasimodogeniti.

(Das Siegel des Ausſtellers iſt abgeſchnitten.)   Orig.

Nr. 982.

1364 (17. Apr.). Ich Lotze von Houeheim ein werntlich Richter zu Frankinford, Katherine myn eliche wirtin vnd Grede ir dochter vnd myn ſtyffdochtir irkennen vns, daʒ wir virkaufft han Johanne genant Gaſte burger zu Frankinford rii. achteil korngeldis jerlicher gulde vmb c. gulden vnd han wir ſie bewiſit vff vnſer gub, daʒ wir han zu Vrſele, da han wir ligin vi. hube landis arthafftis ackirs vnd eynen hoff, vnd dithʒ iſt geſchehen vorm ſchultheiʒ vnd den ſcheffin in dem gerichte zu Vrſele, mit namen Peter Snyder eyn ſchultheiʒß, Hellen Gambecher, Contzen Welker, Buringe von Prumheim, Claweß Cribbel, Contzen Hulden, Frideriche Wernhirs ſone, Harpele von Vrſelle ſcheffin daſelbis, Thomaß von Bybera, Herppen von Bechinheim, Otten von Duinbach burgere zu Frankinford.

Dat. a. d. M.CCC.LXIV, fer. vi. a. diem b. Georgii mart.

(Das Siegel des Ritters Beyer, Vogt zu Urſel, hängt wenig beſchädigt an.)
Orig.

morgen wyſen, dy da helczit by damwyſe gelegin in C l o y h e i m e r gerichte." (Das Siegel des Ausſtellers iſt abgefallen, das Gyſen von Eſſebach hängt zerbrochen an.)

Nr. 983.

1364 (18. Apr.). Ich Adolf .... der. alde vnd ich Adolf .... der Junge bekennen, daz Clawes .... gewydemet .... Hildeburge sine Eliche wirtin ... c. schillingen turnose .... ezehenden czu Antreff, ben der vorg. Clawes von vns czu lehene had, mit wißen vnd willen Jungen vnd Folprachtis siner brudere. Ouch bekennen ich Adolf vnd Adolf vorg., daz wir der egen. Hildeburge bye vorg. wydemen geluhen han mit handen vnd munde als wydemen Recht ist. — Zeugen: Adolf von Norbecken dumherre czu Mencze, Conrad Swynde altariste czu Grunenberg, Ebirhard von Mirlauwe Rytter u. a. m. Disses czu orkunde, so han wir vnstr Ingestgele an disen bryb gehangen vnd aller diser vorg. Rede czu Eyner Meren sicherheid so wir Clas Junge vnd Folpracht von den Saßen gebrudere egen. han vnstr Inges. an disen bryb gehangen*).

Geb. n. Chr. geb. **m.ccc.lriv**, uffe den dunrsdag aller nehist vor s. Jurgin dage des h. mart.

(Die Siegel sind abgeschnitten.) Orig.

Nr. 984.

1364 (8. Mai). Ich Emmerich von Wolffeln genant von Foydsberg ein Edelknecht vnd Gerdrud myn Eliche hus-

---

*) Am 28. Oct. 1331 bekennen „Heinrich von Saßin ein scheffen zu Grunenberg, das ich vorkoufet han Frydebrachte mime sune, Gelude siner elichen wirtin vnd irn erben den zehenden zu Antheffe vnd den zehenden zu Obiramene, der her ein ganerbe mid mir was, vmme ane iii. mark lrrr. mark, di ich ime schuldig was, di her vur mich vorgoldin hath, bi namen Collzschtr wornnge iii. haller, abir it. wederelbsen vor den Collgsen zu rechene. — Zeugen: Conrad Munzer, Dythmar von Ameneburg, Luße von der Crawen, Heyne sin bruder, Conrad von Pedirshain, Gerwin von Lindenstrud scheffen zu Gruneberg, Peber von Restrich u. a. m.“ (Das große Siegel der Stadt Grünberg und das Siegel des Beppmers, Johann Strebelog fehlen.)

frauwe Erkennen, baz wir verkauft han ber Eptiffen vnd
beme Conuent bes cloifters zu Marienfloz by Rockinberg
vnftrn hoph in beme borffe zu Gribele gelegen, ber alle
tar gilbit iii. helbelinge zins, mit allen vnßn guben, wo
vnb wie bie in ber termenie zu Gribele finb gelegen, bie
mir offerftorben fint von Lobewige Schenken von Swenif-
berg myme Oheyme, mit namen zwa hube, festehalben mor-
gin vnb v. ruben beybe wiffen vnb lanbis vnb anberhalbe
holzmarke — off beme cleinen felbe by ber bruden by bem
Perrer von Gribele — by ben von Albenburg — an ber
fantgruben — by Johanne von Kolnhußen — by Richolfe
— by bem wybbeme gube zu Rockinberg — by Gozin von
Griebele — by ben von Arnsburg — by Meyben von Ebir-
ftab — vbir ben weg by Elfen Cynggrefin — off bem
grozzen felbe gen Bogkenheim — by Arnsburgers altars gube,
— by Wernher Edinheimere — by ben von Wizele — by
hern Gyfen kinbe — an ber Pannenblatten — by Wolframe
Cinggrefen — off beme felbe gen beme walbe gen Bußbach
— by Guntrame Kuloche — by Johanne von Kolnhußen
— off beme felbe gen ber fchirbach — by ben herren von
Wyzele — off beme graben off beme frideberger wege —
by Wiganbe Broschilbe — by hern Betrame. — Zeugen:
Wyganb Pyner zu ben geziben Cinggrefe, Orte vnb Wolfram,
Heinrich Cinggrebe, Wernher Edinheimer, Heinze Cachilabe,
Henne Houe u. a. m. Auch han wir gebeben bie feften
Ebelknechte Anshelm von Howizele amptman zu Bußbach
vnb Johan Setzephanb von Drahe, baz fie ir Ingeß an bieß
brieff hant gehangen*).

Dat. et act. a. d. M.CCC.LXIIII, in die ascens. dom.
(Die Siegel hängen unverfehrt an.) Orig.

---

*) An bemfelben Tage gibt Philipp von Falkenftein feine Einwilligung
zu bem obg. Verkauf. (Das Siegel beffelben hängt unverfehrt an.)

Nr. 985.

1364 (9. Mai). Wir die Burgermeistere, scheffene, Rad vnd Burgere der stad zu Wetslar erkennen, daз vnз herre Heinrich Lantgreue zu Hessin vns verkaufft hat eyn dritteil aller der lude, gerichte vnd gude, die da gehoren zu dem huse vor ziben genant Hoensolms mit allen rechten, nutzen ꝛc. daз dem vorg. Lantgreuen vnd synen erben die Juncherren Thiderich greue zu Solms vnd Meckele syn eliche huffrauwe auch verkauft hant vmb cccccc. cleyne guldene, auch sal der egen. vnз herre der Lantgreue die lude vnd gerichte daselbis schuren vnd vortedingen glich anders synen landen, luden vnd guden, wan ouch der vorg. Lantgreue vns bezalet cccccc. cleyne guldene, so sullen wir dem egen. vnзm herren daз dritteil der dorfer, gerichte vnd lude vorg. widder antworten ledig vnd los vnd mag vnз herre den widderkouf dun, ane die losunge synes huses Kungisberg wan ye daз gelustet, dan he ensal Kungisberg ane die obg. gerichte nicht widder losen. Wan ouch vnз herre vorg. mit den ritteren Heidenriche von Elkirshusen vnd Gernande von Swalbach vnd mit vns vollen vbirkummet vmb die zwei Tusent gulden, als syne vnd vnз briue vbir Kunigsberg bewisen, so sullen die egen. cccccc. gulden geslagen werden in die vorg. zwei Tusent guldene vnd die drie zente, die die Jungherre Heinrich vnd Otte gebrudere greuen zu Solms

---

1367 (14. Febr.) nehmen Heyne gen. Eckenheymer und Meckele seine Hausfrau die vorg. Güter von dem Kl. Marienschloß zu Landsiedelrecht. — Zeugen: Conrad von Opplrshofen zu der zit der vorg. Juncfrauwen dichtherre, Erwin von Cruftele edil kneth, Wigant Byner zincgrebe vnd Wernher Eckenheymir von Gridele. (Das dreieckige Siegel Erwins von Cruftel hängt wohl erhalten an.)

dem egen. vnſm herren dem Lantgreuen verſaßt han, ſulden Heidenrichen vnd Gernande Ritteren vorg. ſten*).

Geb. n. Chr. geb. m.ccc.lriv, am bonerſtage vor Phingeſten. (Das Siegel der Ausſteller iſt abgefallen.) Orig.

Nr. 986.

1864 (1. Juni). Ich Ebirhard von Merlouwe Rittir, Ebirhard vnd Luße ſine ſone wepenere Bekennen, daß wir han virkauft holin molin czu Reſtrich vnd was dar czu gehorit, di vns czu Cinſe gab riv. ſchillinge phennege, ii. Michils hunre vnd i. faſnacht hun ierlichir gulde vnd czu S ch el m en h u ſ i n vnſe gub, daß Meße Heilin Ertmaris ſonis huzfrauwe beſißit, daß vns czu Cinſe gab alle iar vii. ſchillinge phennege geldis, ii. genſe, ii. hunre vnd i. faſnacht hun, deme apte vnd dem conuente czu Arnsburg. Auch bekennen Ich Johan von Merlouwe Rittir, was ich rechtis hatte an der vorg. molin vnd gube, daß mir Ebirhard min nebe vorg. daß hait abe geweſſelit vnd hat mir andir gub vnd gulde dar geine gegebin, daß ich kein recht darane han.

Dat. a. d. M.CCC.LXIV, sabb. prox. a. diem b. Bonifacii.
(Geſiegelt haben die vorg. Eberhard, Eberhard, Luße und Johann von Merlau, das zweite und vierte Siegel fehlt ganz, die beiden andern ſind beſchädigt.) Orig.

Nr. 987.

1864 (2. Juni). Wir Philippus grebe zu Solmiſſe bekennen vme daß ſtucke zu Crumbach gelegen, daß man nennet daß Waltſmydes ſtucke vnd royt, daß Waltſmydes von Wetßlar was, vnd hattin die vnſtrn deß ſelbin ſtuckes

---

*) 1867 (25. Juli) bekennt die Stadt Wetßlar, daß ihr der vorg. Landgraf Heinrich verſetzt habe „das halbeteil der huſe Koniges berg vnd Wertdorff mit allen herſchaften, nußen vnd genellen um 4000 Gulden und ſoll derſelbe dieſes Pfand nicht binnen 6 Jahren löſen können. (Das Siegel der Stadt Wetßlar iſt abgeriſſen.)

vnd robis sich aue genomen von vnsir wegin vnd gefruchtiget
vnd hettin daz gerne behalden, daz quam alsolich klage von
vns von Henzin Hartkungis wegin des Waltsmydes eydin
zu Martpurg an vnsin herrin den Lantgreuen selbir vnd
sinen ampluden, von den sie dar vme bedegebinget worden
alse vil, daz wir von rechtis wegin abe mustin lan vnd
lissen daz selbe stucke vnb rot lygen vnd wonbin wir hettin
recht darzu vnd sprechin vf vnsin eyt, daz dit war ist.

Dat. a. d. M.CCC.LXIV, dom. prox. a. b. Bonifacii.

(Das Siegel des Ausstellers hängt beschädigt an.)

Orig.

Nr. 988.

1364 (15. Juli).   Ich Volpracht von den Saffin scheffene
czu Grunenberg vnd Ich Bechte sin Eliche wirten Bekennen,
daz wir han virkauft alle vnse recht vnd vnse deil an allin
den Cehinbin bi gelegin sin in deme gerichte czu Baben-
husen, mit deme kirchsatze da selbis mit namen vnß deil
des Cehinbin czu Babenhusen, zu abern Sifeharte-
rode, czu Langenwaßere abene vnd Nebene, zu Felt-
kruckin, czu Kulczenhan, czu Lynscheit, zu Albin-
han, czu Wanefelde, czu Selinrobe, czu Heckir-
storf, czu Pedirshan, czu Fulkenandishan vnd zu
Selginstab den Erbern luden Clase von Saffen scheffin
zu Grunenberg vnßme brudere vnd swagere, Hildeburge siner
Elichin wirten erin dochteren, erin sonen vnd allin eryn
Erben vme drittehalb hundirt phunt hellere. — Zeugen:
Ebirhard von Merlouwe, Otte von Engelnhusen Rittere,
Conrad Swinde altarist, Gerwig von Lyndenstrud, Johan
von Kestrich scheffin zu Grunenberg u. a. m.

Dat. a. d. M.CCC.LXIV, in diuisione apost.

(Die Siegel des Ausstellers und der Stadt Grünberg sind abgeschnitten.)

Orig.

Nr. 989.

1864 (2. Nov.). Ich Craft Doring Ritter vnde ich Metze ſin eliche wirtin bekenin, daz wir mit gehengniſſe allir vnſtr ganerbin virkauft han hern Johane von Breybinbach Rittere, Greten ſiner elichen wirtin vnde allin erin rechtin erbin vnſe beyſ bez zehinbin zu Buchenawe vnb allis baz recht, baz wir an beme ſelbin han. — Zeugen: Herman von Falkinberg vnde Craft von Hohinfelß der iunge Rittere u. a: m.

Dat. a. d. M.CCC.LXIV, sabb. p. fest. omn. sanct.

(Die Siegel des Ausſtellers, Craft von Hohenfels, Ritters, und Craft Doring, Beppeners, hängen wohl erhalten an.)   Orig.

Nr. 990.

1864 (2. Nov.). Ich Craft Doring Ritter vnb ich Metze ſin eliche wirtin bekennin, baz wir mit gehengniſſe allir vnſtr ganerbin virkouft hain hern Johanne von Brey-binbach Rittere, Gretin ſiner elichin wirtin*) vnb allin erin erbin rrr. ſchillinge penning geldis, eine gans vnb ein hun vz alleme vnſeme eygene, wy abir wo wir baz gelegin han. — Zeugen: Herman von Falkinberg vnde Craft von Hohin-felß Rittere u. a. m.

Dat. a. d. M.CCC.LXIV, sabb. p. fest. omn. sanctorum.

(Die Siegel des Ausſtellers, Craft von Hohinfels, Ritters, und Craft Doring, Beppeners, hängen wohl erhalten an.)

Orig.

Nr. 991.

1864 (16. Nov.). Wir Johan von Elterhuſen, Ger-brub ſin eliche wirthin, Johan von Buchſede vnb Ermen-

---

*) Ein Rotariatsinſtrument v. 28. Jan. 1393 über die Urkunde Nr. 963 iſt aufgenommen „Ju der Stat Bybinlap in der ſtobin odir Ju dem wintirhuſe der Erbern frauwen Gretin von Breidinbach wedebin vor juben hern Johans von Breidinbach Ritters."

garb fin elliche wirthen bekennen, werez daz wir Johan, Ger-
brub obir vnß erben bynnen diß neftin fünf iaren zu rechtin
nicht enloeftin zwo wiefin gelegin vor dem Eztinftruche vor
der Gyezener margke, von vns Johan von Buchefecke,
Ermengarte obir vnßin erben vor cl. gulben, so mag vnß
herre Heinrich Lantgreue zu Heffin obir fine·erben by felben
wiefin dor noch lofin vor bie egen. fummen gelbes wan fy
bes geluftit.

Geb.· n. Chr. geb. m.ccc.lxiv, an bem funabenbe n. f.
Mertins tage.

(Das Siegel Johanns v. Ellerhaufen fehlt, das Johanns v. Bufeck hängt
fehr befchäbigt an.)   Orig.

Nr. 992.

1364 (27. Nov.). Henricus dei gracia lantgrauius terre
Hassie omnibus salutem, quoniam Johannes dictus de Buren
alias de Grunenberg, canonicus ecclesie s. Stephani magunt.,
quoddam altare in ecclesia parrochiali veteris opidi nostri in
Grunenberg, cuius ecclesie juspatronatus ad nos perti-
nere dinoscitur, erigere et construere, congruisque pro-
posuit redditibus et dotare, nos igitur ad dicti altaris erec-
tionem et dotacionem, dum tamen hec de nutu et volun-
tate plebani .et sine quocunque prejudicio parrochialis ec-
clesie prenominate procedant, dum etiam predicti altaris
collacio apud eundem parrochialis ecclesie rectorem necnon
apud seniorem eiusdem opidi nostri Grunenberg, scabinum
et eorundem successores in perpetuum maneat, nostrum
consensum adhibemus in nostri, nostrorumque progenitorum
animarum remedium et salutem.

Dat. Martpurg a. d. M.CCC.LXIV, iv. fer. prox. p. Kathe-
rine virg.

(Das Siegel des Ausstellers hängt unverfehrt an.)

Orig.

Nr. 993.

1865 (6. Jan.). Wir by Borgermeister, by Scheffin vnd by Gemende der stat zu Alsfelt bekennen, daz wir schulbig sin von des irluchtigen forsten weyne vnses liben Herrin Lantgrabin Ottin zu Hessen dem hohebornen forsten vnsem liben Juncherrin Lantgrabin Hermannen sime vetterin lrr. marg lotiges silbers kessils gewichtis vnd were, vnd wir sullin yme by bezalin alle Jar vf winachtin in der stat zu Alsfelt. Dirre brief der sal macht habin nicht ir dan ofte by vorg. vnse herre Lantgrabe Otto vnd vnse Juncherre Lantgrabe Herman vnses herrin Lantgrabin Henriches toit erlibetin.

Geb. n. Chr. geb. m.ccc.lrv, a. d. zwelftin tage den man zu latine nennit Epyphania domini.

(Das Siegel der Aussteller ist abgefallen.)   Orig.

Nr. 994.

1865 (9. Jan.). Ich Henrich genant von Velle Edilkneth vnd Else min eliche wirtin bekennen, das wir virkauft han deme apte vnd deme Conuente des clostirs zu Arnesburg in eren spitbal ein halb malbir kese jerlicher gulbe ober v. schillingen heschir penningen dar vor zu gebene, das da gelegin ist zu Schelminhusen, da Metze Wibrude dochter offe sitzit. Auch bekennin wir, das wir den selben von Arnesburg virkauft han i. malder kornes ewiger gulbe auch in eren spitbal vnd setzin en darvor zu vnbirpande vnse molen an vnseme houe zu Riprachterobe gelegen vnd vnse wisen auch da bi, by da heizint by betwisen, by alle jar gen vier voder Hauwes gebint, vnd r. morgen artackers, by auch dar an stozint vnd heizint an den betten. Auch bekennen wir Wernher, Gernand vnd Henrich gebrudere vnd Henriches vnd Elsen vorg. sone, das es mit vnserme guben

willen ift, das Henrich vnd Elfe vorg. by vnfer vader vnd
mober fint, hant diffe vorg. ii. gulbe virkauft, vnb reben
auch vor alle vnfe andern gefuftirbe, by an biffen brine nicht
virfchriben fint, das fy auch virzyhent.

Dat. a. d. M.CCC.LXV, v. fer. p. Epiphaniam dom.

(Die Siegel des Auſtellers und Johanns gen. Pefſirſag von Ulrichſtein,
der egen. Elſe Oheims, hängen beſchädigt an.)   Orig.

Nr. 995.

1365 (12. Jan.).   Ich Johan von Drahe wepener er-
kennen, daz ich von Guden wegen myner lyben fuſter der
got genade ſchulbig byn deme Probiſte, der Meyſtern, der
Prioren vnb deme ganzen connente des jungfrauen Cloſteres
zu Schiffenburg rrv. ponb hallere, alſo daz ſy alle jar der
vorg. guben ſele jargezide begen bar vmme ſollent vnb han
ich Johan egen. da vor virſatzit ii. ponb vnb viii. ſchillinge
hallere geldis jerlicher gulbe vnb han zu vnberpanbe geſatzit
ſolche gulbe vnb gelb als Ryclas vnb Fritze geſeßen zu
Wyſke mir virſatzit vnb ſchulbig ſynt, mit namen rlviii. ponb
hallere.

Dat. ſabb. prox. a. octav. Epyphanie a. d. M.CCC.LXIV,
ſecundum modum dyoc. treuir.

(Die Siegel des Auſtellers und Gerhards von Ryußenbach, Ritters, hän-
gen wohl erhalten an.)   Orig.

Nr. 996.

1365 (4. März).   Ich Johan Delſcherre burger czu
Grunenberg vnb Katherine myn Eliche wirten bekennen, daz
wir virkauft han i. mark geldis jerlicher gulbe, bye vns von
Eckard Delſcherren vnb Yben ſiner wirten vnß vaber vnb
mubir vnb ſweher vnb ſwyger vff geerbet iſt, mit namen
Eyn halbe mark vffe Johan Wildin huſe, daz in der Nuen-
ſtad gelegin iſt czu Grunenberg an Huponels hus, abene

an deme steynwege, mit der habestab vnd deme garten da
hinde vnd dye andere halben mark vffe Zulen Zigenschnivers
hus in der vorg. nuwenstab vffe der Eden gelegin geyn
Mengoz Wißgerwergers hus vbir, hern Hermanne von Bu-
ren Eyme altaristen zu Grunenberg. — Zeugen: Conrad
Ryche, Sifred Swab altaristen ezu Grunenberg, Johan von
Resterich, Eckard von Buren, Johan von Felle scheffin da
selbis u. a. m.*).

Dat. a. d. M.CCC.LXV, iii. fer. prox. p. dom. inuocauit.

(Das Siegel der Stadt Grünberg ist abgerissen.)

Orig.

---

*) Am 11. Sept. desselben Jahres verkaufen Folpracht von Saßen,
Schoffe zu Grünberg, und Bechte seine Hausfrau achthalb Schil-
ling Pfenniggülte „vffe der schuren, dye gelegen ist in der Engen
gaßen hinder Johans Deytscherren huse vnd stoßet abene an Johans
schuren von Felle deme god gnade vnd vffe der habestab vnd daz
dar zu gehoret" an den vorg. Altaristen. (Das kleinere Siegel der
Stadt Grünberg hängt wenig beschädigt an.)

1366 (20. Jan.) verkaufen Andres zum Sterrin, Bürger zu
Grünberg, Else seine Wirthin und Barbara seine Schwester.1 Mark
Pfenniggülte „uffe Dylen Richin huse, daz gelegen ist ezu Gru-
nenberg an Bingeln Sweben huse" dem Kloster Werberg. —
Zeugen: Otte von Engelnhusen Rittir, Johan von Restrich scheffene,
Johan vome sterrin, Heinrich Dreyroys, Rudolf Smyet." (Das
Siegel der Stadt Grünberg ist abgefallen.)

1366 (25. März) bekennt das Kloster Werberg, daß es Heinrich
Ryele, Bürger zu Grünberg, geliehen habe „daz hus gelegin bobir
Heinriche Drexnus in s. Anthoniis gaßen, daz hat Heinrich egen.
zo vnderphande gefaßt eyne wyßen gelegin ezu Gaulishuß an deme
wynber vnd den hapachler gelegin da selbis." (Das Siegel der
Aussteller ist abgefallen.)

1367 (7. Apr.) verkaufen Eberhard von Merlan, Ritter, Jutte
seine Hausfrau, Bechtold von Merlan, Weppener, und Else seine
Hausfrau 15 Pfund Unschlitts „vff den zweyn fleyßscherren, dy vor
Jaren Eckart Teyscherre dem got gnade inne hatte" dem Kloster
Werberg. — Zeugen: Claus vnd Folpracht gebrudere genant von
Saßen scheffin. (Die Siegel der Aussteller und der Stadt Grün-
berg hängen unversehrt an.)

Nr. 997.

1365 (14. März). Ich Erwin Scheffen von Gißin
burgere zu Grunenberg vnd Gißele myn eliche wirtin be-
kennen, daz wir virkauft han myt willen Elheyde von Burin
vnßir swigir vnd vnßir mudir eine halbe marg geldis vffe
deme nuwin huse, da Dytze Reybir inne wonet, daz da ge-
legin ist in der Jodin gaßin, anderwerbe eine halbe marg
of Elheide huse vnd gabeme von Albinh. daz auch gelegin
ist in der Jodin gaßin allir nehißt an Redere, anderwerbe
x. schillinge geldis of Glochuse huse vnd habestat, das ge-
legin. ist sußin dez munzirs hus vnd Hirmannis Gunderamis
hus, Hern Hirmanne von Burin altaristen zu Grunenberg
vnd eyn altariste zu s. Anthoni. — Zeugen: Cunrad
Swinde, Sifrit Swap altariste zu Grunenberg, Eccart von
Burin seffen al da selbis*).

Dat. a. d. M.CCC.LXV, vi. fer. p. Gregorii pape.

(Das Siegel der Stadt Grünberg hängt wohl erhalten an.)

Orig.

---

*) 1367 (24. Februar) verkaufen Erwin Scheffe und Gysele seine
Hausfrau, Bürger zu Grünberg, 4 Mark Pfenniggülte „of deme
erylliche anefalle, den wer han zu den gudin Elheyde von Burin,
myn Erwins sweger vnd min Gyselin mudir nach erme bode, mit
namen of deme huse an Cunrat huse von Albindorf, vf¹ deme habe
gelegin vor s. Anthonies dare an Klas habe von Eschirsdorf vnde of
allin erin eckerin vnd gudin sᵗ llgin in der stat zu Grunenberg
oder da vore, hern Johane von Burin Dumherre zu s. Stephane
zu Mentze, myn Gyselin brudir, von c. guldin, dy wir alle iar
gebin sollen of s. Mertiniz dag hern Herman von Burin priestre
aber deme, daz der altir ist, der in s. Mertinis vnd s. Barbaren
der h. jungfrawin ere gewihit ist, gelegin in der parre der aldin
stat zu Gruneberg, dy her Johan von Burin vorg. dar an hat ge-
want zu troste syn vnd aller siner aldforderin sele." — Zeugen:
Klas vnd Volpracht von Saßin, Eckart von Burin scheffene vnde
Diderich Hanichin burgere. (Gesiegelt hat die Stadt Grünberg.)

Nr. 998.

1365 (13. Mai). Ich Echard von Lynden Ritter, Jo=
han, Echard vnd Conrad sin sune bekennen, daʒ wir vor=
kouft hain Hern Hartman Schimmelpennig priftere vnd Hen=
nen sime brubere vnd sinen Erbin vnßn halbin ʒenben ʒu
Heigerftorf mit allen Eren, rechten vnd nußen, by bar
ʒu gehoren, vmme I. phunt hellere vf wiber kouse.

Dat. a. d. M.CCC.LXV, fer. iii. prox. p. domin. cantate.

(Das Siegel des vorg. Echards fehlt, das seines Sohnes Johann hängt
beschädigt an.)   Orig.

Nr. 999.

1365 (17. Juni). Ich Henne Molnir, Bertholt Mol=
nirʒ son bekennen, vme by wyesin gelegin in Offinhei=
mer termine, by ich von bem pherner han in ber Burg ʒu
Fredeberg alle jar vm riv. schillinge heller uff s. Mertins
bag, baʒ firwilkorn ich mich in gubin truwen, wilchis Jaris
ich vnb min Erben ben vorg. ʒcins nit ingeben vnb be=
ʒalen, so sal by vorg. wyesse von mir lebig vnb loiʒ sin.

Dat. a. d. M.CCC.LXV, in crast. b. mart. Aurei et
Justine.

(Das Siegel Gilbrechts Löwen von Steinfurt des jungen hängt unver=
sehrt an.)   Orig.

Nr. 1000.

1365 (9. Sept.). Ich Walter von Berftab vnb El=
heyb min Eliche wirten Burgere ʒu Butspach bun kunt, baʒ

1367 (18. Dec.) verkaufen Reinhard Gyrkins Bruder und Elheld
Eickelerin seine Hausfrau an vorg. Altariften „vnse hufichin vnb
den gartin, der bran lyt in der Jodin gaffin by Dizin Redere. By
bifme kauffe sint geweft vnb by den winkauf han helfin brinkin:
Gifrit Swab ein altarifte ʒu Grunenberg, Hirman Husele vnb
Gerke burgere ʒu Grunenberg. (Das Siegel Wilhelms von Nor=
becken, Bruder des St. Antonnter Ordens, ist abgeschnitten.)

wir ferkauft han hern Crafte eynem priſtere zu Rockinberg
i. marg geldis ewiger gulde alle iar zu gebene vf ſ. Mar-
tins dach, vnb han eme her fure zu vnberpande gefaßt vnſer
rechtlich eygen zu Butſpach, mit namen daz geſezze, daz
wir kauften vme Heylman Fetten, daz da lyget zuſchen vns
vnb Hartman Moneche. — Z e u g e n : Henrich Wizzeler,
Peber Paffe, Herte Freyſe ſcheffen zu Butſpach.

Dat. a. d. M.CCC.LXV, fer. iii. prox. p. nativ. Marie virg.

(Das Siegel der Stadt Butzbach fehlt.) Orig.

Nr. 1001.

1365 (30. Oct.). Kunt ſy, alſe ich Craft Doring
ritter vnb Metze ſin elliche werte hattin virkoyft Conzin Ru-
lin vnb ſinen erbin vnſe hus by dem kirchobe zu B i b i n -
c a p ledig vnb los, da Cylung von Hurle inne ſitzit, vnb
das nicht bedachtin, daz dar vz geuilin alle iar zu zinſe iit.
hellere vnb xx. peninge, hir vmme han wir den zins vf
vnſe hus vnb hobeſtab gelyb, da wir ſelbe inne wonyn, dar
oych alſo vil zinſts vz geuellit, daz mid eyn anbir alle iar
ewecliche eynen pernere zu Bibincap xliii. peninge geuallin
ſollin, vnb han es getan mit ſamenbir hant vnb mid wizze
vnb virhengniſſe hern Johannis von Breidinbach rittirs vud
Gretin ſiner elichin wirtin. — Z e u g e n : Herborb von Bry-
lon ſcheffin zu Bibincap, Conze Hartmannis ſcheffin ba ſel-
bis u. a. m.

Dat. a. d. M.CCC.LXV, fer. v. a. feſt. omn. ſanct.

(Die Siegel des Ausſtellers und Johanns v. Breidenbach hängen wenig
beſchädigt an.) Orig.

Nr. 1002.

1365 (12. Nov.). Ich Herman von Sweynsberg Be-
kennen, daz wir hern Heinriche Lantgrauen zcu Heſſin obir
ſinen erben by l. marg geldis, by ſy vns vorkoyfft han uz

irme Gerichte vnd dorfferen zcu Hoemberg, wiberzcakoyffe
gebin wullen vor cccc. marg silbirs obir y sechs vnd funfztig
turnose vor eyne marg zu rechin.

Geb. n. Chr. geb. m.ccc.lrv, an deme nestin mittewochin
n. s. Mertins tage.

(Das Siegel des Ausstellers hängt unverfehrt an.)
Orig.

Nr. 1003.

.1365 (17. Nov.). Ich Bertold Czapphe vnd Gifele
myn eliche wirten bekennen, daz wir virfazt han mit vir-
hengniffe vnfirs Junghern Wernhers von Weftirburg vnd
vnfir frouwin Agnefen finer elichin wirten vnd iren Erbin
vnfin aclir mit namen die Run bette babir dem dorfe Du-
binrobe, Eckarte von Dubinrobe, Kunzelin finer elichin
wirten vnd iren erben vor v. phunt hellire.

Dat. a. d. M.CCC.LXV, fer. ii. p. Martini conf.

(Das Siegel des vorg. Junter Bernher hängt unverfehrt an.)
Orig.

Nr. 1004.

1365 (17. Dez.). Wir Ludewig Rittir, Hartrad vnd
Ludewig von Trubinbeche Bekennen, wan vns dy Irluchtin
furftin vnß gnedige herre her Heinrich lantgraue zcu Heffin
obir fine erben beztalin ccc. fchillinge turnoß, fo fullen dy
rrr. fchillinge turnoß, dy fy vns bor vor virfazt han, an
irme ftolle czu Alffeld von vns an fy lebig vnd los wi-
bergefallen.

Geb. n. Chr. geb. m.ccc.lrv, an dem mittewochin n.
f. Lucien tage.

(Die Siegel der Aussteller find abgefallen..)   Orig.

Nr. 1005.

1366 (1. Jan.). Ich Eckard Lartenbach vnd Ich Bar-
bare-fin Eliche wirten bekennen, daz wir han virkauft i. mal-

dir kornis ierlichir gulde uffe vnßme deile allis des Erbis, das vns ist uff irstorben von Ludewige Smede czu Fryensehinde vnd siner Elichin wirten, myn Eckartis vorg. swehir vnd swiger, hern Conrade pastore czu Günthartiffirchin, Ludewige syme sone, Ludewige Kalwin, Gelen siner elichin wirten, hern Conrads vorg. swager vnd suster, vme xi. phunt hellere Denharde Berin, Gredin siner Elichin wirten burgeren czu Grunenberg*).

Dat. a. d. M.CCC.LXVI, in die circumcis. dom. nostri Jehsu Chr.

(Das Siegel Junkers Clasen von Engelnhusen, Beppeners, fehlt.)

Orig.

Nr. 1006.

1866 (5. Febr.). Ich Clays von Engelnhusen wepenere vud Ich Dylge sin Eliche wirten bekennen, daz wir han virkauft vi. schillinge phenenge geldis, i. mesten oleyes, i. gans, i. hun vnd i. faffenacht hun ierlicher gulde uffe Snedelauchis gude czu Lartenbach, Item daselbis uffe Dyderichis gude an deme ende vi. schillinge penenge geldis, i. mesten oleyes, i. gans, i. hun vnd eyn fafnacht hun ierlicher gulde vnd eyn halb malbir kese gulde sullen by vorg. czwene Lantsydelen mit eyn alle iar gebin, Item da selbis uffe Bertold Glymen gude x. schillinge pehenenge geldis, ii. gense, ii. hunre vnd i. fafnacht hun ierlicher gulde, Item da selbis uffe Heinrich Robin gude ii. turnoß geldis vnd i. fafnacht hun ierlicher gulde, der meistersen vnd deme Conuente czu Werberg gemeynlichen. — Zeugen: Clais vnd Volpracht von Saffen gebrudere, Johan von Restrich scheffen vnd Heinrich Dreyroyd burgere czu Grunenberg u. a. m.

Act. et dat. a. d. M.CCC.LXVI, in die b. Agate virg.

(Die Siegel des Ausstellers und der Stadt Grünberg hängen gut erhalten an.)

Orig.

---

*) Sechs Jahre später willigt der vorg. Pfarrer Conrad in den obg. Verkauf und besiegelt ihn mit seinem Siegel.

Nr. 1007.

1366 (13. Apr.). Wir Heinrich von gots gnaden Lant-
graue zcu Heſſen bekennen, daz wir Rudolffe Schurenſlozze
vnſme lieben Rittere vnd heymelichen vnd ſinen rechtin erben
gelehin han czu rechtem erbin burglene by Mullen zcu En-
debach, by do gilbet riv. ſchillinge Colſcher phennynge,
iv. Genſe, iv. Hunre, ii. vaſnacht hunre, i. ſchilling phen-
nynge vmme i. wiz brod, i. malder keſe, ii. meſtin Oleys,
ii. meſtin habirnmelis vnd an deme gube zcu Riginbach, dar
Stengener uffe ſitzit, iv. phund hellergelbes, vi. Genſe, vi.
huner, iv. vaſnachthuner vnd an deme gube darſelbis, do
Martin uffeſitzit, iv. ſchillinge phennyngelbis, i. Gans, i. Hun,
i. vaſnachthun, vnd ſullen ſy daz vorg. burglen vorbyenen
zcu Martpurg als burglens recht iſt*).

Geb. n. Chr. geb. **m.ccc.lrvi**, an deme Mantage noch
Quaſi modo geniti.

(Das Siegel des Landgrafen fehlt.) Orig.

Nr. 1008.

1366 (14. Apr.). Den Erſamen vorſichtegen wiſen
herrin den Richteren des h. Stulis czu Mencze inpiden Ich
Ebirharb Riedeſil wepenere, amptman czu Laupach mynen
willegen dinſt. Liben herrin vwer erber wirbekeib ſal wiſin,
daz Guntram vnd Wolf genant Schenke von Sweinſberg
wepenere drabin czu Laupach an mynis herrin gerichte von
Falkenſtein, des amptmann ich bin vnd klageten uffe Lude-
wigen Kalwen von Frieneſehinde uffe ſin lib vnd uffe ſin
gub vor c. marg phenenge, des drab Ludewig vorg. an
mynis egen. herrin gerichte vnd virantwurte ſich vnd irwan
mit vrteilen vnd mit rechte, daz he lebig vnd loys wart ge-

---

*) Der Reversbrief des vorg. Rudolf Scheuerſchloß iſt von demſelben
Tage und trägt das wohl erhaltene Siegel deſſelben.

beilit von Guntrame unb von Wolfe vorg. des nemen vnd sprechin uffe mynen eyt, den ich allen myneu herrin getan han.

Dat. a. d. M.CCC.LXVI, ipso die b. Tiburcii et socior. ejus.

(Das Siegel des Ausstellers hängt wenig beschädigt an.)

Orig.

Nr. 1009.

1366 (17. Juni). Ich Eckart von Sellynrabe vnd Elze myn elyche wyrtin, Gele vnd Hebele myne dothere bekennen, daz wyr han virkauft solich reth vnd gulbe, dy wir hattin an deme habe zu Ruperathisburg, da Friberich offe wonit, mit namen vi. meftin kornis vnd vi. meftin haberin ierlicher gulbe, x. pennige gelbis, ein zwilf teyl an ii. genfin vnde an ii. hunerin vnd waz sich geborit son deme fasnacht hun son rethe, hern Hirmanne von Burin altaristin s. Mirtines altars gelegin in der parre zu Grunenberg. — Zeugen: Lobewig Manzelar, Johan Dubinkunig u. a. m.

Dat. a. d. M.CCC.LXVI, iv. fer. a. nativ. b. Johannis bapt.

(Das Siegel der Stadt Grünberg ist abgerissen.)

Orig.

Nr. 1010.

1366 (5. Aug.). Ich Conzce Schuler vnbe Gube myn eliche wirtin bun kunt, daz wir han gegebin eyn ewig acteil korngulbe in dye Clusin gelegin in dem kirchabe zcu Hawyzele eyner ingesentin clusenern, by da inne wonbe ist, vor vnsir, vnsir albirn sele zcu broste, vz vnserme garten, der da heyzzit der nuwe garte, der da nyt inzchehint, gelegin zcu Hawyzele vor dem slage. — Zeugen: Rule zcingrebe zcu Hawyzsele, Wernher Wysener, Henze Guntir scheffene al ba selbis.

Dat. a. d. M.CCC.LXVI, iv. fer. p. inuent. s. Stephani prothomart. et socior. eius.

(Das Siegel des Junkers Anselm von Hochweisel des jungen hängt beschädigt an.)

Orig.

Nr. 1011.

1366 (4. Deʒ). Ich Johan, Ich Ebirhard Rittere vnd Ich Bertold wepenere von Merlouwe bekennen, daʒ wir eʒu rechteme Lehene han von deme Prabiſte, deme Dechene vnd dem Cappittele des ſtiftis ſ. Stephanis eʒu Menʒe bi ſabie eʒu Rebern Amene vnd daʒ Gerichte da ſelbis ane alle bi gulde vnd rechte, di vnſe vorg. herrin vnd ere ſtift hait in deme egen. Gerichte, auch han wir von en eʒu Lehene den Cehinbin eʒu Berniſſelbe vnd den Cehinden eʒu Perbiſpach, by vnſe albere vorwerb in weg eʒu man Lehene gelehin han.

Act. et dat. M.CCC.LXVI, in die b. Barbare virg.

(Die Siegel der Ausſteller ſind abgefallen.) Orig.

Nr. 1012.

1367 (8. Jan.). Ich Johan Weyſe Rytter bekennen, daʒ Elheit min Elyche huſfrowe der got genade eyn malder korngeldes geſaʒt hat an yrme dotbette den junfrowen vnd dem Conuente ʒu Wirberg, alſo daʒ man vnʒ beyder Eweclich alle jar gedenken ſal vff den frybag in den oſterheyligen dagen als gewonelich vnd recht iſt Jargeʒyt ʒu begende, da vor legen wir yn ʒu vnderpande v. morgen landes an den vii. morgen by dem Gronenberge.

Dat. a. d. M.CCC.LXVII, ipso die Erhardi conf.

(Das Siegel des Ausſtellers hängt in grünem Wachſe wohl erhalten an.)
Orig.

Nr. 1013.

1367 (28. Märʒ). Ich Ruʒir von Bucheſecke eyn edeilt knet von deme wappen vnd Ruʒir myn ſon bekennen, das wir han virkauf vnd virweſſeil vnſe wiſſen, by da lit ʒu Remiſtorf ʒuʒen Groʒen Bucheſecke vnd Draʒe mit alle deme noße, dy da zu horit. — Zeugen: Juncker Senant von Buchesecke, Hartman Webere, Girharb Szohals vnd Rochin Hantstrat.

Dat. a. d. M.CCC.LXVII, dom. die p. canl. Letare.

(Die Siegel der Aussteller sind abgefallen.) Orig.

Nr. 1014.

1367 (15. Dec.). Ich Eckart von Burin scheffen zu Grunenberg vnd meyster deß spybales zu birre zyt gelegin vor der steice zu Grunenberg, wir dy Burgermeystere, scheffen, Rab do selbis, Heinrich Zcingil ouch meystere zu dysme mole, bruder vnd swestere gemeynlich des egen. spyboles bekennen, daz wir alle iar vff s. Michahels dag von des egen. spybeles guden, wo vnb wy dy gelegin sin, sollen geben r. malbir gudes pochtis kornis hern Heinriche Fincken eyme pristere von Homburg dy wyle daz he lebit, wannen he ouch von dobis vorfaren ist, so sollen dy egen. r. malbir wider lebig vff den egen. Spybel vnd dy Sychen gefallen zu eyme selgerede Henriches Fincken sele vorg. vnd aller siner alt forderen. — Zeugen: Claus vnd Folpracht gebrubere von Sassen scheffene, Eckart von Burin, Wernher Wyse u. a. m.

Dat. a. d. M.CCC.LXVII, iv. fer. prox. p. Lucie virg. glor.

(Das kleinere Siegel der Stadt Grünberg hängt unversehrt an.)

Orig.

Nr. 1015.

1367 (17. Dez.). Ich Wynther von Brungißheym Ritter irkennen, daz ich han versaßt Brunen zu Brunenfels burgere zu Frankinfurd vnd sinen Erben zwo hube Landes gelegen zu Clopheim, die Wenßil Grefe ißunt Inne hat, vmb cc. gulden vnd seßin dem egen. Brunen vnd sinen Erben zu Gysele vor werschaff zu tune die vestin Rittere Wynthern von Rybdelnheim mynen Bruder, Wernßern von Belbirßheym genant von Abernhofen, Johan von Solßbach, Wolff von Promheym vnd Wynthern von Rybbelnheym Edelknechte.

Dat. a. d. M.CCC.LXVII, fer. vi. p. diem b. Lucie virg.
(Die Siegel des Ausstellers und der vorg. Bürgen hängen unversehrt an.)
Orig.

Nr. 1016.

1868 (10. Febr.). Kunt sy, daz ich Cheffenye von Hnchilheym bekenne, solich gut, als ich han von den Erſamen Jungfrauwen von Schyffenburg zu lantſebelme rechte, daz sy daz selbe gut myt myme gehangnyſſ hant geluhen Dichartte vff deme ſande vir gar zu alleme deme rechte als ich iz bys her gehat han. — Zeugen: Gylbracht ein pryſter, Wygand Lappe ein ſcheffen zu Huchylheim, Bechtuld vff deme ſande vnd Dythart ſyn bruder u. a. m.

Dat. a. d. M.CCC.LXVIII, in die Scholaſtice virg.
(Die Siegel der „Junghern Francken Droſyßen zu Glybberg vnd Gerlachen von Draße" hängen unversehrt an.) Orig.

Nr. 1017.

1868 (12. Apr.). Ich Wernher Schenke der Elbiſte von Liebinſtein Rittir vnd Luckart ſin Eliche wirtin bekennen, daz wir einen wezßl getan han mit Johan Weyſin, Wilhelm vnd Gylbracht gebrudern vnße neben vnd ſwagern vnd iren Erben vnd han den vnß hus vnd haib gelegin in der Burg zu Frebeberg zuſchen Gernande von Swalbach vnd Wentßiln von Cleen, mit al dem begriffe vnd zu gehorbe, alz wir bizher gehabt, gekutit vnd gewezßilt vm ir huz vnd haib, wye der gelegin vnd begriffin iſt zuſchen Ebirharb Weyſin vnßm Oheim vnd ſwager vnd Conrab von Cleen.

Dat. u. d. M.CCC.LXVIII, iv. fer. prox. p. feſt Paſche.
(Das Siegel des Ausstellers iſt abgefallen.) Orig.

Nr. 1018.

1368 (14. Apr.). Gerlacus dei gracia s. mogunt. sedis archiepiscopus recognoscimus, quod fructus byennales pastorie ecclesie in Rockinberg ad presens ex obitu Johannis Juuenis nouissimi rectoris eiusdem nobis debitos, abbatisse et conuentui monasterii sanctimonialium in Mariensloz locauimus pro xl. talentis hallensium, et in solucionis certitudinem ampliorem Gotfridum de Stogheym militem nobis in fideiussorem constituerunt.

Dat. et act. Aschaffenburge xiv. die mensis aprilis, a. d. M.CCC.LXVIII.

(Das kleinere Siegel des Ausstellers hängt unversehrt an.)

Nr. 1019.

1368 (9. Oct.). Ich Stebin pastor czu Alffeld bekennen, daj ich mit dem hochgebornen furſten Herren Heinriche lantgrefin zcu Heffin eynen ewigen weſſel getan han mit eyner wyeſin, dy zcu myner egen. pharre gehorte vnd gelegin iſt vnder deme Robenberge, dy etzwanne Kummers was, dy ich yme gegebin haben vme eyne wieſen, dy hinden an mynen Boymgartin, der zcu der pharre gehorit, ſtozzet vnd wendet biy uf dy Swalme.

Geb. n. Chr. geb. m.ccc.lxviii, a. ſ. Dyoniſii vnd ſiner geſelleſchaf tage.

(Das Siegel des Ausstellers hängt ziemlich gut erhalten an.)

Orig.

Nr. 1020.

1368 (11. Oct.). Ich Eckard von Linden Ritter, Johan, Eckard vnd Conrad myn ſone bekennen, daj wir verkoyfft han vnß huß zu Dozelnrobe myd albem, daj dar czu gehort, Conrade von Lynden myn Eckardiz bruder, Irmegarte ſyner Elichin wirten vnd yren Erben, Johanne von

Numerode yrme Eydin, Bechtin syner Clichen wirten vnd ern Erben vmbe cccc. phunb heller. Ouch ist gereb, baz sye ble Lofunge bez czehinbez fullen han, ber Happiln Schowfoze beme Jungen steb phanbez, zv wiber lofunge. Ouch ist gereb, werez baz vnß wonhuß abir ble brucke kuntlichz buwes beborffte vnb teben ben, ben vnb bez hufez fullen wir ganz abe legin vnb ben buwe ber brucken halp noch beme als vnsir beyber frunbe sprechen baz mogelich sye. — Zeugen: her Steben Pastor ber kirchen zv Alsfelt, Lubewig Wysenborn, Dytmar Liberbach, Tylo von ber Eych, Hartman Zule vnb Conrab Schonefuz.

Geb. n. Chr. geb. **m.ccc.lrviii**, vff ble mittewochin noch Dyonisii.

(Die Siegel der Aussteller, mit Ausnahme des Siegels Conrads, welches abgerissen ist, hängen gut erhalten an.)   Orig.

Nr. 1021.

1368 (12. Oct.).   Officialis prepositure ecclesie b. Marie ad gradus mogunt. notum facimus, quod religiosus vir frater Conradus de Oppirshofen, confessor et sindicus abbatisse et conuentus monasterii in Mariensloz prope Rockinburg, nobis exposuit, quod licet bone memorie Judith, uxor legittima quondam Johannis dicti der Nunnen son de Steynfurt, dictis dominabus ob remedium anime sue perpetuam pensionem vnius octalis siliginis coram sculteto et nonnullis scabinis ville Steynfurt predicte super quibusdam certis subpignoribus, tunc eciam per eandem specificatis, donasset et legasset, tamen super donacione seu legacione huiusmodi nulle ·litere uel instrumenta sunt confecte, et quia timendum est, testes qui interfuerunt cito morituros, cum sint senes, valetudinarii et infirmi sicque prefatis dominabus adimi via probationis dicte legacionis tempore oportuno et forsitan fraudari ultima voluntas dicte testatricis, prefatus sindicus nobis supplicauit, quatenus prefatis dominabus de oportuno remedio prouidere dignaremur, nos itaque cytari fecimus coram nobis Heynricum dictum Grydeler, Rudulfum dictum Mulner, Conradum dictum Zimmerman et Welzelonem de Ebirhartsgunse, scabinos in Steynfurd, qui vna cum Conrado dicto Contzeler sculteto ibidem dudum mortuo legacioni huiusmodi dicuntur interfuisse, ac eciam heredes prefate Judith et omnes et singulos alios, quorum interesset, in diem hodiernum ad prohibendum et prohiberi videndum coram nobis testimonium ueritati, qua quidem die dictos scabinos coram nobis comparentes, nemine se opponento receperimus et ipsorum de ueritate dicenda, ad sancta sanctorum corporalia per ipsos prestita juramenta, concorditer deposuerunt, se per prefatam Judith tanquam autenticos personas, scabinos videlicet dicte ville requisitos, audiuisse, vidisse et interfuisse, quod eadem Judith vidua longe ante obitum suum sana mente et corpore in strata publica ville Steynfurd prefate, in qondam Conradi Contzeler sculteti prenominati et ipsorum testium presencia annuam perpetuam pensionem vnius octalis siliginis ob remedium anime ipsius et progenitorum legauit super bonis infrascriptis, videlicet vno jugere pratorum sito vndir deme molenberge in terminis ville Steynfurd supradicto et dimidio jugere pratorum sito obwendig der badewage in terminis ville Oppirshouen, ita sane, quod si quando possessores dictorum pratorum in assignacione totalis pensionis vnius octalis siliginis negligentes forent, extunc procurator dictorum abbatisse et conuentus, prata predicta posset subleuare quod wlgariter dicitur ofhalen iuxta consuetudinem patrie.

Act. s. h. Frydeburg in hospicio plebanitatus ibidem a. d. M.CCC.LXVIII, iv. idus octobris, presentibus Hartongo in Frydeburg, Conrado in Steynfurd, Wigando in Oxstat plebanis.

(Das Siegel des Ausstellers hängt beschädigt an.) Orig.

Nr. 1022.

1368 (30. Oct.). Ich Claus von den Saſſen vnde ich Claus Groyſe burgere czu Grunenberg bekennen, daz vns her Heinrich lantgraue zu Heſſin vor ſich vnde vor ſyne erbin ſynen zol zu Grunenberg ufzuhebene zu vnßme nutze gelehin hat dieſe nehſtin zwey iar*).

Geb. n. Chr. geb. **m.ccc.lrviii**, uf den mantag vor ſ. Symonis vnd Jude tage der h. Apoſteln.

(Das Siegel des vorg. Claus von Saſſinhelm hängt wohl erhalten an.)
Orig.

Nr. 1023.

1369 (28. Jan.). Ich Meyngos von Stumprachte-robe vnd Dylge myn Eliche wirtin bekennen, daz wir vir-kauft han vnſer gut, daz gelegin iſt czu Obirſtumprach-terobe vnd Geheyſſin iſt Bachuſer gut, das der kelner czu Werberg geynweſſel hab der meyſtern vnd dem Conuent dez Cloſters czu Werberg czu Eyme Ewigin virkauffe vmme rviii. robe gulde vffe widir kouſe. — Zeugen: Claz von den Saſſin vnd Volpracht gebruder ſcheffin czu Grunberg, Heyn-rich Dreyros, Contze von Felle vnd Eckehart Gitz der Junge, Burger zu Grunberg.

Geb. n. Chr. geb. **m.ccc.lrir**, an dem achtin dage ſ. Agnetis.
(Die Siegel der vorg. Clas vnd Volpracht von Saſſen hängen gut er-halten an.)   Orig.

Nr. 1024.

1369 (2. März). Wir die Lantſibel gemeinlich vf den guden zu Lichen vnſer herren zu vnſer frauwen zun Gre-

---

*) Am 7. Juli deſſelben Jahres, ſowie am 7. Mai 1369 quittiren „Heydenrich von Rollzhuſin rittere vnde Elſe von Patberg vor wylen dochtir Wigandis von Seglrsbuchen Rittirs dem got gnade" Landgrafen Heinrich über die aus dem Zolle zu Grünberg em-pfangenen 100 Pfd. Heller. (Die Siegel der Ausſteller hängen unverſehrt an.)

bin zu Mentzen mit namen Johan Knoffe, Hentze Gife, Hentze Smeyth, Hentze Rippobe vnd Heilman Ofterlinde hufwirt tun kunt, daz von gnaden der felben vnfer herren durch miffe waffes vnd crieges willen, die by vns lange kunt=lichen geweft fint, vnfer yeclicher fin erben abir nachcume=linge nach marczail, als er von xviii. huben, die vndir vns eyme vil deme andern wenig geteilit fin, vier ern die nefte nach eyn anbir cummen follent von yedir hube zwfchen den zwein vnfer frauwen tagen als fie zu Hymmel fur vnd ge=born wart, viii. malter korns vor die ftat zu Mentze den felben herren fal iar die felbin zyt reichen vnd bezalen alfo, daz yebir hube druer malter ift gelichit vnd fal auch vnfer keiner fainen mift abir ftro von den felben guden virkeufen u. f. w. Alle dife vorg. ftucke vnd artikel zwofchen den egen. herren vnd vns fint gehandilt vnd volnenbit vor fchol=theizen vnd fcheffen zu Robeheim, mit namen vor Hentzen Ecken den fcholtheizen vnfer jungfrauwen von Kunigefteyn, vor Hentzen Gifen, vor Hentze Smede, vor Johan Wollen=ftebir vnd vor Gerharde Smede fcheffen zu Robeheim, in Hentzen Gifen hof zu Robeheim, vnd derfelben dinge zu merer fichirheide, fo han wir gebeden den ftrengen edelkneht juncher Fritzen von Hohenburg vnd Lamperten einen fcheffen zu Robeheim, daz fie ir Ingefigel an defen brief han ge=hangen.

Act. et dat. a. d. M.CCC.LXIX, vi. fer. prox. p. Mathie apost.

(Die Siegel fehlen.) Orig.

Nr. 1025.

1369 (11. März). Ich Folpracht von den Saffin vnd Bechte fin Eliche wirtin Bekennen, daz wir vorkaufft han vnfer Gut, daz gelegin ift czu Widratzen mit namen des albin Fogels gut myt xxii. hellern, uffe Siffrides Spiffes

gube rrrii. heller, uffe Heynrich Mußingis gube iii. schillinge
phenige vnd i. hun, uffe Muselins gube iii. schillinge heller
vnd i. hun, uffe Wigeln Plugers gube iii. schillinge heller,
der meystern vnd deme Conuente des closters czu Werberg.
— Zeugen: Bertolt von Herbersteyn, Heynrich Dreyros,
Henne Grusser u. a. m.

Geb. n. Chr. geb. m.ccc.lrir, uffe ben suntag, als man
singet Letare Jherusalem czu der messe.

(Das Siegel des Ausstellers hängt beschädigt an.)

Orig.

Nr. 1026.

1369 (13. Apr.). Ich Eckard, Conrat vnd Heynrich
gebrudere von Elkirhusen bekennen, also als wir vorsazt han
vnßer deil an deme zehinden zu Langengunse deme apte
vnd deme Clostere zu Arnspurg zu abe slage vor eyne summe
geldes, den wir zu manlene han von Heinriche Lantgrauen
zu Hessen, dar zu her sine gunst vnd willen getan hat ses
iar, also bescheidenlich, wanne disse ses iar vbir gangen sint,
were yeß dan sache, daz der vorg. zehinde nicht sollen sich
selber geloßt en hette an deme abe slage von den scharen, dye
da binnen gefallin mogint, so globen wir dar after in deme
syebinden iare den zehinden wibder lebig vnde loyz zu machene
von der egen. vorsazunge.

Act. et dat. a. d. M.CCC.LXIX, fer. vi. prox. p. dom.
quasimodogenii.

(Das Siegel des vorg. Eckard ist abgerissen, liegt aber in grünem Wachse
unversehrt bei.)   Orig.

Nr. 1027.

1369 (30. Mai). Ich Folpracht von Saffen scheffen
czu Grunenberg vnd ich Bechte sin Eliche wirten bekennen,
daz wir virkauft han vnß deil des czehinden czu Habin-
felde mit allem zugehorbe den Ersamen luden Happeln

Schauwenfuße myn Folprechte oheyme vnd allen sinen Erbin, Concjen, Sifryde vnd Bechtolde Ruczenmulen gebrudern myn Folprechten neben, allen iren geswistern vnd Erbin, Clause von Saffen scheffen czu Grunberg vnßme brudere vnd swagere, Hildeburge siner Elichen wirten vnd allen iren Erbin, also daz der vorg. czehinde glicher halber sal blyben bye Clause, Hildeburge egen. vnd iren Erbin vnd daz ander halbe deil sal blyben bye Happeln myn Folprechte oheyme vnd allen sinen Erbin, bye Concjen, Sifryde vnd Bechtolde egen. bye iren geswistern vnd allen iren Erbin, vnd hand vns darvmme bezalet crr. gulbin.

Dat. a. d. M.CCC.LXIX, in vig. corporis Christi.

(Das Siegel der Stadt Grünberg ist abgeschnitten.)

Orig.

Nr. 1028.

1369 (1. Juni). Ich Thyne vor wilen eliche hussrawe Johan Beigers scheffens zu Wetflar erkennen, daz ich mit verhengniffe Johann Beigers scheffen daselbes vnd Alheide syner erlichen hussrawen mynes lieben sunes vnd snurchen verkaufft han dem bechen vnd dem cappitelle des Stifftes zu Wetflar rr. malder korngeldes ewiger gulde vz allen vnßern guben zu Gribelß, daz wir die den vorg. herren gelden vff s. Bartholomeus dage des h. aposteln zu Wetflar vff irn spiecher vmb drittehalb hundert marg phennige vnd han in die bewiset vff diffe nachgeschreben vnß gube, mit namen daz halbeteil der wiesen hynesyt der Lone zu Husen vndir dem Loneberg gelegen, darzu vii. morgen wiesen In Garbynheymer auwe vnd alle vnß gube zu Runheym. — Zeugen: Johan von Hirlsheym vnd Gerbracht Markle scheffene zu Wetflar.

Geb. des nehisten fritages nach vnß herren lichams tage n. Chr. geb. **m.ccc.lrir.**

(Die Siegel der Aussteller vnd der Stadt Wetzlar hängen wenig beschädigt an.)

Orig.

Nr. 1029.

1369 (15. Juni). Jch Diele von Belbirßhem Ritter vnd Anna min eliche hußfrauwe irkennen, daz wir den hoiff zu Minßenburg in der ftede Riucmuren gelegin, der da eigen ift der eptiffen vnd des Conuentis des Clofters zu Marienfloz by Rokinburg gelegin, den fii vns geluhen hatten mit folichem vnbirfcheide, daz wir en mit huwe vnd beße= runge halbin fulbin vur einen kuntlichin ßins, den en an dir Lude druz hettin gegebin, numen vnd wibbir lazin vur eren eigen hof zu allir ere notdurft ewecliche.

Dat. a. d. M.CCC.LXIX, in die b. Viti mart.

(Das Siegel des Ausftellers hängt befchädigt an.)

Orig.

Nr. 1030.

1369 (4. Oct.). Jch Endres Smyd vnd Luße myn eliche wirten bekennen, daz wir virkoufft han i. malder korn= geldes jerlicher gulde vnd ii. genfe Luczzen Kalwen vnd Gelen fyner elichen wyrten vmb rv. phond heller, vnd fullen daz vorg. korngelt alle jar beczalen myd pingeften vnd dy ii. genfe vffe f. Michels dag vff eyn hus zu Laupach obir zu Grunenberg obir zu Freyenfeßen, war wyr von Jn ge= wyfet werden, vnd feczen en dar vor zu vnderpanden daz ftucke Landes, daz do lyt vff deme bache by Hufchels gar= ten*). — Zeugen: Heyncze Numan vnd Heynczechin Hell= man u. a. m. Zu eyme geczugniffe aller dyfer vorg. dinge, fo haln wir gebeden Girloch Foyden zu Laupach, daz he fyn Ingeß an dyß brieff haib gehangen.

Dat. a. d. M.CCC.LXIX, fer. v. p. feft. Michahelis arch.

(Das Siegel hängt unverfehrt an.) Orig.

---

*) Von gleichzeitiger Hand fteht auf der Rückfeite der Urkunde das Wort „Laupach.“

Nr. 1031.

1369 (11. Dec.). Wir Adolf vnd Arnold von Nordeckin gebrudere bekennen, daz wir virkoufft han mit willen hern Ellungen von Bredinbach Ritters vnß Omen, Lodewige von Breydinbach wepenere vnßme nebin, Fyen siner ellichen wirten vnd aln eren erbin vnß deyl der zweien guden zu Breydinbach gelegen, daz eine hindir deme kirchobe, daz andere genant lose gud, by Hirdeborg vnd Krype zu diß zid vndir en han. — Zeugen: Craft Doring wepener vnd Wenzil Elsen zu diß zyd burgermeistere zu Bydinkap u. a. m.

Dat. a. d. M.CCC.LXIX, iii. fer. prox. p. concept. b. Marie virg.

(Die Siegel des vorg. Adolf von Nordeck und Ellung von Breidenbach, des Oheims des vorg. Arnold von Nordeck, hängen gut erhalten an.)

Orig.

Nr. 1032.

1370. Wir Herman von Gots Gnaden lantgraue czu Hessen bekennen, das wir dem ediln hern Frederich Herren zu Lybsberg, frauwen Metzin siner ellichen wirten vnd ern Erben virkaufft han vnsir forwerke vnd hobe, mit namen by dry vorwerke in der stad zu Alsfeld, eyn forwerg zcu Luben Rode vnd ein vorwerk zu Bdorff mit allen ern rechten vnd zugehorden vor cccccclrr gulden. Auch sullen wir en disse bezalunge thun zu Alsfelt vnd sullen en das gelt geleyden in er huß, da sy mit huse wonhafftig sin. *)

Dat. a. d. M.CCC.LXX.

(Das kleine Siegel des Ausstellers hängt an.)   Orig.

---

*) 1399 (24. Juli) bekennen Hans und Hermann Herrn zu Rodenstein und Lisberg, daß Rorich von Eisenbach ihr Schwager den vorste-

Nr. 1033.

1870 (4. März). Wir Philips Herre zu Valkensteyn vnd zu Minzenberg Bekennen, daz wir vns mit vnßme herren Lantgrafe Heynrich zu Heffen durch frydes vnd nutzes willen vnße Lande vnd lude willn virbunden haben, daz virbuntniffe zu ftund ane gen vnd weren fol biz f. Michels dag vnd von dem felbin tage vorwert ubir zwey gantze iare, also, daz vnfer egen. herre Lantgrafe Heynrich vns, vnß floße, Lande vnd Lude getroweliche in fine fchirmunge vnd virantworte genomen heit, vnd dar vmb wolln wir yme dienen getrowelich. Werez ouch daz yn ymans wieder recht kriegen wolbe, dar fullen wir yme zu beholfen fin vnd yme die hulfe bun, alfe viere vnd der funfte, die wir beiderfyte dar ubir kiefen, fprechin, daz wir die hulfe bun folln zc. Werez ouch daz vns Philipp vnfer egen. herre tage ane hieffche von fin ober finer vnbirtanen wegen, die folde man leiften zu den Gießen, werez ouch daz wir yme von vnß obir vnß vnbertanen wegen tage ane hieffchen, die folde man leiften zu Butfpach. Vbir alle diefe vorg. ftucke vnd artikele haben wir Philips zwene vnd vnfe herre Lantgrafe Heynrich zwene vnd wir beider fyte dar zu eynen gemeynen funften gekorn, die daz fcheiben follen, als vorgefchriben ftet. Bß diefem vorg. virbunde nemen wir daz Romefche riche, vnfer fofter Agneß von Valkenftein vrauwen zu Minzenberg vnd alle bie, mit ben wir vor bieß zyt virbunden fin.

Geb. zu Marppurg n. Chr. geb. m.ccc.lrr, an dem Mantage in der vaften n. b. fontage als man finget Innocauit.

(Das Siegel bes Ausftellers hängt in grünem Wachfe unverfehrt an.)

Orig.

henden, von Landgraf Hermann an Friedrich und Metze obgen, ihren Oheim und Schwefter, gegebenen Brief mit ihrem Wiffen und Willen inne habe. (Das Siegel der Ausfteller ift abgefallen.)

46*

Nr. 1034.

1870 (8. März). Wir Ermegard Curdis feligen von Lynden webewe, Friderich von Lynden ir fon, Johan von Rumerobe vnd Bechte fyn eliche huffrauwe myn Ermegarde tochtir Bekennen, daz wir mit wißen vnd willen Hern Heinriches Lantgrauen czu Heffen, Cunten Schauwinfuße fyme borgere czu Alffeilb, Hedewyge fyner elichin huffrauwin vnd iren erben verfaßt habin vnßin czenden geheißen uf deme Rotinberg gelegin by Alsffeild, der von vnßme egen. herren czu lehne rurit, vor c. phunb heller uf wiberlofunge bynnen difen nehßten fes Jaren, die ane gen mit gift bifis brlues.

Geb. czu Martpurg n. Chr. geb. m.ccc.lrr, am fritage vor dem funtage als man finget Reminifcere.

(Gefiegelt haben die obg. Friedrich und Johann, aber nur das Siegel des Letzteren hängt noch an.)   Orig.

Nr. 1035.

1870 (18. März). Kunt fy allin gubin lubin, daz wir Friderich vnd Johan gebrubere genant Waltman vns hirkennen, daz wir vnfin fweftirn Gubin vnd Angneßen Geiftlichin Junffrawen zu dem Trone bewifet han dye viii. achteil korngelbis, dye in vnfe Dhoyom her Kune ein paftor was zu Carbin dem got gnabe zu Selgerebe falfte, vff eyner Eygin hube landis, dy wir ligende han in der Termenie bes Dorfis zu Akarbin vnd gebin auch den felbin vnfin fweftern fan vnfen eygin willen vff der vorg. hube vj. achteil korngelbis zu den vorg. viii. achteil.

Dat a. d. M.CCC.LXX, fer. ii. p. dom. q. c. oculi mei semper ad dominum.

(Die Siegel der Ausfteller hängen unbefchädigt an.)

Orig.

Nr. 1036.

1370 (17. Mai). Ich Cune Mertze vnd Johan Mertze Edelknechte von Heldenbergen gebrudere tun kunt, daz wir virkaufft han hern Vlriche herren zu Hananwe alle die nach geschriben gut, vnd gulde, zu dem ersten den walb In deme gerichte zu Heldebergin gelegin, der vnß waz vnd zwey fyschewaßer vnd alle recht, die zu dem egen. walde gehorin vnd von alder darzu gehort han, vnd alleς daς recht, nuς vnd gewonheit; daz wir biз her In dem dorffe vnd in deme Gerichte zu Heldebergin gehabet han, daz von den von Husenstam zu lehen ruret vnd daz auch wir von yn zu lehen gehabit han vnd waз dy von Husenstam zu lyhen hant da selbiз zu Heldebergin, vmb seßtehalp hundert punt heller. Auch bekennen wir Cune vnd Johan Mertze vorg., daz wir disen vorg. virkeuff getan han mit wyllen vnd verhengnisse Heinrichs von Husenstam des Eldisten vnd Heinrichs von Husenstam deз Jongisten Rittere vnd Ebirharts von Husen-stam edelknechts deз elbisten, Henrichs von Husinstam bruder, von den wir die vorg. gud vnd gulde zu lehen gehabit han.*)

Geb. n. Chr. geb. **m.ccc.lrr**, vff den fribag nehist nach s. Pancracyen dag.

(Die Siegel der Aussteller, des vorg. Heinrichs des ält. und Heinrichs des jüng., sowie Eberhards von Heusenstamm hängen wohl erhalten an.)
                                                        Orig.

---

*) Am 23. Sept. desselben Jahres bekennt Kaiser Carl „wann Got-frid von Stogheim der elbiste Ritter den Walt zu Heldebergen vnd zwei vischwazzer doselbest vnd alle die recht, die zu dem egen. Walt vnd vischwazzern gehoren vnd alles, daз in dem Dorf vnd gerichte zu Heldebergen gelegen ist, die von vns vnd dem Reiche zu lehen ruren von Heinrich von Husenstam dem eldisten vnd Heinrich von Husenstam dem Jungsten Ritteren vnd Eberhart von Husenstam, recht vnd redelichen gekauft hot vnd die selben von Husenstam haben vns auch die vorg. lehen vffgesant vnd vns ge-beten, daз wir die dem egen. Gotfriden vorlehen geruchten, deς

Nr. 1037.

1870 (4. Juli). Ich 'Hartman Krebis' von Richolffkirchen vnd myn eliché wertin, Wenzele min swagir bekennin solich anesprache, dy wer zu Kunzelin hattin zu Winberabe von des eckirs wegin, der da lyt of deme scheybe gein Willirshufin, der da zinshaft ist deme kloftir zu Arnispurg, daz wer des gutliche firzigin han. — Zeugen: Johan Raubere vnd Sterke Scheffene zu Richolfifkirchen, vnder Ingeß her Hirmans von Burin, das ich her an han gehangin durch bebe willin hern Mengos perrers zu Winberabe.

Dat. a. d. M.CCO.LXX, in die Vdalrici mart.

(Das Siegel ist zum größten Theil abgefallen.)   Orig.

Nr. 1038.

1870 (25. Juli). Ich Hille vor wylen wirten Claus Meßirsmedes burgere ezu Grunenberg bekennen, daz ich virkaufft han myn gub, daz ezu Hufen gelegen ist mit alleme deme, daz von Rechte barezu gehoret, daz den herren ezu Arnspurg rviii. große ezu zinse alle iar gybet vnd Eyn fasnacht hun, als mir daz myn rater selge vff geerbit hab, Herman Greben ezu Ebisdorf vnd sinen Erbin vmme rii. marg phennynge.

Dat. a. d. M.CCC.LXX, in die b. Jacobi apost.

(Das Siegel Folprechts von Saffen, Schöffen zu Grünberg, ist abgefallen.)
                                            Orig.

---

haben wir im vnd finen Erben die egen. walt, vischwazzer vnd gut zu Heldebergen mit allen iren rechten vnd ezugehorungen vorlehen, wann er vns vnd dem Reich gelobt vnd gesworn hat getrew vnd holt zu sein, vnsern frumen zu werben vnd vnsern schaden zu warnen. Geben zu Ruremberg." (Das kaiserliche Siegel hängt zerbrochen an.)

Nr. 1039.

1370 (27. Juli.) Wir Milcheling Schutzper ritter vnde Kunegund syn eliche wirtynnen bekennen, daz uns her Heinrich Lantgrefe zcu Heſſin vnde Jungher Herman ſyn vettir vor ſich vnd ir erben gegund haben, daz wir ir ſlozze, huſ vnde ſtab Hohenburg mit namen das halbe teyl, daz ſte hern Johanne Rydeſele rittern vorſazt hatten*) vnde waz zcu deme halben teyle gehorit, zcu vns van iren wegen geloſt haben vor dry Tuſent funf hunbirt vnde nun vnde fierczig pfunb Heller vnd haben ſie vns daz ſelbe teyl vnd waz dorzcu gehorit vorwert vorſazt vor die vorg. ſummen gelbis, doch alſo, daz ſie daz egen. halbe teyl irer ſlozze, huſ vnd ſtab Hohenburg von vns wibbirloſin mugen, milche zcyt ſie des geluſtit, vor die egen. ſummen gelbis, die ſte vns vorſchryben ſullen ufzcuhebin zcu ſiben Jaren, die noch der loſunge allir neſt noch eynandir folgin, y des Jaris funf hunbirt phund vnd in dem ſibenden vnde leſtin Jare daz uberige uffe dren ſteben vnder ben funfen iren ſteben, mit namen Marpurg, Alsfeld, Hohenburg, Hohenberg vnde Gudensberg.**)

Geb. n. Chr. geb. m.ccc.lrr, an deme neſtin ſunabinde nach ſ. Jacobstage.

(Das Siegel des Ausſtellers hängt unverſehrt an.) Orig.

*) Am 8. Juni des nämlichen Jahres bekennt Johann Riedeſel Ritter und Geie ſeine Hausfrau „weris daz her Heinrich lautgrede zu Heſſen adir ſyn erbin von vns adir von vnſin erbin bynwendig eyme Jare loſin wolde ſyn floz Hohinburg Burg vnd Stat, daz he vns virſaßt hat, daz ſoldin wir eyme czu loſin gebin, alſo daz wir allis daz gelt, daz wir da uffe han nemen ſoldin czu ſebin Jaren, dy allir nehiſt noch eyn andir folgin werin nach der loſunge ye des Jaris cccc. phund hellir vnd des ſebindin laris daz ubirige.“ (Das Siegel des Ausſtellers hängt unbeſchädigt an.)

**) Am 27. Juli deſſelben Jahres bekennen Milchling Schußper Ritter und ſeine Hausfrau Kunegunde „daz vns her Heinrich lautgrefe

Nr. 1040.

1870 (19. Nov.) Ich Erwin von Croftele edelknecht dun kunt, daz ich virkauft han hern Crafte von Rockinberg perrer in der burg zu Frideberg, hern Johan vor ziben waz perrer zu Gridele minen midde druhenbiren hern Bechtramis eins prifters von Gridel dem god gnade, Eyn halbe marg penninge eweger gulbe vm r. marg penninge vnd han hervor zu vnberpande gefazt min beyl an der winwers wyfin vnd an der erlen wyfen vff wieder kauffe.

Dat. a. d. M.CCC.LXX, in die b. Elizabet.

(Das Siegel des Ausstellers fehlt.)　　　Orig.

Nr. 1041.

1871 (21. März.) Ich Stebin Pherner zcu Alffeld vnd eyn Cappellan der Capellen nf der Burg zcu Aldenburg bekennen, wilche zcyd die hochgeborn furftin Herre Heinrich Lantgrefe zcu Heffin vnd Jungher Herman syn vetter die xl. pfund heller gelbis, die fie vns von der vorg. Capellen wegen bewyfet haben vnd vorbriefit ufzcuhebin an irme gefchozze vnd bede zcu Alffeld widderkoyffin wullen vor cccc. pfund heller, daz wir fie en dan widder zcu koyffe gebin wullen vor die egen. fummen gelbes.

zu Heffin vnd Junghere Herman fyn vettere fchuldig fin Tufent achte vnd zwentzig phund funf fchillinge vnd eynen heller, ye eynen fchilling tornofir vor eyn phund zurechen, die wir Wernhere vnde Petir von Hirzlnhayn betzalit habin vor daz fefte teil dez flozgis zu Hoinburg vnd vor den gebuw, den fie dafelbis getan habin vnd han vns vnß egen. herre die vorg. fummen geltdes gefchlagin vff daz fefte teil irir floße Hoinburg hus vnd ftab vnd uff allis, daz dorzu gehorit alfe lange biz vns vnße egen. herre vnde Junghere adir ire erbin die egen. fummen geltdis betzalen vnde widder gegebin." (Das Siegel des Ausstellers hängt unverfehrt an.)

... Geb. n. Chr. geb. m.ccc.lrri, an dem frytage vor
deme suntage Jubica.

(Das Siegel des Ausstellers hängt sehr beschädigt an.) Orig.

Nr. 1042.

1871 (29. März.) Ich Ludewig Wysenburn Bekenne,
daz Her Heinrich vom Etchesberge, Rentemeystir zu Alsfelt
mir hait gegebin vnd gentsliche bezalit c. phunt hellere, da
mide he von mir geloßt hait r. phunt hellere geldiz der rrr.
phunde hellere der Hern Stephin pherrer zu Alsfelt ouch r.
phunt hellere abgequitet sin, by here Heinrich Lantgraue zu
Hessin mir vf dem zolle zu Alsfelt vorschriben hait.*)

Geb. n. Chr. geb. m.ccc.lrri, an dem nechstin sunabende
vor der Crucewochin.

Nr. 1043.

1871 (2. April.) Wir Curd vnd Otte gebrudere von
Erfurshusin Eckehardis sone bekennen, daz sich her Heinrich
lantgrefe zcu Hessin mit vns gutlichin gerichtit hat vmb alle
ansprache vnd schult, da wir yme von synes vater seligen,
von syner vnde ouch vnßs herrin Otten seligin synes sons
wegin gehat habin, also daz wir yn vnde syne erbin der
ansprache vnd schult quyt, ledig vnd loz gelaßin habin, vnd
habin sy vns vnd vnß erbin zcu iren erbin Borgmannen
gnomen zcu Homberg vnde habin vns dor zu zcu borg-
lehne gegebin vi. phund heschir phennyuge vz irer bede. in
deme gerichte daselbis zcu Homberg, die vns ir Amptman
obir wer ire bede daselbis vfhebit, alle Jar vf s. Michelstag
gebin sal vff widderlosunge vor ir. phund phennyuge.

*) Weitere Quittung stellt Conrad Wisenburn, der Sohn des obg.
Ludwig, im folgenden Jahre am 15. Juni aus, welche Conrad und
Sifrid Rozemul Gebruder besiegelt haben. (Die Siegel in grünem
Wachse hängen gut erhalten an.)

Geborn. Chr. geb. m.ccc.lxxi, an dem mittewochin in
der Crucewochin.

(Die Siegel der Austeller hängen wenig beschädigt an.) Orig.

No. 1044.

1371 (13. April.) Wir Friçe Apel und Heinrich von
Rumerobe gebrudere, Heinrich vnd Hans Finken gebrudere
bekennen, daz wir gebedin han Junchern Gotfride Grefin
zu Tyginhain, daz he bekenne sinen willen vnd virhengnisse
darczu gebe, daz Heinrich vnd Conrad Finken gebrudere vnsir
vetern vnd frund han virsaßt ir teil an dem gerichte czu
Swarçza, des selbin gerichtes wir ganerbin sin vnd czu
rechtem manlehen han von vnß Junchern ebenant vnd von
irre graschaff, Hermanen vnd Dytmaren von Lyberbach ge-
brudern vor cccrr. phund hellere vmb eyne widerlosunge.

Geb. n. Chr. geb. m.ccc.lxxi, an sunt. alz man singet
Quasimodogeniti.

(Die Siegel des vorg. Friß von Romrod und Hans Finke hängen unbe-
schädigt an, daz des vorg. Heinrich Finke fehlt.) Orig.

No. 1045.

1371 (5. Juni.) Ich Heinçe Lube, Katerine min Eliche
wirten dun kunt, daz her Gilbracht Lewe von Steinfurt Ritter
der elbiste geluhen hait zu rechtlichem erbe vns vnd vnseren
erben eynen garten, der do gelegen ist zu Oestab uff der
burngaßen by Junchern Wenzeln wysen von Cleen, den
man nennit deß Lewen garte, vm ii. punt gudes waßegeldes
eweger gulde, by he vor sich vnd frauwen Elsen siner
husfrauwen der god gnade vnd aller siner aldfordern sele
gesaß hait zu rechtem selgerede an der elendigen kirzen in
der parre in der burg zu Frydeberg.

Dat. a. d. M.CCC.LXXI, in die corp. Christi.

(Das Siegel der Burg Friedberg hängt etwas beschädigt an.) Orig.

No. 1046.

1371 (10. Juni.) Ich Gilbracht Lewe von Steinfurt Ritter der Eldiste dun kunt, daz ich han ingenomen von der edelen wen der herrin vnd der gesellin dy man nennit von dem mane rrrvi. gulben, dy ich nach geheizze derselben herrin vnd gesellin vnd nach rabe dez Burggrafen, der Buwemeistere von der Burgmanne zu Frydeberg, by man do by häbin mochte, sal anlegen vnd bewenden zu eime ewigin selgerebe eineme perrer zu Frydeberg in der burg vnde finen gesellin, mit namen, daz man sal anlege eyme iclicheme perrer der summe geldes besundir rvi. gulben zu finir kirchen vnd rr. gulben zu eyner gemeynen presencien deme perrer vnd finen gesellen, dy itzunt sint obir noch werden mogent vnd han bewiset eime icicheme perrer vor dy rvi. gulben i. malter korngelbis jerlichir gulbe vff mime gube zu Morle, daz mir Erstorben ist von minir swester Hebelen sint mines wibes bobe, daz yme der lantsydel bejselben gubes alle iar geben sal zu Frydeberg in dy burg vnd han heruor besubir zu vnberpande gesazt zu dem Ersten brittinhalben morgen landes mines rechtin eygens vff deme mittelfelbe, dy do gelegen sint gen dem faltbor zu Morle neben Wenzil Renber, anderwerb ii. morgen vff dem selbin felbe, dy do stozzent vffe den Rinneweg neben dem perrer zu Morle. Auch han ich bewiset vor dye rr. gulben ii. gulben gelbis zu eyner gemeynen presencien vffe Sibult Lewen Ritter von Steinfurt mime nesen, von den ich ii. gulben gelbis han gekauft.

Dat. a. d. M.CCC.LXXI, fer. iii. prox. p. fest. corp. Chr.
(Die Siegel des Ausstellers und der Burg Friedberg hängen gut erhalten an.) Orig.

No. 1047.

1371 (19. Juni.) Wir die Burgirmeistere, scheffin vnd Rad gemeynlichin zu den Sizzin bekennen, baß wir durch

vnß ftat nob vnd not; wiſſin han virkoufft frauwin Lyſin
vor wiltin eliche huſfrauwe herrn Godefredis von Haßfelt
Rittirs deme gob gnade, clr. guldin, die wir ir vnd erin er-
bin alle Jar gebin ſollin czu Marpurg uf den achtzechindin
dag noch winachtin, wers abir ſache, daz die egen. frauwe
Lyſe die betzalunge nicht nemen in wolden czu Marpurg,
ſo ſoldin wir, yn das gelt beczalen czu Ameneburg odir czu
Stauffinberg, in wilchis ſloz ſye der zweir eynis heyſſchin,
herume hat vns die egen. frauwe Lyſe beczalit ſeſczehin-
hundirt guldin.

Geb. n. Chr. geb. m.ccc.lxxi, uf den dornſtag vur ſ.
Albanis dage.

(Das Siegel der Ausſteller hängt unverſehrt an.)   Orig.

Nr. 1048.

1871 (12. Juli.) Ich Albracht von Rumerode weppener
vnde Ingilheyd ſyn Eliche wirten bekennen, daz wir virkouft
han deme erſamen wyſen priſtir Johan Gulden von Treyſe
vnſe gut czu Walen, do Eckard mitten in deme dorfe yſſe
ſaiß vnd vnſe halbe gud czu Heymbach, do Hencze Wolf
yſſe ſaiß, vme xl. ſchillinge gudir alden großir turnoſir vnd
x. gulden. — Zeugen: Nicolaus pherrer czu Habrazhuſen,
Henrich Hvmmel von Glene, Henrich Hvmmel von Keme-
nobenberge, Wolf Zappe vnd Herman by deme bornen von
Kemenobenberge.

Dat. a. d. M.CCC.LXXI, in vig. b. Margarete virg. et
mart.

(Die Siegel des Ausſtellers und Hartmanns von Londirbach des alten
hängen beſchädigt an.)   Orig.

Nr. 1049.

1871 (14. Sept.) Ich Heynrich Waſſirman ſcheffin
zu Mintzenberg vnd wir Gernand vnd Kunegund myn Eliche

huffrauwe, Heynrich vnd Hebele myn Eliche huffrauwe,
Herman vnd Kuntzele myn Eliche huffrauwe, beż vorg.
Heinrichs kinde, Eyden vnd Snurche, dun kunt, daż wir vir
kauft hayn Johanne vom Hain Comthur vnd den herren
gemeynlichin deż butżschinhuſes by Marpburg zu eyme Spy
tale gehorende Eyne hube landeś gelegen in ber Terminye
beż vorſes M e l p a ch, by wir da lange ezyt gehad hain.
Geb. n. Ehr. geb. m.ccc.lxxi, vff beż h. Crupeś dage,
da is Erhabin wart.

(Die Siegel Gernandś von Schwalbach Ritters und Junkers Winter von
Blffinisheim Edelknechts hängen wenig beschädigt an.)

Orig.

Nr. 1050.

1371 (21. Sept.). Jch Ebirhart Weyſe burggraffe zu
Fryedeberg, Ebirhart Lewe von Steinfurt Ritter, Winter
von Filmar edil knecht buwemeiſter dd ſelbś vnd dy burg
manne by zu dem mal by ein waren erkennin, alſe wir
hern Craffte vnd ſiner parre in der burg zu F r y e d e b e r g
zu ſelgerede gegeben han xl. gulden von der Bezzerunge wen, by
Heinze Hune vnś gedan hat von Cunze Dubin, wen dem
god gnabe, vnd alſe he mit vnſerme rabe firkaufft hait i.
morgen landiś vff O r ſ t a b e r ſelbe vm r. gulden, den
Heintzchin portener vnd Johanneś ſin ſon ein ſchuler eineme
perrer zu ſelgerede gegeben hant, vnd alś Heinrich Kornmutter
vnd Conzele ſine wirten an die parre beſcheybin hatten i.
achteyl korngeld vff etlichen eckern zu S w a l h e i m, baż by
erben wibber abe kaufften mit vitt. gulden, beken wir, daż
hee die r. gulden von Henzchin porterś wen angelacht
hat vnd hait bo mibbe gekaufft. i. achteyl korngeldeś vm by
Buwemeiſtere vnſer frauwen zu der parre, baż en Johan
von Felwil edil knecht vnd Gerte ſin wirten zu ſelgerede

gegeben hant vff eren guben zu Helbebergen. Auch het
hee angelacht by viii. gulden von Heinriche Kornmutters wen
vnd hait eynen gulben dar zu gelacht vnd mit den ir. gulden
gekaufft ein achteyl korngelbis vm den spytal vnd dy guben
lube zu Frybeberg, i. achteyl korngelbis vm dy Augustiner
zu Frybeberg, vm die Buwemeistere zu s. Lenharte eyn halp
achteyl korngelbis vff den selben guben zu Helbenbergen,
vm die Augustiner v. mestin korngelbes vm v. gulden, dy en
her Johan Robe gesaz hatte vff einer hube zu Rybern
Morle.

Dat. a. d. M.CCC.LXXI, in die Matey apost.

(Das Siegel der Burgmannen hängt beschädigt an.)

Orig.

Nr. 1051.

1371 (6. Dec.). Ich Thiberich Hunchln scheffen czu
Grunenberg vnd ich Gissele sin Eliche wirten bekennen, daz
wir han virkauft iv. mark phennyngelbes vnd i. schilling
phennynge gelbes Jerlicher gulbe vff vnseme huse, da wir
iczund Inne wonen vnd vffe der hobestab da vore, daz allez
Diczeln Richen waz vnd gelegen ist bye deme grasemerkete
czu Grunenberg an deme steynen huse vffe deme kellere
vnd vffe alleme deme buwe, ber noch vffe bye selben hobestab
gemacht wirt vnd vffe allem bem, daz von Rechte dar czu
gehoret, vzgenomen daz vierteil bez vorg. hufes, habestab vnd
kellers, daz Elsen ist Johans dochter von Felle, vnd vffe
vnsme garten, ber gelegen ist geyn vnsers herren bez Lant-
greben habe vbir vor ber stab czu Grunenberg, ba man czu
ben guben luben vz get, beme bescheyben manne hern Hein-
rich Finken Eyme pristere von Hohinburg, in ber maße,
baz wir vbir vnser Erbin egen. Heinrich Finken alle jar iv.
mark phennynge czu Hohinburg antworten vbir zwo myle

weges vme Grunenberg, wu he wonet. Ouch sollen wir
alle jar den egen. schillinge phennynge geldes an bye pharre
czu Grunenberg czu dem buwe gebin vor hern Heinrich egen,
vnd aller siner albern sele vnd der vnsern.

Dat. a. d. M.CCC.LXXI, in die b. Nycolai ep.

(Die Siegel des Ausstellers und der Stadt Grünberg hängen unversehrt an.)

Orig.

Nr. 1052.

1372 (24. Jan.). Ich Burgharb Binthamer Ritter
vnd Peze sin eliche husfrawe vnd ich Hartmut Huser von
Hohinberg Edelknecht vnd Bygele sin eliche husfrawe vnd
ich Johan Flemyng von Husen Edelknecht vnd Elheit sin
eliche husfrawe tun kunt, soliche rvi. achteil korngeldis Zer-
licher gulde, alse Loze von Houeheim ezwanne werntlich
richter zu Frankenforb vnb Catherine sine eliche wirtin vnb
Grebe der selben Katherinen dochter vnd Lozen styeff dochter
vns vnd vnsern Erben vor ezlichen zyten vor dem schol-
theizzen vnd den scheffen zu Nybbern Vrsele vff gebin hut
cl. phunt heller vnd die selben rvi. achteil korngeldis gelegin
sint in der Termenie des vorg. dorffis zu Nybbern Vrsele
vff dren huben Landis vnd vff eynen verteil einer hube
Landis vnd wiesen vnd vff eyme halbin hofe da selbis, die
vorg. rvi. achteil korngeldis han wir mit dem pachte, der
vns virsezsin, ist, virkaufft vnd virsezit dem Commentur vnd
dem Conuente zum butzschen huse zu Sassenhusen by
Frankenforb.

Geb. n. Chr. geb. m.ccc.lrrii, vff s. Pauwels abent
als er bekard ward.

(Die Siegel der Aussteller hängen beschädigt an.) Orig.

Nr. 1053.

1372 (6. Febr.). Ich Eckeharb Wagener, Alheit myn
Eliche wirten Ingesezen Lude zu Holzheym bekennen; als

futchin briff .als vns by meyßtirn vnb ber .Conuent zu ber
Celle zu Schiffinburg gegeben hant, bar Eyn malbir korn-
gelbis Inne ßeb, baz Curb Munter vor zcybin bem Co-
nuente egen. gegeben hab zu eyner ewigen almuße by beme
gube., baz zu ben gezcyben erbeybete Arnolt Vngirman, ge-
legin in bem borffe zu Lansborff, baz wir vns bißis
egen. malbir korngelbis nicht follin an nemen obir forbirn
mit wortin obir mit werkin, baz bem egen. Conuente
schebelich moge ßin.

Dat. a. d. M.CCC.LXXII, in crast. b. Agate virg.

(Das Siegel Junkers Anselm von Weißel hängt unverßehrt an.)

Orig.

Nr. 1054.

1372 (17. Märj). Nos Hermannus dei gracia Lant-
grauius terre Hassie recognoscimus, quod Heinricus Ißen
plebanus in Issenhusen noster dilectus fundator capelle super
portam nostri opidi Bidenkap quondam habuit cartam sigillo
illustri principis Heinrici lantgrauii Hassie bone memorie
roboratam, nobis supplicans, ut contenta in eadem dignare-
mus de gracia nostri principatus confirmare, cujus quidem
litere tenor de uerbo ad uerbum sequitur in hec uerba:

Wir Heinrich von gots gnaben lantgraue zcu Heffin
Bekennen, baz vns her Heinrich, ber itunt pherner iß
zcu Bibenkap eyne Roteln gefant hat, alfo lautenb:

Ich Heinrich pherner vnb Paßtor ber kirchen zcu
Bibenkap bekennen, baz ich mit rabe burgmanne, bur-
germeißter vnb scheffin ber Stadt czu Bibenkap han
gegunb vnb mynen willen barczu gegeben, baz bie Ca-
pelle uf ber nybber phorten ber vorg. ßab zcumale fal
gefunbert vnb abegescheibin ßin von myner egen. pharre
mit fulchin vnbirscheibin, czu bem erßtin, baz myn
pharre bar von gebeffirt wirt zcu wibberßabunge ber-

selbin Cappellen mit vierbehalbie marg geldis ewigir gulde, mit ii. genſen, mit ii. hunten vnd mit i. faſnacht hune, ouch ſal der priſter, der dieſelben Cappellen hat, mir vnd mynen nachkomelingen behulfin ſin in deme Chore zcu allin mogelichin Dingin als eyn Altariſte, auch ſal derſelbe priſter ſyne meſe halben in der vorg. Cappellen nach dem offortorio der hohin meſe in der pharre, man ſal ouch keynen ſermon noch gedechtniſe habln in der vorg. Cappellen, dan an der wyhunge derſelbin, ouch en ſal derſelbe priſter ſeyne meſe halben uff all vnſ. frauwen tage vnd uff alle feſta vnd wan eyn lych iſt, ouch han ich belehnit mit derſelben Cappelleu hern Heinrich von Offe pherrer zcu Vßinhuſin, der die vorg. gulde mir vnd myner pharre zcu eyner widderſtadunge hat gegebin.

Alſe bekennen wir Heinrich egeni, daſ wir vnſir willen vnd vorhengniße darczu gegebin haben dorch gob vnd ouch dorch bede willen der egen. hern Heinrich pherreis, Johannis von Terinbach ritters zcu deme male amptmannis vnd Burgermeiſtere daſelbis vnd ſtab Bidenkap.

Geb. n. Chr. geb. m.ccc.lxxii, an dem mittewochin vor dem Palme tage.

Cum iusta petitio merito sit exaudienda et precipue illa, que ad diuini cultus augmentum se extendit, quare predicta confirmamus, et volumus quod in illis tribus altaribus in predicta cappella situatis omni die a rectoribus uel eorum vicetenentibus misse celebrentur. Insuper wlt idem fundator cappelle, quod juspatronatus ad nos et nostros heredes debet pertinere et circa nos iugiter remanere. Eciam debemus nos et nostri heredes ad hanc cappellam presentare actu sacerdotem vel infra annum in sacerdotem promouendum. — Testes: Heinricus plebanus in Schonenstad, Dilcaus de Einbeck plebanus in Wolfhagin, Otto Grope de Gudenburg et pl. a.*) Dat. Marpurg a. d. m.ccc.lxxxv, in vig. Mathie apost. (23. Febr.).

(Die Siegel des Ausstellers und des Pfarrers Isse hängen unversehrt an.)

Orig.

Nr. 1055.

1372 (9. Juni). Jch Thilge vor wylen wirten Claus von Engelnhusen deme god gnade vnd ich Oswald von Engelnhusen ir son bekennen, daz wir han virkouft ii. malder gudes kornes ierlicher gulde vnd ii. gense gulde offe allen vnsern Eckern, dye wir vor der stad czu Grunenberg han lygende, mit namen — an den alden Rodern — vnden hene offe deme Reyne, daz vffe Heinzen Smeden wendet — hinder deme thorne in der wannen — an deme Horbecher phade bye den herren czu s. Anthonius — vbir den horbecher weg, dye vffe Dißen Snydern wenden — vnbin an der Krumpach geyn der stad, dye vffe dye tuschin herren wendin — her vff wert an der Krumpach gelegen — geyn

---

*) An demselben Tage und Orte stiften L. Hermann und Heinrich Jse Pfarrer zu Jssenhausen in der obg. Marienkapelle zu Biedenkopf zwei Altäre zu Ehren des h. Thomas und des h. Johanns des Täufers und begaben sie mit Gütern daselbst, in Gegenwart der vorg. Zeugen (das kleinere Siegel des Landgrafen hängt unversehrt an), wozu 1388 (2. Jan.) Heinrich, Pfarrer in Biedenkopf, seine Einwilligung gibt. (Das Siegel Heinrichs hängt sehr beschädigt an.)

1387 (17. Aug.) bekennt Johannes gen. Schade, daß ihn Landgraf Hermann belehnt habe „mit der Cappellen gelegen zu Bydenkap uff der phorten. Dez zu orkunde han ich geschriben dyßen brieb mit myner eygen hant vnd han gebeden hern Gernande komethur, dez huß zcu Marpurg vnd Otten von Saßen scheffen do selbens, daz sy dißen brieb vor mich besegilt han." (Die Siegel hängen unversehrt an.)

der straßen, dye euch offe dye tuschin herren wenden ⌐ an
der marpurger straßen gelegen, dye offe Eckarb Smeden wen-
den — hinder deme vwelnberge her heim wert dye Rusen
Gutroinen — an der alten warte, dye voine offe Walten
wendent — vor deme Quecburner holtze her heym wert offe
deme Reyne bye Folprecht von Saffen — in den graben
geyn den buchen offe Claufe von Saffen — Dye offe dy
steyngruben wendent — mittleine in deme felde gelegen, dye
wendent offe Erwin scheffen — an der gemonder stroße ge-
legen bye Loczen Hefelere — geyn den buchen, dye offe bede
wege wenden — an deme hilbensberge, dye wendin offe
Folprechte von Saffen, den bescheiden luden Lozen Kalwen
burgere ezu Grunenberg, Gelen siner Elichen wirten vnd
iren Erbin vme xxxvi. cleyne gulden vff wyder koufe. —
Zeugen: Claus vnd Folprecht von Saffen scheffene ezu
Grunenberg u. a. m.

Dat. a. d. M.CCC.LXXII, in die s. Primi et Feliciani.
(Das Siegel der Stabt Grünberg fehlt; das Gottfried's Strebeloz hängt
wohlerhalten an.) Orig.

Nr. 1056.

1372 (20. Juni). Wir der Techin vnd das Capittel
gemeynlich des stiftis zcu Fritzlar Bekennen, daz vns die
hochgeboren furstin her Heinrich Lantgrebe zcu Heffin vnd
Juncherre Herman syn vetter bewyset han an iren burgir-
meistern, scheffin vnd burgirn irer stad Alsfelt cc. margk,
ye iv. phund alber heller vor eyne margk zurechin, vor den
gestrengin Rittir hern Hermanne von Dryforte als von des
koyffis wegin, den sie mit yme getan han vme daz hus Byl-
steen vnd daz darzu gehorit, also daz vns ir egen. stad Als-
feld alle iar uf vnsir frouwen tag liechtmesse zcu gulde dar
von gebin sulin xx. margk gelbis in der stad Alsseld, uff
widderlosunge. Wanne sie die losunge tun wullen, so sullen

fie, daz gelb ,in·der ſtab Fritzlar bezcalen. wo wir des heiſchin, werez abir. daz vnſir egen. herren ire biener zcu·Fritzlar·nicht ſenben getorſtin vnd. daz gelb ba nicht beczalen muchten, ſo ſolden ſie bie loſunge tun zcu Schoywenburg obir zu Tzuſchin in·ber ſloſe·eyn. .

. .. Geb. n..Chr. geb. m.ccc.lxxii, a. b. ſuntäge vor ſ. Jo· hans. tage. zcu mitteme ſummer bes h. toyfers.

. . . (Das Siegel der Ausſteller hängt gut erhalten an.)

Orig.

Nr. 1057.

1372 (2. Sept.), Jch Guntram von Carben Ebelknecht vnd Hebewig ſin eliche huſfrawe tun kunt, daz wir han vir· kaufft bem Commentur vnb bem Conuent zum Dutzſchen huſe zu Saſſenhuſen .by Frankenforb ii. achteil korngeltis ſerlicher gulbe, die wir hatten ligeu in ber Termenie des borffis zu Nybbern Vrſele vff bem Gube, baz etzwanne was Heilman Snabels von Frankenforb*), vmb xxvi. phunt heller.

Dat. a. d. M.CCC.LXXII, in craſt. b. Egidii conf.

(Das Siegel des Ausſtellers hängt beſchäbigt an.) Orig.

---

*) 1374 (9. März) verkaufen Henne Waltmann von Carben Edelknecht und Elſe ſeine Hausfrau dem beutſchen Orden zu Sachſenhauſen ebenfalls 2 Achtel Korngülte zu Niederurſel auf dem obgen. Gute um 26 T Heller. (Die Siegel des Ausſtellers, des Edelknechts Conrad Dogel und Friedrichs Waldmann von Carben, des vorg. Henne Bruder, hängen wohlerhalten an.)

1375 (1. Febr.). Ganz gleicher Verkauf der Edelknechte Wigand Herdan, Herdans Sohn von Albach und Herdans von Albach ſeines Vaters. (Die Siegel der Ausſteller u. Kuno's Herdau Ritters hängen wohlerhalten an.)

1377 (30. Nov.). Gleicher Verkauf durch Johann von Buchens, Herdans Sohn des älteren von Buchens Ritters, Canonikus des St. Peterſtifts zu Fritzlar. (Die Siegel des Ausſtellers und ſeines Vaters Herdan hängen unbeſchädigt an.)

Nr. 1058.

1372 (16. Sept.). Wir Brüder Conrat von Brunsperg
s. Johans ordens des h. hospitals von Iherusalem meister
in dutschen lande tun kunt, als die geistlichen brüder Vol-
precht von Höhenwilcz, Johan von Lintzenbach zu Wissel
vnd Conrat Slegeregen zu Wisentvelt Cumendure mit
vnsren wyß vnd willen vnd ouch von vnsrem geheisse herrn
Heinriche den alten vnd Juncher Hermanne den Jungen
Lantgrauen zu Hessen vnd iren erben verkoufft han daz hus
zu Grebenouwe gelegen in der Webereibe mit al sinen
zugehorungen vmbe dru tusent schillinge alter kunigs tornose;
denselben kouff geloben wir veste, stete vnd vnuerbruchlich zu
halten.*)

Geb. n. Chr. geb. m.ccc.lrrii, uff ben nechsten Dunre-
stag nach des h. Cruzes tag, den man nennet exaltacio.

...... (Das Siegel des Ausstellers hängt wenig beschädigt an.)

.... Orig.

*) Am 6. Aug. desselben Jahres setzen die vorg. Landgrafen wegen
des Kauffschillings dem Johanniterorden zu Bürgen: „Gerharte
von Selbach den man nennet von Tzepvenselt, Crafte Robin,
Milchelinge Schutzer, Johanne von Garlnheym, Emmerich
von Linden, Volprechte von Bicken, Volprachte Hasen, Heydenriche
von Terinbach rittere, Adolfe von Nordeglen von der Rabinowe,
Gernande von Swalbach, Vilecker von Oringlshusin, Lodewyge
Slegereyn, Wygande von Swalbach, Gernande Huser von Buchl-
secke, Heinriche von Swalbach vnd Craften Schuernsloße.“ (Die
Siegel der Aussteller und der Bürgen hängen nur noch theil-
weise an.)
  1376 (29. Aug.) übergeben Friedrich Herr zu Liesberg und
Metze seine Hausfrau dem vorg. Orden 3000 fl., welche sie hatten
auf dem Hause zu Grebenau nach Inhalt der Briefe der Landgrafen
Heinrich und Hermann zu Hessen, unter gewissen Bedingungen und
daß wann Hessen Grebenau wieder lösen würde, die 3000 fl. an
das Haus Ribda fallen sollen. (Die Siegel der Aussteller sind
abgefallen.)

Nr. 1059.

1372 (30. Sept.). Wir Bruder Gylbracht von Robe-
hufin Comthur, bruder Jacob vnn Oppinheim probst vnd die
brudere gemeynlichen dez dutschin ordins zu Schieffinburg
bekennen, vm solich gelt als bruder Johan vom Heyn Com-
thur vnd brudere gemeynlich dez dutschinhuß by Margburg
vns Lybin Obirstin geluhin han brudir Hermanne Sven-
harten von Wetflar Comthur vnd den brudern gemeynlichen
vnß vorg. huß Schieffinburg, mit namen funfftehalb hundirt
guldin, hand vns dy vorg. vnß Comthur vnd brudere dez
hufes Margburg dy sundirlichin gunst getan vnß bewisit vnd
puße nachkomen, also daz wir alle Zerlichs von vnßm huse
Schieffinburg vff s. Mertins tag zcu wintere gebin sullin iii.
marg sylbirs vnßm herrin von Thryre, oder sime officiale zcu
Kobilenz von dez vorg. hufes wegin Margburg. Ouch ist
zcu wissinde, daz daz vorg. hus Margburg geluhin haid
vnßm huse ccc. gulden, dy da wurdin Johan Weyfin Ritter
vnd sinen brudern als von der gude vnd hobis wegin
Swalheim, wan dy wydir gefallin, so sullint dy vorg.
ccc. gulden dem wegen huse Margburg gevallin.
Geb. n. Chr. geb. m.ccc.lxxii, am andirn tage n. s.
Michils tag dez h. Erzengels.
(Das Siegel der Aussteller hängt unversehrt an.) Orig.

Nr. 1060.

1372 (8. Nov.). Wir Gotfrid grafe ezu Chginhain
bekennen, waz rechtis Gotfrid vnsir vater selige vnd wir
gehabt han vnd noch han an dem hus vnd hobestat in der
Rune gelegin, daz vormals waz hern Johan Cappelanus
seligen, daz wir daz haben gegebin dem parre ezn Ryede, alz
ouch vnsir vater bore hat getan.

Geb. n. Chr. geb. m.ccc.lxxii, am neisten mahtage n.
allir heilgen Tage.

(Das Secretsiegel des Ausstellers, ein gehender Ziegenbock, liegt
unbeschädigt bei.) Orig.

Nr. 1061.

1872 (8. Dec.). Ich Roerich von Eysinbach Ritter
vnd ich Greta syn hussrawe bekennen vor vns, vor Hennen
vnsin Reben. vnd vor vnß Erben, daz wir gegeben, han alle
dye gube, dye wir haben zu Wbinhusen der kirchen zu
Wbinhusen, dye von vns zu lehen rurit, vnd han dye gube
gegeben ymme dye gube, dye Hans Wynnolt, Dyderich Win-
nolbis son den got genade hatte zu Lanbinhusen, vnd
ouch der vorg. kirchen gegeben hatte, dye gube eyn pherrit
da selbis allewege haben. sal obir ein pastor der selben kir-
chen zu besserunge syner wydemen.

A. d. M.CCC.LXXII, iv. fer. p. fest. s. Nycolai ep.
(Die Siegel der Aussteller sind abgefallen.) Orig.

Nr. 1062.

1872 (18. Dec.) Ich Sifrid Kesselring*) bekennen daz
mir her Heinrich lantgrafe zcu Hessen vnd Jungher Her-
man seyn vetter bewysit haben ir halbe teyl der gulbe
von der mulen gelegin zu Grunenberg vnbit deme spi-
tale, die s. Anthonyes herrin von iryr wegin habint, daz ich
vnde myne erbin dye vfhebin sullin diese nehsten zwelf iar.**)

----

*) In demselben Jahre (22. März) bekennt Syfrid Kesselring „daz mir her
Heinrich Lantgrefe zcu Hessin von den zwen synen ampten zcu Grune-
berg vnde zcu Nordeglen, die her mir befolen hatte, schuldig blieben ist l.
phund heller vnd II. cleine Gulden. (Mit unbeschädigt anhängen-
dem Siegel.)

**) 1384 (31. Aug.) verkaufen „Henne Hufnail vnd Heinrich Hufnail gebru-
dere" dem Antonitterhause zu Grunberg „eyn achteil vnd eyn drittteil von

Geb. n. Chr. geb. m.ccc.lxxii, an deme sunabinde vor
f. Thome tage des h. Aposteln.

(Das Siegel des Ausstellers hängt unversehrt an.)　　Orig.

Nr. 1063.

1373 (6. Febr.)　Ich Lotze Glaube vnd Katherine fin
elliche wirten tun kunt, daz wir bestanden han vmb Bruder
Diederichen von Mottirstat Commentur zum Dutzschen huse
zu Sazzenhusen by Frankinförd vnd den Conuent daselbis
Eynen hoff, hus, schuren vnd garten vnd darzu vi. hube
Landis arthafftis ackirs vnde vi. morgen wiesen, die gelegin
sint in dem Dorffe vnd in der Termenie des Dorffis zu
Rydbern Urfelne, zu Lantsydbelin rechte zu besitzene,
also daz wir den vorg. herren sullen geben alle Jar das
halbe teil der Fruchte, die vff das vorg. Gud vbir winther
gesewet wirt vnd von dem sommerteil das rechte teil vnd
dar zu Eyn fasnacht hvn.

---

eyner mesten erplichir korngulde vff der molen, die ymbe muret
ist gelegin vot Grunenberg zuschen dem spital vnd den heilgin-
born, der selbige spital mit der egen. molen vnd guden dem vorg.
Gotishuse von gift vnd gnaden des fursten vnd herren Hermans
Lantgrauen zu Hessin erpliche zugeeygint ist" für 8 gulden. (Das
Siegel der Stadt Grünberg hängt unversehrt an.)

1385 (20. Jan.) bekennt Contze Schurge gen. Wasserloch, daz er
güttlich gerichtet sey mit dem Antontterhause zu Grunberg, „vmbt by
molln, dy myn fabir dem god gnade vnd ich bizher vnne gehalt
han, dy gelegin ist vndewendig deme wildinsehe vnd heißit waz ir-
sches molin," so daz das gen. Gotteshaus diese Mühle ewiglich
behalten solle. — Zeugen: Claus vnd Volpracht gebrudere von
Satzen, Johan von Kesterich, Heintze Dreyrus scheffin czu Grunen-
berg, Gerwin Molner, Wirnher Czymmerman, Fricze von Gitzin,
Lotze Mulner u. a. m. (Die Siegel Volprachts von Satzen vnd
Siegfrieds von Buren hängen unversehrt an.)

Dat. a. d. M.CCC.LXXIII, dom. die p. purif. b. Marie
virg.

(Das Siegel Johannes von Bomersheim Ritters hängt sehr beschädigt an.)
Orig.

Nr. 1064.

1373 (27. März.) Ich Emrich von Felingeshusen wepe-
ner Irkennen, daz ich rechter schuld schuldig byn Sannwele
Juden zu den Gißen, frauwen Belen syner sweger vnd iren
erben viii. gulden zu eynen pantzer vnd sollent sten ane ge-
such zuschen hir vnd pingesten vnd waz dar affter blybent
stende, so sal gen vff ye den golden in ye der Wochen dry
albe heller zu gesuche vnd seczen yn dar vor zu burgen Hen-
nen Flogeln, die ich Emriche von Wolfeffelen vnd Emrche
von Felingeshusen reden in guben trawen zu lesen ane
vnd schaden. *)

Dat. a. d. M.CCC.LXXIII, dom. q. cant. letare ierusal.
(Die Siegel Wigands von Wettershausen und Henne Flogel hängen gut
erhalten an, das Siegel des Ausstellers fehlt.) Orig.

Nr. 1065.

1373 (30. März.) Ich Heinrich Smed vnd ich Ka-
therine Elschirsdorfern sin Eliche wirten, burgere ezu Gru-
nenberg, bekennen, daz wir han virkauft eyne halbe mark
pfennynge jerlicher gulde vffe deme huse, da wir itzund Inne
wönen, daz Claus Elschirsdorfers waz myn Katherinen hus-
wirtes dem god gnabe, daz gelegen ist vffe der Ecken beneben
den brodschirnen vbir vffe deme kellere vnde vffe der hobe-
stad, Junchern Clause von Saffen scheffen ezu Grunnenberg,

---

*) 1374 (10. Mai) bekennen „Henne genant Hase der heymburge, dye geswo-
ren Henne Rab, Henne Scheffir vnd Gerlach Plffir, dye nachgebur Heincze

Juncfrauwen Hildeburge einer etlichen witten vnd iren Er-
bin, ouch ist geredet, wilch czyt Dipmar Robermond, Bechte
sin etliche wirten, myn Katherinen vorg. stifdochter, Juncherre
Clause, Juncfrauwen Hildeburge vorg. hie czu Grunenberg
eyne gude, wolgelegene halbe mark geldez jerlicher gulde be-
wisen vnd der sicher machin, so sollen sie yn dyese vorg. halbe
mark geldez ledig vnd loz wyder gebin.*)

Dat. a. d. M.CCC.LXXIII, iv. fer. prox. p. dom. letare
jerusal.

(Das Siegel der Stadt Grünberg fehlt.)   Orig.

Nr. 1066.

1373 (25. Mai.) Wir Karl von Gots gnaden Romischer kei-
ser tun kunt, baz wir dem Burgermeistere, Rate vnd Burger gemeit-
lich der stat zu Fridberg haben die gnad getan, daz sie die zwene
Jarmarkte in der stat doselbist zu Fridberg, der einer
angeet an dem nehsten suntag nach s. Walpurgtage vnd

Stoppelnberg, Peter Dythemar vnd Henne Deeze, vnd rechte notdorff des
Dorffs vnd der ganzen gemeynde zu Anrode, baz sie von den obg. Juden
eine ben. Summe Geldes gelliehen, „vnd als lange dit gelt vnbeza-
lt blybet stende, so gent in hellicher wochen off yeden gulden dry
alde heller zu gesuche, vnd her vor han wir en zu burgen gesast
Wiganden Inkus, Wigel Metzeler vnd den langen Dydrich burgere
zun Gyessen.“ (Die Siegel des Junker Ulrich von Buseck Wappeners
vnd des vorg. Wigand Inkus hängen wohl erhalten an.)

*) 1385 (23. Nov.) verkaufen „Dipmar den man Eschtsdorfer nennt
burger zun Grunenberg vnd Bechte sin Eliche wirten, eyne halbe
mark pfenninge gulde vsse vnsme huse dar Inne wir itzund wonen,
als daz gelegen ist vsse der Ecken geyn den brobschirnen, dye vsse
der andern Ecken gelegin sin, vsse dem kellere vnd vsse der habe-
stad, mit allen den rechten, alz vns daz Claus Eschtsdorfe vnser
sweher vnd sater vff had geerbet“ an Große Heinzen von den Gyessen,
Burger zu Grünberg, Gelen seiner Hausfrau vnd ihren Erben für
5 Mark Pfennige. (Das Siegel der Stadt Grünberg hängt un-
versehrt an.)

ber auber, an bem nehſten ſuntag nach ſ. Michelstage, vnd
bebe vierzehen tage zwen, furbas alle iarlich ir igllichen acht
tage lengen haben ſullen, mit allen freiheiten, rechten vnd
gewonheiten, als ſulche Jaremerkte, vormals von vns vnd
bem Reiche gefreiet ſein. Ouch tun wir yn bie genab, baz
ſie yn vnb wiber vz berſelben ſtat geleite geben ſullen aller-
meniclich, als in vnſer vnb bes Reichs ſtat zu Frankemfurtt
vf bem Moyn gewonlich iſt, vzgenomen ben, bie in vnſer
vnb bes Reichs acht ſein ober furbas boryn komen. Dorzu
erlewben wir yn, baz ſie von aller kawfmanſchaffte, von ber
bie wirte boſelbſt zu Fribberg hawsgelt pflegen zu nemen,
ouch gleicherweis bouon nemen ſullen vnb baz ſie ouch von
ſpecirri vnb ber ſmerwage boſelbſt, wo ſie vormals ii. haller
genomen haben, furbas iv. haller nemen ſullen.

Geb. zu Mulberg n. Chr. geb. m.ccc.lxviii. an v. her-
ren vffart abenb.

(Das kaiſerliche Siegel hängt unverſehrt an.)

Nr. 1067.

1378 (29. Mai.) Ich Jungeiohan Eugel Burger zu
Frybeberg irkennen, baz Ich mit virhenkernnße Hainrichs
mynes ſones, Hermans myns Eybens, Eylheybe myner
bochter, Frebeiachtes Engeln vnb Hennen auch myner ſone,
ber Erſamen frauwen Elſen zum Gwelbe Burgerſen zu
Frybeberg vnb yren Erben han virkaufft viii. achteyl korn-
gulbe vnb i. mark phenyggelbes allis ewiger gulbe, bye
ich vnb Gele myn eliche wirtin, ber got gnabe vor eyben
gekaufft han vmb Wernher Schützen von Orſtab vnb Elheybe
ſyne Elichen wirtin, als ber bryff beſagit, ben ſy vns batt
vbir gegeben hant, ber ba iſt beſygelt mit Conrabes von
Eleen Ritters vnb Wenzeln von Eleen Ebelknechtes Ingeſ,
ba vme auch by vnbirpfaube kunſlichen benant ſinb vnb ſint

gelegin in beme gerechte vnd termeneye bez dorffes zu Orſtad. — Zeugen: Wenzeln von Cleen Edelknechtes, Eberhard Swanen, Hentzen Scheffers, Heintzen Luben ſcheffin vnd hußgenoßen des gerechtes vnd Marke zu Orſtadt vnd Wernhers Schutzen burgers zu Frydeberg.

Dat. a. d. M.CCC.LXXIII, dom. die p. ascens. dom.

(Das Siegel des Edelknechtes Wenzel von Cleen, Vogts der Oestädter Mark, hängt unbeschädigt an.)   Orig.

Nr. 1068.

1373 (26. Sept.) Ich Ebirhart von Mirlauwe Rittir Bekennen, daz ich geluhin han mit willin vnd virhengniß Eberhärts vnd Johans von Mirlauwe gebrudere myner nebin vnd ganerben den halben zehinden zu Habinfelbe mit allen zugehorben vnd iii. malbir korn gulbe uff deme Cloſtere czu Wirberg, die virweſſelt waren vmb den zehenden zu Gebelinrabe, Clauſe von Saſſen eyme ſcheffin czu Grunenberg, Hildeburge ſiner elichen wirten vnd allin erin erbin bochtern vnd ſonen czu Rechtlichem lehene.

Geb. n. Chr. geb. m.ccc.lxxiii, uff den mantag vor ſ. Michelis tage bez h. Ertzengels.

(Geſiegelt hat der Ausſteller und die vorg. Ganerben.)

Orig.

(Beglaubigte Copie der Stadt Grünberg v. 1406.)

Nr. 1069.

1374 (17. März.) Ich Junge von den Saſſen eyn ſcheffen czu Grunenberg vnd Ich Vrſele ſin Eliche wirten Bekennen, daz wir han virkauft vnſen walt bye Stochuſin gelegen, der da heißet daz Nyder-Holz vnd wendet uffe frauwen Anthonien Nyetbeſeln holcz vnd gehn deme czolche abene vnd vnbene, vorne vnd hynbene mit beme bobeme als der

walt gelegen iſt, hern Dronede deme meiſtere des gothuſes
ſ. Anthonies czu Grunenberg vnd ſyme godeſhuſe vmme
rcvi. phund hellere. Diſſes czu orkunde ſo han Ich Junge
vorg. myn Ingeſigel an diſen bryb gehangen, dar bye han
Ich Ebirhard Ryedeſel wepener myn Ingeſigel gehangen vor
Vrſeln vorg. myne ſweſter, ouch bekennen Ich Claus vnd
Folprecht gebrudere von den Saſſen ſcheffen czu Grunen-
berg, das Junge vnſer bruder vorg. wir vnd anders vnſer
geſwiſterin Rechtlich eygin, das vns von vnſern albern uff
geErbet iſt zu Stokhuſen mit eyn gedeylet han vnd iſt
vnſer guder wille, das Junge vnd Vrſele vnſer bruder
vnd ſuſter vorg. den egen. walt virkauft han. Auch han
wir gededen bye ſtad czu Gruneberg Ir Ingeſigel ouch vor
vns an dyſen bryb henken.

Dat. a. d. M.CCC.LXXIV, in die b. Gerdrudis virg.

(Sämmtliche Siegel hängen wohl erhalten an.) Orig.

Nr. 1070,

1874 (20. Mai.) Wir Ebirhard vnd Heinrich gebrudere,
Heinrich Ebirhardis ſone uff deme habe, ſcheffen zu Hohin-
berg bekennen, das wir virkauft han alle vnſe lehen, dye
vns uff geerbet ſin von hern Nyclauſe Schauwenfuße czu
Alſfelt vnßme Orelter fatere vnd Frydebrechte von Saſſin
vnßme Elberfatere den god gnade, mit Rechten, fryheyden,
eren vnd noczen, dye dar czu gehoren, Clouſe vnd Folprechte
von Saſſen gebrudern ſcheffen zu Grunenberg vnſern lyeben
Omen, Hildeburge vnd Bechten iren elichen witten vnſen
lyeben ſuſtern vnd iren erden vmme rc. gude cleyne gulden,
der ſie vns genczlichen deczalet han.

Dat. a. d. M.CCC.LXXIV, in vig. penthecostes.

(Das Siegel des vorg. Eberhard, welcher mit ſeinem Bruder Heinrich
Ein Siegel gebraucht, fehlt.) Orig.

Nr. 1071.

1374 (26. Mai.) Ich Orthe von Hultzheim eyn bro=
bir, des Clostirs zu Schiffinburg, bekennen, daz ich virkauft
han Dulden Kursener Burger zu Mintzenberg, Gerten siner
elichen wertin vnd eren erben subenhalp Achteil korngeldis
vmb rrriv. phunt hellere, vnd ist geret, daz der kauff nit
lenger sol sten dan no biß s. Petirs dage noch winachten
gesellit ubir funff jar zu zelen nach gifte diß brifis. Dar=
vur zu sicherheit han ich zu burgen gesast Eckart Krelen,
Hentzen Melbecher vnd Contzen Metheger vnd han dar fur
of gelaßen vor den scheffenen zu Wanebach dise eckere ge=
legen in der Termenie des Dorfis zu Wanebach — of
beme selbe gen Berstat vnder deme henloe an deme Mel=
becherwege — neben deme Berstadirwege stoßet of hern Ri=
chart — yn den graben an frau Myen — stoßet of by hoe=
len weibe — zu ben stöen neben frau Myen — an ben
herren von Arnspurg — in bem graben an ben von Engel=
dal — yn ber wasserbunde — of ben spyeß by ben von
Engeltal — neben Libist Gyntramen — of beme selbe gen
Wolfirsheim abwenbig des Melbechirwegis an ben herren
von Arnspurg — an bem Wolfirsheimer selbe vnb wendit
Wigant Zymirman dar of — ubir by Dybißlaich by ber
Swartzenbergern — ubir by Dybes leych neben ben von
Engilbal — zu Henrode neben ber Wollenstebern — an
beme Rintwege an ben von Wylburg — an beme Berdei=
mer wege an ben hern von Arnspurg — by ber Swartzen=
bergern in bem Grunde — by ber warte neben ben von
Engelbal — of beme selbe gen beme walde — hinbir ben
wingerten — ubir by Frybebergir straßen — of beme schen=
kelsacke neben Juncher Walter Swartzenberger — vnber
beme cleistir loe neben ber Wollenstebern — an Baldemars
wege neben Libiste Gyntramen — vor deme Eyleßburne —

vur deme, herwege, an Contzen Loeger — vf der schengraben
ane Sigelen finden — an Baldemaris wege vnd wendit
der lodelnstude, dar vf, — an der beyschen. — Zeugen:
Bertholt Gelen, Heine Beckir scheffene zu Minzenberg vnd
Dymar, Hentze, Hegir, Clais Melbecher, Hentze Rebeler
scheffene zu Wanebach. *)

A. d. M.CCC.LXXIV, vi. fer. p. penthecost.

(Das Siegel der Stadt Minzenberg ist abgerissen.) Orig.

Nr. 1072.

1374 (28. Mai.) Jch Scharb Ritter, Conrad vnd
Heynrich von Elkerhusen Edelknechte gebrudere bekennen,
daz wir geben han dem vesten Edelknechte Wilhelm Weisen
vnserm swagere zu Katherinen vns swester ccccc. gudir
swerer clein gulbene, als sie zu Frideberg gut gebe syn, vnd
han dieselbin vnß schwester mit der egen. sommen gulbene
gewydempt vnd bewisen sie der, daz si daruffe haben sal
uff vnsen zehenden zu Langingunß mit allen synen zuge-
horden, den wir zu lehen han von vnserm herren dem Lant-
grauen zu Hessen vnd han des Jnsicherheid gegeben Ebirharb
Weisen Burgrauen zu Frideberg, Johan Weisen Rittere vnd

---

*) Am 1. Juni desselben Jahres bekennt der Amtmann Hentze
Benß und die obg. Schöffen zu Wohnbach „daz Orthen von
Hulzheim vorg. ist ufgelasen aue deme gerechte zu Wanebach
von dem vorg. Closter ir gut mit namen eyne hobe landis,
daz heisit dy frye hoebe vnd sal dyselbe halp sin vnd syner
erben engentliche sin vnd daz andir halp deil sal den juncfrauwen
wider gefallen nach Orthen bode, anderwerbe hant Jy Orten uf-
gelasen xxi. schillinge geldis, v. Genße vnd v. honre, Anderwerbe
allis ir gut, was sy han zu Wanebach, daz se da milde brechen
vnd boßen mag vmb ir schuff, dy sye schuldig sin also stere als
es gelangen mag vnd gesetlit die xxi. schillinge gelds von der
fugel wobschzen vnd von den garten dy darzu gehorint." (Das Sie-
gel der Stadt Minzenberg hängt beschädigt an.)

Gttbracht Welſen Edelknecht, des zenden vnß Ganerben, vmb
daz ez ir wille vnd gunſt iſt.

Geb. n. Chr. geb. m.ccc.lxxiv, am ſontage nehſt nach
Phinigiſttage.

(Die Siegel der Ausſteller ſowie der vorg. Ganerben fehlen.)

Orig.

Nr. 1073.

1874 (18. Juni). Ich Crafft von Hoinfelz hern
Lodewyges ſon von Hoinfelz, vnde Elſe ſin Eliche wirtin
bekennen, daz wir hern Heinriche Lantgrauen czü Heſſin
vnd Junchern Hermanne ſyme vettern vorkoyfft habin vnß
teyl des waldis genant der Snyeberg, daz vns vffir-
ſtorbin iſt von Craffte von Hoinfelz, hern Crafften ſone von
Hoinfelz vnß vettern den gob gnabe, vnd daz wir zu lene
han gehab von vnßme herrin vorg. vnd ſinen erbin.*)

Geb. an dem ſunt. noch Viti n. Chr. geb. m.ccc.lxxiv.

(Geſiegelt haben der Ausſteller, Craft Robe, Milcheling Schubsver und
Gerhard von Selbach, Ritter. Sämmtliche Siegel ſind abgefallen.)

Orig.

Nr. 1074.

1874 (24. Juni). Ich Gunter von Bleichinbach vnd
ich Conne ſin eliche wirten bekennen, daz herre Gobfrid
grebe zcu Eyginhain vnd frauwe Agneſe von Brunſwig ſin
eliche husfrauwe vns vnd vnſern erben han virkouft viii. phunt
heller geldes ierlicher gulde zcu gebene zcu vier gecziden in

---

*) 1383 (8. Mai) bekennen Johann von Hoenfels, den man nennt
Rumb, daß ihm L. Hermann von Heſſen abgekauft habe eyn holb
genant der Sneberg. (Das Siegel des Ausſtellers hängt ſehr
verwiſcht an.)

dem iare vnd ezue dryn gecziben in dem iare huenre vff
irme dorffe zcue Belmont vmb rc. phunt heller.

Dat. a. d. M.CCC.LXXIV, ipso die b. Johannis bapt.
apost.

(Das Siegel des Ausstellers fehlt.)   Orig.

Nr. 1075.

1374 (26. Juni). Wir Philips herre zu Valkinstein
vnd zu Minzenberg tun kunt, daz eyne virfaßunge gescheen
ist zußin vns vnd den burgern von Friebeberg, die zu
der zyt uff dem selbe sint gewest, da Freze Orthe selige von
Hasilstein vnser diener doit blieben ist vnd die sich vor die
geschieche vns uff vnser genade geyn Bußbach gefangen hatten
geben, daz die vorg. burger vns bezalen sullen eyne summe
geldes vnd daz wir dieselben entheben sollen aller ansprache
vnd forberunge dorvmb.[*]

Dat. a. d. M.CCC.LXXIV, fer. ii. prox. p. nativ. s. Jo-
hannis bapt.

(Das Siegel des Ausstellers fehlt.)   Orig.

Nr. 1076.

1374 (15. Juli). Ich Eckehard vnd Johan beyde ge-
nant von Helffinberg bekennen, daz wir virkoufft han vnse
gud gelegin zu Osse, daz vnser beydir was mib eyn anbir
vnd vor Jaren Kaczman offe saß, hern Volprachte von Terse
Rittere vnd sinen Erbin.

Dat. a. d. M.CCC.LXXIV, in divis. apost.

(Gesiegelt hat der vorg. Johann und Wydekind von Hohnfels. Beide
Siegel hängen unversehrt an.)   Orig.

---

[*] 1394 (ohne Tag) reverfirt sich Philipp von Fallenstein bezüglich
eines ihm in der Stadt Friedberg auf Lebenslang verliehenen und
daselbst „zuschen dem dutsenhofe vnd Friebracht Engeln" gelegenen
Hofes. (Das Siegel fehlt.)

Nr. 1077.

1874 (21. Oft.). In nomine domini amen. Conradus abbas fuldensis ecclesie recognoscimus, quod cum certi et annui redditus, necnon bona quedam immobilia inferius specificata ad fundacionem et dotacionem premissarie seu vicarie altaris in ecclesia parochiali opidi nostri Herberstein, in honorem beate virginis Marie necnon beati Nycolai episcopi ab olim dedicati et consecrati, promissa perpetua inibi celebranda donati et assignati sint, nobisque sit supplicatum, ut confirmacioni donationis et assignacionis predictarum intendere dignaremur, nos igitur supplicationibus huiusmodi racioni consonis fauorabiliter inclinati, attendentes pia christifidelium desideria, donaciones, legaciones et assignaciones huiusmodi collaudamus et approbamus, accedente ad fundacionem et dotacionem predictas scitu, beneplacitu et voluntate Andree veri rectoris ecclesie parochialis in Herberstein, ita sane, quod juspatronatus, collacio, prouisio et presentacio eiusdem premissarie, vicarie seu altaris apud nos et nostros successores perpetuo debebit remanere &c. Redditus autem et census annui necnon bona ad pretactam primissariam vicariam seu altare donati, legati et assignati hic sunt subscripti. Primo vnus ager terre arabilis situs in der fulnspach, qui quondam fuit Rudigeri Keysers — uff dem Blankenberge, qui quondam fuerat dictorum Nyszmanskinde — uff der Leymgruben, que quondam fuerant Ludowici Suren — an dem Albulderwege per Johannem de Vischborn militem ad predictam premissariam donatus.— in monte inter Albuldes et Oberndorff, qui quondam fuerat Goplonis Berngoss — ortus situs infra castrum nostrum in Herberstein, qui quondam fuerat Kunegundis, Ecardi et Gernandi — ortus situs an dem slage, qui quondam fuerat Wigandi Phansmid — ortus iuxta crucem situs, qui fuerat Wernheri Berngoss — ortus in via prout itur versus Breydinbach situs, qui fuerat Siplonis Kisteners — ortus situs ante valuam supériorem inter alies, qui quondam fuerat Goplonis Berngos — v. solidi hallensium reddituum annorum super orto quondam ante valuam superiorem dictorum der Fulnkern — vii. solidi hallensium super orto der Schererin sito versus fontem qui dicitur Stogkborn — xviii. solidos hallensium redituum annuorum de bono quodam in Breydinbach apud Siplonem Kistener comparato — iii. octalia siliginis anno de bonis quibusdam in Fildel et in Zoell dandis per Johannem de Vischborn predictum donata et legata — x. solidos hallensium de domo Johannis Lynenwebir, et prescripti redditus, agri, orti et bona sunt perpetui, hic vero subscripti recmi possunt, primo de bono vno in Gundulffs sito libra vna hallensium, due auce et metreta papaueris — de bono quodam in Obirndorff dicto fiedelersgut — de alio bono ibidem, quod dictus Sterre colit — que bona cum suis attinenciis ab . . . de Blankinwalt pro xxx. solidis turonens. antiquorum ad prefatam premissariam seu vicariam sunt comparata — xii. floreni reddituum annuorum de cxx. florenis per prefatum Johannem de Vischborn ad predictam vicariam assignatis — super domo Heinrici Buteners — super bono Johannis Richwins — super bono dicti Ditzen rodes — super domo Johannis dicti Lynenwebir — xxx. floreni quos Heinricus Hummel presbiter per nos de dicta vicaria prouisus ad eandem donauit.

Dat. et act. Fulde a. d. M.CCC.LXXIV, xii. kal. nov.

(Die Siegel der Aussteller und des vorg. Andreas, Rectors der Pfarrkirche in Herbstein, fehlen.)   Orig.

Nr. 1078.

1375 (16. Jan.). Ich Gylbracht von Rudehusen Commenthur vnd der prabist vnd die Brudir gemeynlichen bez husis zcu Schiffenburg Irkennen, daz wir han geluwin Clays Wobir, Lotzechin Bedir, Henne Schele vnd Criste Cristin

Mures son, burgern zcu den Gißen, vierbemehalbin morgen Landis, die sie zcu Erbe vón vns sullen han vnd sullin vns alle iar da von gebin x. schillinge heller an drittenhalbin heller, auch sullen sy vns alle iar geben eyn vaßenacht hun. Diese Eckere sin gelegen eyn morge an deme Leichinauwere wege an Johan Knollin vnd zwene morgen, die da stoßen abene an die Leichinauwer wesin vnd eyn halbin morgen gelegin hensiet der Lone vnd stoßit an daz gemeynweide zcu Achstad vnd in sullen wir en daz land nicht nemen vnd merern zins abir lebirn lantsediln. — Z e u g e n : Echarte Husir vnd Echarte von Buchßecke burgman zcu den Gißen, Echart Scheffin rnd Heyncze Meczeller scheffin zcu den Gyßen.

Dat. a. d. M.CCC.LXXV, fer. iii. a. Fab. et Sebast.

(Das Siegel der Aussteller ist abgefallen.) Orig.

Nr. 1079.

1375 (24. Febr.). Ich Heinze Sifrybes son vnd Meße min Eliche wirten geseßen czu den garten hindir der burg Fryteborg irken vns, daz wir schulbig sin alle iar zu gebene i. summern oleygelbis ewiger gulde vff s. Mirtins dag ober do vor zu dem geluchte s. Jurgen in der parre in der Burg zu Frybeberg vnd lit vor eine mesten zu vnderpande vnser hus vnd hoff, do wir itzunt inne wonen, dy min vaber bar vff virkauffte vnd by dem kaufe waz Heinze Lube, Gerlach Siße vnd by anber meste wart virkaufft vff dem roben gheren in dem rybe, vnd by dem kaufe waz auch Heinze Lube vnd Gerlach Sicze. — Z e u g e n : Gerlach Sicze, Wigant Sure, Henne von Menze, Ditwin Wigant Suren eyben.*)

Dat. a. d. M.CCC.LXXV, in die s. Mathie apost.

(Das Siegel der Burg Friedberg hängt unbeschädigt an.) Orig.

---

*) 1375 (24. Febr.) und 1378 (6. Jan.) fanden eine große Anzahl Verkäufe von Gülten beu. Bürger zu Friedberg zu den Garten

Nr. 1080.

1375 (14. April). Ich Hartman Bilgeryn czu Ru-
prachesburg bekennen, das ich ierliches gebin sal i. malber
korngulde Lozen Kalen burgere czu Grunenberg, Gelen siner
elichen wirten vnd iren Erbin uff vnßme habe vnd gube in

---

gesetzen an Crast von Rockenberg, Pfarrers der Burg daselbst, statt,
welche sämmtlich auf Gärten hinter der Burg „an dem Morloch"
„an dem roden stucke" „zu den ritgarten" „in dem bruchgarten"
„daz stocke daz man nennit der lange garten" „daz gylbet iß. heller
der Clusen vff den berge zu Ruheym" „eyn stucke daz man heyßet
der Aldenburg". (Das größere oder kleinere Siegel der Burg
hängt wohlerhalten an.)

1376 (13. Juli) stiften Gernand von Schwalbach Edelknecht
und Gezele seine Hausfrau für sich und Mengoz von Düdelsheim
ihren Vater ein Seelgerede von 24 ₰ Heller Geldes und 150
„houbete kappußes daz man nennit halbeubte, dy do gelegen sin zu
den garten vff eime stucke, daz man nennit dy gewende." (Die Sie-
gel des Ausstellers und der Burgmannen hängen unversehrt an.)

1380 (7. Dec.) verkaufen ben. Friedberger Bürger zu den
Garten gelegen hinter der Burg an den vorg. Craft, Pfarrer in
der Burg daselbst, verschiedene Gülten verunterpfändet auf Güter
„zu den ritgarten, dy man nennit pannensmiddes stucke vnd stoßent
mit eime ende vff den heysbusch — ein stucke daz heißen wir
Lucarte gewande vnd stoßet vff den roden geren — zwo gewande
gelegin in deme rybe, der heißit dy eine dy krum gewande vnd
liget an Gerlach schultheißen, vnd heißit dy andir gewande smal-
becke — ein halben morgen kappußlandes, daz man nennit der
behelmer."

Gleiche Verkäufe fanden statt 1381 (3. Mai), 1382 (13. Dec.),
1386 (8. Sept.), 1388 (25. März), 1389 (22. März), 1395
(22. Okt.), 1396 (4. Okt.) über „eyn stucke artackers gelegen czu
den gartin czwischen Hennen Lewensteyn vnd den kabbuz gartin —
eyn stucke artackers; dy da ligent by den morloch — von deme
nuwen stucke, daz man nennet an deme hemmelriche — genand des
Beyers stucke gelegen vff dem morloche by dem slage obwendig dem
wege gein Ruheim vnd gilbet vor xxi. schillinge hellere hern

deme dorfe czu Rupractesburg gelegen andersyt der
bruden Rybene in deme dorfe vnd heißet Hartman Bilgerins
hab, nffe eyme halben morgen landez hinder deme czune ge-
legen, uff eyme morgen landez an deme fadeburnen vnd an
deme Gymanshuser wege, nff anderhalben morgen geyn deme
ufelgraben an der Roben uff eyme morgen landez an deme
Roberwege, uff eyme halben morgin landez vndir deme ho-
hinrade, uff eyme halben morgen landez uff dem wag adere,
uff zweyn morgen czihen geyn Luternbach wert uff dem ho-
hinrade vnd uff eyme morgen in der wengen Kunenbach. —
Zeugen: Johan Johans son in dem habe, Gerlach Fry-
derich son u. a. m.

Dat. a. d. M.CCC.LXXV, in vig. palmarum.
(Das Siegel Junkers Wenzel von Engelnhausen des ältesten ist abgefallen.)
Orig.

Craffte von Hatsfelt, frauwe Guden Herdan vnd frauwe Elsen yrer
gesnithen vnd zu. schillinge dem pherner zo Ogstat vor den zehenden
— in den Rytgarten eynen halben morgen sewelandes an Wigant
Suren vnd an dem Cranich — daz halbe teil an dem hoife, der
Wigand Suren selgen waz myn Henne Suren dez Eldesten sater
— daz drytteil an dem mulnstude — in der Beymbach." —
Zeugen: Ebirhard Lewe burggrane zu Frideberg, Conrad von
Cleen Ritter, Henne von Cleen vnd Wluther von Filmar vnd
auch Heintze Konzeln, Dilgen Heintze vnd Heintze Konzels elden
zum garten gesezen. (Gesiegelt haben Henne und Hartmann
Engel Gebrüder von Saffen).
1391 (23. Febr.) stiften „Sibolt Lewe von Steynsford Rittir
vnd Gerte sin eliche wirten eyn seelgerede eyme iglichin pherner in
der Burg zu Frideberg vnd allen altaristen daselbs vor hern Si-
bolts Lewen von Steynford, frauwen Jutten syner elichen wirten
myn Sibolts vader vnd muder vnd frauwen Stillen myn Sibolts
ersten wirten was, auch Adolffs Ruwen vnd Lynen syner elichen
wirten myn Gerten vader vnd muder den allen got gnade, vnd
sezzen zu vnderpande eynen halben morgen tappuß landes, der da
liget zun Garten hinder Wenczeln hus an dem ende vnd zuhet, biß
uff den großen garten."

Nr. 1081.

1375 (25. Juli). Jch Eygel Deichwecke Burger zu Fredeberg Bekennen, daz ich virkauft han deme Commerture vnd deme Cauente zu deme butzenhufe zu Saffinhufin by Franckenfurd gelegen ii. hube Landis, gelegen in deme gerichte vnd termenye bez dorffis zu Acarben vnd han darzu den vorg. herren zu Burgen gesast Henne genant Orstab vnd Ebirharden Eichennern Burgere zu Fredeberg.*)

Dat. a. d. M.CCC.LXXV, ipso die b. Jacobi apost.

(Die Siegel des vorg. Henne gen. Ockstadt und Rulen zu dem eisernen Hut, Schultheiß zu Friedberg, hängen wenig beschädigt an.)

Orig.

---

*) Am 28. Sept. desselben Jahres verkauft der vorg. Elgel Deichweck an den vorg. deutschen Orden „ivi. morgen landis vnd eyne halbe Ruden Landis arthafftis ackirs vnd v. morgen wiesen vnd xxv. Ruden wiesen gelegen in der Termenie des dorffis zu Acarben vnd Eyne hoffreide gelegen daselbis nebin dem probiste von Elwinstat vnd Eyne hoffereide, hus vnd Garten gelegen by der kirchen zu Acarben vnd Eyne hoffreide gelegen zu Hulshofen" um 192 fl. (Die Siegel des Ausstellers, des Ritters Helfrich von Dorfelden obersten Grafen in dem freien Gerichte zu Kaichen und Heinrichs Deichwecke, des Ausstellers Vetters Sohn, sowie Eckarts von Ockstadt seines Oheims Sohn, Bürger zu Friedberg, hängen beschädigt an.)

1392 (28. Nov.) verkauft Paulus Deygwecke von Friedberg an Gerlach von Fritzlar, Burgschreiber zu Friedberg, „vii. morgen vnd sehendehalben ruden wisen als mir die von myme vader selgen irstorben sin, gelegen in velde vnd gericht zu Acarben zuschen den zwen helzern neben dem probst von Ruwenburg, item anderhalp morgen vnd xx. ruden genant an den krommen wisen, Item vii. virtell virdehalb ruden an der wessel wisen, Item anderhalp morgen vnd xxii. ruden vf der henfider wisen vnd setzen als Burgen Heynrich Delgwecken mynen Bruder Bürger zu Frideberg. — Zeugen: Wolfram Grene zu Acarben, Wigel Royspecher der alde, Bechtolt Wolframs shon, Henne Welker, Henne Bynsel vnd Hebeluhenne Nachgebure da selbs." (Gesiegelt hat der vorg. Heinrich Deichwecke und Junker Berlt Weise von Fauerbach. Die Siegel sind abgerissen.)

Nr. 1082.

1875 (17. Sept.). Ich Johan von Dontzelshusin Bekennen, das ich hain uorsast vnsir brittel des gerichtes vnd lube czu Iffe, das vns phandes stunt vnd vns uorsast hatte Johan uon Eppe, vnd hain das getan mit willen vnd wissen Conrals, Johans vnd Echarbis gebrudere uon Eppe, dem erbern ritter Volprachte non Thersse, Jutten siner elichen husfrauwen, Wernhere uon Thersse, Metzen siner elichen husfrauwe vnd allen eren erben uor xvi. gulben. — Zeugen: Sifrib der hont burgermeister czu der zcyt czu Battenborg, Johan der Junge von Weiffenbach vnd Johan Sibobe Scheffen da selbis u. a. m.

Dat. a. d. M.CCC.LXXV, ipso die Lamberti episc.

(Die Siegel des Ausstellers und Sigfrieds von Bidenfeld, Amtmanns zu Battenberg, hängen unversehrt an.) Orig.

Nr. 1083.

1875 (23. Sept.). Wir Angnes von Falkinstein frawe zu Myntzinberg dun kunt, daz der Commentur vnd der Conuent zu dutzschen huse zu Saffenhusen gelegen by Frankinforb vns an gereybem gelbe hant geluhen crl. gulben, der gein han wir In die fruntschafft getan, daz vnsir dorff vnd Lube zu Nybbern Wollinstat sullen Malin in irer Molin daselbis gelegen oben an dem dorffe. Auch han wir ben obg. herren gesprochen, wanne vnsir sone Eyner obir me zu der herschafft komen, so sullen sie bie vorg. herren an byfen vorgeschr. bingen auch feste vnd hebinbig machen, glicherwys als wir getan han.

Dat. a. d. M.CCC.LXXV, dom. die p. diem b. Mathei apost. et evang.

(Das Siegel der Ausstellerin hängt wohlerhalten an.)

Orig.

Nr. 1084.

1375 (30. Oft.). Ich Ebirhart Rybeſil vnd Gude ſin eliche wirten bekennen, daz vns Juncherre Herman lantgrebe zu Heſſen vorſaſt hait ſin dorf Reynharſtheyn mit aller ſyner zvgehorunge vor crlviii. gulden die vns vnß egen. Juncherre ſchulbig iſt.

Geb. n. Chr. geb. m.ccc.lrrv, dinſtags noch Symon vnd Jude.

(Das Siegel des Ausſtellers hängt ſehr beſchädigt an.)

Orig.

Nr. 1085.

1375 (31. Oft.). Ich Contze Eckarb Sparren ſon vnd ich Elſe ſin Eliche wirten bekennen, daz wir han virkauft eyn achteil korngulde vnd eyne ganz gulde uffe alleme deme, daz wir han zu Fryenſehinde, daz vns uff irſtorbin iſt von Elſen Schulern vnſer ſwiger vnd muter, daz iz von Heinzen Selginſtedere vnd Hebewige ſtner wirten irem ſater vnd muter uff irſtarb, Loczen Kale burgere czu Grunenberg, Gelen ſtner elichen wirten vnd iren Erben vme iii. marg phennynge. — Zeugen: Johan Chilams der ſteb ſchryber czu Grunenberg, Heinrich Lemichin, Sifryb Lur czu Laupach u. a. m.*)

Dat. a. d. M.CCC.LXXV, in vig. omnium sanct.

(Das Siegel des Junkers Heinrich Heſſen hängt unverſehrt an.)

Orig.

---

*) 1375 (29. Nov.) verleiht Loße Kale an Gerwig von Flenſungen „ii. morgin landes czu Fryenſehinde gelegen, eyner bye der Stogwiſen vnd eyner uffe der flurſcheyde, eyne wheßen vnder den bornhecken da ſelbes, eyne wyſen vnder den cleynen Ruden geyn der ſtrud vnd eyne wiſen czu Crußeſehinde gelegin.“ (Das Siegel Junkers Claus von Gaſſen hängt unverſehrt an.)

1386 (12. Aug.) bekennen Hartmann Reumann und Elſe ſeine Hausfrau, daß ſie an Conrad, Pfarrer zu Gonterskirchen, Loßen

Nr. 1086.

1875 (10. Nov.). Ich Hartman von Loybirbach der albe, Hartman von Loybirbach sin vettere der Junge vnde Hartman Baldemar bekennen, daz vns Juncher Herman der lantgrebe ezu Hessin hob vorsaz sinen teyl sines gerichtis zu Kirchtorff mid alle siner zubehorunge vnd mid sinen eygin luden, dy in deme egen. gerichte gesezin sin, vor vnß schult, die her vns schuldig ist.*)

Dat. a. d. M.CCC.LXXV, in vig. b. Martini episc.

(Die Siegel der Aussteller sind abgefallen.)   Orig.

Kalen seinen Schwager vnd dessen Hausfrau Gelen, seine Schwester ein Achtel Korn jährlich geben sollen, veruntterpfändet auf Güter zu Freiensen, nämlich „von eyme huse vnd hobe — von eyme garten an der Horbechern uff — von yme sirtel eyuis zisedbaumes der do Junne stet — uff Junchern Henrich Hessen acker — uff deme waldensloe — bie deme wildensloe — bi deme grunenberger wege — bi deme bechirbaume — an Loze Kalen — in der gisenstrud bie Hentzen Suldir — obene geyn deme kuglsberge — uff der bach bie Junchern Henrich Heße — uff der Ribbern Roden bye myns bruder Hentzen — zu den Hueten uff der wesen — uff deme Getzensloe — an der spilleru laut — an den sellenrober weg — zu fulmanshecken — an der heltrut — eyn wesen gelegen in deme hauge — vnder dem winhartisberge." (Das Siegel Clais von den Gassen, Schöffen zu Grünberg, hängt verwischt an.)

*) 1388 (4. Juni) reverfiren sich „Hartman von Loubirbach der albe, Gerdrud sin eliche wirten, Johan von Loubirbach Hartmans son vnd Meze sin eliche wirten" wegen des ihnen von Gottfried, Grafen von Ziegenhain, geschehenen Versatzes des Dorfes Kirchdorf mit aller Zugehör. (Die Siegel der Aussteller sind abgefallen.)

An demselben Tage versprechen dieselben Graf Gottfried zu Ziegenhain die Lösung des Dorfes Kirchdorf zu gestatten. (Die Siegel der Aussteller sind abgefallen.)

Nr. 1087.

1376 (10. März). Ich Lotze genant Zymerman, Metze myn eliche wirten Erkennen, daz wir geben follen alle jar jerlicher gulde i. fterbeng fchilling penninge vff f. Martines dach dem clofter zu Marienfloß by Rockinberg von eyner habeftab, die da hatte Johan genant Gleffer dem gob gnade vnd finen erben.

Dat. a. d. M.CCC.LXXVI, fer. ii. p. dom. reminiscere.

(Das Siegel Johannes Lempe, Pfarrers zu Rockenberg, hängt beschädigt an.)

Orig.

Nr. 1088.

1376 (29. März). Ich Guntram Schеynke von Sweynsperg vnd ich Luckard fin eliche wirten bekennen, daz wir Claufe von Saffen fcheffin czu Grunenberg, Hildeburge finer elichen wirten vnd iren Erben verfezt han by zwey waßere, dye wir vmme Bertholden von Merlauwe han gekauft, der eyns ane geb zu Nybern Amen ane deme ftege vnd wyndet an deme waßere, daz hern Johans von Merlauwe was, So geb daz ander waßer an czur fteynen brncken vnd wyndet czu Merlauwe ane der brucken geyn dem hohin Reyne, vor febinde halph phund vnd dryßig hellere, by fie vns dar uff gelyhen han. Ouch bekennen wir, daz wir Claufen vnd Folprechte von Saffen vnd iren Erbin geluhen han daz waßer, daz by Schmide (Sehinde) heißet vnd zu deme Sloße zu Merlauwe gehuret, daz fie daz habin follen by wyle wir Merlauwe Inne han, wan aber vnß herren by lantgrebe Merlauwe von vns abir vnß erbin lofen, fo follin fie daz egen. waßer mit dem floße Merlauwe laßin wieder kommen.

Dat. a. d. M.CCC.LXXVI, fabb. a. dom judica.

(Das Siegel des Ausftellers ift abgefallen.)   Orig.

Nr. 1089.

1876 (29. Mai). Wir Engilhart herre zu Lysperg bekennen, daz wir mit der Stat zu Frydeberg gütlich gerychet vnd gesunet sin vmb alle vfsleuffe vnd zweyunge, die sich zuschen der vorg. stat vnd vns irlauffen hat vnd ist geredet, daz wir Engilhart vorg. sullen vnser burgerschafft zu Frydberg entphahen in der stat da selbiz vnd vns der gebruchen alz eyn Edel burgir vnd sy getruweliche virantworten, auch sullen die burgermeister vnd Rat zu Frydeberg vns Engilharten vorg. getruweliche virantworten alz eynen Etil burgir nach Ir stede gewonheit. Auch sal vnß hoff der In der stat zu Frydeberg gelegen ist, fri sin hofestat geldez vnd erbegeldez, waz da vone geborte zu bune.*)

Geb. n. Chr. geb. m.ccc.lxxvi, vff den durstag vor dem h. Pingest dage.

(Das Siegel des Ausstellers hängt beschädigt an.) Orig.

Nr, 1090.

1876 (23. Aug.). Ich Conze Hane von Birklar vnd Else eliche lude bekennen, daz wir han virkouft Guden Kipen vnd eren erben i. achteil korngulbe vmme viii. gulden vnd dar vor setzen wir in zu vnbirpande die habereibe, die vor zyben waz hern Emeriches von Soebel, der eyn bechin waz zu Lieche, gelegen zu Birklar vnd iv. ruben habestab gelegen an der selben habereibe vnd besitzit dieselben zu biffir zit Herman Rußman eyn schefer.

Dat. a. d. M.CCC.LXXVI, in vig. b. Bartholomei apost.

(Das Siegel der Stadt Lich ist abgefallen.) Orig.

---

*) 1376 (4. Juni) bekennt der vorg. Engelhard von Lisberg, daß die 10 ß Heller, welche die Stadt Friedberg ihm wegen der durch seinen Vetter Friedrich von Lisberg zwischen ihnen gemachten Sühne zu geben schüldig sei mit 100 ß abgelöst werden könnten. (Das Siegel ist beschädigt.)

Nr. 1091.

1376 (24. Aug.). Ich Ebirhard von Mirlauwe Ritter, Folprecht von Saffen vnd Johan von Kesterich Scheffin zu Grunenberg dun kunt, also als wir Samuele deme Juden czu Marpurg, Snden finer Elichen wirten vnd iren Erbin lange czyt burgen geweft fin vor Johannen von Mirlauwe Ritter deme gob gnade mit anders vnßern mybeburgen mit namen Peter von Herßenheyn, Fryberiche Ryebesele Rittern vnd Clause von Engelnhusin den gob barmeherßig fte, vor cc. gnde cleyne gulden vnd vor den schaben, der dar uff ift gegangen, fint phingeften neheft virgangen in daz brißehenfte jar, vnd wir vns vor daz vorg. geborgeße ircleb han in alle dye gud, dye her Johan vorg. hatte in deme dorfe zu Mirlauwe vnd darvore, mit namen in zwene welbe, dye da behalben rrrvi. morgen vnd uff dru felt ackers vnd gelendez uffe iclich felt befunbern rrrvi. morgen landes, vffe wyefen czu rii. fubern hauwes, in Eyne molen, dye gelegen ift vor deme dorfe czu Mirlauwe vnd genand ift dye Nuwe mole vnd in alle dye garten, dye czu dyefeme vorg. welben, Eckern, wyefen vnd molen gehorin, als wir dye mit Rechteme gerichte irworbin vnd irforbert han vnd daryn geweret vnd daryn in geynwortekeyd Johans von Mirlauwe vorg., franwen vern Bechte felgen finer Elichen wirten mit kuffen vnd mit ftulen dar yn gefaft fin, als daz gerichte wifete vnd fte vus dye felbir an deme gerichte mit hanben vnd mit geren Reychelen vnd wir fint der czyt biz an dyfen hubegen tag geruweliche dar Inne gefeßen vnd wir dye in vnfer gewalt gehabt han jar vnd tag vnd aber jar vnd tag, also biz an nun jar obir leuger an älle Rechte anfproche, als antwurten wir dye vorg. welbe, Eckere, wyefen, molen vnd garten mit alleme deme, daz darczu gehoret, Samuelez Guben den Juden egen. vnd iren Erben mit hanben vnd

geren vnd vßern vns der hube czu tage gentzlichen vnd gar
vnd wollen fie weren jar vnd tag als bez landez Recht vnd
gewonheid ift. Auch han wir virnommen, daz her Johan
vorg. folle Wentzeln von Wynthufin Eckere vnd wifen ge-
gebiñ han, dye alda zu M i r l a u w e vor deme dorfe gelegin
fint, der czyt, daz wir mit gerichte dar czu kommen fin, daz
ift gefchehin an vnfern willen vnd wißen vnd waz der Eckere
vnd wiefen fint, dye han wir irfordert mit gerichte glich
deme andern vnd han fie den vorg. Juden geantwurtet. —
Z e u g e n : Claus von Saffen, Eckard von Buren vnd
Thiderich Hunjchin fcheffin czu Grunenberg.

Dat. a. d. M.CCC.LXXVI, in die b. Bartholomei apost.

(Die Siegel der Ausfteller und der Zeugen hängen wohlerhalten an.)

Orig.

Nr. 1092.

1877 (18. Jan.). Wir Eberhard herre zu Eppinftein
Erkennen vnd veriehen vns , vor vns, vor Eberhard vnfere
Son vnd vor alle vnfere erben, daz wir von rechter
redelichen fchulde wegen fchuldig fin vnd gelden follen vnd
wollen dem veften ftrengen Ritter hern Johannen Brendeln
von Hohenberg dru hundert phunb heller vnd nun vnd
drißig phunb heller guder frankenfurter werunge, die er vns
an gereyden gelde geluwen hat an vnfern buwe zu Hohen-
berg, da er daz Jnne hatte vnd vns daz wol kuntlichen be-
rechent hat mid vnfern burgmannen vnd burgern zu Hohen-
berg, dar vor zu merer ficherheid So han wir Eberhard
vorgen. vor vns, vor Eberhard vnfern fon vnd vor alle
vnfere erben dem vorgen. hern Johan ober finen erben
zu guden vnberphanden gelacht vnd legen mit dieß vffm
breue vor die vorgefchriben dru hundirt phunb vnd nun
vnb drißig phunb heller vnd han wir yme vnd finen erben

ble vff geben mid halme vnd mid hauwe vor dem ſchultheiße vnd den nachgeburen zu Eſchebach mid namen vnſere zwoe hube zu Nydern Eſchebach mid allen den zugehoren als hernoch geſchriben ſtet.

Dat. a. d. M.CCC.LXXVII, ipso die Prisce virg. et martir.

(Die Siegel der Ausſteller, Erwin Lewe von Steinfurt, Wilderich von Bilmar Ritter und Friedrich Clemme von Hohenberg, Edelknechte, hängen wohlerhalten an.) Orig.

Nr. 1093.

1377 (22./25. März). Ich Burghard von Bucheſecke, Gele myn Eliche Huſfrawe, Gernand von Bucheß, Katherine myn Eliche huſfrawe Erkennen, ſolich gelt mit namen crl. gulden als Hartmanne von Lauberbach vnße ſwagere werden ſollen zu Contzeln ſyner huſfrawe vnßer ſuſter, daz wir dem ſelben Hartmanne vnd Contzeln vnd yren erben geſaſt han r. malder korngeldes Jerlicher gulde, dye en geſallen ſollen vz vnßme hobe vnd gut zu Alben Bucheß, da itzunt off ſitzet Eckard Hillenſon.

Dat. a. d. M.CCC.LXXVII, dom. palmarum s. ipso die annunc. Marie.

(Geſiegelt haben Burkhard, Gernand, Hermann und Eckhard von Buſeck. Die Siegel ſind ſämmtlich abgeſchnitten.) Orig.

Nr. 1094.

1377 (8. Mai). Wir die Burgermeiſter, ſcheffen vnd Rad zu Frydeberg Bekennen, alſo alſe wir zu burgen virſaczt han Johan Brendel Ritter von Hohinburg, Conrad von Cleen, Gilbracht Lewe von Steinfurt den man nennet In der gaßen Rittere, Beyßeln von Hohinburg Edelknecht, Henrich zur zit den alben, Walther Swarzenberger, Clays Maſſinhelmer, Bern zu Sonneberg, Heilman Marckeln,

Clays Bern den Jungen scheffen, Anshelm Rulen, Conrad zum Birbaym, Henrich stiffson zur Zit, Engel Oestat, Bertholb Hornung, Sipel Rancze vnd Conrad Cruzenechir Rat·lube, vor zwei dusint gulben, des Reden wir die vorg. vnß burgen hy von zu entheben vnd schadeloß zu halbene.

Dat. a. d. **M.CCC.LXXVII**, an frit. n. vnß. h. vffartes dage.

(Das Siegel der Aussteller liegt unversehrt bei.)   Orig.

Nr. 1095.

1377 (11. Mai).   Ich Jutte von Mulynbach vnd Ingebrand myn son vnd sin eliche huysfroywe Bekennen, daz wir fruntlich gescheiden sin myt Heynriche von Loybirbach vnßme bruder vnd ohmen, Ostirlynde siner elychen werthin vnd eren Erben vmme soliche gud, dy Hartman von Loybirbach schultheize deme got gnabe Heynriche syme neben vnd synen rechten erben gegeben hat vm anber gub, dy sy myt eyn anber hatten zcu **Hohinburg** vnd darvmb, also daz sy dy gud benamen zcu **Hebegershusen** daz gub, daz itzunt gewinnet Heintze von Hebegershusyn vnd ein gub zcu **Kirchdorf**, daz Henne Celler gewinnet vnd zcwey teil eyns gubes zcu **Kirchdorf**, do Harthrob vsse siczit, daz vnß daz dretteil ist .... haben sollen ewiclich vnd erblich an alle ansprache, also daz wir keyn recht me barane haben noch behalden, sint me waz wir hy myt einander haben, daz sal des vorg. Heinriches syner huysfroywen vnd iren erbin vnd vnß vnd vnser erbin halb vnd halp syn. Duch sal der walt zcu **Dubynbal** zcunor Heinriches vnd syner erben ein sesteil sin vnd vortme sal he vnser beider halb vnd halp sin. — **Zeugen:** Gunthram Kezselring, Johan von Lynben, Conrad von Hirtzenhayn, Eckard Swerz ... burgmanne zcu Hohinburg.

Geb. n. Chr. geb. **m.ccc.lrrvii**, an dem montage vor phingestin.

(Gesiegelt hat der Aussteller und Johann von Linden, aber nur des Letzteren Siegel hängt noch an.)   Orig.

Nr. 1096.

1377 (26. Mai). Ich Hartman von Loubirbach vnd Gele myn eliche wirten irkennen, daʒ wir han virkoufft alle vnſe gub in Lumborffir gerichte gelegin obir wo es gelegin iſt, daʒ vns vffirſtorben iſt von Agneſe min Hartmans ſwegir vnd myn Gelen muder, daʒ von erin albern here kumen iſt, Johanne von Antʒenfar vnſeme ſwagir vnd brudere vmme eyne ſummen gelbis. Duch iſt biſer koufft geſchehin mit willen Hennen vnſes ſones. Hervbir ʒcu orkunde han ich Hartman vorg. myn ingeſegil an biſen. brib gehangen vnd han ich Gele vnd Henne vnſe ſon vorg. vmme daʒ wir nit eygener ingeſegil enhen, gebebin Helwigen von Loubirbach vnſen ſwager vnd neben, daʒ he ſin ingeſegil. fur vns an biſen brip haib gehangin.

Geb. n. Chr. geb. m.ccc.lxxvii, vff ben binſtag vor vnſes herrin Lychamen bage.

(Die Siegel hängen wenig beſchädigt an.) Orig.

Nr. 1097.

1377 (26. Mai). Ich Eckarb Orſtaib eyn priſter vnd altariſte ber parkirchen ʒu Fribeberg bekennen, daʒ ich virkauft han bem altar aller heilgen ber Ritter vnd geſelleſchaft von ber grünen Mynne bes ſelben Altars Cappelan vnd beſitʒer vnd Bumeiſtern bes Richs Burge ʒu Fribeberg von bes ſelben altars wen gelegen baſelbs, mit namen iii. achteil korns jerlicher gulbe vnd han barvmb von hern Gerlach Burgſchriber itʒunt bes ſelben altars Cappelan enphangen zwentʒigiſtenhalben gulben vf wiber kauffe vnd han ben megen. keuffern vnd altare ʒu vnbirphanbe geſaſt Eygen lanb gelegen in Orſteber Terminie — eyn ſtüde heißet der Bluwel vnd lit by hern Cónrab vnd Jonghern Wentʒeln von Cleen vnd Walther Swartʒinberger vnd ʒuhet gein ber

Marpurger straßin — bie Wenzil Gulychter vnd Heynze Scheffer gesezin in der Burg — bi Jonghern Wenziln gaben vnd stoßet an Jonghern Wenzeln gelenbe.

Dat. in crast. Vrbani a. d. M.CCC.LXXVII.

(Die Siegel des Ausstellers und Junkers Wenzel von Cleen hängen wohlerhalten an.) Orig.

Nr. 1098.

1877 (1. Juni). Jch Sybolt von Winthußen Bekennen, baz mir Jungher Herman Lantgraue zcu Heßen virsaz haid syne dorffe vnd gerechte zu Heybilbach mib alle siner zcubehorunge vor ccclxxx. gulbin, by he mir schuldig ist vor alle myne schuld vnd anesprache, by ich zcu eme gehat habe, uß genommen waz schabin ich ymme kryge genummen habe, als mib dem grebin von Solms, vnd sal by egen. dorffere mib iren zubehorungen schuren vnd schirmen, als myn eygin gub, vnd sullin myr obir myne erbin alle Jar gebin xxxi. punb hellere, ouch ensal ich sy nicht legern abir herborgin, ban wir sullen sy by albir buße, rechten vnd gewonheyde laßen blybin. Ouch insullen wir sy zu keyme binste bringen vßwenbig bez gerichtis, sy entun iz ban vnbetwongen, ban vnsir egen. Jungher sullen sy bebin zu binste eyschin vnd ouch legern, wilche ezyt sye bez geloftit, also wan her anbirs syne gerechte uff byßit spißes bebit vnd eyne fulge heyschyt, so sollen sye eme fulgen vnd furen zu syner noid, vnd sal man baz myr obir myme knechte, ben ich bar seczin aber gesaft habin, virkunbigen vnd wyßen lan.

Dat. Marpurg a. d. M.CCC.LXXVII, ii. fer. p. corp. Christi.

(Das Siegel des Ausstellers hängt unversehrt an.)

Orig.

Nr. 1099.

1377 (19. Juli). Ich Dytmar Lyberbach Bekennen, daz ich mit dem hochgeborin furstin Junchern Hermanne Lantgrefin zcu Heffin gerechnit han vmb alle schult, ansproche, zcerunge, koste, schabin vnd virlust, vzgabe vnd Innome geyneynanbir gerechint von dem ampte zcu Alsfelt vnbe anbirs vmb allez daz, do ich eme umb zugesprochin han bis of bysin hubigin tag, vzgnomen myne habe, die ich by myme Junchern in syme binste virlorin habe in dem Solmzin krige, also daz myn Juncherre vnb sine erbin mir vnd myn erbin schulbig blyben seß hunbert schillinge tornose, vnb hat vns do vor zu phanbe gesaßt sin gerichte zcu Alsfelt vffme hoyge mit alle siner zugehorunge.

Dat. a. d. M.CCC.LXXVII, dom. die a. diem b. Marie Magdalene.

(Das Siegel des Ausstellers hängt wohlerhalten an.)

Orig.

Nr. 1100.

1377 (31. Oct.). Ich Hennechin von Riffenberg Edelknecht bekennen, vmb alsoliche penbunge, alz ich han zu hern Karl Romischem keisir, darvmb ich der stat zu Frebeberg vient worden waz, des enwollen ich ober myne erben von der panbunge wegen zu der vorg. stat nummer me gegriffen obir yn keynen schaben zu fugen jn keyne wise. *)

Dat. a. d. M.CCC.LXXVII, in vig. omnium sanct.

(Gesiegelt hat Ritter Cuno von Reiffenberg, Neffe des Ausstellers. Das Siegel fehlt aber.)

Orig.

---

*) 1378 (30. Juli) verpflichtet sich Ruprecht von Carben, so lange er lebt nicht wider die Stadt zu dienen und allen Schaden von ihr abzuwenden. (Das Siegel ist abgefallen.)

Nr. 1101.

1377 (15. Nov.). Ich Gotfrid von Stogheim Ryttir der Elbiste tun kunt, daz ich gesetzet han ein Ewege tunnen heringes zu rechtem selgerede die kauffmannes gut sy ierlicher gulbe zu gebin den Geistlichin Juncfrauwen, deme Conuent gemeinlichen dez closters genant Mergensloß by Rockenberg gelegen alle jar achte dage vor faßnacht vnd han yn dar vor ze vndirphanbe gesatzet alle myne gube, die ich kauffte vmb Conraden von Rubinsheim ein Ryttir vnd Angnesen syne Eliche wirten, die in deme torffe, gerichte vnd ter-minye dez torffes zu Rockenberg gelegen sint.

Geb. n. Chr. geb. **m.ccc.lrrvii**, off den suntag n. s. Martins dage des h. bischoffes.

(Das Siegel des Ausstellers hängt unversehrt an.) Orig.

Nr. 1102.

1378 (20. Jan.). Ich Heinrich Kelner vnd Metze sin eliche wirtin bekennen, daz wir han virkauft i. achteil korn gulbe vnd i. gans zu gulbe vffe vnsern eckern, die gelegin sin ezu Rupperachtisburg vßwendig dez dorffes mit namen vff v. fertel lanbis by der brencke gaßin, vff i. firteil ouch by der brencke gaßin, vff iii. ferteil an der Kugeln, vff iii. ferteil an deme lyße, vff i. margen lanbis an der bun-ben, vff i. ferteil hinbir der hecken vnd vff i. krummen hal-ben margen, an Lutzen Kalwen burger ezu Grunenberg, Gelin siner elichen wirtin vnd iren erbin, vmme viii. phunt hellir. — Zeugen: Gerlach Frederich, Johannes Johannis son ezu Rupperachsburg, scheffen ezu Laupach.

Dat. a. d. M.CCC.LXXVIII, in die s. Fabiani et Se-bastiani mart.

(Das Siegel Junkers Gottfried Strebekotz hängt unversehrt an.)

Orig.

Nr. 1103.

1878 (23. Febr.). Wir Brubir Droneb von Torchifelen ein meifter deʒ Göʒhufiſ ſ. Anthonyʒ cʒu Grunenberg Bekennen, daʒ wir mit wißen vnd rabe Bruder Pebirʒ prabiſtis, Bruder Wilhelmiſ Ruhen von Frauwenberg vnſiſ vorg. orbinſ vnd hufiſ Brubere vnb Conrabiʒ von Franckenberg vnſirʒ Cappellaniʒ, ber by ferte ribin ſal cʒu Mindin vnd cʒu Paleburnen, han virkauft lrr. guben gelbiʒ Ierlicher gulbe alle jar in ben wißenachten heilgin bagen cʒu beccʒalinbe Gibelen cʒyme Ebere, Criftinen ſiner Elichin wirten, Burgeren cʒu Franckenforb vme ſebin hunbirt kleine gulben, vor by vorg. gulbe vnb ſumme gelbiʒ, by vorg. gulbe wibbir cʒu keuffen, ſint ſachewalbin vor vnʒ vnb vnſe egen. huʒ worbin her Iohan von Holcʒhuſen ſcheffen cʒu Franckenforb, Wyganb cʒu Swanenauwe, Iekelen Lencʒelen vnb Iohan Drache, Burgere baſelbiʒ. Ouch han wir vnb vnſe egen. Brubere vnb Cappellane in gubin truwin gelabit, by vorg. gulbe alle gutlichin cʒu gelben vnb auch wibbir abe cʒu keuffen, ſo wir allir erſt mogin vnb alliʒ baʒ gelt, baʒ gefellit von ber farb cʒu Mindin vnb cʒu Palburnen, baʒ ſullen by Cappellane, by by cʒwo ſirte ribin, in eine gemeine hanb legin mit namen Clauſiʒ von Saſſen, Eckarbiʒ von Burin ſcheffen vnb Iohaniʒ Goltſmebiʒ Burger cʒu Grunenberg vnb by ſollin by vorg. gulbe bavon beccʒalin vnb waʒ bar vbir blibit, baʒ ſullen ſe halbin, biʒ baʒ man mag mit beme vblrgen gelbe by vorg. gulbe abe gekeuffin.

Dat. a. d. M.CCC.LXXVIII, in vig. b. Mathie apost.

(Die Siegel hängen unverſehrt an.) Orig.

Nr. 1104.

1878 (13. März). Wir Herman von gotʒ gnaben lanbgraue ʒu Heſſen Bekennen, baʒ wir vnfern lieben ge-

trewen den burgern zu Homberg der stat die gnade ge-
than, das wir sie wollen vnd sollen laßen vnd behalten bei
allen alten guten gewonheiten, Freiheiten vnd Rechten, also
von vnßern altern vnd dem furstenthumb zu Heffen herkhomen
seindt vnd welcherley brieffe sie hatten von vnßern altern
oder von vns, die wollen wir stede vnd feste halten.

Dat. Marpurg sabb. ante dom. reminiscere a. d.
M.CCC.LXXVIII.

(Alte vid. Abschrift.)

Nr. 1105.

1378 (5. Mai). Ich frauwe Lucard Thugeln Elich
wirten Etzwan hern Friderichs Thugels tun kunt, daz ich
zu troiste vnd heil myner, mins huswirts, Greben vnß Toch-
ter, aller vnß aldern vnd globen selen han gefast zu rechtem
selgerede in Ere vnß lieben frauwen Marien, s. Georgien
vnd s. Anthonien, patrone der parkirchen in der Borg zu
Frideberg, dem perner vnd synen seß gesellen da selbs virde-
halp hondert gulbene, falnde nach myme toede dem paraltare
vnd den andern seß altarn in der Borg, sye darmitde zu
Beßern, nach rade hern Crafts perners, des Borggrauez,
Buwemeistere vnd Gerlachs Borgschribers, vnd bewisen die
gulbene yne vf myme hoffe in der Borg zu Frideberg.

Mitwochen n. Walporgis a. d. M.CCC.LXXVIII.

(Das Siegel der Ausstellerin hängt unversehrt an, das der Burg ist
abgefallen.) Orig.

Nr. 1106.

1378 (6. Mai). Wir Karl von gotes gnaden Romi-
scher keyser 2c. Einbieten den Burgemeistern, Rate vnd Bur-
gern der stat zu Frideberg vnß gnade vnd alls gut.
Wann wir durch frides der lande vnd ewirselbis nutzes

willen die lantfogteye in der Webrebe dem hochgeboren
Ruprechte dem Eltern Pfaltzgrauen bey Reyne 2c. vnßm̄
lieben swager vnd fursten empfolhen, vnd er sich auch̄Iber
selbin lantfogteye vnd arweyt vnberwunden hat, Gebieten
wir euch, daz ir dem egen. Hertzog Ruprechten als einem
rechten Lantfogte in der Webrebe gewartende vnd gehorsam
sein sullet.

Geb. zu dem Bubweys des nehsten donrstagis n. s.
Philips vnd Jacobs tage.

(Das Siegel ist aufgedruckt.)   Orig.

Nr. 1107.

1878 (8. Juli). In gotis Namen Amen. Kunt sy,
daz in geinwortifeit myns vffin schribers, des hernachgeschrie-
ben amptmans vnd scheffin des gerychtes zu Ryderwyßel
an der gewonlichen stat, da man daz selbe gerychte besitzt,
hant gestanden her Bechtold genant Suldener Pastor zu
Sulburg, altariste der parre zu Fredeberg, vff eine syten vnd
her Johan Liebe altariste da selbez, amptman des perrers
vnd der altaristen der egen. parre vff die andern syten, vnd
verzeich der egen. her Bechtold mit halme vnd mit munde
nach wisnnge dez gerychtes zu Rydernwißel vff alles sin land,
Eckir vnd wiesen, ez sy Eygen erbe oder hoffiggut von eins
kauffes wegen, ben die egen. herren der Perrer vnd altaristen
mit eme getan halten, vnd warb der egen. Johan Liebe
amptman des Perrers vnd altariste dar Ingesaßt vnd gewert
nach rechte vnd gewonheit des gerychtes zu Rydernwißel.
ouch leich derselbe her Johan von der dyckgen. des Perrers
vnd altaristen wegen Wetziln genant Holtzheimer, Gele siner
elichen wirten vnd eren Erben daz land vmb iii. malber
kerngulbe. Dyt sint die Eckere, die darfur zu vnberpande
lygen — vff weßhufer selbe in den slaben — vff dem berge

bo ſelbis — vff bem ſelbe.⸗gen Hoppirſhofen — by ber
winternſee vnb iſt ein kreppreche ſtucke — by bem vlnburne
— in bem graben neben bem gambacher wege — vff bem
ſeepaht — an bem holberbuſche — vff ben bytweg — vff
wißeler ſelbe vff benſelben bytweg — vff bie ſtraßen — by
ben Nonnen von Rockinberg — an ben hern von Arnſpurg
vff bem berge — anberſyt ber Röbilnbach — by Wyßil an
ber vinden — in bem Byngarten an ſ. Johans herren —
in ber alben wieſen auch an ſ. Johans herren.

Act. a. d. M.CCC.LXXVIII, viii. die mensis julii, hora
vesperarum, in villa Nydernwissel in loco judicionali ibidem
ante cimiterium, presentibus Hartmanno plebano in Nydern-
wissel ordinis jeresolim., Johanne Langen de Ostheim offi-
ciato seu sculteto predicti judicii, Wentzelino Cerdone,
Hantzelone filio Rukeri, scabinis, Heinrico Holtzheimer filio
sepedicti Wentzelini. *)

(Notariatsinſtrument.)   Orig.

Nr. 1108.

1878 (25. Juli). Ich Lucze von Flenſingin, Petir vnb
Bingil ere kinbe, Bekennen, baz wir han virkauft vnſe
habeſtab, by gelegin iſt hinbir Loczin Kalwin hus by beme
Grale czu Grunenberg beme vorg. Lubewige, Gelen ſiner
Elichin wirtin vnb erin Erbin. — Zeugen: Herman vnb
Gerwig czu Flenſingin vnb Hencze Klopphere von Fryen⸗
ſehinbe. Dis czu vrkunde han wir gebebin Lubewigin ben
pherrer in ber Nuwenſtab czu Grunenberg vnſin mag ſin

*) Am 5. Juli beſſelben Jahres bewilligt Philipp von Falkenſtein bem
    vorg. Pfarrer Berthold Söldner, baß er die „halbe hube mönſter
    erbis in vnßme geriechte zu Wißel" Wetzeln von Weiſel ſeinem
    Vetter verſetzen und verkaufen könne. (Das Siegel hängt wenig
    verletzt an.)

Ingesigil vor vns an disen brib henkin funde wir nicht ey-
gener Ingesigille inhan.

Dat. a. d. M.CCC.LXXVIII, in die b. Jacobi apost.

(Das Siegel hängt sehr beschädigt an.) Orig.

Nr. 1109.

1378 (27. Aug.). Ich Hartman Huſer von Hoenberg
weppenner, Byel myn eliche wirten bekennen, daʒ wir alle
Jar geben ſoln deme komentur vnd den brubirn deʒ butʒchen
huſʒ ʒu Schiffenburg iv. malbir korngelbiſ, by wir en alle
iar weſe ſoln cʒu Lyche, vnd mit deme korne eyn ganʒ vnd
eyn hun. Ouch ſoln wir en geben ſerlich vff ſ. Mirtins
dag ir. ſchilling Heller vnd ſoln en by cʒu Lych weren.
Vnd iſt diſe gulde gelegen vff allen vnʒe guden deſ dorfiſ
vnd in der Termenye cʒu Birkelar. Deʒ cʒu orkunde
han ich Hartman vorg. vnd Byel vnʒ eyen Ingeſigel an
diſen briff gehangen vnd gebeben by ſtrengen Rittere Wenʒeln
von Draße, Johanne von Linden vnd Hartmanne von Bel-
birſheim, by diſe dinge gebedingit han, daʒ ſy auch er In-
geſigele an dieſen briff han gehangen.

Dat. a. d. M.CCC.LXXVIII, vi. a. decoll. s. Johannis bapt.

(Nur die unverletzten Siegel Wenʒels von Draße und Hartmanns von
Bellersheim hängen noch an.) Orig.

Nr. 1110.

1378 (28. Aug.). Wir Wentʒlaw von gotes gnaden
Romiſcher kunig ꝛc. tunt kunt, daʒ wir durch manigualdige
dinſte, die vnſerm herren vnd vater keiſer Karle, vns vnd
dem Reiche die Burgermeiſter, Rate vnd Burger der Stat ʒu
Frybberg offt getrewlichen erʒeiget haben vnd noch tun ſollen,
von ſunderlichen gnaden beſtetiget vnd ernewet haben yn
vnd iren nachkomen alle ire Rechte, freyheit, gnabe, lehen-

ſcheffte, briue, Priuilegia ꝛc. von Romiſchen keiſern vnd ku-
nigen vnſern voruarn.

Geb. zu Nuremberg n. Chr. geb. m.ccc.lxxviii, an ſ.
Auguſtini tage.

(Das kaiſerliche Siegel hängt wohlerhalten an.)　　Orig.

Nr. 1111.

1378 (25. Okt.). Ich Engel von Eaſen vnd Metze
min Eliche wirten Burgere zu Frankinfurt dun kunt, daz
wir han ferkauft hern Crafte perrer in der burg zu Fridde-
berg iii. punt heller geldes vnd iv. ſchillinge ewiger gulde,
dy wir bizher beſetzen han vf dyſen hernach geſchriben vn-
derpanden i. marg vf ii. morgen wyngarten in Ocſtader
gerichte vnd ſtotzent vf daz woſte ſtucke Junkern Wentzeln
von Eleen vnd lygent zuſſchen Heynze Scheſer vnd Peder
Rylande, dy itzunt inne hant Gutwins kynde von Ocſtat
vnd Wygand ſchulthetzze von erre wen, xxviii. ſchillinge
heller ewiger gulde vf ii. morgen wingarten, dye da gelegen
ſint zuſſchen Ocſtat vnd Hullar zuſſchen Wigand ſchul-
thetzzen vnd Metze Engeln, dy itzunt inne hant Oſewins
kynde. — Zeugen: Wygand Schulthetzze, Heynze Lube,
Hertgotze ſcheffen zu Ocſtat, Wygand Kratz, Heynze Scheſere,
Wynther Erwizzenbecher u. a. m.

Dat. a. d. M.CCC.LXXVIII, fer. ii. prox. a. ſ. Symonis
et Jude apoſt.

(Das Siegel des Edelknechts Wentzel von Eleen hängt unverſehrt an.)
　　　　　　　　　　　　　　　　　　　　　　　　Orig.

Nr. 1112.

1379 (13. Jan.). Ich Conrad eyn pernere der kirchin
zu Onntirskirchin vnd ich Gele ſin ſweſter vnd ich Lutze
Kalwe ſin ſwager bekennen, daz wir gebln ſolln Syfride

vnßme brubere vnde swagere i. vnnb hellere alle iare vff s.
Mertyns dag sine lebetage.

Dat. a. d. M.CCC.LXXIX, in oct. Epiphanie dom.

(Das Siegel der Aussteller hängt unbeschädigt an.) Orig.

Nr. 1113.

1379 (29. Jan.). Ich Reynbolt von Breydenbach vnb
ich Sanne syne eliche wirten, burger zu Frydeberg, dun kunt,
daz wir han virkauft vnb in dem gerichte zu Melpach vff
gegeben dem Cometur vnb dem Couente deز butzschinhuß zu
Saffinhnsin bie Franckfurt zu yrer pyetancien anderhalb hube
landes, ii. morgen, i. virteil vnd rr. ruben arthaftes ackers,
gelegin in den termenyen der dorffe Melpach vnb Wiz-
senheim, vmb clrrrv. phont vnb sonfczehinden halben
schilling heller.

Geb. n. Chr. geb. m.ccc.lrrir, vff den samzbag vor vnß
frauwin bag purificationis.

(Die Siegel des Ausstellers und Walthers Schwarzenbergere, Schöffen zu
Friedberg, hängen unversehrt an.) Orig.

Nr. 1114.

1379 (29. Jan.). Ich Rudeger von Offheim, Meckel
sin Eliche wirten vnd Wernher von Bilwel, Wernhers sel-
gen vnd derselben Meckeln son bekennen, solich malder korn-
gelts, als der pherner in der Burg zu Frideberg jerlich haid
von wen Conrads von Bilwel, daz he kauffte vmb den
strengen Ritter Wernher von Echzil den beiden got gnade
vf eyner halben hube lands gelegen in velde des dorffs
Bilwel, bi vor zyden gearen haid Henne genanb Hafe-
man vnd Kase Hafemennen wonhaft daselbs, daz wir dissel-
ben halben hube vor virsețen gulde han vfgelaßen dem
pherner vnb syner kirchen daselbs ewiclich zu besițene.

Geb. an famſt. vor vnß frauwen tage lychtwihe a. d.
M.CCC.LXXIX.

(Die Siegel der Ausſteller, ſowie das kleine gemeine Inſiegel der Burg
Friedberg, hängen zerbrochen an.)　　　—　Orig.

Nr. 1115.

1879 (21.ᵗ März).　Wir ſuſter Agnes Eptiſſe vnd der
Couent des cloſters zu Throno bekennen, daʒ wir geluhen
han zu Lantſiedeim rechte der Eptißen vnd dem Conuente
des Cloſtres zn Merginſloʒ by Rockinberg gelegen vnſir
gub daſelbis, daʒ frauwe Gezele, hy ſur malis hern Johans
Wirten von Rockinberg ben gob gnabe, von vns beſeßin hatte,
vmb alſolich paich vnd gulde zu anbelagen an bye ſtebe alſo
her nach geſchriebin ſtet. Zu dem Erſtin ſullen ſy geben vns
vnd vnßme vorg. Cloſter zu dem Throne funfzehenhalb mal-
ber kornis, anderwerbe den geiſtlichen herrin zo dem Hennis
iv. malber kornis, auch den frauwen zu Merginburne iii.
malbir kornis, auch ſullen ſy yn ſelbir behalbin in irm
Cloſter ii. malbir kornis.

Dat. a. d. M.CCC.LXXIX, ipso die Benedicti abb.

(Die Siegel der Ausſteller hängen ſehr beſchädigt an.)

　　　　　　　　　　　　　　　　　　Orig.

Nr. 1116.

1879 (28. April).　Wyr Philipps von Falkinſteyn
herre zcu Myntzenberg bun kunt, daʒ wir deme Commetbur
vnde den Brubern gemeinlichin deʒ butzſchenhuß zu Saffin-
huſen bie Franckinforb gelegin vnde deme butzſchin orden ge-
meynlichin yren hoff vnbe kyrchin zcu Rybern Wolnſtab
myt allen yren guben vnd czugehornnge rechtlichin gefryet
han fur aller bebe, ſture, ſchatzunge, hirburge, Legere, binſte

vnbe aҟunge in dorffe ober in felbe ober in beme ḩofe.
Duḩ mogint bie vorg. ḩerren ber Cometbur vnb by Brubere
yren ḩoff ƶcu Rybern Wolnſtab vnbe alle ble gube ber
firḑen bafelbes vnbe alle anbere ire gube, bie in ber borffes
marſe ƶu Rybern Wolnſtab gelegen ſinb, ſelber buwen
ober laſin buwen eyns beyls ober ƶu mule yre lantſibele,
ḩoffelube ober ir geſinbe vҟ bem ḩoffe ober vƶ bem borffe
myt irn foſte u. ſ. w.

Geb. n. Chr. geb. **m.ccc.lҏrir,** vff ben neḩiſten bonerſtag
vor ſ. Walpurge tage.

(Geſiegelt ḩaben ber Ausſteller, Philipp von Falfenſtein fein Oḩelm, Agnes
von Falfenſtein feine Mutter, Riḑarb von Muiḑenḩelm unb Hartmub
von Belbersḩeim, Ritter.)

(Notariatsinſtrument vom 8. Sept. 1389. Geſḑeḩen „in beme
cleynen ſtubiḑin bes buҟſḑinḩuſes gelegin ƶu Saſſinḩuſen in gein-
werteſeit ber erbern lube Heyle Dymar, Ruſe von Sweynḩelm ge-
feҟln in beme ſteynenḩuҟe ƶu Saſſinḩuſin, Conrabus von Mynҟin-
berg eyn ſchuler, Folrab bes vorg. Heylin Dymars ſon vnbe Herman
Rerwir von Petirwil." Notar: Herman gen. Manegolb von Raſſel
ein Pfaffe.)

Nr. 1117.

1379 (10. Mai). Honorabili viro domino preposito
ecclesie s. Marie ad gradus mogunt. seu eius officiali frater
Petrus de Hirtzenhen commendator totusque conuentus
domus ordinis theutonicorum in Sassinhusin prope Frankin-
ford reuerenciam condiguam, honestum virum fratrem Bop-
ponem de Babenberg ordinis nostri professum sacerdotem
ad vicariam perpetuam ecclesie parochialis in superiori
Morle nobis et domui nostre incorporatam, vacantem ad
presens ex libera resignatione fratris Conradi de Wolnstad
nouissimi vicarii eiusdem, cuius juspatronatus ad nos et
domum nostram predictam dinoscitur pertinere, vestre reue-

rencie pro vicario perpetuo eiusdem ecclesie offerimus et presentamus.

Dat. a. d. M.CCC.LXXIX, in die s. Gordiani et Ephimachi mart.

(Das Siegel des Ausstellers hängt unbeschädigt an.)

Orig.

Nr. 1118.

1379 (22. Sept.). Ich Contze Faſant vnd ich Elſe ſyne Elliche huſfrauwe tun kont, daz wir han gegebin vnd off gelaßin zu eyner gantzin ſtebigen ewigen gyfft vnß lybe vnd vnß gube vnßme lyeben herren ſ. Anthonius vnd ſyme gotzhuſe zu Grunenberg vnd hern Thronete von Thorcifelon, eyme meyſtere des vorb. gotzhuſes, mit namen vnßn halb hab vor waltporten zun Gyßin gelegen, mit huſe, ſchuren vnd garten hinder hern Johans habe von Swalbach vorne ane bis hinden vz, abin vnd vnbene vnd gilbet derſelbe halbe hab ir. ſchillinge hellere geldes jerlicher gulbe zu zinſe offe ſ. Mirtynes tag den priſteren zu ben Gißin zu der perſencien. Anderwerbe Eyn ſtucke landes an beme Roben ſtruche gein Wiſke vnber der warte gelegen, baz da beheldet vi. morgen, Item — gelegen an beme ſwicharte by Reynher Durrelachen an Johannes Lande von Buchiſecke — by der babeſt brucken gelegen an Hillen Lande von Atzbach — by beme Ecker an Eckart Scheffin — by beme Wetflarer wege an beme ſwykersrobbe — eynen halben morgen weſin gelegen by Syfrides weſin von Dreyſe — weſin gelegen in beme hamme by Widenbornes weſin. Item xii. morgen landes vnd weſin zu Wiſke gelegen — offe beme ſteyne an Gobeln Lychten — offe beme bache by Heybinrich Selzers lande — an ben junen zu Weſeke an hern Crafftes laube von Rubinhuſen — an beme ſellinberge an Heintze Kyeſels lande — an der palmenhecken — an Dytzin acker — an achſteder wege by Goße Hundes lande — an deme Dyebingeshuser wege by Syfride von Dreysen lande — an deme Ryebbern Dyebingeshuser wege an Widenbornes lande — wesin an deme sellenberge an Ebirhart Dyetharts wesin. Alle dyesse vorb. stucke hab, Eckere vnd wesin sint gewest der Knollen zun Gißin vmb der Erben wir daз gekaufft han. — Zeu-gen: Clas vnd Fulpracht von den Sayssin gebrubere, Eckart von Manzelar vnd Dyederich Hunychen scheffene zu Grunenberg u. a. m.

Act. et dat. fer. v. prox. p. b. Mathei ap. et evang.

(Die Siegel der Aussteller, sowie der Junker Wezel von Rodenhausen und Ulrich von Buseck, Burgmänner zu Gießen, hängen wohlerhalten an.)

Orig.

Nr. 1119.

1879 (25. Sept.). Ich Frißsche von Slidese von Ho-hinberg genant bekennen, daз ich in geynwerdekeit myner sustir Mechthildin frauwin czu Liesberg der jungesten, hern Johans von Frankenhusin pastors czu Grefenauwe, hern Conradis von Wegefurd Couenz bruder da selbis czu Gre-fenauwe ordins s. Johanis des h. hospitals von Jherusalem vnd Richolff Erbin von Vshusin burgmans zum Hirzperge, den Edeln myn liebin vettern hern Fryderichin zu Liesberg, Grete von Eysinbach myn swester vnd hern Johane von Wegefurbe Dumherren czu Northun vnd pherner zum Sal-mens vnd zum Hirzsberge, die myn truwinhendere vnd vor-mundere sin, gebedin vnd geheißin han, daз sie Roriche von Eysinbach myn swagir, Greten von Eysinbach siner elichen wirtin myner swester, Roriche dem Jungen yrme sone, Hen-nen hern Johan selegin sonen vnd yren erbin sullin rl. gul-den vnd c. der gulde, die ich vff gehabin han vnd was die egen. her Fryberich, Grete myn swester vnd here Johan ber gulbe furbaz werbin bis an bie czyt baz hauptgelt gefallin sal, vfhebin, baz sollin si genczlich vnd gar abeslahin von ben m. gulbin bes hauptgelbis, bie ber egen. Rorich myn swagir, Grete myn swester, Rorich ir son vnd Henne hern Johan seligin son vnd ir erbin mir von myme theil bes slozis an Slibesen von myme veterlichin erbe schulbig sin, wan ich berichtet bin von gubin gelerten phaffin, baz ich ober nyman von myner wegin bie gulbe mit rechte behalbin ober genemin mag.

Geb. n. Chr. geb. m.ccc.lxxix, an bem suntage vor s. Michahels tage.

(Die Siegel sind sämmtlich abgefallen.)

Drig.

Nr. 1120.

1379 (11. Dec.). Ich Wypobe von Dyrsrobe bekennen vor mich vnd Bechten myn elichen huffrauwen, bas Ich bem hochgeborn fursten Junghern Hermanne lantgraben czu Hessen vnd sinen erben uff gelaßin han mynen hob zu Tyrsrobe mit allir siner zugehorunge vnd anbers alles, bas ich han vor Alsfelt liggenbe, vnd han bas von bem egen. myme Junghern wibber zu rechtem manlehin imphangen.

Dat. a. d. M.CCC.LXXIX, dom. die a. Lucie virg.

(Das Siegel des Ausstellers hängt ziemlich gut erhalten an.)

Drig.

Nr. 1121.

1380 (21. März). Wir by burgermeister, scheffin vnd by burger gemeynlichin ber stab czu Nybehe bekennen, also liche ecker, alße wir vme eynen Jerlichin czins czu erbe entnummen han vmme Johan von Romerobe Comptur bes hußes

Rybe vnd ben brudern bes selben hußes, by wir czu win=
gartin geerbeyt vnd gemacht han, ben czins wollen wir en
gutlichin gebin vnd bezalin alle jar vff s. Mertins thag vnd
welicher vnßer eynet ober me sinen czins vff ben selben thag
nicht in gebe, by soldin eyme Comptur bes egen. hußes vnd
ben brudern mit eyner pene vorfallin sin mit namen i. phunt
pennige vnd myt eyme helbelinge vnd welicher sin wingartin
vor sezin abir virkouffin wolbe, ber sulbe en eyme Comptur
abir ben brudern czu erste vor allermellich im czu kouffe geben.
Dat. a. d. M.CCC.LXXX, ipso die Benedicti abb.*)
(Gesiegelt hat die Stabt Ribba.) Orig.

Nr. 1122.

1880 (6. April). Jch Volpracht von Saßin scheffin
zu Grunenberg vnd ich Volpracht vnd Hencze gebrubere sin
sone bekennen, baz wir han virkauft vi. marg gelbis vffe
vnstrn zweyhen hufin, die ba sint gelegin an beme merte zu
Grunenberg neibin an Gludes hufe vnd die fischebang,
bie bar ane gelegin ist vnd vffe ber vorg. hufe kellir vnd vff
ben habestebin vnd vffe vußme hupphingarten, ber ba ist
gelegin vor ben hebin gein Johan von Kesteriches bamgarten
vbir, ber myner swiger vnd vnß albirmubir was, ber got
gnabe, hern Heinrichen Finden eyme pristere vnd sinen erbin.
— Zeugen: Claus von Saßin, Deberich Honichen vnd
Claus Hauman scheffin zu Grunenberg.
Dat. a. d. M.CCC.LXXX, vi. fer. prox. post dom. qua=
simodogeniti.
(Die Siegel des Ausstellers und ber Stadt Grünberg hängen wohler=
halten an.) Orig.

---

*) Vid. von 1390 (17. Juni) ausgestellt von Dietrich von Bleiben=
stadt, Archidlakon zu Würzburg und Pfarrer zu Fulda. (Das
Siegel besselben hängt unversehrt an.) Uebrigens ist die Jahres=
zahl undeutlich und könnte auch 1387 statt 1380 heißen.

Nr. 1123.

1880 (20. Juni). Wir Hermau von gots gnaden Lantgreue zu Hessen, Jehenna Lantgrebynnen vnsir Eliche husfrauwe vnd wir Wilhelm Graue zu Catzinelbogin tun kunt, daz wir mit Rabe vnsir frunde, Manen vnd Burg-mauen eynen rechtin Burgfrede begryffen han zu den Gyssen, also daz der Burgfrede sal gan zu den Gyssen In dem Sloße vnd als wyt vme daz sloß, alse daz gerichte gehit, daz zu den Gyssen zugehorit hy bißyt der Lone, da by Gyssen lyn vnd ouch yensyt der Lone, da Wysemar lyt, also daz vnsir keyn an den andern weder an synen lyp abir an sin gub, an sine Amptlude, an syne knechte, an sin ge-synde vnd waz vns zugehoret vnd zu virantworten stet, nicht griffen sal vnd vnsir eyn sal dem andern keynen scha-den tun in dem Burgfrede.

Geb. n. Chr. geb. m.ccc.lxxx, vff den mitwochin allir nehst vor s. Johans tage.

(Die Siegel der Aussteller hängen unversehrt an.)　　Orig.

Nr. 1124.

1880 (25. Juli). Jch Ecard ein Meystir des Got-husis vnd des hobis czu den gudin luden vor der stad czu Grunenberg vnd wir by brudere vnd by swestere gemeyn-lichen des solben hobis dun kunt, das wir mit rabe, wißen vnd virhencnisse des strengen wepeneris Juncherren Cunen von Rudenhusen amptmans czu Grunenberg czu dirre czyt vnsis Juncherren Hermannis lautgreben czu Hessen, vnd der Burgermeistere, der scheffen vnd des Rabis der vorg. stad czu Grunenberg, han virkauft vnsen walt, der der kalchen heyseczit vnd gelegen ist bi deme dorfe czu Großen Eyꝯ en, was bar czu gehorit, alſe en vnſe vorvarin kaufften vme dꜩ priſtere, dꜩ uffe ben Cor ber vorg. ſtab gehorin, hern Tronede deme Meiſtere des Goꜩhuſis ſ. Anthonꜩs czu Grunenberg vnd ſime egen. Goꜩhuſe vme rrriiꝉ. gulde fleꜩꜩe gulbin, dꜩ ber ſelbe her Tronet vor vns vnd vnſe ſchult halt bezalit Jeckelen Lenczeline Burgere czu Franckenforb, deme wir vnbe wuſe vorg. hoꜩb baz egen. gelt ſchulbig warin vme win, ben he vns bar vm virkauft hatte vnd den wir han gelacht vnd gewant an noꜩ vnd an notborft vnſis vorg. hobis vnd wir dꜩ Burgermeiſtere, dꜩ ſcheffen vnd ber Raiꜩ vorg. han bit auch virſigilt vnd virhengit vm ere vnd etes egen. hobis beſtis willen, wante ſe grofen virbirplichen ſchaden muſten geleben han czu Criſten Luden vnd czu den Joben czu Franckenforb, wo birre vorg. virkauf nicht geſchehen inwere.

Act. et dat. a. d. M.CCC.LXXX, in die b. Jacobi apost.

(Die Siegel Cuno's von Robenhauſen und der Stadt Grünberg hängen unverſehrt an.)   Orig.

Nr. 1125.

1880 (10. Aug.). Jch Abolff vnde Heinrich von Holꜩhuſen gebrudere, Abolff Webrolt, Heinrich vnde Conrab gebrudere, mꜩn egen. Abolffs ſone vnde Webrolt, mꜩn egen Heinrich ſon, bekennen, baz wir deme Junghern Hermane lantgraven zcu Heſſin, vnd ber herſſchafft zcu Heſſen uff gelaꜩen han eꜩn britteil vnꜩis huſis zu Holꜩhuſin vnd wollen dꜩ andern zweꜩteil von ꜩn Jntphahin zu rechten manlehin vor vns vnd vnꜩ erbin, vortme ſullen ſꜩ nicht vortir Jn louffin zu deme egen. Sloꜩe Holꜩhuſen abir zu vnꜩn gerichtin, dꜩ wir abir vnꜩ ganerbin Jnne han, ban als vnꜩ egen. Jungher bas brꜩtteil bes egen. Stoꜩleꜩ

gezelde Inne hat. Weris ouch, das bie egen. von Holt-
husen eyn vnß stemme, wilchir der were, stn teil bes egen.
Sloßis Holtzhusen virsetzin abir virkauffin wolde, das solde
vnßer eyner dem andirn virsetzin abir virkauffen vnd andirs
nymande. Vnde bes zcu orkunde, so han wir Adolff vnde
Heinrich egen. gebrudere, Adolff, Wedrolt gebrudere myn
Adolffis sone vnd Wedrolt myn Heinrichs son vnß Iglichir
stn Ingeß an dissen bryff gehangen vnde Ich Heinrich vnde
Conrad gebrudere, bes egen. Adolffis sone, gebruchen vns
Ingesigille vnßß vatirs egen. vnde Adolffis vnde Wedrolbis
vnß brudere.

Dat. a. d. M.CCC.LXXX, ipso die b. Laurentii mart.

(Die Siegel hängen wohlerhalten an.) Orig.

Nr. 1126.

1880 (19. Aug.). Ich Johan Rump von Hoinfels
Wepener vnd ich Jutta sine eliche hußfrawe bekennen, daz
wir gegeben han vnsen berg, der da heysit der holbirberg,
mit alme rechte, notzen vnd zugehorniffe an dye kirchen czu
Buchenawe mit namen deme ersamen pryftere hern Gysen
kemerer deß styftes czu Kestirbörg vnd perner czu Buchenawe
in der cyt vnd allen synen nachkomelinge, ben dy egen.
kyrche gegeben wirt vnd ein yclicher prifter ber vorg. kirchen
fal sich deß vorg. berges gebruchen czu al deme, daz eme
noit sy. Ouch fal ein yclicher pryfter czu den fier fronfaftin
ber egen. kirchen halben eyne wigilie eyne meffe czu holfe
vnd trofte alle vnfer albern fele, mit namen hern Dyberiches
Rumpes von Hoinfels Rittirs fele myn Johans fabir vnd
frauwe Lyfen finer elichen wirtin fele myner mubir, vnd
vnftr beybir felen. — Zeugen: Wenczil Gyfen scheffe
zu Bybinkap vnd Heintze Hornboge vndirfcholtheyfe da
felbes u. a. m.

Dat. z. d. M.CCCLXXX, dom. die próx. p. fest.
assumpt. b. Marie virg. glor.

(Das Siegel des Ausstellers ist abgefallen, das des Weppners Craft von
Holnfels, den man nennt von Lixfeylt, hängt zerbrochen an.)

Orig.

Nr. 1127.

1380 (3. Oct.). Ich Johan Rump von Hohinfels
Wepener vnd ich Jutte sin eliche huffrawe dun kunt, daz
wir virkoufft han hern Gerlache von Breydinbach Rittere,
Johanne von Breydinbach syme brubere vnd erin rechten
erbin vnse deyl des gerichtes zu Wallen vnd vnß deyl der
samtlube mib allin erin czugehorten, vmme firbehalbhundirt
schillinge turnoß vnd vmme sestenhalben schilling turnoß.*)
Dat. a. d. M.CCC.LXXX, iv. fer. prox. p. fest. Michā-
helis arch. (Die Siegel des Ausstellers, Heydenrichs von Buchenau und Andres
Roben von Derinbach hängen unversehrt an.) Orig.

Nr. 1128.

1380 (16. Nov.). Ich Henne, Daube vnd Else sin
Eliche wirten gesesen zu Orstat bekennen, daz wir han vir-
kauft hern Craft pherner in der Burg zu Frideberg vnd sinen
gesellen den pristern vnd altaristen daselbes ir meisten weiß
gelts Jerlicher gulde, vmb uunbenhalben gulden vff wider
kouffe vnd setzen zu vnbirphande in dem gerichte zu Orstat
anbirhalben morgen wyngarten gelegen an Wiganb Schul-

---

*) 1381 (23. Jan.) versetzen die obg. Eheleute „alle dy lude, da ich
Johan von Hohinfels egen. Jutten myne huffrauwin vorg. mibde
han bewedemit" an die obg. Gerlach und Johann von Breidenbach
für 190 Schillinge Turnose. (Die Siegel des Ausstellers und
Heidenreichs von Buchenau sind sehr beschädigt.)

heiſſen, item iii Arteil wingarten gelegen an der veſegaßen vnd by gelden vore xrii. heller zu boden zinſe. — Zeugen: Wigand der Schultheiße zu Orſtat, Heintze Scheſtr, Hartman Storg vnd Contze Oſtirich scheffen daſelbes.

Geb. a. Frytag n. ſ. Mertins tage a. d. M.CCC.LXXX.

(Das Siegel Conrads von Cleen Ritters iſt abgefallen, das Junkers Wentzel von Cleen Weppeners hängt beschädigt an.) Orig.

Nr. 1129.

1381 (29. März). Officialis praepositurae ecclesiae s. Petri extra muros magunt. archipresbyter et camerarius sedis in Essoheburn salutem in domino. Cum discretus vir Johannes quondam Conradi sartoris de Cronenberg presbyter ad capellam seu beneficium altaris in Ruthartishain vacantem ad praesens honorabilis viri domini Vlrioi de Cronenberg canonici ecclesiae magunt., ultimi ipsius beneficii rectoris, per dominos Vlricum de Cronenberg vicedominum Rinkauwiae et Waltherum de Cronenberg milites vicissitudinaliter nobis praesentatus, ipsumque debita proclamatione praemissa de dicto beneficio investimus, vobis et vestrum cuilibet in solidum mandamus, quatenus praefatum Johannem in praedicti beneficii possessionem ducatis corporalem.

Dat. a. d. M.CCC.LXXXI, iv. kal. aprilis.

(Das Siegel des Ausstellers hängt unversehrt an.) Orig.

Nr. 1130.

1381 (21. April). Ich Wydekind von Hoenfels vnd Katherine myne Eliche husfrauwe. Bekennen, daz wir vorkaufft han vnſern hob zu Groſin Lynden, der vnſir fry eygen iſt, myt aller ſiner zugehorunge Junchern Hermanne langraffe zu Heſſen vnd ſinen erben vmbe cr. gulden.

Geben zu Marpurg uff den sontag da man finget quasimodogeniti, a. d. M.CCC.LXXXI.

(Gesiegelt hat der Aussteller, sowie seine Söhne Johann und Heinrich. Nur die Siegel der Letzteren hängen noch beschädigt an.)

Orig.

Nr. 1131.

1381 (30. April). Wir Reynher Prior vnd Anne Meistern vnd gantz Convent des Clostirs zu Albinburg gelegen by Wetzflar dun kund, daz wir verkaufft han den hob, der da gelegin ist zu Molenheym vnbir dem huse zum Hermansteyne mit aller zugehörunge vmb ccccc. gulden Junchen Hermanne lantgrafe zu Heßen, vz genomen xx. morgen ackers, eynen halben morgen vnd eyn vierteil eyns morgen, daz wir verkaufft han Heintzen Kornkeuffer, Gerharde von Dillinhem, Daniel Meuschin, Dyppel Smyde vnd Lotzen Smyde vnd Peter Smyde, burgere zu Wetzflar. — Z e u g e n : Gerhard von Selbach, Johan Monich Rittere, Otte Groppe von Gudenberg, Heinrich von Rasen, Peter Rentmeister zu Marpurg vnd Rupracht Wißgreber schultheiße zu Marpurg.

Gebin zu Albenburg in deme Closter uff s. Walpurge abinb d. h. junfrauwen a. d. M.CCC.LXXXI.

(Das Siegel der Aussteller liegt wohlerhalten bei.)

Orig.

Nr. 1132.

1381 (6. Aug.). Judices s. moguntinensis sedis recognoscimus, quod in presencia Petri de Bacheraco vicarii in ecclesia magunt., dicte nostre sedis notarii iurati, personaliter constitutus Johannes de Frydeberg, pastor seu rector ecclesie parochialis in Melpach, dedit et donavit quasdam suas curiam et domum .... contiguas muris ecclesie parochialis in Melpach predicte, emptas .... Rudolffum dictum Klewer et eius heredes .....

Act. a, h, in ciuitate maguntin. in curia, dicte, dy alde dechnye zu sancte Johanne, contigua ecclesie s. Johannis magunt. a. d. M.CCC.LXXXI, die vi. mensis augusti, hora diei eiusdem tercia vel quasi, presentibus Johanne pastore seu rectore ecclesie parochialis in Kilgensteden et Heinrico de Mintzenberg . . . .*)

(Notariatsinstrument. Notar: Peter von Bacherach.)   Drig.

Nr. 1133.

1382 (23. Febr.). Wyr bruder Helferich von Rubenckeym Cometur bez huses czu Franckenforb s. Johannes orbens vnb ber Connent gemeynlichen alba selbez veriehen, baz wir geluhen han Reynharben genant Schurgen, Guben syner elichen wirten vnb yren erben iii. hube landes, bie ba gelegen synt jn ber terminye bez borffes zu Renbel, bie vorcziben synt geweft Gerharbes von ber Rußen selgen, vmb xx. achteil kornes ferllichir korngulbe. — Zeugen: Orte von Ouenbach, Thomas von Bibera, Johan Solzbecher Rabherre zcu Franckenforb, Contze Schilber eyn burger alba selbez u. a. m.

Act. et dat. a. d. M.CCC.LXXXII, dom. q. cant. inuocauit.

(Aus bem Reversbrief bes vorg. Reinharb Schurge von bemselben Datum.)
Drig.

Nr. 1134.

1382 (1. Juli). Ich Hartman von Louberbach bir Junge, Cuntzele sin eliche wirten vnb ich Helwig von Loubrebach Bekennen als her Gobefreb graue zu Cziginhain vnb frauwe Agnes von Brunswig sin eliche hussrauwe vor sich vnb ire erbin vns vnb vnße erbin ire burg Gemonben an ber Straße mit gerichtin, mit luben vnb allem beme als bar zu gehorb, verfazet vnb vorschtieben han nach besagunge ires brleffis, wie wole nu bar in sie nicht ußge-

*) Die Urkunde ist vielfach durchlöchert.

nommen han ire weiße gulde, die sie han fallende in deme
selbin gerichte zu Gemonden, so sollin sie doch die weiffe
gulde furdern innemen als bißhere. *)

Geb. uff den neftin dinftag nach f. Johanis tage als
he geboren ward czu mittemfummer n. Chr. geb. m.ccc.lrrrii.

(Das Siegel Hartmann's hängt fehr befchädigt an, das Helwig's ift
abgefallen.) Orig.

Nr. 1135.

1882 (15. Aug.). Ich Craft perrer in der Burg zu
Fridberg, Bechtolt von Ruheym, Henrich Pfftoßir, Gerlach
von Fritzlar, Johan Sleuffe, Johan Solichen, Johan Gri-
beler priftere vnd altariften dofelbis Irkennen, als vns Wi-
gant Crat vnd Trude fin eliche wirten wonende in der Burg

---

*) **1390** (81. Mai). „Ich Hartman vnd ich Helwig von Loubirbach
gebrudere, ich Kunze vnd ich Meße ire Ellichin huffrouwen bekennen,
das her Godfrid grene zu Ciginhain vnd zu Nydde vnd frouwe
Agnes von Brunfwig fin elliche huffroume vor fich vnd ire erben
vns vnd vnße erbin verfaft han Ir burg zu Gemonden an der
ftraßin, ire gerichte vnd dorffe, die dar zu gehoren vnd iren hoff in
dem dorffe zu Gemonden an der ftraßin mit aller finer zugebo-
runge vnd alfe zu den uorgen. irre Burg, gerichten vnd dorffin
gehored, ußgenomen ire burglehin vnd kirchlehin, Ire weißegulde,
iren zcoß vnd wegegelß da felbis, vor drutzehenhundert gulden vnd
vor driftig gulden vnd vor fiertzindehalbe marg phennige. Wir
vnd vns erben follin vnd wullin auch die felbin ire burg getruwe-
lichen behudin, bewachin vnd bewarin u. f. w. Auch fol die felbe
ire burg Gemunden an der ftraßin ir vnd irre erbin uffin fin
widder allermenlichin, an widder vns vnd vnß erbin ic." (Die
Siegel des obgen. Hartmann und Helwig find abgefallen.)
1391 (28. Juli). Gleicher Verfaßbrief des obg. Grafen Gott-
fried an Johann von Derinbach, den man nennet Gruwel und
Katharinen feine eheliche Hausfrau für diefelbe Summe Geldes.
(Das Siegel des Ausftellers ift abgeriffen.)

zu Frideberg zu satgerede gefaßt han i. malbir weiße geldis
vnd i. phunt hellergeldis vnd bo mit weiße zu kauffen vnd
bo vz prunebrot czu backen vnd czu gebin, bekennen wir daz
Wigant vorg. an den prunebroden, die von synen wen ge-
falln, sol habin zu iclichin geziben als vil alse zwene andir
altaristen. *)

Dat. a. d. M.CCC.LXXXII, in die assumpcionis b. Marie
virg.

(Das Siegel des Ausstellers hängt beschädigt an.)   Orig.

Nr. 1136.

1382 (1. Okt.). Ich Ropraht von Karben vnd ich
Heinrice schriber erkennen, soliche ansprache als wir gehabet
han zu dem abte vnd deme Conuente zu Arnspurg, als von

---

*) 1387 (19. Nov.) verkaufen „Bechtil von Ruheym, Gerlach von
Frytscheler, Johan Sleyff, Conrad von Rospach, Weruher von Lyche,
Conrad Bolau, Herman von Spangenberg altaristen in der Burg
zu Frydberg, an Craft von Rockenberg perrer daselbst xviii. schilge
heller geldis jerlicher gulde uff den zwern husserchin gelegen an
Juncher Hyrdius hoffe von Alpach vnd by vns syn worden von
hern Erben Lewen von Steynfurt. (Das Siegel der Burgmänner
ist abgefallen.)

> Anm. Der Stiftungsbrief Erwins Lewe über dieses Seel-
> gerede ist vom 28. Mai desselben Jahres und gesiegelt mit
> seinem und der Burgmänner zu Friedberg wohlerhaltenem
> Siegel.

1389 (25. Jan.). Gleicher Verkauf von „Nuckr. portener vor
der seerporten zu Frydberg vnd Elheyt myn Elkhe wirten uf dem
hufe vnd synre zugehorde, daz Gobbele genant Blume vnd Metze
sine wirten gebuyt hant uff der hafstad gelegen ußwendig der seer-
porten, dye Conze genant Esel Entnomen hatte dnu Burgreuen,
Burmeyster vnd Burgman. — Zeugen: Henne Cleyber vnd
Benczel Drukug gesessen zu den garten." (Das Siegel der Burg-
männer hängt unversehrt an.)

eynes plackin wyffin wegen gelegen in der terminie zu Mel-
pach, daz wir dar vmme gentzlichin vnd gutlichen gerythtet
vnd geslythjt fin, daz wir obir keyn vnßer Erbe fie nummer
dar ane gehindern obir getrangen follin.

Dat. a. d. M.CCC.LXXXII, fer. iv. p. diem b. Michahelis.

(Das Siegel des Ansftellers ist abgefallen.) Orig.

Nr. 1137.

1882 (25. Okt.). Ich Berlt von dem Wyers, Jutte
fyn Cliche wertyn Bekennen, daz wir virkoft han Juncher
Hermanne lantgrebin czu Heßen vnd fynen Erbin Eynen
halben hoib czu Lybirbach, bo Henne Mickel uffe fitzit,
Eyn cleyne gut bo felbis gelegen ist, bo Birwert uff fais
vor Jaren, vnd eyn gut czu Ermerobe, czwey guf czu
Feltkrücken gelegin iu deme gerichte czu Gemunden vnd
eyn firbenteil der mofen czu Wiczendorff vor eynen
gulden vnd hundirt vnd eyn phert, vnd die vorg. fummen
geldes vnd pherd haid vns Emmerich von Lynden gutlichen
vnd gar bezalit von vnß Junchern wegen des lantgreben.
— Zeugen: Johan Waltfogel borgman czu Aldinborg,
Johan Kuchenmefter gefeßen czume Ruwenhoffe wepener vnd
Curtze Schowenfnz scheffe czu Alsffeld. Och bekennen wer
Heinrich Fynke*) vnd Johan Kuchenmefter vorg., daz bleß
vorg. koff myt vnß wißen vnd willen geschen ist.

Dat. a. d. M.CCC.LXXXII, fer. v. a. fest. b. Symonis et
Jude apost.

(Das Siegel des Ansftellers ist abgefallen, das des vorg. Johann
Waldvogel hängt unverfehrt an.) Orig.

---

*) Am 17. Okt. deffelben Jahres willigt Adelheid Blaken gefeßen zu
dem Reuenhofe und Friedrich ihr Sohn in den vorstehenden Kauf
ihres Schwagers Berlbe von Wyers ein. (Das Siegel Hermanns
von Brende hängt unbeschädigt an.)

Nr. 1138.

1382 (30. Nov.). Ich Kune Blumechin, Wernher von Echezel, ich Frydrich von Echezil, Erwin Lewe burgman zcu Byngenheym Bekennen vns, vmb alsolichen buwe als die Brendel gebuet han an dem sloße zcu Byngenheym vnd der kemmenabin da selbis also, als sie ir gelb vor vorbuetin, daz sie vorbuwen sulben als sie vns des mals sebben, daz daz gelt vorbuet wer, daz sie vorbuwen sulben, des wulbin sie nume buwen an der kemenaben, als sie noch nicht vollenbracht was vnd ließen die erbeydenlube abe gen allir binge von dem gemurze vnd war dem buwe gar schebenlich geweſt, wer der buwe des mals nicht fullin vort, des quamen wir die vorbenanten burgman zcu den Brendiln als sie nicht mee buwen wulden an der kemmenabin vnd rieben ernſtlich, daz sie den buwe der kemmenabin fullin vortin vnd die erbeyden lube wibber an ließen gen, des fulgetin sie vnſirs rabes des males als wir yn rieben, wanb vns buchte vnb noch bunket, daz iß dem ſtiffte, dem sloße vnb dem lande nutzlich were, daz die kemmenabe fulln vort wurde vnb gar schebelich wer geweſt, wer sie nicht fullin vort als vorgeschriben ſtet vnb sprechen wir die vorbenanten daz uff vnſtrn eyb, als wir dem ſtiffte vorbuntlich ſin, daz vns daz des mals daz nutzlichſte buchte, daz der buwe fullin vort wurbe vnb noch bunket ban hee also wer bliebin ſten. Des czu merer ſicherheit vnb warheib allir birre vorgeschrieben rebe so han ich Kune vorbenant, Wernher vnb Fryberich von Echzel, Erwin Lewe wir die obgenanten vnß iglicher vor. sich selbir ſin evgen Ingeß an byſſen brieff gehangen evnß nach bem anbirn die feſteklich hie ane hangent.

Dat. a. d. M.CCC.LXXXII, ipso die Andree apostoli.

(Die Siegel hängen wenig beschädigt an.)   Orig.

Nr. 1139.

1383 (8. Jan.). Ich Eberhard Weise burgrawe zu Frideberg vnd ich Eberhart Lewe von Steinforb Rittere Erkennen, daz Johan von Vilwel Edelknecht dem got gnabe in vnß geinwort, auch in bywesen Frydebrachtz zu dem Schilde pherner der burg Frideberg, Lodewiges von Ruhelm eyns pristers vnd altariste daselbs vnd frauwen Bechten von Wißensheim den allen got gnebig sye, syn selgerede vnd lesten willen faste, mit virhengniß frauwen Gerten zu der zyt syner Elichen wirten, zu Erst rii. achteil korngeltß von yren guden, die si han zu **Helbenbergen**, mit namen eyme yclichen pherner in der Burg i. achteil ꝛc. — item synen Roeden hengst vnd synen harnasch, waz daz gelden mag, halp an s. Nyclaus altar in der Burg vnd daz ander halpteil an s. Georgen Buwe da selbs ꝛc. — item sine dru pherde, zwey swarze vnd eyns wiße armenluden, die he ubirgreffen hette; daz stet auch an vns Truhelderu, heruber alles faste Johan obg. vns syne Truheldere vnd Dorchbrenger vnd gab vns macht, dit alsus zu hanthabene. — Zeugen: Craft von Rockenberg Pherner in der Burg, Conrad von Cleen, Gil-bracht Lewe von Steinfort, den man nennet in der gaßen Rittere vnd Jongher Eberhard Rytesel Edelknecht.

Dise Manunge ist geschehen n. Chr. geb. m.ccc.lxxxiii, vf den viii. tag des januarius vmb Tercii zyt In der Burg Frideberg vnder der hallen da man spolget daz werntlich ge-richte da zu halbene daselbs.*)

(Notariatsinstrument.)   Orig.

---

*) Eine große Anzahl ungedruckter zum Theil sehr umfangreicher Seel-gereden ꝛc. gestiftet in die Kirchen, Klöster, Spitäler ꝛc. zu Fried-berg, befinden sich in dem Großh. Staatsarchive. Sie beginnen mit dem Jahre 1379 und bieten für die Lolalgeschichte, namentlich aber auch für Sitten und Gebräuche ein sehr reiches Material.

Nr. 1140.

1383 (11. Jan.). Ich Craft von Haßfelt hern Guntrams von Haßfelt Ritters selgin son Bekennen, daz ich myn teil des huses ezu Haßfelt von Junchern Hermanne Lantgrefin zcu Heffin zu rechtem lehen enphangin han, vnd sol daffelbe ouch myme Junchern dem lantgrafen vnd synen Erbin ewiclich uffin sin zcu allin erin noden ane uff den stift von Mentze vnd uff myne nehstin magen vnd swagere, weris abir, daz myn vorg. Juncherre mit dem stifte zu Mentze obir mit mynen nestin magen vnd swageren ezu kriege quemen, so sol ich vnd myne Erbin mit myne teil des egen. huses zcu Haßfelt stille sitzen, es were ben, daz ich myme Junchern dem lantgrefin beholfin wolden sin mit gudem willen. *)

Dat. a. d. M.CCC.LXXXIII, dom. prox. p. fest. Epiphanie dom.

(Das Siegel des Ausstellers ist abgeriffen.)   Orig.

Nr. 1141.

1383 (12. Febr.). Ich Gilbracht Lewe von Steynfort Rittir, den man nennet in der gaßen vnd Hebel sin Eliche wirten Bekennen, daz wir schuldig sin ii. malber korngelts, mit namen s. Georgen Buwe in der Burg zu Frideberg s.

---

*) 1384 (8. Aug.) bekennen Johann und Craft von Haßfeld Gebrüder, Johann von Haßfeld Ritters sel. Söhne, einen gleichen Lehnsempfang von Haus und Stadt Haßfeld halb mit seiner Zugehörung, unter Ausschluß ihres Bruders Siegfried, der ein geistliches Lehen erhalten soll. (Die Siegel der Aussteller sind abgeriffen.)

1384 (28. Aug.). Gleiche Urkunde des Craft von Haßfeld Ritters, Guntram, Craft und Wigand seiner Söhne. (Die Siegel sind abgeriffen.)

malber vnd. f. Nyclaus.Elter dafelbis daʒ andir.malber, von
eyns hengſtes wen, der Johans von Bilwil ſelgen waʒ.
Dat. a. d. M.CCC.LXXXIII, v. fer. a. Valentini.

(Das Siegel des Ausſtellers hängt unverſehrt an.)   Orig.

Nr. 1142.

1883 (20. Febr.). Ich Johan Langenſteyn vnd Kun-
ʒele myn eliche huſfrauwe Loʒen ſeligen Dolhter von Sel-
bult dun kunb, daʒ wir virkaufft han alle vnß gude cʒu
Obeſſe gelegen vnd alle vnß rethe, dye vns von vnßme
ſweher vnd fabir offirſtorbin ſin, mit namen vnß deil deʒ
flubeʒelis, deme veſten edelnknete Gerharte von Hoffilrßheim
vnd fräuwen Elſen ſiner elichen huſfrauwen vnd irn erben.
— Zeugen: der veſte edelknet Friderich von Beldirßheim
hern Friderichs ſon, Jakel Koete vnd Henne Robe der junge
ſcheffen ʒu Dreiſe, Wernher vnd Wißhoupt nachgebure ʒu
Obeſe vnd a. m. Des ʒu ſtedir feſtekeib han ich myn eigen
Ingeſtgel an diſen briff gehangen vnd han auch bar ʒu ge-
beben Francken vonme Herhülʒ myn Johans ſwager vnd
myn Kunʒelen nephen, daʒ he ſin Ingeſtgel an diſin briff
hab gehangen, auch bekennen ich Friderich von Beldirßheim,
daʒ ich myn Ingeſtgel an diſen briff han gehangen.

Dat. a. d. M.CCC.LXXXIII, vi. fer. a. dom. q. cant. in
s. ecclesia oculi mei.

(Nur das Siegel Franks von Herholʒ hängt noch an.)

Orig.

Nr. 1143.

.1883 (24. Febr.). Ich Heinrich Heſſe vnd der Hein-
burge vnd dy gemeyne ʒu Fryhenſehen Bekennen Luʒen
Kalwen, alß deß rechten, daʒ her vor hatte an deme huppen
garten by deme nybernburne, alß her vorhatte ye daʒ her

keine rede hette mit Hanse Fogeler alß waltrechten alß gemeinrechten yme vnd allen sinen erben, wan sy ys begerten.

Dat. a. d. M.CCC.LXXXIII, in die Mathie apost.

(Das Siegel des Ausstellers ist abgefallen.) Orig.

Nr. 1144.

1383 (25. Febr.). Dem Edeln vnßm lieben gnebigen Jongern Philips von Falkinstein herren zu Mintzenberg Einpiden ich Gilbracht Kryg von Voytsperg, Gele sin Elichen wirten vnd Erwin Kryg ir beider son vnßern vndirtenigen wilgen Dinst, alzyt Edel Jongherre, wir laßen uwer Edelkeid wißen sotan xlviii. gulden gelts, als wir alle jar han von uch zu gulde vnd bi vns virschriben sin vf Soedel, Wolfirsheim vnd andirswo, daz wir by virkaufft han Johan Kryge Rittere vnßerm bruder, swager vnd federn, Luckeln syner Elichen wirten vnd yren Erben vor ccccccxx. gulden, darmitde ich Gilbracht vorg. mynen lip vnd vnß sloß Voytsperg wider geloist han vnd Bilden uwer Edelkeid dinstlich, daz ir dem vorg. Johan, Luckeln syner wirten vnd yren Erben die gulde furwert alle jar wollet anblogen vnd geben an vnß stat.

An Mittwochen vor Letare a. d. M.CCC.LXXXIII.

(Die Siegel der Aussteller hängen wenig beschädigt an.) Orig.

Nr. 1145.

1383 (25. Febr.). Ich Wilhelm Weise von Furbach vnd Katherina myn eliche wirten bekennen, daz wir verkaufft han Gilbracht Weisin von Furbach, Hillen siner elichen wirten, vnßm bruder, swager vnd geswien ir. malter korngelts Zerlicher gulde uß vnßm gute zu Furbach vnbewendig Frebeberg gelegen vnd vnß deil deß fyschewaßers da selbs gelegen vor xxiv. gulden.

Dat. a. d. MCCC.LXXXIII, fer. iv. prox. a. dom. q. c.
letare Jerusalem.

(Die Siegel des Ausstellers und seines Bruders Johann hängen
unversehrt an.)   Orig.

Nr. 1146.

1383 (4. März). Ich Gylbracht Leive von Steynfurd
der Jungiste Rittir, ich Gude sine eliche hußfrauwe bun
funt, daz wir han virkaufft deme commerture vnd deme
Cauente dez buzenhusis zu Mentze brittehalbe hube landes
vnd echtehalben morgen vnd zwelff ruden landes vnd wesin
gelegen in deme gerichte vnd termenye dez dorffis zu O b i r n
M o r l e mit alme zugehorunge vnd ist luter eygen, dan iß
gyldit den herren von Wißil eyn summern korns vnd nyman
nicht me, vmb cccxxx. gulden vnd vii. schillinge.
Dat. a. d. MCCC.LXXXIII, iv. fer. p. domin. q. cant.
letare.

(Die Siegel des Ausstellers und seines Vetters Erwin von Steinfurt
Ritters hängen unbeschädigt an.)   Orig.

Nr. 1147.

1383 (6. März). Ich Johan von Nuheim Cappelan
zu Nyddern Morle bekennen, daz mir der Dechan vnd daz
Capitel dez Dunies zu Mentze gelühen han myne lebetage
vz yren wynzehinden, den se han zu N y d d e r n m o r l e,
vmb Nundenhalben goldin gelts ierliches zinses.

Dat. a. d. MCCC.LXXXIII, vi. fer. p. dom. q. cant.
letare, sub sigillo Hildemari plebani in monte Nuheim.

(Das Siegel fehlt.)   Orig.

Nr. 1148.

1383 (17. Juni). Ich Emmerich von Linden vnd ich
Grebe sin Eliche wirtin bekennen, daz wir schuldig sin Ber-

tulpe Ruczmul scheffin, zu Alsfelt tzvi. gulden vnd by wollin wir Eme vnd synen Erben bezalin uff s. Mertins dag des h. bisoffis nehist kommit; vnd setzin Eim da vor czu burgen vnse frunt Herman von Lydirbach, Johan Waltffogel vnd Conrade Wyckenburn borgmanne ezu der Aldinburg.

Dat. a. d. M.CCC.LXXXIII, fer. iv. p. fest. s. Witi et Modesti.

(Die Siegel des Austellers und der vorg. Bürgen hängen unverfehrt an.)

Orig.

Nr. 1149.

1383 (17. Juli). Ich Wigant Smyt Bekennen, das ich virsast han myn deyl des hobis zu Hoyrbach, da Henne Wyderat uffe sitzet, mit alme deme rechte vnd zcynse, alse ich es mit mynen gesuistern bis here gehat han, hern Petir probist ordins bruder s. Anthonys zu Grunenberg vor iv. gulden. Were abir sache, das Petir vorg. broch wurde an deme hobe vnd zcynse, das eme die nicht enwurbe, so han ich eme vorsast zu vndirpande czweyne morgin Landis hinder den guden luden bie Heinrich Steynmeczin ackern ge-legin an der Gemünder straße.*)

Dat. a. d. M.CCC.LXXXIII, vi. fer. p. diuis. apost.

(Das Siegel Junkers Wenzel von Engelhausen fehlt, das Junkers Vol-pracht von Saffen hängt gut erhalten an.)   Orig.

---

*) 1390 (26. Dec.) bekennen Heintze Rebe von Haarbach und Gele feine Hausfrau, daß fie an den vorg. Probiten Peter verkauft haben „vnßir teil, das wir han myt Rudolffe, Conrade vnd Wygande Emeden gebrudern zu Grunenberg vnßirn suagern vnd neben ge-legin zu Harbach mit alle deme Rechte, das dar zu gehoret, vor iv. gude gulden." (Das Siegel Siegfried's von Buter, Schöffen zu Grünberg, hängt unbeschädigt an.)

Nr. 1150.

1383 (28. Juli). Ich Conrad von Cleen Ritter, Agnes sin Eliche wirten Bekennen, das wir gegeben han zu rechten selgerede dem pherner vnd synen gesellen in der Burg Frideberg eyn halbe hube landes gelegen in Terminie des dorffes zu Echzil, die vor zyden was hern Johan Stedevelds eyns pristers dem got gnade vnd bi izunt gildet vi. achteil korns Jerlichir gulde.

Geb. of s. Nazarientag vnd syner geselschafft a. d. M.CCC.LXXXIII.

(Die Siegel des Ausstellers vnd der Burgmänner zu Friedberg hängen unversehrt an.) Orig.

Nr. 1151.

1383 (8. Aug.). Ich Erwin Scheffin vnd ich Gysele syn Eliche wirtin Burgere ezu Grunenberg Bekennen, das wir verkaufft han iv. marg pheninge ewigir gulde, mit namen off deme huse vnd habistad, kelber vnd gartin, da Dyberich von Wanefelde iczunt ynne wonet, das gelegin ist an Wigand Gyris huse, das vor zydin was Ebfrids von Burin vnd Alheide syner elichen wirtin, myn Gyselin fader vnd muder den god gnade vnd hatten wir dyse iv. marg pheninge vff dyser selben habestad vnd keller vnd vff deme huse; das dar vffe virbrante, virschriben, der bryb geschriben wart vnd der kauf geschach n. G. geb. m.ccc.lxxii, vff vnstrm dryle des habes ezu Gemonden in deme dorfe gelegen vnd vff allen den Eckern vnd wisen, dye dar ezu gehoren, vnd vff vns huse, da wir iznd ynne wonen, das gelegen ist an der schuchgassen vff keller vnd habestad, hern Hermanne von Buren altaristen s. Martins altars in der pharre ezu Grunenberg gelegen vnd dem selben altare vnd allen altariſten vnd nachkummenden, dye hernach zu deme ſelben altare kumen, vmb c. cleyne gulden, dye vns her Johan von Buren, Canonke czu Mentze czu ſ. Stephane daz vnß here gob gedenke, czu der czyt, alz daz egen. Datum hie vor ſteb gutlich beczalet hab, von ſin vnd aller ſiner aldern ſele. — Zeugen: Claus vnd Folprach von Saſſen, Eckard von Buren vnd Thyberich Hunchen ſcheffin.

Dat. a. d. M.CCC.LXXXIII, ipso die b. Cyriaci mart.

(Das Siegel der Stadt Grünberg hängt wohlerhalten an.)

Orig.

Nr. 1152.

1383 (20. Nov.). Ich Steben pherner tu Alsfelt bekennen, daz myn Juncher Herman der Lantgraue tzu Heſſin myr by gnade getan hat, daz ich eyn dryteil synes tzenden tzu Alsfelt tzu deme vyrteil des tzenden, daz tzu der pharre horet, ſal uff heben vnde in nemen dy wyle daz ich lebe, alſo daz myn Juncher vorg. den tzenden halb vnd ich halb habe.

Geb. n. Chr. geb. m.ccc.lxxxiii, a. b. frytage nach ſ. Elizabeth tage.

(Das Siegel des Ausſtellers hängt wenig beſchädigt an.)

Orig.

Nr. 1153.

1384 (5. Sept.). In nomine domini amen. Kunt ſy, daz ich Johan Setzphand von Drahe Rittir vnd Criſtine myn eliche huſfrauwe han geſaſt vnſtr Seilgerede, zu deme erſtin ſetzin wir deme altare in der parre zu Butzbach genant zu ſ. Annen, den vnſer fatir vnd muder, ſweher vnd ſwegir gewydemet hant, vnſir gut, daz da genant iſt Soudelngut vnd iſt gelegen in der termenie dez dorffis zu

Da [gut?] ei vnd auch barzu vill huhmarke, by wir ligende
hain in Grideler marke vnd hube, vnd sezin auch zu deme
selben altare vhin garthen gelegen zu Affinheym vnbir
deme plane, da man vz geib gehn. Elwenstat von Affinheym
vnd ist gelegen an deme wahere vnd gebit jerlichis vi. mesten
obys czu czinse, die auch horen zu deme geluchte bez selben
altaria, auch sal der altar han by garthen, by Heibichis
waren zu deme geluche vnd zu eyner kirzin als man gobis
Licham hebit, item andirhalbe mefte oleys, by Grete Babin-
bifin gebit vnd den garthen, den Schere hatte by deme paftore
auch zu deme geluchte.*) Anbirwerb sal Criftina myn eliche
hußframe behalden abe sy nach myme bode vnuerandirt blibit
vnd anbirs nyt, mynen sedelhoff gelegen zu Bubbach in
der ftad by Weißflar porten ir lebetage vnd sal in der sel-
ben sabunge behalden myn halb beil bez wingarten, der uff
mich erftorben ist von myns fabir vnd mudir wegen vnd
barzu den wingarthen bar an gelegen, den wir beide mit
eyn gemacht vnd gezugit han. Auch sal Criftina vorg. be-
halden al by vorbehabe, by da blibit nach myme bode vnd
bar zu zu rechteme wedeme iii. hube Landis vnd wefin, by
vor Bubbach gelegen fin, daz wedir daz befte aber daz
ergifte sy vnd wan auch sy von bodes wene nyt en ift, so
feben ich zu eyme feilgerebe Gilbrachte Seibephande myn
brudir der iii. hube Landes eyne vnd seizin yme barzu daz
halpbeil bez hoffes, da ich Inne wonen zu Bubbach ge-
legen by Weißflar porten, daz er loftin mag nach myne bode
mit rr. marfin vor by golde, by den Jungfrauwen von
Rockinberg bar uffe virfchreben ift, lofte er abir by mynen
lebetage, so sal he bar vor geben lrriii. gulden. Wo auch
Gilbracht myn brudir vorg. von bodes wene abeginge ane

---

*) Hier kommt die Stelle, welche bei Banr Arnsb. Urk. III. 649,
Rr. 1070 abgedruckt ift.

rechte lybis erben, so sulbe dy selbe hube Landis Dylge des
egen. Gilbrachtis eliche hußfrauwe han ir lebetage, auch ver-
anbirte sich Dylge, das sy eynen man nemit ober das sy
von bodes wene abe geld, so sal iß gefallen uff Wirnhorn
Seltzphanden myns brudir son vnd Gorgen von Belbirsheym
vnd Elsin sine elichin frauwen xc. Dy andir hube eyne vß
den dren, dy seitin ich zu eyme selgerede Gorgen von Bel-
birsheym wonende zu Obirnhobin vnd Elsin siner elichin
hußframwen myner sustir Dochtir vnd seitin en dar zu dy
hußunge gelegen in der stat zu Bußbach an der Weißlar
porten by reme burne vnd das huß vnd schuren gelegen
hindir myme hoffe an der Juden schole. Andirwerbe seitin
ich dy dritten hube Landis zu eyme selgerede Wirnher Seitz-
phande vorg. vnd Katherinen siner elichin hußfrauwe vnd
dazu myn halpdeil des hoffes, den ich ligende han in der
stat zu Bußbach by der Weißlar porten. Auch seitin ich
eynen garthen zu Gridil vor der porten den pristirn, dy
da zu Gridil sint, zu myn selgerede.

Dat. a. d. M.CCC.LXXXIV, v. die mensis septembris in
opido Butzbach, in stupa habitacionis domus et curie lega-
torum predictorum, presentibus Theoderico bursario juniori
in Arnishurg, Hirmanno dicto Storc, Johanne dicto Grefir,
Johanne dicto Sure altaristis parrochialis ecclesie in Butz-
bach, Johanne dicto Hane clerico mogunt.

(Notariatsinstrument. Rotar: Henricus natus Conradi de Dillinberg
clericus trevirensis.) Orig.

Nr. 1154.

1384 (1. Dec.). Ich Wilhelm vnd Johan gebrudere
von Crufftele wepelynge, Pace vnd Gude ir eliche hußfrawen
bekennen, das wir verkaufft han dem dechene vnd dem Ca-
pittele des stifftes vnsir frawen zu Wetflar alle die besse-

runge vnß hobes zu Grybele ble Bußbach gelegen vnd der
gude, die in denselben hob gehorent, mit namen die hultz-
marke, zwa hube vnd nuhen morgen landes an artecern
vnd an wysen in den velden, vmb Grybele, gelegen, die
wir vnd vnß erben bisher von demselben stiffte gehabt vnd
zu Lantsedelin rechte beseßen han, vmb xii. malbir corneß
vnd weißes jerlicher gulde. Auch bekennen wir, daz wir
verkaufft han den egen. herren vom Stiffte zu Wetflar i.
malbir corngeldis jerlichir budem gulde, daz vnß Heilman
Edenheymers eiden zu Grybele gefeßen geantwortet hat vz
eyne irme gude, vnd setzen yn zu rechtem vndirphande alle
vnß gude, sie sin zu Rockenberg ober andirswa gelegen.
Des zu vrkunde, so han durch vnß fließigen bebe willen
herre Philips herre zu Falkensteyn vnd zu Mincenberg vnd
her Herman von Hobewießele Ritter, vnd Fryderich von Bel-
dersheym wepelyng vnß liebe swager vnß allir Ingeßgete
an dissen brieb dun henken. *)

Geb. des andern tages nach s. Andrees tage des h.
Apostelu n. Chr. geb. m ccc.lxxxiv.

(Die Siegel hängen unverfehrt an.) Orig.

---

*) 1387 (im Aug.) verkaufen Heynemann gen. Beler und Dyne seine
Schwester, Kinder borweilen Johann Beler eines Schöffen zu
Weßlar, an das vorg. Stift ihren Hof mit allen Zugehörungen
zu Gribel ble Bußbach vnd in der gewtode. gelegen." (Die
Siegel des Ausstellers und Philipps von Falkenstein hängen wohl
erhalten an.)

1387 (3. Aug.) verzichtet Philipp von Falkenstein auf seine
Ansprüche wegen Gumprachts des Juden zu Friedberg an der
Beleren von Weßlar Gut zu Griebel zu Gunsten des genannten
Stiftes." (Das Siegel des Ausstellers ist abgefallen.)

Nr. 1155.

1385 (4. Jan.). Allir menlich sal wißen, daz ich Heinne Gryn von Aßenheim vnd Luckard myn elliche huß frauwe hant bestanden vmb den Dechen vnd den gemeinen Capitel des styfftes zö vnß frauwen zu den gredben zö Meñeze, die vns vnd vnsern Erbin hant gelawen irs styfftes gud zu Benstad, allis daz sie hant in dorffen vnd in selde. Zvm ersten huß vnd hoff vnd hoferelde mit alle siner zvhorunge zo Benstat — vff dem selbe geyn Aßenhem sint gelegen rir. morgen zuffen der molenstat vnden an deme wege — vbir erbstedir weg — bye Junckern Friderich von Carbin — an dem molenberge vnden brane bye hern Johan Fröß — abin vff dem molenberge bye den Junfrauwen von Elwinstat — In der wiessen bye hern Johan von Cronenberg — hinder Eßebecher gartin by den junfrauwen von Elwinstat — vff dem andern selde geyn Erbstat — vnbir dem klingelberge by dem prabst von Elwinstat — an dem erbstedir wege, der gehaißen ist der fußwhat bye dem perner da selbis — daselbis by hern Erwin Collinge — au der sizen hecken bye hern Conrad von Bucheß — daz dritthe selt geyn Cheughen an deme prabst von Elwinstat — in dem hircz grunde bye Sesselind Kechlern — an dem wyden buß bye dem prabst von Elwinstat — an deme vbir rede bye hern Johan von Cronenberg — ane deme wyßzen steyn — ane dem shenger wege by Junker Hennen von Khebel — wiessen in der sulczen zo Aßenheim — dar geyn vbir by hern Erwin Collinge — by der Robbit auwe by Hennen Kelnner — vnd sollen wir Eliche lude vorg. den egen. heren alle jar zo phachte gebbin von dem selbin guden rl. achteil korns vnd rii. achteil weißes. — Zeugen: Hencze Gvße, Jacob by der syrphen scheffen zo Rapdeheim vnd Heile Dabechir burger da selbis.

Geb. n. Chr. geb. m.ccc.lxxx, off ben neſten mitwoche nach beme jars dage.

(Geſiegelt hat der Ausſteller und Junker Mengoß von Dudelsheim, Edelknecht. Beide Siegel ſind abgeſchnitten.) Orig.

Nr. 1156.

1385 (12. Jan.). Jch Gylberacht Krig, Erwin Krig vbn Foytſperg ſyn ſon Jrkennen, daz wyr han gegenbin ben junchfrauwen zu Schiffinburg 1. malber korngelds an daz geluchte vor vnßs herren licham vnd broſt vnd heyl Geiln meyner lieben ſelegen huſfrawen ſelle vnd meyner muder Erwinies vnd aller vnſer elveren ſelle vnd ſal daz vorg. malber korngelves gevallen vz vnſeme habe vnd gube zu Wannebach geleygen. — Zeugen: Conrad von Kruftel vnd Gylberacht Kalben.

Dat. a. d. M.CCC.LXXXV, fer. v. p. Epiphanie dom. ſec. ſteylum treurirens. dioc.

(Die Siegel der Ausſteller hängen beſchädigt an.) Orig.

Nr. 1157.

1385 (3. Febr.). Jch Herman von Groeringen burger zu Minzenberg, vnd ich Kunza ſin eliche huſfrauwe bekennen, daz wir han verkaufft Heilterngen, Eheliche burgerſ zu Minzenberg vnd Hebeln ſiner elichen wirten eyne ſchuere gelegen zu Minzenberg in der Salzgaſſen zuſchin Herman Dumen huſe vnd Hermans ſchuern vorg. vnd tritten phunt hellen. — Zeugen: Conrad Oveler vnd Contze Zelen ſon ſcheffene zu Minzenberg.

Dat. a. d. M.CCC.LXXXV, vi. fer. prox. p. purif. b. Marie virg.

(Das Siegel der Stadt Minzenberg iſt abgeriſſen.) Orig.

Nr. 1158.

1385 (30. Mai). Ich Erwin Gulden von Cronenberg, ich Johan von Kynßinbach wepener, Barbara Johans eliche hussfrauwe vnd ich Gude Barbaren egen. swestir bekennen, daz wir han virkoufft hern Tronet von Torchisellene Meistir des gotishuses s. Antonys zu Roßdorf vnd phleger des gotis-huses zu Grunenberg, die molen gelegin zuschen. Obern Amen vnd Rupprechterabe by den Buschdorne vnd den wisen genant des pherhers Betten zu Obernamen vnd eyn gud, daz genand ist Heppechin Rybingis gud vnd ist eyn hube Landes mit allen den rechtin vnd Besserunge, die wir an der Molen vnd gude der vorg. hube biz her gehabt han, vnd daz gud vorg. biz anher erplich gelthafftig gud gewest ist des gotishuß s. Antonys zu Grunenberg. Darzu so han wir den meister vnd phlegir vorg. eyns stedin wigin virkouffis gewerit in deme gerichte zu Obern Amen mit handen vnd myd geryn czuschin scheffin vnd schern, noch des landes gewonheid vnd alse daz gerichte daselbiz gewiset had, do by geinwurticliche saßin an gerichtez stad Gerlach Egilmar vnd Jacob Webir, Contze Smed, Henne Bodener, Henne Fulhoubt, Contze Bedery Siffrid von Weißsaßen, Ditmar Mullr, Grebe von Siffirderabe, Tilo Goringer, Herman Francz, Tile Saße vnd Mumir von Rupprechterabe schul-theiße vnd scheffin des gerichtes zue Obern Amen. In geine wurtikeyt Eberhardis von Mertow Ritirs vnd Heinrichs von Belle wepeners.

Act. in figura judicii et dat. a. d. M.CCC.LXXXV, in fer. a. s. corp. Chr.

(Die Siegel der vorg. Johann von Kinßenbach und Heinrich von Belle hängen unversehrt an.)

Orig.

Nr. 1159.

1885 (31. Juli). Wir, Herman von gots gnabin Lantgraue ezu Heffen Befennen, das her Curd von Bußis, Ritter vns gebeben hat vmb alsolche sunff hundert gulden, dy he vnd sine erben hatten uff deme Ezolle ezu Grunenberg, dy he Otten Groppin sime eydem mit siner Tochter Florettin mibbe gegeben hat, daz wir dy egen funff hundert gulden Ottin vorg. virschriben vnd virbrybin, als wir dy hern Curbe vorg. virbrybit hatten, also weres, daz der egen Otte abeginge ane libis erben rou der vorg. hern Curbs Tochter, so solden wir hern Curbe egen. ober sinen erben dy vorg. funff hundert gulden dan widder schulbig sin vnd virbrybin, tebin wir des nicht, so mochten sy daruor phenben vnd uffhalden vnser Burgere zu Grunenberg, an vnser vnd vnß Amptlube ezorn, vnd hinberfal also lange, byß zu die vorg. gulbe von vns aber vnßn erben wibber virbrybit aber bezalit worbin.

R. G. geb. m.ccc.lrrrv, an dem neßen mont. vor s. Petirs tag ad vincula.

(Das Siegel des Außtellers ist abgeriffen.) Drl.

Nr. 1160.

1885 (28. Oct.). Wir Phylipps von Falfinstein befennen, daz wir Gerharte von Hoffirßheim Colltnechte vmb anegenemigen binst, ben he vns geban hat vnd noch gebun mag, geeygint han vnd rechtlich eygin machin die Ecfere gelegin in der Termenie bes borffis zu Obephe, die sich gißbin vmb eyn hube lanbis vnd rviii. morgin vnd als viele gemeynire weibe, als barin gehort hat, die he von vns zu lehen hat gehabit vnb wir eme virßengit hatten, baz he Elßen sine husfrouwen bar uff genyebenn hatte, mit namen

— vff dem felde gen Hurloff Dreffe r. morgin ligen an den
rvi. morgin, die Gerhard vorg. louffte vmb Johan von
Längluftein vnd Kunkeln für ellichin frouwen vnd ligent ouch
by den Herren von Hehne vnd ftoßint vff daz dorff zu
Obephe — vff den Rytweg — vffe deme felde gen Berftad
v. morgin, ligen by den vi. morgin, die da ftozin vff den
fezell, die ouch Gerhard vorg. louffte vmb Johan von Lan-
ginftein vnd Könkeln für elichin frouwen — hinder dem
zune, die Johans Langfteins waren by den herrn von Heynes
— ein halp morgen vzwendig des dorffis vnd was vor zyden
ein hobenftad — ili. morgin, die man heißit den wyrb vnd
ftozent vff die viere begrabetin morgin wyftn — vff deme
felde gen Feltheim zehindehalb mörge ligen an den vii.
morgen, die ouch Johans Langenfteyiie waren — andirwerd
il. fry hubenrecht in die gemeynen weibe. Weriz ouch fache,
daz Gerharb vorg. daz vorg. Länd vnd Eckere gebe dem apte
vnd dem Conuente zu Arnspurg vnd yrme Cloftere, fo eygin
wir daz felbe zu rechtlicheme eygen zu habene den gen. geift-
lichin Luden zu Arnspurg in allir der maße, als wir fie
Gerharte obgen. geeygent han. — Zeugen: Johan von
Lvnden Rittir; Sintram von Butspach vnftr kelner zu Lieche,
Johan vome Hayne vnß fchriber u. a. m.

Geb. n. Chr. geb. m.ccc.lr̄rv, vff den dag der h. apoft.
Symonis vnd Jude.

(Das Siegel des Ausftellers hängt befchädigt an.)

Drig.

Nr. 1161.

1385 (8. Nov.). Wir Herman von Gots gnadin
Lantgraue zu Heffen Bekennen, daz wir mit hern Rorche
von Eifenbach Rittere vnd Johanne fime Vettirn ubirkomen
fin vnd die vnfer amete zu Grunenberg zu Alffelt

czu Albinburg vnd czu Rumerabe befoln han, alfo
baʒ fie bie vorantwortin, fchuren vnd fchirmen foln uff er
eigin koft, fchabin vnbe frommen, vnd foln eh barumb gebin
ybes Jares anberhalphunbert gulben alfo lange, alfe vns
vnb fie bes geloftit, vnb alle buʒe halp groʒ vnb kleine, ble
In ben felben vnʒn Amptin gefallen.*)

     Geb. n. Chr. geb. m.ccc.lxxxv, uff ben mittwochin vor f.
Mertins tage.

     (Das Siegel ber Ausfteller ift abgeriffen.)   Orig.

Nr. 1162.

   1885 (9. Nov.). Ich Crafft von Haczfelt hern Crafftis
fon vnb Katherine fin eliche hufrauwe befennen, als wir
ein britteyl an Biedinkap Inne haben von vnʒ phenige
wen, mit bem felben britteyle foln vnd woln wir Junghern
Hermanen Lantgrauen zu Heffen, vnd finen Erbin zu eyner
lofunge ften, wan fie vns die virkunbigen, vnb fal ouch er
uffen floʒ fiir zu allin eren hoben als die vordern brieue
uʒwifen, die baruber gegeben fin.**)

    Dat. a. d. M.CCC.LXXXV, v. fer. a. diem s. Martini
episc

(Die Siegel bes Ausftellers und feines Schwagers Craft von Haʒfeld
Ritters hängen wohlerhalten an.)   Orig.

---

*) An demfelben Tage reverftren fich besbalb bie vorg. Rorich unb
   Jobann. (Die Siegel hängen unverfehrt an.)

**) An demfelben Tage befennt ber obg. Craft von Haʒfeld „was
   briebe Wygand von Sygirshufen vnb Jeban von Breidinbach
   Rittere ben gott gnabe gegeben han obir Bydinkop borg, ftab
   vnb lanb, bas nu Gerlache vnb Jobane gebrudern von Breidinbach
   ein zweiteil geborit, zu bune vnb off zu heben vnb mir Craffe
   egen. vnb mynen erbin ein britteil zu bune vnb off zu hebin."
   (Die Siegel bes Ausftellers und Dieterichs Rode hängen befchädigt
   an.) Die Urkunde ift burchfchnitten.

Nr. 1163.

1385 (11. Nov.). Wir Wenßlaw von gotes gnaden Romischer kunig 2c. tun kunt, das wir Burgermeister, Scheppfen, Rat vnd Burger der Stat zu Fridberg die gnade getan, das sie die fleischbenke vnd fleischschragen an ein andere ende irer Stat seßen mogen, do yn das vnd den leuten gemeinlichen bequemlichen ist, ouch sol nyemand an andern Steten fleisch veil haben in derselben Stat, denn an den selben enden, do hin das also geleget wirdet vnd gebieten darumb den burgrafen vnd burgmannen doselbst, das sie sie an sulchen gnaden vnd freyheiten nicht hindern.

Geb. zu Prage n. Chr. geb. m.ccc.lxxxv, an s. Merteins tage.

(Das kaiserliche Siegel hängt wohlerhalten an.) Orig.

Nr. 1164.

1385 (18. Nov.). Wir Margareta von Falkinstein wanede in dem clostir zu Padinshusen dun kunt, daz die Burgermeister, scheffen, Rat vnd Burger zu Frideberg vns gegeben vnd bezalet han l. cleyne swere gulden, die sye vns schuldig waren zu geben of s. Mirtins dag des h. Bisschofs.

Dat. a. d. M.CCC.LXXXV, in octauva s. Martini.

(Das Siegel der Ausstellerin ist abgefallen.) Orig.

Nr. 1165.

1385 (24. Dec.). Ich Wolfram etwan Wolframis son von Akarbin vnd ich Wolfram sin son bekennen, daz vns Herman Dechin vnd daz Capitel gemeynlich des Stiffts zu Aschaffinburg geluhen han zu lantsidels rechte yren hoff vnd alle prd gut, die gelegin sint zu Akarben, die Heinpe Hillen Stanninheymern son vor calten Jnne gehabit hat, nun gantze iar vnd nit lenger, vmb rr. achteil weyßis vnd L. achteyl korns, die wir in entworten sullin zu Frankinford uff yr kornhuß.

Dat. a. d. M.CCC.LXXXV, in vig. nativ. Christi.

(Das Siegel Johanns Schapprun, Pfarrers zu Okarben, ist abgefallen.)

Orig.

Nr. 1166.

1386 (2. Jan.). Jch Gumpracht von Hoinfels Bekennen, daz mir Jungher Herman lantgrave zu Heffen sin Sloz Hermanstein in Amptswise mit siner zugehorunge vnd den hol dafelbs befoln hat, daz ich eme vnd sinen erben daz truwelichen halben vnd bewaren sal diffe nesten zwei Iar mit mynen gesellen uff myn eigen koste: Weres, daz myn eigen Jungkern daz egen. er sloz mit andern amptluden nach den zwein Jaren bestellen wolden, daz solden ße mir eynen maynd vor sagen, so solde ich en daz vorg. sloz mit allir siner zugehorunge in allir der maße vnd waz ße mir uff dem huse geantwortit hetten widder antworten, auch waz ich dan uff dem selbe gesayt hette, daz solden ße mir laßen folgen vnd sal ich mich uß eren welden bornholzis beheiffen, daz ich uff dem egen. erme sloze myn notdorfft hebe.

Dat. a. d. M.CCC.LXXXVI, iv. fer. prox. p. dom. invoc.

(Das Siegel des Ausstellers hängt unversehrt an.)

Orig.

Nr. 1167.

1386 (22. Jan.). Jch Lodewig von Honfelz den man nennet der durre bekenne, daz ich han belehnt myd geyrne vnd, myd hande vnd: myd munde Andres Wencelz ſon von Marpurg vnd Katherine, ſyn eliche wyrten vnd Dampmen Melenhebers ſon von Frebeholzdorf vnd alle ſyne geſwiſter vnd Gelen Hetzelz vnd Hennen vnd Herman eyr kynder vnd Gerhard Snyders vnd Katherine ſyn eliche huſfrawe myd myme teyle des ezenken: ezu Bredenbach vnd ezu Weſenbach myd allem recht vnd zu gehorde. — Zeugen: Eckard von Honfelz den man nenned der Wolf vnd Peder von Honfelz vnd Arnolt von Duſenbach u. a. m.

Dat. a. d. M.CCC.LXXXVI, fer. ii. p. Agnete virg.

(Das Siegel des Ausſtellers hängt beſchädigt an.) Orig.

Nr. 1168.

1386 (26. Jan.). Ich Gerhart genand Wolff von Selbach vnd ich Nyſa ſyne elich huſfrauwe von kont; daz wir vns vns vnd alle vnſer Erben alle vnſe Gerechte zu Breydenbach vnd zu Melsbach, zu Batlow vnd zu Dzenhuſen myd alle vnſen luden by darzu gehorent, ſy ſyn geſeßen in der Graſſchaff von Näſſauwe, in der Graſſchaff von Wydgenſteyn ob anders wa vnd darzu mit allem zugehoren vnd darzu alle vnſe gulde, Erbe, gefelle, zinſe vnd gud als wir han in dem Breydenbächer Grunde, zu dem Rodgyn vort in deme Gerichte zu Lyrfelt vnd wa daz wir is han hynſyte der Graſſchaff von Raſſauwe vnd dar zu alle dy lude, allis daz Erbe, gulde, zynſe, zenden vnd gut, als vns nochvort an den purg. gerechten, luden, Erbe vnd guden an erfallen vnd an erſterben mach, verkaufft han Wilhelme von Selbach vnſme neben vnd ſwager, Stynen ſiner elichen huſfrauwen vnſer ſwegern vnd iren Erben vmb cccrvi. gulden. Zu Vrkunde her vbir ſo han ich Gerhart Wolff vurg. myn eigen Ingeſigll an dyſen breff don hangen vnd han gebeden hern Gerlache von Breydenbach Ritter,

Johan von Breydenbach gebrudere vnd Arnolde von Brey=
benbach vnse liben mage, swagere vnd gaenErben der vorg.
Gerechte; lnde, Erbe vnd gutz, dar zu so han wir vort ge=
beben Robyne vnd Johan Ritter von Biden gebrudere vnd
Albrechte von Geberßhan genand von Luzigerobe auch vnse
llben mage vnd swagere, daz sy alle ir Jngesigel an bisen
breff hant don hangen.

Dat. Schonensteyn a. d. M.CCC.LXXXVI, crast. convers.
s. Pauli iuxta stilum coloniens.

(Die Siegel häugen wohlerhalten an.) Orig.

Nr. 1169.

1386 (10. März). Ich Edel Junge Burger zu Fride=
berg vnd Agnes syne elliche wirten tun künt, daz ich ganze
mogende vnd fulle macht han gelan myme swehir Johanne,
Großiohanne vnd Henne Saffen, myme swager zu virteuffene
ii. hube landis wiesen vnd Edere mit houestede zu
Wedynsheim gelegen, die ich zu lehin han von Jong=
hern Philips von Falkinstein herren zu Minßinberg. Auch
so bitten ich Edel Junge vorg. Jougheren Philips egen.
daz he syne virhengniße herzu tun wolle, daz wil ich vmb
syne Edelfeld allezyt gerne gedynen. *)

Geb. an samst. vor s. Gregorins tage des h. lerers
a. d. M.CCC.LXXXVI.

(Die Siegel des Ausstellers und des Ritters Eberhard Lewe, Burggrafen
zu Friedberg, sind abgefallen.) Orig.

---

*) 1388 (9. Febr.) verkaufen die vorg. von Saffen, in Gemäßheit
oblger Vollmacht und zur Deckung der Schulden der gen. Eheleute,
die egen. Güter an Craft von Redenberg, Pfarrer in der Burg zu
Friedberg und Gerlach von Frizlar, Burgschreiber daselbst, vor
Eberhard Wyneugen, Schultheiß des Gerichts zu Wedesheim,
Wigand Gebuer, Henne Huderer und Henne Wyneugen und

Nr. 1170.

1386 (21. März). Ich Sype uff deme pule, Burgir ein Grunenbergk vnd Else sin Eliche husfrauwe thun kunt, daz wir virkoufft han Eyne margk geldes Jerlicher gulde uff vnßme huse, dar wir iczund Inne wonen vnd gelegin ist hinden an vnßirs Jungkfern des Lantgrauen frchin in der burgk an deme wege, vorne geyn Herman Gondramys huse uber, deme conuent vnd bruderen der Mynner bruder hir selbis czu Grunenbergk vnd hern Wygande genant Knossen Eyme conuent bruder dar selbis vor x. phund hellir.

Geb. n. Chr. geb. m.ccc.lxxxvi, uff den Mittewochin nehift vor der Dominken, alz man Singet oculi mei semper in der h. fasten czu foyre.

(Das Siegel der Stadt Grünberg hängt unversehrt an.)

Orig.

Benzelhenne, Schöffen daselbst, um 275 fl. — Zeugen: die vorg. Schöffen, sowie Conrad Boelen, Altariste in der Burg Friedberg, und Eckhard Tuchscheerer von Rockenberg „ein Mydeling" daselbst, Priester. Geschehen „in der Burg Frydeberg in Huse vnd wonunge des pherners vorg. neuen der kirchen in syner stoeben daselbs."
(Notariatsinstrument. Notar: Johannes gen. Freulin von Assenheim.)

1390 (20. Sept.) verkauft der vorg. Burgschreiber Gerlach seinen Theil der vorg. Güter wiederum an den obgen. Burgpfarrer Craft von Rockenberg um 150 fl. vor den vorg. Schöffen des Gerichts zu Beckesheim. (Das Siegel Gerlach's ist abgefallen, das des Ritters Eberhard Weise, Herrn des Gerichts, hängt wohlerhalten an.)

1395 (8. Okt.) schenkt der vorg. Burgpfarrer Craft diese Güter an das Karthäuserkloster auf St. Michelsberg bei Mainz. Geschehen „in dem grase des pharrehofes vor der stuben in der Burge gelegen vnd waren bie bo Conrad Bolon vnd Johan von Bsungen vriter vnd Bruder Johan Rustenberg eyn leyen bruder des karthusererdens vnd dar zu Schelthesse vnd scheffen vorg." (Notariatsinstrument. Notar wie oben.)

Nr. 1171.

1386 (24. April). Ich Conrád von Buches Ritter vnd Grede sin Eliche wirten Beken, daz wir virkaufft han dem strengen Ritter Wilhelm Lewe von Steynfurt vnßm swagir vnd bruder vnd siuen Erbin vnß hofestat gelegen zu Byng in beim vf dem graben an der wolffisseln mit allem yrem begriffe vnd han yme bezalet solan sonff hunbert gulben als he vns zu Gruuenberg geluhen hatte, die da wotben Otte Groppen vnßm eyden zu Floretten vnß dochter. Geb. vf den birstag nach s. Georgen tage a. d. M.CCC.LXXXVI.

(Das Siegel des Ausstellers hängt unverfehrt an.) Drig.

Nr. 1172.

1386 (10. Sept.). Kunt sů, daz in dem iare n. G. geb. m.ccc.lrrvi, off den mandag n. vnf. frauuren dage, als sy geb. wart bekennen ich Hans Fedeler, amptmau müus herren von Falkenstein vnd ich Eckart Schefer amptmau myner herren von Eleen, daz vor vns vnd vor ben hufgenoßen des gerichtes zu bem Langen hein sint komen Johan Wißgerber bumeister, zu der pharre zu Frebeberg vnd, Jonghe her Anshelm von Howißel vnd begerte her Johan au eyner orteil zu herfaren, abe sich Jongher Anshelm odir ymant anders kunde odir mochte sich herclegen in des buuves gut, es en were dan verfunt als recht were. Auch hatte sich der pastor von Monster ror zyden herfleit in des capitels gut vnd nicht in des vorg. buwis gut, daz waz ben amptluben wol kuntlich, dy zu den zyden amptlube waren vnd Hufgenoßin, mit namen Herman Kransberg vnd Elsechin Huller genwortlich stunden vnd sehen vnd bekanten, daz des vorg. buwes gut nye enwere clagehaftig worden. *) .

(Rotariatsinstrument.)   Orig.

Nr. 1173.

1386 (7. Nov.). Hermannus dei gracia lantgrauius terre Hassie preposito ecclesie s. Stephani mogunt. salutem. Ad ecclesiam parochialem in Alsfelt vacantem ex obitu domini Stephani prespiteri nouissimi rectoris eiusdem, cuius juspatronatus ad nos dinoscitur pertinere, discretum virum Heinricum de Schonenstad presbiterum uobis duximus presentandum.

Dat. a. d. M.CCC.LXXXVI, fer. iv. a. fest. b. Martini epis. et conf.

(Das kleinere Siegel des Ausstellers hängt wenig beschädigt an.)
Orig.

Nr. 1174.

1386 (16. Dec.). Ich Alheid hern Herman Lops seligen van Sauwelnheim wiedewe irkennen, soliche gud, briefe, gulde vnd vncerpende, alz Juncher Philipps selige von Falkensteyn der Eldeste herre zu Minczenberg verkaufft vnd versaczt hait hern Johan Krieges seligen kynden von Feuczberg vnd yren erben, byt namen daz gud zu Melpach, daz vur v. huben liget vnd an lrrr. achtel korngeldes ist geachtet vnd den hoff uff der Bach vnder Minczenberg vnd daz gnyt, daz daryn gehoret, daz an lrrr. achtel korngeldes ist geachtet vnd dy czwey dorffere Sokele vnd Wolfersheym vor cl. gulden geldes, vnd ich der vorg. gude, briefe,

---

*) Siegeln sollte Gebhard, Pfarrer zum Langenhain, da er aber kein eignes Siegel hatte, so blieb der Brief unbesiegelt „und sonst aus keiner anderen Ursache."

gulde vnd vnderpande eyn recht erbe byn, daz ich derselbin gude, briefe, gulde vnd vnderpande myn beyl han verkaufft Wynriche von Langenauwe myme bruder vnd synen erben. Dez zu eyne waren vrkund, so han ich Alheid vorg. myn eygin Inges an diffen brieff gehangen vnd gebeden Johan Kop von Sauwelnheim mynen swager, daz er syn Inges auch gehangen hait an dysen brleff.

Geb. n. Chr. geb. m.ccc.lrrvi, an dem nehsten sontdage vor s. Thomas dage des aposteln.

(Vid. Friedrichs von Sassenhusen Ritters vnd Godard Sad weylvng.)

Orig.

Nr. 1175.

1387 (8. Febr.). Ich Craft Doring Ritter vnd Heinenian Knobelouch der alde borgmänne czu Bydinkap bekennen, daz vns her Gerlach von Breidinbach Ritter, Johan von Breidinbach gebrudere vnd Gerlach von Breidenbach ers sebetern son han gesed, sy sin mid Arnolde von Breitenbach gescheidin, das he der bormanne czu Bydenkap czwene solde nemein vnd dy egen. von Breidinbach solden er ouch czwene nemen, dy solden irfaren vnd virhoren on der kuntschaff in deme slosse vnd vff deme lande, wy ere sedrere gesessin hetten, also sülden sy ouch siczen mid erin gerichten, des han vns dy egen. Gerlach, Johan vnd Gerlach her obir gebeddin vnd geforin, so hatte Arnold geforin Krigen von Buchenauwe vnd Dyderichen von Hohinfels, das bekennin wir vorg. Craft Doring Ritter vnd Heyneman Knobelouch das vor vns vnd diffen nachgeschriben, dy wir dazu han geheischin, mid namen Crafte von Graschaff, Heince Punczigere, Henczele von Pfinhusen scheffenen czu Bydinkap, han gestanden diß nachgeß von Wallon vnd von Wesinbach, mid namen Eifred der Hund, Lune, Heune Schelte der alde Linse, Heinrich Hursemar,

Heince Qesperger, Herman Breidinbachs, Ebbil Kulman
vnd Heince Lucen son vnd han geseb, das en kuntlich sy,
das her Ellung von Breidinbach Ritter deme god gnade
wynirleige recht habe gehat czu Weisenbach vnd czu
Wallon anbirsid des Heimbachs, wedit an gericht hunren,
an gericht habern, an pinggelde, an holtzgelde, an meddern,
an snedirn adir anbirs an keynin gesellint; cy da von ge-
richtes wegen gefallin. Ey han ouch geseb, was czu Wal-
lon vndir deme wege henwerd des bachis lege, das gerichte
were hern Ellunges alleine, was ouch zwischen deme wege
vnd deme Heimbache lege vnd Billingishußen, das
horte in das samtgerichte. Ey han ouch geseb, das en
kuntlich sy, das her Ellung egen. und sinen frunde czu Wei-
senbach lege, das queme her Johan von Breidinbach Ritter
vnd drebe sy dannig vnd musten gein Breidinbach czyhin.
Vnd ich Heineman Knobelouch egen. spreche uff mynen eyd,
was dy von Wallon vnd von Weysinbach vorg. hy geseb
han, das ist mir me dan vor drißig Jaren kuntlich
gewest u. s. w.

Dat. a. d. M.CCC.LXXXVII, ser. vi. p. sest. purif. Marie
virg. glor.

(Die Siegel des Ausstellers hängen wohlerhalten an.)

Orig.

Nr. 1176.

1387. (27. Febr.). Ich Gilbracht Kryg von Foytzberg
vnd ich Erwin Kryg syn son bekennen, das wir in guden
truwen globit han vnd zu den heillgen gesworen mit uff-
gerachtin fingern, das wir nu vnd eweclich nummerme widder
dy von Mintzenberg wullen dun, were is sache das ire
herren, dy zu deme Sloße hotent Mintzenberg vnß syende
wurden aber wir sne syende wurden vnd musten dy von

Minzenberg vß plßen von irre herren gehoiß vff vnße ſchal
ten, ſo ſolden ſy offe der ſatt ir wert vmb nemen vnd
wanne ſy widder heim quemen, ſo ſolde iß in frybe vnd in
gnden blisgen ſtan. Sunterlich iſt gelebt, wer iß ſache, daz
dy herren dy zu deme Sloße Minzenberg gehörent, vnß
ſynde weren vnd vns vß jrnte floße Mynzenberg kriegeten
vnd da vß redeten, dez ſolden dy von Minzenberg nicht zu
ſchicken hanz daz wir in dar vmb ſchaden ſolden vnd, iß en
were dan, daz ſy vßzogen vff vnßern ſchaden, ſo ſolden ſy
zur der zyt ir wert vmb nemen als vor gelebt iſt. Were iß
auch ſache, daz dy von Minzenberg vnß ſynde wurden, rolß
herleye ſchaden wir vn dan in der ſebe bebeш, da ſolden
wir vnß eide vnd globere halben als wir ſot geſworen han.
1.   Aot. et dat. a. d. M.CCC.LXXXVII, iv. fer. ante diem
qi cant. reminiscere.

    (Das Siegel Gilbrachts hängt an, das des Erwin Krieg fehlt.)
                                                Orig.

Nr. 1177.

    1387 (15. Mai). Kunt ſy, daz ich Henrich von Brawe
mich erkennen, daz ich vem cloſter ezu Schyffenburg den
Junchfrawen gebin alle iar rii. meſten kornes von dem gube
ezu Steyffelt, daz yr iſt, myn lebedage vnd daz daz gub
after myme tode yr wyder ſyn ſal vß genomen ane beſte
houbt.

    Dat. a. d. M.CCC.LXXXVII, in vig. ascens. dom.

    (Das Siegel des Ausstellers hängt wenig beſchädigt an.)
                                                Orig.

Nr. 1178.

    1387 (9. Juni). Wir Friderich herre ezu Liesberg vnd
frauwe Meze ſin Eliche wirthin bun kant, daz wir iv.

ſchillinge turnoſe. zu rechtim widerkauffe. vurkauft han zu zy-
runge. der Elther in dem huſe zu Greſenawe ſ. Johans
Orbins gelegen, die wil der Orbin Greſenawe Inne hat vnb
rii. hunre uff den gute vnb rechtin der winfure, die wir zu
Wuſtenfelde haben vnb wir mugen die gulde mit l.
ſchillinge turnoſen widerkeuffen wane wir wollen. vnb jer-
lichen In nemen vnb an zyrunge der egen. Althar legin oder
an wene wir das beueſen die wil wir leben vnb wane wir
nicht lenger weren, ſo ſulde ein Cuſtir des huſes Greſenawe
 obir Niva, ab Greſenawe von dem Orbin bracht wurde, die
gulde an zyrunge der egen. Althar Greſenawe legin odir
Niva, abez anters von dem Orben bracht wurde vnb dauon
auch alle iare dem Cumthur vnb ſinen Brudern ein reche-
nunge thun vnb wers auch, daz wir obir vnſir Erbin den
widerkauff gethan hettin vnb die vorg. gulde abgeloſt, ſo
ſulde ein Cymthur vnb der Couuent andere gulde mit dem
gelde keuffen, als ez dem gotshuſe, da die althare, die man
zyren ſulde, aller bequemlichs vnb eben were. *)

Geb. n. Chr. geb. m.ccc.lxxxvii, an der neheſtin mit-
wochen nach ſ. Bonifacien tage.

(Die Siegel der Ausſteller hängen unbeſchädigt an.) Orig.

Nr. 1179.

1387 (21. Juli). Ich Gele Heuczen Emebis dochter
zu Hackeborns, deme god gnade, bekennen, ſoliche ackere vnb
land, alſe Henne Pevirs von Erbinhuſe myn ſwager vnb
Hille, ſine eliche husfrauwe myn ſweſter verkauft han Jung-

---

*) 1379 (19. April) gibt „Johannes episcopus yponensis, vica-
rius in pontificalibus Ludowici archiepiscopi mogunt. ec-
clesie" einen Ablaß von 40 Tagen „ad capellam s. Johannis in
castro Greffenowe." (Das Siegel des Ausſtellers iſt abgeriſſen.)

frauwe Hebeln vnd Jungfrauwe Meckiln von Buchifecke ge-
fwiftern, Cloftir Juncfrauwe zu Hacheborne, bej gubes uf
mich eyn firteil geerbit ift, bej vorkike ich ewiclich vnd
genklich.

Dat. a. d. M.CCC.LXXXVII, in vig. b. Marie Magdalene.

(Das Siegel der Stadt Allendorf hängt wenig beschädigt an.)

Orig.

Nr. 1180.

1387 (26. Sept.). Officialis ecclesie s. Stephani mo-
gunt. plebano jn Habirtzhusen salutem in domino. Cum
discretus vir Johannes Damme presbiter ad ecclesiam paro-
chialem Mulinbach vacantem ex libera resignatione Jo-
hannis Cluder presbiteri nouissimi rectoris eiusdem, per
strenuum virum Anshelmum de Hohenwissel predicte ec-
clesie patronum, nobis licite presentatus existat, memoratum
Johannem de dicta ecclesia presentibus inuestimus, discre-
tioni vestre committimus et mandamus.

Dat. a. d. M.CCC.LXXXVII, vi. kal. octobris.

(Das Siegel des Ausstellers hängt wohlerhalten an.)

Orig.

Nr. 1181.

1387 (15. Nov.). Ich Heinrich Clubir Amptman czu
Grunenberg Befennen, das ich virlußen han von myns
Junghern des Lantgraven wegen eyn hus vnd habeftab ge-
legen in der Judengaßen geln Heffelande ubir vnd geheißen
ift die Judenfchole, an Loßen Spangenberger, burger czu
Grunenberg, Elfin finer hußfrauwen vnd eren erben uor rv.
alte tornoß oder rrv. fchillinge hellere dar uor zu rechin,
die fie alle iar eyme Rentmeifter oder czolner oder weme
myn Jungher fin Rente vnd czolle zu Grunenberg
beuolen hette, uff f. Mertins tag gebin foln by ein buße

als guder gulde, Rente vnd ezins recht vnd gewonheßb ist
zu bezalen an vnse fründe. Hernher en sal ich obir nymans
von myns obg. Junghern wegen sie hohir trangen obir be-
setzin mit lantsediln oder hohirme ezinse, dan als vorgescht.
steb, Is en were dan, das myn Iningher egen. itzund oder
die Hirschaff von Hessen her noch Inden vndir sie qwemen
obir sie die vndir sich zugen ezu Grunenberg, daß sie dan in
das selbe hus oder uff dye vorg, hobestab ezehen wolden,
waz sie dan dar uff virbuwet hetten, des solde man sie en
ciegln vnd sie des von stund bezalen, alse; daz daz andir
halbe teil, mit namen daz Jakenbaib Hennth Huñe Burger
ouch da selbs ouch zu deme selbe rechten vnd ezinstin ent-
sten̄en han mit erer zugehorde, alse sie daz selbs geteilt vnd
gestoglt han̄ mit eter frunden, also sie is ouch halden soln,
also daz Lotze vorg. eynen smalen phad oder fußweg angente
übir Henne Hüneu garten haben soln zu eyner heymlichteid,
daz man nent eyn organg vnd den weg soln sie beede par-
tyen halden vnd haben. — Zeugen: Volpracht von Sassen,
Erwen Scheffin vnd Tyderich Honchen Scheffin zu Gru-
nenberg. *)

Dat. a. d. M.CCC.I.XXXVII, vi. fer. p. Martini ep.
(Die Siegel des Ausstellers und Siegrlers von Buren, Schöffen zu
Grünberg, sind abgerissen.) Orig.

Nr. 1182.

1387 (9. Dec.). Ich Heinrich Snustr eyn schyff ezu
Lartenbach Bekennen, das ich schuldig bin rv. clubir wyßir

---

*) 1393 (14. April) bekennen Elfrid Hanenkrad, Bürger zu Grün-
berg und Gele seine Husfran, daß ihnen Banßgraf Hermahn ein
3 fl. jährlich geliehen habe, „eyn buß vnd hobeßtaß gelegen bindir
der parrekirchen ezu Grunenberg mit gartin vnd allir ezu-
gehorůnge vnß lebetage." (Das Siegel der Stadt Grünberg hängt
unbeschädigt an.)

wolltn gut kouffmans gut deme strengen manne Henriche
Cluber soybe zu Grunenberg, Gelube siner elichln hassranwe
vnd eren erben, die ich en bezalen sal bys s. Walpurge tag,
her uor so han ich en ezu Burgen gesast Egharden von Al-
benhen, Bertolden Wydener vnde Jörgen Fleyschouwere, bur-
gere zcu Grunenberg. *)

Dat. a. d. M.CCC.LXXXVII, ii. fer. a. Lucie virg.

(Die Siegel Junkers Volpracht von den Sassen und Eisruden von Büren,
Schöffen zu Grünberg, hängen unversehrt an.) Orig.

Nr. 1183.

1388 (12. Febr.). Ich Johan von Stogheym Ritlr
vnd Else myn eliche wirtin irkennen, daz wir zu rechtem
selgerede gegeben han eyme helichin pherner in der Burg zu
Friveberg vnd allen altaristen da selbis v. achtehl korngelbis
zerlicher gulde, die her Crafft pherrer vorg. mit vnßme gelbe
gekaufft hat vmb Hennen Suren den eldesten vnd Hillen
sine eliche wirtin, Wigel Hartman vnd Hillen sine elliche
wirtin gesesen zu den garten, also daz der perrer vnb die
altaristen vorg. sollen begen Jargezyde Godefrides selgen
vnßs sones, der by en bestat lyt vnd Godefrides von Stogs-
heym des eldesten, Elheyden siner elichen wirten myn Johans

---

*) Am 27. Jan. des folgenden Jahres bekennen „die meistir vnde daz
bantwergk gemeinlich des Hantwergkis Wollinwebins ezu Grunen-
berg, daz wir schuldig sin xxxiv. Cludir wollen ye xxii. alde Torneß
vor eyn Cludir ezu rechen vnd ezu bezalen, ezu Grunenberg“
an den vorg. Helnrich Cluber, indem sie zu Bürgen setzen Gerlach
von Hausen, Unteramtmann zu Grünberg und Loße Svangenberger,
Bürger daselbst. (Die Siegel Wigands Kelner der Zeit Bürger-
meisters zu Grünberg und des vorg. Loße hängen unversehrt an.)

faber vnd muder, Wygandes von Buchis vnd Greben siner
wirten· myn Elsen faber vnd muder den got gnade.*)

Dat. a. d. M.CCC.LXXXVIII, iv. fer. p. domin. esto
mihi, que fuit ipsa dies cinerum.

(Das Siegel des Austellers hängt beschädigt an.) Orig.

Nr. 1184.

1388 (6. März). Ich Wilhelm Lewe von Steynforb
Ritter Bekenne, als Jongherre Philips von Falkinstenn herre
zu Myntzenberg mir sin uffin brib gesand hab vnd mich dar
ynne geheißen Gilbracht Weßen von Furbach ynne setzen in
sotan gude vnd lehen zu Obirnhergirn vnd zu Huchelu-
heim, di von dem selben myme Jonghern zu lehen geen
vnd nach dem als Gilbracht daz vor haib her cleid uf Er-
win von Kebil vor dem strengen Ritter Johan von Lynden,
den der selbe myn Jongher yu beiden darubir zu Richter
gab, vnd vor synen mannen zu Myntzenberg vnd daz erfolgit
als recht ist vnd nach der brhue sage darubir gegeben, das
han ich Gilbracht vorg. von wen des wegen mins Jonghern
ingesatzt zu alle by rechte vnd gude, di Erwin vorg. zu
Obirnhergern vnd zu Huchelnheim hab gehabit. —
Zeugen: zu Obirnhergern di strengen Jude, Herman von
Hoewißel, Wilhelm Weiße, Gernand von Emalbach, Henne
von Kroftil vnd Sipe Kelner amptman zu Obernhergern,
Contze Sauppart, Pedir Murbach vnd Henne Grasis scheffin
vnd nachgebur daselbs.

---

*) 1389 (23. Mai). Gleiches Seelgerete des Edelknechts Friedrich
von Schzell für sich und seine verstorbene Gattin Gude von cnuer
habestab gelegin zu dem Bisses, die man nennet buuen habestab,
die da liget an Rupilu Zymmermann, die ich gekaufft han uff
myme widemgule. (Das Siegel des Austellers ist abgefallen.)

Geb. an fritag vor dem Sontag letáre jeruf. a. d.
M.CCC.LXXXVIII.

(Das Siegel des vorg. Henne von Kruftel hängt unverfehrt an.)

Orig.

Nr. 1185.

1388 (4. Mai). Wir Curþ vnd Hartman, gebrudere
von Aiðe, dy, man nennit dy Gule befennen, daz Jungher
Herman lantgraue zu Heffen vns fchuldig ift el. gulden
vnd hat he vns darpor gefaft rv. gulden gelds uz fyme
dorffe vnd uz fyner bede zu Größin Linden.

Dat. a. d. M.CCC.LXXXVIII, ii. fer. prox. a. diem
ascens. dom.

(Die Siegel der Ausfteller hängen etwas zerbrochen an.)

Orig.

Nr. 1186.

1388 (5. Juni). In nomine domini amen. Wir
Brudir Troneth von Bergyes Cyn Meiftir des Gotfhufes
f. Anthonii czu Grunenberg thun kund, daz wir geluhin
vnd gegebin hain vnßir vnd vnßus gotfhufes hus gelegin
geyn vnßme huse vbir, hindene an der werbergir buse,
hern Heynriche Fyngfen prþeftir vnd Heymich von Hom-
burgf fyme neben, Cunzen Wygelin fon, yre lebe Tage.

Geb. n. Chr. geb. m.ccc.lrrrviii, uff den heilgen Tag
f. Bonifacii d. h. Bifchoffis.

(Das Siegel des Ausftellers ift abgefallen.) Orig.

Nr. 1187.

1388 (22. Oft.). Ich Cngil von den Saffen Burger
zu Frydeberg vnd Cngel, Henne, Hartman min fon dun
kunt, daz wir han virfauft hern Cräfft von Rockenberg

pherrer jn der Burg zu Frydeberg vnß wlsen gelegen in der
termenye des dorffes Offenheym vnd der hube des dorffes
zu Burnheym, — Zeugen: Cuntze Bechtult von Ry-
bern Rospach, Cuntze Geilfuß, Goße Fyscher von Offenheym
scheffen daselbs, Dytze Forman, Arnult Crode burger zu
Frydeberg.

· Dat. a. d. M.CCC.LXXXVIII, fer. v. prox. p. fest. s. Galli.

· (Das Siegel des Aussftellers hängt unversehrt an.)   Orig.

Nr. 1188.

1389 (12. Jan.).   In Gotes namen amen. Kunt fie,
daz in deme Zare n. G. geb. m.ccc.lxxxix, vff den xii. tag
des maynbes Januarius zu serte zyb vff deme kyrchofe be-
neben der sacriftie des closters zcu f. Katherynen gelegen in
der Nuwenstat zcu Franckenford vnr myr offin schriber vnd
der nachgenanten getzugen stunt gegynwortig Wentzel genand
Fynke eyn Lower vnde burger zcu Franckenford vnde swur
myt vff gerachten fyngern gen der sunnen, daz he vor nehi-
ften virgangen dryßig Zaren dryßig Jar vnde me wonhafftig
were gewest zcu Frybeberg vnd geseßin myt huse vßwen-
big her feher porten vnber der burg da selbes vnd daz he
allewege bede, sture vnd dynfte hette geban der stat zu Fryde-
berg vnde anders nymande, glicherwise als ander der selbin
ftebe burgere, die by en in der stat geseßin weren vnde daz
zcu anders alle, die herbaß syme huse geyn der stat Fride-
berg zcu geseßin werin vff der selbin siten vnde auch vbir
ben weg geyn der burge biz an der selbin ftebe porten, es
weren hantwerk Lube ober anber Lube, die da selbes wonten,
aller der maße als obe fy in derselben stat Frideberg geseßin
weren. — Zeugen: Henrich von Breidenbach eyn probeft
ber Jungfrauwen zcu f. Katherynen zu Franckinford, Wider

von dem sale, Henrich genand Schone, Conrad Ryme vnde
Henrich Snyßer burgere zcu Franckenforb. *)

(Notariatsinstrument.)   Orig.

Nr. 1189.-

1389 (31. Mai).' Ich Eckard vnd Conrad von Lindin
gebrudere bekennen, daz wir verkoufft han Craffte Wechtir
Kunßiln syner elichin wirtin vnd yren erbin l. phund hellir
geldis ierlichir gulde vff vnßme gartin gelegin vßewendig
beme hersselvir thore hinder Heinzen Lerys.

'Dat. a. d. M.CCC.LXXXIX, fer. ii. infra oct. ascens. dom.
(Die Siegel der Aussteller hängen wohlerhalten an.)   Orig.

Nr. 1190.

1389 (16. Juli).' Ich Gernand Rune von Hulßhusen
bekennen, also als Jungher Herman Lantgrane zu Hessen
mir Kongisperg mit siner zugehorunge in Amptswys be-
folin hat, wy he mir daz mit allem gerede uff der burg vnd
waz uff dem selbe ist mit siner zugehorunge, ingeantwortit
hat, daz ich daz dem egen. mume Junghern vnd sinen erben
ouch also viertzehen tage vor s. Margreten tage nu nest koimt
widder soll vnd will antworten. Duch sal ich daz egen.
Sloz mit siner zugehorunge getruwelichen schuren, schirmen
vnd verantwurten glich myme eigen gude vnd han daz in
truwen gelobt vnd liplichen mit uffgerachten fingern zu den
heilgen gesworen stede, feste vnde vnuerbrochlich zu halden.**)

'Dat. a. d. M.CCC.LXXXIX, uff den nesten fritag nach
der czwelff apostiln tage.

(Das Siegel des Ausstellers hängt beschädigt an.)   Orig.

---

*) Bürgermeister in Friedberg waren damals Heilmann Merkel und Bere.
**) 1390 (12. Okt.). Gleicher Revers des obg. Gernand Rau von
   Holzhausen. (Das Siegel desselben hängt unversehrt an.)
   1399 (17. Sept.). Gleicher Revers Belprechts von Schwal-
   bach Ritters. (Das Siegel desselben ist unversehrt.)

Nr. 1191.

1389 (17. Juli). Ich Dyderich Schußper Ritter Bekennen, daz Jungher Herman Lantgraue czu Hessen mich zu sime amptwanne gesaßt vnd mir sine Sloße Grunenberg vnde Hoinburg in amptswise befoln hat, also daz ich dy mit achte perden sal virriden, schuren vnd virantworten zuschen hie vnd Ostern vnd sal mir darumme beczalen lrr. gulden, auch soln alle Broche vnd Buße zu Hoinburg myn halp sin ꝛc. Weris ouch daz myn Jungher mich virbodte in synen dinst aber daz ich nach eme riden sulde, so sal he mir fuder vnd brod geben alse anders sinen dynern. Alle vorgeschr. Redde, stucke vnd artikele han ich Dyderich vorg. dem egen. myme Junghern In truwen gelobt vnd liplich mit uffgerachten fingern zu den heilgen gesworn stede, feste vnd vnuerbrochlich zu halden.

Dat. a. d. M.CCC.LXXXIX, uff den sonabind neft vor f. Magdalenen tage.

(Das Siegel des Ausstellers hängt verwischt an.) Orig.

Nr. 1192.

1390 (29. Jan.). Wir Philipps herre czu Falkensteyn vnd czu Minczenberg dun kunt, vmb alsolich gut, als her Johan von Marpurg vicarius czu Gridel vnß Cappellan gekoufft hat vmb Eckarten von Gridel vo dy gude gelegin sin Im Dorffe czu Gridel vßwendig dorffis in felde, vnd ist dirre kouff mit vnße willen vnd gehenkniffe gescheen vnd sal daz egen. gut gefallen an dinst vnßs herren godes czu eyme altar czu Bußbach in der parrekirchen, her vmb so han wir dy selben egen. gude gefryet aller bede vnd alles binftig, bye vns aber vnß herfchafft da von gebyen mochten. *)

Dat. a. d. M.CCC.XC, sabb. a. diem purif. b. Marie glor. semper virg.

(Das Siegel des Ausstellers hängt verwischt an.) Orig.

Nr. 1193.

1390 (6. Febr.). Ich Friderich Waltman eyn edel-knecht Bekenne, daz ich han virkofft bruder Conraden von Breydenbache Commentur dez dutzschen hufes zcu Saffinhufen vnde den brüdern gemeynlichin alda felbes zcu yre pittancien myne hube landes gelegen zcu A carben gelegen gein Wollinftad, vmb crr. golden. **)

Dat. a. d. M.CCC.XC, in die b. Dorethee virg.

(Die Siegel des Ausstellers, sowie der Edelknechte Henne Duzel und Hartmud von Sölzbach hängen unversehrt an.) Orig.

---

*) 1397 (6. April) verkauft Johann von Schridede, ein Priester, Pfleger des Hospitals zu Friedberg, fein Gut zu Griedel an Johann von Marburg, Bitar zu Griedel und Bußbach, zu Guasten des obg. Altares, der da vor dem Chore steht, mit Bewilligung Wigand's von Michelbach Edelknechts und feiner Gattin Femie. (Die Siegel des Ausstellers und Wigand's von Michelbach hängen wohlerhalten an.)

**) Am 25. Febr. desselben Jahres verkauft der obgen. Friedrich Waltmann an das vorg. Deutschordenshaus „in deme gerichte dez dorffes zu A carben fur deme vndergrebin myd namen genand Bertolden von Elwinftab vnde den scheffin mit namen auch genand Hofemanne, Hennen Große, Hennichen Conradis vnde Wigeln Rofebechir dez felbin dorffes myne hube landes mynner eyns firteils vnde druzehin ruden arthafftis ackers, die da gelezen find in der termenye dez vorg. dorffes zcu A carben, vmb cxix. golden, myd namen daz felt gen deme furen borne — an den herren von Arnsburg — an deme Sulzpade bie den Jungfrauwin zu f. Ka-therynen zu Frankinford — bie hern Conraden von Birckar — bie deme probefte von Elwinftab — bie deme tyffin borne — ober

Nr. 1194.

1890 (2. April). Ich Eckart Gloß vnd Heynße vnd
Wentzel vnd Henne vnd Bechtß vnd Peder Gloß gesmystere
bekennen, das wir mit Junffrauwen Elsin Sweyme vnd
Henen erme sone Intscheiden sin vmme vnse erbe teyl vnd
alle anspiach, vnd hán vns dy vorg. Else vnd er son vff
gelaßen alle er gut czu Lußzela mit allem rechte vnd noß
vnd was se anders gulde abir gut hetten zcu Glene abir
wo es were.

Dat. á. d. M.CCC.XC, vf den Osterabind.

(Das Siegel Emmerich's von Linden hängt beschädigt an.)

Orig.

Nr. 1195.

1890 (14. April). Ich Henne Orte vnd Hebel myne
eliche wirten bekennen, daß wir schuldig sin jerlicher ewiger
gulde i. phunt gelbes bodemcziuses alle iar zugeben off s.
mirtyns dag dem pastore vnd allen finen milbbe gesellen off
vnßme huse vnd habereyde, di da gelegen sint in der Judden
gaßen zuschen Henne Dichuß huse vnd Heinße Judchins
huse, vm heiles willen ir aller selen, allir ir vorfaren vnd

---

der leymen gruben bie den von Winthußin — daß seit gen Hulfhose
— an deme Dippiucker wege — stoßint uff den heckeweg bie den
von Winthußin — nebin deme kirchwege bie den herren von Aruß-
burg — an deme baumwege uff dem berge bie den herren von
Arufburg — neben den Augustinen von Frideberg an deme worm-
berge — daß seit gegin Liechen — an der goltgruben bie hern
Walther von Cronenberg — bie Conrad Dugeln — bie deme
heiligen geiste zu Franckinford — bie der heilgen stucke vnde stoßit
uff die straße." (Das Siegel des Außstellers hängt vnverseht an.)

aller gleubigen felen. — Zeugen: Johannes Lapis, Ny-
clas Paffe bedefampt scheffen zu Busbach u. a. m. *)
Dat. a. d. M.CCC.XC, ipso die Tyburtii et Valeriani.

(Das Siegel der Stadt Busbach hängt wohlerhalten an.)

Orig.

Nr. 1196.

1390 (11. Juli). Wir Godfrid gräue zu Elginhen
vnd zu Nyedde Bekennen, das wir durch flißiget bedde willin
Heinriches von Rolshusen Ritters vnd Fyen siner elichin
husfrouwe vnß liebin genattern gefryet han Rudolff Roden
vnd Megkeln sine elichin husfrouwin, also das sie ire lebe-
tage zu Stouffinberg frye sin sollin no ... e geschosses,
furens, triebins, tragens vnd alles dinstes, der sie von vnß
vnd vnß sloße Stouffinberg wegin anlangen mag vnd
wullen sie da bie behalben, ez en were dan das wir tege-
lichen vnd legirhafften landfrieg hetten, so fullen sie Schelt-
wachte vnd folge zu Stouffinberg mybe tun zu vnß
nod, alse anders die vnßn da selbis zu Stouffinberg. Ge-
lußted sie auch wynn ober byer zu schengkene in vnßn sloßin
Stouffinberg, das mugen sie thun, also das sie ir
ngelt dauone gebin glich anders vnßen bargern zu
Stouffinberg.

Geb. n. Chr. geb. m.ccc.xc, uff den nesten montag vor
f. Margareten dage.

(Das Siegel des Ausstellers ist abgerissen.) Orig.

---

*) 1397 (17. Jan.) übergeben Conrad Hornong und Elymund seine
Hansfrau an die Pfarrkirche zu Busbach 1 ℔ Heller jährlicher
Gülte auf einem Hause in der Korngasse auf der Ecke Gilbrachts
Zimmermann Hause gegenüber. (Das Siegel der Stadt Busbach
hängt unverlehrt an.)

Nr. 1197.

1390 (14. Sept.). Ich Albracht von Rumerobe vnd Ich Yngelind sin eliche husfrauwe Bekennen, daz wir Jung-hern Hermanne lantgrauen zu Hessen vnd sinen erben uff-gelazen haben eyns ewigen virkoufs alle vnse gud, daz wir haben zu Halbirshusen, mit namen vii. huben landes vnd eynen halben walt, der beider geinwes ... Johan von Terinbach hat vnd andirs alles, daz wir zu Halbirshu-sen haben, wond ich Albracht daz von den egen. myme Jungherren zu lehen hatte, vmb lxxx. gulden.

Dat. a. d. M.CCC.XC, ipso die exalt. s. crucis.

(Die Siegel des Ausstellers, Heinrichs von Schonenstadt, Pfarrers zu Alsfeld und Emmerichs von Linden, sind abgerissen, liegen aber bei.)   Orig.

Nr. 1198.

1390 (14. Sept.). Ich Contze Molner von Carbin vnd Agnes sin Eliche wirten tun kunt, soliche besserunge als wir gekaufft han vmb Heyntzen Molners erbin von Carben vff der molen, die Heyntze Molner vorzyden gehat hat vff Agnes Kneuffen seligen molen zu Acarbin, dar zu Kathe-rine Kneuffen Burgersche zu Frideberg, der vorg. Agnes dochter, iren willen getan hat, also, daz wir vnd vnser Erbin die selbin molen besitzen sollen zu lantsideln rechte vnd soln alle jar da vone gebin xxvi. achteil korns. — Zeugen: Henne GroßJohan gesezzin in der Burg zu Frideberg, Hein-rich Grunenberger, Heilman Markel, Henne von Folce burgere zu Frideberg, Bechtold Elwinstedir grebe zu Acarbin, Wolffram von Carben vnd Contze Kysel gesezzin da selbis.

Dat. a. d. M.CCC.XC, an des h. Crutzes tag als es erhaben wart.

(Das Siegel des Burggrafen zu Friedberg, Eberhard Lewe von Steinfurt, hängt zerbrochen an.)   Orig.

Nr. 1199.

1390 (29. Sept.). Ich Ebirhard Lewe von Steynfort Rittir Burggraffe zu Fribeberg, franwe Lucart sin eliche wirten Bekennen, daz wir zu rechtem Seelgerede gesast han eyme iglichin pherner in der Burg Fribeberg vnd allen altaristen daselbs i. malder weißgeldes jerlicher gulde vnd alle iär sullen begeen Jargezybe hern Ebirharts Lewen Ritters vnd Lisen syner elichen wirten, vater vnd muter myn Ebirharts vorg. vnd Jargeczybe hern Friderichs von Belbirshem Ritters vnd Guden syner elichen wirten vater vnd muter myn Lucarb obgen. vnd han yn daz vorg. malder weißgeldes bewiset vf, vnser mulen zu Steynforb, die da gelegen ist hinder vnserm hofe daselbes.

Dat. a. d. M.CCC.XC, ipso die s. Michaelis arch.

(Das Siegel des Ausstellers hängt unversehrt an.)   Orig.

Nr. 1200.

1390 (4. Nov.). Wir Philips here zu Falkinstein vnd wir Philips von Falkinstein bekennen, alsolich gut, als die geistlichen herren vnd der Stifft von Fulde versast han den giestlichen hern von Arnspurg, die do gelegin sin zu Petterwyl, wie an daz virschriben ist, darby wollen wir sie lassen, als lange biß wir sie abelegen mit dem gelbe.

Dat. a. d. M.CCC.XC, vi. fer. prox. p. fest. omn. sanct.

(Die Siegel der Aussteller hängen gut erhalten an.)

Orig.

Nr. 1201.

1890 (14. Dec.). Ich Claes Maffinheymer vnd Elſe
ſin eliche wirten Burgere zu Friedeberg Bekennen, alſoliche
zehendenhalben morgen wieſen gelegen bi Richilsheym in
Blafelder Hude, als Johannes vnſer ſon hat virkaufft
mit vnßme wißen vnd willen hern Wernher von Liechẹ vnd
ſhnen nachkomen zu dem altar ſ. Elyʒabeth in der pharkirchen
der Burg zu Friedeberg, Iſt geredt ob keynerleye anſprache,
hinbernuſſe oder zwehunge qwemen als von des Grebin
wege von Eʒlgenheyn, daʒ hern Wernher, ſynen nachkomen
vnd dem altar vorg. an den Egen. wieſen ſchedelichen weren,
ſo han wir ym dar vor zu vndirphande geſaſt vnd offgebin
vor biſſen hernach geſchriben geʒugen, als di daʒ du den
ſelbin kenffern mechtig vnd hebindig wiſeten nach irs gerichts
recht vnd gewonheid zu Swalheim, da daʒ gud iſt gelegin,
mit namen xii. morgen hynſiit der Bſe an dem Porheimer
wege bi den Crueʒen, daʒ etſwan was der Lewen von Stein-
forte vnd iſt zehenden frye, vnd wilch zyt der vorg. Graffe
von Eʒiginheyn mit der ſtab Frideberg wirt gericht vmb die
anſprache, di er iʒund zu ir hat vnd andirs von virbots
wegin, di er in ſynen gerichten hat getan, di dem vorg. altar
an ſynen wieſen ſchaden mochte, ſo ſoll er Wernher vorg.
obir eyn Cappelan des obg. altars vns vnd vnßn Erbin di
obg. vndirphande ledig vnd lois ſagen. — Zeugen: Heynʒe
Huchilnheym amptman zu Swalheym, Henne Raſpe vnd
Sipichen Molner huſgnoßen vnd geſworn da ſelbs.

Dat. a. d. M.CCCXC, an mittwoche vor Thome.

(Die Siegel des Ausſtellers und Eberhards Weiſe von Fauerbach Ritters
hängen unbeſchädigt an.)

Orig.

Nr. 1202.

1391 (3. Jan.). Ich Ebirhard Weyſe von Furbach Rittir vnd Elſe ſin eliche wirten Bekennen, daz wir zu rechtem ſeelgerebe geſaßt vnd gegeben han eyme iglichin perner in der Burg zu Fribeberg vnd allen altariſten daſelbs ii. malber korngelbes ewiger jerlicher gulbe, alſo daz by ſelbin flißlich vor vns bibben bie wil wir leben in yrer bruberſchaff vnd alle iare ſullen begeen Jargeczibe hern Ebirharts Weiſen Burggraue was zu Fribeberg bem got gnabe, myn Ebirhart obg. vaber, vnd Jutte ſyner elichen wirten nach Irme toebe, myn Ebirharts muber, vnd Jargeczybe alle iar kuntlich hern Frowins von Hotten, frauwe guben ſyner elichen wirten ben gob gnabe, vaber vnd muber myn Elſe vorg., vnd Jargezybe hern Vlrich Hoelins mynes erſten huſwirtes vnd hern Friberichs vnd Conrats von Hotten myn Elſe bruber vnd frauwe Elſen von Daffle myner waſen, ben allen got gnabe. Auch ſullen ſie begeen alle iar Jargeczybe myn Ebirharts vnd Elſen obgen. nach vnßm toebe vnd han zu vnberpanbe geſaßt vnß eigen gut, hus, hoiff, ſchure, garten mit aller zugehorbe, gelegen in bem borffe zu Steynerſtat vnd wol vmb anberhalbe hube landes daſelbs gelegen, baß ba iſt alles gelegen in termenye zu Durnhem. Auch iſt zu wißen, baz wir uff ben egen. vnberpenben geſaßt han iv. achtel korngulbe zu ber almuſe, bie wir ober vnß Erben alle iar geben ſullen eyme iglichin perner in ber Burg Frideberg. — Zeugen: Henne Rauwer Czyngreſe zu Durnhem, Diberich Oheim vnb Henne Loniker ſcheffen baſelbs.

Dat. a. d. M.CCC.XCI, iii. fer. p. circumcis dom.

(Das Siegel des Ausſtellers hängt unverſehrt an.)

Orig.

Nr. 1203.

1391 (11. Mai). Ich Engil von Saſſen, Engil, Henne vnd Hartman gebrudere ſine ſone bekennen, daʒ wir han virkaufft dem pherner in der burg Frideberg, ſinen geſellen, priſtern vnd altariſten daſelbs en iv. hellere i. phunt hellergelts uff anbirhalbin morgen wingarten zu Orſtat gelegin vnden an Wenʒiln Crebiʒ wingarten, den he von hern Conrad von Cleen in hat vnd gildet vor nit me, dy ſelbin anderhalben morgen wingarten vnſer recht eygen ſin geweſt vnd geluwen han Richeln Hennen Straßheimer ſwager, Sélen ſiner wirtin vnd iren erbin vor den obg. zins. — Zeugen: Wigand vnd Heile zwene ſchultheißen zu Orſtat vnd ſcheffin, auch Henne Straßheimer mitbeſcheffin daſelbs.*)

Am donrſtage vor Phingiſtage á. d. M.CCC.XCI.

(Das Siegel Junkers Wernher von Cleen iſt abgefallen.)

Orig.

Nr. 1204.

1391 (4. Juni). Bonifacius episcopus seruus seruorum dei dilecto filio decano ecclesie s. Stephani magunt. salutem. Exhibita nobis nuper pro parte dilectorum in Christo filiarum magistre et conuentus monasterii in Mariensloz prope

---

*) Am 8. Dec. deſſelben Jahres verkaufen Hartmann Storg von Orſtadt und Kunze ſeine Hausfrau an die vorg. Pfarrer und Altariſten in der Burg Friedberg 16 Schillinge Hellergeldes jährlicher Gülte auf einem Morgen Weingarten zu Ockſtadt „gnant zum langen wingarten an Wigande Jappen by lenge uff“ und an dem halben Weingarten „gnant der tys, den Cruſe Herman iʒunt inne hat.“ — Zeugen: Wigand Schultheiße zu Orſtad, Wenzel ſin bruder vnd Peder Rilant ſcheffen daſelbs. (Das Siegel Junkers Henne von Cleen iſt abgefallen.)

Rockinberg petitio continebat, quod olim Henricus archiepiscopus maguntinus prouide attendens, quod dictum monasterium adeo exiles fructus, redditus et prouentus habebat, quod predicte magistra et conuentus exinde non poterant congrue sustentari, et uolens eisdem super hoc de alicuius subuentionis auxilio prouidere, parrochialem ecclesiam in Rockinberg, in qua eedem ius patronatus habebant ut habent, ad id decani et capituli ecclesie maguntine accedente consensu, auctoritate ordinaria perpetuo incorporauit et quedam alia circa hoc rationabilia fecit. Cum autem sicut eadem petitio subiungebat incorporatio et unio ex certis causis iuribus non subsistant, et predicte magistra et conuentus non mediocri rerum penuria seu egestate laborent, ac expensas et onera continue habeant supportare diuersa, ad que supportanda non sufficiunt fructus, redditus et prouentus antedicti, pro parte dictarum magistre et conuentus fuit nobis humiliter supplicatum, ut in releuamen onerum premissorum eis pie ac salubriter prouidere, ac predictam ecclesiam cuius xx. eidem monasterio cuius cc. marcharum argenti fructus, redditus et prouentus secundum communem extimationem ualorem annuum, ut predicte magistra et conuentus asserunt, non excedunt, de nouo incorporare et unire dignaremur. Nos igitur de premissis certam notitiam non habentes huiusmodi supplicationibus inclinati discretioni tue mandamus, quatinus si est ita eandem parrochialem ecclesiam cum omnibus iuribus et pertinentiis suis monasterio predicto auctoritate apostolica perpetuo incorpores, unias et annectas.

· Dat. Rome apud s. Petrum ii. non. junii, pontif. nostri ao. secundo.

(Das Blei hängt unbeschädigt an.)

Orig.

Nr. 1205.

1391 (24. Juli). Ich Hennechin von Wollenstat, Gudechin myne Eliche wirten burgere zu Friedeberg bekennen, als wir daz hus genand zu deme slage gekauft han, daz gelegen ist zu Friedeberg an eyner siten an Claus Berns huse daz genand ist zum Berne vnd an der andern siten an dem huse vnd hofe der Jongfrauen zum Throne vnd gen deme wagenhuse ubir, daz erkennen wir, daz Gerlach Phannensmit, Nese sine wirten auch Burgere zu Frideberg uff dem selben vnßme huse zum Slage hand ii. marg gelts ierlicher gulde. — Zeugen: Heilman Markel, Engel Orstat vnd Claus Bern, scheffen zu Friedeberg.

Dat. a. d. M.CCC.XCI, in vig. s. Jacobi apost.

(Das Siegel der Stadt Friedberg hängt wohlerhalten an.)

Orig.

Nr. 1206.

1391 (24. Aug.). Ich Clais von Grunenberg phernher, Conrad Smeth Buwmeister, Herman Fraß vnd Cuntze Luglir heilgenmeistern zu Abirn Amen bekennen, ymb alsoliche ii. schillinge phennige geldis Ierlicher gulde, als wir gehabit hain ierlichis uff der stegwesen gelegin czun Großen Eychen, daz dar gehoret in daz Spytall gud, daz hait vns her Troneth von Bergys Eyn meister des gotshußis s. Anthonius czu Grunenberg iv. gulden dar vor bezalit vnd dy ii. schillinge phenge geldis dar mede geloist, alse daz wir an der egen. wesen keyn Recht, Eygentschaff oder ansprache vmerme sullen haben oder gewynnen, als von deß losunge wegen, daz dem egen. Gotshuß schedelichen muge gesin.

Geb. n. Chr. geb. m.ccc.rci, uff s. Bartholomeus dage des h. Apostelin.

(Die Siegel des Ausstellers und Junkers Johann von Kinßenbach sind abgefallen.)

Orig.

Nr. 1207.

1391 (13. Sept.). Wir Wenßlaw von gotes gnaden
Romischer kunig bekennen, das wir durch dinste als vns vnd
dem Reiche der Burggraf, Burgmanne vnsers vnd des Reichs
Sloffes zu Fridberg vnd der Burgermeifter, Rate vnd bur-
gere der Stat dofelbift oft williclichen getan haben, teglichen
tun vnd furbas tun follen, denfelben Burg vnd Stat zu
Fridberg diefe gnade getan haben, das fie, alle ire mitbur-
gere, ynwonere, vnderfeffen vnd vndertanen aller schulde,
hauptgeltes vnd gefuches, die fie vnfern Camer knechten den
Juden zu Frideberg oder andern Juden, wo die in dem
Reiche gefeffen find, von In geborget haben oder schuldig
worden find vor sich felber oder vor andere lute, oder burgen
worden find oder wechfel getan haben gen den Juden, in
welcherley weize das gefcheen were, genßlichen vnd gar lebig
vnd loze fein follen vnd fol auch fie nyemanß darumb an-
langen, hindern oder irren. *)

Geb. zun Betlern n. Chr. geb. m.ccc xci, an des h.
Crewzes abend exaltacio.

(Das kaiferliche Siegel hängt wohlerhalten an.) Orig.

Nr. 1208.

1392. Ich Wolff von Haßftein vnd Kune fin bruder
bekennen, daz wir mit virhengniß vnß Jongherren vnd
ganerben han virfaßt hern Conrade von Eleen Rittere vnd

*) 1395 (25. Mai) d. d. zum Karlftein, gibt K. Wenzel der Stadt
Friedberg das Privileg, „daß die Juden vnfere Camerknechte zu
Fridberg gefeffen von den Burgern vnd ynwonern der Stat zu
Fridberg zu gefuche vnd wucher von einem gulden zu der wochen
anderthalben heller vnd nicht mere furbas nemen follen.“ (Das
kaiferliche Siegel hängt vnverfehrt an.)

Eppichin ſine brubere vnb iren erben vnß teil des gerichtis zu Huchilnheym mit allir ſiner zugehorbe, nichts vßgeſcheiben en alleyne ben großen zenben vnb baz lant, baz Etemeler eret, vmb cc. gulben. Dez zu orkunde, ſo hat vns tglichir ſin eigiu Ingeß an biſſen briff gehangen vnb han bar zu gebeben herren Philipps zu Falkinſtein vnb zu Minzinterg, Jonghern Philipps von Falkinſtein herren zu Minzenberg vnb Jonghern Vlrich herren zu hanaw, von ben baz zu lehen ruret, vnb Gilbracht Weyſen von Furbach ein ganerbe bez vorg. gerichts, baz ſy herzu iren guden willin getan han auch ir iclichs Ingeß her ane gehangen.

Dat. a. d. M.CCC.XCII.

(Die Siegel hängen wohlerhalten an.)　　　　Orig.

Nr. 1209.

1392 (10. Jan.). Ich Engil von den Saſſen, Engil, Henne vnb Hartmub ſine ſone Irkennen, als ber feſte man Gilbracht Weiſe von Furbach vor zyben ſich ir cleit hat mit gerichte vnb mit rechte zu Berſtab in vnſir gub, baz ſich leuffet by anbirhalbe hube wiſe vnb ackers vor ſine virſeßin gulbe vff dem ſelben gube, by wir ym nit gaben vnb hat ba vone baz egen. gut in ſiner hant gehabt in nocze vnb gwer me ban zwelff iar als ſin eigin gut vnb als baz bilchwaz, baz he vort geben hab nach gerichts zu Berſtab recht vnb gwonheib, ſ. Bonifacien altar in ber burg zu Fribeberg vnb des ſelben altars Cappellan eweclich zu haben vnb zu beſiczen, das hab doch Gilbracht obgen. got vnb woltaib angeſehen vnb hat vns zu gacz ſal baz vorg. lant barzu abe getaufft vor l. gube gulben vnb vor vi. achteil korns in ben ſack, des wir alles von yme gutlich ſin bezalt, vnb han das Zu orkunde ich Engel vorg. myn Ingeß vor mich vnb myne ſone obg. an biß briff gehangen vnb han bar zu gebeben

Walther Swarczinberg vñd Bern Heinrich Berns sel. son vmb ir Inges. auch her ane gehangen.

Dat. a. d. M.CCC.XCII, iv. prox. p. Epiphaniani dom.

(Das Siegel Engels von Saffen feblt, die beiden anderen hängen unverfehrt an.) Orig.

Nr. 1210.

1392 (20. Febr.). Ich Heintzichin Schiltknecht · von Frangkinford, Hebel sin elich wirtin burgere zu Frideberg bekennen, daz wir han virkoufft hern Craffte pherner in der burg Frideberg vnd sinen gesellen ben Altaristen Bechtult von Ruheyn, Gerlach von Frytschelar, Conrad von Roispach, Conrad Bolen, Peter von Butspach, Johan Zymerman, Eckart von Rockenberg, iii. morgen wisen en xix. ruben, gelegen in dem grunde zu Ribern Straßheim an Ebirharb Swaen vnd stoßen vnden uff den apt von s. Alban vnd i. morgen vnd sestehendhalbe ruben gelegen zu Offinheim an Heinrich Swartze, dy beidersyt horen in daz gerichte vnd grafeschafft zu Affinheim, vmb lx. gulden mynner viii. schillinge vnd ii. heller. — Zeugen: Gotze Swarze, Gerlach der Albrechten son von Obirn Wullinstab, Gotze Fischer von Offinheim vnd Henne Cluß von Bruchinbrucke vier scheffen der egen. Graffschafft vnd gerichts zu Affinheim. *)

Dat. a. d. M.CCC.XCII, iii. fer. a. Petri ad cathedram.

(Das Siegel der Aussteller ist abgefallen.) Orig.

---

*) 1394 (18. Febr.) verkauft Heinrich Swartze, Bürger zu Friedberg, an denselben Pfarrer „sotan placken vnd stucke wiesen, daz ich han gelegen in deme gerichte vnd termenye des dorffes zu Offenheim vnd in Affenheimer grafeschaft, das genewefil derselbe her Craft vorgekauft hat vmb Heintzechin Schiltknecht vnd an eyme stucke gelegen ist vnd sprechen yn vur Lybeln myne dochter, so die zu iren

Nr. 1211.

1392 (5. Mai). Ich Johan von Eysinbach Bekennen, daz ich eyns vorbuntnißes ubir komen bin mit deme hochgeborn fursten Junchern Hermanne lantgrave zu Heßen uff alle von Slitß die man nennet von Goirße vnd von Huselstam vnd ere helffere obir wer sich des kryges mit en an neme, also daz ich aichte mit glenen by den egen. mynen Junchern legen sal yn sin abir yn myne sloße, wo eme vnd mer daz aller beqwemelichst ist, uff myne koste vnd schaden vnd wers daz sich des anders ymand an neme mit vnsen fyenden egen. wer die weren, su sollen alle myne sloiße deme egen. myme Jungfern uffin sin, wu he des bedorff vnd syne sloiße mir wieder glycherwys. Ouch ist geredt vmme Luthernbach wers daz wir daz gewonnen, des sølve daz geld vnd recht, daz Heinrich von Goirße sine brudere vnd er erbin dar ane habin, halp myn sin vnd myner erbin vnd halp des egen. myns Jungfern vnd syner erbin u. s. w. Ouch ist geredt, daz ich mit den von Gorße, von Huselstam vnd eren helffern keynen frebe, sune, vorworte odir vndirtedinge yn keynewys ane gheen sal hinder deme egen. Jungfern, ez ensy dan mit syme wißen vnd willen, wir habin dan semptlich vnses kryges eyn ende. Wers auch daz vns das gluckete, daz wir das sloß Slitse gewonnen, das sloiß solde sin myn Hans egen. vnd myner Erbin vnd solve daz der egen. myn Jungfer mit vns ynhabin also lange bieß krygl werte ane uff die andern ganerbin, bie zu deme andern teile gehurten, der en sal ich Johan vorg. key-

---

tagen kommet, daz diß virkauft dan auch ir guder wille sal sin.“ — Zeugen: her Conrad Boley ein prister vnd Herman Bromßir ein Bürger zu Frideberg. (Das Siegel des Ausstellers hängt unbeschädigt an.)

nen bar zu kommen laißen u. f. w. Ouch fal ich mit my-
nen helffern fyenb werben ber egen. von Gortze, von Hufel-
ftam vnb erer helffer vnb auch follenczichex biefe vorg, ftucfe
fchufchen hie vnb f. Johans tag baptifte. Wers auch baz
ich mit beme vorg. myme Jungfer zweiebrechtig wurbe von
bieffes vorbuntniße wegen, bie zweibraßt folbe ften an Em-
riche von Linben, Frißfchen Wynolben vnb Curbe Schaufuße,
vnb wers baz bie nicht eyne werben fonben, wu ban er
zwene hen beftunben, baz folbe maißt han vnb ba bliben.

Dat. a, d. M.CCC.XCII, dom. die q. c. jubilate.

(Das Siegel des Ausstellers hängt wohlerhalten an.)

Orig.

Nr. 1212.

1392 (25. Mai). . Wir Johan von Isenburg herre zu
Bubingen Erfennen vns, baz wir vns virbonben han zcu
ben Burgermeifteten, bem Rabe, burgeren vnb ber Etab zcu
Friebeberg eyn Jar, ba bynnen wir noch bie vnfern nit
wibber fie thun follen vnb In biefen nachgefchrieben ezirfeln
zu Friebeberg vnb vmb Friebeberg, gein Pleche, gein Riebbe,
gein Hanauwe, gein Franfenfurt, ba zufchen vnb ba bynnen;
In wilchen Steben, Burgen, Dorffern obir an wilchen enben
fich baz geburte in beme felben freiße hie bieffeit ber höhe
yn ire tage, ba fie vns zu bibben getrewlich vnb ernftlich
helfen leiften; Jr beftez vorforen vnb werben uffe ben tagen
vnb anbirs, wo wir mogen recht vor fie blben 2c. *)

Dat. a. d. M.CCC.XCII, ipso die b. Vrbani ep. et mart.

(Das Siegel des Ausstellers hängt zerbrochen an.)   Orig.

---

*) In bemfelben Jahre (4. Nov.) verbinbet fich Gilbracht Riebefel
ber Junge iu gleicher Weife. (Das Siegel ift abgefallen.)

Nr. 1213.

1392 (25. Nov.). Ich Eygel genant Starkil zu Sobel geseßin bekennen, daz ich han entnommen vmme frauwen vir Lisen aptiffen deȝ closters zu Marienslos by Rockinberg gelegen zu lantsbobelme rechte iv. morgen an i. firteyl, daz da waren wingarten an Sobelir dorffe gelegin, ye den morgen vmme vi. schillinge heller geldis. — Zeugen: alle scheffen alda zu Sobel Henne genant Fob der junge, Henne genant lantfob Girstenbeckirs eyden vnd Kule genant Glockenere.

Dat. a. d. M.CCC.XCII, in die s. Katherine virg. et mart.

(Das Siegel des Pfarrers Lewe zu Sodel fehlt.)   Orig.

Nr. 1214.

1392 (6. Dec.). Ich Gude von Rudenhusen eyne Meistern deȝ klosters zu Schiffinburg vnd wir die Junffrauwen gemeynlich daselbeȝ bekennen, daz wir vme vnȝ klosters vnd vme vnȝ hobiȝ zu Huchilheym nutȝis vnd besserunge willen geweffilt vnd gekubit han mit Ditze vff dem sande vnd sinen irben, mit namen han wir eme gegeben eyn halp verteil vnd vier morgen landeȝ gelege vff der nerboben, da die Croppach in die Lone get, daȝ deil geyn der Lone vnd hat vns dar vme gegeben anbirhalben morgen wesen vnd ffunf ruden gelegen in der kane an Wirnher Leschen vnd daȝ stucke landeȝ in dem byersrobiln vnd sollen die wese vnd daȝ lant in vnȝ hopp gehoren zu Huchilheym.

Dat. a. d. M.CCC.XCII, in die Nycolay conf.

(Das Siegel der Aussteller hängt beschädigt an.)

Orig.

Nr. 1215.

1393 (24. März). Ich Gilbracht von Gießin vicarius des stifftes unsir frauwen zu Wetßlar Irkenne, daz ich han gegebin zu eyme Ewigen testamente ane den altar s. Georgii eyme yklichen Cappellane deme he durch got gegebin wirt, gelegin in der Cappeln zun Gießin, Echtehalp malpir korngeldes jerlicher golbe, bit namen i. malpir off Gerlach Lobers Eckere, der vor zybe waz Burgkarts von Bucheß, iij. malpir zu Loyßillinden gelegin vß solichin gube, die vorzyben warin der Junfrauwen von Schiffiuburg, eyn halp malder zu Großin Linden vß der hube landes Echarts von Linden, die vorzyten was Beiers von Wetßlar, Item iij. malpir korngeldes vß sotom gubin zun Gießin gelegin, Wirnhers Metzelers vnd Elheide syner Elichin hussfrauwe vnd han ich die selbin lestin iij. malpir virkaufft deme Rittere hern Hentrich von Swalbach, frauwen Cristinen syner hussfrauwen mynen liebin gefatern vnd dazu i. punb geldes off Sibult Inkus huse Wigant sone, gelegin ane der mure by der Selstirße portin.

Dat. a. d. M.CCC.XCIII, fer. ii. prox. q. cant. judica sec. stilum mogunt.

(Gesiegelt haben Eckhard Hufir von Bucheß, der Aussteller und der obg. Heinrich von Schwalbach. Sämmtliche Siegel fehlen.)

Orig.

Nr. 1216.

1393 (16. April). Wir Gunthram, Ebirhard vnd Heldenrich Schenken gebrubere Bekennen, daz Juncher Herman lantgraue zu Hessen vnd sine Erben vns schuldig sin eeeee. gulden, die wir hatten an erme dorffe Wymar vnd cccel. phunb hellere, by wir hatten uff erme Sloße Mirlauw, vnd hat vns vnß Juncher darvor vorsatzt Er hus Merlauw mit dem vorwerke vnd ben werken bie barju gehoren, mit ben Czinsen vnd gerichte vor dem hufe, mit ii. marg phe-nigen bie Heilgernawe gibet von dem Senbirwalde, mit ben Czehinben an dem Senbirwalde, mit dem rechte, baz bie binstlube gein Merlauw phlegen zu thune vnd mit der fischerie uff der Senbe vnd in den borffe zu Merlauwe vnd er borff Flensingen mit allen eren zugehorungen. Ouch sal baz selbe hus dem vorg. vnserm Juncher vnd sinen Erben offin stn zu allin eren nobin vnb wir ensullen en von dem egen. Sloße keynen vnrechten krig zu ziehen u. s. w. Ouch Erkennen der vorg. vnß Juncher vnd sine Erben, baz vns er lube in dem gerichte zu Babinhusen vnb er binstlube baselbis miteynander gebin sollen iii. marg geldes vnd den yß binst thun soln, bie baz vorg. vnßß Juncher fettir selige lantgrave Heinrich Gunthrame selige vnßß vater vor besundern vorschriben hatte, e baň ber egen. vnß juncher ben von Eysenbach baz gerichte Babenhußen vorschriben hatte. Ouch sullen wir vnserm Junchern vorg. vnb sinen Erben er binstlube, bie vzwenbig dem selben gerichte gesetin stn, be-halben, wan ouch der vorg. vnß juncher vnd sine Erben Er sloß Merlauw geloft habint, so en sal vns biß binst nicht me geschen u. s. w. *)

Dat. a. d. M.CCC.XCIII, iv. fer. p. dom. quasimodogen.

(Die Siegel der Aussteller, sowie Johanns von Dernbach, den man nennet Gruwel, hängen gut erhalten an.)   Orig.

---

*) 1396 (?) bekennt Eberhard Schenck, Guntrams Schenck selig Erben, daß Landgraf Hermann zu Hessen das halbe Theil des Schlosses Merlau mit Zugehör von ihm gelöst habe. (Die Siegel des Aus-stellers, sowie Johanns und Volprachts von Eisenbach, Gebrüder, Ritter, hängen wohlerhalten an.)

1396 (23. Juli) verweist Landgraf Hermann seinen lieben Getreuen Conrad von Trelspach und Metze seine Hausfran auf das

Nr. 1217.

1393 (21. April). Ich Bechte Meyhes von Annen-
robbe, Grete myn dochter, Cuntze Vlner, Sifrit Cuntze vnd
Henne Huppin sone gebrudere irkennen, daz her Fulpracht
von Swalbach Rittir zu diesir zyt eyn landsolo vnsers gne-
digen Jungherrin bes langgrebin vnd Frederich von Dubin-
habin Schultheyße zun Gießin vns gesunet han vmme den
doitslag, den der Commenthur von Schiffenberg her Gil-
bracht von Rodehnßin vnd Elbracht syn knecht der pressener
man zun Gießin vnd der koch zu Schiffenburg vnd anders
alle, die daby geweft syn vnd da mede begryffin warin,
vnßme sone, brudere, mage vnd swagere gethan han, den
man nante Mey vnd wullin wir daz nomme geforderen noch
gerethen vnd han dyt glabt Frederichen von Dudinhabin
vorg. hant Inhand in guoin truwin an Eydes stad die
sune vnd den virzeg stede vnd veste zu haldene.

Dat. a. d. M.CCC.XCIII, fer. ii. prox. q. cant. mi-
sericord. dom.

(Die Siegel der vorg. Vollprecht von Schwalbach und Friedrichs von
Dudenhofen hängen unversehrt an.) Orig.

Nr. 1218.

1393 (3. Mai). Ich Hartman Beckil, Emelub sin
eliche wirtin vnd Ich Henne ir son Bekennen, daz wir vor

halbe Theil des vorg. Schlosses und die obg. Güter wegen einer
Schuld von 250 Gulden und 225 ℔ Heller. (Das landgräfliche
Siegel hängt unversehrt an.)

1387 (1. Jan.) versetzt Landgraf Hermann obige Güter stücke
ganz in derselben Weise an Guntram Schenck wegen einer Schuld
von 250 fl. auf seinem Dorfe Weimar und 225 ℔ Heller auf seinem
Schlosse Merlau. (Das Siegel Guntrams hängt beschädigt an.)

toufft han Hennen Lowir, Metzen ſyner elichin wirtin vnd
yrn erbin ii. phund heſlir alſfelder werunge jerlichir gulde
vff vnß molen genant die credinpuliß molen vff eckirn vnd
vff weßin vnd off alle dem, daz dar zcu gehoret.

· Dat. a. d. M.CCC.XCIII, in die jnuencionis s. crucis.

(Geſiegelt hat Henne Hartlybe, Schöffe zu Alsfeld. Das Siegel
hängt unbeſchädigt an.) Orig.

Nr. 1219.

1393 (22. Juni). Wir Heinrich von Erffa vnd Rein-
hard von Brandenburg Bekennen, daz wir Juncherrn Her-
manne Lantgreue zu Heßen vnd ſinen Erben ſin Sloß Ru-
merode mit ſiner zugehorunge, alſe ich Heinrich egen. daz
inphandes wiſe vnd ich Reinhard von Brandenburg vert
von Heinriche von Erffa wegen egen. ynne gehabt haben,
ſoln vnd woln widder antwurten vnd in ir gewer geben.

Dat. a. d. M.CCC.XCIII, prox. die dom. a. diem nat. b.
Johannis bapt.

(Die Siegel der Ausſteller hängen verwiſcht an.) Orig.

Nr. 1220.

1393 (16. Juli). Ich Marchwert von Rebelnheim
Edelknecht vnd ich Byngele ſine elliche huffrauwe bekennen,
daz wir han gegeben dem Comthur dez dutſchen huſes zu
Saffinhuſen by Franckenfurd gelegen iii. fierteil wieſin ge-
legen zu Clopheim by irm huſe vnd eyne hofeſtad, die
da ſtoßet off der vorg. herren graben den berg hin abe vnd
ſint ii. morgen mer oder myner. Auch iſt zu wiſſen, daz
die vorg. wieſin vnd hofeſtad virſaßt ſin Brunen zu Bru-
nenfelz vnd ſinen rechten erben alſe von Marchwerts aldern
wegen, dar off ich her Brune zu Brunenfelz vorg. virzyhen.

Dat. a. d. M.CCC.XCIII, crast. divis. apost.

(Die Siegel des Ausſtellers und des vorg. Brune hängen wohlerhalten an.)
Orig.

Nr. 1221.

1393 (20. Dec.). Ich Adolff Ruwe der elbiste Ampt-
man zu Kungisperg, Ich Hirman Mentzil eyn scheffin da
selbis vnd ich Ernst Beckir eyn deller da selbis bekennen,
daz wir semitliche alz gude burgen geborgit han dem Erbern
Heinrich Cludir Rentmeister zu Marpurg vor rr. malbir
korns mit namen vor by deller gemeynlich zu Kungisperg,
by he en gutliche gelnwin hat. Wers ouch, daz he mit tode
abe ginge ee dan daz diß vorg. schult bezalit wurde, so
sulbin wir vnßm gnedigen Junghern dem latgraue vnd
finen erbin vor diß schult behaft sin, glicherwise als Hein-
rich selbis.

Dat. a. d. M.CCC.XCIII, in vig. Thome apost.

Nr. 1222.

1394 (14. Febr.). Ich Metze von Rorbeckin eliche
husfrauwe vor wilen Elbrachtis von Rorbeckin dem gob
gnade bekennen, daz ich schuldig ben Stillen von Prumen-
heym, by Heinrich elichin wertin waz von Prumenheim dem
gob gnade, rrri. gulden, alsu daz ich aber myn erben en by
summe geldis geben sal bis nu Mychils dag nehist komib,
wers daz ich obir myn erben den egen. dag vbir byeben, so
sulde ich en iii. gulbin geldis davon dan zu stunt geben
vnd dar nach alle iar vff den egen. Mychils dag by iii.
gulden also lange ierlich, bis daz by rrri. gulbin gutlich be-
zalyt wurden. Hy vor setzin ich en ezu vndirpande daz gut,
daz ich han gekaufft vme Heinrich von Prumenhen egen.,
daz gelegen ist zu Mirlauwe. — Zeugen: Johan

perner zu Mirlauwe, Eberhard vnd Thle von Mirlauwe, Crafft Schabe myn brubir u. a. m.

Dat. a. d. M.CCC.XCIV, in die b. Valentini mart.

(Das Siegel Johanns Schabe hängt unversehrt an.) Orig.

Nr. 1223.

1394 (5. April). Ich Henne Mulich der Eldiste, den man nennid von Orba vnd Ich Henne vnd Frytze syne sone vnd ich Henne Mulich des vorg. Hennen Brubir bekennen, daz wir virkoufft han mit virhenkeniße Cuntzemans von Falstinberg Ritter, von dem wir daz ezu lehen han, vnsir hus, fryheide, hobestabe als bye gelegen sin for der Borge ezu Luternbach mit yren ezugehorinde vnd alle vnsir holtze, daz gelegin ist for Luternbach mit namen an deme steynperge vnd ezu Robinbach, Dyeberiche Wynnolde Burgman ezu Blristeyn, Elheide siner Elichen wirthen vnd yren erbin for rr. gulden.

Dat. a. d. M.CCC.XCIV, dom. q. cant. jud. me deus.

(Die Siegel der vorg. Gebrüder Johann Mulich, Fritze Byennolde Burgmanns zu Ulrichstein und des Ritters Cuntzmann von Falkenberg hängen wohlerhalten an.) Orig.

Nr. 1224.

1394 (4. Mai). Wir Wentzlaw von gotes gnaden Römscher kunig bekennen, wann die Edeln burggraf vnd Burgmann zu Fridebetg an einem teile vnd der Burgermeister, Räte vnd Burgere der Stat doselbist am andern teile, durch fride vnd besserunge willen beide landes vnd der Stat doselbist sich vereinet haben beheinander zu beleiben vnd sich zu schützen vnd schirmen acht Jare, so haben wir In darumb solcher eynunge gegunnet vnd erlawbet.[*]

----

[*] An demselben Tage bestätigt K. Wenzeslaus das inserirte, der Stadt Friedberg gegebene. Privileg K. Carl IV. (dd. Nürnberg 23. April 1350) de non evocando. (Das kaiserliche Siegel hängt wohl erhalten an.)

Geb. zun Betlern .n. Chr. geb. m.ccc.rciv, des montages
n. d. h. Crewtzes tage als es gefunbet wart.

(Das kaiserliche Siegel hängt unbeschädigt an.) Orig.

Nr. 1225.

1394 (27. Mai). Ich Dyeczechen Dyethartes son vff
dem sande Burger zun Gyeßen vnd Ich Hedewig syne Eliche
husfrauwe Irkennen, daz wir gegeben han den geystlichin
Junfrauwin vnd dem Conuente gemeynlichen des Cloistirs
zu Schiffenburg zu der Czellen s: Augustinus ordin alsolich
Land, alß von dez Wesels wegin, alß wir myt en gethan
han, mit namen brü stocke Landes off der Nuwenburg gele-
gin an det vorg. Junfrauwin gelende vnd waren Widenhuß
der Eyn kelner vor zybin waz czu Olsperg vnd eynen ge-
messin morgin an hern Heynrich von Swalbache Rittere off
der Lone, vnd han den vorg. Junnfrauwin byt Land gegeben
vor das Land, daz sye vns gegeben hand, vnd hand sie dez
gewerit vor Schultheißen vnd Scheffin an dem gerychte zu
Huchelheym, da ynne daz land gelegen ist. — Zeugen
vnd winkauffes Lude: Dongus von Kintzenbach vnd Corre
von Kintzenbach schultheißin zu Huchelheym, Contze Glade
vnd Peber Loyßhins son vnd synt scheffine da selbist
u. a. m. *)

Dat. a. d. M.CCC.XCIV, in vig. ascens. dom.

(Das Siegel Wigands von Rodenhausen hängt unversehrt an.)

Orig.

---

*) Gleiches Bekenntniß von demselben Datum von Seiten des obgen.
Johanns von Widenhuß und Fyehen seiner Hausfrau. (Das
Siegel Hermanns von Drahe hängt unversehrt an.)

Nr. 1226.

1394 (10. Aug.). Ich Eybert Keßelryng weyener bekennen, daz ich han gegeben ewcclichin an dy kirchin zu Kirchperg eyn halp phunt waßez ewiger gulde vß myme Acker, der da gelegen ist vnder deme dorffe Hybertishußen, myt namen der Hunger acker.

Dat. a. d. M.CCC.XCIV, ipso die Laurencii mart.

(Das Siegel des Ausstellers fehlt.) Orig.

Nr: 1227.

1394 (8. Sept.). Ich Gerlach von Deßenßhußen Bekennen, das ich schuldig bin von rechter schult wegen her Broßkeyn von Biermyn Rihter, Tylen vnd Adolffe seinen sonne vnnd iren erbenn anderhalff hundert güldin, vnd hab darumb ehenu verfaßt die Liepzucht, die mein swegerin Neße von Biermyn hait von Guutrames wegen meinß vehternn dem, godt genade ireß ersten mannes, also wann mein schwegernn Neße abeget vonn dodes wegen, so sol her Broßke, Tylo vnd Adolff sein sonne vnd ire erbenn die liepzucht haben, vor anderhalff hundert gulden, als die liepzucht nhamen eiget mit Luden, gerichten, gebieden, figebeien, dorffer, zehenden, hoeben u. s. w. mit nhamen das dorff Elberchußen halff mit aller zubehorunge, das gerichte halff zun Fromißkirchen mit aller zugehornnge, alle der von Dedenßhusen zehenden ein Dritteil in der herschafft zu Wydgenstein, eine weße, die her Cordt der pferner hait zu Elberchuisene, eyn drittel deß zehendenn zu Bruenßhußen mit seiner zubehorunge, vnd alle vnse weße vnd eckere zu Bruenßhußen, die groiße weße vff der Rome, eine weße zun Sumplar in dem Bache, einen hoeff zu Belterßhuisen, einen hoiff zu

Linffe vnd alle vnse hoebe vnnd genße vnnd honer vnnd
eine weße zu Linffe. vnnd funfftenhalbenn tornoß alle jhar
zu Glyntuelbe, die ecker vnnd garbenn, die Rumeßtall itzunt
buwet, die garbenn off der wiose, ein garbenn vnd zwen
eckere, die Enbeman itzunt buwet, die Frone weße, die Cuntze
Wetzels hait, das Fhnergelt zu dem Halmberge, daß walt-
gelt zue Bubinkirchen, die kue bebe zun Wanderbehui-
sen, eine hobe zu Bochuß, ein gudt zu Alberßhuisen, Ein
gudt zu Elsafft, die graßhult ronn denn hoeben zu Debenß-
huisenn, ein dritteil deß zehenden zu Harselbe bobenn dem
wynterberge.*)

Geb. n. Chr. geb. m.ccc.rciv, off vnse frowentage na-
tiuit. Marie.

(Gesiegelt haben der Aussteller, Volprecht von Ermershausen der alte und
Tylon Becheling.)   (Vid. von 1538.)

_____

*) 1395 (30. Mai) verkauft der obg. Gerlach von Diebenßhausen an
den vorg. Broßkenn von Biermunden und seine Hausfrau Rese für
100 Mark „das dorff Elberchußen vnd die vogedele mit aller
zubehorunge, daß kirchleten zun Elberchusen vnd alle mine ze-
henden in der herschafft vonn Bligensteynn mit nhamen den
gantzen zehenden zu Elsaff, den halben zehenden zu Leynffe, den
zehenden halff zu Treispach, den zehenten gantz zu Hilgersbuisen,
den zehenden gantz zu Eckershuisen, den zehenden gantz zun Sassen-
huisen, den gantzen zehenden zu Welnhuisen, den ganzen zehenden
zu Hummershußen, den gantzen zehenden zu Arselde, den ze-
henden halff zu Mendußen, den gantzen zehenden zu Froenhußen,
den gantzen zehenden zu Habebirßhusen, den gantzen zehnten zu
Bubenhußen, den gantzen zehenten zu Hopperchusenn, den gantzen
Zehenden zu Eckefeldenn, den gantzen zehenden zu Schwartzenauge,
den gantzen zehenden halff zu Albenßhuisenn vnd vogedele zu Fro-
mißkirchenn mit aller zubehorunge, den zehenden zu Brunßhußen,
den zehenden zu Horselde by dem wynterberge, die hoebe zu Gun-
therbehußen, da her Broßke vnd ich Jnne sitzenn in samedem lehenn
vnd mein deil des zehendenn zu Ließen, da her Broßke vnnd Jch
ouch In samedem lehenn sitzen, vnd alle meine lehemehar, die von
mir zu lehene gaen, vnnd alle meine lude oder gobbeßlehene wo
die selnt.“

Nr. 1228.

1394 (11. Sept.).　Ich Johan Mergard etzwanne eyn geistlich brubir waz zu deme heilgen krucze zu Alffelt bekenne, daz ich dem hochgeborn fursten Juncherrn Hermanne Lantgrave zu Heſſln gegeben han alle die ſchafe vnd wollen vnd ouch alle die fruchte ez ſie weiße, rogke, gerſte vnd habern, die ich habe zu deme heilgen krucze zu den guden luden zu Alffelt vnd in der ſtad vnd drumme her gelegen, wo daz iſt.

Dat. a. d. M.CCC.XCIV, vi. fer. p. diem nativ. b. Marie virg.

(Das Siegel der Stadt Marburg in grünem Wachſe hängt unbeſchädigt an.)

.Dritz.

Nr. 1229.

1394 (5. Nov.).　Wir Friderich von gotis gnaden Apt ezu Fulde Bekennen, daz vor vns iſt kumen der veſte Gotfrid Moyn vnße lieber getruwir vnd hat vns gebeten, daz wir wollen bekennen der Erbern frauwin Grethen etzwann Henne Eſſchbach ſeligen wirten vnd irn erben ꝛc. gulden uff eym firtell der mulen ezu Bolgißheym vnd off dem halben hoffe ezu Byngenheim gelegen uff widerkouff, die he von vns vnd vnßm ſtifft ezu lehen habe vnd die von hern Heinrich Moyn ritter ſeligen off yn kumen ſien vnd als ſie die von Hennen Eſſchbach irs wirtis ſeligen herbracht habe. Des han wir an geſehen Gotfridis Moyn flißige bete vnd als der hoff vnd Mule mit irn ezugehorungen von vns vnd vnßm ſtifft ezu lehen ruren vnd han der ꝛc. gulden bekant frauwin Grethen vorg. uff dem firtel der mule vnd uff dem halben hoffe.*)

―――――――――

*) 1397 (30. Nov.) gibt Abt Johann von Fulda ein gleiches Bekenntniß für die obgen. Gretha, die Wittwe Henne Eſchbachs und nun Ehefrau Dietrich Forſtmeiſter Ritters. (Das Siegel des Abts hängt unverſehrt an.)

Geb. n. Chr. geb: m.ccc.rrb, an donerstage n. aller
heil. tage.

(Die Siegel des Abts und des vorg. Gottfried Moyn hängen
unbeschädigt an.)　　　　　　　　　　　Orig.

Nr. 1230.

1894 (6. Nov.). Ich Conrat von Brelbinbach Ein
georbent man bes butzschen ordens, Henckilman Ingkus
scheffen zun Gießin gekorn Intscheiß lude von der Jün-
frauwen wegin zu Schiffenburg zu der Ezellin f. Augustinus
orbin off Eyne syten, Ich Johan pherner czu Wiske vnd ich
Eibult Ingkus Wigantz selgin son, scheffin zun Gießin,
gekorn Intscheytz lude hern Conratz Decken von Marparg
ber vorg. Junfrauwin Cappellan off die andern sythen, Ir
kennen, daz wir sye fruntlichen Intscheldin han vmme alle
sache vnd ansprache, als ir Eyn zu beme andern gehabit
han, vnd soliche virsetzin korngulde als her Conrad vorg.
frauwen Guben von Robinhußen der meistern vnd Jun-
frauwen Lukeln von Selbull virsetzin hatte, dar vmme han
wir sye Inscheidin, daz her Conrad sye bewiset hab an
Pebir Heigener riv. malbir kornes, zu Morle iv. malbir
kornes, an Menkel zu Kirchgunße iii. malbir kornes, an
Melpechere iii. malbir kornes. Auch han wir sye Intschei-
ben vmme alle frocht, die her Conratz Hure von Jare here
Erbeidit hab, die sal alle syn ir.

Dat. a. d. M.CCC.XCIV, fer. vi. a. Martini ep.

(Das Siegel des vorg. Conrads von Breidenbach hängt wohl
erhalten an.)　　　　　　　　　　　Orig.

Nr. 1231.

1894 (9. Nov.). Ich Conrad Waltfögill von Loßhasen,
ich Irmele sin eliche wirtinne vnd ich Henne ir son, Er-

kennen vns, daz die hochgeborne vnd edeln vnse gnedigin
frouwe vnd Jungher frouwe Agnes von Brunſwig grefynne
zu Zcieginhein vnd zu Rydde vnde Jungher Engilbraht
greue daſelbis ir ſon mit vns gutlichin ubirkomen ſin vmb
allin ſchaden, den vnß aldirn vnde wir by iren aldern vnd
by yn bis uff diſin hutigin tage gelieben han vmb allin
virſeß von der gulde wegen, die wir han uff irme zcolle zu
Gemonden by der ſtraßin vnd vmb allis daz, daz ich Curd
egen. in myns hern von Cieginhein ſeligen hus in myme
Cuchenmeiſter ampte gewonnen hatte vnde ſunderliche vmbe
den ſchaden, als ich Curd egen. in des obg. myns hern ſe-
ligen dinſte nydirlag gefangin vnde geſchaczed ward, vnde
virzichin uff alle anſprache vnd furderunge, doch ußgenomen
ſuliche brieue, die wir von iren Aldírn vnd von yn han
ubir Jr dorff Frangkenhain vnd vnſe gulde, die wir
han uff irme zcolle zu Gemonden an dir Straßen
vnd die brieue, die wir han ubir gulde, die wir han uff
iren dorffin vnde wuſtenunge Fiſchpach vnd eynen brieff,
der da ußwiſid uber vnß burgleen zu Loßhuſen.

Geb. n. Chr. geb. m.ccc.rcir, uff den neſtin mondag
vor ſ. Mertins tage.

(Das Siegel des Ausſtellers hängt wohlerhalten an.)

Orig.

Nr. 1232.

1394 (11. Dec.). Ich Heinrich zu Falkenſteyn vnd
Elheid ſine huſfrauwe burgere zu Frideberg bekennen,
daz wir ſotan ewige gulde mit namen virdehalp Marg phe-
ninge vnd iii. ſchillinge junger heller gelts, die wir hatten
uff dem huſe gelegen in der kirchgaßen hart hinden an dem
Rodenkoppe vnd drittehalbe marg gelts vnd iii. ſchillinge
junge heller gelts, die wir hatten uff dem andern huſe hart

an demselben hufe gelegen uff die. eynen siten vnd uff die andern siten an dem hufe genand die Wyndeckin, mit Walther Swartzenbergern dem eldisten, Gelen siner huffrouwen auch burgern zu Frideberg, virwandelt vnd virkubit han vnd sie vns dargeen geben hand iii. marg gelts ewiger gulde ane funftenhalben schilling junge heller uff dem hufe genand Dannenberg. — Zeugen: Heilman Markel, Bern vnd Claus Engel scheffen zu Frideberg.

Dat. a. d. M.CCC.XCIV, vi. fer. prox. p. d. b. Nicolai ep.

(Das Siegel der Stadt Friedberg ist abgerissen.) Orig.

Nr. 1233.

1395 (6. März). Ich Thile von Mirlauwe Wepener bekennen, daz ich han verkauft myn eygen gud also daz zcu Omerabe gelegin ist in deme boumgarten vnde von aldirswegen biez an dieß zcyd here der Reben gud hab geheißen vnde noch der Reben gud genant ist, daz Henne Rebe ynne hab, mit allen synen Rechten, fryheiden, Eren vnd Nutzen, hern Peter Morster zcu Temßin s. Anthonies. ordyns vnde ordin bruder des hufes s. Anthonies zcu Grunenberg, vmme xlviii. phunt heller vff wiedbir kouffe. — Zeugen: Adolph Ruhe, Henne Rytefil wepener, Johan Holzhusen eyn pryster den man ouch nennit der pastor vnde Cuntze Gebur burger zcu Grunenberg.

Dat. a. d. M.CCC.XCV, sabb. a. dom. q. c. reminiscere misericordia.

(Das Siegel des Ausstellers ist abgefallen, das seines Neffen Heinrich von Merlau hängt unbeschädigt an.) Orig.

Nr. 1234.

1395 (7. März). Ich Henne Ryteſil wepener, Meckile ſyne eliche wirten dun kunt, daz wir han virkauft vnſen hab gelegin zu Webirfelde, der da heiſit keyiz gud von albir here vnd ouch vnſtr gud, daz das hoppeners gud iſt genant, da Eckard Hune vor zcyben uffe ſaz, da ſelbiſt ge-legin, hern Peter meiſter zcu Temẞin ſ. Anthonies ordyns vnd bruder des huſes ſ. Anſthonies zcu Grunenberg.

Dat: a. d. M.CCC.XCV, ipſa dom: q. c. ſacra ecclesia reminiscere miseric. tuar.

(Das Siegel des Ausſtellers hängt wohlerhalten an, das der Stadt Grünberg iſt beinahe abgefallen.) Orig.

Nr. 1235.

1395 (25. Mai). Wir Wenẞlaw von gotes gnaden Romiſcher kunig tun kunt, wann der Burgermeiſter, Rate vnd Burgere der Stat zu Fridberg ſulche gewonheit her-bracht haben vnd domit herkomen alſo ſind, wann vntettig vnd ſcheblich lute in dem Sloſſ vnd Stat zu Fridberg gelegen ſind, das dann der Burggraff, der Schultheis vnd der Burgermeiſter zu In gangen ſind vnd fragten ſie vmb ire vntat, wurden ſie dann irer miſſetat bekentlich, ſo hat man vber ſie gerichtet, das man ſie nicht für gerichte furtte, ſo haben vns dieſelben Burggraff, Schultheiſſ vnd Burger-meiſter vnd Burgere zu Fridberg gebeten, das wir In ſulche gnabe vnd gewonheit, als ſie die herbracht haben, zu be-ſteten vnd zuuernewen geruchten, des haben wir In die egen. gnaden vnd gewonheit gnediclichen beſtetet vnd vernewet.

Geb. zum Karlſtein n. Chr. geb. m.ccc.xcv, an ſ. Vrhans tage.

(Das kaiſerliche Siegel hängt wohlerhalten an.) Orig.

Nr. 1236.

1395 (1. Juni). Wernherus dei gracia s. treuirensis ecclesie archiepiscopus uniuersis et singulis salutem in domino. Vacante nuper prepositura ecclesie in Schiffenburg per liberam resignacionem fratris Bertoldi de Geylenhusen, ipsius ecclesie prepositi nouissimi, frater Conradus de Beldirsheim commendator ceterique fratres domus theutonicorum prope Marpurg, ad quos dicte prepositure juspatronatus dicitur pertinere, fratrem Theodericum de Gottingen, presbiterum dicte domus conuentualem; nobis in rectorem eiusdem prepositure presentassent, humiliter supplicando, quatinus eundem Theodericum de prepositura predicta dignaremur inuestire, nos autem recepta ex nostro officio informacione et quia non inuenimus aliquod canonicum impedimentum, quod posset inuestituram huiusmodi impedire de jure, dictum presentatum inuestimus.

Act. et dat. in castro nostro Erembretstein, fer. iii. p. diem s. penthecostes a. d. M.CCC.XCV.

Orig.

Nr. 1237.

1395 (30. Juli). Wir der Burggraffe, Bumeistere vnd Burgman zur Burge Frideberg bekennen, als vns die Burgermeister, Scheffin, Rad vnd Burger zu Frideberg geclagit haben solliche schulde, brestin vnd kummer dar sie Inne weren vnd tegelich sich merte, daz wir in wol gunnen, daz sie dusse nestin zehen Jar nemen vnd vffhebin sollin von illichime suber wins, daz in der stad vnde in iren vorsteben nyber wirt gelacht, eynen gulben vnde so es zum zappen vor schenkit wirt, zwene gulben dar abe, nach marczal als groz die faße sin daz gelt zu nemen, also daz ye daz suber blibe an den dren gulben an geserbe, vz ge-

ſcheibe. die wine, die in duſſir genbe wachſent, mit namen
czu Orſtad, zu Hollar, zu Ruheym, zu Morle, zu Hofftirſ-
heim, zu Steynfurd, zu Ewalhem, zum Robichin, zu Dor-
heym, zu Burnheym .vnd zu Roſpach, die ſollin den gulden
geben ye daz ſuder ſo mans nyderlegit vnd als vil nach
marczal der große die fas ſin ſich dar vor geburen mag vnd
waz man do vorſchenket zum zappen, die ſollint dan abir
eynen gulden gebin, alſo daz. es mit den winen des itzunt
genanten gewechſes blibe an den zwen gulden.

Geb. n. Chr. geb. m.ccc.rcv, des fritags nach ſ. Jacobis
tag .des h. apoſt. .

(Das Siegel der Ausſteller hängt unverſehrt an.) Orig.

Nr. 1238.

1395 (27. Aug.). Ich Fyckel von Erlebach vnd Ka-
therine myn Eliche huſfraume bekennen, daz wir virkaufft
han dem Comptur vnd dem Conuent des dutſchen huſes zu
Saſſinhußen gelegen by Franckenfort v. morgen vnd i. vir-
teil artackers eygens landes vnd zehende fry an zweyn ſtucken
gelegen, Item ii. morgen gelegen uff Hulſhoffer ſelde
gein dem ſuren brunne vnd ſtoßent uff die ſtraßin an den
von Aſchoffenburg vnd an den von Arnſpurg, Item die
andern iii. morgen vnd i. virteil ligent uff Clopheimer ſelde
vnd ſtoßent uff die ſteynen ſtraßin an den von Mergen-
burne, vmb vi. achtel korns zu lyp gedinge.

Geb. n. Chr. geb. m.ccc.rcv, uff den neheſten fritag
vor ſ. Johans dag als er entheubet wart.

(Die Siegel des Ausſtellers und Rudolfs von Sachſenhauſen Ritters
hängen wenig beſchädigt an.) Orig.

Nr. 1239.

1395 (21. Sept.). Ich Symon von Boymbach, Hans vnd Helmerich myne sone, Kathrina vnd Dorothea myne tochter thun kunt, daz wir zwey gut vorkoufft habin recht vnd rebeliche zu orthebe vnd ewecliche vnd gelegin sint zu Swartzenborn by Walbinrobe den geistlichen herren yn deme selgerede dem Prouisor vnd den brubern gemeynlich zu Grebenauwe vor rrrii. gulbin mit allin zugehorden. — Zeugen: Contze Schoufuß burgermeister zu Alsfelt, Henne Schoufuß vnd Hoppil gebrudere vnd Conrad Synnyng schepphe da selbis.

Geb. n. Chr. geb. m.ccc.rcv, uff s. Matheus tag des h. Apostils vnd Ewang.

(Die Siegel des Ausstellers und Heinrich Berngols Burgmanns zu Rodenberg hängen wohlerhalten an.) Orig.

Nr. 1240.

1395 (24. Sept.). Wir Agnes von Brunßwig Grefynne zu Cieginhein vnd Wir Engilbrecht Greue zu Czieginhein ir son erkennen vns, daz wir vmb alle zusprache, virbod, schulde vnd zweytracht, die vnß vatter seliger vnd wir biß vff disin hutigin tag gehabt han zu den Burgirmeistern, Scheffin, Rade vnd Burgern zu Fridbeberg, darumb sich der obg. vnser vatter seligen vnd wir vns zu eyns teils Iren guten getzogin hattin. In vnßme lande, dorffirn, gerichten vnde gebieben gelegin sin, daz wir darumb aller sache mit den obg. von Fridbeberg gentzlich gerichteb vnd gesunet sin, also daz den obg. Burgern vnd Burgerschin zu Fridbeberg alle ire gute In vnß dorffern, gerichten vnde gebieben gelegin an allin besang widber werden sollen.

Geb. n. Chr. geb. m̄.ccc.xcv, vff den nechiſtin fritag nach ſ. Mathei tag des h. apoſt.

(Vid. von 1434.) Orig.

Nr. 1241.

1395 (6. Dec.). Ich Heynze Store zu Steynfurd vnd Kuntzele myn Eliche wyrten bekennen, daz vns her Johan bom Hane paſtor zu Butzpach vnd by altariſten da ſelbiz geluhen han vnßen wyngarten gelegen zu Steynfurd off beme lutzel velde gen der myttel porten zuſchen ſuſter Ebelinde der got gnade vnd Hene genant gans Henne, vmb xii. ſchillinge heller.

Dat. a. d. M.CCC.XCV, ipso die Nycolay ep.

(Das Siegel des Ritters Ellbracht Lewe von Steinfurt des älteſten,
den man neunet in der Gaßen, hängt verwiſcht an.)
Orig.

Nr. 1242.

1395 (13. Dec.). Ich Hartman von Belderſhem Rittir vnd Bechte ſin huſsfrauwe bekennen, daz wir vorteufft han eyn ſtucke Landes, daz gelegen iſt vnder der ſteyngrubin gen Wißinshem oblr. an dem berge an dem ſpidals ſtucke, daz eigen iſt, den Buwmeiſtern vnde dem gebuwe vnſtr l. frouwen der pharkirchin der Stad zu Friedeberg. — Zeugen: Henne ſchultheiß, Heintze Knoppe ſcheffe vnd Heintze Scheffir wonhafft zu Ruhem.

Dat. a. d. M.CCC.XCV, ipso die b. Lucie virg.

(Das Siegel des Ausſtellers hängt etwas verwiſcht an.)
Orig.

Nr. 1243.

1396 (12. Jan.). In gots namen amen. Kunt ſy, daz in genwart myn vffen ſchribers vnd der hernachgeſchriben ezuge, ift geweft der Erfame prifter Her Crafft von Rodinburg pherner in der Burge Frideberg by gubir vir noufft mit frithem willen vnd fpruch, wie daz he geben vnd vergiftigen wulde foliche wiefen als he hette in der grafchaft zu Affinheim, zu Wollenftat vnd zu Burenhem gelegen, der da weren xx. morgen, den Burggrauen, Bumeiftern vnd Burgmanen zu Frideberg, mit allem dem rechten vnd allen iren zugehurden, als he die hette gehabt vnd bat fich diſe nachgefchreben Scheffin der megen Grafchaft wifeu, wie er die gifft tun fulde durch recht vnd gewonheit, daz ſte hebenbig vnd ficher dar ane weren. Des ftunden da genwertig Contze Grafe, Gotze Swartze, Gotze Fifcher vnd Gerlach Hafe fcheffen der grafchaft von Affinheim vnd wifeten vnd fprachen, er fulbe die gift da tun mit munde vnd mit Halme vnd daruff vor yn lnterlichen verezihen, daz er alſus bet vnd bat ſie dar Inne fetzen Eberhard Lewen burggrauen zu Frideberg von ſine vnd der Burgman wegen, daz die fcheffen alffo auch tabeu da mit munde vnd mit halme nach dem als fie da wifeten, daz da were des gerichts der obg. grafchaft recht vnd gewonheld. — **Zeugen:** Conrad Bolon eyn prifter; Kule Slebefelbir vnd Diele von Cziegenhayn leyen.

Geb. y. Chr. geb. **m.ccc.rcvi**, an dem **xii.** tage des mandes genand Januarius rmb mittage zyt vor der Mentzir phorten der Stajb Frideberg vszwenbig den flegeu by Heinrich Swartzen garten in der obg. grafchaft zu Affenheim.

(Rotariatsinftrument.) Orig.

Nr. 1244.

1396. (4. Febr.). Ich Crafft von Heilgenberg den man nent von Olffe, bekennen, daz ich mit willen vnd

wißen Crafftes, Hennes vnd Erwyns mynre sone, Fryde-
richen von Wythershußen myns eyden vnd Amabilien sinre
elichen huesfrauwen mynre dochtere, gegeben han Syfrid
Robin von Großin Buchesecke myn armen gotsleßen den
geistlichen herren zu Schiffenberg mit allem rechte, als ich
en gehat han. — Z e u g e n : Henne von Trahe der Junge
vnd Heynrich capelan vnß lyben frawen elters zu Buche-
seckin u. a. m.

Dat. a. d. M.CCC.XCVI, vi. fer. p. purif. b. Marie virg.

(Die Siegel des Ausstellers, seiner Söhne und des vorg. Friedrich von
Windhausen hängen gut erhalten an.) Orig.

Nr. 1245.

1396 (12. März). Ich Gerlach Weber vnd Gele myn
Eliche hußfrawe bekennen, daz wir vorkaufft han dem comp-
thur vnd deme couent dez dutschinhuses zu Saffenhusen by
Franckenfurd gelegen iv. morgen wiesen, die gelegen sint zu
der Furbach, die genant sint die rietwiesen vnd lygen an
dez perres von M o r l e viii. morgen, vmb xr. gulden, ouch
han wir den selbin herren eynen halben morgen wiesen vnd
einen halben morgen ackers auch zu kauffe gegeben, die ge-
legen sin an der rietwiesen, vmb x. gulden. — Z e u g e n an
getiechte vnd gesworn des dorffez zu Morle : Clein Contze,
Henne Helwick, Contz Hartman vom langen hein u. a. m.

Dat. a: d. M.CCC.XCVI, Gregorii pape.

(Das Siegel des festen Knechts Conrad Beheim hängt unversehrt an.)
Orig.

Nr. 1246.

1396 (25. März). Ich Henne von Kebel bekenne, daz
ich verkauft han Gilbracht Weiß von Furbach vnd sinen er-
ben myn deil dez großen czehendes czu Buchelnhem ge-

legen mit siner zugehorde vmb crr. gulben zu wibberkauff,
so bekennen ich Erwin von Rebel, baz biß verkauff alsus
ist geschen mit myme wißen vnb willen.

Dat. a. d. M.CCC.XCVI, in die annunc. b. Marie virg.

(Die Siegel der Aussteller hängen unversehrt an.) Orig.

Nr. 1247.

1896 (19. Mai). Jch Pedir Beckir von Berstab be=
kennen, baz ich virkauft han hern Conrab Roben von Ber=
stab Pherner in ber Burge zu Fribeberg vnb ben Altäristen
gemeinlichen ba selbs in ber pharrekirchen zwene morgen
wiesen vnbe sestehalbe ruben czu Berstab gelegen, mit na=
men eynen morgen vnb siebenbehalbe ruben zuschen frauwen
Elchin, die izunt hat Jonghern Herman Weisen vnb Jong=
hern Wiganbs von Carben, vnb eynen morgen an eyne ru=
ben zuschen Jonghern Conrab von Buches uff bebe siten
gelegen vnb ist eyn stump gen Echczel, als ich die biß here
han gehabt. — Zeugen: Wiganb Echzel, Heinrich sin=
son, Heincze Feltheim vnb Henne Wicker scheffen bes ge=
richtes zu Berstab. *)

Dat. a. d. M.CCC.XCVI, vi. fer. prox. a. fest. phen-
thecostes.

(Das Siegel Junkers Friedrich von Belbersheim hängt unversehrt an.)
Orig.

---

*) 1897 (9. Jan.) verkauft Henne von Bellersheim und Syßel seine
Hausfrau an die obg. Burgkirche 3 Morgen und 7 Ruthen Wiesen
zu Berstabt an einem Stück zwischen der Pfarrei und Wiganb
von Carben gelegen, in Anwesenheit Hermanns Schultheißen zu
Berstabt, Heinze Feltheimer und Henne Wicker Schöffen daselbst.
(Die Siegel des Ausstellers und Junkers Friedrich von Bellersheim
hängen unbeschädigt an.)

Nr. 1248.

1896 (8. Juni). Ich Erwin Lewe der albe vnd Grede sine Eliche husfrauwe bekennen, daz wir virkaufft han Conrad Roden von Berstab pherrer in der Burge zu Friberg vnd ben altaristen daselbs in der pharkirchen der gen. burge dit nachgeschriben lant in Melpacher gerichte gelegen — uff dem felde zu Heyenhelm an der Burggreffen uff deme heyenheimer burne — an Alheide Lecheln — an Heilman Markeln vnd stoßen uff den wert — an Herman von Carben uff deme cleynen felbechin — uff deme merßfelbe an Frißen Hachinberger stoßen uff den Echßeler weg — uff deme Rußenczele an Henne Weckinsheymer — an ben von Albenburg vnd stoßet gen deme Rußenczele — an ben von Albinburg vnd stoßet uff den weckensheimer weg — an kadirinchen uff dem merßweg — an deme Spidal — daz felt gen Melpach an taubenberg vnd stoßen uff daz Gettenauwir felt — an ben von Engelbal — an Sifrid Snidet — ubir ben kirchweg gen Melpach — eynen halben morgen wiesen placken an deme pherrer von Melpach. — Zeugen: Henne Laubenberger uff die czyt gesessen an des scholtheißen stab, Rule Smit, Bechtult Erbißenbecher, Heinrich by deme barne, scheffen des gerichtes zu Melpach.

Dat. a. d. M.CCC.XCVI, v. fer. prox. p. diem b. Bonifacii,

(Das Siegel des Ausstellers ist abgefallen, das des Junkers Wilhelm Weise hängt sehr beschädigt an.)　　Orig.

Nr. 1249.

1896 (26. Juni). Ich Henrich Beriß von Wanebach bekennen, daz ich han verkauft hern Conrad Roden von Berstab perrer in der Burg Frybeberg i. waldir korns

serlicher gulde vmme rir. gulden vn han darfur zu vnder-
pande gesast die nachgeschr. stugke, die ich auch pmb hern
Conrad vorg. gekauft han mit namen iii. morgen landes
nebyn Henne Robelinger vf dem selbe gein dem holtze, ein
halben morgen nebin den Pabisshusern gein dem Elinsborn,
v. ferteil vbir die fribeberger straße neben Gele Melpachin,
iii. ferteil vf dem selbe gein Wolfirsheym nebin Clas Scheffir,
ii. ferteil vbir die Dypflche, ein halben morgen nebin der
Klippechin an dem kußen, v. ferteil an dem Heynlone gein
Berstab an der Glubechern, ii. morgen an der ylenber wy-
sen, i. morgen vbir die marg. nebin Clas schefir, i. morgen
vf die bunden nebin der weyde, auch gelbent diese obgen.
stucke nymande me dan ir gewonliche bede myn Jungkern
von Falkenstein als bis here kumen ist. — Zeugen:
Heintze, Henne Heger scheffin zu Wanebach, Clas Beriß
des vorg. Heinrichs son. *)

Dat. a. d. M.CCC.XCVI, fer. ii. p. fest. b. Johannis bapt.

(Das Siegel des Junkers Friedrich von Bellersheim hängt wenig
beschädigt an.) Orig.

---

*) 1398 (30. Jan.) verkaufen Johann von Garbenheim Ritter und
Cuse seine Hausfrau an den obgen. Burgpfarrer Conrad Roden
„diese nochgeschriebin Eckir vnd wiesen in Wanebech ir gerichte
gelezen — vff der rasen — in deme grabin vnd stoßet vf die
wasir budin. — an Heintze Krelinge — an deme obirsten fre. neben
den Munchen von Arnspurg — an Friderich von Beldirsheim —
stoßet vf den mittelweg vndin an die schurmgen — vf Kebir
Schellen anwender — an deme heynloe vnd lit abin an Hellman
Markeln — vff deme selde gein Wolfersheim bi Frideriche von
Beldirsheim vnd stoßet vf die florscheibe — bi Clese Melpechirs
kinde zu deme hulderbuße — an Herman Buchir — an hern Ry-
chart — zu den grubin — an deme ryntwege — vff das bergheimer
felt vnd git ein seil — vf die pannen an der obirsten furch —
vf deme linden loe an Walter Swartzenberger — vf deme ala-
sterloe by Conrad Swartzenberger — vbir den Baldemars weg

Nr. 1250.

1296 (1. Juli). Jch Bechtold Menger scheffen zu Geilnhusen, Katherina myn eliche hußfrauwe bekennen, daz wir zu eme richten selegerede geben zu einer ewigen mese gein Ronberg vff daz huß zu eime althar vnd den selben althar zu lißin hat herre Walther von Cronenberg oder sin Erbin alle die gude, die her noch geschribin stein — xl. morgen eyges ackers die gelegin sin in dem gerichte Selboldes vnd sint genant die schollen rober — wisen gelegen an der haseler furt — wisen gelegin in der auwe zu Selbolt — von eyner lachen zu Selbolt, die da heißet der lange woge — wesen gelegin vnder der hart zu Selbold — garthin vnd hoffereide gelegen zu Selbolt — wesen gelegen zu Robenberge vnd stoßin vff die lutherlache — vnd wer iz sache, daz daz schlos Ronenburg geloß worde von her Walther von Cronburg oder sin Erbin oder iwe daz queme, daz sie daz schlos inne hetten, wär dan der vorg. here Walther oder sin irbe die gude vnd ander gude, die zu dem althar gehort hetten, zu eyme andern althar gebin wolden, dar solden auch beiße gude, golde vnd gelt heyn gewallin. Die vff gifft ist gescheen vor zingrewen vnd scheffen der gerichte, do die gude in geiegin sin, mit namen Wenczel Vngerman vnd Conrat Henkel vnd die scheffin gemeynlichin dez gerichtez zu Selbolt vor Henne Blomen zingrewen vnd Hentze Lindener vnd Hartmod Fyßer, scheffin zu Grinda.

........gbin an jungfraue Gelin — vbir die straßen by hern Rycharte — vf den vat. gein Obirubabin — vf deme alaster loe nebin s. Bartholomeus — an Gumpeln zune — nebln Heinze Heyger — an Henne Redelinger. — Zeugen: Dulde Melpechir scholtheiße zu Wanebach, Heinze vnd Henne Heygir gebrudere vnd Markel scheffin zu Wanebach." (Die Siegel des Ausstellers und Junkers Craft von Rodenhausen hängen beschädigt an.)

Dat. h. d. M.CCC.XCVI, sabb. die p. fest. apost. Petri et Pauli.

(Die Siegel des Ausstellers, sowie des Pfarrers Friedrich Schaße zu Grinda hängen wohlerhalten an.) Orig.

Nr. 1251.

1397 (6. Jan.). Ich Johan von Swalbach Ritter vnb Else myn Eliche husfrauwe bekennen, daz wir han ver-taufft dem Erwirdigen geystlichen bruder Johan vom Hayne Compthur dez dutschenhusez zu Saffenhusen gelegen by Franckenfurd vnd den brudern gemeynlich dez Couentez da selbest i. hube vnd riiii. morgen, iii. ferteyl vnd xii. ruben arhafftis ackers gelegen yn der termenye zu Clopheim mit namen — die bunden an dem buden wege — off dem Girlachez graben — oberm sulcz pfode — an dem Ryppe-berge — an dem felde geyn Durkelwyl — an dem Rint-wege — die bunde hinder dem dorff — daz felt geyn dem obern holß — by Juncker Conrad von Hacßßeyn ubir den franckfurder weg — geyn dem keffer loch ubir den vilwyler weg, mit namen i. hube fur rcv. gulden vnd fur riv. mor-gen iii. firteyl xii. ruben vmb rlii. gulden vii. ß. vi. h.

Geb. n. Chr. geb. m.ccc.rcvii, off dem rii. dag.

(Das Siegel des Ausstellers hängt unversehrt an.) Orig.

Nr. 1252.

1397 (9. Jan.). Wir Johan, Rorich vnd Bere von Eysinbach gefettern vnd gebrudere Bekennen, daz Jungher Herman lantgraue vnd sine erbin vns vnd vnßn erben schul-dig sin von Bertolbis wegen von Merlauwe seligen cc. schilling tornos vnd hab der egen. vnß Juncher vns da vor bewiseb rr. phunt heller geldis an sine czolle czu Gru-

n e n'b e r g; die wir áne abeſlag uff hebln ſoln ſerlich uff
wynachlen.

Dat. a. d. M.CCC.XCVII, fer. iii. prox. p. d. Epi-
phan. dom.

(Die Siegel des Ritters Wigand von Haßfeld, ſowie der vorg. Korich
und Bere von Elſenbach hängen beſchädigt an.) Orig.

Nr. 1253.

1397 (20. Jan.). Ich Johan Merz von Krofftel
Edelknecht vnd Margarete myn Eliche huſſrauwe veriehen,
daz wir hán verkaufft Johan vom Hayne Compthur deſ
bütſchenhuſes zu Saſſenhuſen gelegen by Franckfort vnd
den brüdern gemeynlich deſ Couentes da ſelbiſt eyn hube vnd
anderhalben morgen landeſ gelegen yn der termenie zu
Clopheym an wyßen, an eckern, an hoffſteden myt aller
ſiner zugehorde für ꝛc. gulben vnd funften halben gulben
fur anderhalben morgen, vnd darzu ſo hán ich dem vorg.
Compthur vnd Couent eyn gude hube landeſ zu vnderpande
gelacht gelegen yn der termyne zu Obirn Eſchebach vnd
ſteb daz von ſtocken zu ſtücken Item daz erſt felt geyn Sul-
burg. Item viii. morgen by dem holdurbaume an den Bren-
beln zu Hohinberg — an dem bollinberge — an dem heyn-
burne — an dem bubinpfade vnd an dem paſtor zu Eſche-
bach — an dem hohinberger weg, an dem perrer von Kirch-
dorff zu Nybbern Eſchebach — an dem molweg an den
Clemen von Hohinberg — off den wingarten an Walther
von Lundorff — an dem holtzwege an Knnen Wartbuſch —
item das dritte felt geyn Bomersheim — an dem ſiederwege
an Knackin von Hohinberg — an dem bomersheymer pfade
— zuſchen dem hinkenden Gudechin — neheſt geyn Bomers-
heym an Hennen Suzeſſch von Steden — geyn Eſchebach-
wert geyn Sannen Wartbuſchen. — Zeugen: Hirman

Clemme edelknecht vnd Henne Clemme syn bruder, Kune Wartbusch Suchtheyße zu Eschebach, Hirman Weber, Henne Harp, Diel Scheffer, Henne Scheffer vnd Henne Moll.

Geb. n. Chr. geb. m.ccc.rcvii. offe s. Fabiane vnd Sebastiane dag des h. Materer.

(Das Siegel des Ausstellets ist abgefallen.) OHg.

Nr. 1254.

1397. (20. Jan.). Wir Johans von Gotis gnaden apt des Stifftis zu Fulde, Karll dechand vnd der Conuent gemeynlich desselbin Stifftis bekennen, daz wir angesehen haben ânliegende große schulde damit wir vnd vnß vorg. stifft beladen vnd besweret sin, so wißen wir nicht bessers solichen vorbürplichen schaden furzukumen dann mit Byngenheim vnßm vnd vnßß Stifftis veste vnd Sloßes mit synem zugehorungen zu widerkauffe zu verkeufen vnd zu vorsetzen, vnd darumb so habin wir hern Philipps Grauen zu Naßauwe vnd zu Sarbrugke vnd hern Philipps von Falgkinsteyn herre zu Mintzenberg vnd iren erben zu widerkauffe vorkaufft vnß vnd vnßß Stifftis vesten vnd sloß Byngenheim mit allen zugehorungen, vßgenomen doch vnß kirchsetze, manlehen vnd Burglehen, die zu den vorg. sloze vnd synen zugehorungen gehoren, fur Achtzehen tusent gulden, der sie Ezwelfftusent gulden dem Capitel vnd dem Stifft zu Mentze, darfur daz vorg. sloz Byngenheim mit sinen zugehorungen etswan hern Adolff Ertzbischoff zu Mentze dem got gnade, dem Thumdechand vnd Capitel desselbin Stifftis zu widerkauffe vormals vorkaufft vnd ingesatzt was, So haben sie vnß mit gereitem gelde gewert vnd bezalt sunftufent gulben*), die andern ubergen tufent gulben fullen die egen. herren vnd ire erben an der vorg. veſten Bingenheim kuntlich vorbuwen, nach uſwiſunge vnd erkentniſſe Czweyer vnß Burgmanne daſelbſt zu Bingenheim, die wir vorg. Johann apt zu Fulde darzu kyßen vnd ernennen fullen. Auch fullen wir vnd vnß nachkomen die vorkunde des widerkauffs vnd loſunge der egen. veſte Bingenheim den vorg. herrn oder iren erben tun in vnßn offin brieuen mit namen herrn Philipps graue zu Naſſauwe in ſyn ſloß Gliperg vnd hern Philipps von Falgkinſtein in ſyn ſloß Liche. **)

Geb. n. Chr. geb. m.ccc.rcvii, an ſ. Sabaſtians vnd ſ. Fabians tag.

(Geſiegelt haben die Ausſteller.)   Orig.

Nr. 1255.

1397 (14. Mai). Wir Adolff graue zu Waldecke bekennen, daz Vlrich herre zu Hanauwe vnßer ſwagere

---

*) An demſelben Tage ſtellen Graf Philipp von Naſſau und Philipp von Falkenſtein deßhalb einen mit ihren wohlerhaltenen Siegeln beſiegelten Revers aus.

**) Obige Urkunde iſt dem Reverſe inſerirt, welchen die Grafen Philipp von Naſſau und Philipp von Falkenſtein an demſelben Tage ausgeſtellt und nebſt den Burgmännern und der Stadt Friedberg beſiegelt haben. (Die Siegel hängen wohlerhalten an.)

Am 18. März deſſelben Jahres machen ſich die Vorgenannten verbindlich, dem Stifte Fulda den Hauptbrief, welchen das Stift Mainz über den an daſſelbe geſchehenen Wiederkauf von Bingenheim hat, einzulöſen und wieder zu geben. (Die Siegel der Ausſteller, ſowie Johannes von Linden, Eberhards Weyſe Ritter, Winther von Bilmar und Gilbracht Weyſe hängen unverſehrt an.)

Johannen von Wasen gegeben hat Elsen von Morle zu
eynem eliden wibe vnd dar zu hat hee ym geret vnd sinen
erben, daz huß in der burg zu Dorfeilben, da Helfrich
von Dorfeilben ynne wonende ist, ober c. gulden dar vor
vnd dar zu hat her ym geret zu geben cccc. gulden uff deme
sinen, gelegin in der termenye zu Dorfeilben vnd sal ym
dar vor ynne setzen den czehende zu Rendel, dein man
nennit stelkutze vnd waz besserunge der vorg. von Hauauwe
vnßer swager hat off syme fronhoffe über die l. achtel, die
schencke Ebirharten vnd sinen erben zugehoren vnd ii. hube
landes, die Weldener itzunt buwet auch da selbis gelegin.
— Zeugen: frauwe Agnes Grafen zu Ziechenhaln vnß
swieger frauwe vnd vnß suster Else frauwe zu Hanauwe
vnd Diele von Falkenberg, der dirre sache ein dedinges
manne geweft ist vnd wir Adolff graue zu Waldecke obgen.
vnd ich Diele von Falkinberg bekennen, daz wir by diesen
sachen geweft sin, daz die also berette vnd geteding sin vnd
des zu orkunde, so hat vnß yglichir sin Ingesiegel an diesen
brieff dun hencken.

Dat. a. d. M.CCC.XCVII, fer. ii. prox. p. domin. q. c.
jubilate.

(Die Siegel fehlen.) Orig.

Nr. 1256.

1897 (26. Aug.). Ich Nese Volprachten dochter von
Steinbach bekennen, daz ich zu troste myner albern selen
gegeben han der meisterschen vnd den Juncfrauwen vnd dem
tauente des cloistirs zu Celle vnder Schiffinburg gelegen min
gud zu Steinbach gelegen mit alme Rechte vnd zugehor-
runge, alsso das sie myr alle iar die wile ich leben ll.
gulden geldes geben soln uff s. Mertinstag. — Zeugen:
Rudulff Schuler burger zu Marpurg.

· Dat. s. d. M.CCC.XCVII, dom. post diem. b. Bartholomei ap.

(Das Siegel Johans von Lare, Schöffen zu Marburg, hängt beschädigt an.)　　　Orig.

Nr. 1257.

1397 (28. Aug.). Ich Heynrich Schengke zcu Sweynsperg, der eldiste, Guntram genand. Stamme, Riger, Volpertt vnde Ebirhard gebrudere, des egnanten Heynriches sone, bekennen Alse. Wulff, Conrad vnd Henne Schengken von Sweinsperg gebrudere, vnßir vettern sich zu anderen geczieten virplichteten vnde virwilligten mit Junghern Hermanne Lantgraue czu Hessen, vnd derselbe wibberumb mit yn, vmme daz, waz Rechtes die egen. vnse vettern. hettin an deme gerichte zu Kirchdorff, daz sie beschinde laßen an demselbin gerichte, daz han by Scheffin des egen. gerichtis sy entscheybin. Wante nu vns Heinrichin, Gunthram, Volpracht vnd Ebirharden me gnant vnde vnß erbin. desglichen in dem obgnanten gerichte auch anrüret, mit deme egen. vnßme Junghern vnd sinen erben, des wollen wir Heinrich, Guntheram, Volprecht vnd Ebirhard megenant mit vnßir erben daz stede vnde veste halden an alle geuerbe vnd an argelist, waz da geteilt ist an dem egen. gerichte glichirwieß, als ab wir selbis an dem gerichte geinwertig weren gewest, vnd als wir daz zu denselben geczubin, gewillford vnd mit vnßme obgen. Junghern uffgenomen hetten.

Geb. n. Chr. geb. m.ccc.rcvii, des nehisten dinstagis vor s. Johannis tage, den man nennet decollatio.

(Die Siegel der vorg. Heinrich vnd Guntram Schenke sind abgefallen, die Volprechts vnd Eberhards hängen ziemlich wohlerhalten an.)

　　　　　　　　　　　　　　　　　　　　Orig.

Nr. 1258.

1897 (3. Sept.). Wir Herman von Gots gnaden Lantgraue zu Heſſen bekennen, daz wir durch nucz vnde beſſerunge willin vnſers landes mit Hennen von Eyſtribach abkomen ſin. Alſo, daz wir vnd vnß erbin yme die wile er lebit gebin ſollin ierlichin cccc. gulden geldis vnd yme die bewieſin uff vnſn hernach benanden ſloſſen, mit namen uff Marpurg c. gulden, uff Alſfelt c. gulden, uff Grunberg c. gulden, uff Homburg l. gulden, uff Kirchhain l. gulden, uff Frangkinberg l. gulden vnd uff den Giſſen l. gulden.

Uff den nehiſten monbag vor vnß frouwen tage natiuitatis, n. Chr. geb. m.ccc.rcvii.

(Das Siegel des Ausstellers ist abgeschnitten.) Orig.

Nr. 1259.

1897 (30. Sept.). Ich Loße von Hartenrabe genant Peffir bekennen, das ich virkauft han der meiſtern vnd dem Conuente gemeinlichen des Cloſtirs zu Albinburg all min erplich gud, das ich han leginde zu Holſpach vnd dar vmme. *)

Dat. a. d. M.CCC.XCVII, dom. prox. p. feſt. Michahelis arch.

(Das Siegel Junkers Gerlach von Breidenbach hängt wohlerhalten an.)

Orig.

---

*) 1398 (24. Juni) bekennt „Cunße Hermanes ſon von Clubthußen vnd Irmengarte ſyn elliche huffrauwen der got genade", daß er dem obg. Kloſter teſtamentsweiſe übergeben habe „myn deyl vnd Recht des Landes zu Hoelſpach, daz in Irme Lande gelegen iſt." (Das Siegel des Wepelings Domherrn Bernhard von Dernbach iſt abgeriſſen.)

Nr. 1260.

1897 (8. Oft.). Wir Wenßlaw von gotes gnaben Romischer kunig 2c. bekennen, das wir durch dinste vnd trewen willen, als vns vnd dem Reiche der Edel Philipps Grafe zu Falkenstein vnd herre zu Minzenberg vnser vnd des Reichs liber getrewer ofte vnd williclichen erzeigt vnd getan hat, demselben Philipps diese besundere gnabe getan, also das er in den nochgeschriben seinen Merkten vnd gutern mit namen zu Czigenberge, Grunyngen, Law-pach, Ruprechsburg vnd Petterwil halsgerichte, stocke vnd galgen haben vnd domite richten vnd gefaren sol, als in andern steten vnd Merkten doselbist vmb in dem Lande gelegen recht vnd gewonheit ist. Ouch von besundern vnsern gnaden, so wollen wir weres sachen, das yemande wer der wer zu des egen. Grafen Philipps leuten vnd vn-derseffen, die yeßunt in den egen. sinen Merkten vnd gutern wonhaftig sind vnd noch dorein czihen werden, wer die weren, ichtes zusprechen hette, der sol das nynbert anders suchen, dann vor Im selber, do ouch einem cleger ein vol-komen recht wiberfaren sol, als billich ist, wurde aber dem cleger doselbist vor Im bas recht vorsagt, bas kuntlich were, So mage derselbe cleger das recht von denselben feinen vor vns vnd dem Reiche suchen vnd vordern als billich ist.

Geb. Nuremberg n. Chr. geb. m.ccc.rcvii, des mon-tages n. s. Franciscen tage.

(Das Siegel fehlt.) Orig.

Nr. 1261.

1897 (7. Dec.). Ich Hetthe Styncßen burgerffe zu Rybhe irkenen, das ich vmb Clas Stinßen myns selgin

hufwirh, myner vnd vnß altforbern sele willen, han geben
iii. achteil kornes ierlichir gulde mit namen ii. achteil fallen
czu der Spende, die man armen luden git uff alle vnß
lieben frauwen dagen in der Capellen czu Rybhe in der ſtad
vnd daz eyne achteil czu der ſpende da vße in der pharre,
die man armen luden git, vnd ſehe dar fur zu vnberphande
dryttenhalben morgen ackirs gelegin uff der Salzbach in der
termenie zu Gißnyt vnd zwene morgen da ſelbes uff dem
plah obe den dryttenhalben morgen, Item zwene morge ge-
legin hinder Salzhuſen vnd geweſt ſin Luden Sype
Snyders frauwen, Item anderhalben morgen ackirs gelegin
als man czu der Roden wege Inhen fert an Girharh ackir
von Hinberna.

Dat. a. d. M.CCC.XCVII, in crast. s. Nycolai ep. et conf.

(Das Siegel der Stadt Ribba hängt wenig beschädigt an. Glrbracht
Helwig und Clas Snnrkly, Bürgermeister und Schöffen zu Ribba.)
Orig.

Nr. 1262.

1398 (22. März).   Ich Bere von Eyſinbach bekennen,
daz ich genczliche gerichtet vnde gutlichin vireynet byn mit
dem hochgebornn furſten Jungherrn Hermanne lantgrave zu
Heſſin vmme alle ſcholt, anſproche vnde forderunge vnd
andir vmme allis daz, darumme ich yme zugeſprochin muchte
han bis uff dieſſin hutigin tag vnd han das alles verczihen,
vßgenomen waz ich burglehins von demſelbin zu Grunberg
vnd czur Albenburg han vnd vmme den Blrichſtein
mit allir ſiner zugehorde.   Des han ich ouch virczigin uff
Hennen von Eyſinbach. mynen vettern vnd uff Emmerichin
von Lynden amptmann zu Rumerod, wie by den vorg.
mynen Jungherrn vnde mich darumme ſcheiden zcuſchen hie
vnde deme h. Pingiſtage neiſte komb, daz wil ich ſtede vnde
veſte alſo halben.

Dat. a. d. M.CCC.XCVIII, fer. vi. prox. a. dom. q. c. in ecclesia dei judica me deus.

(Das Siegel des Ausstellers hängt wohlerhalten an.)

Orig.

Nr. 1263.

1398 (4. Mai). Ich Crafft vnd Wigand von Haß=selt Rittere gebrudere Bekennen, daz wir virkaufft han den Burggrauen, Baumeistern vnd Burgmannen gemeynlichen zur Burge Frideberg vnsern Garten vnd wymer, der da ge=legen ist vnder Hortmudes garten von Buches bez Jongen vnßs neffen.

Dat. a. d. M.CCC.XCVIII, sabb. prox. p. d. invent. s. crucis.

(Das Siegel Crafts vorg. ist abgefallen, das Wigands hängt beschädigt an.) Orig.

Nr. 1264.

1398 (6. Juni). Ich Ludewig. Slegereyn Bekennen, als herre Heynrich lancgraffe zu Heffin seligin myn, Dite=riche vnd Heynriche Slegereynen mynen brudern, Fygen Ubelagkirn vnde vnßn erbin den Czehinden zu Grunberg verfaßt vnde virphand hat vor drißenhundert vnd drißig gul=den, an der summen geldis vnd zcenhinden myr eyn dritteyl mit namen cccerliii. gulden vnd fiere Thurnose zu eygin han, das Jungher Hermann lancgraffe zu Heffin mit mir vmme mynen dritten teil gutlichen ubirkomen ist vnd hat mir die vorg. summe verbriffid, daz mir gnuged, herume en sol der brieff, den der obg. lancgraue Heinrich seligen myr, mynen brudern vnd ganerben als vorgeschr. steb uber die egen. summe geldis vnd zcehenden gegeben hab, myner vnd

myner erbin enthalbin vnd gein mich vnd myne erbin keyne
maht me han.*)

Dat. a. d. M.CCC.XCVIII; ipso fest. corp. Christi.

(Das Siegel des Ausstellers ist abgefallen.)   Orig.

Nr. 1265.

1398 (23. Juni). Ich Bruder Conrad Wilde ein
garbian des Closters vnd Couentis zu den Barfußen zu
Fredeberg bekennen, daz ich brudir Johan vom Haine ein
Compthuer des dutschenhuses zu Sassenhusen vnd sime Co-
uent vorkoufft han iii. marg Ewiges geldis vnd alle vnstr
rechte, die wir vff des vorg. Compthuers vnd Couents molen
hatten gelegen zu Akarbin mitten in dem dorffe, vmbe
rlv. gulbin. — Zeugen: Wolffchin Kelner ein greue zu
Akarben zu den gezijden, Wolffram von Karbin vnd Bechtbult
Elwenstebir.

Geb. n. Chr. geb. m.ccc.rcviii, uff den abint Johannis
den man nennit baptista.

(Das Siegel der Aussteller hängt unverséhrt an.)   Orig.

Nr. 1266.

1398 (9. Aug.). Ich Wilhelm vnd Sylbracht Weysen
gebrudere vnd ich Henne Weyse hern Johan Weysen seligen
son von Furbach thun kund, daz wir uff frauwin Agnes
von Brunswig grefynne vnd Junchern Engilbrachte grauen
zu Zieginhain vnd zu Rybbe han uerzigen uff alle ufflousfte,

---

*) 1398 (29. Jan.). Gleiche Urkunde von »Fuge Ubelagkirn, Bech-
told Ubelaglir ir Son vnd Hermann von Buchsegle ir eyden.«
(Die Siegel Bechtolds Ubelacker, Hermanns von Buseck, des Rit-
ters Johann von Schwalbach und Heinrichs Schenck hängen wohl-
erhalten an.)

rabe vnd ſache, die ſich mit worten ober wercken irlouffen
han obir irlouffen mochten bys uff diſin hubegen dag in der
geſchiсt vnd verloeſt von S t o r n f e l s wen vnd ſollind
noch wollind wir die obgen. vnß frauweu vnd junchern rmb
diße vorgeſchreben geſchiсt nimmerme anlangen, beteybinge
ober bebrangen. Auch iſt geredt, daʒ die obgen. vnß frauwe
vnd Juncher vnd wir die Weyſen vns halden vnd riсhten
ſollind vortme vmb das egen. ſloß S t o r n f e l s noch lude
der bryſſe, die ubir den erſten Birſaʒ zcuſсhin vns beybirſieb
ſin gegebin.

Geb. uff frybag vor ſ. Laurencii dag n. Сhr. geb.
M.CCC.XCVIII.

(Die Siegel der Ausſteller hängen unverſehrt an.)   Orig.

Nr. 1267.

1898 (13. Aug.).   Wir von gots gnabin Herman apt
des ſtifftis сʒu Herſſeld bekennen, daʒ wir. geriсt vnd ge-
eynet han hern Conrab von Hune Comthur, den prior vnd
herren gemeynliсh deʒ huſis сʒu G r e b e n a w e ordens ſ. Jo-
hans mid vnßm getruwen Curt von Aula, Dlunge ſyner
eliсhen wirtin, Bertold erme ſone vnd alle er erbin vmme
alliʒ baʒ, daʒ ſiсh zuſсhin en belauffin hab., eʒ ſie wilсherlei
baʒ ſie worte vnd wercke, alſo baʒ ſy quit vnb loʒ ſollin
ſyn ſolliсher rvii. gulbin, by ſy den egen. heren ſсhuldig
weren vou vorſeßin сʒinſin, vakeyn ouсh die obg. hern loʒ
ſollin ſin ſolliсhes geldes, als ſy baʒ egen. Conrat wirtin
gebe ſolben vor eyn vorсʒig von der gube wegen gelegin сʒu
R o m o l ß h u ß i n vnb сʒu L a n t i r s h a ſ i l, die ſie en abe
gekoufft vnb geqwib han.   Ouсh ſal Conrat vou Aula,
Dlgunb ſyn wirtin vnb ire erbin den obg. hern gebin iii.
vierteil kornes vnb iii. ſirtel habern vor die halbe ſсhar vnd

gefelle von der gude czu Lentirſhaſll vnd ſeczin en bavor
czu burgin Heinrich Rotterobe, Conrad Wiſhan vnd Luczen
von Aula.

Geb. uff den binſtag vor vnſir frauwen tag, den man
nennit assumpcionis n. G. geb. m.ccc.rcviii.

Ich Bruder Curd von Hune Comptur czu Riebbe
vnd czu Grebinauwe Ordens ſ. Johans, Wernher
von Falkinburg vnd ich Rupertus Wilde paſtor der
pharkirchin zu Grebinauwe Bekennen offinlichin yn
bißer geinwerbigen Copien, daz wir den rechtin beſi-
giltin briff geſehin, gehort vnd geleſin han vnd ſtet
von worte czu worte in alle der maße, als biße vorg.
Copie halbit vnd vz wißit. Dez czu bekenntniße, ſo
hab vnſir igllchir ſin Ingeß vor ſich an biße Copien
gehangen, der gebin iſt uff der kynbelin tag (28. Dec.)
n. G. geb. m.ccc.rcir.

(Die Siegel ſind ſämmtlich abgefallen.) Orig.

Nr. 1268.

1398 (9. Sept.). Ich Ludowig Stynß Schultheiße zcu
Marpurg vnd wir Burgermeiſtere vnd ſcheffen daſelbis Be-
kennen, das Heinrich Cale gozlehin Junghern Hermans
lantgrauen zcu Heſſen, vnd Gele des ſelben Heinrichs eliche
husfrauwe dem vorg. vnßm Junchern vnd ſinen erben gege-
ben vnd uff gelaßen han, alſe wir in den gerichte ſtulen czu
Marpurg ſaßen biße nachgeſchr. hobe, gude, gulde, Czinſe,
Rente, huſe vnd hobeſtede mit namen i. phund hellere geldes
erplicher gulde von eyner hobeſtaid zcu Grunenberg ge-
legin by deme grale, by Loßen Calen was, i. achteil kornes
vnd eyne gans von Heinßen Kelners gude zcu Fildeln
gelegen, i. malder korngeldes vnd ii. genſe vß Hennen

Schulers gude zcu Larthenbach, i. achteil korns uß der
wosen zcu Crutzesehen, by Contze Storin vnder eme haib,
i. malder korngelbes vnd ii. genſe uß Heinrich Hubes gude
zcu Ruprachtsburg, iii. motte korngelbes vnd i. gans
uß Wigant Cappuß gude zcu Lauppach, i. malder korn-
gelbes vnd ii. genſe uß Andres Smebis gude zcu Laupach,
i. achteil korns uß Happen Rumans gude zcu Frihen-
ſehen, daz Contze Zeger vnder eme haib, i. achteil korn-
gulde vnd i. gans uß Contze Eckards gude — Item Eigen
vnd erbe czu Guntirsſirchen gelegen, das ſie kaufften vme
hern Conraden. phernern da ſelbes — Eynen hob zcu Fri-
henſehen, den hait Henne Fogeler vnder eme — Eyne
hobeſtab gelegin czu Grunenberg by dem Dyppſtogke,
xli. meſten korns vnd xiii. meſten habern uß Conrad Wal-
ters gude zcu Baumekirchen, v. meſten korngulbe vnd
iii. tornoſe uß Contzen Klogelyns gude czu Baumekirchen, i.
achteil korngulbe vnd i. gans uß Heintzen Schutzen gude zcu
Fartmanshutzen, xiv. tornoſe geldes uff dryen hobeſtedin
zcu Fryhenſehen.

Dat. a. d. M.CCC.XCVIII, ii. fer. p. feſt. nativ. gl.
yirg. Marie.

(Die Siegel der Auſsteller hangen unverſehrt an.)   Orig.

Nr. 1269.

1898 (28. Sept.). Ich Katherine Summers eczwann
ellche wertynne Heinrich Summers bekennen, daz ich vmme
ausprache, die der hochgebornn furſte Juncher Hermann lant-
graue zu Heſſen zu mir hat, mit virhemgniße Hennen Sum-
mers mynes ſones, Elſin ſiner elichin wertynnen myner
ſnorchin, Curd Fougkels vnde Hillen ſiner wertynnen mynes
eydims vnde bochtir, dem vorg. Juncherrn vnd ſinen erbin

mit halme vnde mit munde uffgelaßin han alle myne gute,
die ich han in der ftad zu Alffelt vnde yn den dorffen,
gerichtin vnde gebieden darvmme gelegin, mit namen eyn
gud-gelegin zu deme Riters — eyn gud zu Hoffgarten
— eyn gud zu Reynrade — eyn gud zu Bruwir-
fwende — eyn czenden zu Hergirsdorff — eynen
garten dafelbes — eyn gud zu Lusla — eyn gud zu
Homberg genant der Hertwigin gud, darus hat Heinrich
Summer vnd die ez vor yme gehabt han alle iar zu gulde
gegebin rviii. tornofe yn die pharre zu Alffelt zu Oblaten
vnde zu wyne die lude darmidde zu berichtinde — eyn wufte
gud gelegin zu Rybbern Kelberg — eyn gudichin zu
Swarze — eyn gud zu Vbernfwarze — eynen teil
an eyme gude gelegin zu Homberg — eynen morgin
agkirs gelegin uff der Lieberbach an Henne Roczmuls agker
— eyne wefe gelegen in der eynegal — eynen agkir gelegin
in der Rampach an Eghart Fleifchhouwir agker, den ich
vorkoufft hatte Cunzen Weyfen vnd Fien finer elichin huf-
frauwen vor rvi. phunt hellir, daffelbe gelt ich yn widdir-
gebin fal uff Friczfchen hufe von Yene gelegin uff deme
margkede, Ir. phunt, darvone er iv. phunt alle iar zu gulde
gibet zu widdirkouffe uff Heinze von Offe hus, i. phunt
hellir uff Johann Stacken hufe — rii. morgin an agkere
vnde an ftruchin gelegin vber Eigirsdorff an deme Hel-
gerbufche, die dá wufte ligin.

Dat. a. d. M.CCC.XCVIII, sabb. prox. a. fest. b. Mi-
chaelis arch.

(Das Siegel der Stadt Homberg ist abgefallen.)

Orig.

Nr. 1270.

1398 (15. Oft.). Ich Gonthram Lewe von Steynford
Bekennen, daz ich virkaufft han hern Conrad Roden pherner

in der Burge Frideberg vnd finen gesellen vnd altaristen daselbs ii. ewige malder korngeldes ierlicher gulde vnd han mit darczu geluhen myn lebtage vnd nyt lengir daz husechin in der Burge Frideberg gelegin, mit dem stalle vnd finer zugehurde, da die Stumpen Inne faße, daz ich in befferunge vnd buwe fal halben myn lebtage, vnd vur die obgen. korngulde han ich yn zu vndirphande gefast myn land vnd Ecker in dem gerichte zu Steynforb gelegen mit namen — an dem Lewen Robe zuschen hern Sybolbe vnd Erwin Lewe — uff dem bahendaler wege — stoßen uff den Mintzenberg — an hern Gilbracht Lewe vnd den herren von Wißel — an dem wingarten vnden an dem Burggrauen — by dem galgen burne — an dem frideberger wege zuschen dem Burggranen vnd hern Sybolb Lewen. — Zeugen: Henne Monich eyn scholtheiße zu Steynforb, Anschalm Kerner vnd Conrad Beckir zwene scheffen da selbis. Des In orkunde so han ich myn Ingeß an dieß briff gehangen vnd han wir gebeben Jonghern Erwin Lewe von Steynforb, der auch by diesin fachen gewesin ist, fin Ingeß vor vns herane hencken.

Dat. a. d. M.CCC.XCVIII, iii. fer. prox. ante diem. b. Galli conf.

(Die Siegel hängen unverfehrt an.) Orig.

Nr. 1271.

1898 (18. Nov.). Ich Johan herre zu Robinstein vnd zu Liesperg vnd ich Herman fin son bekennen, das Jungher Herman lantgreffe zu Heffen vns by gube abe geloft hat vor ccccc. phund, by Lodewig von Rumerabe ritter felege vnfir fuster Metzen frauwe zu Liesperg felegen virschribin hatte in deme gerichte vmb Rumerobe gelegen vnd vor zyhen wir daruff.

Dat. a. d. M.CCC.XCVIII, fer. ii. a. fest. s. Elissabecht lantgrefie.

(Die Siegel der Aussteller hängen unversehrt an.) Orig.

Nr. 1272.

1398 (21. Dec.). Ich frauwe vir Ysengart von Ysenburg ein abtiffen zu Mergenburn vnd ich Hebbel von Laucfte Pryeln vnd der ganz Conuent des selben Cloftirs bekennen, daz wir nach Rabe vnfer Ratfrauwen vnd Conuents gemeinlichin vnd auch mit Rabe vnd gubem wißen vnd willen Junchern Johans von Ysenburg herre zu Bubingen, der auch vnfer ftiffter ift, daz wir han virkaufft Johan vom Hayne Compthur des dutfchen hufes zu Saffinhufin gelegen by Franckfurd vnd den Brudern gemeinlich des Conuents da felbis ein fryhe Eygen hube gelegen in der Termenie zu Cloppheim, fur rc. gulden.

Geb. n. Chr. geb. m.ccc.rcviii, uff f. Thomas dag des h. apofteln.

(Die Siegel der Aussteller in und des vorg. Johann von Isenburg hängen wohlerhalten an.) Orig.

Nr. 1273.

1399 (24. Sept.). Wir Johan von Yfinborg herre zu Bubingen bekennen, vmb folich rviii. morgen wiefen, die gelegen fin in den Rubern by Heyß, die Henne von Kreynfelts des jungen waren, die Ernft von Creynfelt izunt von vns hat vnd furbaß verkaufft hat Joft Fußchin von Orthinburg, Annen finer elichen wirthin vnd iren erbin vmb rr. gulden, des hat vns Ernft von Creynfeld gnuglich getan, daz der kauff vns willen, wißen vnd wort ift.

Dat. a. d. M.CCC.XCIX, iv. fer. prox. a. fest. Michahelis arch.

(Das Siegel des Aussteller hängt unversehrt an.) Orig.

Nr. 1274.

1399 (26. Dec.). Ich Gilbracht Lewe voin Steinford Ritter der Jonge vnd ich Anne sine dochter bekennen, Solich malder korngeldes ewiger gulde, als ich Gilbracht vnd Gude selige myn eliche huffrauwe myner Annen Muter selige gesaßt han zu bruderschafft vnd in presencie dem pherner vnd Altaristen in der Burge zu Fritdberg zu rechtem selgerede vnd hatten yn daz malder korngeldes bewyset vff vierdenhalben morgen wiesen gelegen neben dem steynwege in Byngenheymir gerichte an dem Molner zu Richelsheim vnd die yn bar vur vironderphendet, des han wir nu dem obg. pherner vnd pristern in der Burge Fritdberg vnd iren nachkomenden pristern daselbes die vorg. wiesen, die yre vnberphande waren vnd darczu v. virteil wiesen in Durnheymir gerichte an Rulen von Gettenawe vnd Wigel Foyde gelegen virkaufft. — Zeugen: Heintze Pheffer scholtheiße zu Bingenheym, Wigand Kreudemag vnd Contze Weber scheffen da selbes vnd Henne Luncker scholtheiße zu Durnheym, Gerhard Sume vnd Peder Dietze scheffen da selbes. Dat. a. d. M.CCC.XCIX, ipso die b. Stephani protomart.

(Die Siegel der Aussteller und der Burg Friedberg hängen unversehrt an.) Orig.

Nachtrag.

Nr. 1275.

1016 (29. Juni). C. In nomine sancte et indiuidue trinitatis. Notum sit omnibus fidelibus presentibus scilicet atque futuris, qualiter ego Burghardus wormatiensis ecclesie episcopus quoddam predium mei iuris in pago Hassia situm nomine Gerbrahteshuson et quicquid habeo in Fiormannin et in Ratvuerkeshuson et in Dreisbahc et in Scroufin et in Adelhereshusou et in Winethereshuson et in Huomereshuson et in Orcana marcis, agris, pratis, siluis, pascuis, aquis, aquarumue decursibus, in molendinis et in omnibus utensilibus quesitis et inquirendis et omnia mancipia que hactenus habui siue illa que ad predictum predium pertinent siue illa que aliunde ab amicis meis adquisiui, exceptis sex mulieribus ex eadem familia quarum hec sunt nomina Hemma, Godefchiu, Imma, Osburg, Azzela, Richela et earum procreatione, quas ad monasterium sancti Petri infra murum Wormacie constructum tradidi, alia omnia utriusque sexus ob recordationem anime mee et sororis mee Mahtbildis ad monasterium sancte Marie foris murum Wormatie positum ubi sanctimoniales sunt trado, ea ratione ut singuli masculi siue mansum habeant siue non habeant quando ad suos dies perueniant singulis annis ad predictum monasterium in assumptione sancte Marie ii. denarios persoluant, femine autem postquam nupserint in eadem festiuitate ad idipsum monasterium similiter ii. denarios persoluant. Et hoc constituo, ut nullus aduocatus neque abbatissa nec ulla iudiciaria persona supradicta mancipia ad ullum seruitium cogat, nisi . . . . femine ab omni seruitute liberi sint, postquam censum suum ad predictum monasterium persoluerint. Post mortem autem uirorum magister, qui illis ab abbatissa ad accipiendum censum positus est, quam magnam substantiam habuerint nihil plus ad . . . s abbatisse accipiat nisi xii. denarios. Hereditatem uero illorum sui heredes si ex eadem familia sint habeant atque possideant. Si autem alienas uxores acceperint post obitum uite duas partes illorum substantie abbatissa accipiat et heredes illorum, qui ex eadem familia sunt, predium illorum si habent accipiant, si uero ex eadem familia uxores acceperint, sui heredes hereditatem possideant. A feminis igitur post earum mortem similiter xii. denarii recipiantur si talis subsantia ibi reperiatur, si autem non inuenitur nihil inde auferatur. Mundiburdium autem et defensionem ab episcopo et a rectoribus supradicti monasterii habeant et bis in anno ad duo legitima placita in Firmannin ueniant, que illis certo tempore magister illorum nunciauerit qui censum ab eis requisierit. Et si aliqua necessitate uel infirmitate interueniente censum suum et placita uno aut duobus uel tribus annis seu plus neglexerint et per hoc abbatissa uel alia aliqua persona libertatem . . . . rum eis infringere uoluerit, supersessum ius emendent et libertatem suam ut prius habeant. Si quis uero ego ipse quod absit uel aliquis heredum uel coheredum meorum hanc cartam ingenuitatis infringere uel uiolare uoluerit, iram omnipotentis dei et sancte Marie dei genitricis et sancti Petri principis apostolorum et omnium sanctorum habeat et episcopus supradicti monasterii suo ministerio ne id perficiat eum constringat. Et ut hec traditio firma stabilisque permaneat, stipulatione subnixa eam corroboro atque confirmo. Quod ut uerius credatur diligentiusque ab omnibus obseruetur, meo sigillo insigniri iubeo.

Actum publice coram altare sancti Petri apostoli in presentia testium sublus signatorum. Signum Burghardi episcopi †. Signum Brunichonis prepositi †. Signum Wezzelini prepositi †. Signum Buobonis prepositi †. Signum Diezmanni prepositi †. Signum Gerliebi prepositi †. Signum

Mazzelini prepositi †. Signum Emichonis prepositi et camerarii †. Signum Hezzelini decani †. Signum Ipponis scolarum magistri †. Signum Opponis cantoris † et omnium fratrum sancti Petri et sancti Ciriaci et sancti Andree et sancti Pauli et sancti Martini. Isti sunt clerici. Laicorum autem nomina hec sunt: Folcmarus aduocatus. Boppo. Dietmarus. Adalboh. Reginolt. Embricho. Dammo. Sigebodo. Richezo. Gerhart. Luitfrid. Meginlach. Buggo. Reginbodo. Izzo. Hunfrit. Luitbrant. Focco. Diemo. Lanzo. Luitfrit. Gumbraht. Walfrid. Gundelah. Ebo. Ruothart. Dietuuin. Benzo. Megizo. Ruodolf. Azzelin. Sigebodo. Wobbelin. Altduom. Herrich. Diedolt. Willeman. Ernust. Regelo. Benno. Richezo. Diederich. Hartuuig et pene omnes urbani.

Anno dominice incarnationis millesimo XVI. Indictione xiiii. iii. kal. iulii. Regnante Heinrico imperatore, anno xv. Mee autem ordinationis anno xviii. Actum Wormacie feliciter.

(Von dem aufgedrückten Siegel klebt nur noch der Kopf an.)

Orig.

Nr. 1276.

1226. Volpertus dei gratia prepositus totusque conuentus ecclesie s. Johannis baptiste in Capella profitemur, quod omnia bona ecclesie nostre apud Bessingen pertinencia matrone nobili domine Adelheide comitisse dicte de Ziegenhain, uxori domini Vlrici de Myntzenberg, pro lxxx. marcis colon. monete vendidimus sibi et sui posteritati in perpetuum libere possidenda.

Act. a. d. M.CC.XXVI; in castro Myntzenberg, imperante inuictissimo Frederico imperatore, regnante illustrissimo filio ipsius Heinrico, domino Vlrico de Myntzenberg in expeditione et in comitatu imperii posito versus curiam apud Cremonam celebrandam.

Testes: Heinricus sacerdos de Treysa, Heinricus camerarius ecclesie nostre, frater Ditmarus cellerarius noster, Wernherus miles de Colnhusen, Heinricus de Wethera, Hezechinus de Gridele, Conradus de Wethera, Wilhelmus Weyse, Wigandus de Obenbach, Gunterus de Ruppenheim, Walterus de Mersfelt, Conradus plebanus in Mynzenberg, Conradus scultetus, Odwinus de Gunsse et a. q. pl.

(Copialbuch.)

Nr. 1277.

1235 (25. Juli). Nos Wilheilmus dei gracia comes de Thuingen notum esse volumus, quod hoc tempore, quo curtis que dicitur Nuehof plantabitur, quedam litis materia inter prepositum et conuentum ecclesie in Schyffenberg ex una parte et vniuersitate ville in Leigesteren ex altera vertebatur, super quadam libertate prerogatiua, quam a nostra cara consanguinea Clemencia habere dinoscebantur ratione curtis sue in eadem villa Leygesteren situate, quam ipsa eidem ecclesie contulit dono elemosine propter deum. *) Nos vero, misericordia moti, inter eosdem, prudentissimorum virorum consilio mediante, pacis concordiam ordinauimus debitam et condignam, talibus videlicet condicionibus interpositis, quod prepositus et conuentus memorati secundum jus suum antiquum prout inuenimus diem vnum, quam acceptare voluerint, ante communionem ejusdem ville singulis annis metere debent pro suis viribus quantum possunt.

---

*) So weit ist die Urkunde im Hist. dipl. Unterricht von dem Deutsch=Orden der Balley Hessen ꝛc. Beil. 59 abgedruckt, jedoch irrthümlich mit der Jahreszahl 1230.

Quod custodem vnum ad custodiendum campos ibidem suo tempore prout ipsis visum fuerit expedire locabunt. Insuper ad quemlibet tractatum villanorum, qui potest aut debet fieri pro necessitate ville, nemoris vel campi eiusdem cum discretione prepositus assumetur, condicione qualibet non obstante. — Testes: Gozwinus plebanus in Linden, Macharius senior, Wideroldus et frater suus Johannes et Gerlacus, milites de Linden, Sifridus de Hattenrade, Burcardus Fraz. De Leygesteren: Wernherus Cornygel et duo filii sui Wernherus et Milchelingus, Siboldus, Johannes, Godesalcus et frater suus Ernestus, Fasoldus, Arnoldus Herrichen et frater suus Wigandus, qui etiam omnes fide data huic ordinationi consenserunt, et a. q. pl.

Acta sunt hec a. d. incarn. M.CC.XXXV, in die Jacobi apost.

(Das Siegel des Ausstellers fehlt.) Orig.

Nr. 1278.

1238 (10. Juli). Vlricus de Myntzenberg notum esse cupimus, quod mortuis aliis pueris Wintheri de Calesmit, Conradus puer filius suus ad nos perductus feoda patris sui a nobis sibi petiuit assignari, que nos sibi, quod ad annos discretionis siue feodales nondum peruenerat, conferre contradiximus tamdiu, quousque ad nos in Myntzenberg cum domino Frederico de Marckburg amico suo et aliis amicis suis veniens, medietatem ville O b e r n h o b e n nobis resignauit, nos attamen propter hoc feoda sua sibi et domino Frederico amico suo et pueris ejus pariter contulimus, quadam tamen conditione interposita, ut si prefatus puer sine heredibus feodalibus moreretur, dominus Fredericus predictus et pueri sui eadem feoda cum quiete possident, uel viuente puero C. scilicet preuigno suo dominus F. si poterit, ut ipse Conradus feoda sua cum pueris suis percipiatur, ex bona voluntate nostra impetrabit, dominus itaque Fredericus ut preuignum suum C. sepedictum ad hoc inducat et talem habeat, ut cum in annos discretionis peruenerit, medietatem ville in Obernhouen iterato resignet, obsides posuit, videlicet seipsum, Sifridum de Haddenrode, Eckardum Rufum de ... Lucellinden, Conradum de Cruftelo filium Ewerwini, quod si non euenerit, idem quatuor obsides ciuitatem Myntzenberg intrantes nunquam ipsam uel soluto promisso uel cum bona nostra voluntate exire promiserunt. — Testes: Otwinus de Gunse, Burckhardus de Vrsula, Johannes de Husenstam, Wernherus de Colnhusen, Albertus de Hergeren, Henricus de Belderssheim, Wernherus de Kebelo, Emmercho scultetus et a. q. pl.

Act. sunt hec a. d. M.CC.XXXVIII, vi. idus julii.

(Copialbuch.)

Nr. 1279.

1243. Wernerus dei gracia prepositus totusque conventus in Wereberc notum facimus, quod Arnoldus de Qwetkburne curiam in eadem villa et xv. jugera et prata eidem curie attinencia, quam curiam cum predictis jugeribus et pratis titulo hereditatis possedit, in remedium anime sue et suorum, ecclesie nostre contulit, ita quod eam cum supradictis possidebit quamdiu vixerit, tamen vi. denarios conferendo. Eo vero mortuo, uxor sua puerique et alii sui successores predicta possidebunt, pretermissis denarys, de frugibus tamen in messe tertiam partem conferendo, aliam vero curiam in eadem villa sitam, quam idem A. cum suis attinentiis possidet, cum mortuus fuerit, si legitima sua supervixerit, et in viduitate manserit, vel si viro sue condicionis nupserit, quamdiu vixerit, eandem curiam cum attinentiis possidebit, frugum curie tantum tertiam partem conferendo. Ea vero mortua, pueri sui et alii successores eo-

rum ecclesie nostre attinentes eandem curiam, eodem modo
sicut dictum est cum attinentiis possidebunt, ita tamen quod
nec in curiis nec in agris nostris fiat divisio vel scissura.
Inter nos etiam vertebatur lis de quodam prato, quam ita
determinavimus, quod idem A. et uxor sua eorumque pueri
et alii successores eum possidebunt, feni mediam partem
tamen persolventes. — Testes: O.. de Uffleiden, M. Cnibo,
frater suus G., Folbertus de Lindenstrud, Guntramus, Hein-
ricus de Sassen, Arnoldus scabini, Conradus Institor, Ar-
noldus de Horbach.

    Dat. a. d. M.CCXLIII.

    (Das Siegel der Aussteller hängt beschädigt an.)

                                             Orig.

Nr. 1280.

1244 (5. Dec.). Reinboldus sculthetus, scabini et vni-
uersi ciues in Geilenhusen constare facimus, quod in causa,
que vertebatur inter ecclesiam de Arnesburg ex vna
parte et fratrem Albertum de Carben et Hermannum Schic-
conem militem de Albestat ex altera, super quadam summa
pecunie danda pro ereptione ipsius Alberti et super dampno
non modico quod accreuit, tandem vtrique in arbitros con-
uenerunt, scilicet ex parte ecclesie in dominum Petrum de
Hettingeseze, dominum Wortwinum de Stamheim et dominum
Rudolfum Smelzeken de Selbot, ex parte vero dictorum Al-
berti et Hermanni militis in Cunradum Hagelstein, Volradum
de Albestat et Hartmannum de Breidenbach conciuem
nostrum, insuper quatuor milites fideiussores hinc inde sunt
constituti, scilicet ex parte ecclesie duo, Petrus de Hettin-
geseze et Wortwinus de Stamheim, ex parte autem fratris
Alberti et Hermanni militis duo, Cunradus et Volradus fratres
de Albestat, qui se pro utrisque ad xl. marcas monete colon.
obligarunt, quod decisio litis eorum debeat ab utrisque

                                             57*

inviolabiliter obseruari. Quicquid igitur predicti arbitri statuerunt, ecclesia plene et fideliter adimpleuit. Postmodum autem prefati Albertus et Hermannus Schicco mouerunt coram nobis ecclesie questionem super eo, quod minime compleuerit quod per arbitros fuerat ordinatum, super quo pars vtraque cum suis arbitris comparuit iterum coram nobis et eisdem protestantibus veritatem ecclesiam per diffinitiuam sententiam tam scabinorum quam militum a predictis fratre Alberto de Carben, Hermanno milite et omnibus fideiussoribus ipsius Alberti, fuit publice in nostro iudicio absoluta, ita quod ecclesia dederit quicquid dare debuit et quod eisdem in nullo amplius teneatur et approbabant sententiam vniuersi. — Testes: Petrus de Hettingeseze, Rudolfus de Selbolt, Wortwinus de Stamheim, Cunradus Hagilstein, Cunradus et Volradus fratres de Albestat, Cunradus de Buches, Didericus de Robach, Fridericus Stighel, Dimarus de Grenda, Heinricus de Orbae, Hartmannus de Hettingeseze milites, Wortwinus subsculthetus, Bertoldus de Orbae, Euerardus, Hartmannus de Breidenbach, Wernerus Groppo, Bertoldus de Maguntia, Embricho, Sifridus de Buchesecke, Heinricus Hornunc, Fridericus Vngefuge, Ludewicus de noua domo scabini, Heinricus de Woldoffe, Wilhelmus abbas, Hartmannus cellerarius, Wikerus monachus, Cunradus sartor in Arnesburg et a. q. pl.

Act. a. d. M.CC.XLIV, non decembr. in ecclesia s. Petri apost.

(Die Siegel der Aussteller bäugen vortrefflich erhalten an.)

Orig.

Nr. 1281.

1246. In nomine domini amen. Nos Conradus de Dorinburgh ad noticiam peruenire cupimus, quod nos attendentes grata seruitia nobis frequenter exhibita a Jacobo et Ebrardo fratribus de Letwilre, Anselmo de Albeken, Herbordo dicto Suze, Jacobo de Wizzen, Gerlaco de Bibelnheim, Moidone de Dinheim militibus, ab Henrico.dicto Grezingh et Theoderico dicto Rodecolbe ciuibus oppenheimens. et que adhuc exhiberi poterunt gratiora, necnon et varia dampna, que per nos siue propter nos sustinuisse uel soluisse notorie dinoscuntur, dumtaxat antedicti Jacobus et Ebrardus fratres de Letwilre lx. marcas, Anselmus de Albeken xxiv. marcas, Herbordus dictus Suze xxiv. marcas, Jacobus de Wizzen xv. marcas, Gerlacus de Bibelnheim xx. marcas, Moido de Dinheim x. marcas, Henricus dictus Grezingh xxiv. marcas et Theodericus dictus Rodecolbe xv. marcas, villas nostras videlicet Weneghgerahe, Bercach et Altloch, cum earundem hominibus, reditibus ac attinentiis vniuersis, eisdem communiter in uerum feodum concessimus, ita scilicet, ut easdem villas titulo veri feodi communiter possideant et unusquisque ex ipsis pro quantitate dampnorum suorum superius expressorum portionem recipiat et jus habeat in villis, hominibus, reditibus ac vniuersis attinentiis memoratis.

Act. a. d. M.CC.XLVI.

(Das Siegel des Ausstellers hängt fast unbeschädigt an.)

Orig.

Nr. 1282.

1247 (im Mai). Sculthetus, scabini et vniuersitas ciuium in Fredeberg recognoscimus, quod domina Beatrix de Fredeberg, filia domine Lugardis, coram nobis sollempniter recognouit, quod communicata manu Hetzkini mariti sui, priusquam religionis recepit habitum, omnia bona sua in Wetersheim sita, monasterio in Arnesburg contulit propter deum. Hec autem bona omnino sunt propria, et ne in posterum contingat idem monasterium super hiis indebite molestari, donationem prius rite factam coram nobis in forma judicii sollempniter renouauit et Heinricus gener eiusdem Beatricis omni iuri suo, siquid habere in bonis eisdem poterat, renunciauit coram nobis, preterea domina Berta, mater predicti Hetzkini, bona eadem ad habundantem cautelam in manus abbatis de Arnsburg publice resignauit. — Testes: Euerardus de Egcilen, Euerardus dictus Leo, Gerhardus de Morle, Gerarud Turingus milites, Wilhelmus abbas, Hermannus portarius in Arnesburg, Heinricus predicator, Fredebertus, Gotwinus et Wigandus scabini, Ditmarus, Elias Monetarius, Guntramus et Cunradus filii Gutwini et a. q. pl.

Act. a. d. M.CC.XLVII, mense maio.

(Das Siegel der Aussteller hängt zur größeren Hälfte noch an.)

Orig.

Nr. 1283.

1249 (13. April). Ego Widekindus dictus de Merenberg notum esse cupio, quod cum manu et consensu uxoris mee ac liberorum meorum partem meam advocacie in Ardehe cum omnibus et aliis attinentiis suis et partem meam decime in Nunheim preter decimam vini, Henrico et Marquardo consanguineis meis de Solmese pro xxxiii. marcis titulo pignoris obligari, tali conditione, quod si ego aut heredes mei, si forte ego decessero, in festo Michahelis proxime venturo dictis consanguineis meis reddidero denarios memoratos, ipsi michi aut heredibus meis absque omni fructuum perceptione amicabiliter pignora restituent pretaxata, sin autem postmodum non nisi infra festum Martini et cathedram Petri terminus solutionis erit de propriis meis et non de denariis alienis. Si autem predicta bona vendere decrevero, eis et non aliis secundum quod alii emptores ea emere voluerint, pro eodem precio dabo, si ipsi ea voluerint com-

parare, preterea tam hominum quam bonorum ex utraque
parte erimus defensores, et si aliquod dampnum bonis aut
hominibus ex meis aut meorum inimicis contigerit irrogari,
nulla occasione talis dampni pro restauro nec ego contra
eos, nec ipsi contra me habere debemus actionem. In cujus
rei evidens testimonium presentem paginam dedi dictis con-
sanguineis sigilli mei munimine roboratam.

Acta sunt hec hys presentibus: Ewerwino advocato
wetflariensi, Gisilberto de Widesberg, Lagemaro, Gerlaco de
Lune, Ludwico schulteto militibus et a. q. pl.

A. d. M.CC.XLIX, idus aprilis.

(Copialbuch.)

Nr. 1284.

1250 (1. Juli). Johannes sculthetus, scabini et bur-
genses in Grunenberg protestamur, quod Heinrici ciuis
nostri dicti de Alsfelt heredes, videlicet Stebeno, Sifridus,
Cunradus et Gerlacus, omni actioni quam habebant contra
conuentum in Arnespurg super agris, annona siue aliis
quibuscumque bonis dicti Heinrici coram nobis renunciarunt,
sub hac forma quod sepefatus conuentus eisdem vi. marcas
nariorum contulerunt. — Testes: Johannes sculthetus,
Crafto de Ofleido, Meingotus, Giso et Meingotus frater eius,
Cunradus Milchelinc, Wideroldus de Nordecke milites, Ecke-
hardus Grevo, Sibertus, Arnoldus de Gemunde, Heinricus
fon den Sassen, Gerwinus scabini, Wernherus de Colenhu-
sen et sculthetus de Minzenberg videlicet Wernherus et
a. q. pl.

Act. a. d. M.CC.L, apud Grunenberc, in octaua s. Jo-
hannis bapt.

(Das Siegel der Stadt Grünberg hängt sehr gut erhalten an.)

Orig.

Nr. 1285.

1251 (im März). Vlricus de Mincenberg innotescere cupimus, quod nos pro remedio peccatorum nostrorum et parentum nostrorum liberaliter et absolute siluam nostram apud Wetheruelde, tam fundum quam ligna nobis ibidem iure propietatis pertinencia, contulimus s. Anthonio et domui sue in Gruninberg site in perpetuum possidendam.

Act. s. h. apud Grunenberg, a. d. M.CC.LI, mense marcio.

Testes: Johannes scultetus, Meingotus dictus Aureus, Meingotus et Giso frater suus, Richardus de Gunsse, Wigandus Wisegukel, Gunthramus de Olfo milites, Sibertus, Rudolfus Cedewegge, Guntramus de Lindenstrud, Volpertus de Lindenstrud, Rupertus de Cruce, Arnoldus de Quecburne, Petrus et Henricus de Sahsen, Ecgehardus comes, Gumbraht, Siboldus, tunc temporis scabini et vniuersitas burgensium de Gruninberg. Item de amicis nostris: Wernherus scultetus de Birkelar, Wernherus de Colnhusen, Eberwinus de Crustelo, Anselmus de Houewizelo, Hazechinus de Gunsse, Hazechinus de Gridele, Rucgerus de Birkelar, frater Albertus quondam abbas in Arnsburg, Rudegerus notarius noster et ceteri q. pl.

(Das Siegel der Aussteller hängt an roth und gelb seldener Schnur etwas verletzt an.) Orig.

Nr. 1286.

1252—1263. Nos Balwinus prepositus et conventus ordinis s. Augustini in Wereberc notum esse volumus, quod nos bona nostra in Birnesrode, que Wideroldus miles dictus de Nordecken ante obitum suum dedit nobis in remedium anime Hildegardis uxoris sue pie memorie, Andonie dicte de Marburg sicut a nobis impetravit, dedimus ad emendum, illa vero nutu dci accedens immediate tradere bona monasterio sanctimonialium ad honorem dei et b. Marie virginis et matris et s. Augustini et omnium sanctorum contradidit memorato et ad infirmariam et consolationcm debilium ibidem abentium deputarit. Indulsimus omnes et concorditer statuimus, ut abeunte colono predictorum bonorum locatio, obtimalia et cetera jura respectum abeant ad collegium predictarum sanctimonialium et ad officium infirmarie memoratum, ut de profectu et utilitate predictorum possint plenius congaudere.

(Die Siegel der Aussteller sind zerbrochen.)   Orig.

Nr. 1287.

1252. In nomine domini amen. Nos Vlricus de Mynzenberg profitemur, quod abbati et conuentui monasterii in Arnsburg talem contulimus graciam et dedimus libertatem, quod ipsi de bonis suis in Mengeshusen sitis, que nunc ibidem possident aut in posterum sunt habituri, nullam exactionem aut aliquod genus servitii cum villanis de Liech et de Gruningen nobis facere tenebuntur, sed erunt penitus absoluti, ita tamen, quod predicti villani ipsas exactiones vel ad alia servitia nobis cum ipsis facienda compellere minime teneantur.

Act. a. d. M.CC.LII.

Testes: Wernherus de Colnhusen, Wernherus scultetus noster in Mynzenberg, dominus Anshelmus miles de Hoenwysele, Eberwinus et Conradus fratres de Beldersheim, Hezechinus de Gredela, Johannes et Rudegerus notarii et a. q. pl.

Nr. 1288.

1252. Berdoldus comes de Cigenhagen vniuersis uolumus esse notum, nos una cum uxore nostra ac liberis nostris curiam nostram in Rabinshusen sitam, cum bonis attinentibus, fratribus b. Antonii in Grunenberc ea libertate possidenda, qua nos hactenus possedimus, in perpetuum contulisse. — Testes: frater Thomas prouisor domus hospitalis s. Johannis in Nidehe ceterique fratres domus eiusdem, Ludewicus de Husen scultetus, Ludewicus de Wedersheim, Wigandus filius Bernhelmi, Volpertus de Berstat, Cunradus dictus Munkis, Heinricus Niger, Gerlacus frater suus dictus Greybe, Hermannus de Rinningeshusen, Cunradus de Rabinshusen dictus Mast milites, Emercho dictus Sephene, Heinricus de Olpha, Adolphus de Rodeheim cingrauii, Heinricus Saxo, Heinricus dictus Palmedac, Cunradus Monetarius, Didericus de Grunenberg, Wigandus dictus Scurichus scabini de Nithen et a. q. pl.

Acta sunt hec a. d. M.CC.LII.

(Die Siegel der Aussteller sind abgeschnitten.)   Orig.

Nr. 1289.

1257 (7. Sept.). Gerhardus dei gracia s. moguntine sedis-archiepiscopus preposito, magistre, totique conventui ecclesie in Werberg ordinis sancti Augustini nostre dioceseos salutem in domino. Cum salutiferam sit et dignum illos honore congruo venerari in terris, quos altissimus immensa gloria cumulavit in celis, nos desiderantes sanctorum reliquias repositas in altari s. Agathe virginis, in ecclesia vestra sito, a plebe dei tanto visitari devotius, quanto efficacius per eorum patrocinia apud deum poterit adjuvari,

universis Christi fidelibus per maguntinam provinciam con-
stitutis vere penitentibus et confessis, qui in dedicationis
altaris ipsius sollempniis presentiam suam exhibere volue-
rint, qui vel in posterum in dedicationis ejusdem anniver-
sario sive in festo ejusdem virginis Agathe ad ecclesiam
vestram cum reverentia et humilitate debita accesserint an-
nuatim coram altari ipso divine propitiationis gratiam peti-
turi de omnipotentis dei misericordia et beatorum Petri et
Pauli apostolorum ejus, meritis et auctoritate confisi, xl. dies
de injuncta sibi penitentia misericorditer relaxamus presen-
tibus perpetuo robore duraturis.

Dat. Maguntie vii. idus septembris a. d. M.CC.LVII.

(Das Siegel des Ausstellers hängt wenig beschädigt an.)

Orig.

Nr. 1290.

1259 (3. Sept.). Nos Arnoldus camerarius, Fridericus
scultetus, judices, consilium et vniuersi ciues magunt. re-
cognoscimus, quod vuiuersa discordia et rancore, dampnis,
iniuriis seu questionibus quibuscunque, que inter nobilem
virum dominum Ditherum comitem de Katzenelenbogen,
suosque castrenses et amicos de quibus ipse posse habent
ex parte vna, et nos ex parte altera usque in hanc diem
hactenus extiterunt, renunciacione publica sopitis hinc inde
et penitus amputatis, ad puram et firmam amiciciam conue-
nimus in hunc modum, quod idem dominus D. prestito
publico iuramento noster factus est conciuis, nobisque pro
conseruacione iuris et honoris nostri contra quoslibet mo-
lestatores nostros consilium et auxilium inpendet fideliter
quamdiu uixerit toto posse. Nosque sibi contra quoslibet
suos iniuratores, excepto domino nostro G. archiepiscopo
magunt., saluisque nobis iuramentis et obligationibus ciuibus
wormatiens. et oppenheimens. factis, uice uersa tamquam

nostro conciui pro conseruacione iuris et honoris sui per omnia obligati erimus et astricti. Predictus quoque dominus comes suos castrenses et amicos, qui nondum renunciauerunt tales habebit, quod ipsi renunciabunt omnibus dampnis et iniuriis suis, nosque uice uersa nobis attinentes tales habebimus, quod et ipsi renunciabunt absolute, ita quod hinc inde pro huiusmodi nunquam de cetero aliqua questio audietur.

Act. a. d. M.CC.LIX, iii. non. septembris.

(Gesiegelt hat die Stadt Mainz, das Siegel ist aber abgefallen.)

Orig.

Nr. 1291.

1260 (26. April). Philippus de Valkensteyn notum facimus, quod nos ad honorem virginis Marie in salutem et remedium anime nostre consentiuimus, quod Reynboldus et Ludewicus fratres de Aldenburg curiam sitam in s u p e r i o r i B e z i n g e n, que nostra propria sint et a nobis in feodo tenuerunt, ecclesie apud Henee in remedium animarum suarum in proprium contulerunt. *)

Dat. Mintzenberg, in crast. b. Marci evang. a. d. M.CC.LX.

(Alte Abschrift.)

---

*) Gleiche Einwilligung an demselben Tage von Reinhard von Hagen und seiner Gemahlin Adelheid.

Am 16. Aug. desselben Jahres beurkunden „Sifridus miles de Aldenburc, Giso villicus, castrenses et scabini de Ailesuelt", ebenfalls diese von Reinbold von Altenburg, Ludwig seinem Bruder und dessen Gattin Elisabeth dem Kloster Haina gemachte Schenkung. — Z e u g e n : Hermannus de Aldenburc, Cunradus de Linden, Cunradus de Onwela milites, Fridericus Diues senior et Fridericus iunior, Nicolaus Wetzelinus et Eckehardus Monetarius scabini de Aylesuelt et a. q. pl. Acta s. h. in Ailesuelt. (Alte Abschrift.)

Nr. 1292.

1263 (15. Sept.). Hermannus sculthetus, scabini, ceterique ciues in Gelenhusen nouerint, quod cum quedam lis et actio inter abbatem et conuentum de **Arnsburg** et heredes domini Jordani uerteretur mediantibus nobis in hunc modum sunt concordati, videlicet quod dicti heredes cum domino Hartmudo patre eorum, acceptis lx. marcis colon. denariorum a predicto conuentu, omni actioni coram nobis abrenunciauerunt. — Testes: Ernestus iuuenis, Ansselmus ineptus, Rudegerus, Herbordus et Heinricus fratres de Cregenuelt et a. q. pl.

Act. a. d. M.CC.LXIII-, in octava nativ. b. Marie virg.

(Das Siegel der Stadt Gelnhausen hängt beschädigt an.)

Orig.

Nr. 1293.

1265. Ich Philipps herre von Mynzenberg bekennen, daz ich mit verhengnisse myns bruder Wernher vnsern zehenden zu Westhusen gelegen, Dyethwyn von Ostheym burger zu Frydberg, synen son vnde dochtere vnd allen yren yrben zu lehen recht han geluhen eweclich zu besitzen. — Zeugen: Wynther burggraffe, Eberhard der albe gen. Hendelyn.

Geschen by Assenheym nehest dem wyngarten, in dem Jar n. Chr. geb. m.cc.lxv.

(Alte Abschrift.)

Nr. 1294.

1265 (22. Juli). Ego Jutta vidua de Rumneckhusen omnesque pueri mei Gerlacus, Gerholdus, Chunradus, Lysa, Hedeuuigis, protestamur cum ecclesia in Hegene cancambium iniisse, recepisse videlicet ab ipsis bona in superiori Lotheim, quae Johannes habuit apud fontem, pro bonis nostris omnibus in Rumneckhusen et Lengelenhaen.

Act. in superiori Lotheim, a. d. M.CC.LXV, die s. Marie Magdalene.

Testes: Henricus plebanus in Durnharst, frater Ludovicus de Nuenkirchen, Chunradus de Lotheim, Conradus de Virmunne, Theodoricus Faber, Henricus de Colonia, fratres de Hegene, Ditmarus centurio, Sifridus Rephane, Hermannus Rephane, Helwicus Slegerein, Johannes Saxo, Sifridus de superiori Lotheim, Cunradus dictus Judaeus, Johannes possessor ipsorum bonorum, Thuringus de Rumneckhusen, Widekindus de Rumneckbusen et a. q. pl.

(Gesiegelt hat die Stadt Frankenberg.)

(Arch. Abschrift.)

Nr. 1295.

1266 (im November). Notum sit, quod ego Giselbertus de Gunse, filius quondam Giselberti dicti Opilionis militis de Gunsse, concitata manu uxoris mee et de consensu puerorum meorum, universa bona mea in Gunsse, que videlicet tam in ipsa villa quam extra villam eandem ubicunque sita habebamus, vendidi Conrado dicto Reyo scabino welflarien. et uxori sue nec non heredibus eorundem iure proprietario sine contradictione qualibet in perpetuum quiete et pacifice possidenda. In cuius rei evidenciam sigilla castri de Calsmunt et ciuitatis welflariensis rogatu meo presenti littere sunt appensa.

Acta s. h. presentibus Eberwino milite et Gerberto judicibus welflariens., Wezelone de Garbenheim, Cunrado de Cruftele, Cunone de Cleberg et Hermanno fratre suo, Dimaro, Gerlaco Lescho et Philippo de Linde, castrensibus in Calsmunt, Giselberto milite de Gunse dicto Vitulo et Cunrado dicto Trumbechere, Ludewico olim villico, Theodorico Rufo, Cunrado de Dridorf, Eberhardo, Henrico de Dridorf, Bernone, Arnoldo Monetario, Henrico de Munechuson, Rulone dicto Reyo, scabinis welflariensibus.

Dat. a. d. M.CC.LXVI, mense novembri.

(Copialbuch.)

Nr. 1296.

1272 (1. März). Phylipps vnd Wyrnher gebrubere von Falkensteyn herren von Mynzenberg bekennen, daz wir vnsern zehenden zu Westhusen mit dem zehenden zu Ostheym, der da gehort yn vnsern zehenden gegen größen Wyssel, Kunen Dyethwyn, Gysselhart Goßen, Heynrich Bern vnd allen yren yrben Dyethwyns etwan bürgers zu Fryedberg zu lehen recht han geluhen. — Zeugen: Rupracht von Carben burggrafe zu Frydeberg vnd Hartman syn bruder, Conrad von Buches, Conrad von Morlyn vnd Otwyn syn bruder, Eberhard von Ruheym, Wirnher von Bockenheym, Gerhard von Epffersheym, Johan syn bruder rytter, Fryedebert der albe vnd der junge syn bruder, Gonthram von Straßheym, Heynrich von Dorheym, Gerhard Monzmeister gesessen Burger zu Fryedbeberg u. a. m.

Geschehen zu Frydbeberg in s. Katheryn Cappele in dem jar n. Chr. geb. m.cc.lrrii, yn den Kalenden des myrzes.

(Gesiegelt haben die Aussteller.)

(Alte Abschrift.)

Nr. 1297.

1275 (25. Okt.). Nos Philippus de Mynzenberg ad vniuersorum noticiam cupimus peruenire, quod nos et Wernherus frater noster dilectus, mediantibus nostris fidelibus et amicis, jurisdictionem et homines castro nostro

Hagin attinentes diuisimus in hunc modum, videlicet quod villa Langhen a vero et antiquo meatu ripe ipsam villam transeuntis versus ecclesiam in ascensu usque ad inferiorem pontem ville et ab illo ponte usque ad viam que Snidevelt dicitur, dicto fratri meo cesserunt cum bonis et hominibus vniuersis, item duo mansi curie sue ibidem attinentes cum eadem curia in diuisione eadem sibi cesserunt, item Helmbertus Kaupo et Gedebertus de Elsbach cum pueris eorum attinent patri su .., item si aliquis homo aliunde dictam villam intrauerit, ibi mansurus sibi . . . si in sua parte feceerit mansionem, item si homines nostri ibidem matrimonialiter contrahunt, non debent dare Budeil vel capita meliora, item villa Hain cum hominibus Hebord. de Orbruch, in Arheilgen et in Darmstadt homines sibi cesserunt, item Mersuelt cum hominibus, in Kelsterbach, in Sweynheim, in Nydirrode, in Vechenheim et in Birgele homines sibi clareat attinere, item ville Ginnensheim iuxta Renum et Bischoffesheim iuxta Birgen cum hominibus et jurisdictionibus, in Ruwenheim, in Russelsheim, in Bischofesheim et in Buwensheim homines sibi attinent cum predictis, item has villas Tribure, Monstere et Werlachen relinquimus indiuisas, item jurisdictio in Lahghene est communis, item jura patronatus, nemora, piscationes et prata, que vulgariter Bruwele vocantur communia remanserunt. — Testes: Erwinus de Brunigesheim, Cuno de Cronenberg, Wernherus junior de Beldersheim, Johannes de Ossenheim milites, Fridelibus scultetus de Hayn et Brunger de Langhen.

Act. et dat. Hayn, in die s. Crispini et Crispiniani a. d. M.CC.LXXV.

(Gesiegelt hat der Aussteller.)

(Falkenst. Copialbuch.)

Nr. 1298.

1278 (30. März). In nomine domini amen. Ego Ri-
chardus decanus in Wimpina agens in extremis meam con-
dens vltimam voluntatem in remedium anime mee dari volo
sev do ad fabricam wimpinensis ecclesie carratam vini et x.
maltera siliginis, x. spelte et x. auene, item fratribus pre-
dicatoribus ad suam fabricam karratam vini et x. maltera
spelte, item fratri Johanni lectori et fratri Wezeloni ordinis
predicatorum vi. libra, fratribus minoribus in Heilprunne di-
midiam karratam vini et vi. maltera spelte, item ad fabricam
ecclesie in Heilprunne x. solidos, item ad hospitale in Wim-
pina dimidiam karratam vini, item ad parochiam xv. solidos;
item dominabus in Zimmeren ii. iugera quod wlgo dicitur
zwene morgen in veteri monte sita, item in Liechensterne
delego ii. maltera siliginis, ii. spelte et ii. auene, item in
Seligental ii. maltera siliginis, ii. auenc et ii. spelte, item in
Bullenkain x. maltera, iv. siliginis, iii. spelte et iii. auene,
item in anniuersario meo singulis annis libram presentibus
canonicis dari volo, item ad lumen ecclesie concinnandwm
i. libram, item ii. lumina sev duas lampades de rebus domine
Reinlindis fieri volo, committens exsecutoribus presentis
evlogii vt ad hec redditus deputent de bonis meis provt vi-
derint expedire, item Johanni cellerario meo ob seruicium
mihi inpensum dari volo vestem meam blavei coloris, item
Heinrico quondam cellerario meo vestem meam albi coloris,
committens vt ei de frumento addatur secundum discretio-
nem exsecutorum infra positorum, item illis in Lobenvelt iiii.
maltera de frumento quod nunc est in Risolfhein, item Ri-
chardo et Richardo iunioribus et Wallero meis consanguineis
do in communi vineas in Bvche et mos redditus in Gartach,
item Wilhelmo meo cognato do quicquid iuris habeo in Ri-
solfhein et karratam vini mediocris, volo etiam vt de pos-
sessionibus meis in Grvnboch ad quemcunque pervenerint v.

libre dentur singulis annis pro mandato singulis annis in winpinensi ecclesia peragendo, de reliquis uero bonis meis ordino, vt ex eis vna uel plures fiant prebende in ecclesia winpinensi. — Testes: frater Johannes lector et frater Wezelo ordinis fratrum predicatorum, dominus Cvnradus dictus de Kornhvse canonicus wormaciensis, dominus Th. de Turri, dominus H. de Grishein, dominus Wlricus de Grishein; dominus Wezelo et Richardus canonici ecclesie winpinensis et q. pl. a., ex his exsecutores eligens huius mee ultime voluntatis dominos Th. de Turri et Heinricum de Kyrchhari *) et Wlricum de Grishein et Wezelonem canonicos ecclesie winpinensis et viros religiosos fratrem Johannem lectorem et fratrem Wezelonem fratrum ordinis predicatorum.

Act. s. h. ao. dom. M.CC.LXXVIII, fer. iv. p. letare.

(Die Siegel der Kirche und des Predigerklosters zu Wimpfen sind abgefallen.)   Orig.

Nr. 1299.

1290 (5. Febr.). Wernherus dominus in Mynzenberg recognoscimus, quod uniuersitas parochialium oppidi Liech vendiderunt curie de Mengeshusen communem pastoriam cum omnibus suis pertinenciis et pascuis sibi contiguis cum fonte dicto haselborn .... pascua irrigentem adiuncta ei ecclesie .... ruben qui dicuntur heroldesbusch, sub eadem conditione ... qu ... in instante ... contractus dicta curia predicti uniuersitati v. marcas pecunie percipit et convertit. — Testes: Henricus villicus de Baffenheym, Wigandus Zendegericht, Gotfriedus Schmalzlosse, Conradus apud ripam, Sifridus pistor, Conradus faber, Rudolffus molendinarius, Henricus de Hoerbach, Henricus Wedderer,

---

*) Später eingeschrieben.

Bertoldus Schelo, Zulo molendinarius, scabini oppidi memorati et a. q. pl.

Act. et dat. a. d. M.CC.XC, vi. mens. februarii.

(Gesiegelt hat die Stadt Lich.)

Nr. 1300.

1291 (8. Dec.). Nos Nodungus scultetus, scabini ac vniuersitas ciuium in Alsuelt recognoscimus, quod Wicradus dictus Rosche et Elyzabet sua contectalis bona sua sita in Lundorf et in Kesselbach, cum omnibus iuribus suis et pertinenciis, abbati et conuentui in Arnesburg pro xxxiv. marcis legalium denariorum, matura deliberacione prehabita, uendiderunt, quas marcas frater Hartmudus dictus de Griedele coram nobis pagauit, dictique Wi. et E. ipsa bona in manus eiusdem fratris H. nomine dictorum abbatis et conuentus unanimiter resignabant. — Testes: Johannes plebanus in Alsuelt, Heynricus dictus Finko, Lodewicus dictus Waltfogel milites, Cunradus dictus Placenta, Nicolaus dictus Schowefus, Lodewicus dictus Milcheling, ciues in Alsuelt et a. q. pl.

Dat. et act. Alsuelt a. d. M.CC.XCI, vi. id. decembris.

(Das Siegel der Aussteller hängt wohlerhalten an.)

Orig.

Nr. 1301.

1293 (10. Febr.). Nouerint vniuersi, quod ego Heynricus molendinarius et Kunegundis vxor mea, ciues in Grunenberg, cum communicatis manibus, vnanimi et consensu, vendidimus abbati et conuentui monasterii de Arnisborg molendinum situm in villa Lutere apud Grunenberg, necnon et ii. solidos legalium denariorum annualium censuum prouenientes singulis annis de vno manso sito in terminis

58*

iam, dicte ville Lutere, ponentes iam dictum monasterium in possessionem dictorum bonorum proprietatis titulo in perpetuum possidendorum, pro vii. libris, renunciantes omni iuri et actioni, que habere uidebamur simpliciter et precise in bonis sitis in sepedicta villa Lutere, que ego Heynricus antedictus et prior vxor mea dicto monasterio donacione facta inter. viuos contulimus propter deum. — Testes: Heynricus de Sassen senior, Theodericus institor, Theodericus filius Angeli scabini grunenbergenses, item Kuno de Enhusen, Waltherus prope turrim, Sifridus Nobilis ciues ibidem, item Sibodo, Cunradus, Hermannus et Volpertus villani in sepedicta villa Lutere et a. q. pl.

Act. et dat. a. d. M.CC.XCIII, in die b. Scolastice virg.

Nos insuper predicti H. et K. promittimus per presentes de contractu vendicionis dictorum bonorum debitam warandiam nos facturos.

—. (Das Siegel der Stadt Grünberg hängt sehr beschädigt an.)

Orig.

Nr. 1302.

1294 (20. Juli). Nos Heinricus dei gracia fuldensis ecclesie abbas notum facimus, quod cum Heinricus dictus Vinke miles fidelis noster in villa Waldenrode, cuius proprietas ad ipsum pertinere dinoscitur, in qua quidem villa hoc tantum iuris habuimus ab antiquo, vt in festo s. Bartholomei et die sequenti, cum locus idem pro celebratione festi. eiusdem sancti a circumsedentibus frequentari consueuit, super quibuslibet forefactis tunc et ibidem a casu contingentibus necnon alias per totum annum quociens et quando tales in dicto loco occurrerent excessus, qui sanguinis tangebant sentenciam, nos vna cum ministerialibus ecclesie nostre ... de Warthenberg, qui cum officiato nostro tali examini siue judico presidere debebant, judicare et correctiones facere deberemus, trium marcarum redditus vendere decreuisset nosque super facienda libertate bonis illis, in quibus eosdem redditus assignare volebat, cum instancia requisisset, accepta prius ab eo reconpensa debita et condigna in judicio prefate ville pertinente ad ipsum, super bona illa, que predictus miles honesto viro .... dicto Phankuchen ciui in Alsvelt vltimo nunc vendidit et in quibus sibi dictos redditus assignauit, juri nostro, prefato abrenunciauimus et cessimus simpliciter sic, quod eadem jura nostra in bonis iisdem hactenus habita, que inquam bona in siluis, campis et villa a iurisdictione nostra libera omnino esse decernimus, memorato ciui tradimus.

Dat. a. d. M.CC.XCIV, xiii. hal. aug.

(Das Siegel des Ausstellers ist abgefallen.) Orig.

Nr. 1303·

1294 (13. Dec.). Ego Gertrudis dicta de Lynden, relicta quondam Johannis Aurei militis in Grunenberg, recognosco, quod abbati et conuentui in Arnesburch, in remedium anime Johannis filii mei, necnon in remedium et salutem anime mee ac omnium heredum meorum et animarum amicorum predecessorum, contuli redditus i. marce, de consensu et libera voluntate Mengoti filii mei, de bonis nostris in iudicio seu in iurisdictione de Babenhusen sitis. Ceterum ista facio de consensu et libera voluntate Eberhardi Pincerne militis, sororii Mengoti de Cronenberg, Heinrici et Volperti fratrum de Sasin, quorum quilibet eciam habet v. libras de bonis in predicta jurisdicione de Babenhusen sitis, sicut ego et filius meus Mengotus predictus. — Testes: Mengotus de Cronenberg, Mengotus Cnybo castrenses in Gronenberg, Henricus et Volpertus fratres dicti de Sasin, Theodericus de Cornice scabini; Ger-

hardus scultetus dictus Store, Conradus dictus Nobilis et
a. q. pl.

Dat. a. d. M.CC.XCIV, in die Lucie virg.

(Das Siegel der Stadt Grünberg ist abgerissen.)

Orig.

Nr. 1304.

1295 (3. Frb.). Notum sit, quod ego Eberhardus
miles de Huchelinheym donaui monasterio in Arnsburg pro
remedio anime mee et progenitorum meorum bona sita in
terminis ville Hattinrode, que annuatim soluunt xiv. soli-
dos leuium denariorum, ii. anseres, ii. pullos et ii. pullos
carnispriuiales. Preterea recognosco me possidere vnam
curiam sitam in Huchelinheim cum bonis sibi attinentibus,
in quà resedit Hermannus Wizo, annuatim soluentem viii.
solidos leuium denariorum. — Testes: Eckehardus de
Buchseckin, Kuno dictus Halber milites, Amilius filius quon-
dam Gernandi militis, Fridericus de Surpfheym, Ludewicus
scabinus in Gyzin et a. q. pl.

Act. et dat. a. d. M.CC.XCV, in crast. purif. virg. glor.

(Das Siegel der Stadt Gießen ist abgerissen.) Orig.

Nr. 1305.

1295 (13. Juli). Notum sit, quod nos Lutgardis ab-
batissa, totusque conuentus ecclesie s. Marie in Wettere
concessimus nobilo viro domino Wernhero de Minzinberg
suisque heredibus aduocaciam nostram in Liche apud fi-
deles nostros de Beldersheim, qui ipsam nunc a nobis te-
nent in feodo, ita vt dictus nobilis vel sui heredes ipsam a
nobis eodem in re feodali recipiant possidendam, quatenus
ipsi nos, nostramque ecclesiam in omnibus fauorabiliter
prosequantur vt tenentur et maxime vt iura nostra in bonis

nostris in dicta villa Liche et in suis terminis sitis, quibus predicta aduocacia preesse dinoscitur, conseruent, fideliter et defensent. Recognoscimus eciam promittentes, vt si dicta bona vendere decreuerimus, dabimus ipsa dicto nobili, vel suis heredibus pro clxxxiv. marcis pecunie, currentis, monete in Wedrebia. — Testes; Wicbodo abbas in Arnspurg, frater Witkindus, frater Heinricus de Hohinberg, monachi, et frater Heinricus de Rudenkeim conuersus professi ibidem, Maze et Witderoldus canonici fritslarienses, Wigandus dictus Bashart canonicus in Wettere, magister Conradus plebanus in Gozfelt, Albertus, plebanus in Sconenstat, Reinhardus notarius, Ludewicus dictus vitulus, Meingotus dictus Flecko, Gumpertus de Wittersheim, Volpertus dictus Colbe, Wernherus dictus Colbendensel, Wernherus de Muschenheim, Erwinus et Wernherus fratres de Colenhusen; Conradus aduocatus de Dreise milites, Conradus dictus Rost, Rukerus de Quenenbach, Johannes Branschilt, Heinricus de Bappenheim et Dammo de Burchartsfelden.

Dat. a. d. M.CC.XCV, in die b. Margarete virg. et mart.

(Die Siegel hängen beschädigt an.) Orig.

Nr. 1306.

1296 (16. Aug.). Sciant cuncti, quod nos Dietherus de Helmstat prepositus wimpinensis capellam de nouo in ecclesia wimpinensi propriis sumptibus edificari fecimus et eam in honorem b. Katherine virginis volumus consecrari eandemque capellam bonis nostris propriis ad sustentacionem vnius sacerdotis, qui alternis septimanis missas celebrabit ibidem, dotauimus competenter. Bona autem que predicte capelle assignauimus sunt hec, videlicet curia nostra sita in marcha ville Kirchart, quam colit quidam dictus Schindman, item curia sita in marcha ville Niuweren, que erat quondam Cunradi dicti Raubelin de Menzingen, item vinee nostre site

in marcha ville Offenhein dicte der hausteigen, item i. iuger
vinee situm in valle wimpinensi in veteri monte iuxta
capellam s. Marie Magdalene, item census xx. sol. hallens.
de vinea·quondam Vedonis sita in der Morzbach, item cen-
sus vi. sol. hallens. de domuncula sita iuxta molendinum
cuiusdam dicti vetero in der Morzbach.*)

Datum a. d. M.CC.XCVI, in crast. assumt. b. virg.

(Das Siegel des Ausstellers ist abgerissen.)   Drig.

Nr. 1307.

(1297.) Reverendo in Christo patri ac domino ecclesie
spirensis episcopo Friedericus de Calsmunt obseqviosam ad
ipsius bene placita voluntatem, dominacioni vestrae decimam
in Franckenbach sitam, quam hactenus habui de gracia
vestra in feudo, per praesentes rogans diligencia quanta
possum, quatenus eandem decimam domino Heinrico de
Solmisse dicto de Westerborch comiti eodem jure, quo
ego habui porrigere dignemini efficaciter et benigne.

(Ohne Jahr und Tag.)   (Alte Abschrift.)

Nr. 1308.

1297 (2. April). Nos Wernherus dominus in Min-
tzenberg protestamur, quod de consensu opidi nostri in
Liech concedimus fratri Anshelmo magistro curie in Men-
geshusen, vt rifulum prope dictam curiam ad precauen-
dum pericula, que ex inundatione dicti rifuli possint eueniri,
de meatu et alueo consueto abducat et edificia dicte curie

---

*) Eine beinahe gleichlautende, die Functionen des Priesters näher
bestimmende Urkunde ist vom 1. März desselben Jahres. (Die
Siegel der Brüder des Ausstellers Raban, Conrad und Gerung,
Ritter, Raben des jüngeren und Diethers fehlen.)

ordinet et disponet prout sibi ac suis successoribus viderit expedire.

Dat. a. d. M.CC.XCVII, iv. non. aprilis.

(Alte Abſchrift.)

Nr. 1309.

1298 (28. April). In nomine domini amen — hinc est, quod nos Fredericus dictus Knibo, procurator domus s. Anthonii in Grunenberg, et dominus Rupertus et dominus Conradus de Burchardisuelten et · alii fratres tam clerici quam layci domus nostre, cupimus esse notum, quod nos agros nostros sitos in villa Ittenshusen in concambio dedimus preposito et conventui sanctimonialium in Werberg pro quibusdam pratis et agris, qui vocantur ad salices, adiacentibus nostris agris in uilla, que dicitur Horbach, perpetuo concambio duraturo. — Testes: Henricus, Volpertus fratres dicti de Sassen, Henricus filius Volperti, Theodericus et Johannes fratres filii Angeli, Henricus filius Henrici Hildegardis et a. q. ·pl.

Acta sunt hec a. d. M.CC.XCVIII, iv. kal. mai.

Orig.

Nr. 1310.

1299 (16. Febr.). Albertus dei gracia Romanorum rex semper augustus — hinc est, quod nos concedimus, quod omnes illi homines, qui extra portas opidi nostri Frideberg et circumcirca in suburbio seu preurbio ipsius se receperint in futurum vel recipiunt, ad manendum cooperantes ad operas eiusdem opidi et subportantes cum ciuibus nostris ibidem opera que incumbunt pro tempore eisdem honoribus, libertatibus et iuribus gaudeant, quibus ciues nostri fridebergenses gaudent.

Dat. apud Frankenfurt xiiii. kal. marcii, ind. xii. a. d.
M.CC.XCIX, regni i.

(𝕽𝖔𝖙𝖆𝖗𝖎𝖆𝖙𝖘𝖎𝖚𝖘𝖙𝖗𝖚𝖒𝖊𝖓𝖙.)

Nr. 1311.

1300 (10. 𝔐ä𝔯𝔷). Albertus dei gracia Romanorum
rex semper augustus fideli suo ministeriali Philippo de Val-
kensleyn gratiam suam et omne bonum. Tuis precibus in-
clinati volentes tibi de liberalitate regia graciam facere spe-
cialem, tibi presentibus indulgemus, ut de villa tua Lychen
nostra suffultus beniuolencia facere valeas ciuitatem, cui et
hominibus in ea presentibus et futuris de benignitate nostri
culminis vniuersitatis jus graciose concedimus et donamus
libertates in omnibus sicut habent alie imperii ciuitates ac
homines earundem, reseruata nobis et successoribus nostris
ante omnia potestate, jus et libertates huiusmodi reuocandi
quemcunque derectum fuerit supradictam graciam nostram
vergere forsitan in preiudicium aliarum imperialium ciuitatum.
Dantes has literas consignatas nostre typario maiestatis in
testimonium super eo.

Dat. apud Haylicprunnen a. d. M.CCC, vi. idus marcii,
regni nostri anno secundo.

(𝕯𝖆𝖘 𝕾𝖎𝖊𝖌𝖊𝖑 𝖎𝖘𝖙 𝖇𝖊𝖎𝖓𝖆𝖍𝖊 𝖌𝖆𝖓𝖟 𝖆𝖇𝖌𝖊𝖋𝖆𝖑𝖑𝖊𝖓.).   𝕯𝖗𝖎𝖌.

Nr. 1312.

1300 (1. 𝔑𝔬𝔳.). Nos Philippus de Falkenstein dominus
in Minzenberg confitemur, quod Vlricus frater noster pie
recordacionis bona deliberacione super salute anime sue
prehabita iii. marcarum reditus abbati et conuentui ecclesie
Arnisburg tempore anniuersarii sui percepturos legauit, quam
donacionem nos ratificare volentes assignamus predicto
conuentui loco iii. marcarum predictarum mansum in Gam-

'b a c h cum omnibus libertatibus, quibus ad nos hereditarie
est diſolutus.

Dat. a. d. M.CCC, i. fest. omnium sanctorum.

(Das ausgezeichnet ſchöne und wohlerhaltene Siegel des Ausſtellers
hängt an.) Orig.

Nr. 1313.

1305 (29. Aug.). In nomine — nouerint igitur, quod
ego Henricus dictus Strubo de Ittinshusin et Osterlindis mea
contectoralis propter deum ac nostrarum animarum reme-
dium et salutem curiam nostram in minori Ittinshusin
sitam, quam apud honestum virum Henricum dictum de
Sachsin ac eius vxorem emendo comparauimus, cum omnibus
attinenciis et prouentibus, nomine testamenti damus ad vsum
et profectum cenobii sanctimonialium in Padinshusin. —
Testes: Mengotus de Croninberg miles, Volpertus et
Henricus suus filius dicti de Sachsin, Theodericus dictus
Dunnebir scabini, Angelus canonicus ecclesie aschaffin-
burgensis, Petrus et Dilmar fratres dicti de Ameneburg
et q. pl. a.

Dat. a. d. M.CCC.V, in decoll. b. Johannis bapt.

(Das Siegel der Stadt Grünberg hängt beſchädigt an.)

Orig.

Nr. 1314.

1306 (20. Jan.). Nos officiati, scabini, consules de
Frankenford, de Frideberg, de Wetflaria et Selegenstad,
celerique earundem ciuitatum ciues ad vniuersorum noticiam
cupimus peruenire, quod nos ordinacionem siue promissio-
nem infrascriptam, in qua serenissimum dominum nostrum
Romanorum regem non includimus vllomodo, volumus et
promittimus a dominica quadragesimo qua cantatur inuocauit
nunc instante proxima ad spacium decem annorum et ad

curricula eorundem stabiliter obseruare, que talis est, quod
propter nullius cause euentum siue rei ingruentiam debemus
ab inuicem infra terminum prenotatum aliqualenus separari.
Preterea si aliqua dictarum nostrarum ciuitatum ab aliquibus
inimicorum seu emulorum grauaminibus siue molestiis
grauaretur, postquam nobis hoc intimatum fuerit, nos ipsa
grauamina tamquam propria reputantes ipsos malefactores
statim diffidabimus cum ciuitate iniuriam sustinente, ipsos
eciam cum illis qui ipsos castris suis siue domiciliis suis
seruant vel fouent quibuscunque a qualibet nostre ciuitatis
ciue in nullo foro siue vendicione rerum suarum eisdem
subueniant, omnimode secludimus etc. Sunt autem hii fi-
deiussores de Frankenford: Hertwicus de alta domo, Cun-
radus de Spira, Sifridus de Gysenheim, Markolfus de Lint-
heim, Rudegerus et Ludewicus de Holtzhusen, Johannes
Goltstein, Drutwinus Schrenke, Culemannus de Ouenbach et
Wigelo de Wanebach scabini; fideiussores de Frideberg:
Gerlacus judex, Henricus de Dorheim, Henricus Bern, Cuno,
Ditwinus frater eius, Jungo de Lympurg, Fredebertus
juuenis, Johannes de Wunecken, Eigelo filius Fredeberti,
Hartmannus de Bredenbach; de Wetflaria: Heilemannus
filius olim Gerberti aduocati, Cunradus de Caczenford, Hart-
radus de Herlesheim; Gerhardus monetarius, Cunradus dic-
tus Crawe, Hernestus de Nuweren, Berno de Minczenberg,
Henricus filius Hernesti, Henricus de Nuweren, Rulo dictus
Reio; de Selegenstad: Wignandus aduocatus, Walterus
sororius aduocati, Ludolfus de domo lapidea, Cunradus
gener eius, Herbordus gener Patrisse, Johannes filius
Patrisse, Hertwicus Stemelere, Hertwicus dictus Eckestein
eius frater, Henricus dictus Heimburge et Cunradus filius
aduocati. *)

---

*) 1334 (28. April) ſchließen die Städte Frankfurt, Friedberg und
Wetzlar ein ähnliches Bündniß. (Die Siegel fehlen.)

Act. et dat. a. d. M.CCC.VI, in die b. Fabiani et Sebastiani mart.

(Die Siegel der Aussteller hängen unverletzt an.)

Orig.

Nr. 1315.

1306 (4. Febr.). Que aguntur — hinc est, quod nos Philippus dominus in Minzenberg senior, imperialis aule camerarius, propter deum ac in remedium anime nostre, parentum et successorum nostrorum, noualia sita apud villam Rodenscheit in loco, qui quondam daz wercholz appellabatur, cum decima ibidem, de consensu Wernheri filii nostri, Philippi rectoris ecclesie parochialis in Lyech et vniuersitatis ibidem, ad altare b. Nicolai episcopi situm in dicta ecclesia, donamus et legamus sub hac forma &c.*)

Dat. a. d. M.CCC.VI, fer. vi. p. purif. b. Marie virg.

(Die Siegel des Ausstellers und der Stadt Lich hängen beschädigt an das Siegel des obg. Rectors ist abgefallen.)   Orig.

Nr. 1316.

1313 (26. Nov.). Uniuersis — hinc est, quod Heinricus miles strenuus Rode dictus de Crumbach in judicio ville dicte Wanebach coram sculteto et scabinis totaque vniuersitate ibidem in vnum congregatis personaliter constitutus erat et publice fatebatur et dicta sua cum testibus fidedignis confirmauit, quod eciam scabini ibidem satisfactum esse adiudicarunt, quod omnia bona sua in terminis ejusdem ville et campis sita et huic carthe conscripta, a longis retractis temporibus per suos parentes ad ipsum deuoluta et

---

*) Angeheftet ist der Bestätigungsbrief des Erzbischofs Peter von Mainz (19. Oct.). Das Siegel beinahe ganz abgefallen.

jure hereditario huc vsque posessis quod omnino essent li-
bera et nemini quidquam decimarent nec vnquam aliquas
seruicia seu sturas vel exactiones persoluissent, excepto vno
agro sito vnbir dem berghehmir wege an dem langen rehne,
quod xvi. manipulas decimat et eciam soluunt x. cum dimi-
dia mestas tritici dictas walt weyss, quorum v. meste ce-
dent de bonis emptis per matrem suam erga scultetum
tunc temporis armigerum in Mintzinberg . et relique de
bonis suis antiquis, primo due curie, quarum vna sita est iuxta
ecclesiam a parte .... et alia sita est trans pontem in medio
ville cum pomerio sibi annexo. Item in campo versus Berstad
— an dem haynlohe — aben an dem Ritter von Muſchen=
heim — ubir dy marg an Pedir Swarzen — eyn ſtucke
ſtoßit vff dy weybe her abe wertirs — obewendig des ber=
ſtebir weges vnde ſtoßit nyt ſollen vff dy weybe — ſtoßit
vff die wieſin an dem bittwege — nyden vff der harwerde
— an dem alben gyſeler — vff dy roſſin — an den kalden
yſen — an dem mittelpabe an Conzen Sinande — in dem
ſelde geyn Woluirsheym — an deme woluirsheimer phade
an der helden — zu Bergheim an dem berge — by dem
rintwege geyn Woluirsheim nebewendig dem Waſſirmaen —
versus Woluirsheim vff dem hoeſten vnd heißit daz rad —
vff dem Melpechir weg an ſchuringe — geyn dem Wol=
uirsheymer grunde — geyn dem garthen vff dy langen
grubin an Heinrich Grebin — vndewendig des bergheymer
weges vnden an dem langen reyne vnd ſloßilt ſich an eyme
ende geyn Bergheym vnde zuhit an dy herren von Franken=
furb herabe — an de herren vou Frankfurt her werters des
galgen — daz ſelt geyn dem walde — vff dem lyndenlohe
an Peter von Feltheym — obwendig myns hobis vnd zuhit
dy lang ... durch den waſſirfal mitten — an hern Johan ...
eſſir pferrer zu Wanebach — zuhit in dye Wellenburg her
abe oben vff daz waſſirfal — by dem waſſirfal daz von

dem eynlowes burne her abe gheet mitten in dem selbe.
Daz sint by eckere by myn mubir kauffte vnd auch fry sint
vnd auch nyt zehent primo xiv. morgen in campo versus
Woluirsheym, item vii. jugera in campo versus siluam, item
vi. iugera in campo versus Berstad. — Testes: Heinricus
dictus Pluger de Berstad, Johannes Faber de Obernhobin,
antiquus Gyseler et Heinricus dictus Gebe de Sodel, omnes
scabini ibidem in Wanebach et tota vniuersitas eiusdem ville
vna cum multis nobilibus, armigeris et villanis ad hoc spe-
cialiter rogatis et specialiter domino Johanni dicto Mangolt
plebano eiusdem ville Wanebach, qui hanc cartham sigillo
suo proprio fecit communiri!

A. d. M.CCC.XIII, in crast. b. Katherine virg. et mart.

(Das Siegel hängt wohlerhalten an.)   Orig.

Nr. 1317.

1314 (15. April). Nos scabini, consules et universi
opidani in Frideberg ad cunctorum noticiam volumus per-
venire, quod ob dilectionem dilectorum nobis in Christo do-
mini commendatoris et fratrum domus theutonice apud Mar-
purg ipsis curiam sitam in Frideberg cum aedificiis atti-
nentibus ad eam, quae quondam fuit Johannis dicti de Lim-
purg, et curiam adjacentem, quae quondam fuerat Gobelonis
de Rospach, quae quidem duae curiae olim una curia fuisse
dinoscuntur, et possessa a Gotzone dicto Grozze de Rospach,
conferimus in omni iure et consuetudine, quibus alii reli-
giosi suas curias apud nos sitas possident, habendas, ab
exactionibus, precariis et sturis nec non a vexationibus
quibuscunque liberos et exemptos. — Testes: Jungo de
Lymburg, Johannes de Woneckin, Heinricus de Dorheim,
Heilemannus scultetus frater suus, Johannes dictus Rode-
chin, Heinricus Angelus et Angelus frater suus, Johannes

filius quondam Ditwini, Eckehardus de Ockstadt, Heilemannus von der zitt, Heilemannus de Laubinberg et Heinricus dictus Rule scabini, Nicolaus de Wizele et Wenzelo dictus Riche consules in Friedeberg et a. q. pl.

Dat. et act. a. d. M.CCC.XIV, xvii. kal. maji.

(Gefiegelt hat die Stadt Friedberg.)

(Alte Abschrift.)

Nr. 1318.

1817 (12. Mai). Nos Otto dei gracia terre Hassie lantgrauius recognoscimus, quod Philippo de Valkinsteyn domino in Myntzinberg seniori, sororio nostro fido, jurisdictionem villarum Alpach et Husin pro castrensi feodo contulimus, tamdiu habendam, quousque ipsi x. marcarum redditus in aliis nostris bonis et redditibus assignabimus, quas ex tunc a nobis debet pro castrensi feodo obtinere.

Dat. Marpurg a. d. M.CCC.XVII, in ascens. dom.

(Das Siegel des Ausstellers ist abgerissen.) Orig.

Nr. 1319.

1817 (12. Mai). Nos Philippus de Valkinsteyn dominus in Myntzinberg senior recognoscimus, quod Ekhardus de Frouwinrode ...*) suam coniugem in redditibus sibi et sue coniugi in villis Alpach et Husin per dominum Ottonem terre Hassie lantgrauium obligatis non debemus aliqualiter inpedire.

Dat. a. d. M.CCC.XVII, in ascens. dom.

(Das Siegel des Ausstellers ist abgerissen.) Orig.

---

*) Leere Stelle.

Nr. 1320.

(1817—1329 [14. Dec.].) Notum sit, quod nos Methildis domina de Bruberg recognoscimus, quod prelati seu prepositi antecessores domini Frankonis, qui se quondam gerebat pro preposito in Cunradisdorf, magistra totusque conuentus ibidem tenebantur nobis in xv. marcis denariorum wedrebig. sibi accomodatis et extraditis, de qua pecunia dominus Franko predictus nobis solucione debita satisfecit, quam et nos infrascripti recognicionem in nobis sub eadem forma firmiter approbamus, videlicet quod mihi Hermanno dicto Zippur xl. marcas, Hirmanno sculteto iv. marcas, Heylemanno Rufo xvi. marcas, Petro institori iii. marcam, Ruloni xvii. solidos colonienses, relicte quondam Ecchardi operarii xv. solidos colon., Sifrido de Wlfa xv. solidos colon., Heylmanno operario v. solidos colon., Wygando de Bleychenbach v. marcas, dictoque Bauwero marcam, idem dominus Franko omnem pecuniam suis antecessoribus et cenobio concessam nobis fecit solucionem debitam et condignam.

Dat. krastino die Lucie virg.

(Das Siegel des Pfarrers in Ortenberg hängt unbeschädigt an.)

Orig.

Nr. 1321.

1318 (25. Jan.). Nos Hylla, Rylindis beckina, Gela, Bertha et Elyzabet, filie et heredes Rudolphi quondam dicti molendinarii patris nostri bone memorie, ciuis in Lyeche, Albertus Faber et Heinricus Grundele generi eiusdem et Cunegundis filia Alberti predicti, cupimus fore notum, quod nos abbati et conuentui monasterii in Arnsburg vendidimus pro xxx. marcis denariorum curiam nostram ad nos ex predicto patre, socero et auo nostro successione hereditaria deuolutam, in opido predicto Lyeche iuxta curiam domini

Eckelonis sacerdotis sitam, cum juribus et omnibus edificiis
suis, cauentes eisdem religiosis de euictione certis fideius-
soribus, videlicet Hermanno judeo, Cunrado carnifice, Wy-
gando fratre suo et Hanzelone pistore, et quod Rulo et
Guda liberi mei scilicet Alberti predicti nondum ad annos
discretionis peruenerunt, idcirco nos omnes predicti Albertum
fabrum, Heinricum Grundele et Wygandum carnificem pre-
fatos fideiussores ponimus, vt cum annos legales peruene-
rint, renuncient curie memorate. — Testes: fratres Hart-
mudus grangiarius, Gerlacus bursarius et Cunradus rector
curie in Colnhusen, professi in Arnsburg, Johannes plebanus
in Lyeche, Eckelo et Hermannus vicarii ibidem, Crafto
junior de Beldersheim miles et fideiussores predicti et
a. q. pl. *)

Dat. à. d. M.CCC.XVIII, in convers. s. Pauli.

(Das Siegel der Stadt Lich hängt beschädigt an.)   Orig.

---

*) 1318 (13. Mai) befreit Philipp der ältere von Minzenberg und
seine Gemahlin Mechtilde dem gen. Kloster Arnsburg „curiam
vnam ex duabus curiis, quas ab heredibus quondam Ru-
dolphi molendinarii, ciuis nostri, et a Paza relicta quondam
Mengoti Bonemesere sua pecunia compararunt, in opido
nostro Lyeche iuxta portam versus Westwich protendentem
sitam" von allen Steuern, Abgaben, Diensten ꝛc., jedoch unter
dem Beifügen „quod jus dictum wlgariter forstweisse et si
quid aliud hereditario jure ab antiquo solui consueuit de
curiis predictis annuatim soluant, nam per hoc ius acqui-
rent, secandi ligna prout habitatores dictarum curiarum
hactenus in nemoribus seu marchia nostris et predicti
opidi nostri secare ligna consueuerunt et consimiliter jus
in communis pascuis eiusdem opidi nostri — praeterea
predictis religiosis concedimus, quod si aliqua edificia la-
pidea vel lignea trans vel super murum supradicti opidi
nostri construere voluerint, dummodo transitus vigilibus
seu custodibus opidi predicti subitus super ambitum muri
pateat et si quod absit hostilis insultus immineret, omnes

Nr. 1322.

1818 (5. Febr.). Nos scultetus et scabini opidi in Lyeche recognoscimus, quod honesta matrona domina **Peza**, apud nos residens in opido nostro, in nostra presencia constituta recepit ad colendum ad tempora vite sue iure colonario a syndico monasterii de Arnsburg bona eiusdem monasterii in inferiori Alpach sita, de quibus bonis quondam Wyckerus ibidem soluit monasterio predicto annuatim i. maldrum siliginis et xxx. solidos denariorum, promittens eosdem censum in festo b. Martini, pensionem vero ante festum b. Mychaelis quolibet anno se beniuole soluturam. — Testes: .... dictus Scheube, Bertoldus Smalzlose et Wygandus carnifex, scabini in Lyeche et a. q. pl. *)

Dat. a. d. M.CCC.XVIII, Agathe virg.

(Das Siegel der Stadt Lich hängt wenig beschädigt an.)

Orig.

---

clausure ad defensionem eiusdem opidi necessitate reserentur edificandi et construendi habeant liberam facultatem.

Dat. a. d. M.CCC.XVIII, qui fuit annus nouelle fundacionis et plantacionis ecclesie canonicalis nostre Lyechen, in die b. Seruacii ep. et conf." (Die Siegel der Aussteller und der Stadt Lich hängen gut erhalten an.)

*) 1318 (12. März) bekennen die vorg. Schultheiß und Schöffen „quod Paza relicta quondam Mengoti Bonemesere, Cunradus et Johannes filii sui, Kunegundis et Alheidis filie sue, receperunt iure emphiteotico seu hereditario ab abbate et conuentu monasterii in Arnsburg bona eiusdem monasterii in inferiori Alpach sita, de quibus quondam Wyckerus ibidem soluit i. maldrum siliginis et xxx. solidos denariorum iure colonario. — Testes: Cunradus carnifex, Albertus faber scabini, Cunradus lapicida et Jacobus ciues in Lyeche." (Das Siegel der Stadt Lich hängt unversehrt an.)

Nr. 1323.

1319 (23. April). Nos Heinricus comes de Solmse dictus de Westerburg et . . . relicta dicti Rost, dicta von der Lyppe, mater mea, recognoscimus, quod omni accioni seu impeticioni, quam aduersus abbatem et conuentum de Arnsburg habuimus racione cuiusdam facti temerarii vt nobis videbatur per eorum confratres et complices in jurisdictione nostra perpetrati, et vniuersis et singulis causis, si quas aduersus eos habere possemus, pro nobis et pro fratribus ac filiis nostris renunciauimus. In cuius renunciacionis robur presentem literam sigillo nostro, videlicet matris mee, quia ego Heinricus sigillo proprio careo, duximus roborandam. — Testes: Cunradus dictus Saccus de Gridele monachus in Arnsburg, Bernhardus miles de Gunse, Ysfridus, Lodewicus aduocatus de Bruninfels et a. q. pl. *)

Dat. a. d. M.CCC.XIX, Georgii mart.

(Das Siegel hängt unversehrt an.)　　　　Orig.

Nr. 1324.

1321 (26. Jan.). Nos sculthetus, scabini et consules de Frideberg ad cunctorum noticiam deducimus, quod cum Fridebertus Junge pie recordationis ob remedium anime sue et parentum suorum in vltima sua voluntate redditus x. marcarum ad altare in ecclesia parrochiali Frideberg construendum de bonis feudalibus dandos, quod de jure stare non potuit bono modo, liberaliter assignasset pariter et legasset, vnde Heydentrudis relicta ipsius et sui pueri sexus vtriusque huiusmodi altare cum redditibus annuis vii.

---

*) Ein gleicher Verzicht des Grafen Gerhard ist gedruckt bei Baur, Arnsb. Urk.-Buch II, 331, Nr. 494.

marcarum communis pagamenti de bonis suis propriis, vide-
licet de ortis extra muros Frideberg ii. marcas, item i.
marcam in inferiori Rospach, item de curia dicta Hin-
kelbenes ante portam moguntinam xv. solidos, item de curia
Henrici Suanes ibidem xix. solidos, item de domo Conradi
cerdonis x. solidos, item in der snargassen libram denario-
rum, item de domo jsernhoeten xvi. solidos dandos sacerdoti
dictum altare officianti jam dotarunt. — Testes: Wigan-
dus de Alpach miles, Jungo de Lympurg, Angelus junior,
consules de Frideberg et q. pl. a.

Dat. a. d. M.CCC.XXI, in crast. conuers. b. Pauli apost.

(Das Siegel der Aussteller hängt wenig beschädigt an.)

Orig.

Nr. 1325.

1321 (9. März). A. d. M.CCC.XXI, fer. ii. prox. p.
domin. inuocauit in monasterio in Nuwenburg, presentibus
Dammone de Burghartsfelden, Eppechino sculteto in Babin-
husen, Dilmanno de Dorueldin, Bernhardo de Gunse, Er-
wino de Rorbach, Johanne dicto Merze, Friderico de Car-
bin, Gernando de Muschinheim militibus, Hartmudo dicto
Suse et Happelone aduocato in Wuneckin armigeris, est
inter abbatem et conuentum monasterii in Arnsburg et no-
bilem virum dominum Vlricum de Hanoywe taliter est trac-
tatum, quod idem dominus curiam Enninkeim predictorum
religiosorum ab omni jure censuum, seruiciorum et reddi-
tuum ac omnium jurium aliorum ab antiquo usque ad tem-
pus primi tractatus super concambio curie Ryderin a do-
minatu de Hanoywe habitorum, debet eximere, libertare et
quitare cum bonis, securitatibus et munimentis talibus, quod
predicti religiosi ab ipsis sint in perpetuum et curia ipsorum
predicta Enninkeim liberi et immunes, item curiam et man-
sos suos in Heldebergin sitos ad pensionem xxx.

maldrorum siliginis cum dimidio maldro dummodo agris mensuratis tantum haberi poterit cum debita warandia, predictus dominus de Hanoywe prefatis religiosis tradet et assignabit, sed est adiectum, quod heredes quondam Syboldi militis de Heldebergin impugnant mansum cum dimidio uel quantum impugnant in bonis iam dictis, si predictus dominus eos ad renunciationem ad quam toto nisu laborare debet, ipsos non potest inducere, tunc bona mere propria, ita bona et equipollentia in villis Keuchene uel Eychene seu vna ipsarum predictis religiosis debet tradere cum debitis firmamentis. Item est tractatum, quod predictus dominus de Hanoywe addendo predictis xxx. maldris cum dimidio siliginis quousque fiant lxxx. maldra siliginis, pro quolibet maldro vi. marcas denariorum, prefatis religiosis dabit et pro predicto pecunia soluenda Hartmudum militem de Croninberg principalem debitorem constituet et idem Hartmudus talem cautionem pro eadem pecunia soluenda ante festum b. Michahelis absque omni protactione, quam Bernhardus de Gunse, Fridericus de Carbin et Dilmannus de Dorueldia milites predicti diffinierint, fore faciendam. Item dicti religiosi in messibus anni instantis omnes fructus de bonis domini de Hanoywe in Soydele, decimis Gruningin et Gulle villarum et predictis bonis in Heldebergin percipient atque tollent. Item postquam omnia predicta munimenta atque tractata fuerint adimpleta, tunc predicti religiosi prefato domino de Hanoywe curiam suam Ryderin cum omnibus attinenciis suis et juribus assignabunt, item hoc anno si dominus prefatus omnia predicta adimpleuerit, pensionem consuetam de Wiglonibus uel prefatis religiosis percipiet, sed araturam wlgariter dictam brachin habebit.

(Von dem Siegel des vorg. Probstes in Reuburg in grünem Wachse hängt nur noch ein Stückchen an.)

Orig.

Nr. 1326.

1322 (1. Mai). Nos frater Gerlacus abbas et conuentus monasterii in Arnsburg recognoscimus, quod nobili viro domicello Cvnoni domino in Mincenberg prata nostra dicta Stocwyesen et vnum pratum iuxta viam lapideam prope villam Rodinscheyt ratione concambii cum quondam felicis memorie patris sui initi atque facti tradidimus.

Dat. a. d. M.CCC.XXII, kal. maii.

(Das Siegel der Aussteller fehlt.)   Orig.

Nr. 1327.

1323 (23. April). Nos Gerhardus de Rodinscheit et Damburgis coniuges, ciues in Frankinfort, recognoscimus, quod abbati et conuentui monasterii in Arnsburg vniuersos et singulos mansos, agros, terras arabiles et non arabiles, prata, curias, aucas, ortos nostros ac omnia bona nostra in villa Rodinscheit ac in terminis opidi Lyche, extra tamen idem opidum sitos, cum vniuersis appendiciis suis vendidimus et tradidimus. — Testes: Hermannus dictus Clobelauch, Hannemannus de Holzhusen et Hannemannus de Spira, scabini in Frankinfort.

Dat. a. d. M.CCC.XXIII, in die b. Georgii mart.

(Das Siegel der Stadt Frankfurt hängt wohlerhalten an.)
Orig.

Nr. 1328.

1324 (4. Juli). Wir Ludowig von gotes gnaden Romischer keyser Geben den meystern, den schepfen, dem Rat vnd den Burgern gemeinlichen zu Fribberg vnßern lieben getruwen vnß hulde vnd allis gut, vnß ist vorkummen, das symilliche lute vnd burgere by uch in der stat geseßen sint, by andern herren mit ir dinsten vnd ouch zinsta wartint

vnb gehorent ſint, ban ſt billich bun ſullent vnb aigent ſich
ben mit benſelbin binſten, wan wir nu jrfennen, baj vnß
vnb bej Rychß ſtat ba von vnere vnb ſchaben weſſit, gebiten
wir uch, baj ir baß ben ſelben luten nicht geſtatent vnb in
ouch verbletent von vnßn wegen.

Geb. ju Frankinfurt an ſ. Vlrichiß bage, in bem rriii.
jare vnßerß Richß vnb in bem r. beß feiſertumß.

(Rotariatßinſtrument.)   Orig.

Nr. 1329.

1325 (14. März). A. d. M.CCC.XXV, fer. v. prox. p.
d. b. Gregorii pape uocate sunt subsequentes donaciones,
elemosine et ordinacio testamenti Craſtonis senioris militis
de Beldirsheim per fratrem Hartmudum de Lynden mona-
chum in Arnsburg, presentibus fratre Johanne filio suo s.
Craſtonis predicti et Sifrido sacerdote. Primo idem dominus
Craſto longe ante obitum suum emit et dedit monasterio in
Arnsburg, in quo elegit sepulturam, census iv. marcarum
denariorum, vt loco anniuersarii sui et quondam domine
Gude vxoris sue omni anno in die b. Elyzabet de easdem
censibus seruicium competens conuentui ibidem ministretur
— item dedit monasterio sanctimonialium in Elwenstat census
ii. marcarum cum dimidia, vt omni anno in quadragesima
de hiis vna dunna allecium conuentui ibidem emantur —
item dedit x. cenobiis monialium, videlicet Throno, Padins-
husin, Fonte s. Marie, Engildal, Kaldern, Blankinowe, Wer-
berg, Schiffinburg, Cunradisdorf, c. lib. hallens. cuilibet ip-
sorum x. lib. pro anniuersario suo — item dedit lxxx.
marcas den. dampna passis per eum in reysis et restitutio-
nibus aliis et has erogauit secundum consilium quondam
Ernesti plebani in Beldirsheim et fratris Witkindi monachi
in Arnsburg confessorum suorum — item dedit ecclesie in

Houngin redditus i. mald. siliginis — item ecclesie in Bez-
zingin dedit pro redditibus ii. mald. siliginis — item plebano
in Minzinberg vnam domum, ad agendum anniuersarium suum.
Subsequentia vero legauit post mortem suam, primo xxx.
sacerdotibus cuilibet xxx. denarios — filio suo fratri Jo-
hanni monacho in Arnsburg redditus vi. octal. siliginis —
item filio suo Wernhero monacho in Fulda xii. octal. sili-
ginis in redditibus cedentes in E c k e z i l e — item equum
suum ambulantem coquine conuentus in Arnsburg — item
fratribus minoribus in Grvninberg, eisdem in Fredeberg et
augustinensibus ibidem, fratribus minoribus in Frankinuort,
predicatoribus, carmelitis et dominabus albis ibidem cuilibet
maldrum siliginis, item Sifrido sacerdoti i. octal. tritici, item
ancille sue Lipmudi, Sifrido coquo suo, Mezze cellerarie sue
cuilibet i. maldrum siliginis et i. maldrum tritici. Ad pre-
missa fideliter exequenda pro manufidelibus sue vltime vo-
luntatis statuit Wernherum monachum ecclesie fuldensis,
fratrem Johannem monachum in Arnsburg et Craftonem
militem filios suos.

(Das Siegel Crafto's von Belbersheim hängt beschädigt an.)

Orig.

Nr. 1330.

1326 (27. März). Mathias dei gracia s. mogunt. sedis
archiepiscopus — deuotis abbatis monasterii s. Jacobi extra
muros, moguntinos suplicationibus fauorabiliter inclinati ec-
clesiam parrochialem in E y c h e n prope Grunenberg, cuius
juspatronatus ad eundem abbatem pertinere dinoscitur, ca-
pelle siue altari omnium sanctorum ac altari s. Katherine ad
decem milium martirum in predicta capella situm, necnon
capelle s. Nicomedis incorporamus et vnimus cum suis fruc-
tibus et redditibus vniuersis, ego quoque Wernherus abbas
monasterii predicti dicte ordinacioni consensum meum adhibui.

Dat. Moguntie vi. kal. aprilis a. d. M.CCC.XXVI.

(Das Siegel des vorg. Abtes hängt gut erhalten an.)

Orig.

Nr. 1331.

1326 (20. Dec.).   Ego Johannes de Beldersheym miles
et Agnes eius vxor assignamus et deputamus decano et
capitulo ecclesie aschaffenburgensis redditus ii. librarum
hallensium ipsis de bonis nostris in Karben, que aliquando
erant quondam Petri dicti Kolbendensel, canonici ecclesie
aschaffenburg. predicte, persoluendos.

Dat. a. d. M.CCC.XXVI, xiii. kal. januarii.

(Das Siegel des Ausstellers ist abgefallen.)   Orig.

Nr. 1332.

1327 (23. Aug.).   Notum sit, quod ego Cunradus dic-
tus Pudeler de Abirnbeszingen recognosco me vendidisse
pari consensu Cyne vxoris mee legitime iv. octalia siliginis
annue pensionis viro discreto Vdoni opidano in Lyechin,
Kunzele vxori sue et suis heredibus in bonis emptis per
Kunegunde dicta by deme bornen, sitis in campis Abern-
beszingen, videlicet in duobus jugeribus dictis vor der
hart — an deme Entepule — in loco dicto der Dyergarthe
— in orto dicto der Diergarte — in agro dicto der ane-
windir prope ortum iamdictum — in jugero dicto der pirrich
— dicto vfme stricke — an deme Lowe — in campo versus
Rode in duobus jugeribus sitis in der steinrockin — retro
sepem . . . um dictum perrers — in campo versus Lunrode
in duobus jugeribus sitis an deme. hohungirgescheide —
iuxta Ritwisin — in orto iuxta ripam, ipsis annis singulis
ante natiuitatem b. virginis Marie in Lyechin vel si ibi resi-
denciam non fecerint in Wetflariam uel in Frideborg meis

expensis presentanda. Et renuncio omni iuris auxilio canonici et ciuilis, per que huiusmodi vendicio posset impugnári, sicut eciam renúnciaui communicata manu vxoris mee · et puerorum meorum in figura judicii coram Wygando carnifice, Bertholdo Schnidebog, Heinrico dicto Scheube et Mengo Longo scabinis in Lyechin, Alberto dicto Guntir opidano ibidem, Cunrado dicto Perrer, Kunkelone fabro, Nycolao dicto Rode et Wigando dicto Heymburge scabinis in Bessingen.

Dat. et act. a. d. M.CCC.XXVII, in vig. b. Bartholomei apost.

(Das Siegel der Stadt Lich ist abgerissen.)   Orig.

Nr. 1333.

1328 (10. Dec.). Nouerint, quod nos Elizabet de Wetflaria et Nicolaus filius eius, ciues in Frideberg, vendidimus i. marcam annui census super vno manso sito in termínis ville Ocstad, qui wlgariter dicitur Gotzinhube, cum vno orto sito ibidem, ad altare nouum in hospitali nouo extra muros Frideberg per Agnetem dictam Schrennen constructum et dotatum. Idem eciam altare est consecratum in honore b. Johannis baptiste, Pauli apostoli, Antonii et Lucie virginis. — Testes: Grozeiohan, Angelus scabini, Hartmannus de Aschaffinburg consul, dominus Egglo de Gambach sacerdos, Wiglo de Wetflaria et a. q. pl.

Dat. a. d. M.CCC.XXVIII, iiii. id. decembris.

(Das Siegel der Stadt Friedberg hängt unversehrt an.)
Orig.

Nr. 1334.

1330. Nos Cunradus dictus Perrer de Beszingen et Kunzela vxor eius recognoscimus, quod vnanimi voluntate

vendidimus discreto viro Vdoni, Kunne vxori eius opidanis
in Lyeche et eorum heredibus redditus vi. octalium siliginis,
pro quibus soluendis subpignora posuimus infrascripta — in
campo ville dicte Abirnbeszingen v. jugera dicta die
Rodin bi der aftirstrut — bi der schafisbrucken — in campo
versus Royde ii. jugera sita bi dem stheynbohele — an der
stheynrucken — pratum dictum das dufilsrot — pratum
dictum Trys ein gedeilecze gen Kunkelin smede. Et re-
nuncio omni iuris auxilio canonici et ciuilis in figura judicii
coram Wygando carnifice, Bertholdo Schnidebog, Wygando
Eychern, Heinrico dicto Scheubin, Mengoto dicto Langen
scabinis in Lyeche, Hyldemaro, Heinrico dicto Stumpe,
Heinrico dicto Beiger, Wigando generi dicti Ferrers.

Dat. et act. a. d. M.CCC.XXX.

(Das Siegel der Stadt Lich hängt unverſehrt an.)

Orig.

Nr. 1335.

1838 (2. Jan.). Kunt ſi, daʒ ich Eygel ein priſter
von Gambach wonhaft ʒu Fredeberg ſolich gut, als ich hatte
ʒu Oiſtheym mit namen drittehalbe hube vnd ʒu Rib-
bernwißel ein hube, das min eygen vnd von min albern
off mich erſtorben iſt, ʒu rechtem erbe geluhen Wencʒiln
Langen vnd Libeſten elichen luden von Oiſtheym vnd yrn
erben vmb xxiv. malder korngelbes alle iar, dar voir hant
ſie bewiſet vnd ʒu vndirphande offgelaßen funff morgen
wiſſen, die ʒu Oiſtheym gelegen ſint bi hern Hartlibes
hafe, bi der Richarten, an dem Morlerpabe vnd an der
pabe wiſſen.

Geb. n. Chr. geb. m.ccc.xxviii, off den nehſten fritag
nach dem Jares bage, daʒ iſt achte bage nach dem Criſt bage.

(Geſiegelt haben Philipp von Falkenſtein und die Stadt Friedberg.)

(Vid. von 1338.)

Nr. 1336.

1338 (24. Juni). Nos frater Gerlacus abbas et con-
uentus monasterii in Arnsburg recognoscimus, quod ob
specialem fauorem, quem ad dominum Philippum de Valkin-
steyn et Elyzabeth suam conthoralem gerimus, concedimus,
quod quandocunque ipsi vel heredes ipsorum post messes
et ante primam dominicam quadragesime, qua cantatur in-
uocauit, xc. marcas denariorum, tribus hallens. pro denario
computatis, nobis dederint, tunc ipsis vel eorum heredibus
redditus xxx. octalium siliginis de vniuersis bonis suis, que
Gozwinus colonus eorum in Assinheym in presencia colit,
nobis jure proprio per predictos dominum Philippum de
Valkinsteyn et dominam Elyzabeth coniuges pro antedicta
summa pecunie legaliter venditos, reuendere et tradere
obligamur.

Dat. a. d. M.CCC.XXXVIII, in nativ. b. Johannis bapt.

(Vid. von 1367.)

Nr. 1337.

1340 (5. Juni). Wir Suſter Bertherab ein appetiſſen
vnb der Cauent zu male zu Pabinſhuſen bekennen, baß wir
hern Crafte Gruppen von Belbirſhem, der ba ſiſit zu Ber-
ſtab Rittere han gegeben vnſer gub, baß wir han vf ber
molen zu Molinfaſſen vmme anbirß ſin gub. *)

Geb. n. G. geb. m.ccc.rl, an bem manbage n. Pingiſten.

(Das Siegel ber Ausſteller iſt abgeriſſen.) · Orig.

---

*) 1348 (14. April) verkauft der vorg. Craft von Bellersheim und
ſeine Ehefrau Gube bie obg. Güter an Juugen einen Keller zu
Lich. — Zeugen: Folrath ein Perrer zu Berſtab, Wigand von
Buches, Mengoz Gulben ebilknethe, Cunrad genanb Glune Cent-
greue zu Lyeche u. a. m. (Das Siegel des Ausſtellers hängt
wohlerhalten an.)

Nr. 1338.

1342 (8. März). Nouerint, quod ego Bertoldus natus quondam Conradi de Limpurg sacerdos, custos seu campanarius ecclesie parrochialis opidi Frideberg, donaui Conrado clerico nepoti meo nato Conradi de Frankenfurd dicti, domum meam, quam inhabito, sitam in opido F r i d e b e r g iuxta domum Culmani coloratoris prope cimiterium opidi supradicti, ad tempora vite sue duntaxat, post obitum vero dicti Conradi eandem domum vni ex liberis domine Reynheidis relicte quondam Rycholfi bone memorie, qui primo inter eos ad sacerdotem secularem promotus fuerit, ad tempora vite sue similiter habendam, do et resigno. — P r e s e n - t i b u s : Henrico dicto Engil, Henrico dicto Gysenheimere et Ditwino Angelo, scabinis in Frideberg ac a. q. pl.

Act. et dat. a. d. M.CCC.XLII, viii. id. marcii.

(Das Siegel der Stadt Friedberg hängt unverfehrt an.)

Orig.

Nr. 1339.

1342 (13. April). Nos scultetus, scabini et consules de Frideberg protestamur, quod Eberhardus de Erwizenbach filius quondam Cuncgundis et Gela coniuges in nostra constituli presencia manifeste fuerint confessi, quod ipsi commendatori et conuentui fratrum domus in Witzele ii. maldra siliginis, singulis annis in curia sua W i t z e l e soluenda, pro xi. marcis et dimidium denariorum ipsis traditis vendidissent et dicti coniuges agros seu iugera infrascripta pro interpignore obligarunt, videlicet ii. jugera Goden morgen dicta — heren Henrich stucke — der Gotscelken morgen — iuxta fontem dictum Klingelbornen — offe der darenden hobestad — vor deine lutzewege — an mages stucke —

an deme scafes miste — vfme zune. — Testes: Henricus scultetus, Heilmanus, Rokerus Hune et q. pl. a.

Dat. a. d. M.CCC.XLII, id. aprilis.

(Das Siegel der Stadt Friedberg hängt sehr beschädigt an.)

Orig.

Nr. 1340.

1342 (1. Mai). Ich Cunrad Deygwecke schribere der stab zu Frideberg vnd Meße sin Eliche wirthen bekennen, daʒ wir virkauft han deme dechene vnd deme Capitele des styftis zu Aschaffenburg zwa hube Landes eyn vertheyl vnde dritzen Ruden, di gelegen sint an Eckirn vnde an wisen in den velden zu Afarben vnd zu Hulshouen in deme brien gerichte zu Keuchen vnd eyn halb beyl eynis honis mib huse, mib schuren, mib garten vnde waʒ bar zu gehorit, der gelegen ist in deme selben dorf zu Afarben. Dit sint die Eckere — stoizzint vf die stheynne straʒʒe in Hulshoulr velde — vfwerʒ an die selben straʒʒe — vf die Hulshouir Mulen — vffe deme graben — in karbirvelde in deme sewe — in deme wyengarten — in deme Gryʒʒe — vf deme Rypberge — vf der Woluisleien — vffe den heugen — die da heyʒʒent bi syben Ruden — die heyʒʒen die brie Ruden — vber den kirchweg — stozzint vf die stheynne straezze — die heyʒʒent der Isenbolbis adir — in deme Babenangir — geheyʒʒen der Bygen — die hern Arnolbis weren — vf die Rybern wyesen — vf die Leymgruben — hinder der kirchen — vbir vilwiler weg — genant sytzen morgen — hinder Hulshouen — auf karbir velde genant die Langen — genant der Wendesebel — an der Blacken — genant vf den stwef= vabir — vff der Goltgruben — gen Lycher velb — in der stocheym — die stozzent vf die Burg — anderfyt des dorfis vff der Rybe — vnb han den vorg. herren vnb dem styfte zu Aſchaffenburg daʒ nemelliche Gud virkauft. vmme cccrciv. phund rvi. ſillinge vnd ir. hellere, vnde ſetʒen zu burgen Heinrichen Maſſenheimern vnde Duben von Roſbach burgere zu Frideberg.

Geb. n. Chr. geb. **m.ccc.rlii**, an ſ. Walpurge dage d. h. jungvrowe.

(Das Siegel der Stadt Friedberg hängt zerbrochen an.)

Orig.

Nr. 1341.

1342 (19. Sept.). Wir Vlrich Herre zu Hanauwe, Agnes vnſer Eliche frauwe bekennen, daʒ wir virkauft han dem veſten Ritter hern Johanne von Rockenberg, Geʒelen ſiner Elichen wirten vnd eren Erben alle vnſer gut, Weyʒgulte, habergulte, phennig gulte, Eyergulte, Hunergulte, wingarten, habeſtede vnd alle gulte, dy wir han in dem dorpff zu Sodele.

R. Chr. geb. **m.ccc.rlii**, an dem bunrſdage vor ſ. Matheus dage des h. apoſtels vnd Ewang.

(Die Siegel der Ausſteller hängen wohlerhalten an.)

Orig.

Nr. 1342.

1342 (20. Okt.). Wir Johan grebe zu Cygenhayn vnd Godefrit vnſe ſon bekennen, daʒ wir geſehen vnd gehort han leſin bribe vnſirs herren Appit Henrichis von Fulde vnd ſines Conuentis, da inne ſye gnade han gedan vnd fruntſchaft dem appete vnd dem Conuente zu Arneſburg, daʒ ſye mogen riv. hube haben ſuldeſchis gudis in der fuldeſchin marke, wye ſye dye an ſich gewinnen mogen, bife frúntfchaft vnb gnabe, bye wollen wir in vnftr feuble ber fuldefchin marke ftebe vnb vefte halben. ' ⁻⁻ ¦· ⁻⁻¦

Dat. a. d. M.CCC.XLIII, in vig. vndecim millium virg.'

(Die Siegel der Ausfteller hängen unverfehrt an.)

Orig.

Nr. 1343.

1844 (5. Juni). Ego Ebirhardus prepositus monasterii in Naenburg prope Wunnecken recognosco, quod consensu Theoderici abbatis monasterii in Lympurg spirensis dyocesis mei superioris vendere decreui decano et capitulo ecclesie aschaffenburgensis tres mansos vna cum nouem jugeribus et vno quartali vnius jugeris in terra arabili et pratis consistentes, sitos in campis et terminis ville Akarben, vna cum curte siue auca in ipsa sita ad bona predicta pertinente ad dictum monasterium in Nuenburg proprietatis tytulo spectantes, pro cccxxvi. marcis denariorum, per Theodericum de Erlebach canonicum et camerarium memorate aschaffenburg. ecclesie meo monasterio traditis. Cum qua quidem pecunia certa bona in villa Keuchen sita, que preposito, fratribus et personis ipsius monasterii in Nuwenburg pro tempore deo famulantibus pro competenti immo necessaria sua sustentacione viciniora fore cognoui, duxi de prefati superioris mci licentia comparanda. Situs vero et specificatio supratactorum mansorum et jugerum talis est — in inferiori campo gen deme suren burnen inter plebanum et Hermannum dictum Grozze — iuxta Hanemannum de Holtzhusen — iuxta pratum Theoderici de Erlebach an den wyden — iuxta dominos de Arnisburg — iuxta dominos predictos et leprosos de Frankenfurt — inter dominos de Arnisburg et Theutonicos — inter dominos predictos et Johannem de Holtzheim — versus siluam — inter Sypelonem dictum Sasse et dominas de Elwenstad — inter prepositum

do Nuenberg et heredes domini C. dicti Dugfl militis —
inter dominos et dominas de Elwenstad — inter Augustinos
de Friedeberg et Theodericum de Erlenbach — inter do-
minos de Arnsburg et dominum Waltherum de Cronenberg
— inter Theutonicos frankofurd. et Crafftonem de Beldirs-
heim — inter dominos de Arnsburg et Heilmannum Cruel —
in campo versus Petterwile den Banweg vff — vff den
brachuelde iuxta dominos de Arnsburg et . . . . dictum
Stainheymere — iuxta relictam quondam Johannis de Bir-
kelar — uineam dicti Bosse de Pettirwile — an des phaffen
Rytberg — in campo den Lychir weg vff siue die Goltgru-
ben — iuxta Waltherum de Cronenberg et Hermannum de
Sauilnheym — an me Kobulde.

Dat. a. d. M.CCC.XLIV, in die s. Bonifacii et soc. ej.

(Die Siegel der Aussteller hängen wohlerhalten an.)

Orig. –

Nr. 1344.

1345 (19. Juli). Vniuersis — Heinricus dei gracia s.
maguntinensis sedis archiepiscopus salutem in domino. In-
stauracionem, errectionem, fundacionem et dotacionem al-
taris omnium sanctorum in ecclesia parrochiali in Fride-
berg, per honestas matronas Cusam dictam Nebelungen et
Agnetam dictam Schrenen de Friedeberg factas, ratas et
gratas habentes easque auctoritate nostra approbamus et
confirmamus.

Dat. Nydey xiiii. kal. aug. a. d. M.CCC.XLV.

(Das Siegel des Erzbischofs ist abgerissen.)   Orig.

Nr. 1345.

1345 (18. Nov.). Ich Wernher von Rockinberg Ritter
unde Else mine eliche huffrawe dun kunt, das wir by

Juncfrauwen zu Marienslo bi Rockinberg bewiset han x. achtel korngeldis zu den zuencigen, dy wer en vore gegeben han vor vns vnd ynser altvordern sele, mit namen, offe eynre hobe, dy da ist gelegen zu Sobele in deme gude, daz wer kauften vmme. hern Vlrichen von Hanauwe, des Frizze von Heyhenheym eyn Lantsidele ist.*)

Dat. a. d. M.CCC.XLV, in octava Martini ep.

(Die Siegel der Aussteller [Bellersheim und Cronberg] hängen unverfehrt an.)   Orig.

Nr. 1346.

1347 (2. Febr.). Ich Craft von Olphe vnde Johan Swob Edil knechte sprechin offe den Eyt, den wir allen vnsen herren han gedan, wil zit vnse herre Grefe Engilbracht von Cyginhayn genant von Nydehe obir sin Erbin deme kvmirture vnde deme Huse zu Nydehe s. Johans ordins Losunge mudin des Hobis zu Brnnigisrobe genant obir Rupoltshob, daz si in den vorg. hob wider zu losene sullen gebin vor rl. marg penige kolischir werunge, dri heller gezalt vor den kolschin.

N. Chr. geb. m.ccc.rlvii. an vnsir vrowin tage so man die Liecht wihet.

(Die Siegel der Aussteller hängen unverfehrt an.)   Orig.

Nr. 1347.

1347 (25. Juli). Wir dy Meisteren vnd der Conuent des Cloisters zu Albinburg erkennen vns, daz wir vmme

---

*) 1351 (8. Febr.) geben dieselben (Wernher nennt sich der älteste) dem vorg. Kloster 25 Mark Pfennige auf ihrem Hofe zu Sobel, den sie Conrad Pfeffer zu Kaufe haben gegeben.

funbirliche beyde hern Hirman Hufers eynes Ritteres vnb Eckarbis eyns wolgeboren mannes hern Slunen fones han geluhen Erin manne, der da heyset Quinquin, eyn hobe landes zu Albindorf, by vnfes Cloisteres Eygin ist, zu lantfibelem Reichte alle jar vme v. malder kornis, i. gans, i. hon zu bezalene.

Dat. a. d. M.CCC.XLVII, in die b. Jacobi apost.

(Gesiegelt hat der vorg. Hermann Hufer, da der obg. Edelknecht Eckart kein eigenes Siegel hat. Das Siegel ist jedoch abgeriffen.)

Orig.

Nr. 1348.

1349 (6. Febr.). Wir Ruprecht von gots gnaben Paltzegrafe an dem Ryne 2c. bun kund, alse wir vnser kur vnb wal beme Riche ein heubit zu kyfene han gelegit vnb gewand an den Graffen Günthern von Swarczburg vnb han ben zu eyme Romischen kvnige gewelit vnb han jn ben Raten vnb den Burgern gemeinlichen der stede zu Franken-forb, Frideberg, Wetflar vnb Geilnhufen vnb allen ben, die zu dem Riche gehorinb, geantwurtet fur eynen Romischen kvnig vnb iren rechten herren, das wir ben Reten vnb den Burgern der vorg. stede han entheizsen, wers, das ymand, wer der were, sie nu abir her nach darvm twingen abir be-notigen wulde, das wir vnb alle die, die burch vns tun vnb lazsen wollen, sie da vore befchirmen fullen vnb jn bar widbir beholfen wollin vnb fullen fin. Auch han wir gereb, wers, das der vorg. kvnig Günther von todis wegin abe ginge, wen wir dan zu eyme Romischen kvnyge kure, den fullen wir den vorg. steben nicht antwurten, wir haben dan vore die Burgere vnb die vorg. stede beforgit, das sie in gnaben blyben vnb in alle ire gnade, recht, vryheid vnb ge-wonheid bestediget werden. We irkennen wir vns, williche

anbir ſtebe, bie zu dem Riche gehorinb, ſich zu dem Ryche
vnd vns neygent vnbe kvnig Gunther dem vorg. gehorſam
ſint, den ſteben wollen wir auch beholfin ſin glichirwis alſe
den vorg. vher ſteben.

Dat. a. d. M.CCC.XLIX, fer. vi. p. purif. b. Marie Magd.

(Das Siegel des Ausſtellers iſt abgefallen.)　　Orig.

Nr. 1349.

1350 (22. Sept.). Ich Conrait Colnhuſere eyn ſcheffen
zu Mynzenberg vnb Katherina min eliche wirten bekennen,
daz wir verkauft han eyne hube landis vnb was barobir iſt,
bye des perreris was zu Berſtat vnb gelegen iſt in der ter-
menunge des borfis zu **Holzheim** vnb zu **Huchilnheim**
vnb iſt dit bye beſcribunge der hube — of beme kleynen
felbe zu Holzheim — obene an Mengoſſe bye den garten
— of dem obirfelbe geyme eycherwege — an dem Wetflarre
wege byme ſchergarten — zuſſchen Gulbenere vnb dem pa-
ſtore zu Gruningen — an der roben — ame ſchuerlo by
den von Albenburg — an den herrn von Wetflar by Henklen
von Huchilnheim — by der lehten bochen — an dem wil-
hartis graben — of dem felbe zn Huchilnheim geyme Al-
kirfloe — by Wafmube von Hoppirfhoben — an Wenzelen
Guldeneris neben — geyn der Gambacher marke — ſtozet
of ben holzweg — an der brunbrechten finben — ſtozit of
bye von Arnefburg — an der vorberen marke — ofme
Cleer wege — of Holzheimer felbe geyn Eberſtat — by ben
von Albenburg ſtozet of by wefen — bye Arnoſt Richen —
ſtozet of des paffen wiben — in Bergheimer felbe ofme
Gulre pabbe — ſtozet of bye bruwartls welbe — an Win-
there von Holzheim — ame Rufbaume — by ſ. Anthonys
garten — ber genſe morgen — ame Alſtebir wege baz

feinefe — ame fefe der Cegin achr — zu den langen ftrißchen of Alftedir felbe. — of holßheimer felbe geyn Sam=
bach — oder den Mynzenberger weg — by den heyligen —
auch horet darzu eyne frie halbe marke in dem pale vnd
anderhalbe marke in Huchenheimer marg by in fint nit fri
— dem apte vnd dem conuente zu Arnefburg vmme lr.
marg peninge vnde anderhalbe marg. — Zeugen: Ger=
hart in deme mönich hobe, Wenzlo Gulbenere fcheffen zu
Holßheim, Conrat Arinhelmere; Eckele Baymgertere vnd
Tyle der Junge, fcheffen zu Mynzenberg u. a. m.

Dat. a. d. M.CCC.L, in crast. Mathei apost.

(Das Siegel der Stadt Minzenberg hängt wenig befchädigt an.)

Orig.

Nr. 1350.

1352 (6. Nov.). In nomine domini amen. Anno na-
tiuitatis M.CCC.LII, ipso die b. Leonhardi confessoris, que
erat viii. id. nouembris, hora sexta, ante cimiterium ville
Wysele prope Ostheim constituta Elysabet de Gambach
opidana frydeberg. in figura judicii secularis ville Wysele,
informata per cintgrauium et scabinos judicii ejusdem, quo-
modo ipsa bona sua immobilia terre arabilis sita in terminis
eiusdem ville Ostheim, que nunc colit Wenzelo dictus
Lange, resignare deberet et tradere Hartmanno dicto Gots-
hulde, sacerdoti beneficiato altaris s. Agnetis virginis sito in
hospitali extra muros frydeberg. nomine dicti sui beneficii et
omnium suorum successorum, in forma testamenti siue dis-
positionis ipsius Elysabet yltime voluntatis, presentibus Gun-
tramo cintgrauio in Nyderwysel, Wenzeloni dicto Lange,
Heinrico dicto Riche, Heinrico dicto Beyer, Wenzeloni dicto
Holzheimer, Rukero de Nyderwysele, scabinis eiusdem ville.

(Notariatsinftrument. Notar: Johannes natus quondam Gerlaci
dicti Raspe opidani in Nydehe clericus mogunt.)

Orig.

Nr. 1351.

1354 (14. Aug.). Wir Blrich herre zu Hennaw ir kennen, daz wir mit den burgermeiftern, dem Rabe vnd den burgern gemeinlich zu Fribeberg vme fotan Jobengut als bo felbes zu Fribeberg zu den ziten, do by Juden left bo virgingern, geplundert vnd genummen wart, an hufrabe, an plündern oder an anberre gereitſchefte vnd vme alle anſprache vnd vorderunge, by wir von vnferm herren Romeſchen kunege Karle vnd von vnfer felbes ween wyber, by felben burgere von des felben gudes ween gehabt han ober forbaz noch haben mochten in beheine wis, gentzlich vnd gutlich ge-rychtit fin vme eine genante fummen geldes, der wir von den vorg. burgern gentzlich bezalt fin. Were iz ouch, daz andere Joben hernach vmme zu beheiner zit bo felbs zu Fribeberg wonhaftig wurden, by behalden wir vns vnd vnfer erben zu bynſte, zu notze vnd zu allem dem rechte, vnfer al-dern vnd wir daz here bracht han van dem heiligen Riche.

Dat. a. d. M.CCC.LIV, fer. v. a. affumpt. b. Marie virg.

(Das Siegel des Ausstellers ist abgeriffen.) Orig.

Nr. 1352.

1354 (30. Sept.). Ich Richhard von Belwile ritter dun kunt, daz her Franke von Cronenberg ritter mir Reus mir geluhen hat l. cleyner gubin gulden vnd fetzin eme zu burgin den ritter Markolfin von Hatziginſteyn, Frybertſche Clemme vnd Henzchyn von Effchebach Edilknechte.

Dat. a. d. M.CCC.LIV, in craſt. Michahelis archang. glor.

(Die Siegel des Ausstellers und der gen. Bürgen hängen gut erhalten an.) Orig.

Nr. 1353.

1355 (10. Febr.). Karl von gots gnaben Romischer kunig ꝛc. Lieben getruwen, uwern brieff han wir wol verstanden vnd wißent, daz wir vnwers bienstes uber Berg, dar vmb wir nch ernstliche geschrieben hatten, vmb uwer begerunge' willen zu diser zeit entberen wullen, doch mit solicher bescheidenheit, daz ir vns, wanne wir zu Lande komen, mit gelte erstabet, daz wir an der byner stat, bi ir vns uber Berge zu vnß keiserlicher cronunge billiche sulbet han gesant, ander byner uff vnß kost versulben müssen.

Géb. zu Pise dez nehesten binstages vor ſ. Valentins tage im ir. jare vnß Reiche.

(Auffschrift: Den Burgermeistern, den scheffene und dem Rade zu Frideberg vnsern vnd des heiligen Reichs lieben getrewen.)

Orig.

Nr. 1354.

1356. Ich Richart Ritter, Bechtram gebruder von Felwile bekennen, daz wir vmme sulichin kauf als wir getan han, hern Franken von Cronenberg vnsen lieben ganerben, Loretten siner Elichin frauwen vnd irn Erbin alle die bryue, die wir yn von allen vnsen ganerbin vnd vnsern hern, von den bit namen die egen. verkauft gulde Rurit zu lehen, gebin vnd antworten sullin besigilt bit vnsern obg. ganerbin vnd vnsers obg. heren Ingesigel bin eyn manbe. Auch bekennen ich Bechtram obg. . . . . . *) ich nach deme vorg. manbe Rydin sal zu Kuniges steyn in Gysels wys mit eyme knechte vnb zweyn pherbin vnb nummer dannen zu komen, ej in sie ban vollin ban hern Franken obg., Loretten siner Elichin frauwen ober irn Erbin yn aller der mazze als

---

*) Die Urkunde ist von Fäulnis stark verletzt.

vorgeschryben ſtet, vnd ich Heyle Hulde bekennen mich in
Gyſels wyꝫ gut Gyſel zu ſin mit myme Junchern Bechtram.

Dat. a. d. M.CCC.LVI, fer. vi. a. domin. q. cant. ...

(Die Siegel der Ausſteller ſind abgeriſſen.) Orig.

Nr. 1355.

1356 (18. Okt.). Wir Heinrich vnd Otto gebrudere
ſeligen Grebe Bernhardſ ſone von Solmſe irkennen, daꝫ wir
dem ſtrengen manne Craffte von Rubinhuſen, Katherinen
ſiner Elichen wirten vnd eren erben geluwen han vnſirn acfir
mit namen daꝫ ſtucke, daꝫ gelegen iſt zu Dryngſhuſen an
dem helfholtze von dem bache ane vor dem holtze here biꝫ vffe
den pad, der von Wetſelar gein Benſburg geb vnd beꝫ vorg.
waldes, die geheißen iſt daꝫ helfholz, alſo daꝫ ſie vns bo
von gebin ſullen ye von dem morgen ii. meſten frochte vnd
vnſirn zehenden waꝫ dar vff geſeid iſt.

Dat. a. d. M.CCC.LVI, in die Luce evang.

(Die Siegel der Ausſteller ſind abgeriſſen.) — Orig.

Nr. 1356.

1356 (4. Dec.). Wir Karl von gotes gnaben Ro-
mißer keyſer ꝛc. bekennen, wan dy Burgermeiſtere, ſcheffln,
Rad, Burgere vnd die ſtat zu Frebeberg ir Brocken,
Muren vnd wege zu machen yꜩunt vnß gnade vnd helffe
wol bedurffen, ſo dun wir en ſoliche gnade, daꝫ ſie obir den
ſchilling alber heller, dy ſy von ybeme wagene, der gelaben
iſt, vnd obir dy vi. albe heller, dy ſy von ybeme karren,
der auch gelaben iſt, by zu Frebeberg uß ober Infaren, yꜩ-
unt zu wege gelbe nemen mogen worbaß von ybeme gelaben
wagen ii. ſchillinge vnd von ybeme karren i. ſchilling alber

heller, sie geen in by stat ober bar vß, vnß vnd deß Richs stete Muren, Drucken vnd wegen ba midde zu Buwen vnb zu Beffern. *)

Geb. zu Meße n. Chr. geb. m.ccc.lvi, an s. Barbaren dage.

(Rotariatsinstrument.)   Orig.

Nr. 1357.

· 1358 (15. Jan.) Ich Ebirhart Weyse Rittir vnd Wenßil von Elen edilknecht Bumeyftere der Burge zu Frede- berg vnd wir by Burgmanne da selbiß, by zu dem mal by ein waren, mit namen Johan von Elen, Gernant von Swalbach, Gilbracht Lewe, Erwin Lewe, Ebirhart Lewe Ritter, Herman Weyse, Rupracht von Carben, Heinrich von Ruheim edilknechte, irkennen, daß vur vns quamen vur by capellen zu Frebeberg in der Burg an dem nehiftin Man- dage nach dem achzen·dage nach Meße zyt Heinrich von Byle vnd Cuse sin swester, Conrad Albinburgirz gesuftirde deß got gedenke, vnd Gerlach vnd Dylge deß obg. Conrab Albinburgirz sweftir kint, vnd sierziegin uff den selben uff Hillen, deß obg. Conrab elichen wirtin also, daß sie, er obir nyman von irre wen keynirleige ansprach obir vorderunge bun sullen von allez deß gudiß wen, daß der wegen Conrad gelaffin haft, vnd hait die vorg. Hille defin, by den firzig gedan hand, rriv. marg phennige bezalt, alz sie vnd ir huf- wirt deß eynmudig warin worden.

Dat. a. d. M.CCC.LVIII, ii. fer. prox. p. octav. Epiphanie.

(Das kleinere Siegel der Burg ist abgeriffen.)   Orig.

---

*) 1357 (8. Ott.). Gleiches Privileg gegeben zu Prag. (Rotariats- instrument.)

Nr. 1358.

1358 (8. Nov.). Ich Grebe Heinrich von Solmis vorwylen Grebe Bernardis son bekenne, vmme alsullich gegeschaf, als ich han gehabit bit den von Frybeberg vnd iren burgern bit namen Welders sone, by des Teffenmechers erben sint, von Heintzen Eygels wen vnd Metzen syner eligen wirten, das ich Grebe Heinrich vorg. vnd Heintze Eygel egen. vnd alle vnse helfer von beyden syten gesonit syn gantz vnd gar vme alle stucke, dye sich herlauffen hant von buffes cryeges wen vnd von allen anspragen.

Dat. a. d. M.CCC.LVIII, in octavo omn. sanct.

(Die Siegel des Ausstellers und der Stadt Wetzlar fehlen.)

Orig.

Nr. 1359.

1359 (19. Märs). Wir Vlrich herre zu Hanauwe bekennen, vmb soliche ansprache, als wir zu hern Herman apt zu s. Albane by Mentze von sins vorfarn wen, als von syner zehinde wegen by Fribberg, gehabit han bis in das Jar, als man zalte n. G. geb. m.ccc.lviii, das vns darvmb Heintze zu Jungen schultheiße zo Oppinheim gutlich gerichte hat vnd han verzigen vff den vorg. apt vnd synen styft vmb die vorg. ansprache.

Geb. n. G. geb. m.ccc.lix, an bem dynstage n. f. Grebrut tag.

(Das Siegel des Ausstellers hängt wohlerhalten an.)

Orig.

Nr. 1360.

1359 (27. Mai). Ich Gotze von Melpach vnd Hebel sin elliche wirten Burgere zu Fribeberg tun kunt, das wir

hern Rudolphe Johan Rulen son von Frideberg prabiste zu
Wetslar eine ganze hube landes, die von Hartrad Steuben
burger zu Frideberg itzunt wol gemeßen ist, gelegen in dem
gerichte zu Melpach han verkauft vmb clrrrir. cleine gul-
din, vnd ist die hube gelegen — aben an her Richarts von
Gunse lant an der dorheimer straze — an der Echzeller
straze — an dem breyden steyn — gen dem Hauge wert —
by der Bienheimer strazen zcussen der herren von Arnsburg
vnd hern Frideriche Dugeln — an den Bergeckern zcussen
der buczen herren von Frankenfort vnd Emeiriches kinde von
Bienheim — in dem Bodeme nieden an der Nunnen von
Rockenberg — an dem hoenfelde vnd dar durch geet der
Schachuserweg aben an dem Wißensheimer wege — in dem
Kreidental zcussin der herren von Aschaffinburg vnd Eygels
zum roben Juden burgers zu Frideberg — zcussin des Elters
s. Jacobs, der da steet in der Parre zu Melpach vnd des
vorg. Eygels lant — an dem Steynfurter wege an lande
der parre zu Melpach — vnden in dem kiseler vnd zuhet sich
uber den Steynfurter weg zcussin lande vnsers Junckere von
Kunigisteyn vnd den Nunnen von Albenburg — uber den
Heienheimer weg — an dem Bruckelin zcussin lande vnsirs
egen. Junghern von Kunigisteyn vnd Walther Swartzenber-
gers — an den Gerin zcussin der Echzeler strazen vnd dem
Weckensheimer wege zcussin lande Heintzen Mengels von
Blafelt vnd Gerten von Melpach burgere zu Frideberg —
uber daz flozz hinder der Echzeller strazen — uber den Get-
tenauwer weg zcussin lande Gele Brummen von Frideberg
vnd Hennen Erwißbechers — uber den Mintzenberger weg
an Lukart Cluppele von Frideberg vnd der Nunnen von
Rockenberg, vnd hat derselbe Rudolph daz also entphangen
vor Ditzel Weckensheimer dem schultheizen, Winter Erwißen-
becher vnd Rudolph genant Cleberg scheffenen zu Melpach.

— Zeugen: Gilbreß von dem Hene perrer zu Ruheim, Clas Bern, Johan Sasse vnd Wigant von Alpach burgere zu Frideberg.*)

Geb. zu Frideberg n. G. geb. m.ccc.lix, des siben vnd zwenczigisten dages in dem meye.

(Das Siegel des Ausstellers ist abgerissen, das des vorg. Johann Sasse hängt unversehrt an.) Orig.

---

*) **1361 (3. Febr.)** verkaufen Heilman, Heilman Sulburgers sel. Sohn vnd Hille seine Ehefrau, Bürger zu Friedberg, dem obg. Probst Rudolf um 100 Mark Pfennige ebenfalls eine Hube Landes in dem Gerichte zu **Melbach** — gen dem Hauge vnd lilt vff der Blatten, die do windet vff die bunde — vff der vspringen — in dem Bodemen vortme den krummen acker — an dem spitale — an der Linenbuchen by dem schachhuser wege — vff dem oberfelde daz do zuhet vff die Steynenstraßen — an dem steynhuse by den frauwen von Aldenburg — vor dem Wissenheimer selde — vor den spelbaumen — an dem wartbaumen — vbef den Sodelerweg — an den stricken vber den Minzenberger weg — by den zausteyn — hinder des Perrers zune — vier morgen die man neunit die Stiffmuder vff den Weckesheimer weg — vff dem Gettenheimer wege — vff die Bach. — Zeugen: Dise Weckesheimer schultheiße zu Melbach, Heinße Snider vnderamptman doselbes, Frizo Bomersheimer, Kule sin sone, Winter Erweizenbecher, Kule Erwizenbecher scheffene doselbis. (Die Siegel des Schultheißen Heinrich Bern nnd des Schöffen Heinrich von der Zyt zu Friedberg hängen unversehrt an.)

1361 (14. Febr.). Gleicher Verkauf für 108 ℔ Heller durch Heinrich Kule, Henkel Kulen Sohn und Gele seine Gattin, Bürger zu Friedberg — gein Heyenhelm — uff den Weckesheimer weg an Kulen kinden — an den hern von Arnspurg in dem Osterlenge — an dem sehene an Gerlach Knauffe — einen morgen den man nennet den verlorn morgen an den von Aldenpurg — an den Duzenhern in der sautgruben — uff die Steynenstraße an Eigels zu dem Roden Juden lande — an dem Bodeme uff den Dorheimer weg — uff den Frankforter weg — an dem Selzerpade an der Brummen — an den krummen Eckern an des spidales lande. — Zeugen: Dise Weckensheimer schultheißen zu Melpach, Winter

Nr. 1361.

1359 (24. Nov.). Wir Heinrich, Diether, Ulrich Graffin zu Hoenstein vnd Else etswanne eliche hussfrawe Graffin Gunthere von Swartzburg tun kunt, wand wir zu

---

Erwizbecher, Henne Erwizbecher sin bruder scheffene doselbes, Anshelme Rule vnd Goße von Melpach burgere zu Frideberg. (Das Siegel Eckels Massenheimers ist abgefallen, das des Schöffen Henkel Rule zu Friedberg hängt unversehrt an.)

1361 (18. Mai). Gleicher Verkauf für 84 ℔ Heller und 21 Pfennige durch Conrad, Johann Großjohanns sel. Sohn und Bechte seiner Gattin — uff den Grunenberger weg an s. Jacobs acker — by der steinenstrazzen an den hern von Aschaffinburg — by Gredln londe von Limppurg — hinder der steinenstrazzen — uff die ussprünge an den hern von Arnspurg — bi dem Cruze an dem Pastore von Karben — gen dem Wartbaume an den Dutschin hern von Franckinfart — uber den schonhuser weg an den von Balkinstein. — Zeugen: wie oben. (Die Siegel Albrachts, Pfarrers zu Melbach, und Meisters Conrad Deygwecke, Bürgers zu Friedberg, hängen wohlerhalten an.)

1361 (26. Mai). Gleicher Verkauf für 19 kleine gewogene Gulden durch Claus genannt von Melbach vnd Adelheid seine Gattin — an den Stricken by Henne Dyelin das gedeylze gen dem Dörff — an Peder Arnspurgers frauwen — an Heintzen genant Gysen vnd stuzzint uff dye steinen strazzen gen Echzil. — Zeugen: wie oben. (Die Siegel des Ausstellers und des Pfarrers Albracht zu Melbach hängen unversehrt an.)

1361 (15. Dec.) verkaufen Claus Schefer von Melbach vnd Adelheid seine Gattin an den vorg. Probst Rudolph ihren „hoff, hus, garten vnd waz darzu gehoret gelegen an dem paffen Borne in dem dorffe zu Melpach" um 23 ℔ Heller. — Zeugen: wie oben. (Das Siegel des Ausstellers ist abgefallen, das des Pfarrers Albracht zu Melbach hängt unversehrt an.)

1362 (9. Juni) verkaufen Goz von Melbach vnd seine Ehefrau Hebel, Bürger zu Friedberg, an den vorg. Probst ben. Güter in dem Gerichte zu Melbach um 92 ℔ 13 Schill. und 4 Heller. — Zeugen: Fritze Bomersheimer scheffen, der an eines schultheißen von Melpach stat da by was vnd Heintze Bomersheimer

mompar der pfantschafte, di wir yn Wedreyben haben vnd
by Ryn vnd mit namen Frydeberk der stad vnd zu ple-
gere geforn haben vnsern brudir vnd vetteren den vorg. Di-

auch scheffen zu Melpach. (Die Siegel des Ausstellers und des
Pfarrers Elbracht zu Melbach hängen unversehrt an.)

1362 (1. Nov.). Gleicher Verkauf für 200 ℔ Heller durch
Eygel zum Roden Juden, Lyeppe seine Gattin und Kuntze seine
Tochter, Bürger zu Friedberg — an der Steynen straßen, die da
get von deme Ryde gen Echzil wert vnd lyget zuschen Lande der
frawen von Aldenburg vnden gen deme Ryddewert vnd Gerlach
Knauffes von Frideberg aben gen Echzil wert — an der egen.
steynen straßen gelegen, daz sich zubet vff den Weckensheymer weg
vnd hant die frauwen vome Trone an der steynen straßen vnden gen
deme Ryde wert eyn stucke landes lygen, abewendig des Gettenawers
wege vnd wendet üff die derme, da daz selt von Heyenheim sich ane
hebet vnd hat die Brummen von Frideberg gen Melpach wert Lant
daran lygen — hant die frawen von Rockenberg Lant, daz sie von
vußme Jungherren von Falkensteyn han daran lygen vff dem egen.
Weckensheimer weg vndene gen Melpach wert — zuschen Lande hern
Friderich Dugels Rytters vnd des vorg. Probistes Lant vnd lyget
an Lande Heyneman Sulburgers von Frideberg abene gen Melpach
wert vnd vndene an Lande der vome Trone — vff der bruch
zuschen Lande der vorg. Brummen vnd Kuntzechins etswanne Rulen
von Melpach dochter — vndene gen dem Steinforter pade an Lande
des Spytals von Frideberg vnd abene an Lande Hennen Erbeißen-
bechers von Melppach — vff der hohen straßen zuschen Lande des
egen. Rudolphes vnd Culmans von Dppirshouen — anme heym-
bohel abene an Lande des egen. Rudolphs vnd vndene an lande
Heintze Duden von Frideberg zuschen Lande Hennen Emerchins von
Byenheim vnd Hillen Kuntzen von Melpach — an dem Rytpade
vndene an Heintze Gysen von Frideberg vnd abene an den von
Arnspurg vnd lyget by dem pastore von Carben. — Zeugen:
Conrad Mengel pristere, Diezel Weckensheymer schultheiße, Winther
Erbeßenbecher, Rudolff Clewer, Mengel des Alden scheffene zu
Melpach, Heinrich Wysemer, Heintze Ebirharts Wyneygen son von
Wekensheym vnd Vogel Recken von Melpach. (Die Siegel Eckels
Massenheimer und Henkels Rule, Schöffen zu Friedberg, hängen
wohlerhalten an.)

thern Graffin zu Hoenstein vnd gebin yn vnd entpfelen ben
vch ben scheffin, dem Rabe vnd den Burgern der stab zu
Frybeberg, baz ir yn innehement, globent, huldent vnd

1362 (1. Nov.). Gleicher Verkauf um 16 ℔ Heller burch
Henne Erbessenbecher von Melbach, Bürgers zu Friedberg und
Kunkel seinen Sohn — uff die steynen straßen abene vnd vndene
an lant des egen. hern Rudolphes — zußen Lande des pastores von
Karben und Lukart Cloppeln von Fridberg. — Zeugen: Winter
Erbessenbecher an des schultheißen von Melpach stat, Rule Erb-
bessenbecher vnd Heinrich Bomersheimer scheffene zu Melpach. (Das
Siegel Henne Saße, Bürgers zu Friedberg, hängt gut erhalten an.)

1363 (1. Nov. d. d. Friedberg). Gleicher Verkauf um 118
Mark Pfennige burch Clas Gruemberger vnd Kunze seine Hausfrau,
Bürger zu Friedberg — an den wißensheimer weg uber den mulen
patht zußin lande der dußenherren von Marppurg vnd des Probstes
von s. Peters berge von Fulde — in dem Bodeme an dem Baz-
zerualle zußin lande des von Wallensteyn vnd Kunkeln Heubpels
von Friedeberg — uff dem steinhuse an der floerscheide-des Wißens-
heimer veldes — an lande etzwan Drutbliebes kinden von Friedeberg
— an der hoenstraße an lande der Parre von Melpach — in dem
kredentale zußin lande der dußenherren von Frankenfort vnd den
frauwen von Aldenburg — zußin lande hern Friderich Dugels vnd
Drutbliebes kinder — an lande der herrn von Arnspurg vnd Ger-
ten von Melpach — vf die Gemeinde die man nennet baz riet —
by dem galgen vnd stoßet vf die Echzeller straze — an lande der
Monichhouern kinde von Fredeberg. — Geschehen in dem Dorffe
zu Melpach in gegenwortikeit Dizels Weckesheimers schultheißen
vnd Winter Erzenbechers vnd Hennen Babigen scheffenen zu Mel-
pach. (Die Siegel des Ausstellers und Goßen von Melbach, Bür-
gers zu Friedberg, hängen unversehrt an.)

1364 (30. Sept.). Gleicher Verkauf um 147·℔ 18 Schillinge
Heller burch Culman Symeler von Wolfirsheim — off der sodeler
anewende abewendig des steinsurter wegis an Gerlach Knauffe vnd
der Brommen erbin — an dem brockiln an hern Johans frauwin
von Rockingin vnd an Johanne von Oppershouen — an dem sypl-
baume an Clais Grvninberg vnd Gerholde von Sodel — off by
hohinstraßin an vorg. prabiste vnd Ditwin Swarzea. — Zeugen:

swerint gehorsam vnd vnbirtenig zu syne zu eime rechtin pfanbe. *)

Geb. n. Chr. geb. m.ccc.lir, an s. Katherinen abende d. h. juncfr.

(Die Siegel der Aussteller sind abgefallen.) Orig.

wie oben. (Das Siegel des Pfarrers Elbracht zu Melbach hängt wohlerhalten an.)

1366 (10. Aug.) d. d. Friedberg. Gleicher Verkauf um 100 Mark von Heinze Wolf und Lyppe von Friedberg, seiner Hausfrau, Bürger zu Frankfurt, an den vorg. Rudolph, Bischof zu Verden, in Gegenwart Conrads Raber Schultheißen, Rulen Erwißinbechers, Emmerichs, Gottschalkes, Cygiln Hillen Söhne, Rudolfes Clevers und Conrads Boubirshelmers, Schöffen zu Melbach. — Gesiegelt haben: Friedrich Paßor von Sulßbach, Elbracht vom Haine Pfarrer zu Nauheim und Ditwin Engel Ratmann zu Friedberg, sowie der Aussteller.

1366 (29. Aug.) d. d. Friedberg. Gleicher Verkauf an demselben Bischof durch junge Johann Engel, Schöffen zu Friedberg und seine Hausfrau Gese um 272 fl. und 12 Schilling Heller — hinder dem Hauwe an dem dorhelmer wege — stozit uff die Bunde des von Falkenstein, die da geet vnder den wiesen hin — zuschen der egen. Bunde des von Falkenstein vnd Lucart Cloppeln lande von Frideberg — an lande Heuße Wazzermannes von Minßenberg vnd stozzit uff die wiesen — in den strifen zuschen lande der vom Trone vnd Henßen gen. von Blasett Burger zu Frildeberg vnd stozzint an den Selzerpat — an der steinenstrazzen, die da geet gein Echzel zuschen lande des egen. Rudolf vnd der von Arnspurg vnden an dem Selzerpade — in den fuslochern — an dem Boderiche — obir den Blenheimer weg an den dutschen herren von Saßinhusen — zuschen Lande der von Arnspurg vnd Johans von Hoppirshouen — an dem Gabelrumpe. (Das Siegel des Aussteller hängt wohlerhalten an.)

*) 1362 (13. Dec.) quittiren die vorg. Grafen den Empfang von 720 ℔ Heller Steuer von Seiten der Stadt Friedberg. (Die Siegel sind abgefallen.)

Nr. 1362. ·

1360 (31. Jan.). Ich Guntram Kezzelrink ebilknecht
bekennen, daz min Jungherre Philips von Falkinstein der
elbiste hat mich gemacht zu sime erbe burgmane zu sime slozze
Lyche, also daz er mir alse erbe burglehens recht ist ierlichs
sal gebin vff s. Mertins dag iv. marg geldis zu burglehene,
darvmme wir yme vnb sinen erben zu dem vorg. slozze sullen
verbunden sin alse burgmanne recht ist, mit solichem vndir-
scheide, welchis .iaris min Jungherre vorg. komen zu mir
obir mime erbin, der daz burglehen inne hette, mit rl. mar-
ken vnb vns die bezalen, so sal ich obir min erbe mime
junghern egen. die vorg. iv. marg geldis ledig vnb loz
sagen. *)

Dat. a. d. M.CCC.LX, fer. vi. prox. a. fest. purif. b.
Marie virg.

(Das Siegel des Ausstellers ist abgerissen.)   Orig.

Nr. 1363.

1361 (23. April). Wir Karl von gots gnaben Romi-
scher keiser Entbieten den Burgermeistern, dem Rat vnb
Burgern gemeinlich zu Frybeberg vnß hult vnb allez
gut, wann vnß meynung ist vnb gnedigen willen haben, des
heilgen Reichs gut, Lant, stete vnb vestene mit hilf gots zu
losen vnb wieder zu brengen zu dem Reich vnb vns ander
des Reichs stete haben darzu hilf vnb volleist geben, dorumb
gebieten wir uch bei vnßern hulten vnb bei abnemung aller
gnaben vnb fryheit, die ir von vns berworben hat, daz ir
mit andern des Reichs steten Frankenfurd vnb Geilnhusen

---

*) 1361 (30. Juni). Gleiche Urkunde Cuno's von Rodenhausen
Edelknechts. (Das Siegel desselben ist abgerissen.)

fullet bar zu hilf vnd volleist tun mit ſechs bauſent gulbin, vnd ſenden borumb bei vch den ediln Vlrich von Hanow vnſern Lantfogt in der Wedereube vnd den erſam Henrich von Weſel vnſern heimlichen ſchriber genzlich vnderweiſet vnß meynung in benſelben ſachen.*)

Geb. Nuremberg an ſ. Georien, vnß Reiche in dem rv. vnd bes keiſertums in dem vii. jar.

(Mit aufgedrücktem Siegel.)   Orig.

Nr. 1364.

1861 (18. Mai). Wir Johann vnd Philips der jungeſte von Falkenſteyn herre zu Minzenberg bekennen, das wir dem veſten edelknechte Johanne von Belderſheim forſtmeiſter zum Haine verkaufft han ſolich gut als wir han zu Bubinsheim, is ſy eigen oder lehen.

. Dat. fer. iii. p. feſt. penthecoſt. a. d. M.CCC.LXI.

(Geſiegelt haben die Ausſteller.)

(Alte Abſchrift.)

Nr. 1365.

1861 (10. Aug.) Wir Joiſt Goltſchmid vnd Elſe ſin eliche frouwe burgere zu Friedeberg viriehin, daz wir mit willin Katherinen vnd Elſin bohtere min Elſin vorg. han virkauft alſolich gud in Ebbirſtebir velben gelegin, daz wir vnuerteilet mit hern Rulen, min Elſin brubere, bisher gehabt han, daz ſich zuhet vme eine hube wieſin vnd landes

---

*) 1874 (7. Mai) quittirt K. Karl zu Premſla den Empfang von 2000 fl. Hülfsgelder der Stadt Friedberg zu Handen ſeines Eidams Herzog Otto und deſſen Vetters Herzog Friedrich von Bayern und Herzog Stephan und ſeines Sohnes. (Das kaiſerliche Siegel hängt unverſehrt an.)

mit einre halbin hultzmarke in Grußingir walde, die
dar zu gehorit, dem apte vnd dem conuent zu Arnspurg vnd
irme clostere. Auch viriehin wir Jolst, Else vnd ir kind
vorg. vor Johannen min Elsin son, wand er vnuerzigbir
vnd vnbir sinen iarin ist, daz er blesin kauf stede vnd veste
halbin sal vnd setzin den vorg. geistlichen luden zu burgin
Nicholasen von Wißele burgern zu Frideberg. — Z e u g e n :
Frantze vnd Johan Feizete scheffene zu Butspach, Rule
Freise Cintgrefe, Berthold ein husgenoze zu Eberstad. *)

Dat. a. d. M.CCC.LXI. ipso die Laurencii mart.

(Das Siegel der Stadt Butzbach ist abgefallen.)   Orig.

Nr. 1366.

1363 (21. Juni). Ich Dyle genant Ofenmenger ir-
kennen, daz ich Johanne von Rydehe perrer zu Rodenbach
rviii. schillinge. eweger pennigulte vf anbirhalben morgen wy-
sen, dye gelegen syn zu Ryder Strazheym in deme
dorfe vnd waren etwanne Wygandes von Bsungen, als vf
eyme rechten vnderpande hayn virkauft vnd vfgelazen mit
halme vnd mit munde, als dye scheffin von Assenheim, in
der gebede daz gut gelegen ist, wyseten, vme eylphtehalben
marg pennege. — Z e u g e n : Dyetmar eyn scheffen von
Bruchenbrucken, Harpel eyn scheffen von Rydern Rospach,
Vlrich Smit eyn scheffen zu abern Rospach, her Clays perrer

---

*) 1363 (27. Dec.) verkauft Rule ein Priester von Friedberg und
Canonikus zu St. Katherine zu Oppenheim, der obg. Else bruder,
seinen Theil an den vorg. Gütern. — Z e u g e n : Joist Goltsmid
min swager, Else min suster, Johan, Katherine vnd Else ir kinde,
Wigand Eychener, Hartrad Stenbe Burgere zu Friedeberg, Sybil
vnd Henkel gebruders gen. Stroechene, Meldin, Johan Meser schef-
fene zu Eberstad. (Das Siegel des Ausstellers hängt wenig be-
schädigt an.)

ju Straßheim, her Wygand zu Orstab eyn perrer, her Conrad eyn geselle zu Roßpach vnd her Johan Custer eyn prister, her Conrad eyn Cappellan zu s. Barben v. a. m.

Dat. a. d. M.CCC.LXIII, ipso die b. Albani mart.

(Das Siegel des Pfarrers Wigand von Oestadt hängt ganz verwischt an.)   Orig.

Nr. 1367.

1363 (19. Nov.). Wir Karl von gots gnaden Römischer keyser Enbieten den schultheizzen, den scheppfen, den Burgermeystern, den Raten vnd den Burgern gemeynlich der stete zu Frankenfurden, Wetzlar, Geylnhusen vnd Fridberg, die da gelegen seyn in der Webreß vnsern vnd des Reichs lieben getruwen vnstr genad vnd alles gut. Lieben getruwen fur vnser keyserliche Maiestat ist gekumen der Edle Vlreich von Hanow Lantfogt in der Webreyb vnd hat vns mit briefen, die er von vns vnd dem heyligen Romischen Reich vbir die egen. Lantfogtey hat, gentzlich vnderweyset, daz wir vn von der obgen. Lantfogtey nach Laut vnd sage vnstr briefe, nicht absetzen noch entsetzen sollen noch wollen, noch keynen andern haubtman, amptman oder pfleger sunder seyn wizzen vnd furwort daselbist nicht Insetzen sullen obir wollen. Duch wollen wir den egen. Vlrich von Hanow durch trewe vnd fleizzige dienste, die er vns vnd dem heiligen Reich alletzit getan hat vnd noch tun sal, bey derselben lantfogtey vnd waz dartzu gehort wider allermenniclich zu behalten. Darumb entbieten wir euch, daz ir dem egen. Vlrich von Hanow vnserm lantfogt von vnsern vnd des Reichs wegen vnderkenig vnd gehorsam seyn sullent gleicher weizz als vns selber vnd furbaz mer dem Edlen Michel von Kurbizz vnserm lieben getruwen in dheynen sachen gebieten, gescheften oder gehaizzen nach sust vnd keyman von seyn wegen nicht

vnbertenyg noch gehorſam ſeyn ſullent, wenn wir auch ben
obgen. Michel vnb wen her von ſeyn wegen da geſaſt habe,
von ber haubtmanſchafft, pflege vnb amptmanſchafft wiber-
ruffen vnb entſetzien, ouch wollen wir, baz ſulche briefe, bie
ber obgen. Michel ron vns ober bem Reich hat, vbir bie
egen. haubtmanſchafft vheyne crafft noch macht furbaz mer
haben ſullen.

Geben zu Prage n. Chr. geb. m.ccc.lxiii, an ſ. Eliza-
bethen ber h. frauwen tage, vnſir Reiche an bem xviii. vnb
des keyſertums in bem ir. jare.

(Das kaiſerliche Siegel hängt zerbrochen an.)   Orig.

Nr. 1368.

1364 (1. Mai). Wir Karl von gots gnaben Romi-
ſcher keiſer bekennen, wann wir ſchirm, fribe vnb gnabe in
aller czeit gerne machen wollen vnb ſunberlich in ber We-
bereube, ba vil czweyunge, criege vnb irrunge ſint vnb wir
von bes Reichs wegen ba koſte gebrechen haben, barumb baz
wir mit ben vnſern ba verliben fribe vnb gnabe ſchaffen
mogen, ſo han wir gemacht vnb geſaßt, baz man an allen
porten in vnſer vnb bes Reichs ſtab zu Fribeberg von
ieclichem wagen, ber wyn, fruchte obir anber laſt braget,
eynen alben grozen Turnois vnb von eclichem Carren, ber
auch laſt braget, eynen ſchilling alber heller, bie wagen vnb
Carren varen uz ber ſtab obir bar yn, zu vnſer vnb bes
Reichs noten, koſten vnb zetungen binnen ben merckten zu
Fribeberg vnb auch uzwenbig benſelben merckten zu allen
czeiten ufheben vnb nemen ſulle obir anber wegegelt, baz bie
ſtab zu Fribeberg ba nymmet, alſo boch baz vnſere Burg-
manne vnb Burgere zu Fribeberg von yrem eigen guben ane
argeliſt ben czol nyt geben ſullen. Auch han wir bem etlin

Ulrich Herren zu Hanaw vnserm Lantvogt in der Wedereube
entfolen, daz er beſtellen ſal wer vnd wie man den egen.
Turnois zu vnſerm vnd des Reichs nutze ufheben vnd
nemen ſulle vnd wie er daz beſtellet, daz ſal vurgang haben.

Geb. zu Budiſſin n. G. geb. m.ccc.lriv, an ſ. Walpurg
tag, vnſtr Reiche in dem rviii. vnd des keißertums in dem
r. iare.

(Das kaiſerliche Siegel hängt unverſehrt an.)   Orig.

Nr. 1369.

1864 (2. Mai). Wir Philips von Falkinſtein der
Jungeſt herre zu Mintzinberg dun kunt, daz iz mit vnſerm
gubin willen vnd vorhengnuſſe iſt, daz der feſte knecht Em-
melrich von Wolffkeln genant von Foydsberg vnd Gerdrub
ſin Eliche huſfrauwe verkauft han der Aptiſſen vnd deme
Conuent des Cloiſters zu Marienſloz by Rockinberg yrn
hoph in vnſerm dorffe zu Gribele gelegen mit allen eren
gubin in der termenye zu Gribele mit allen fryheiden vnd
nutzin, die deme vorg. Emmelriche offerſtorbin ſint von Lo-
dewige Schenken von Sweinsberg ſyme Oheyme, mit namen
il. hube, feſtehalben morgin vnd v. ruben beyde wiſſen vnd
Landis vnd anderhalbe holtzmarke, vmb ccccclri. phond vi.
ſchillinge hallere als die brieffe halben, dye Emmelrich vorg.
ubir den egen. verkauff gegeben hait mit ſyme Eygen han-
genden Ingeſigel vnd dar zu gebeben hait die feſten Edel-
knechte Anſhelm von Howizelde vnſern amptmannen zu Butz-
bach vnd Johan Setzephanden von Drawe, daz ſie die briffſe
mit yme beſigelt han.

Dat. et act. a. d. M.CCC.LXIV, in die ascens. dom.

(Das Siegel des Ausſtellers hängt unverſehrt an.)
Orig.

Nr. 1370.

1366 (28. Sept.). Ich Clas eitzwan Hentzen Oiſtheymers ſon dun kunt, daz ich han gekaufft eyne probinde in deme hoffe. zu den guden Luden gelegen by **Fredeberg** vmbe by ſcheffinner dez ſelben hoffes vnd han en bar vmbe gegeben brittehalb vnd funffzig phund heller, dy mir gefallen ſolbin von Lande, mit namen von eyner halben hube, by ich vnd Elſe myn wyp den egen. guden Luden eren ſcheffenern an ir ſtat zu kauffe gabin, presentibus Hartungo plebano in Fredeberg necnon Henrico dicto Bern sacerdotibus.*)

Dat. a. d. M.CCC.LXVI, in vig. b. Michahelis arch.

(Notariatsinſtrument.) Orig.

Nr. 1371.

1367 (27. Okt.). Wir Karl von gots gnaden Romiſcher keiſer Entbieten dem Burgermeiſter, dem Rat vnd den Burgern zu **Fribberg** vnſer hulde vnd alles gut. Wann wir mit rate der furſten, grafen vnd herren des heiligen Reichs dem hochgeborn Wentzla, Hertzogen zu Luczelinburg, zu Brabant vnd zu Lymburg, vnſern lieben bruder, vnſern vnd des h. Reichs gemeinen vicarien gemacht haben in deutſchen landen, vnd in allen andern landen vnd kreizzen, die dieſſeit des lampartiſchen gebirges gelegen ſind, dauon gebieten wir ewern truwen ernſtlichen vnd manen euch der eibe, domit ir vns vnd dem Riche verbunden ſyt, daz ir dem

---

*) **1388** (29. Dec.) bekennt Peter Schramme von Büdingen „eyn ſcheder uſſetzeket, wie ich zu der pronde kummyn bin der guden lude, die gelegin ſin uſwendig der ſtat Fredeberg zu dem erſtin male mit willen des radts der egen. ſtat vnd von beyden wen myns herrin des edeln von Yſinburg" vnd ſchenkt dem gen. Hofe 1 Malter Haber fällig „zu dem Wennyngis bi Orttinberg." (Das Siegel Junkers Hartmud Meiern Burgmanns zu Büdingen iſt abgeriſſen.)

egen.. vnferm bruder vnd vicarien mit aller ewer macht be-
holfen, gehorfam vnd wartende fyt, als offt er des bedarff
vnd ir von finen wegen des ermanet werdet.*)

Geb. zu Nuremberg an f. Simon vnd Judas abent,
vnfer Reiche im rri, vnd des keifertums in dem rii. jare.

(Das kaiferliche Siegel hängt unverfehrt an.) Orig.

Nr. 1372.

1367 (13. Dec.). Wir Vlrich herre zu Hanauwe be-
kennen, vmb folich gelt, als vns by burgermeiftere vnd der
Rat der ftat zu Frideberg fchuldig waren, mit namen
fechshundert vnd feftehalbis vnd verzig punt heller, alfe von
des kryges wegin, den wir vnd by vier ftebe hatten mit vn-
ferm nefen Philips von Falkinftein dem Elbiften, bekennen
wir, daz wir der vorg. fumme geltes gentzlich bezalit fin.

Geb. n. Chr. geb. m.ccc.lrvii, an f. Lucyen dag der h.
jongfrauwen.

(Das Siegel des Ausftellers ift abgeriffen.) Orig.

Nr. 1373.

1368 (11. Febr.). Wir Karl von gots gnaden Romi-
fcher keifer tun kunt, wann vns furkomen ift, daz vnfer ge-
richte zu Fribberg etlichen gebreften haben dauon, daz
nicht befchriben wird, wie ieberman von gerichte fcheidet vnd
geuertiget wirt vnd dauon, daz wir fulche feumniffe furku-
men vnd daz Riche vnd armen glich gerichte gefchee vnd

---

haben auch angesehen die getrewen dienst, die vns vnd dem
Riche die Burgermeister, die schepfen, der Rat vnd die Bur-
ger der stat zu Fridberg offt nutzlichen getan haben vnd
furbaz tun wollen vnd haben in die gnade getan, daz sie
ein buch machen sullen, darynne sie beschreiben sullen, wie
iederman von gerichte scheidet vnd gevertiget wirdet, als wir
in vormals empfolhen haben in andern vnßern brisen,
daz sie ir vrteil in ein buch beschrieben mochten vnd solten
vnd dasselbe buch sullen die schepfen doselbist zu Fridberg
bei im behalten vmb daz einem ieclichem glich vnd recht
widervare alle die weil wir daz nicht widerruffen.

Geb. zu Heyttingssfelt n. Chr. geb. m.ccc.lviii, am freit.
vor s. Valentins tage.

(Das kaiserliche Siegel hängt unversehrt an.) Orig.

Nr. 1374.

1369 (24. März). Wir Diethir Graffe von Kaczin-
elnbogen irkennen, daz wir han angesehin fruntschaft vnd
getruwen dinst, den vns Conrad herre zu Frankinstein geton
hat vnd noch tun mag, vnd bessirn wir yme sin burglehin,
daz he von vns hat zun Vrberg, mit dem malrechte zu
Grisheim in vnßin dorfe, also daz vnß armenlude da-
selbis zun Grisheim vnd die gantze Gemeinde sullen maln
zun Ebirstat in dem dorffe vnd zun maln tun zun dez
selbin von Frankinstein mulin, wilche mulin he ynne hat
vnd anbirz zu keiner mulin vnd sal auch derselbe mulnner
vnßern armen ludin recht tun vnd sinen malschatz von yn
nemen vnd gesche vnßern armen ludin von dem selbin mol-
nere diehein gebrech, so sol der von Frankinstein egen. den
molnner dar zu haldin, daz der gebrech den armen ludin wol
irfullit wurde alz recht were.

Dat. a. d. M.CCC.LXIX, in vig. palmarum.

(Das Siegel des Ausstellers ist abgerissen.) Orig.

Nr. 1375.

1369 (21. April). Wir Grebe Otte von Solmeſſe vnd Cune von Derenbach rittere bekennen, daz wir ſchulbig ſin von vnſes geſengniſſes wegen herr Hermanne von Hertingſhuſen rittere vnd Frederich ſime ſone firzcenhundert ſchillinge guber albir konigz tornoſe vnd wollen en de bezalen vff das albe huz zu Patberch in Frederiches huz zu Patberch vnd han da vor zu Burgen geſazt vns frunt mit namen ...... bach ritter, Rudolff Schurenſloz, Craften Roben, Milcheling Schuzper, Hebeinrichen ...... Munichen von Buchſecke, Wilhelm Foyt rittere, Heinrich von Rolſhuſen, Volprecht Hobeherren, Conrad von Dydeſheim den alben, Johan von .....*)

Geb. n. G. geb. **m.ccc.lrir**, des ſunabendes vor ſ. Georgii dage des mertelers.

(Die Siegel der Ausſteller und der vorg. Bürgen hängen beſchädigt an.)
Drig.

Nr. 1376.

1373 (22. März). Wir die geiſtlichen Richter dez honez zu Wormeßen dun kunt, daz vor vns quamen her Philips genant Heyl procurator dez Dechans vnd dez Cappittels in dem ſtifte zu ſ. Andree zu Wormß vnd herre Johan pherrer zu Lampertheim vnd erkanten ſich, daz alle krige, anſprache vnd zweyunge, die bit her ſich erlaufen hette vnd gewyſet were zwuſchen den vorg. herren zu ſ. Andree vnd dem pherrer zu Lampertheim, nu gutlichen geeynet vnd geſunet weren. Zu dem erſten hat vns der pherrer gelobet, daz er vorbaz ſiner kirchen zu Lampertheim vnd ſinen pharen luden wil ſiſchlichen warten vnd vz riechten bit goz

*) Die Urkunde iſt zerſchnitten und ein Stück herabgeriſſen.

dienſt vnd bit allem dem waʒ barʒu gehort, alſo daʒ vorbaʒ
kein verſumeniße baran geſchehe, bar nach iſt geret, daʒ ber
pherrer ſin ecker vnd wyſen, bie er bit her gehabet hat vnb
zu ber kirchen gehorent, vnb auch baʒ hus vnb ſyn zugehorbe
zu Lampertheim vorbaʒ ſal haben, machen vnb in rebelichen
buwe halten, eʒ enwere ban, baʒ baʒ hus vyele ober verbrant
ane ſcholt beʒ vorg. pherrers, ſo ſollent bie herrn zu ſ.
Andree eyn anber hus buwen, als verre eʒ yn zugehort,
auch ſal er ſinre kirchen genneßen von opper, von ſelgerebe,
bar zu ſollent yme bie vorg. herre ſtue compotentie geben x.
malber kornis, alʒ ſie yme bit orteyl herteyſet ſint von bem
probiſt zu Ruhuſen.

Dat. a. d. M.CCC.LXXVIII, fer. ii. p. domin. oculi.

Nr. 1377.

1380 (14. Nov.). Wir Philips von Falkenſteyn herre
zu Minßinberg irkennen, baʒ wir ben veſten ebelknecht Johan
von Haißfelt hern Johans ſoen zu vnſerm borchman han
gemacht zu vnſeme ſloiße zu Lieche vnb ſolen yme vnb ſy-
nen lybes erben barvmb geben alle iar x. gulben gelbes
alſolange byʒ baʒ wir aber vnſe erben ſie abe geloſen mib
L. gulben.

Dat. a. d. M.CCC.LXXX, fer. iv. p. Martini ep.

Nr. 1378.

1393 (28. Dec.). Ich Blicker Lantſchabe von Steinach
Ritter tun kunt, als frawe Katherine von Tan myn elliche
hußrawe tot iſt, mit ber myr got etweuil lieber kinber be-
ſchert hat, bie ba noch leben, mit namen Diether Lantſchaben,

Blicker Lantschaben, Margreben vnd Cristlnen, vnd als ich
nu dar nach durch gozwillen vnd durch myner selen heile
vnd libes krancheit willen Ein arme vnebel dochter zu der
ee genummen han, mit namen Elsen von Heidelberg vnd
auch vnscheidenliche mynen obg. ersten kynden, als ich Blicker
Lantschabe Ritter obg. vnd ich die obg. Else bekennen, daz
wir das vberkomen sin vnd redeliche gemacht haben, wers
daz die vorg. Else mich den obg. Blicker Lantschabe uberle-
bete, so sol die selbe diese nachgeschriben gutere vnd nit me
vnnemen vnd nuzen yren leptage vnd nit lenger. Zum
ersten myn hus zu Heidelberg mit aller zugehorbe gelegen
gen dem mezelhuse uber, daz der Semyn waz, daz die obg.
Else auch in gutem buwe halten sol, vnd darzu zwei fudere
wingeltes, r. gulbin geltes, xr. malder korngeltes, r. malter
Spelzen geltes vnd r. malder habern geltes Jerlicher gulte,
die sie ir leptage haben sol off den gutere als hernach ge-
schriben stet, vnd wan sie numme en ist, so sollent die selben
gutere alle ganz vnd gar fallen an die obg. myne kinde ober
an ir Erben rc. Die vorgeschr. gulte vnd gutere sint auch ge-
legen vnd bewist off disen nachgeschr. vnderpfanben, mit
namen off ii. fuder wingeltes zu Oestringen, off ii. fuder
wingeltes zu Husen vnd uff den wiesen zu Richenberg, die
da verpfant sint von Hern Hansen von Hohenart.

    Dat. a. d. M.CCC.XCIII, die s. innocentium.

(Gesiegelt haben der Aussteller, Dietber und Blicker Lantschabe der junge
Edelknecht, Balaß Comthur zu Helmbach, Welprecht von Helmstadt,
Thomas Knebel Schultheiß zu Oppenhelm Ritter, Cunz Lantschade,
Vetter des Ausstellers, Edelknecht und die Stadt Heidelberg. Die Siegel
sind jedoch zum Theil abgefallen oder sonst beschädigt.)

Ortsregister.

(Die Zahlen bedeuten die Nummern der Urkunden, die mit einem * bezeichneten weisen auf die Anmerkung hin.)

Adelbereshusen 1275.
Ailbardesdorf 136.
Akarben 131. 135. 456. 1035. 1081. 1165. 1193. 1197. 1265. 1340. 1343.
Albendorf 145. 470. 800. 1347.
Alpach 292. 515. 1318. 1319. 1322.
Alsbach 533. 552. 578. 708.
Alsfeld 136. 146. 270. 826. 910. 925. 958. 993. 1004. 1019. 1032. 1034. 1041. 1048. 1056. 1070. 1099. 1120. 1152. 1161. 1175. 1218. 1238. 1258. 1269.
Altenburg 482. 786. 857. 893. 1161. 1262.
Altenbuseck 296. 489. 512. 519. 738. 823. 836. 841. 1093.
Altenhain 988.
Altheim 579. 589. 612.
Altloch 1281.
Altorf 645. 684.
Ammonhausen 954.
Andreffe 903. 960. 983.
Annerode 831. 965. 1217.
Appenborn 948.
Appenrode 484.
Arheilgen 534. 672. 1297.
Arnsburg 78. 1280. 1284. 1292. 1323.
Assenheim 132. 154. 837. 1152. 1210. 1243. 1336.
Astheim 201. 215. 338. 372. 539. 592.
Azenhain 810.
Auhelm 177. 191. 343. 548. 576. 668.

Babenhausen (Stadt und Dorf) 73. 411. 554. 556. 567. 578. 590. 608. 612. 700. 701. 726. 729. 731. 734. 768. 835. 988. 1216. 1303.
Battenberg 856. 898. 899.
Battenfeld 438.
Baumkirchen 1268.
Beldillnhusen 954.
Beldershausen 1287.
Beldersheim 116. 984.

Belmunt 814.
Bennyhusen 819. 902. 935.
Bensheim (Stadt) 11. 12. 13. 46. 575. 649. 656.
Benstadt 157. 305. 1155.
Bercheim 438.
Berincheim 143. 244. 587.
Berkach 1281.
Berstadt 263. 311. 772. 799. 833. 867. 892. 940. 1209. 1347.
Bernesfelde 451. 1011.
Bessingen 1276. 1291. 1332. 1334.
Bezelrode 775.
Bibesheim (Bubensheim, Buwensheim) 8. 48. 52. 63. 164. 198. 216. 355. 397. 408. 540. 570. 612. 622. 696. 1297.
Biblos 39.
Bickenbach 637. 644. 652. 689. 708.
Bieber 374. 378.
Bieberau 616. 668.
Biedenkopf 752. 911. 916. 946. 1001. 1054. 1162.
Bilhardeshusen 910.
Billingshausen 1175.
Bingenheim 764. 799. 890. 1138. 1179. 1229. 1254. 1274.
Birklar 1090. 1109.
Birnesrode 1286.
Bischofsheim 58. 60. 69. 163. 167. 170. 189. 219. 223. 318. 333. 370. 377. 558. 597. 599. 671. 1297.
Blasfelden 1201.
Blankenstein 938. 949. 974.
Bolgisheim 1289.
Bönsheim (Hof) 8. 9. 10. 19. 20. 26. 45. 47. 49. 80. 81. 197. 323. 334. 344. 348. 357. 368. 385. 399. 555. 607. 629.
Brandau 713.
Brensbach 545.
Breidenbach 765. 910. 1031. 1167. 1168.
Bricenheim 75.
Bruchenbrücken 752*. 837.

Baur, Urk.-Buch.

Namensregister.

(Westliche Fürsten, hoher und niederer Adel, Stadtgeschlechter.)

***